découvrir

W0221443

installer
sa salle de bains

rénover

créer

et **décorer**
son intérieur

apprendre

poser
son carrelage

s'inspirer

castorama

cloison
construire
pavés de verre
palissade
béton
fondations
terrasse

plâtre
tuiles
prise
réparer
parquet
humidité
robinet

peinture
rénover
corniche
stratifié
carrelage
papier peint
plinthe
portes

étagère
salle de bains
cuisine
créer
bassin
escalier
éclairage
pergola

LANCEZ-VOUS !

Tout le savoir-faire de **castorama**

NOUVELLE ÉDITION
+48 pages
Des solutions pour une maison saine, économe et écologique.
la maison éco

La sécurité avant tout

Toute activité de réparation ou d'aménagement de la maison comprend un risque de danger. Les capacités de chaque lecteur et les conditions de travail varient beaucoup d'un chantier à un autre. Castorama a tout mis en œuvre pour assurer l'exactitude des informations de ce guide. Néanmoins, ce sont uniquement des recommandations d'ordre général et vous devrez toujours lire et suivre les instructions du fournisseur.

N'hésitez pas à solliciter l'aide de professionnels en cas de besoin et en particulier dans les cas suivants :

- tous les travaux sur les canalisations de gaz doivent être effectués par un professionnel, selon la loi ;
- tous les conseils en électricité sont basés sur l'hypothèse que votre système répond aux dernières normes en vigueur sur l'électricité. Si vous n'êtes pas sûr que votre système répond à ces normes, demandez à un professionnel de le vérifier ;
- avant de travailler sur l'électricité ou sur la plomberie, consultez un professionnel. Coupez toujours le courant et l'eau ;
- suivez toujours les instructions d'utilisation des outils ;
- la loi concernant les réglementations sur la construction, la planification, les arrêtés municipaux et autres contraintes locales peut être compliquée aussi consultez des professionnels avisés.

Les techniques et les méthodes présentées dans ce livre doivent être effectuées uniquement par des personnes ayant pris les précautions nécessaires pour éviter tout accident. Castorama n'est pas responsable pour toute perte, dommage ou accident qui serait une conséquence des conseils donnés dans ce livre.

Vos suggestions d'amélioration de cet ouvrage sont les bienvenues. Envoyez-les à Castorama France, Parc d'activités, BP 101, 59175 Templemars ou contact@castorama.fr

©

LANCEZ-VOUS !
TOUT LE SAVOIR-FAIRE DE CASTORAMA
Tout le bricolage expliqué simplement, étape par étape

Réalisation éditoriale : CP Éditions
Consultant technique et rédactionnel : Christian PESSEY

Castorama
Directeur commercial : Christophe Mistou
Directeur communication externe : Maxellende Hersoy
Directeur développement durable : Sophie van Decasteele
Directeur de projet : Frédéric Guézou
Coordinatrices de projet : Florence Achte et Leslie Ohayon

Ce livre a été réalisé à l'initiative de David Roth, directeur du marketing de B&Q.
Directeur de projet et rédacteur : Nicholas Barnard
Conseiller éditorial : Ken Schept
Coordinateur de projet B&Q : Geoff Long
Photographe : Lucy Pope
Illustrateur : Peter Bull Art Studios

L'édition originale de cet ouvrage est parue sous le titre You Can Do It : The Complete B&Q Step-by-Step Book of Home Improvement chez B&Q plc en 2003.

La première édition française fut publiée en 2006 chez Castorama France S.A.S., Parc d'activités – B.P. 101, 59175 Templemars.

Cette nouvelle édition est publiée en 2008.

Conception graphique et fabrication : Thames & Hudson Ltd, Londres

Dépôt légal : 2e trimestre 2006
ISBN : 978-2-2630441-9-9

Cet ouvrage a été reproduit et achevé d'imprimer en octobre 2010 par l'imprimerie C&C Offset pour Castorama France S.A.S. 6me réimpression.

Imprimé en Chine

Réussir vos projets

À l'intérieur

À l'extérieur

Équipement de la maison

La maison écologique

Sécurité, outils, réglementation

MAC
18V

LANCEZ-VOUS !

Tout le savoir-faire de castorama

Enfin un manuel pédagogique différent de tous les guides existants par sa présentation claire et synthétique, accessible aux bricoleurs de tous niveaux.

Simple, précis, il s'impose comme le coup de main indispensable qui va vous permettre de réaliser tous vos travaux de bricolage, du gros œuvre à la déco, à l'intérieur comme à l'extérieur.

Fort du succès de la première édition, CASTORAMA vous propose 48 pages en plus sur la maison éco : une maison saine, économe et écologique. Ce nouveau chapitre se décline sur les enjeux de l'habitat : énergie, air pur, économies d'eau, jardin naturel et matériaux durables.

Quel que soit votre projet, vous trouverez le vôtre parmi les 200 mises en situation présentées autour de 5 grands thèmes :

- à l'intérieur (revêtement sol et mur) ;
- à l'extérieur (terrasses, abris et bassins) ;
- équipement de la maison (électricité et plomberie) ;
- la maison écologique ;
- sécurité, outils, réglementation.

Des photos et des schémas illustrent, pas à pas, les bons gestes à suivre et vous indiquent les points essentiels à respecter. Ils sont complétés par :

- des conseils Castorama et une sélection d'outils malins, véritables trucs et astuces de pros ;
- des listes détaillées d' outils et de matériaux nécessaires pour chaque projet ;
- des "astuces éco" vous permettant de conduire vos projets tout en respectant l'environnement.

Découvrez au fil de ses pages un formidable outil qui va vous simplifier la vie et dont vous ne pourrez plus vous passer !

L'équipe Castorama

Rodolphe **Dourthe** Leslie **Ohayon** Béatrice **Barré**

Emeline **Boulanger** Tiffany **Courtin** Bruno **de la Chesnais**

Alain **Spizzo** Emmanuel **Catelain** Antoine **Lindemann**

Lucie **Deffrennes** Monique **Durand** Lydie **Bourdet**

Aurélie **Nonnon** Catherine **Hellebuyck**

Régis **Rousseau** Catherine **Poncin** Hélène **Timmerman**

Laurent **Desessart** Alexandre **Chabry** Céline **Duquennoy**

Christophe **Lamat** Martin **Girard**

Mathieu **Dewynter** Virginie **Delange**

Virginie **Planquart** Christophe **Mistou** Agnès **Barnèche**

Dominique **Pierron Bondt** Guy **Marle**

Estelle **Tromeur** Marie **Lignier**

Gérard **Freund** Patrick **Piette**

Marc **Tomassone** Nathalie **Franki**

Olivier **Lipp**

Danielle **Julle** Mireille **Dolata-Corazza**

Ghislain **de Rorthays** Pascale **Aulagne**

Jean-Marc **Charruyer** Marion **Watine** Isabelle **Legros**

Henri **Dreumont**

Barbara **Pagnier** Cécile **Troquart**

Sandra **Cuvelier**

Didier **Décatoire** Jean-Noel **Bonnet-Langagne**

Ambre **Lastapis** Frédéric **Guézou** Josiane **Couillet**

Anthony **Dor** Josiane **Couillet** Ludovic **Grebaut**

Aurélie **Pousset** Laure **Avenard** Philippe **Carcel**

Réussir vos projets

PLANIFIER VOS TRAVAUX

Que vous envisagiez de rénover complètement une maison ou simplement de redécorer une pièce, il faut partir du bon pied : évaluer l'ampleur du travail à entreprendre, mesurer le temps qu'il vous faudra pour le mener à bien, apprécier vos propres capacités à le réaliser correctement. Vous devrez aussi prendre les précautions qui s'imposent pour écarter, dès le début du chantier, tout risque d'accident. Enfin, vous devrez vous faire une idée du coût des travaux que vous souhaitez entreprendre pour ne pas dépasser exagérément votre budget ou prendre les mesures nécessaires pour en assurer le financement échelonné.

Bien aborder les travaux

Quels que soient les travaux à entreprendre, vous devez vous poser un certain nombre de questions préliminaires qui vous éviteront bien des déconvenues.

De combien de temps avez-vous besoin ?

Il n'est pas toujours facile d'évaluer le temps nécessaire pour mener à bien un chantier. Cette durée dépend très largement de vos compétences, qu'il faut savoir apprécier raisonnablement. Mieux vaut toujours surestimer cette durée que la minorer. Intégrez le temps de préparation (par exemple, le fait de débarrasser une pièce de tous ses meubles), celui d'acquisition des produits et du matériel, le temps de travail proprement dit, mais aussi celui du séchage ou de la prise pour un certain nombre de travaux (séchage de la colle, prise et durcissement du mortier ou du béton). L'addition de ces temps va induire souvent la durée d'indisponibilité des lieux ou, au minimum, celle où vous serez gêné dans l'utilisation normale de la maison. Planifiez cette durée par rapport aux plages de temps dont vous disposez et que vous pouvez consacrer raisonnablement à ces travaux sans perturber votre vie de famille.

Avez-vous les compétences nécessaires ?

Les travaux que l'on est susceptible d'entreprendre dans une maison relèvent de corps de métiers les plus variés : plomberie, menuiserie, maçonnerie, électricité, décoration, etc. Le meilleur des bricoleurs ne peut dominer parfaitement tous ces savoir-faire. Avant de vous lancer dans une opération, demandez-vous si vous avez les bases nécessaires pour l'entreprendre. Appréciez le niveau technique requis et documentez-vous pour envisager tous les aspects des travaux dans lesquels vous allez vous lancer : il existe pour cela des fiches conseil en magasin, des livres généralistes ou spécialisés, des sites Internet et des émissions de radio et TV spécialisées. Prenez conseil auprès des vendeurs du magasin où vous comptez faire vos achats et demandez si des stages spécifiques ne sont pas organisés sur le sujet. Si vous avez des doutes sur vos capacités, n'hésitez pas à faire appel à un professionnel pour la réalisation de certaines parties des travaux, par exemple le percement d'une baie ou le coulage d'une dalle d'étage.

La sécurité avant tout

En bricolage, quelle que soit la difficulté du travail entrepris, l'utilisation de matériels ou de produits peut comporter sa part de risque. Afin d'éviter tout accident pour soi mais aussi pour les personnes présentes sur le lieu du chantier, il est important de respecter certaines règles de sécurité.

D'abord, préparez votre travail, choisissez des outils adaptés à vos besoins et à l'usage que vous en aurez. Utilisez-les en respectant les techniques et règles de sécurité figurant sur les notices.

Vous devez également porter un soin particulier lors de la manipulation de certains produits (décapant, diluant, additifs, etc.). Pour un bon usage d'un produit de droguerie et un résultat de qualité, veillez à bien lire la notice et à respecter les recommandations d'utilisation. Stockez-les dans leurs emballages d'origine hors de portée des enfants et animaux.

Le bon outil, le bon produit, le bon usage, il ne vous restera plus qu'à vous protéger de façon efficace des risques encourus lors des diverses manipulations. Portez des gants adaptés (protection contre les coupures, les brûlures chimiques, les écrasements, etc.), des lunettes pour protéger vos yeux des projections, un casque et des chaussures à bouts renforcés en prévision des chutes d'objets.

La prévention est le meilleur moyen de travailler dans de bonnes conditions.

La sécurité concerne aussi l'impact de vos travaux sur la structure même de la maison ou sur certains de ses composants. N'envisagez jamais de percement important dans un mur sans vous être assuré qu'il n'est pas porteur. En cas de doute, consultez un professionnel. Ne modifiez pas inconsidérément une installation électrique, notamment en la prolongeant sans étudier la puissance disponible et le dimensionnement des protections (coupe-circuits à fusible et disjoncteurs). N'installez pas un nouvel appareil de chauffage à tirage naturel (insert, poêle, chaudière) sans connaître l'état du conduit et savoir s'il est compatible avec les normes en vigueur. Vous trouverez dans ce livre de nombreux rappels à la sécurité sous forme de textes en marge imprimés en rouge et signalés par un petit casque.

Apprécier le coût des travaux

Avant de vous lancer dans des travaux d'importance, vous devez en apprécier le coût au plus juste pour ne pas vous trouver à court de moyens et risquer de laisser en suspens un chantier. Ne prenez pas seulement en compte le prix d'un appareil ou d'un équipement ; mesurez aussi celui des outils, des matériels complémentaires, des produits à utiliser. L'exemple type est celui de la pose de quelques convecteurs électriques dont le prix est aujourd'hui modique mais dont l'installation va demander la création d'un circuit électrique spécifique et, dans certains cas, une modernisation radicale du tableau de répartition. Tous ces frais "annexes" dépasseront de beaucoup de prix de ces convecteurs.

PRÉPARER VOS TRAVAUX

Une fois votre chantier bien préparé, il faut savoir par quel bout le commencer et dans quel ordre le conduire. Il vous faut sélectionner les bons outils et les bons matériaux, travailler proprement dans le respect de l'environnement. Enfin, il faut mettre tous les atouts de votre côté en respectant les normes et prescriptions de mise en œuvre.

Les bons outils et les bons matériaux

Lors de vos achats de produits nécessaires à vos travaux, le premier facteur à considérer sera la résistance du matériau et son aptitude à répondre aux différentes contraintes de l'endroit où il doit être posé.

De même, un outil adapté vous rendra le travail plus aisé. Pensez dès à présent aux différents chantiers que vous envisagez de réaliser car la durée de vie de l'outil dépendra de sa qualité mais surtout de l'usage auquel il est destiné. Une pince multiprise, par exemple, fort utile pour de petits dépannages, ne remplacera pas une clé à molette pour le desserrage et le serrage d'un corps de robinet chromé. Ne minimisez pas un investissement qui est fait pour durer. Pour les bonnes astuces, reportez-vous aux CONSEILS CASTORAMA portés en marge, sur fond bleu, que vous trouverez tout au long de ce livre.

Prendre les choses dans l'ordre

Quelle que soit l'opération que vous allez entreprendre et son ampleur, vous devez planifier les travaux de façon à ne pas commencer un travail qui risquerait d'être abîmé par le suivant. Il est logique de commencer par les travaux de gros œuvre qui sont très salissants. La plomberie et l'électricité nécessitant souvent des saignées dans les murs ou de cacher les tuyaux, devront être réalisées avant les travaux de finition. Si vous voulez refaire complètement la décoration d'une pièce, commencez par le décapage des peintures, le rebouchage des murs, le ponçage avant de repeindre le plafond puis les boiseries, vous terminerez par la pose du papier peint puis du revêtement de sol. De la même façon, si vous envisagez de rénover plusieurs pièces d'un appartement ou d'une maison, commencez toujours par l'endroit le plus éloigné de la porte d'entrée pour éviter de repasser dans celles que vous auriez rénovées en premier.

Protégez tout ce qui doit l'être

Beaucoup de travaux sont salissants. Si l'on n'y prend pas garde, beaucoup d'opérations risquent de dégrader des éléments de votre intérieur auxquels vous n'aviez pas envisagé de toucher. Le cas classique est la moquette tachée parce que vous avez repeint le plafond. Pensez à étendre une bâche de propreté sur le sol, à protéger vos meubles ainsi que les endroits de passage (entrée ou escalier).

Pensez en écocitoyen

De nos jours, il est exclu de mettre en œuvre un produit sans se préoccuper de ses conséquences écologiques, pour soi-même et pour les autres. Il devient de plus en plus important de se préoccuper de l'impact de ces mêmes produits sur les richesses naturelles de notre planète. Chaque fois que vous le pouvez, donnez la préférence aux essences de bois écocertifiées provenant de forêts faisant l'objet d'une gestion durable, et aux sources d'énergie qui n'émettent pas de gaz à effet de serre. Là encore, dans ce livre, les encadrés ENVIRONNEMENT en vert attirent votre attention sur tout ce qui peut être fait pour protéger l'environnement.

Restez dans les normes

La maison est un univers complexe, faisant appel à un nombre considérable de produits et d'équipements, à mettre en œuvre selon des techniques spécifiques garantissant votre confort et votre sécurité. Les professionnels formés à cela, savent les choisir et les appliquer, ce qui n'est pas toujours le cas de l'amateur. Vous devez être particulièrement vigilant en la matière.

Normes NF et EN et certification CE

Alors que la certification CE n'est qu'une simple autorisation de mise sur les différents marchés, les normes NF et EN sont délivrées à des produits contrôlés par des organismes français (NF) ou européens (EN) et répondant à des critères de qualité optimums, garantissant un maximum de sécurité et de confort. Les produits NF ont été agréés par l'Association française de normalisation (AFNOR).

Les DTU

Un produit normalisé ne peut restituer ses qualités que s'il est posé dans des conditions satisfaisantes. C'est l'objet des documents techniques unifiés (DTU), qui fixent les règles techniques concernant les travaux réalisés dans les bâtiments et qui sont établis par le Centre scientifique et technique du bâtiment (CSTB). Ces dispositions sont essentielles quand on réalise des travaux d'importance dans une maison et conditionnent souvent la garantie des produits. Celle-ci ne peut être valable que si la pose ou l'installation ont été réalisées "dans les règles de l'art".

Le respect des normes

Le respect des normes et des conditions de mise en œuvre ne vous assure pas seulement de tirer le meilleur parti des équipements que vous aurez installés. Il vous garantit aussi une totale sécurité dans les nombreux domaines où votre intervention peut induire certains risques. C'est le cas, en particulier, de l'électricité, du gaz et du chauffage. C'est aussi le cas pour tous les travaux touchant au gros œuvre, notamment en maçonnerie, qui peuvent mettre en cause la solidité des ouvrages. Ne jouez pas à l'apprenti sorcier ! Procurez-vous les documents techniques et, si vous ne les comprenez pas parfaitement, faites-vous aider par un professionnel.

LINGE

DÉCORER VOTRE MAISON

En décoration, nos envies sont multiples, et notre cœur balance entre différentes tendances. On peut opter pour un style contemporain, adouci par des matières chaleureuses, oser la fantaisie ou bien préférer le charme et l'authenticité sans tomber dans un classicisme dépassé. La maison s'ouvre aujourd'hui à tous les styles.

Créer un cadre de vie

Il est bien rare que le décor d'une maison dans laquelle on emménage convienne à ses nouveaux occupants. Il faut presque toujours revoir les revêtements muraux, rénover les sols, poser de nouvelles tringles à rideaux, changer les tissus d'ameublement. Réfléchissez sereinement à votre nouveau décor en puisant votre inspiration dans les livres et les nombreuses revues spécialisées.

La décoration d'un intérieur n'est pas seulement affaire d'imagination. En dehors des critères financiers, une décoration réussie résulte du choix de couleurs et d'options d'éclairage judicieux.

Les couleurs

Examinez le cercle chromatique. Lorsque vous décorez une pièce, vous pouvez procéder de deux façons différentes pour choisir les couleurs. La première consiste à utiliser des teintes proches les unes des autres sur le cercle chromatique, des "camaïeux". La deuxième consiste à utiliser des camaïeux qui seront mis en valeur par une couleur complémentaire (en face de la couleur concernée sur le cercle chromatique).

La couleur structure l'espace. Vous voulez donner du volume à une pièce ? Utilisez des teintes claires pour le plafond et l'embrasure des fenêtres. Vous voulez créer une atmosphère accueillante ? Choisissez des teintes chaudes. Les couleurs donnent aux pièces leur personnalité : des teintes primaires ou des contrastes saisissants ont quelque chose de passionnel, tandis qu'un ensemble de tonalités douces, claires et harmonieuses crée une élégance discrète. Le choix dépend de l'ambiance que vous souhaitez, de la disposition, de l'éclairage et du style de votre intérieur.

L'éclairage

Lumière et couleur interfèrent très étroitement. Les teintes sombres absorbent près de 90 % de la lumière, tandis que les teintes pâles en réfléchissent plus de 80 %. Une peinture satinée, voire laquée, améliore la réflexion de la lumière, tandis qu'un revêtement mat l'absorbe. Analysez d'abord l'éclairage naturel, et cherchez à en tirer le meilleur avantage.

La lumière agit sur l'atmosphère autant que la couleur. Des spots encastrés diffusent une lumière d'ambiance, tout comme les appliques, tandis que les spots sur rampe ou sur câble, ainsi que les abat-jour, concentrent la lumière sur une zone spécifique. L'éclairage directif peut mettre en valeur un élément du décor, tel qu'un tableau ou une statue. La combinaison habile des divers éclairages personnalisera votre décor. Pour les soirs de fête, pourquoi ne pas disposer des bougies ou des photophores qui créeront une ambiance intime et accueillante ?

Les styles d'aujourd'hui

En décoration, la pensée unique n'existe plus. Les temps où une époque était marquée par un style strictement défini, conforme aux goûts du moment, sont définitivement révolus. Nous vivons à l'ère

des mariages et des contrastes, de la fusion des charmes autant que du mélange des goûts : design, tradition, glamour, fantaisie cohabitent dans une même maison quand ce n'est pas dans une même pièce.

L'envie de design conduit à revisiter les grands classiques, à associer des matériaux chauds et des matériaux froids, à privilégier les objets aux formes parfaites. Le "contemporain" d'aujourd'hui, c'est la liberté et l'ouverture aux mélanges : sur fond de couleurs métalliques et minérales, le style "récup" et industriel cohabite avec des objets de mémoire, le bois s'associe au verre ou à l'acier, et la lumière structure les volumes. Dans cette façon d'investir l'espace, l'essentiel est de s'entourer de choses belles et simples, choisies pour la pureté de leurs lignes et la qualité de leur finition. C'est une nouvelle façon de célébrer une modernité esthétique et intemporelle.

La maison, pourtant, n'échappe pas à notre envie de naturel. Face à un quotidien survolté, l'aspiration à un environnement calme et apaisant s'est imposée comme un nouveau style de vie qui rejaillit sur la maison. Une ambiance naturelle se crée par des formes, des matières, des gammes de couleurs et par l'association de tous ces éléments. On redécouvre le charme des choses simples, des matériaux chaleureux issus du monde végétal.

Le glamour, c'est le rêve d'une maison douce et intimiste, lieu d'ancrage chargé d'histoire et de souvenirs. La décoration que l'on s'invente alors s'inspire certes de la tradition, mais rien n'empêche d'y mêler les éléments les plus raffinés des tendances actuelles, un peu de luxe, de romantisme et de tendresse. Dans un décor de soie et de velours, les meubles anciens se font une beauté. On ne craint pas d'y ajouter quelques perles, quelques pampilles qui font scintiller le décor.

Souvent mélange des genres bousculant les habitudes, la décoration de la maison s'ouvre aujourd'hui à des modes de vie différents et complémentaires, dans une recherche de confort et de bien-être.

VALORISER VOTRE MAISON

Commencez par analyser la façon dont vous utilisez votre volume habitable. La cuisine est-elle le centre de la vie de famille ? La table est-elle constamment encombrée de dossiers ? Pouvez-vous transformer une pièce en bureau ? Vous relaxez-vous dans un bain ou vous réveillez-vous avec une douche tonifiante ? Un salon de jardin, placé sur une terrasse avec un chauffage infrarouge, ne remplacerait-il pas avantageusement une extension de la salle à manger, au moins une partie de l'année ? En faisant le tour de votre cadre de vie, vous serez étonné des potentialités inexploitées qu'il recèle.

La cuisine

Si, comme beaucoup de nos concitoyens, vous vivez surtout dans la cuisine, pourquoi ne pas la rendre plus confortable ? Réaménagez-la pour qu'elle soit plus fonctionnelle, mais aussi plus belle et donc plus agréable à vivre. Modernisez l'éclairage, la robinetterie, l'équipement électroménager. Carrelez les murs au-dessus des meubles bas pour créer une surface à la fois plus facile à nettoyer et plus décorative. Implantez des appareils d'éclairage efficaces au-dessus des surfaces de travail. Si vous n'avez pas les moyens de remplacer les meubles de cuisine, vous pouvez modifier leur aspect à peu de frais en les repeignant, en remplaçant leurs poignées, voire en changeant purement et simplement leur façade. Vous pouvez aussi jouer sur les accessoires de rangement.

Le salon

Profitez de votre envie de changement pour revoir la disposition du canapé, des fauteuils et de la table basse, de façon à créer un ensemble plus convivial. Reconsidérez l'éclairage, souvent inadapté, aujourd'hui, à l'utilisation intensive de la télévision et des jeux vidéo. Modernisez l'installation électrique pour permettre l'alimentation et l'interconnexion des appareils audio-vidéo modernes tels que le home-cinéma, la télévision par câble, par satellite ou par téléphone, mais aussi la hi-fi. C'est une bonne occasion pour revoir la décoration en jouant sur les textures et les couleurs actuelles, mais aussi en posant, par exemple, de nouvelles barres à rideaux et des voilages plus conviviaux.

La salle à manger

Si le partage d'un repas reste pour beaucoup l'un des plus grands plaisirs, l'évolution du mode de vie familial n'est plus à la salle à manger classique avec sa grande table rectangulaire à rallonges et ses six ou huit chaises bien ordonnées. Créez un univers plus intime, moins rigide, pouvant servir aussi bien à un tête-à-tête qu'à une fête entre amis. Préférez les tables rondes ou demi-lune, pouvant dégager l'espace ; revenez aux tables de bridge accueillant quelques bibelots. Là aussi, travaillez l'éclairage en préférant les abat-jour aux somptueuses suspensions d'antan. Réintroduisez le parquet ou le stratifié qui ne craignent plus aujourd'hui les taches du repas.

La salle de bains

La douche ou la baignoire n'ont plus seulement une fonction sanitaire, elles participent au moins autant à notre forme physique qu'à l'hygiène du corps. C'est le moment de moderniser la salle de bains en remplaçant au minimum les robinets mélangeurs par des mitigeurs thermostatiques, en installant, si on en a les moyens, une douche hydromassante ou une baignoire balnéo. Faites évoluer aussi le chauffage en associant à celui d'origine un radiateur sèche-serviettes pour une sortie de douche ou de bain plus agréable. Au minimum, remplacez le lavabo, la baignoire. Si les lieux sont trop encombrés, éliminez le bidet, dont l'utilisation est accessoire. Le carrelage n'a pas seulement pour fonction d'assurer l'étanchéité des murs et du sol, il participe à la décoration. Tous vos travaux de branchements seront simplifiés par l'utilisation de raccords rapides pour le cuivre, ou encore de canalisations en PVC-C ou en PER.

Les chambres

Comme dans les maisons modernes la taille des chambres tend à se réduire sans cesse, l'amélioration du rangement constitue l'un des objectifs majeurs pour ce genre de pièce. Les placards à portes coulissantes ou accordéon offrent aujourd'hui la possibilité d'organiser un véritable dressing dans un minimum de place. Un rangement fonctionnel des vêtements évite les pertes de temps quand on part le matin, souvent précipitamment, pour le travail. Mais la chambre est aussi un lieu de confort, un véritable "nid" réparateur, qui doit être propice à la grasse matinée du week-end. Ne négligez pas sa décoration dont l'objectif doit être le raffinement et la relaxation, mais aussi et surtout la qualité de la literie ; la dépense est souvent importante mais elle est gage de bonne santé.

Le bureau

Ce genre de pièce est souvent exigu. Sa bonne organisation est donc primordiale. Les rayonnages doivent être pensés en fonction du nombre et du poids des livres à y ranger. Reconsidérez l'installation électrique et notamment le nombre de prises en fonction de votre équipement informatique. Masquez le cheminement des câbles. Protégez l'alimentation des appareils sensibles contre les surtensions. Enfin, n'oubliez pas que l'on est plus réceptif aux variations de température quand on reste longtemps assis : adaptez en conséquence le chauffage ou/et la climatisation de cette pièce.

Le jardin

Si vous envisagez de modifier l'aménagement du jardin, commencez par en prendre des photographies mois après mois, de façon à bien mesurer l'évolution de l'ensoleillement. Travaillez sur un plan à l'échelle pour déterminer la place respective des massifs, de la pelouse et des plantations arborées. Revoyez éventuellement la constitution de la clôture. Si vous installez une terrasse, une gloriette ou un abri de jardin, pensez à leur éclairage et à l'installation électrique qu'elle suppose, qui doit tenir compte des règles de sécurité spécifiques à l'extérieur. Profitez-en pour créer un bassin d'agrément, plus facile à installer qu'on ne l'imagine.

A l'intérieur

SOLS STRUCTURES

Le plancher du rez-de-chaussée d'une maison d'habitation peut être une dalle coulée sur un radier établi sur un blocage de caillasse damé sur le sol. Il peut s'agir d'une dalle autoporteuse, suspendue au-dessus d'un vide sanitaire ou encore d'un plancher sur solivage.

Fondations

Le plancher de rez-de-chaussée est porté, directement ou indirectement, par des fondations dont la nature dépend de la consistance du terrain sur lequel l'édifice est bâti. Une fondation en semelle, sur laquelle on érige les murs, est réalisée en creusant une tranchée puis en y coulant du béton armé ou en y plaçant une semelle préfabriquée. Une fondation en radier est constituée d'une dalle de béton armé coulée sur une couche de blocage en matériaux concassés. Elle couvre alors toute la surface du sol pour former une base sur laquelle les murs sont érigés.

Dalle

Un radier en béton est recouvert d'une couche d'isolant puis d'une dalle en béton, éventuellement d'une mince couche de mortier constituant la chape, sur laquelle repose le revêtement de sol : carrelage, parquet flottant ou collé, stratifié, PVC ou moquette.

Isolation

Depuis plusieurs décennies, les constructions comportent une isolation thermique sous la dalle de rez-de-chaussée. Elle est constituée de panneaux rigides, entre le radier et la dalle proprement dite. Dans le cas d'un vide sanitaire, l'isolation peut être rapportée à l'intérieur de celui-ci.

Film polyane

Le film qui empêche les remontées capillaires de l'humidité du terrain est fait d'un film en polyane posé sur la couche de blocage. Ce film doit être raccordé à la bande d'arase qui joue le même rôle dans les murs. Cette bande, constituée d'un film de polyéthylène haute résistance imputrescible, est placée dans un joint entre deux rangées de matériaux du mur, à 15 cm au-dessus du niveau du terrain.

Chaînage

Le chaînage est une ceinture périphérique solidarisant la chape avec le reste de la construction.

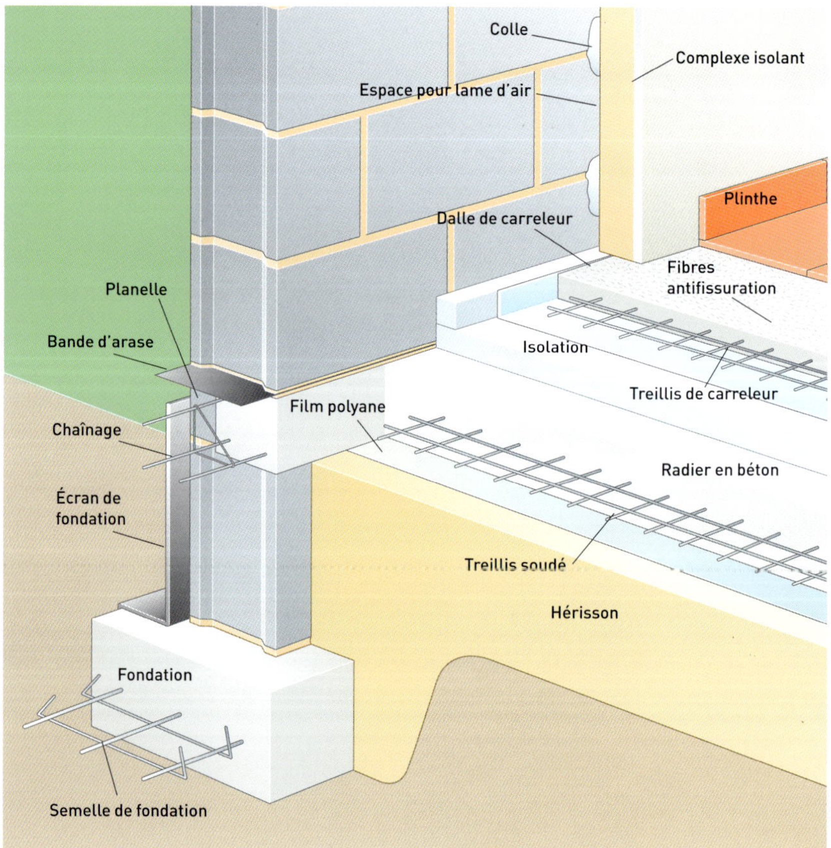

Planchers suspendus

Un plancher suspendu peut être constitué d'une dalle en béton autoporteuse, d'un plancher en hourdis, ou encore classiquement, de panneaux ou de lames de bois posés sur un solivage.

Rez-de-chaussée

Dans un plancher en bois, les extrémités des solives peuvent reposer sur des murets d'appui accolés à l'intérieur des murs porteurs, avec des joints ouverts dans les rangées pour laisser passer l'air. Elles peuvent également être scellées dans les murs, ou y être fixées au moyen de sabots en acier galvanisé. Quand la portée du plancher est importante, un muret de refend assure un appui intermédiaire. Le solivage doit toujours se trouver au-dessus de la bande d'arase hydrofuge. Un film hydrofuge remontant contre les parements internes des murs, coiffe également les murets.

Parquet

Les solives soutiennent des lames de parquet ou des panneaux de particules. Le chant de ces derniers est bouveté (rainure et languette) pour faciliter leur assemblage. Pour les pièces humides, utilisez des panneaux hydrofuges.

Planchers d'étage en bois

Les solives des planchers des étages en bois sont directement scellées dans les murs porteurs ou reposent sur des poutres, elles-mêmes ancrées dans les murs sur une profondeur d'au moins 5 cm, ou fixées sur la longueur de ces derniers. Elles peuvent aussi y être fixées par des sabots métalliques. Si la portée est importante, comme il est souvent plus difficile de faire porter les solives sur un mur intermédiaire, on leur donne une section plus forte que celles du solivage du rez-de-chaussée.

Plancher d'étage en poutrelles/hourdis

Les planchers d'étage sont de plus en plus souvent réalisés avec des poutrelles en béton armé précontraint (ou en briques creuses), aux extrémités encastrées dans les murs, réunies par des hourdis et souvent recouverts d'une chape en béton. Le plancher peut être en hourdis polystyrène, dans ce cas, le plancher est isolant.

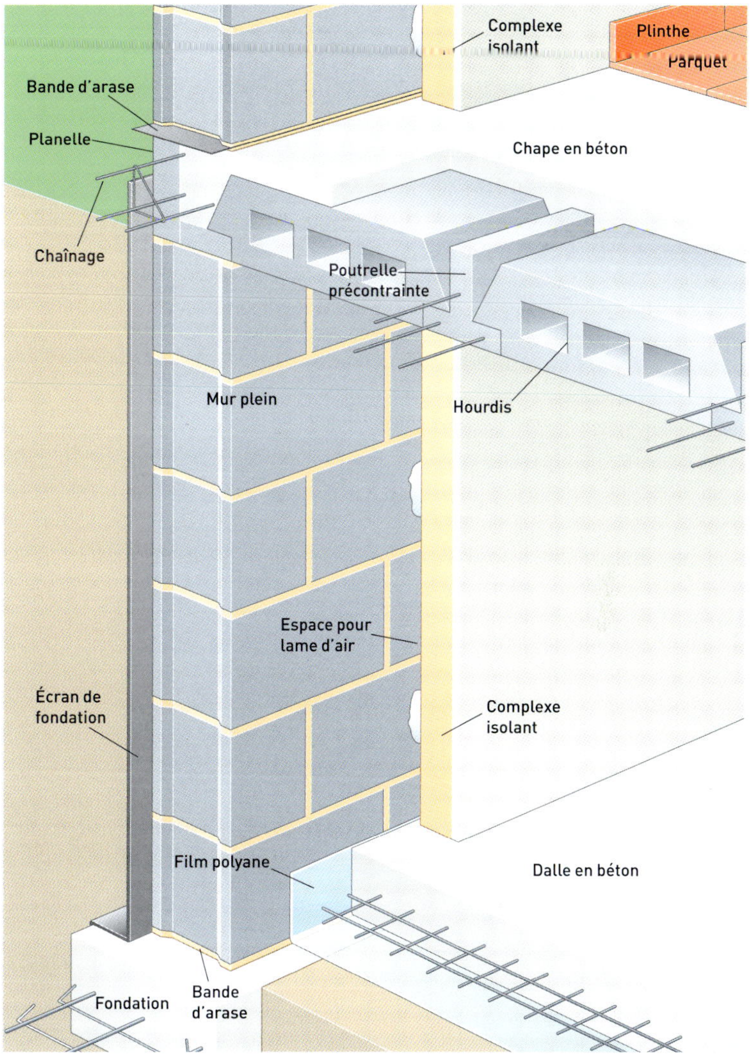

CHOISIR LE REVÊTEMENT DE SOL

Revêtement	Avantages	Inconvénients
Stratifié	Aspect lisse du parquet verni, moins cher que les lames classiques. Existe en différentes finitions et avec un large choix de couleurs.	Fragilité sous les meubles lourds. Certains produits sont inadaptés aux pièces humides. Transmet le bruit des pas.
Moquette	Vaste gamme de textile, de couleurs, de motifs et de prix. Crée une ambiance chaude.	Chère pour une bonne qualité. Sensible aux taches.
Vinyle souple	Peu coûteux et facile à nettoyer. Existe dans une large gamme de motifs, de coloris et de reliefs.	Suspecté de dégager des COV, glissant quand il est mouillé.
Dalles de vinyle	Vaste gamme de couleurs et de motifs. Pose aisée. Nettoyage facile.	Peut devenir glissant quand le sol est mouillé.
Dalles de liège	Agréable d'aspect et de contact. Faciles à nettoyer si elles sont recouvertes d'une pellicule en vinyle. Excellent isolant thermique et phonique.	Problèmes de décollement à l'usage, ternit avec le temps, assez cher.
Carrelage	Haute résistance mécanique aux taches. et aux produits chimiques. Nettoyage facile.	Froid sous les pieds nus.
Parquet	Matériaux naturels, chaleureux. Large choix de coloris, d'essences et de formats pour tous les styles de décoration.	Ne convient pas aux pièces humides, sauf pour les bois massifs exotiques à coller (teck).

Choix du revêtement

Le choix du revêtement dépend avant tout de l'utilisation des pièces et des goûts personnels de chacun. Une entrée ou une pièce de plain-pied, une salle de bains ou une cuisine gagneront à être dotées de carrelage ou de revêtement PVC, faciles à entretenir et étanches à l'eau. Une chambre ou une pièce à vivre en étage pourront recevoir du parquet (éventuellement de recouvrement), du stratifié ou de la moquette.

SOLS RÉNOVATION

Un revêtement neuf, vinyle, moquette ou carrelage, transforme radicalement une pièce. Il faut cependant qu'il soit posé sur une surface saine et bien nivelée, sinon les défauts du sol réapparaîtront tôt ou tard à la surface du nouveau revêtement, provoquant une usure irrégulière aux effets très inesthétiques. Il est fort heureusement assez facile de traiter les défauts de surface du sol.

Niveler une dalle en béton

Un sol en béton qui n'est pas parfaitement plan ou qui comporte des irrégularités de surface peut être facilement nivelé. Après avoir rebouché trous et fissures, déversez sur le sol un mortier de ragréage liquide et autolissant, que vous étalerez à la taloche.

Outils Matériaux

- **vieux pinceau**
- **truelle**
- **seau**
- **taloche**

- mortier prêt-à-gâcher
- enduit de ragréage autolissant

1 Humidifiez les fissures et les trous avec une brosse mouillée, afin d'empêcher que le béton ne boive une grande partie de l'eau de gâchage du mortier de rebouchage (ce qui fragiliserait celui-ci).

2 Comblez les plus gros trous et les fissures avec un mortier de ciment et de sable. Un enduit de rebouchage peut suffire pour traiter les plus petits défauts. Lissez à la truelle et laissez durcir. Une fois que les réparations sont sèches, humidifiez le sol avec un peu d'eau étalée au balai-brosse.

3 Préparez le mortier de ragréage selon les indications du fabricant. Partez du coin opposé à la porte, versez-le sur le sol et étalez-le aussitôt sur environ 5 mm d'épaisseur, avec une taloche maniée en arc de cercle.

4 Travaillez vite mais avec soin. L'enduit sèche en 15 min environ et vous pourrez marcher dessus quelques heures après.

Conseil castorama

Lissage parfait

Si les marques d'outil restent visibles après quelques minutes, pulvérisez de l'eau dessus et reprenez le lissage.

Niveler un parquet

Les plaques de fibres dures présentent le double avantage de régulariser la surface du sol et de réduire les fuites thermiques. Achetez des plaques lisses de 3 mm d'épaisseur. Pulvérisez de l'eau sur leur face rugueuse avant de les stocker pendant 48 h, dos à dos sur le sol de la pièce : de cette façon, elles se dilateront légèrement et, en séchant, se tendront, éliminant tout risque de gondolement ultérieur. Avant de poser ces plaques, assurez-vous que rien ne dépasse du parquet (enfoncez la tête de pointes qui pourraient ressortir). Rabotez ou poncez toutes les lames qui font saillie. Clouez les plaques avec des pointes à tiges torsadées de 20 mm de long maximum (pour qu'elles ne ressortent pas sous le parquet, risquant ainsi de percer une canalisation). Accolez soigneusement les plaques en commençant le clouage de chacune par le côté adjacent à la précédente, puis en poursuivant en pyramide. Au bout de la rangée, recoupez la dernière plaque à la dimension nécessaire.

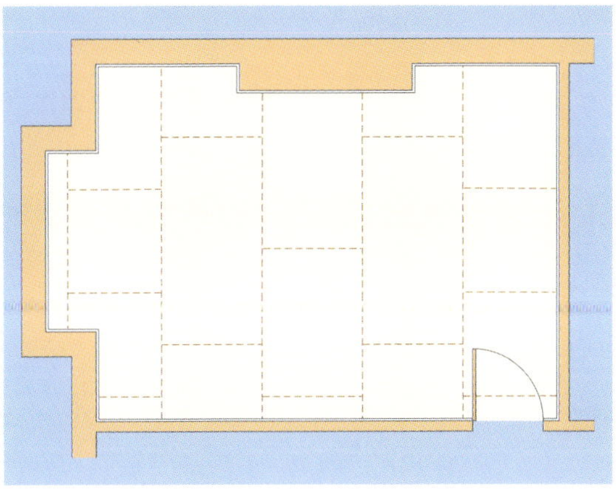

Joints rompus

L'alternance des joints élimine tout risque de création d'ondulations continues du matériau. Ces ondulations apparaîtraient ensuite sous le revêtement de sol.

Poser des dalles d'aggloméré

Si le parquet en lames est en mauvais état, mieux vaut le remplacer par des dalles de particules agglomérées à chants rainurés bouvetés. Faciles à poser, elles offrent une bonne assise pour le revêtement final.

Outils Matériaux

- **marteau**
- **crayon**
- **équerre**
- **scie égoïne ou scie circulaire électrique**
- **maillet**

- dalles de particules agglomérées à chants rainurés bouvetés
- pointes "agglo" de 50 mm
- colle à bois vinylique

1 Partez d'un coin de la pièce. Posez la première dalle perpendiculairement aux solives, son extrémité reposant obligatoirement au milieu de l'une d'elles. S'il faut raccourcir la dalle pour cela, recoupez-la du côté qui sera le long du mur. Laissez un espace de 8-10 mm entre le bord des dalles et le mur. Clouez à l'aplomb des solives, tous les 30 cm, avec des pointes "agglo" de 50 mm, la première à 20 mm du bord.

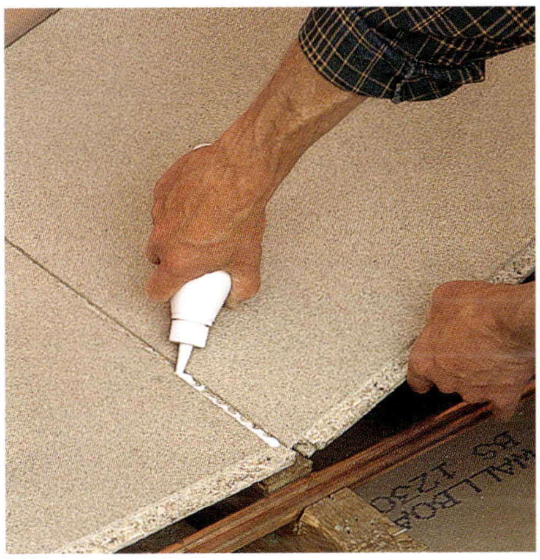

2 Présentez la rainure de la dalle suivante contre la languette de la première. Si son autre extrémité ne tombe pas sur une solive, recoupez-la du côté du joint et rainurez la rive à accoler à la dalle précédente. Encollez la languette de cette dernière, insérez la deuxième dalle et clouez-la. Essuyez les bavures de colle.

3 Pour éviter de recouper une dalle dont le bord tombe juste à côté d'une solive, vous pouvez doubler celle-ci d'un bout de chevron. Coupez la dernière dalle de la rangée en prévoyant un espace de 8-10 mm contre le mur. Pour assurer l'alternance des joints, posez la première dalle de la rangée suivante contre la dernière de la précédente.

4 Pour assembler parfaitement les languettes dans les rainures, repoussez chaque dalle à coups de maillet, en interposant une chute à chant rainuré. Recoupez chacune des dalles de la dernière rangée en largeur, en tenant compte du jeu de 8-10 mm.

SOLS RÉPARATIONS PARQUET

Avant de vous lancer dans la rénovation d'un parquet, assurez-vous que son état le permet. Si le bois est de piètre qualité, si les lames sont larges et disjointes, mieux vaut envisager son recouvrement. En revanche, si le bois est noble et en état satisfaisant, vous allez pouvoir redonner à votre parquet sa beauté d'origine.

Reboucher les fentes

Avec le temps, les lames de parquet ont tendance à se disjoindre. Comme il est très difficile de les rapprocher et encore plus de les reclouer discrètement, il est plus simple de reboucher les fentes.

1 Passez l'aspirateur pour enlever le plus gros de la poussière en passant l'embout suceur long sur chaque fente. Avec un chasse-clou, enlevez la poussière incrustée au plus profond de la fente.

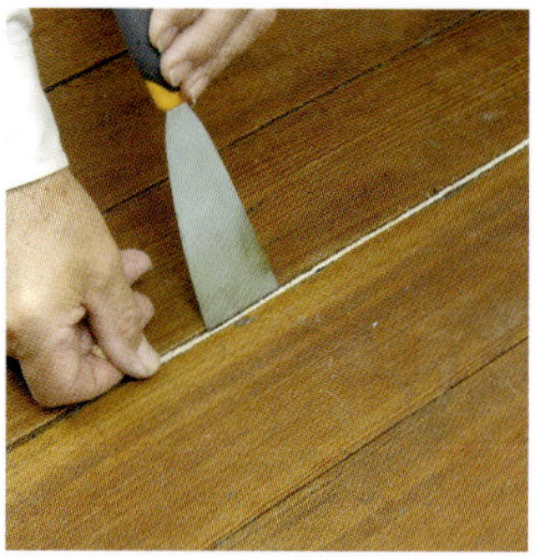

2 Pour réduire le volume de la fente, glissez dans celle-ci de la grosse ficelle d'emballage. Enfoncez bien la ficelle avec la lame d'un couteau de peintre. En réduisant le volume à reboucher, vous éviterez le retrait de la pâte à bois et son fendillement.

3 Rebouchez la partie supérieure de la fente avec de la pâte à bois. Lissez avec le couteau de peintre. Laissez sécher. En cas de retrait, appliquez une seconde couche. Poncez après séchage.

Outils Matériaux

- **couteau de peintre**
- **ponceuse à parquet**
- **ponceuse à bande**
- **ponceuse delta**
- **brosse à vernir**

- pâte à bois
- ficelle de chanvre
- laine d'acier
- vernis à parquet (vitrificateur)
- white-spirit
- vernis
- papier abrasif

Conseil castorama

Combler les fentes

Le papier mâché constitue un autre matériau de choix pour boucher les interstices entre les lames de parquet. Mélangez des morceaux de papier journal déchiré (non coloré) avec de la colle à papier peint. Colorez cette pâte avec une teinture à l'eau assortie à la teinte du parquet poncé. Forcez la pâte dans les fentes jusqu'au ras de la surface. Laissez durcir avant de poncer.

Poncer les lames de parquet

Pour poncer un parquet, vous pourrez louer une ponceuse de type professionnel. Son maniement est simple, mais demandez au loueur de vous expliquer comment monter les bandes abrasives. Malgré la présence d'un sac d'aspiration, le ponçage produit une grande quantité de poussière, aussi vous devrez prendre la précaution de fermer hermétiquement toutes les portes et autres ouvertures de la pièce dans laquelle vous travaillez avec du ruban de masquage adhésif. Vous devrez également balayer très soigneusement après chaque ponçage.

Commencez à travailler avec un abrasif à gros grain (24) en passant la ponceuse en diagonale, puis dans le sens des lames avec de l'abrasif plus fin (jusqu'à 120). Avancez en chevauchant légèrement chacune des passes. Balayez la poussière aussitôt après, puis recommencez l'opération en ponçant le parquet, toujours en diagonale, mais perpendiculairement au premier ponçage. Videz le sac à poussière à la fin de chaque utilisation et nettoyez la machine.

1 À défaut de pouvoir utiliser une ponceuse professionnelle, vous pouvez utiliser une ponceuse à bande. La profondeur de ponçage se règle au moyen d'une grosse molette située derrière la semelle de l'appareil. Poncez dans le sens du fil des lames de parquet.

2 Rares sont les modèles de ponceuses à bande qui permettent d'aller parfaitement dans le coin des murs. Utilisez pour les finitions une ponceuse delta. Commencez par la raccorder sur le tuyau de l'aspirateur de la maison.

3 Avec la ponceuse delta, finissez le ponçage de tous les endroits que la ponceuse à bande n'a pu atteindre, notamment les angles de mur.

L'outil malin

Ponceuse delta

Cette petite ponceuse est fort pratique pour finir les recoins et les bordures, grâce à sa semelle de forme ogivale, qui peut recevoir des feuilles de papier abrasif de grain plus ou moins fin.

Sécurité

Poncer un parquet est un travail particulièrement salissant, vous devrez donc porter un masque antipoussière et des lunettes de protection spéciales, très ajustées. Faites passer le fil électrique de la ponceuse au-dessus de votre épaule et branchez-la sur une prise reliée à la terre afin d'éviter tout dommage si le fil venait à être abîmé. Débranchez toujours la ponceuse pour changer le papier abrasif.

Vernir le parquet

Vous pouvez choisir un vernis (fréquemment appelé "vitrificateur") teinté ou non en fonction de l'essence du bois. Il faut passer trois couches de vernis pour obtenir une finition parfaite. Travaillez avec un pinceau parfaitement propre.

1 Balayez, puis aspirez toute la poussière qui se trouve encore sur le parquet. Puis passez un chiffon non pelucheux imbibé de white-spirit sur toute la superficie du parquet.

2 Pour passer la première couche, le vernis doit être dilué à 10 % avec du white-spirit, ainsi il s'étalera plus facilement. La première couche agit comme un bouche-pores. Travaillez en allant vers la porte, étalez le vernis dans le sens du fil pour ne pas laisser de petites flaques.

3 Quand la première couche est sèche, passez un abrasif à grain très fin puis un chiffon non pelucheux imbibé de white-spirit. Passez la deuxième couche, laissez sécher. Donnez un coup de laine d'acier et appliquez la troisième couche.

Conseil castorama

Laine d'acier

Avant d'appliquer la dernière couche de vernis, passez un tampon de laine d'acier sans trop appuyer sur l'ensemble du parquet bien sec. Vous obtiendrez ainsi un beau fini.

SOLS PARQUETS

Outils Matériaux
- **détecteur de métaux et de courant**
- **ciseau de briqueteur**
- **marteau américain**
- **coin en bois ou ciseau à froid**
- **équerre**
- **crayon**
- **scie à dos**
- **règle**
- **perceuse et mèches**
- **tournevis**

- chute de planche
- lame de parquet neuve
- pointes tête homme ou pointes torsadées de 50 mm, ou vis à bois

Certaines lames d'un parquet ancien peuvent se fendre, se gauchir, se gondoler ou se casser. Vous serez amené à retirer une lame, que ce soit pour la remplacer si elle est endommagée ou pour accéder à une canalisation courant sous le parquet. L'opération diffère selon que les lames sont à chants droits, et clouées sur les lambourdes, ou à chants bouvetés (rainure et languette).

Lames à chants droits

Retirer une lame à chants droits est une tâche assez aisée. Toutefois, si ses deux extrémités sont engagées sous les plinthes, vous devrez soit la couper au milieu, soit déposer au moins l'une des plinthes.

1 Commencez par localiser les éventuels câbles et tuyaux cheminant sous le parquet. Un ciseau de briqueteur, inséré entre deux lames, près d'une de leurs extrémités, répartira les efforts sur les deux lames.

2 Faites levier avec le ciseau de briqueteur pour soulever la lame à ôter. Effectuez la même opération sur l'autre côté de la lame, de manière à la soulever pour pouvoir insérer en dessous un coin ou un ciseau à froid qui la retiendra ainsi.

3 Avec la panne du marteau, insérée successivement de chaque côté de la lame, soulevez celle-ci progressivement. Protégez les lames adjacentes en faisant porter la tête du marteau sur une chute de planche et progressez ainsi vers l'extrémité de la lame.

4 Après avoir arraché la plupart des pointes qui fixaient la lame, soulevez celle-ci en tirant sur son extrémité libérée.

Remplacer une portion de lame

Si les dommages sont limités à une petite portion de la lame ou si le bout de celle-ci est calé sous une plinthe, il est parfois plus commode de n'en remplacer qu'une portion.

Sécurité

Arrachez sans attendre les pointes encore plantées dans la lame que vous venez de soulever. Vous éviterez ainsi de vous blesser très sérieusement.

1 Soulevez la lame, juste assez pour pouvoir insérer dessous un bout de planche. Tracez la ligne de coupe avec une équerre, en veillant à ce que chaque coupe tombe au centre d'une lambourde.

2 Découpez la section à remplacer, avec la scie à dos, en veillant à ne pas endommager les lames adjacentes. Relevez la longueur de la partie à remplacer. Si vous ne trouvez pas de lame de même largeur, rabotez le chant d'une lame plus large. Si la lame neuve est plus épaisse, entaillez sa face cachée au passage des lambourdes.

3 Insérez la lame neuve en place et fixez-la avec des pointes tête homme ou torsadées, enfoncées hors des points d'ancrage précédents. Vous pouvez percer de petits avant-trous pour éviter de fendre le bois, ou fixer la lame au moyen de vis de 4 ou 5 mm de diamètre et 50 mm de long.

Choisir son parquet

Pour choisir votre parquet, trois critères interviennent : le décor, le sol existant et l'essence du bois.

Pour le décor, il existe plusieurs motifs de pose : à l'anglaise, à damier, point de Hongrie...

Le choix de l'essence se fait en fonction de l'esthétique mais aussi de l'utilisation et de la fréquence des passages. À titre d'exemple, les essences comme le chêne, le châtaignier, le frêne ou l'érable permettent de supporter un trafic intense tout en offrant un fini décoratif très satisfaisant.

Prenez ensuite en compte le sol existant : le choix d'un type de parquet dépend du support sur lequel il sera posé.

TYPE DE SUPPORT POUR PARQUETS

Surface	Collé	Cloué
Chape béton	OUI	Sur lambourdes
Carrelage pierre marbre	OUI après abrasion	NON
Ancien parquet	NON	OUI
Panneaux particules	OUI	OUI
Sols plastiques	NON	NON
Moquette rase	NON	NON
Moquette épaisse	NON	NON

Poser un parquet

Pour qu'il ne se déforme pas, stockez votre parquet à plat et déballé au moins 48 h avant la pose dans la pièce concernée. En cas de pose sur sol chauffant, celui-ci doit être en activité. Votre support doit être plan, propre et sec. En cas de chape fraîchement coulée, comptez deux semaines de séchage par cm d'épaisseur.

Préparez des cales de 8 à 10 mm et posez toujours les lames parallèlement à la longueur des pièces. Pour découper les lames de parquet, utilisez une scie égoïne à main bien affûtée, la surface de la lame au-dessus. La découpe se faisant en descendant, s'il y a des éclats, ceux-ci seront sur l'envers de la lame. Avec une scie sauteuse, la lame coupe en montant. Par conséquent, il faut que la lame de parquet soit posée à l'envers sur l'établi.

Outils Matériaux

- **marteau**
- **mètre**
- **scie égoïne**
- **spatule crantée pour colle**

- cales pour joint périphérique
- lames de parquet
- plinthes
- colle adaptée au parquet ou clous à tête plate

Le parquet à coller

1 Étalez la colle sur le support sur une surface équivalente à quelques lames avec la spatule.

2 Commencez par poser le parquet le long du mur le plus long. Laissez un joint périphérique de 8 à 10 mm dans lequel on posera des cales provisoires.

3 Utilisez un maillet pour serrer chaque lame sur la précédente en prenant soin d'interposer un morceau de bois.

4 À la fin de la pose, ajustez par une lame entière le seuil de la porte sous les ébrasements.

5 Enlevez les cales de bois avant de fixer la plinthe pour ne pas serrer le parquet.

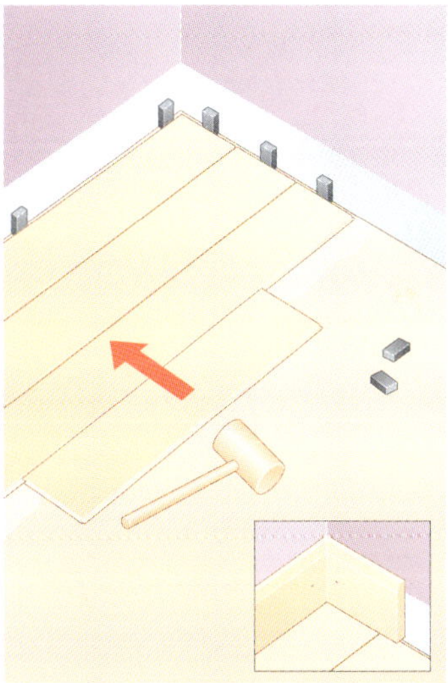

Le parquet à clouer

La pose s'effectue sur lambourdes espacées de 40 cm.

1 Commencez parallèlement aux murs les plus longs. Laissez un joint périphérique de 8 à 10 mm dans lequel vous poserez des cales provisoires.

2 Chaque lame est serrée sur la précédente au maillet en prenant le soin d'interposer un morceau de bois pour ne pas abîmer le parquet.

3 Enfoncez un clou obliquement côté languette à l'intersection des lames et lambourdes.

4 Au seuil de pose, ajustez par une lame entière le seuil de la porte sur les lambourdes.

5 Enlevez les cales de bois avant de fixer la plinthe de finition.

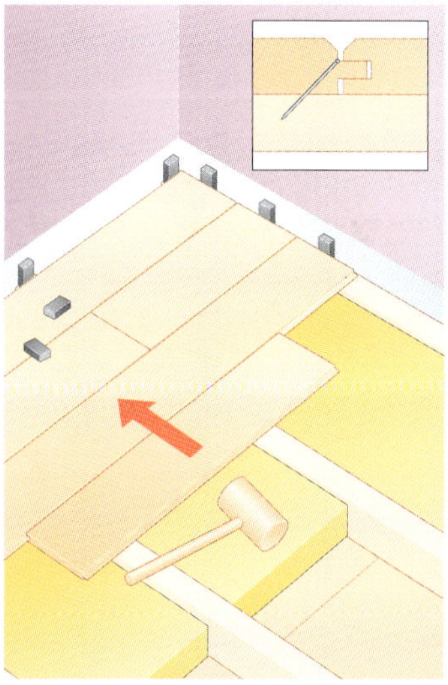

SOLS REVÊTEMENTS STRATIFIÉS

l'astuce éco de castorama

Éco-certification des bois

Accordez votre préférence aux produits certifiés FSC : ils garantissent que la majorité du bois employé pour la fabrication provient de forêts gérées de manière responsable, respectant le cycle naturel des arbres et de l'environnement.

D'aspect brillant ou satiné, le revêtement de sol stratifié transforme l'esthétique d'une pièce. Il est constitué d'un support en panneau dérivé du bois et d'une feuille décorée imprégnée de résine puis recouverte d'une couche mélaminée. Très dure, elle assure la résistance du décor et le protège contre l'usure, les rayures, le poinçonnement et les taches.

Commercialisé dans une grande diversité de couleurs et de décors, le stratifié est proposé en lames qui sont posées "flottantes", c'est-à-dire sans adhérer au sol, ce qui leur permet, quand elles sont correctement installées, de travailler sans se gondoler.

Préparer le sol existant

Le stratifié se pose sur toute surface lisse, plane, sèche, ferme et sans irrégularité.

Dalles de béton

Avant de poser un revêtement stratifié sur une dalle en béton, laissez celui-ci sécher à raison d'un jour par millimètre d'épaisseur. Un sol ancien inégal doit être nivelé avec un enduit de ragréage. Que la dalle de béton soit neuve ou plus ancienne, un film polyane ou pare-vapeur est obligatoire avant la pose de dalles ou d'une autre sous-couche.

Parquet

Assurez-vous que toutes les lames sont fermement fixées et renfoncez la tête de toutes les pointes saillantes. Si votre parquet présente des fentes, la pose de dalles de fibres permet de corriger les irrégularités. Sinon, bouchez les fentes de grandes dimensions entre les lames avec de la pâte à bois. Comblez les plus larges avec des baguettes de bois que vous raboterez avant la pose de la sous-couche.

Choisir la sous-couche adaptée

Le stratifié ne doit jamais reposer directement sur le sol. Une sous-couche assure une isolation phonique normalisée. Ne placez jamais une sous-couche pour moquette (thibaude) sous un revêtement stratifié. Certaines lames de stratifié intègrent une couche phonique à la fabrication. Le choix de la sous-couche se fait en fonction de plusieurs critères : si vous habitez dans un appartement ou dans une maison, si vous êtes au rez-de-chaussée ou à l'étage.

Film polyane

C'est la plus mince des sous-couches pour revêtement stratifié, à poser sur tout support solide, sec et bien nivelé, tel que plaques d'aggloméré ou parquet ancien raboté. Si vous craignez des remontées d'humidité, posez d'abord un film hydrofuge. Ce film est obligatoire pour les dalles de béton.

Dalles de fibres

Si vous habitez dans un appartement ou à l'étage, les dalles de fibre sont adaptées à votre situation. Composées de déchets de bois défibrés, ces dalles de 5 ou 7 mm d'épaisseur présentent d'excellentes qualités d'isolation thermique et acoustique. Elles égalisent aussi les irrégularités du sol.

Le même matériau est intégré en sous-couche de 2 mm sous certaines qualités de lames stratifiées.

Si nécessaire, ragréez le sol et recouvrez-le d'un film hydrofuge. Laissez les dalles s'acclimater à l'atmosphère de la pièce pendant 24 à 48 h. Posez-les à joints rompus, en laissant un jeu de dilatation de 10 mm tout autour de la pièce à l'aide de cales d'épaisseur que vous retirerez une fois la pose de l'ensemble des lames terminée.

Sous-couche combinée hydrofuge

Idéal en rez-de-chaussée, le film en polyéthylène réticulé combine l'atténuation acoustique avec une fonction pare-vapeur, tout en résistant bien à la compression. Plus épais qu'un film polyane, il absorbe les petites irrégularités du sol. Un seul film suffit donc à réaliser une sous-couche complète.

Poser la sous-couche

Préparez le sol pour qu'il soit lisse, propre et plan.
Coupez les bandes nécessaires avec des ciseaux ou un cutter. Posez la sous-couche en accolant les lés sans les chevaucher sur une bande adhésive double face en laissant un jeu de 10 mm autour des tuyaux.
La sous-couche se pose perpendiculairement aux lames de parquet.

Choisir votre revêtement stratifié

Facile à poser, résistant aux chocs et aux taches, le revêtement stratifié présente de nombreux avantages.

Les stratifiés sont vendus sous forme de lames avec rainures et languettes. Certains ont un système permettant de clipser les lames entre elles par simple pression. On peut alors retirer facilement une lame pour la remplacer ou toute la surface pour la reposer ailleurs. Le choix du revêtement se fait en fonction de plusieurs critères : l'usage auquel il est destiné (donc sa résistance), la présence ou non d'un chauffage au sol et son esthétique.

Évaluer la résistance du stratifié

Il existe une classification de la résistance du stratifié. Ainsi vous pourrez facilement choisir le produit adapté à votre besoin.

Il existe trois classes à usage domestique (indiquées avec le dessin d'une maison) et deux autres à usage commercial (indiquées avec le dessin d'immeuble).

Le chiffre indique l'usage destiné :

- 21 : domestique modéré : chambre d'ami ;
- 22 : domestique général : chambre d'adulte, bureau ;
- 23 : domestique élevé : pièce à accès direct sur l'extérieur ou à fréquentation élevée (salle de séjour, chambre d'enfant) ;
- 31 : public modéré : chambres d'hôtel, petits bureaux.

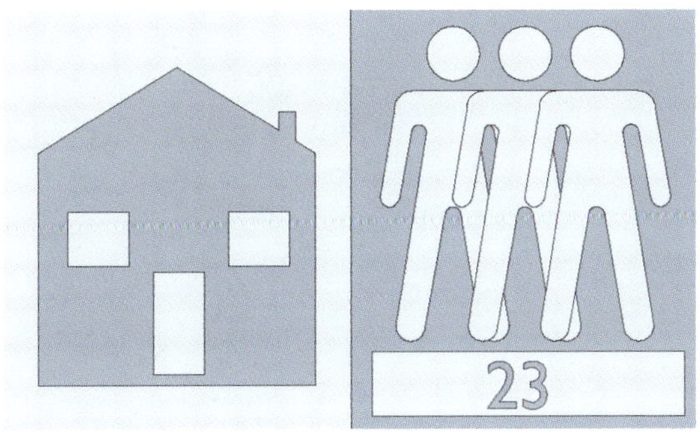

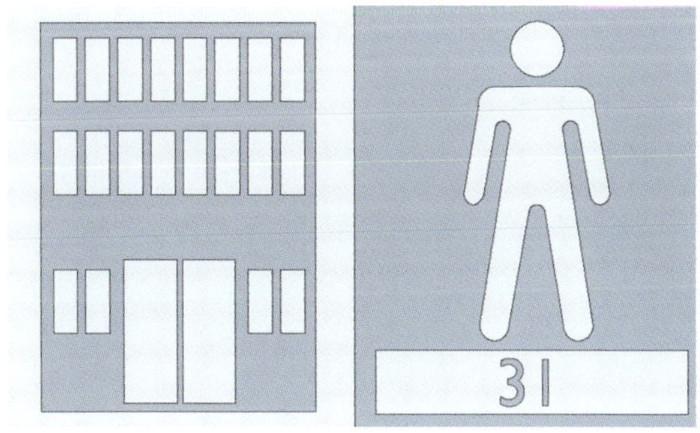

Si vous disposez d'un chauffage au sol, vérifiez que le revêtement est compatible avec le système de chauffage au sol de type à basse température. Choisissez également une sous-couche qui préserve l'efficacité du chauffage et posez aussi un film polyane.

Le décor de ces revêtements est créé par la feuille supérieure du stratifié, protégée sous un film transparent très dur. Cette feuille peut avoir l'aspect du bois, naturel ou teinté, mais aussi de la terre cuite, de la céramique, ou même de la pierre. Si vous optez pour un aspect parquet, rien ne vous empêche de composer un décor avec plusieurs teintes.

Quantité à acheter

Les revêtements stratifiés sont vendus en paquets couvrant une surface indiquée sur l'emballage (en général de 2 à 2,50 m^2, selon les produits) dans un nombre de lames variant en fonction de leur largeur. Calculez la surface de la pièce en multipliant longueur par largeur, et ajoutez 10 %, par précaution.

Conseil castorama

Stockez les lames à la température de la pièce

Laissez les lames stockées dans la pièce à parqueter au moins 48 h avant la pose pour que le bois s'acclimate.

Sécurité

Pour scier les lames, portez un masque antipoussière et travaillez dans une pièce bien ventilée.

Les lames à clipser connaissent une popularité croissante car elles se posent rapidement – sans clou ni colle – et ne demandent aucune dextérité particulière. Pour qu'elles ne se voilent pas, il faut les stabiliser en température avant de les poser, en les étalant pendant au moins 48 h dans la pièce à aménager. Assurez-vous auparavant que le sol est bien apte à les recevoir et recouvert de la sous-couche adaptée.

Outils d'emboîtement

Un jeu d'outils spéciaux est nécessaire pour poser les lames stratifiées dans de bonnes conditions.

- Des cales, à placer entre les bords du revêtement et la base des murs (ne pas oublier de les retirer une fois la pose terminée) pour maintenir un jeu de 10 mm permettant au matériau de se dilater sans gondoler.
- Une cale de frappe à interposer entre le marteau et la lame afin de la frapper sans l'abîmer et de l'emboîter correctement.
- Un tire-lame permettant d'emboîter à fond la dernière lame de périphérie. Il faut caler un rebord contre le chant de la lame et frapper au marteau à l'intérieur de l'autre rebord.

Sécurité

Protégez vos genoux

La pose d'un revêtement de sol est très pénible pour les genoux. Vous risquez aussi de vous blesser si vous les posez sur une arête aiguë ou un objet tranchant. Portez des genouillères.

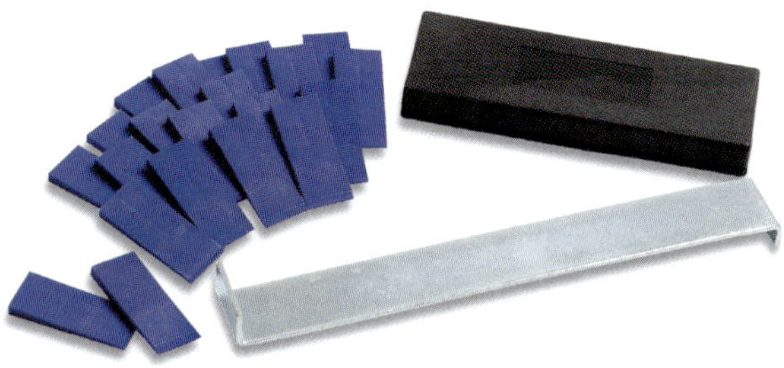

Poser des lames à clipser

Les lames stratifiées se dilatant et se contractant naturellement, un espace de 8 à 10 mm doit être laissé entre le bord du revêtement et les murs périphériques. Le kit d'outillage spécial contient des cales calibrées destinées à cet usage.

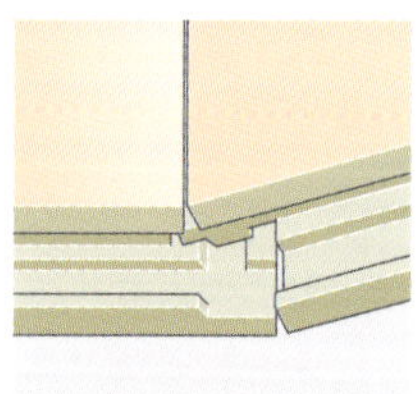

Outils Matériaux

- **équerre à talon**
- **crayon**
- **règle**
- **masque antipoussière**
- **scie égoïne ou sauteuse avec lame spéciale pour stratifié**
- **marteau**
- **tire-lame**
- **cale de frappe**
- **cales**

- lames à clipser
- cales de dilatation

1 Pour obtenir un excellent effet, posez les lames en direction de la fenêtre qui éclaire la pièce. Sur la sous-couche, posez la première lame dans un coin à gauche, l'extrémité ayant la plus courte languette contre le mur. Placez les cales de dilatation à intervalles réguliers entre la lame et la plinthe, selon les recommandations du fabricant. Vérifiez le parallélisme et l'équerrage de la lame avec les murs.

2 Insérez la languette courte de la lame suivante dans la rainure du bout de la première, sous un angle d'environ 30°. Abaissez la lame pour la verrouiller en place. Posez ainsi des lames bout à bout jusqu'à l'extrémité de la rangée, où il faudra très probablement recouper la dernière lame.

3 Pour mesurer la dernière lame, retournez-la et placez-la contre la précédente, avec une cale de dilatation posée contre la plinthe. Avec l'équerre, tracez au crayon un trait sur la lame à recouper, dans l'alignement de l'extrémité de la précédente. Sciez sur le trait et mettez la lame en place. Il faut décaler les joints : si la chute de coupe fait au moins 30 cm, utilisez-la pour commencer la rangée suivante ; sinon, partez avec une lame coupée au milieu. Veillez à ce que l'extrémité recoupée laisse bien l'espace de dilatation qui sera masqué sous la baguette de finition.

4 Il existe deux méthodes pour assembler les rangées de lames. Vous pouvez en clipser une contre la première, puis placer les suivantes toujours en bout, et verrouiller l'encliquetage en donnant de petits coups de marteau sur l'extrémité protégée par la cale de frappe.

5 Vous pouvez aussi clipser une rangée complète bout à bout, puis la présenter avec l'aide d'un assistant, contre celle en place, sous un angle de 30° et l'abaisser pour la verrouiller.

6 Mesurez et coupez la dernière lame de chaque rangée comme expliqué au point 3. Encliquetez le grand côté dans la rangée en place. Calez le plus petit rabat du tire-lame contre l'extrémité recoupée de la lame et frappez avec le marteau à l'intérieur du grand rabat de l'outil, pour poser complètement la lame en place.

7 Pour la dernière rangée, il faut recouper les lames en largeur. Alignez une lame sur la rangée précédente, puis posez dessus une autre lame, sa languette contre la plinthe. Guidez-vous sur le bord de cette lame pour tracer la ligne de coupe sur celle du dessous. Coupez cette dernière et encliquetez-la en place au moyen du tire-lame.

Conseil castorama

Entretien des sols stratifiés

- Nettoyez régulièrement à l'aspirateur ou avec un balai doux.
- Passez un chiffon humide pour restaurer le brillant.
- Ne pas laver à grande eau.
- Placez des tampons protecteurs sous les pieds des meubles et des chaises pour qu'ils ne marquent pas le revêtement, et déplacez les meubles avec précaution.

SOLS REVÊTEMENTS STRATIFIÉS

Avec ce type de revêtement, la languette d'une lame s'insère dans la rainure de sa voisine, l'assemblage étant encollé. Pour éviter que les lames ne se déforment sous l'effet d'un changement brutal d'atmosphère, étalez-les dans la pièce à revêtir pendant au moins 48 h pour que leur matériau se stabilise.

Passage des tuyauteries

Le passage des tuyauteries, comme celle des radiateurs de chauffage central, se traite comme pour le stratifié clipsable. Effectuez les découpes curvilignes au moyen d'une scie sauteuse.

1 Présentez la lame contre le tuyau, dans la position correcte par rapport au mur ou à la dernière lame posée. Tracez la position du tuyau, en prenant de la marge pour la dilatation et l'écart de sciage. Placez une cale de dilatation contre le mur et relevez la cote entre l'avant de cette cale et l'avant du tuyau. Reportez cette cote sur la lame.

2 Joignez les deux marques pour tracer le contour de la découpe à réaliser.

Outils Matériaux

- **crayon**
- **mètre ruban**
- **équerre**
- **masque antipoussière**
- **scie sauteuse avec lame pour stratifié**
- **perceuse avec scie cloche**
- **cales de dilatation**

- lames de stratifié
- rondelles passe-tuyau
- colle pour stratifié

3 Réalisez la découpe à la scie sauteuse sur les droites du tracé, puis libérez l'ouverture en perçant avec une scie cloche de diamètre adapté.

4 Placez la lame, et collez une rondelle passe-tuyau (voir page de droite), alignée avec le veinage du bois de la lame.

Conseil castorama

Passe-tuyau

Ces rondelles en faux bois servent à masquer le jeu autour du passage des tuyaux. Alignez le veinage avec celui du parquet et collez la rondelle.

Finition du revêtement

Retirez les cales de dilatation périphériques quand le revêtement est en place, et laissez celui-ci prendre sa place pendant 12 h. Pour masquer l'espace, posez une baguette décorative assortie au décor de la pièce, ou une nouvelle plinthe recouvrant celle d'origine. Ne la collez surtout pas sur les lames.

Outils Matériaux
- **crayon**
- **règle**
- **masque antipoussière**
- **scie d'encadreur ou scie à dos et boîte à onglets**

- profilé de finition
- adhésif

1 Mesurez et coupez les longueurs de profilés de finition. Utilisez une scie d'encadreur, comme ici, ou une scie à dos et une boîte à onglets, pour obtenir une coupe précise à 45° assurant une finition impeccable.

2 Encollez le dos de la baguette de finition (surtout pas la base) de manière qu'elle adhère sur la plinthe et non pas sur les lames.

3 Pressez la baguette en place. Vous pouvez la maintenir jusqu'au séchage de la colle avec des objets lourds.

Passage des encadrements et montants de portes

Si l'encadrement dépasse du plan de la plinthe, n'essayez pas de tailler la lame pour en suivre le profil. La finition sera plus nette si vous découpez la base de l'encadrement pour y insérer la lame.

Outils Matériaux
- **scie égoïne**
- **ciseau à bois**
- **mètre ruban**
- **crayon**
- **masque antipoussière**
- **scie sauteuse avec lame pour stratifié**

- sous-couche
- lames de stratifié
- baguette d'entourage
- colle pour stratifié
- barre de seuil

1 Posez contre l'encadrement de porte une lame sur un morceau de sous-couche. Plaquez la lame d'une scie égoïne sur la surface de la lame et sciez le bas de l'encadrement.

2 Au moyen du ciseau à bois, ôtez le morceau d'encadrement scié en allant jusqu'au mur, pour garder 10 mm de jeu.

3 Mesurez la profondeur du dormant de porte. Le revêtement doit couvrir tout le dessous de la porte quand elle est fermée (sans omettre 10 mm de jeu pour la dilatation). Reportez la cote sur la lame, coupez à la scie sauteuse et insérez la lame en place.

4 Taillez une barre de seuil à la largeur de l'ouverture. Collez-la ou vissez-la. Après avoir posé le revêtement, cachez l'espace de dilatation périphérique au niveau des plinthes par une baguette et, si besoin, complétez avec un mastic de couleur.

SOLS CARRELAGE

Beau, résistant, durable, des atouts qui font du carrelage un revêtement de sol appréciable. La richesse des couleurs, des formats et des matériaux vous permettra de l'utiliser comme un élément décoratif à part entière.

Préparer le sol à revêtir

Alors qu'un sol bétonné plan et uniforme peut être carrelé directement, un parquet gagnera à être doublé au préalable avec un contreplaqué fin ou un panneau de fibres de 10 mm, fixé par des vis de 25 mm (diamètre 4 mm) ou des pointes à tige torsadée, placées tous les 30 cm. Nettoyez le béton avec de l'eau et du détergent ; s'il est inégal, ragréez-le. Avant d'utiliser un mortier-colle, traitez la surface, si elle est poreuse, avec un primaire liquide, de telle sorte que le sol ne boive pas instantanément l'eau de gâchage du mortier-colle. Pour poser du carrelage sur un ancien carrelage, utilisez un primaire d'accrochage et une colle souple, après un éventuel ragréage.

Quantité à acheter

Le carrelage est vendu en paquets sur lesquels est mentionnée la surface couverte, sans chute et parfois en tenant compte des joints. Dans le calcul de la surface à revêtir, n'oubliez pas de tenir compte de tous les renfoncements éventuels. Divisez cette surface par celle d'un paquet et, pour tenir compte des coupes et des chutes, ajoutez 5 % pour une pose droite, 10 % pour une pose décalée et 15 % pour une pose en diagonale.

Outils Matériaux

- **gants de protection, si besoin**
- **platoir dentelé**
- **stylo à encre de chine**
- **niveau à bulles**
- **coupe-carreaux manuel ou électrique**
- **raclette à lèvre en caoutchouc**
- **batte de carreleur ou cale en bois**
- **chiffon humide**
- **chiffon sec**

- mortier-colle pour carrelage
- tasseau et pointes (facultatif)
- primaire d'accrochage ou durcisseur, si besoin
- carreaux pour sol
- croisillons
- éponge humide
- joint silicone

Conseil castorama

Température

Ne travaillez pas avec des températures inférieures à 5 °C et supérieures à 30 °C.

Départ

Comme le premier carreau, ou "carreau de base", détermine l'organisation de tous les autres, il faut qu'il soit parfaitement positionné. À moins d'être vraiment sûr de l'équerrage des murs de la pièce, ne partez jamais d'un mur pour progresser vers les autres murs : vous risquez de finir complètement de travers. La manière la plus sûre d'obtenir un agencement symétrique consiste à partir du centre de la pièce pour progresser vers les murs dans chaque direction.

Carreau de base

Déterminez d'abord le centre de la pièce. Contre l'une des lignes de centrage posez à sec une rangée de carreaux jusqu'au mur. Vérifiez que vous n'arrivez pas sur une chute très étroite, difficile à coller correctement. Si nécessaire, repoussez la ligne de départ d'une demi-largeur de carreau pour élargir la chute de périphérie. Effectuez la même opération à sec depuis la ligne de centrage dans la direction opposée, puis dans les deux directions perpendiculaires. Ajustez la position du carreau de base, comme montré ci-dessous, jusqu'à obtenir, plus ou moins, un demi-carreau en périphérie.

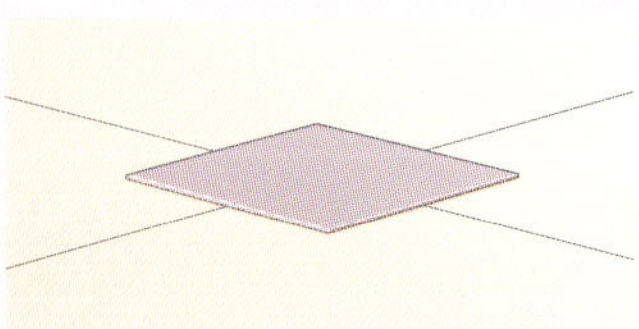

Placez le carreau de base central pour obtenir un espace d'un demi-carreau environ, réparti uniformément tout autour de la pièce.

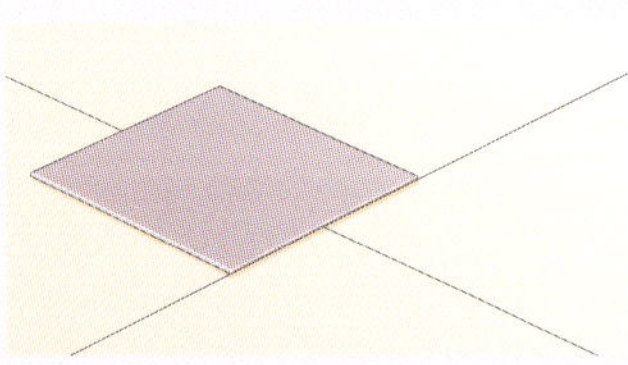

Si besoin, déplacez le carreau de base d'une demi-largeur dans une ou plusieurs directions.

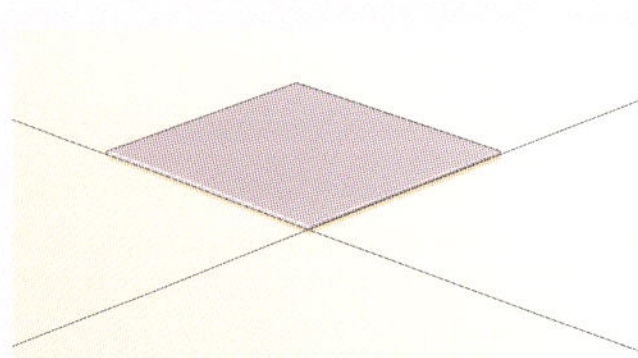

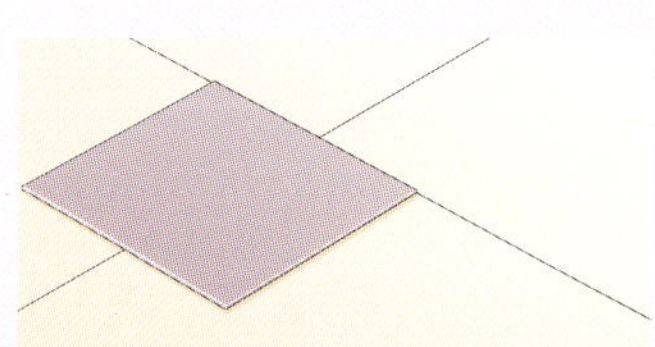

Poser des carreaux

Partez du carreau de base et progressez vers l'un des murs. Fixez le carreau avec un mortier-colle adapté. Quand toute la surface est carrelée, laissez durcir pendant 24 h avant de marcher sur le carrelage. Dans une cuisine, carrelez moitié par moitié, de manière à toujours conserver l'usage de la pièce, en veillant à laisser à chaque fois un passage qui évite de marcher sur les carreaux fraîchement posés.

L'outil malin

Platoir dentelé

Étalez le mortier-colle sur le sol avec le côté lisse de l'outil, puis rayez-le avec l'autre côté de l'outil, afin d'obtenir un collage optimal.

1 En partant du centre de la pièce, versez suffisamment de mortier-colle pour couvrir environ 1 m^2. Étalez-le uniformément au moyen du platoir dentelé ou d'une spatule crantée. La couche striée doit contenir juste ce qu'il faut de produit pour un collage parfait des carreaux. Veillez à conserver la visibilité du tracé pour positionner le carreau de base avec exactitude. Pour aligner la première rangée de carreaux, vous pouvez fixer au sol une latte de bois.

2 Positionnez le carreau de base contre le tracé, avec un petit mouvement de rotation pour que le mortier-colle soit réparti sans laisser de bulles d'air. Continuez en posant vers l'un des murs une rangée complète de carreaux, séparés par des croisillons. De temps à autre, assurez-vous que la surface carrelée est plane au moyen du niveau à bulles. Toutefois, cette vérification n'est guère possible avec des carreaux rustiques moulés à l'ancienne, pour lesquels vous devrez vous fier à votre coup d'œil. Repartez du carreau de base pour poser une nouvelle rangée de carreaux, perpendiculaire à la précédente. Rangée par rangée, couvrez ainsi progressivement le quart de la surface.

3 Après le premier quart, carrelez en tournant le reste de la surface, à l'exception des bandes périphériques où les carreaux doivent être recoupés. À intervalles réguliers, passez une éponge humide sur les carreaux fraîchement posés. Veillez à la nettoyer fréquemment pour enlever soigneusement toute bavure de mortier-colle.

4 Au moyen d'une truelle, nettoyez toutes les traces de mortier-colle étalé dans la bande périphérique avant qu'il ne durcisse. Laissez sécher pendant 24 h avant de terminer le revêtement.

Conseil castorama

Croisillons

Les croisillons assurent la régularité des joints. Utilisez une taille adaptée à la largeur des joints. Les croisillons s'insèrent entre les carreaux (environ 1 % de la longueur du carreau, 20 x 20 = 2 mm, 40 x 40 = 4 mm). Enfoncez-les bien en dessous de la surface des carreaux, car ils doivent disparaître, noyés sous le joint. Si vous travaillez avec des croisillons réutilisables, il faut, au contraire, éviter de les enfoncer.

SOLS CARRELAGE

Couper et poser des carreaux de périphériques

Le carrelage de sol étant plus épais que le carrelage céramique mural, il faut un outil plus puissant pour le couper. Les grands carreaux se coupent plus facilement que les petits. Le coupe-carreaux électrique à disque diamanté lubrifié à l'eau assure des coupes parfaites et constantes. Une carrelette permet, à défaut, de réaliser des coupes satisfaisantes, difficiles à réaliser avec une pince coupe-carreaux.

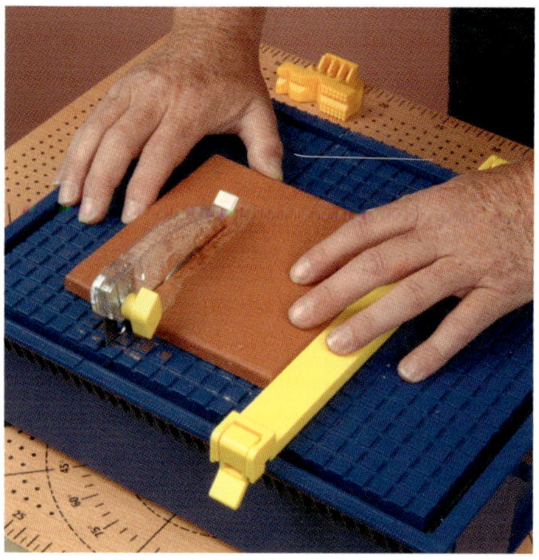

1 Pour mesurer un carreau de périphérie, placez-le sur le dernier carreau entier et posez dessus un autre carreau calé contre le mur, c'est son côté qui correspond au trait de coupe. Coupez le carreau juste à l'intérieur du tracé pour laisser la largeur du joint. Si vous devez faire beaucoup de coupes, utilisez une carrelette électrique.

2 Appliquez le mortier-colle au dos de chaque morceau de carreau recoupé.

3 Posez le carreau en place et laissez sécher pendant 24 h.

Jointoyer

La qualité des joints détermine l'esthétique du carrelage fini. Délayez le ciment joint à l'eau, en agitant fermement pour éviter les grumeaux. Laissez reposer quelques minutes avant application.

1 Attendez 24 h avant de poser le joint. Si la surface des carreaux est émaillée, vous pouvez verser le produit dessus et l'étaler au moyen d'une raclette ou d'une taloche à lame en caoutchouc dur, comme ici. Si les carreaux ont une surface poreuse, veillez à traiter la surface avec un imperméabilisant.

2 Dès que le ciment joint commence à sécher, pressez et lissez les joints pour les compacter et les rendre étanches. Au fur et à mesure, éliminez les bavures de ciment joint avec une éponge humide fréquemment rincée.

3 Laissez le ciment joint durcir pendant 1 h environ, essuyez-le encore, puis polissez les carreaux avec un chiffon sec. Déposez un cordon de mastic au silicone entre le carrelage et les murs. Évitez de marcher sur le carrelage neuf pendant 48 h.

Frises décoratives

Traitez la bordure de carreaux décoratifs comme la dernière rangée de carreaux entiers et fermez la surface par une rangée de carreaux recoupés. Laissez sécher la surface de carreaux entiers avant de l'entourer de la rangée décorative, et attendez le jour suivant pour poser les carreaux périphériques. Placez d'abord les carreaux décoratifs à sec. Posez dessus les carreaux à recouper (bords extérieurs exactement alignés), et recouvrez-les de carreaux entiers, calés contre les murs. Guidez-vous sur leur bord intérieur pour tracer la ligne de coupe. Coupez à l'intérieur de ce tracé pour conserver l'espace du joint.

1 Avec le platoir dentelé ou la spatule crantée, étalez suffisamment de mortier-colle pour quelques carreaux décoratifs et de bordure à la fois. Le ciment étant agressif pour la peau, portez des gants en caoutchouc.

2 Avec précaution, mettez les carreaux décoratifs en place, en veillant à bien les aligner avec les carreaux entiers et en insérant des croisillons entre eux.

3 Positionnez les carreaux périphériques, en veillant à bien les aligner avec ceux de la bordure décorative.

4 Laissez sécher pendant 24 h, puis préparez le ciment joint et étalez-le avec la raclette à lame caoutchoutée, en une seule passe, sur les carreaux décoratifs et ceux de la bande de périphérie.

5 Quand il commence à sécher, lissez et comprimez le ciment joint au moyen d'un fer à jointoyer ou d'une cheville en bois. Au fur et à mesure, éliminez les restes de joint avec une éponge humide. Attendez au moins 1 h avant d'éliminer toutes les bavures avec un chiffon humide, puis polissez les carreaux avec un chiffon doux et sec.

6 Déposez entre le carrelage et les murs un cordon de mastic au silicone si possible de même teinte que le ciment joint. Évitez de marcher sur le carrelage pendant 48 h.

Sécurité

Pour couper les carreaux de céramique, portez toujours des lunettes de sécurité et un masque antipoussière. L'opération émet beaucoup de poussière et peut projeter des débris acérés.

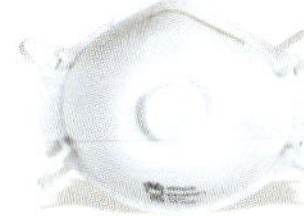

SOLS REVÊTEMENTS PVC

Outils Matériaux

- **trusquin**
- **cutter**
- **ciseaux**
- **ciseau à froid**
- **règle métallique**

- rouleaux de sol PVC
- adhésif double face ou colle (selon préconisation du fabricant du revêtement)
- spatule crantée
- barre de seuil

Le revêtement PVC en rouleau se pose rapidement. Si la pièce n'est pas très grande, un rouleau couvre le sol d'un seul tenant, sans joint, ce qui est plus esthétique, même si l'ajustement s'avère plus difficile. Calculez la surface à couvrir et ajoutez 5 à 10 cm sur chaque côté. N'oubliez pas de compter les renfoncements et prévoyez que le revêtement devra aller jusqu'au milieu des seuils de portes. La largeur standard des rouleaux de sol PVC est de 2 m, 3 m ou 4 m.

Poser du PVC souple

Placez le rouleau dans la pièce à revêtir pendant 48 h pour l'acclimater à la température. Par temps froid, allumez le chauffage pour empêcher le PVC de devenir cassant. Les murs étant rarement parfaitement rectilignes, pour border le premier mur, le plus long et le plus éclairé, vous devrez reporter le profil de la plinthe sur le vinyle au moyen d'un trusquin que vous pouvez confectionner vous-même.

1 Déroulez le PVC en plaçant son plus long côté parallèle au mur le plus long, à environ 25 mm de la plinthe. Confectionnez un trusquin avec un bout de tasseau dans lequel vous enfoncerez une pointe à environ 30 mm d'une extrémité, juste assez pour qu'elle dépasse légèrement. Déplacez doucement ce trusquin le long de la plinthe de manière que la pointe reporte sur le vinyle le profil de celle-ci. Coupez sur cette ligne avec de forts ciseaux ou un cutter, puis calez le revêtement contre la plinthe.

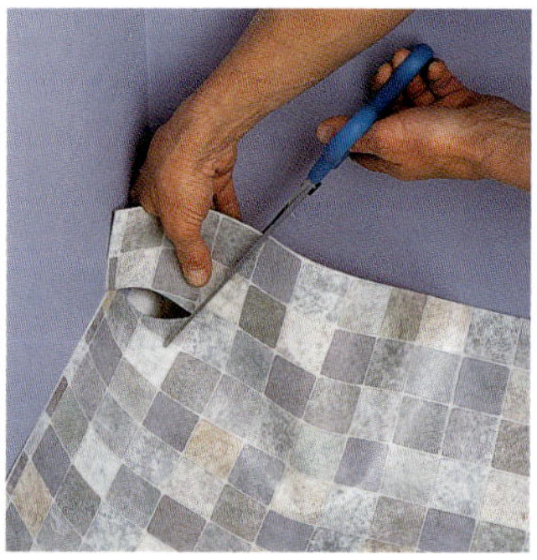

2 Pour que le PVC s'étale aussi bien que possible, découpez dans chaque coin un triangle dans le débord du revêtement contre la plinthe.

3 Avec un ciseau de briqueteur, pressez le vinyle dans l'angle entre la plinthe et le sol, pour bien marquer le pli.

4 Pressez une règle métallique contre l'intérieur du pli et coupez avec soin sur le pli, en tenant le cutter légèrement incliné.

5 Sur un angle sortant, pratiquez une entaille dans le bord du PVC, jusqu'au sol. Coupez et éliminez le vinyle en excédent, en laissant un retour de 5 à 10 cm contre la plinthe.

6 Avec le ciseau de briqueteur, marquez l'angle entre la plinthe et le sol. Pressez la règle contre chaque pli et coupez au fond en inclinant le cutter pour couper net. Soulevez les bords et collez-les au sol avec du ruban adhésif double face.

L'outil malin

Ciseau de briqueteur

Un ciseau de briqueteur permet d'exercer une forte pression dans la pliure entre la plinthe et le sol, créant dans le PVC une fissure précise qui servira de guide de coupe. Pendant la découpe, calez le PVC en place avec une règle métallique.

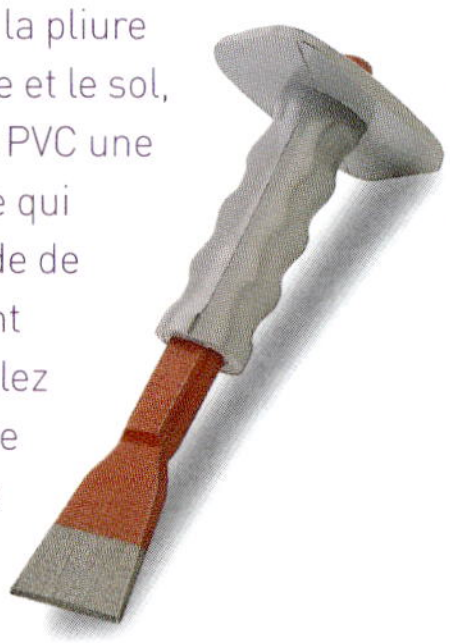

Emplacements difficiles

Rares sont les pièces sans au moins un renfoncement et/ou des tuyauteries de chauffage, sans oublier la colonne du lavabo dans une salle de bains, où il est recommandé d'étancher le bord du revêtement avec un mastic au silicone.

1 Pour épouser le pied de la colonne d'un lavabo, présentez le PVC contre l'obstacle, puis repliez-le. Avec de forts ciseaux, découpez droit depuis le bord du vinyle jusqu'au pied de la colonne.

2 Pratiquez dans le vinyle une série d'entailles autour de la base de la colonne, jusqu'à ce qu'il pose bien à plat. Veillez à ne pas couper trop loin ni plier le PVC.

3 Avec le ciseau à froid, forcez le pli dans le vinyle tout autour de la base de la colonne.

4 Coupez au fond du pli, en retirant les chutes au fur et à mesure. Levez les bords du PVC et encollez le sol autour de la colonne, puis ramenez le PVC et pressez-le en place. Il est recommandé d'étancher la découpe avec un mastic silicone.

5 Au pied de l'encadrement d'une porte, pratiquez une série d'entailles verticales jusqu'à l'endroit où le vinyle colle au sol. Coupez l'excédent, en laissant un retour de 5 à 10 cm pour un ajustement précis ultérieur.

6 Pressez le vinyle dans l'angle entre l'encadrement de la porte et le sol et coupez au fond du pli. Coupez le PVC bien droit dans le seuil de porte, juste au milieu de l'épaisseur du vantail fermé. Posez une barre de seuil pour retenir et protéger le bord du PVC.

7 Autour du passage d'un tuyau, pratiquez une entaille droite entre le tuyau et le bord du vinyle, puis une série de petits crans autour du tuyau jusqu'à ce que le PVC repose à plat. Coupez les pétales remontant autour du tuyau.

Conseil castorama

Collage du vinyle

Certains revêtements PVC n'ont en principe pas besoin d'être collés en plein. Par exemple, le vinyle stabilisé "passage intensif" qui ne rétrécit ni ne se gondole, se pose sans colle. Sachez qu'il faut coller en plein les revêtements les plus minces. En effet, la plupart des garanties fabricants ne s'applique pas si le revêtement n'a pas été collé sur toute sa surface.

Bord à bord

Dans une grande pièce, vous devrez coller deux bandes de revêtement. Ils doivent provenir du même rouleau, car les nuances peuvent varier d'un rouleau à un autre. Évitez de placer le joint en face d'une porte.

1 Pour joindre deux lés à motifs, glissez-les l'un contre l'autre jusqu'à ce que les motifs concordent. Superposez les bords des lés jusqu'à la coïncidence exacte, puis coupez franchement les deux épaisseurs avec une règle et un cutter.

2 Sans déplacer les bandes, relevez les bords jointifs et collez-les au sol avec du ruban adhésif double face ou de préférence avec une colle spéciale. Pressez fermement avec les deux paumes pour bien coller le joint.

SOLS REVÊTEMENTS PVC

Les dalles plastiques constituent un très bon revêtement de sol pour n'importe quelle pièce. Les dalles ordinaires se collent sur le sol avec un adhésif spécifique. Avec les dalles adhésives, de plus en plus utilisées, il suffit d'enlever le papier de protection avant de les plaquer au sol. Légères, les dalles se manipulent donc plus aisément qu'un rouleau de vinyle.

Quantité à acheter

Pour obtenir la surface d'un sol à revêtir, calculez la surface de la pièce. Assurez-vous que tous les paquets de dalles portent le même numéro de lot ou la même date de fabrication, car les nuances peuvent varier d'un lot à l'autre. Vérifiez le nombre de dalles porté sur l'emballage de chaque paquet. Stockez les dalles dans la pièce à revêtir pendant 24 h, pour les acclimater.

Préparer le sol existant

Le sol à recouvrir doit être sain, propre et uniforme. Sur un sol déjà dallé en PVC, assurez-vous que les dalles sont fermement collées ; sinon, enlevez-les. Sur un parquet, refixez toute lame branlante, puis recouvrez-le de panneaux de contreplaqué ou de fibre. Si vous posez le PVC directement sur le parquet, la forme des lames finira par réapparaître, provoquant une usure prématurée du revêtement. Fixez les panneaux avec des pointes à tige torsadée de 25 mm. Il arrive qu'un traitement xylophage du bois empêche l'adhésif de coller. Il faut alors refaire le plancher. Assurez-vous qu'aucune tête de pointe ne dépasse. Appliquez un primaire d'adhérence pour surfaces poreuses comme le béton, le contreplaqué ou l'aggloméré.

Agencer les dalles PVC

Ne vous hasardez pas à commencer par poser une rangée le long d'un mur, puis à progresser en faisant le tour de la pièce. Le mur n'est sûrement pas rectiligne et la pièce a peu de chances d'être d'équerre. Mieux vaut partir du centre de la surface, puis progresser dans chaque direction. Vous obtiendrez un agencement symétrique.

Outils Matériaux
- **mètre ruban**
- **crayon**
- **cordeau à tracer**

- ficelle
- dalles PVC

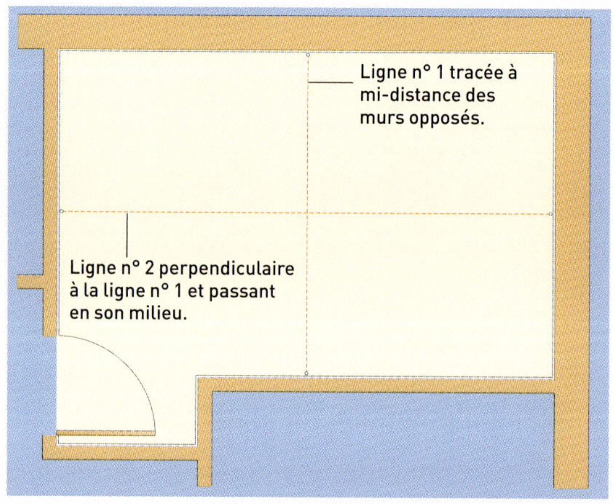

Conseil castorama

Revêtir un sol aux contours irréguliers

Dans une pièce au périmètre irrégulier, il est préférable de tracer le premier trait à partir d'un élément décoratif attirant l'œil, comme une cheminée ou une porte ouvrant sur un patio.

1 Mesurez le milieu d'un mur et marquez-le au sol. Répétez l'opération avec le mur opposé. Avec un assistant, tendez le cordeau à tracer entre les deux repères et claquez-le au sol. Faites la même chose, en partant des deux autres murs.

2 Vous devez trouver l'emplacement idéal pour la pose de la première dalle, car il déterminera la position de toutes les autres. En partant du tracé central, posez à blanc une rangée de dalles jusqu'à l'un des murs.

3 Il ne reste ici qu'une bande étroite à l'arrivée contre le mur : cette disposition est à proscrire. Outre l'aspect inesthétique, une bande étroite de PVC en périphérie risque de se décoller facilement par la suite.

4 Pour éviter de tomber sur une bande périphérique étroite, reculez la ligne de départ d'une demi-dalle. Recommencez la pose à blanc jusqu'à obtenir une bande périphérique ayant à peu près la largeur d'une demi-dalle.

1 Enlevez le papier de protection de la première dalle et ajustez-la contre les lignes de départ. Plaquez le reste de la dalle et pressez-la sur le sol pour l'aplanir.

Outils Matériaux
- **règle**
- **crayon**
- **stylo à encre de chine**
- **cutter**

- dalles PVC

Poser des dalles PVC adhésives

Une fois les deux perpendiculaires tracées, il faut déterminer l'emplacement de la dalle de départ, qui déterminera le sens de pose des autres. Installez quelques dalles à blanc à partir de ces lignes, pour voir comment vous arrivez à la plinthe.

2 Posez la dalle suivante de l'autre côté de la ligne, accolée à la première. Avec deux autres dalles, formez un carré, puis posez des dalles autour de ce carré pour obtenir une forme pyramidale. Poursuivez la pose jusqu'à ce que la moitié de la surface soit revêtue. Dallez ensuite l'autre moitié.

3 Pour la coupe des dalles périphériques, placez chaque dalle à recouper exactement sur la dalle entière la plus proche du mur. Recouvrez-la d'une autre dalle calée contre le mur. Tracez une ligne sur la dalle à couper en suivant le bord de la dalle posée contre le mur.

4 Posez la dalle à couper sur une planche, placez une règle contre le tracé et coupez sur celui-ci avec un cutter. Pliez la dalle sur le trait de coupe jusqu'à ce que les deux morceaux se séparent. Avant d'ôter le papier de protection, vérifiez que la découpe est à la bonne hauteur.

1 Calez la dalle contre le tuyau et tracez une ligne de façon que le trait touche le mur et marquez de la même façon le centre du tuyau. La position du tuyau se situe au croisement des deux traits.

Outils Matériaux
- **crayon gras**
- **chute de tuyau en cuivre ou emporte-pièce rond**
- **marteau**
- **cutter**
- **cale en bois**

- dalles PVC

Passage des tuyauteries

Le meilleur moyen pour découper un trou destiné au passage d'un tuyau dans une dalle PVC est d'utiliser une chute de ce même tuyau – d'environ 150 mm de long – pour confectionner un emporte-pièce ayant le diamètre exact. Affûtez la lèvre du tuyau avec une lime.

2 Déplacez la dalle en calant le côté précédemment tracé contre le mur. Reportez sur la dalle la distance de l'axe du tuyau.

3 Posez la dalle sur une cale en bois. Centrez l'emporte-pièce sur l'intersection des deux tracés. Donnez un coup de marteau sur l'outil pour réaliser une découpe bien nette. Entaillez d'un trait droit entre le trou et de bord de la dalle. Vérifiez que la découpe tombe bien, puis collez la dalle.

Conseil castorama

Découpes arrondies

Pour obtenir une découpe nette autour d'un pied de lavabo, faites un patron avec du papier bristol. Mesurez et découpez le carton aux dimensions de la dalle ; ouvrez un arc de cercle et entaillez-le. Posez le carton sur le sol et tracez au crayon la forme exacte du pied du lavabo. Ôtez le patron et coupez-le en suivant le trait de crayon. Posez le patron sur la dalle et découpez-la soigneusement.

SOLS MOQUETTE

Confortable, décorative, facile à entretenir, la moquette est également un bon isolant thermique et acoustique. Contrairement aux idées reçues, la moquette est un revêtement sain : entretenue régulièrement, elle présente l'avantage de retenir les poussières, évitant ainsi qu'elles ne voltigent dans toute la maison. La couleur, la matière et l'envers sont autant de critères à prendre en compte dans le choix d'une moquette. La couleur modifie la perception des volumes : pour les petites pièces, préférez les couleurs claires ; pour les grands espaces, les couleurs chaudes et plus foncées donneront un peu de chaleur.

Les différentes matières

La plus répandue, le velours, donne un toucher et un aspect doux avec ses fils coupés et rasés. Il existe les moquettes bouclées dont les fils forment des boucles, les moquettes frisées, la moquette Saxony (velours à fils longs) et la moquette structurée (combinaison de fils bouclés et coupés).

L'envers de la moquette détermine le type de pose et la qualité d'isolation phonique et thermique des sols :

- envers mousse : pose libre, collée ou adhésif double face ;
- envers dossier tissé : pose libre, collée ;
- envers feutre : pose collée ou adhésif bande scratch.

L'outil malin

Lame croche

Cette lame en acier s'insère dans un cutter. Elle permet d'agripper votre moquette et d'effectuer une découpe nette.

Préparer la pose

La moquette en grande largeur (4 m) permet d'habiller sans raccord le sol de la plupart des pièces. Il faut que le sol soit plan, sec et propre. Découpez la moquette aux dimensions de la pièce plus 40 cm. Si vous devez couper une pièce de moquette trop grande, étalez-la sur une surface suffisamment grande et coupez-la avec un cutter muni d'une lame croche, en prenant appui le long d'une règle.

Poser et découper la moquette

La mise en place de la moquette dans la pièce est l'opération la plus délicate de la pose. Une fois la moquette posée, il faut la centrer de manière à ce qu'elle remonte légèrement le long des murs.

Outils Matériaux

- **cutter**
- **araseur à moquette**
- **ciseaux**
- **règle**
- **spatule dentée**

- bandes adhésives double face
- colle moquette

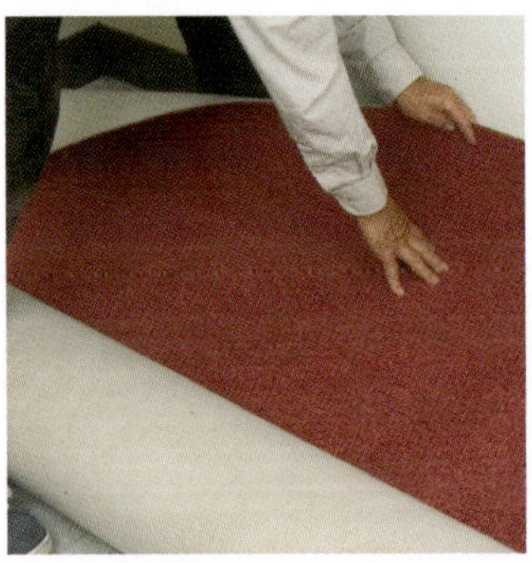

1 Placez-vous à cheval sur un bord. Avec la jambe placée à l'extérieur, déplacez la moquette vers les murs pour la faire remonter d'une vingtaine de centimètres autour de la pièce. Procédez par petits coups, tantôt d'un côté, tantôt de l'autre, jusqu'à ce que la moquette soit centrée.

2 Marquez le pli le long du mur avec le nez d'un cutter (sans lame) ou avec la pointe des ciseaux fermés.

3 Arasez la moquette avec le cutter muni d'une lame droite en prenant appui sur le couteau à enduire ou avec un araseur "spécial moquette".

L'outil malin

Araseur

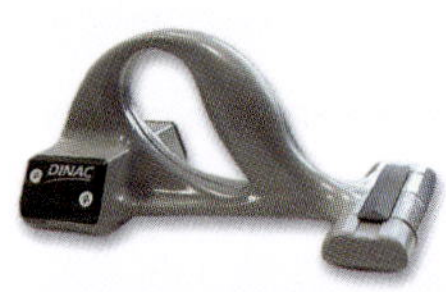

Cet outil à lame tranchante permet une coupe nette et précise de la moquette ou du revêtement PVC le long de la plinthe.

4 Arrêtez la découpe avant l'angle, sur une longueur correspondant à celle de l'araseur et coupez aux ciseaux.

5 Rabattez l'angle du revêtement. Au crayon et à la règle, tracez une ligne qui suit la découpe réalisée. Coupez l'angle au cutter en prenant appui sur la lame d'un couteau à enduire pour éviter de couper la moquette en dessous.

6 Côté porte, tenez la moquette verticalement et découpez-la au cutter le long du bâti dormant (encadrement de la porte).

7 Marquez la découpe de seuil en frottant la moquette avec les ciseaux. Relevez le morceau et découpez-le avec les ciseaux en suivant la marque faite au dos du revêtement.

Conseil castorama

Une nouvelle fixation

Le fixateur est une nouvelle génération de colle. Elle est applicable ou rouleau et autorise une dépose particulièrement facile. Par exemple, après la dépose de votre moquette sur votre parquet, vous pouvez nettoyer les restes de colle à l'eau.

Fixer la moquette

La moquette doit être fixée sur le sol par sécurité (un revêtement qui bouge peut provoquer des chutes), par esthétique et pour la durée de vie du revêtement. Il s'use en effet beaucoup moins lorsqu'il est bien tendu. Après avoir arasé la moquette tout autour de la pièce, repliez-la de moitié sur elle-même sans déplacer l'autre moitié.

Fixer avec de la colle

La colle permet une fixation définitive. Étalez la colle avec une spatule dentée par larges mouvements. Après avoir encollé la moitié de la pièce, rabattez la moquette en partant du milieu vers le mur, en l'appliquant progressivement avec les pieds. Pour chasser les bulles d'air, aplanissez la moquette du centre vers les bords avec une spatule sans dent.

Étalez la colle sur la moitié de la pièce, moquette repliée.

Fixer avec de l'adhésif double face

Le ruban adhésif double face ou la bande scratch (aggripante) permet une fixation temporaire de la moquette : on pourra l'enlever facilement pour un remplacement ultérieur, des travaux ou un déménagement.

1 Collez l'adhésif double face sur le sol parfaitement dépoussiéré. Pour une bonne fixation, posez du double face tout autour de la pièce et dans les diagonales de la pièce. Enlevez le papier de protection de l'adhésif et posez la moquette comme pour la pose collée.

2 Lorsqu'il y a plusieurs lés, prévoyez une bande adhésive sous le joint et appliquez les deux bords de façon à ce qu'ils se joignent parfaitement.

Entretenir une moquette

Outre le coup d'aspirateur hebdomadaire ou quotidien, la moquette a besoin d'être nettoyée avec une shampooineuse au moins une fois par an. Vous pouvez aussi opter pour un nettoyage vapeur (injecteur extracteur) plus naturel et surtout très efficace car très actif en profondeur. Il existe également le nettoyage à la poudre. Cette poudre absorbante est composée d'une sciure qui retient un agent solvant et permet de maintenir un bon état de propreté et de réduire la fréquence des nettoyages en profondeur.

Pour les taches localisées, l'idéal est d'intervenir rapidement. Tamponnez avec une éponge humide pour enlever les substances. Les taches grasses seront ôtées avec un tampon imprégné de succédané de trichloréthylène (ou à l'Eau Écarlate) et les taches rebelles avec un détachant du commerce adapté pour les textiles.

ESCALIERS BASES

L'escalier le plus simple comporte une volée droite, sans contremarches (on l'appelle alors "échelle de meunier"), tandis que le plus élaboré peut comporter des contremarches, un ou plusieurs tournants ou paliers, avec une rampe composée de poteaux et de balustres.

Parties d'une volée d'escalier

La marche est la partie horizontale, sur laquelle on pose le pied, et sa largeur (mesurée sur la ligne de foulée) s'appelle le "giron". Les contremarches verticales relient les marches. Marches et contremarches sont portées par deux planches appelées "limons". La rampe est faite de balustres fixés entre la lisse basse et la main courante.

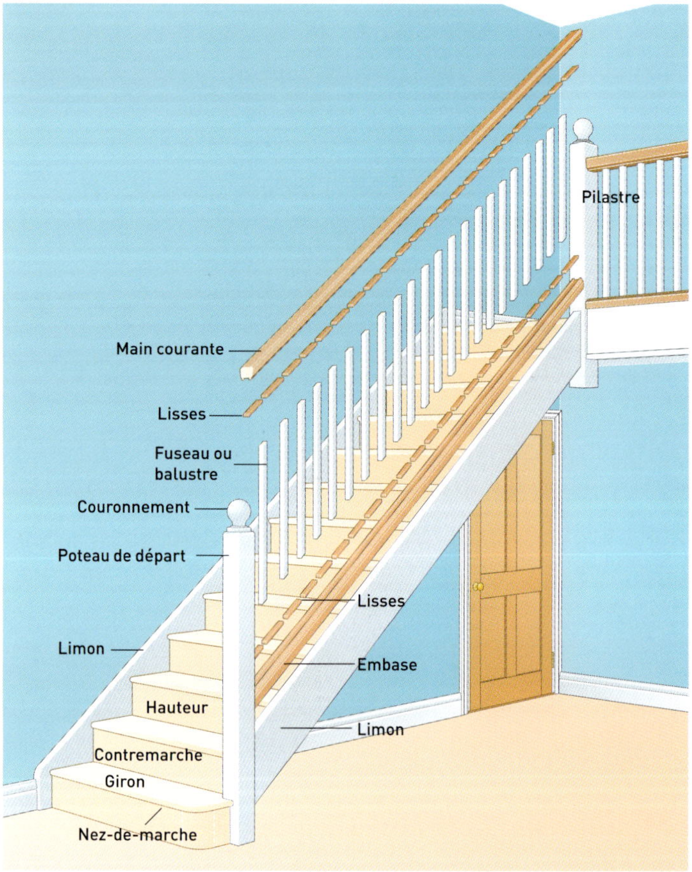

Marches et contremarches

Les marches et contremarches d'une volée sont assemblées par languettes et rainures, ou bien par clouage, vissage, voire collage. L'assemblage est souvent renforcé par un tasseau de section triangulaire collé dans l'angle par-dessous. Le chant frontal des marches, appelé "nez-de-marche" est arrondi. Dans certains escaliers, le chant latéral visible des marches est garni d'une moulure reprenant le profil de leur nez. Les marches des parties tournantes ont une forme trapézoïdale "balancée".

Les échelles de meunier sont en principe dépourvues de rampe. En revanche, leurs marches sont normalement plus épaisses, sans contremarche.

Limons

Les limons encadrent la volée sur toute la longueur. Du côté du mur, on se limite souvent à une crémaillère vissée dans la maçonnerie. Le limon externe est soit enveloppant, dans un montage "à l'anglaise", soit en forme de crémaillère, dans une volée "à la française" (voir ci-dessous).

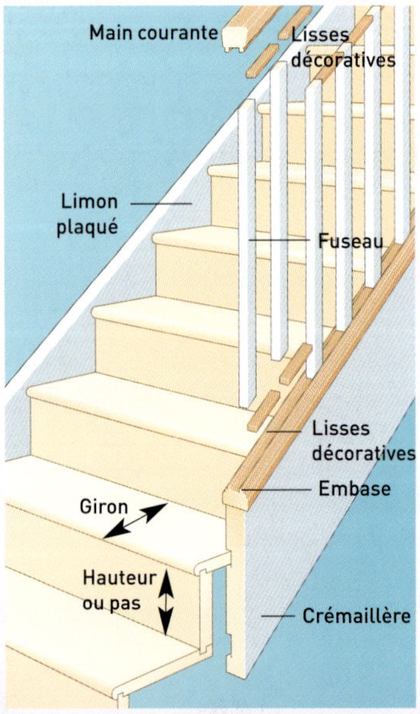

Limon

Le limon est une grosse planche à quatre faces rabotées. Les extrémités des marches et des contremarches s'insèrent dans des rainures bouvetées dans sa face interne et y sont immobilisées par des cales insérées par-dessous et collées en place. Dans la rampe ci-contre à gauche, des lisses décoratives sont fixées entre les balustres, en haut et en bas.

Crémaillère

Marches et contremarches sont fixées sur les découpes de la partie supérieure de cette planche. Dans le montage "à la française", leur autre extrémité repose sur une crémaillère externe, souvent ornée d'une moulure en "bec-de-corbin", comme le profil du nez de marche.

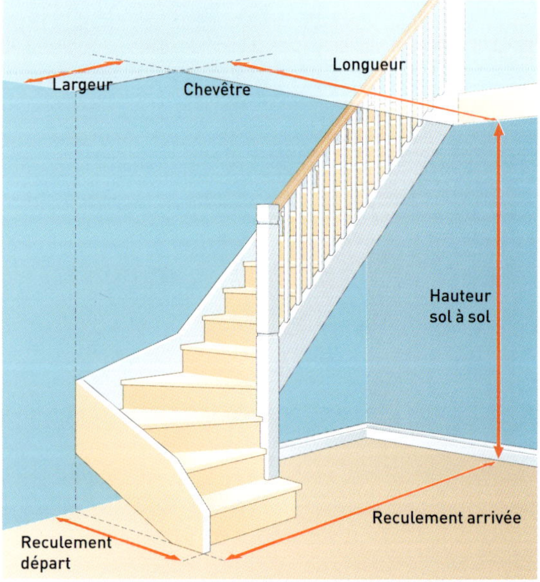

Prise de mesures

Avant de choisir un modèle, commencez par relever la hauteur sol à sol, la largeur et la longueur du chevêtre et les possibilités de reculement de départ (au sol) et d'arrivée (au plafond).

Escaliers en tous sens

On trouve aujourd'hui des escaliers en kit (livrables sur mesure) de très belle qualité permettant de répondre à pratiquement toutes les configurations de pièces. Droits, quart tournant (bas, milieu ou haut), deux quarts tournants, hélicoïdaux, ils s'adaptent aux dimensions des pièces les plus variées.

Escalier hélicoïdal

Son emprise au sol est très faible et son style peut s'accorder avec toutes les décorations. La balustrade et la main courante forment une spirale très élégante.

Escalier quart tournant

Les escaliers tournants à volée droite permettent une mise en place dans les lieux étroits, mais nécessitent suffisamment de place pour les reculements d'arrivée et de départ. Il existe des escaliers quarts tournants à gauche ou à droite, en bas, milieu ou haut.

Escalier droit

Le plus simple des escaliers comporte une unique volée de marches. Héritier de l'échelle de meunier, il peut posséder des contremarches et/ou une rampe.

Rampes

Une volée d'escalier comporte au moins une rampe, parfois deux. Une rampe peut également être fixée au mur. La rampe est maintenue entre un poteau de départ et un d'arrivée, avec parfois des pilastres intermédiaires.

Poteaux

La solidité d'une rampe dépend de la robustesse de ses poteaux et de leurs fixations. Celui de départ est fixé au sol, tandis que celui d'arrivée s'appuie sur le palier d'arrivée de la volée. La main courante est fixée sur ces poteaux par l'intermédiaire de pattes métalliques boulonnées à travers leur tête. Un cabochon masque l'écrou qui bloque la patte en place.

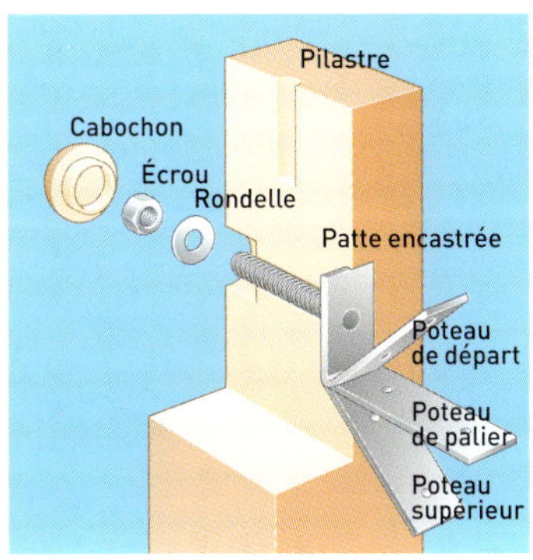

Connecteurs de poteau

Sous la volée

Le dessous de la volée est parfois fermé par un lambris ou des plaques de plâtre. Mais, le plus souvent, c'est un espace disponible qui peut être aménagé en placard, ou même en petit bureau.

Conseil castorama

L'escalier

La rampe d'un escalier doit avoir une hauteur suffisante (0,90 m à 1 m), valeur mesurée à la verticale de la ligne de foulée. La même règle s'applique à la hauteur de la balustrade bordant les paliers. Le confort de l'escalier varie suivant la hauteur (pas) et la profondeur (giron) des marches. Plus il y a de marches et moins elles sont hautes, plus le reculement est grand, plus le giron est profond. Exemple, le giron dépend du pas : de 22 cm pour un pas de 19 cm (escalier raide) à 39 cm pour un pas de 12 cm.

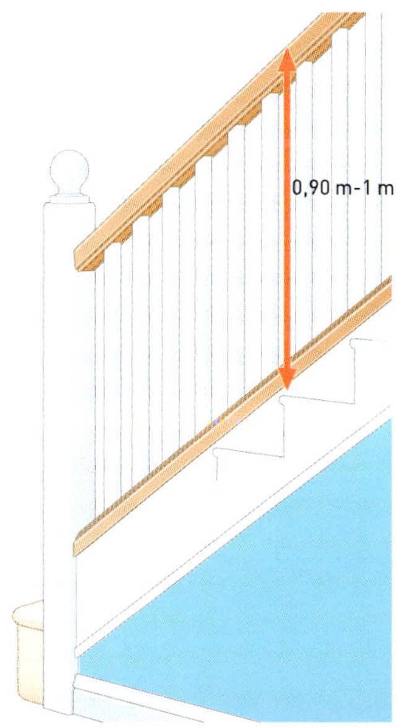

ESCALIERS RÉPARATIONS ET FINITIONS

Comme le bois "travaille", l'assemblage des marches d'un escalier finit par se disjoindre, provoquant craquements et grincements. La rénovation de l'escalier passe d'abord par l'examen de l'assemblage des lames, notamment avant la pose de tout revêtement.

Faire cesser les grincements

La méthode de réparation dépend de la possibilité ou non d'accès sous la volée des marches.

Réparations par le dessous de la volée

Pour localiser les assemblages qui grincent, placez-vous sous la volée, demandez à quelqu'un de monter lentement l'escalier et tendez l'oreille : marquez à la craie les marches qui craquent.
❶ Il arrive que la cale de bois qui bloque l'assemblage de la marche ou de la contremarche dans sa mortaise creusée dans le limon, soit disjointe. Si c'est le cas, déposez la cale, poncez-la et garnissez-la de colle vinylique avant de la remettre en place.
❷ Pour certains escaliers, l'assemblage entre marche et contremarche est renforcé par des goussets triangulaires qui sont fixés au fond de l'angle d'assemblage des marches sur les contremarches. Si l'un d'eux est décollé, retirez-le et grattez les traces de vieille colle sèche. Entrebâillez le joint entre marche et contremarche et injectez un peu de colle. Encollez le gousset et pressez-le, ou vissez-le en place. Si l'assemblage ne comportait pas de gousset de renfort, confectionnez-en un long d'environ 75 mm, et collez-le, ou vissez-le sous la marche et derrière la contremarche.
❸ Vous pouvez aussi renforcer l'assemblage entre l'arrière d'une marche et le bas d'une contremarche en injectant de la colle dans le joint, puis en insérant trois vis équidistantes dans le chant de la contremarche.

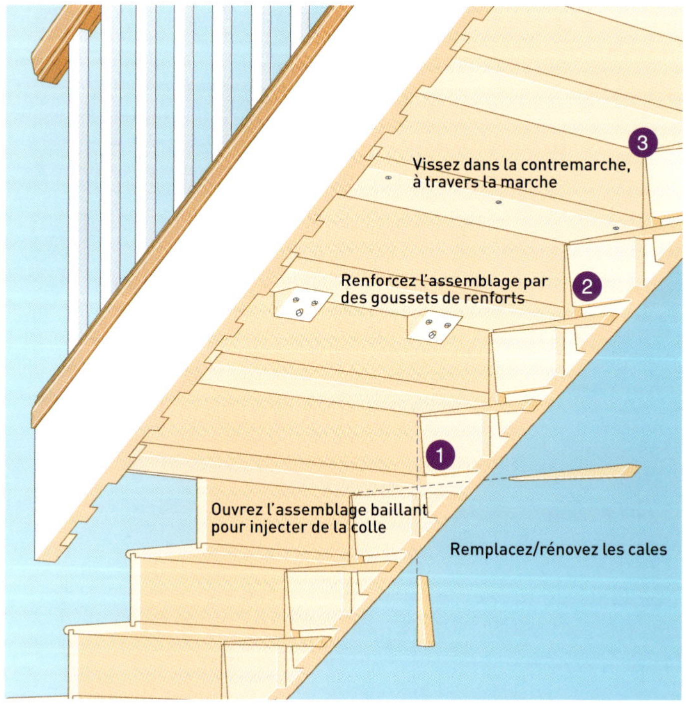

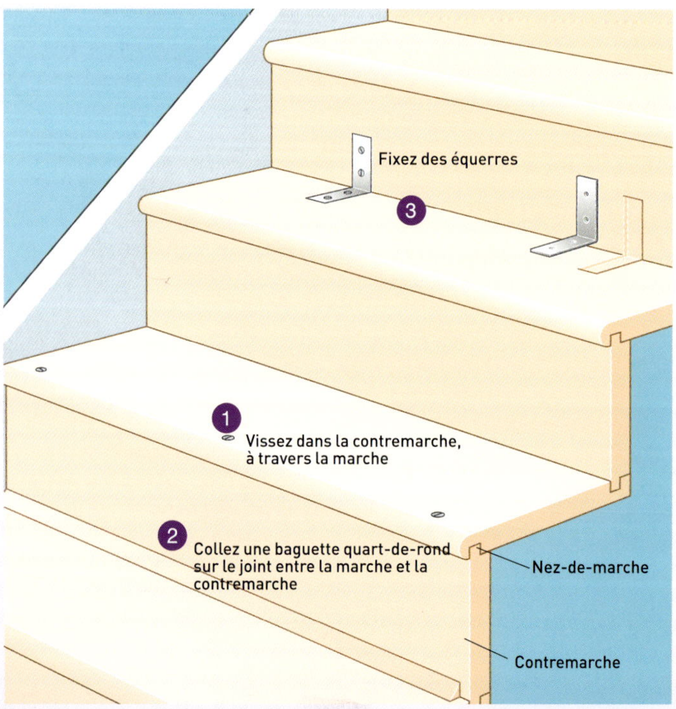

Réparations par le dessus de la volée de marches

L'autre méthode pour supprimer le grincement d'une marche consiste à visser son nez dans le chant supérieur de la contremarche située en dessous.
❶ Percez dans le nez de marche des trous au diamètre des vis et prolongez-les par des avant-trous de plus petit diamètre dans la contremarche (pour que les vis ne fassent pas éclater le bois). Fraisez ensuite l'ouverture des trous pour que la tête des vis s'enfonce sous la surface de la marche. Injectez un peu de colle dans les trous avant d'y insérer les vis. Masquez enfin les têtes avec de la pâte à bois.
❷ Si l'assemblage qui grince se situe à l'arrière de la marche, renforcez-le en collant une baguette quart-de-rond de 12 x 12 mm dans l'angle entre la marche et la contremarche (à condition que cela ne réduise pas le giron à moins de 22 cm).
❸ À défaut, vissez des équerres dans l'angle formé par la marche et la contremarche. Pour préserver l'esthétique des marches, creusez au ciseau des logements pour encastrer les ailes des cornières.

Les barres de seuil

Les barres de seuil sont des accessoires de finition qui permettent d'embellir les jonctions entre deux revêtements de sol de natures différentes. Elles existent en une multitude de couleurs et de types, mais principalement avec ou sans profil à clipser (pour les plus simples).

Barres de seuil à fixation invisible

Ces barres de seuil (à gauche et ci-dessus) à fixation mécanique invisible permettent d'assurer la jonction de deux revêtements présentant une différence de niveau (on peut aussi en effectuer la pose par cordon de colle en cartouche).

Profil de finition

Ces profils de finition permettent de venir en butée, par exemple contre une porte-fenêtre. Ils peuvent être posés par collage ou par vissage.

Conseil castorama

Poser une barre de seuil

Mesurez la taille de la barre nécessaire. Tracez la mesure sur la barre et sciez-la avec une scie à métaux. Repérez et marquez les trous de fixation de la barre en place. Percez les trous aux emplacements et enfoncez les chevilles. S'il y a une fixation invisible, enduisez les bases de la fixation avec du silicone. Vissez celle-ci et clipsez la barre de seuil par-dessus.

Les plinthes

Lors d'un remplacement de revêtement de sol, la question se pose : les plinthes doivent-elles être enlevées ou non avant la pose du nouveau revêtement ?

- Parquet : si vous laissez les plinthes, insérez un quart-de-rond pour masquer le joint périphérique de dilatation (8 mm en moyenne). Le quart-de-rond peut être remplacé par un mastic acrylique. Si vous démontez les plinthes et si elles sont coordonnées au parquet, replacez-les une fois le travail terminé.
- Carrelage : il est préférable de retirer les plinthes avant de poser un nouveau carrelage. Prévoyez un joint de dilatation de 2 mm entre le carrelage et la plinthe. Comblez ce joint avec du mastic silicone pour assurer l'étanchéité. Entre les plinthes, un joint de mortier d'au moins 2 mm est également nécessaire.
- Revêtement plastique (type linoléum, PVC) : il n'est pas nécessaire de démonter les plinthes. Veillez simplement à remonter le revêtement de sol sur les plinthes avant d'effectuer les découpes.
- Moquette : vous pouvez laisser des plinthes avant de changer la moquette. Déroulez la moquette dans la pièce en la faisant remonter le long des murs sur au moins 10 cm. Procédez au pliage le long des murs juste au ras de la plinthe avec le bout rond de gros ciseau et coupez la moquette à l'aide d'un cutter en vous guidant sur un grand couteau de peintre pour obtenir une coupe nette juste en dessous de la plinthe.

Remplacer une plinthe

- Enlevez l'ancienne en enfonçant un ciseau de briqueteur entre la plinthe et le mur à une extrémité et soulevez par un mouvement de levier. Utilisez une pince de décoffreur (pied-de-biche) pour arracher les clous. Interposez une cale.
- Débutez toujours la pose des plinthes à partir d'un angle. Si la porte possède un sabot, on commencera à côté de celui-ci.
- Pour les plinthes en bois, utilisez une colle mastic de fixation (Néoprène). Mettez un filet de colle et appliquez la plinthe. Retirez-la et attendez 10 min. Ce procédé facilite l'adhérence au mur.
- Fixez la nouvelle plinthe en la plaçant sur de petites cales en carton, de façon à la désolidariser du plancher de 2 ou 3 mm. Clouez-la à l'aide de pointes tête homme en acier pour maçonnerie. Espacez-les de 60 cm à 1 m.

L'outil malin

Plinthe cache-fils

Astucieuse, cette plinthe en bois, chêne clair verni, permet une finition classique tout en cachant le passage des fils électriques.

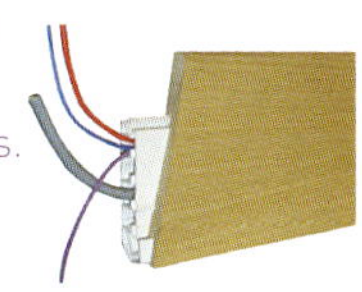

MURS STRUCTURES

La plupart des habitations sont construites en maçonnerie (pierres, parpaings ou briques) sur des fondations, le tout surmonté d'une charpente et d'une couverture. Les constructions anciennes, en pierre, utilisent en général des matériaux locaux. La nature des murs extérieurs et des murs de refend supportant les planchers diffère de celle des cloisons dont le seul rôle est de partager l'espace en différentes pièces. Ces murs sont dits "porteurs" car ils supportent le poids du toit et des planchers, ces derniers portant les cloisons. Celles-ci sont généralement construites en matériaux plus légers, car elles n'ont aucune fonction structurelle. Il ne faut pas les confondre avec les murs de refend qui contribuent à la stabilité du bâtiment. Sauf si elle est vraiment très légère, ne prenez jamais le risque de percer ou de supprimer ce qui vous apparaît comme une cloison et qui est peut-être en réalité un mur de refend porteur.

Cloisons

Les cloisons séparatives, qui partagent le logement en pièces, ne sont pas porteuses au sens des murs extérieurs. Certaines cependant jouent un rôle dans le soutien des planchers et ne doivent pas être modifiées ou percées sans l'avis d'un professionnel. Une grande diversité de matériaux est employée pour la construction des cloisons : briques pleines ou creuses, carreaux de plâtre, plaques de plâtre sur ossature, plaques alvéolaires, panneaux de particules ou de contreplaqué, pavés de verre, etc.

Cloisons massives

Dans les habitations les plus anciennes, avec des pièces peu nombreuses, mais vastes, les cloisons sont souvent réalisées dans le même matériau que les murs extérieurs. Les cloisons plus récentes sont en général en briques creuses de faible épaisseur, dites "plâtrières". Les carreaux de béton cellulaire (épaisseurs de 50, 100, 150, ou 200 mm) forment des cloisons à haute isolation acoustique et thermique, avec une résistance au feu élevée. Les carreaux de plâtre de 650 x 500 mm, épais de 50 ou 70 mm, sont aussi très utilisés, car faciles à mettre en œuvre. Ils sont désormais disponibles en version hydrofuge, pour pièces humides.

Mur en briques avec doublage en plaques de plâtre collées.

Mur en parpaings avec doublage en plaques de plâtre.

Cloison séparative en plaques de plâtre, avec isolant, sur ossature métallique.

Cloisons creuses

Les cloisons creuses, très fréquentes dans les constructions modernes, ne sont pas porteuses. Elles ont une rigidité satisfaisante, selon la nature de leur ossature. Elles présentent l'intérêt de permettre le passage des canalisations électriques. Ces cloisons sont formées de deux "peaux" fixées sur une ossature. Il s'agit généralement de plaques de plâtre, standards ou hydrofuges, mais on peut aussi utiliser des panneaux de particules. Le bois utilisé pour l'ossature, dans les premières réalisations, cède aujourd'hui la place aux profilés d'acier galvanisé.

Cloisons légères en plaques alvéolaires

Ces plaques servent à la construction de cloisons sans charge. Elles sont constituées de deux plaques de plâtre collées sur une âme constituée d'un nid-d'abeilles de carton phénolique. On peut les revêtir d'un enduit, de papier peint, de tissu tendu, ou les peindre.

Murs extérieurs

Les murs périphériques sont généralement massifs. Dans les constructions antérieures aux années 1920, les murs massifs sont en pierre naturelle, en granit ou en brique pleine. Leur épaisseur dépend de l'époque de la construction et de la taille de la construction. Les maisons individuelles actuelles sont en majorité en parpaings de béton alvéolés. Certaines sont en plaques de béton sur ossature métallique. Le béton cellulaire et la brique multi-alvéolaire tendent à se développer. On note aussi une percée des maisons à ossature bois.

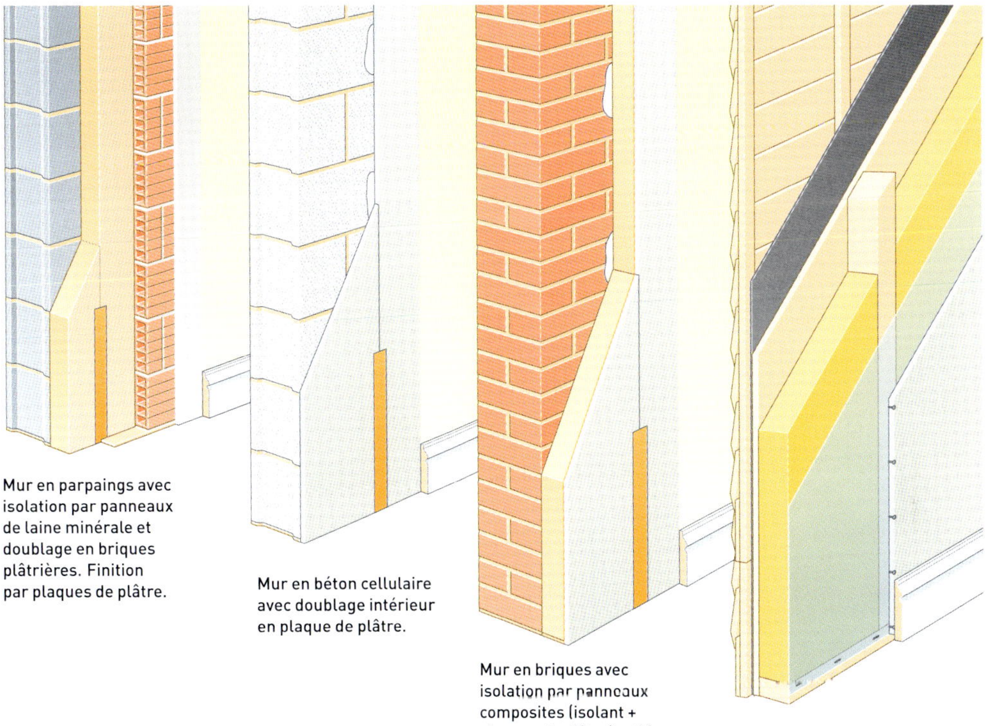

Mur en parpaings avec isolation par panneaux de laine minérale et doublage en briques plâtrières. Finition par plaques de plâtre.

Mur en béton cellulaire avec doublage intérieur en plaque de plâtre.

Mur en briques avec isolation par panneaux composites (isolant + plaques de plâtre) collés.

Mur d'une maison à ossature bois, avec bardage externe, pare-pluie, panneau, isolant et plaque de plâtre.

Conseil castorama

Ouvrir une fenêtre

Le dormant d'une huisserie dans un mur porteur est insuffisant pour supporter le poids de la maçonnerie qui le surplombe. On le coiffe donc d'un élément structurel appelé "linteau". Il supporte la charge du mur situé au-dessus et la reporte de chaque côté de l'ouverture. Les linteaux sont en bois, en pierres, en briques, en béton ou en acier, et leur dimension dépend de la largeur de l'ouverture qu'ils coiffent et de la masse à supporter. Le calcul de ces éléments de structure est du ressort d'un architecte ou d'un bureau spécialisé.

Béton cellulaire

Industrialisé depuis 1929, le béton cellulaire est très utilisé pour les bâtiments industriels et commerciaux. Son utilisation s'est étendue à la maison individuelle. À l'origine, l'idée était de créer des bétons allégés. Ce matériau possède les caractéristiques voisines du bois (isolation thermique, inertie, naturel, solidité, etc.) mais sans les inconvénients (inflammabilité, sensibilité à l'eau, etc.). Il permet la réalisation de murs porteurs tout en assurant l'isolation thermique et phonique. Un isolant supplémentaire n'est donc plus nécessaire. L'épaisseur d'un mur extérieur en béton cellulaire dépend des exigences du constructeur et de la zone climatique de construction.

Parpaings

Les murs en parpaings de béton sont revêtus d'un crépi qui peut être peint. Leur face interne, comme celle des murs de refend, est plâtrée ou doublée de plaques de plâtre avec interposition d'une couche d'isolant, les parpaings de béton ayant une piètre résistance thermique.

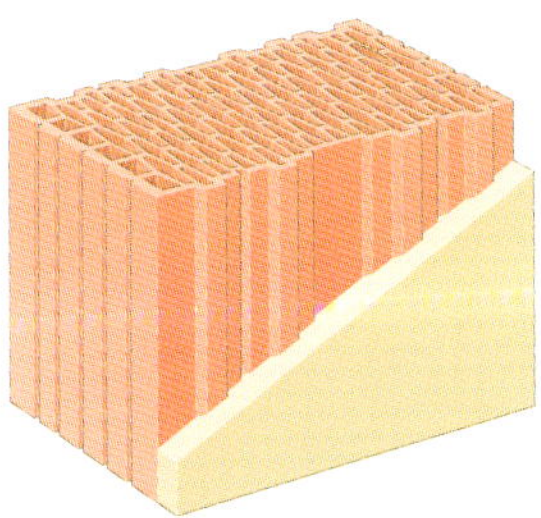

Brique multi-alvéolaire de type Monomur avec enduit intérieur au plâtre

Briques

Elles sont maçonnées au mortier, en appareillage à joints rompus. Leur parement externe reste généralement brut. L'intérieur est normalement revêtu d'un enduit au plâtre, peint, tapissé, ou lambrissé. Les briques creuses, puis aujourd'hui les briques multi-alvéolaires de type Monomur, assurent une excellente isolation thermique. Elles sont revêtues d'un crépi côté extérieur et d'un doublage par plaques de plâtre à l'intérieur.

MURS RÉPARATIONS

Une porte qui claque ou de légers mouvements de la maison sont à l'origine de fissures sur les doublages ou les murs. D'autres défauts courants sont causés en arrachant un crochet ou en enlevant une tringle à rideau. Le rebouchage nécessaire pour supprimer les trous et les fissures dans le plâtre d'un mur ou d'un plafond demande quelques précautions.

Conseil castorama

Bien choisir l'enduit

Suivant l'importance des travaux, choisissez plutôt de l'enduit en tube, en pot ou en sac. Cela vous évitera le gaspillage. Si vous prévoyiez de peindre votre surface après les réparations, choisissez un enduit à finition fine. Le rendu sera plus fin et plus beau. En revanche, si vous pensez tapisser, cela aura moins d'importance.

Préparer la surface avant la réparation

Pour garantir la bonne tenue de vos travaux dans le temps et réussir votre décoration, il est indispensable d'effectuer les réparations sur des supports propres, sains, secs et durs.

- Nettoyez le trou à reboucher avec un pinceau ou une brosse à dépoussiérer. Cela garantit une bonne adhérence de l'enduit
- Avec un enduit de mortier (contenant du ciment), mouillez le trou ou la fissure avec une éponge imbibée d'eau sinon l'enduit sèche trop vite et tient mal. Si vous utilisez un enduit prêt-à-l'emploi à base de résine, il n'est pas nécessaire de mouiller la surface mais suivez bien les conseils d'utilisation.
- Choisissez un enduit de qualité qui sera plus facile à appliquer, aura une meilleure tenue et un minimum de retrait en séchant.

L'outil malin

Brosse à dépoussiérer

Pour enlever toutes les poussières, cette brosse reste la meilleure solution. La courbe de ses poils permet d'atteindre tous les coins et renfoncements.

Choisir la solution adaptée

Un trou ou une fissure ne se répare pas de la même façon.
Suivant le type de support concerné, le choix de l'enduit sera différent.
Posez-vous les bonnes questions pour choisir l'enduit :

- Les travaux sont-ils intérieurs ou extérieurs ?
- Quel est le support à réparer ? S'agit-il de ciment, de plaques de plâtre ou autre ? Vérifiez bien sur le mode d'emploi les supports auxquels l'enduit est destiné.
- Quel est le problème à réparer ?

Une fois le problème identifié, choisissez l'enduit adapté. Certains enduits sont conçus pour réparer des angles sans avoir besoin de coffrage (enduit de réparation). D'autres permettent de combler facilement des trous, même très profonds (enduit de rebouchage). D'autres, encore, sont prévus pour être étalés en couche plus ou moins épaisse sur une surface à recouvrir ou dont on veut masquer les défauts (enduits garnissants et de lissage).

Gros et petits trous

Petites fissures

Réparer un angle cassé

Particulièrement soumis aux intempéries et aux infiltrations, l'angle inférieur des appuis de fenêtre a tendance à se dégrader et à s'effriter. Intervenez avant que les dégâts ne mettent à nu le ferraillage, ce qui compliquerait la réparation.

1 Préparez votre enduit selon les instructions du fabricant.

2 Appliquez grossièrement l'enduit sur la surface à reconstituer avec une spatule et laissez durcir.

3 Avec la tranche de la spatule, coupez l'enduit pour le sculpter en lui donnant le profil souhaité.

4 Lissez la surface à l'éponge humide et laissez sécher.

Outils Matériaux

- **couteau de peintre 8 cm**
- **couteau à enduire de 15 cm**
- **grattoir triangulaire pour les fissures**
- **brosse métallique**
- **cale à poncer**
- **éponge**

- abrasif fin
- bande à joint
- enduit

1 Recreusez la fissure avec un ciseau de maçon et une massette en éliminant toutes les parties de béton friable. N'hésitez pas à l'élargir autant que nécessaire.

Rebouchez une fissure

Les fissures dans le béton évoluent souvent défavorablement et ont tendance à s'élargir et à se creuser, surtout à l'extérieur. Il est donc prudent de les reboucher avec un enduit adapté, en n'hésitant pas à bien les ouvrir avant application de l'enduit.

Outils Matériaux
- **ciseau de maçon**
- **massette**
- **couteau de peintre**
- **brosse à dépoussiérer**
- **cale à poncer**

- enduit reboucheur
- papier abrasif fin

2 Dépoussiérez le fond et les bords de la fissure en la nettoyant avec une brosse à dépoussiérer. Dégagez bien le fond de la fissure.

3 Remplissez abondamment la cavité avec l'enduit en appuyant bien sur la lame. Égalisez la surface de l'enduit en croisant les passages. Supprimez les surplus d'enduit et laissez sécher. Poncez avec une cale à poncer et du papier abrasif à grain fin.

Conseil castorama

Élargir la fissure

Pour reboucher une fissure de plâtre et éviter qu'elle ne réapparaisse, suivez ces deux conseils :
- élargissez-la avec un grattoir triangulaire pour éliminer le plâtre qui tient mal autour de la fissure ;
- appliquez une bande à joint sur l'enduit qui vient d'être lissé. Collez-la sur l'enduit. Cette bande doit dépasser de 2 cm de chaque côté. Appliquez l'enduit de rebouchage en débordant de 3 cm environ de chaque côté de la bande. Lissez.

Reboucher un trou

Pour un petit trou, un enduit en tube suffit. Pour un trou de plus de 1 cm de profondeur, appliquez plusieurs couches d'enduit et laissez sécher entre chacune d'elles.

Outils Matériaux
- **pinceau**
- **brosse à épousseter**
- **couteau de peintre**

- enduit de rebouchage en tube

1 Enlevez la poussière accumulée au fond du trou avec un pinceau.

2 Remplissez le trou avec de l'enduit de rebouchage en tube, en le faisant pénétrer au fond. Lissez en passant le couteau en biais.

MURS RÉPARATIONS

À plus ou moins brève échéance, les surfaces peintes ou tapissées connaissent des problèmes qui en dégradent l'aspect. Le fait de repasser une couche et de recouvrir la partie détériorée n'aura pour effet qu'un retour plus rapide des défauts. Mieux vaut traiter le problème d'emblée.

Problèmes de peinture

Les problèmes de peinture viennent souvent d'une mauvaise préparation, d'une peinture incompatible avec celle qu'elle recouvre, ou d'humidité du support. En général, mieux vaut décaper la surface et la repeindre.

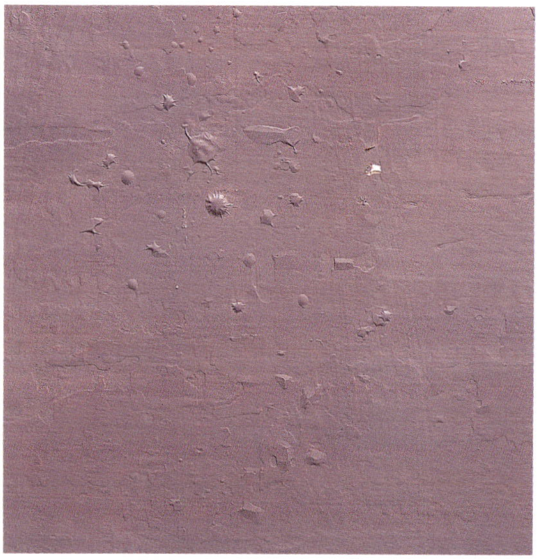

Peinture cloquée

Le plus souvent, les cloques apparaissent dans les peintures sur bois. Si de l'eau suinte des cloques quand vous les percez, c'est que l'humidité est en cause. Décapez la peinture avec un pistolet à air chaud ou avec du décapant chimique. Quand le bois est bien sec, appliquez un primaire, puis repeignez.

De l'air peut rester emprisonné dans les fibres d'un bois au grain grossier. Décapez la peinture et colmatez le grain avec une pâte à bois, qui épouse les variations dues au travail du bois. Repeignez éventuellement avec une peinture microporeuse.

Peinture écaillée

La peinture s'écaille sur une surface elle-même écaillée ou incompatible avec la nouvelle peinture. Il faut décaper largement la surface écaillée, avec un couteau de peintre à lame large, puis poncer avec une cale à poncer garnie d'un papier abrasif à grain moyen, enfin laver avec une lessive à cristaux de soude et repeindre. La peinture acrylique s'écaille aussi sur du blanc gélatineux. Il faut alors lessiver à fond la surface avant de la repeindre.

Coulures

Un excès de peinture appliqué sur un mur entraîne presque toujours des coulures. Vous pouvez les réétaler à la brosse avant que la peinture ne soit sèche. Sinon, poncez la peinture sèche, puis essuyez avec un chiffon humide avant d'appliquer une nouvelle couche.

Conseil castorama

Traiter l'humidité

Demandez l'intervention d'un spécialiste pour traiter des taches d'humidité, qui peuvent masquer un problème plus profond. Avant de peindre, appliquez un enduit étancheur ou un primaire. Vous pouvez aussi empêcher les remontées d'humidité avec une peinture acrylique microporeuse, à base aqueuse, qui laisse le mur respirer.

Sécurité

Peinture au plomb

Couramment employées jusqu'aux années 1950, notamment dans les parties communes (escaliers, couloirs, entrée) des vieux immeubles, les peintures plombées sont interdites depuis 1948, car elles provoquent une très grave maladie : le saturnisme.
Le décapage de telles peintures nécessite de sérieuses précautions. En cas de doute, faites appel à un spécialiste de la détection de l'amiante. Si vous poncez des surfaces peintes suspectes, aérez la pièce, portez un masque respiratoire et éloignez les enfants.

Problèmes sur murs tapissés

La plupart des problèmes affectant des papiers peints proviennent d'erreurs de pose : précipitation dans l'affichage, excès ou insuffisance de colle, ou encore manipulation trop brutale du papier. Beaucoup se résorbent d'eux-mêmes sous l'effet du séchage et de la tension du papier. S'ils persistent ou si vous ne pouvez attendre, un certain nombre de méthodes permettent de procéder aux petites réparations qui s'imposent.

Papier cloqué

Les petites cloques disparaissent en principe quand le papier sèche. Néanmoins, si vous ne l'avez pas détrempé suffisamment longtemps, le papier va se tendre sur le mur en enfermant des bulles d'air. Entaillez simplement les petites cloques avec une lame de rasoir et injectez un peu de colle à papier au dos de la cloque avec un petit pinceau. Pressez sur le papier, puis éliminez la colle superflue avec un chiffon humide.

Conseil castorama

Taches luisantes

Sur un papier mat, des taches luisantes peuvent résulter d'un frottement excessif de la surface lors de l'affichage. Vous pourrez peut-être les atténuer en les frottant avec une boule de mie de pain.

Joints décollés

Les joints peuvent se soulever si vous n'avez pas appliqué suffisamment de colle sur le bord des lés, en particulier s'il s'agit de vinyle ou de papier à reliefs. Soulevez les lèvres du joint avec un couteau à bout rond et appliquez de la colle avec un pinceau. Refermez le joint et marouflez-le avec une roulette à joint.

Poches ou plaques froissées

Retirez tout le papier endommagé, pour ne laisser que les parties adhérant fermement. Sur un papier qui vient d'être posé, découpez une pièce aux bords arrondis – la réparation se verra moins qu'avec une découpe carrée – et collez-la sur la partie endommagée en accordant bien les motifs. Tamponnez avec une éponge.

Conseil castorama

Fentes et joints

Il arrive que les joints baillent par endroits, souvent par suite d'une pose maladroite, parfois aussi parce que le papier a rétréci en séchant. Vous pouvez masquer les petites fentes avec un stylo-feutre de même couleur que le papier. Les magasins spécialisés proposent des stylos spéciaux pour ce genre de travail.

Papier vinyle endommagé

Découpez un carré de papier neuf un peu plus grand que la zone endommagée. Appliquez-le sur la zone à réparer, puis au moyen d'un cutter, coupez les deux épaisseurs superposées d'un seul coup en forme de carré dépassant la partie à remplacer. Retirez le carré endommagé, encollez la surface et collez le carré neuf à l'emplacement.

MURS CLOISONS

Monter une cloison permet de réaliser différents aménagements : séparer un grand espace en plusieurs pièces, créer une séparation dans une pièce ou installer un coin bureau ou toilettes. Suivant votre besoin et l'emplacement de la cloison, il est important de faire le bon choix.

Choisir le type de cloison

Le choix de la cloison se fait en fonction de trois questions majeures :

1. Devez-vous cloisonner du sol au plafond ou créer des aménagements tels que demi-cloison, étagères, placards, etc. ?
2. La cloison doit-elle être isolante et/ou intégrer les câbles électriques ou des tuyaux sanitaires ?
3. La cloison est-elle située au rez-de-chaussée ou à l'étage ?

Le tableau ci-dessous vous aidera à faire le bon choix.

Panneaux alvéolaires

La rapidité de montage de ce type de cloison est particulièrement appréciable. Les panneaux alvéolaires se vissent sur un rail en bois au plafond et une semelle fixée au sol. Ils sont prêts à recevoir un revêtement de finition (enduit, sous-couche avec peinture ou papier peint).

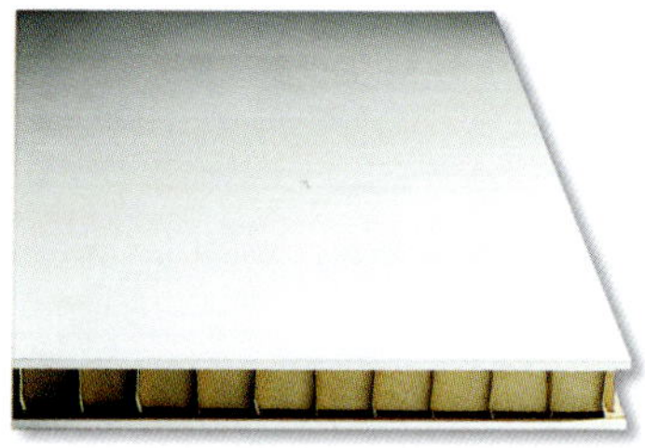

CLOISONS DIFFÉRENTS TYPES

1	TYPES DE CLOISON	2		3	
		Isolation phonique	Intègre tuyaux et câbles	RDC	Étage
CLOISONS SUR OSSATURES séparation du sol au plafond	**Plaques de plâtre**	++	++	++	++
	Panneaux alvéolaires	–	+	++	–
CLOISONS MAÇONNÉES demi-cloisons, placards, aménagements	**Carreaux de plâtre**	+ ++ si montage avec bande résiliente sur les quatre côtés de la cloison	–	++	+ Conseil : utilisez des carreaux alvéolés
	Carreaux en béton cellulaire	–	–	++	+

Carreaux de plâtre

Les carreaux de plâtre permettent, grâce à leur petit format, de réaliser facilement des cloisons ou des aménagements décoratifs (bar, demi-cloison, etc.). Ses variantes (carreau plein ou alvéolé, standard ou "hydro", en différentes épaisseurs) peuvent s'adapter à toutes les utilisations. L'assemblage des carreaux se fait par collage (avec de la colle à carreaux de plâtre) et par emboîtement.

Carreaux en béton cellulaire

Plus légers que les carreaux de plâtre, ce sont de bons isolants thermiques et de petit format : la pose à l'étage est possible et leur manipulation facile.

Plaques de plâtre

Les cloisons en plaques de plâtre sont légères, idéales pour les étages. On y intègre facilement les gaines électriques et les isolants sous forme de panneaux de laine de verre ou de roche. C'est le type de cloison le plus facile à mettre en œuvre.

Tracer une nouvelle cloison

Les traçages permettant de déterminer avec précision l'emplacement de la cloison doivent être réalisés avec beaucoup de soin et de rigueur car ils conditionnent en grande partie la réussite de l'entreprise.

Outils Matériaux
- **détecteur de métaux et de courant**
- **crayon**
- **mètre ruban**
- **fil à plomb**
- **cordeau traceur**
- **niveau à bulles**

1 À l'emplacement choisi pour l'implantation de la cloison, recherchez les cheminements d'éventuels câbles électriques et tuyauteries et reportez-en la trace sur le sol, le plafond et les murs.

2 Suspendez un fil à plomb au marquage et tracez sur le mur une ligne jusqu'au plafond, le long du fil à plomb.

3 Sur l'emplacement du raccord entre un des parements de la future cloison, et près du plafond, piquez une pointe dans ce dernier. Repérez et tracez le raccord plafond/cloison opposé. Tendez un cordeau traceur entre les deux points. Recherchez avec le détecteur l'emplacement des solives, sur lesquelles la traverse têtière de la cloison sera fixée.

Prévoir l'emplacement d'une porte dans la cloison

Lors de la pose d'une cloison intérieure, vous aurez peut-être à prévoir une porte. Il faut préparer la chose avant même le montage de la cloison. Repérez et tracez l'emplacement précis de la porte sur le tracé de la cloison. Positionnez le bloc-porte. Il doit être à la fois parfaitement horizontal (vérifier en posant un niveau à bulles sur la traverse du haut) et parfaitement vertical. Pour chaque type de cloison, cette opération est différente.

Conseil castorama

Placer une porte

Vous pouvez y ouvrir une porte n'importe où, et de la forme qui vous convient le mieux, en particulier selon l'usage prévu pour la pièce et la disposition de son mobilier. Si vous choisissez de la placer contre l'un des murs sur lesquels la cloison est accolée, le montant du dormant viendra renforcer cette liaison.

MURS CLOISONS

Les cloisons en plaques de plâtre s'adaptent à vos besoins : en variant le type de plaques de plâtre et en incorporant des isolants, vous pouvez renforcer l'isolation thermique et/ou acoustique et choisir des plaques hydrofuges pour les pièces humides.

Monter une cloison sur ossature métallique

Ce système est composé d'une ossature métallique (rails sur le plafond, le sol et montants verticaux). Sur cette ossature, on vient visser des plaques de plâtre.

Outils Matériaux

- **niveau à bulles**
- **crayon**
- **perceuse/visseuse**
- **règle métallique**
- **scie à métaux ou cisaille pour couper les rails**
- **couteau à enduire**

- vis
- plaques de plâtre
- rails montants
- panneaux isolants de laine minérale

1 Tracez au sol et au plafond l'épaisseur de la cloison, plaques comprises. Repérez l'emplacement des huisseries. Vissez les rails au sol et au plafond (fixation tous les 60 cm). Emboîtez les montants découpés (leur hauteur doit faire 1 cm de moins que l'ossature) dans les rails, tous les 60 cm. Les trous dans les montants sont alignés pour permettre le passage des gaines électriques.

2 Vérifiez la verticalité des montants. Le premier et le dernier sont vissés sur les murs de départ et de raccord de cloison. L'huisserie de la porte est vissée aux montants de chaque côté de la cloison, en quatre points répartis sur la hauteur, l'un obligatoirement situé en pied de cloison.

3 Passez les conduites d'eau et les raccordements électriques. Vissez la première épaisseur de plaques (coupées à la hauteur moins 1 cm et posées sur des cales pour être jointives au plafond). Une vis est fixée tous les 60 cm à au moins 1 cm du bord des plaques et à 10 cm du sol et du plafond. Placez les isolants phoniques (et/ou thermiques) de laine minérale (en panneaux ou rouleaux) entre les montants.

4 Vissez de la même manière la première épaisseur de plaques de l'autre côté de la cloison en décalant les joints (commencez par une demi-plaque).

5 Pour une meilleure résistance aux chocs, vous pouvez visser ensuite la deuxième épaisseur de plaques de chaque côté de la cloison, en décalant les joints par rapport à la première épaisseur. Placez cette fois une vis tous les 30 cm. Soignez les joints qui complètent la solidité de la cloison et réalisez un joint d'étanchéité en pied de cloison.

Conseil castorama

Cas particuliers

Pour une hauteur supérieure à 2,50 m, il faut doubler les montants.

Dans le cas d'une finition avec des angles saillants, collez une cornière métallique perforée avec de l'enduit.

Découper les plaques de plâtre

Les plaques de plâtre standard ont une face beige et une ivoire, cette dernière à placer côté visible. Il faut souvent recouper une plaque, pour adapter son contour à la liaison avec le plafond ou un mur. Utilisez un gros cutter, en prévoyant des lames de rechange, car le plâtre les émousse rapidement.

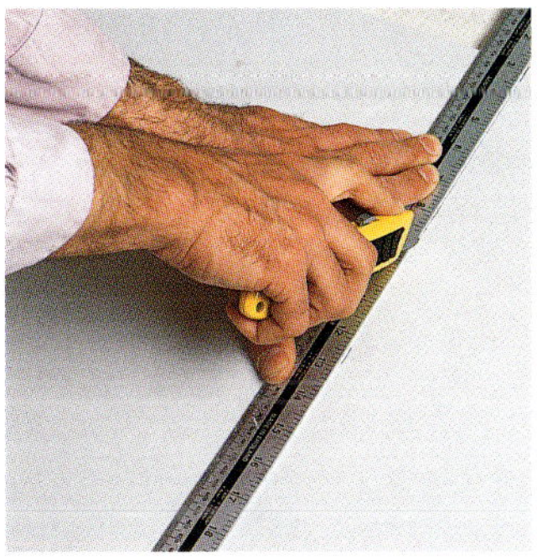

1 Tracez, sur la face ivoire, la ligne de coupe à une longueur inférieure de 12 mm à la hauteur entre sol et plafond. Coupez sur le tracé avec un cutter guidé par une règle fermement maintenue sur la plaque.

2 Retournez la plaque et repliez l'extrémité pour la casser sur la ligne de coupe.

3 Coupez la feuille beige à l'intérieur du pli.

Poser des bandes à joints

Pour obtenir une finition lisse, il faut réaliser les joints entre les plaques avec une bande, appliquée sur une couche d'enduit. Quand le calicot est sec, enduisez les joints aux raccords avec les murs, ainsi que sur toutes les irrégularités du parement de la cloison. Après séchage, poncez l'enduit et appliquez un apprêt pour la décoration.

Outils Matériaux

- **seau**
- **spatule**
- **ciseaux**
- **couteau à enduire**
- **éponge**
- **cale à poncer**

- enduit reboucheur
- calicot à joint
- papier abrasif fin

1 Préparez l'enduit à joints et appliquez-le sur le joint, en une bande régulière, avec la spatule ou un petit couteau à enduire.

2 Coupez une longueur de bande à joint couvrant toute la hauteur du joint et appliquez-la fermement à cheval sur la ligne de joint, sur l'enduit encore frais.

3 Recouvrez la bande d'une couche d'enduit dépassant largement les côtés, en pressant la lame du couteau, de manière que les bords de la couche d'enduit se fondent sur le parement.

4 Passez une éponge propre et légèrement humectée sur la surface. Laissez sécher avant de poncer légèrement les petites irrégularités de la surface enduite.

L'outil malin

Bande à joint

Cette bande permet de réaliser les joints entre les plaques de plâtre ou les angles rentrants. Son papier est spécial : renforcé, microperforé, meulé sur les bords et rainuré dans l'axe.

L'assemblage des carreaux se fait très facilement par un simple jeu d'emboîtage. Les carreaux sont ensuite collés grâce à une colle à carreaux de plâtre. Tous les carreaux ont les mêmes dimensions : 66 x 50 cm (3 carreaux/m^2) et ils existent en plusieurs épaisseurs (5 à 7 cm), selon l'usage que l'on veut en faire.

Choisir des carreaux de plâtre

Le type de carreau à utiliser dépendra des travaux à faire.

- Les carreaux de plâtre pleins sont solides. Ils sont faciles à découper et à poser : cloison de distribution d'un salon ou d'une salle à manger, contre-cloison ou cloison haute performance, mobilier (bar, étagère, etc.), gaine technique ou conduit de gaine.
- Les carreaux de plâtre alvéolés sont légers, à privilégier pour les aménagements à l'étage : cloison de distribution d'une chambre ou d'un couloir.
- Les carreaux de plâtre hydrofuges (pleins ou alvéolés) résistent à l'humidité et sont obligatoires pour les pièces d'eau (salle de bains) et les pièces non chauffées (garage, cellier, etc.).

Monter une cloison en carreaux de plâtre

Commencez par tracer au sol, au mur et au plafond l'emplacement de la cloison, avec un cordeau. Matérialisez l'épaisseur de la cloison avec deux traits parallèles. Repérez l'emplacement des portes. Mettez en place les huisseries avant le montage de la cloison (maintien provisoire). Collez les bandes résilientes au plafond.

Outils Matériaux

- **niveau**
- **mètre**
- **crayon**
- **cordeau**
- **colle**
- **eau**
- **truelle ou spatule**
- **couteau à enduire**
- **rabot**
- **marteau**
- **tournevis**
- **couteau**

- tasseaux de bois
- cales
- pattes de scellement
- carreaux de plâtre
- bande de joint

1 Posez le premier rang de carreaux. Celui-ci conditionne l'alignement et l'aplomb de la cloison. Enduisez de colle la mortaise (rainure), les bords et le mur de départ et posez le premier carreau, mortaise vers le bas.

2 Poursuivez la pose en encollant les tenons (languettes en relief) et les mortaises puis en les emboîtant les uns dans les autres. Serrez fortement les carreaux jusqu'au reflux de la colle. Vérifiez régulièrement l'alignement et la verticalité des carreaux.

3 Montez la deuxième rangée en commençant par un demi-carreau afin de décaler les joints verticaux. Remplissez de colle le jeu de 1 cm entre le dernier carreau (éventuellement recoupé) et le mur.

4 Après le début de la prise et avant le durcissement de la colle, enlevez l'excès de colle au couteau sans l'étaler autour du joint. Pendant la pose, vérifiez régulièrement l'alignement vertical des carreaux.

5 Pour faire la liaison avec le plafond, collez une bande résiliente entre le plafond et la cloison. Puis comblez l'espace restant avec un mélange colle-plâtre (50/50) ou de la mousse polyuréthane.

Réaliser un angle

Les carreaux sont entrecroisés un rang sur deux sur toute la hauteur de la cloison (technique dite du "harpage"). Les carreaux sont, soit découpés à la bonne mesure avant d'être posés, soit posés tels quels et découpés ensuite à la scie après séchage de la colle.

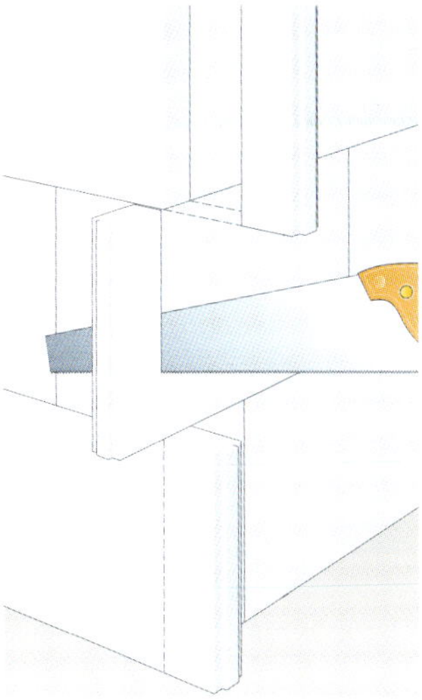

Pour faciliter l'entrecroisement, sciez la partie qui dépasse et enlevez-la avec un marteau. Rabotez les carreaux et dépoussiérez-les.

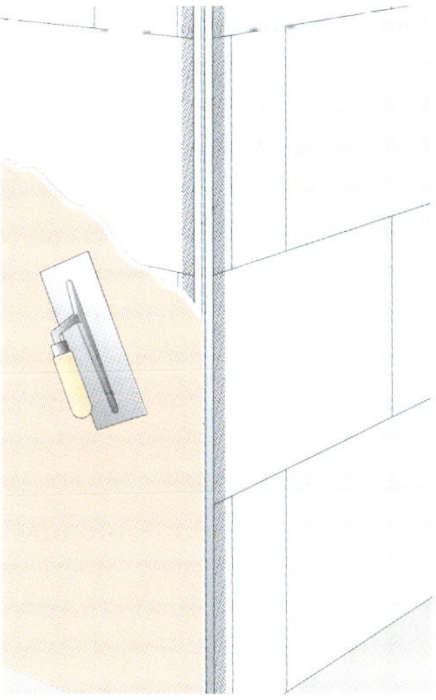

Protégez l'arrête avec une cornière d'angle ou avec une bande armée et de la colle à carreaux. Pour la finition des angles rentrants, et pour la jonction entre mur et plafond, collez une bande à joint.

Faire une jonction avec un mur existant

Pour une bonne adhérence des carreaux sur les murs déjà existants (plaque de plâtre ou comportant déjà un enduit, plâtre, peinture, papier peint), piquetez préalablement les surfaces concernées par la jonction en créant des éclats à l'aide d'un pic ou d'un marteau.

Pour faire la jonction :

- si l'espace est de moins de 1 cm, remplissez avec la colle utilisée pour l'assemblage des carreaux ;
- si l'espace est compris entre 1 et 3 cm, bourrez avec un mélange moitié plâtre et moitié colle ;
- si l'espace est supérieur à 3 cm, utilisez un morceau de carreau. Laissez 1 cm d'espace à combler avec de la colle.

Poser une porte en cours de montage d'une cloison

L'emplacement de la porte se prévoit avant le montage de la cloison et ce, quelle que soit la nature de celle-ci. En revanche, le montage de la porte change suivant sa nature. Maintenez le bloc-porte en place en le calant entre le sol et le plafond avec deux tasseaux et un gros élastique.

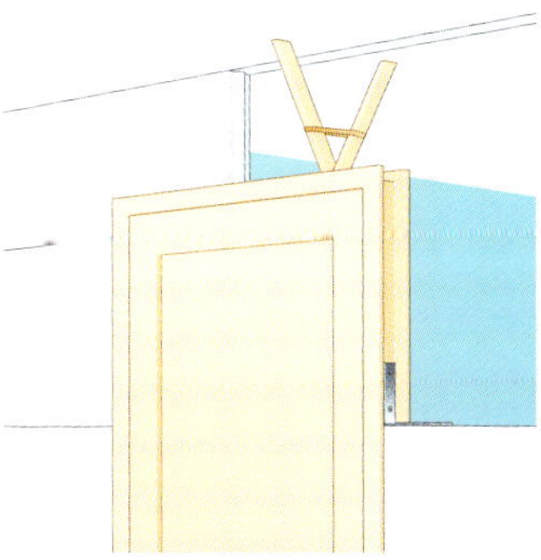

Cloison de carreaux de plâtre ou de béton cellulaire

Vissez sur le bâti les pattes de scellement au fur et à mesure du montage de la cloison. Les pattes doivent se situer toutes les deux rangées. Placez une bande résiliente en haut de l'huisserie et en retombée, sur 20 cm de chaque côté. Découpez les carreaux de façon à chevaucher l'angle supérieur de la porte. Collez-les à la colle de montage contre le bâti.

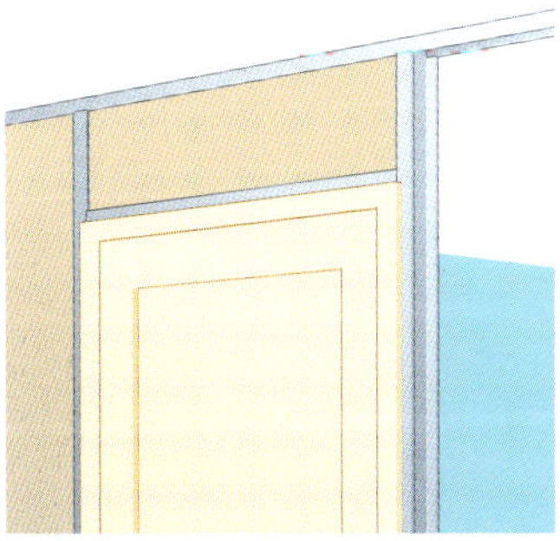

Cloison en plaques de plâtre

Coupez les sections du rail métallique à l'emplacement désiré pour pouvoir emboîter la porte. Placez un rail horizontal pour le fixer sur le montant supérieur de la porte. Fixez les autres parties du bloc-porte sur les rails.

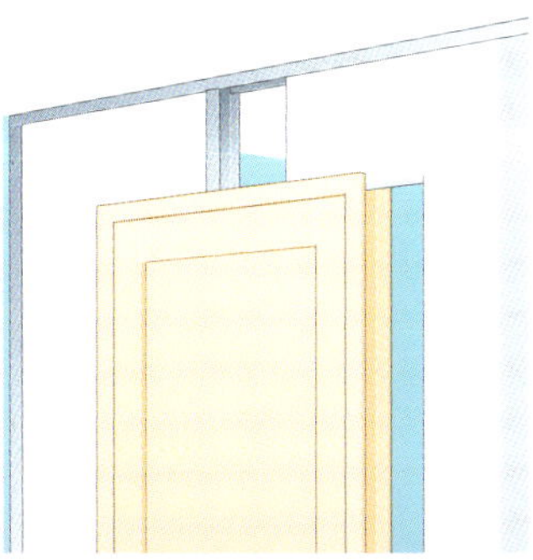

Cloison alvéolaire

Emboîtez les panneaux dans la rainure du bâti du bloc porte. La cloison terminée, ouvrez la porte et vissez, par l'intérieur, le bâti du bloc-porte dans l'épaisseur de la cloison.

Les briques de verre constituent une bonne solution pour séparer une pièce en deux tout en laissant passer la lumière. Elles sont très appréciées dans les cuisines et salles de bains à cause de leur tenue à la graisse et à l'humidité.

Ces briques sont simplement assemblées dans une structure en bois fixée au sol, au plafond et aux murs, ou sur une ossature métallique montée à dimensions, dont les éléments ont une largeur correspondant à l'épaisseur des blocs. Ils y sont scellés à l'aide d'une mousse expansive autorisant de légers mouvements. Des tiges métalliques, noyées dans le mortier entre les rangées de briques, renforcent la cloison. Elles s'implantent une rangée sur deux.

Monter une cloison en briques de verre

Pour évaluer les dimensions de la structure, placez au sol une rangée de briques avec des cales d'espacement entre elles et aux extrémités de la rangée. Mesurez la longueur totale, puis déterminez la hauteur de la même manière et coupez l'ossature à ces dimensions.

Placez l'ossature horizontalement et verticalement, sur de petites cales en bois si nécessaire. Fixez-la aux murs, au plafond et au sol, après localisation d'éventuels tuyaux et câbles. Percez les montants et traverses et contre-percez le mur. Utilisez des vis de 38 mm au plafond, des chevilles de 50 mm pour les murs ou les fixations spéciales pour plaques de plâtre.

1 Clouez à intervalles réguliers le joint d'expansion sur les montants latéraux, en laissant à la base la distance pour placer une entretoise d'espacement. Gâchez le mortier à consistance crémeuse et étalez-en une bande sur la traverse de base. Déposez suffisamment de mortier pour réaliser un joint de 10 mm une fois les briques en place.

2 En partant d'un coin, placez une entretoise en L contre le cadre. Placez une entretoise en T pour supporter l'autre bout de la brique (repérez sa position en présentant une brique à sec).

3 Posez la première brique de verre dans l'angle et asseyez-la fermement sur les entretoises d'espacement.

Outils Matériaux

- **mètre ruban**
- **crayon**
- **scie à panneaux**
- **détecteurs de tuyaux et câbles**
- **perceuse électrique**
- **tournevis**
- **marteau**
- **truelle**
- **niveau à bulles**
- **cutter**
- **éponge humide**
- **fer à lisser**
- **gratte-joints**
- **chiffon doux**

- briques de verre et armature
- vis de 38 mm, ou de 50 mm avec chevilles pour murs creux (diamètre 4 ou 5 mm)
- pointes de 20 mm
- bande de joint en mousse
- mortier spécial verre
- croisillons en plastique
- tiges métalliques
- pâte à joints
- mastic silicone

Conseil castorama

Entretoises d'espacement

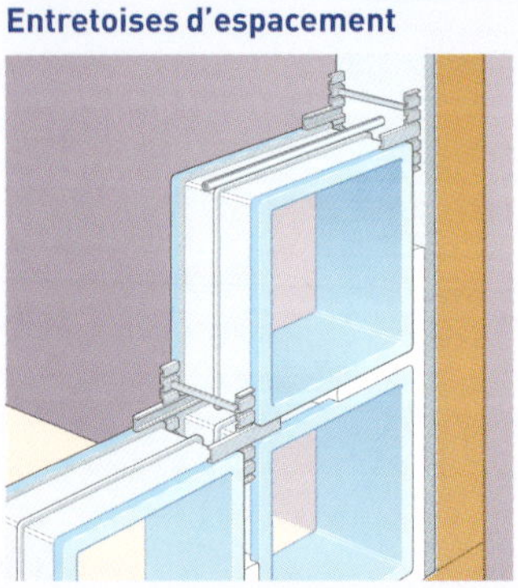

Les entretoises en croisillon vendues avec les briques de verre permettent de réaliser trois configurations différentes, en cassant une ou deux de leurs branches pour obtenir une entretoise en T ou en L, selon leur place sur la structure. On les arrache quand le mortier est sec. Comptez 1,5 entretoise par brique plus 10 %.

Sécurité

Une cloison en briques de verre est relativement lourde. Assurez-vous donc que le plancher sur lequel vous envisagez de l'établir pourra résister à cette surcharge, spécialement s'il s'agit d'un parquet. En cas de doute, prenez le conseil d'un architecte.

4 Placez l'entretoise en T suivante. Garnissez complètement la rainure latérale de la brique d'une bande de mortier. Asseyez la deuxième brique sur les entretoises et repoussez-la contre la précédente. Elle doit être parfaitement ajustée.

5 Maçonnez la première rangée, en vérifiant régulièrement l'alignement des briques. Déposez sur la rangée une bande de mortier, insérez des entretoises entre les briques et posez la deuxième rangée.

6 Renforcez les joints entre les rangées de briques avec des tiges métalliques noyées dans le lit de mortier. S'il faut plus d'une tige par rangée, faites-les se chevaucher sur 15 cm et ligaturez-les. Recouvrez-la de mortier et poursuivez l'assemblage des briques. Afin de garantir un bon aplomb, laissez sécher 24 h tous les trois rangs.

7 Nettoyez le parement des briques avec une éponge humide.

Finitions

Une fois toutes les briques assemblées, laissez le mortier sécher pendant 1 h environ, puis lissez les joints. Pour les assortir à la teinte dominante du décor, vous pouvez les garnir d'un ciment-joint coloré. Pour finir, déposez un cordon d'étanchéité entre les briques et les murs.

1 Quand le mortier est sec, arrachez les entretoises d'espacement. Lissez les joints avec un fer à lisser, qui compacte le joint pour le rendre étanche. Assurez-vous qu'aucun joint ne laisse apparaître de fissure.

2 Si la cloison forme le côté d'une douche, décapez les joints sur une profondeur d'environ 10 mm avec une truelle langue-de-chat. Laissez sécher pendant 24 h (vous pouvez également effectuer cette opération si vous voulez réaliser des joints bien blancs).

3 Le jour suivant, garnissez les joints de ciment-joint blanc, et lissez-le avec le fer adapté. Laissez sécher 1 ou 2 h avant de nettoyer avec un chiffon doux, non pelucheux et propre.

4 Appliquez un cordon continu de mastic au silicone à la jonction des briques avec le cadre, sur les quatre côtés.

MURS LAMBRIS

Le lambris, bois ou PVC, est à la fois décoratif et durable. Il est constitué de lames rabotées à chants bouvetés (rainure et languette), chacune s'assemblant avec ses voisines par emboîtement. Le lambris peut couvrir tout ou partie des murs. Pour simplifier la pose du lambris bois, laissez les plinthes existantes en place, puis recouvrez-les par des plinthes neuves. Coupez le courant et déposez les prises et les interrupteurs avant de commencer le chantier et remettez-les en place en tenant compte de l'épaisseur du nouveau revêtement. Fixez un profilé en angle pour la finition entre le plafond et les lames.

Choisir le type de pose

Selon votre envie de décoration, vous pouvez choisir entre différents types de pose au mur, au plafond, sous rampant et en soubassement. Pour les rampants, la disposition horizontale est la plus appropriée. Pour la pose horizontale, posez la première lame en bas du mur bien à niveau. Pour la pose verticale, commencez dans un angle et finissez vers la porte. Éliminez avec un rabot la languette de la première lame pour qu'elle se plaque bien sur le mur.

Pose sous rampant

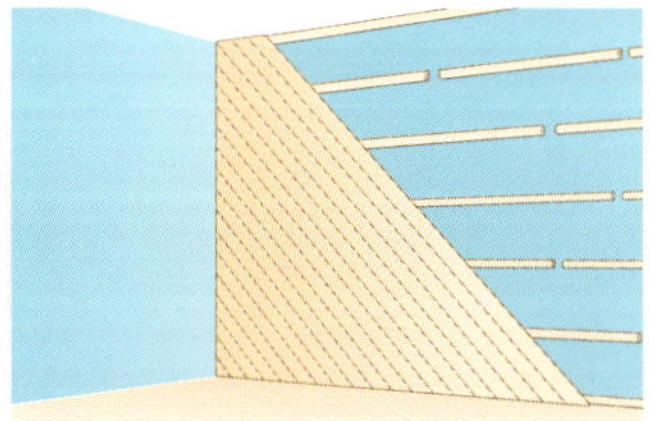
Pose oblique

Pose verticale

Pose en soubassement

Fixer les tasseaux

Les lames sont clouées sur des tasseaux fixés au mur. Pour couvrir jusqu'à mi-hauteur, trois tasseaux suffisent, l'un en bas, l'un délimitant la limite supérieure du lambrissage, et un troisième entre ces deux. L'écartement entre deux tasseaux s'établit entre 40 et 50 cm environ. Prévoyez une circulation d'air entre les murs et le lambris en laissant un espace de 4 à 5 cm entre les extrémités des tasseaux. Si le parement du mur est très irrégulier, interposez derrière les tasseaux, au niveau des creux, des cales en bois ou un carton fort.

1 Coupez les tasseaux à la longueur voulue pour couvrir le mur. Coupez les lames de lambris suivant la surface à couvrir. Avec un mètre et un niveau à bulles, tracez le bord du lambrissage. Vous pouvez aussi utiliser une des lames coupées. Si une plinthe habille la base du mur, fixez le tasseau inférieur contre celle-ci. S'il n'y a pas de plinthe, placez le tasseau inférieur à 5 cm du sol, de manière à ménager une circulation d'air sous la base du lambrissage.

2 Avec le niveau à bulles, tracez des lignes joignant les repères de positionnement des trois tasseaux. Le bord supérieur du tasseau du haut doit s'aligner exactement à la hauteur d'une lame.

3 Percez les tasseaux à 5 cm de chaque extrémité et tous les 40 cm environ. Présentez chaque tasseau en position et marquez les points de perçage sur le mur, au moyen d'un poinçon. Avant de percer le mur, assurez-vous qu'il n'y a pas de circuits électriques ou de canalisations encastrés aux emplacements ainsi marqués. Utilisez des chevilles adaptées à la nature de la maçonnerie.

Outils Matériaux

- **mètre ruban**
- **crayon**
- **scie égoïne**
- **niveau à bulles**
- **perceuse et forets à béton**
- **poinçon**
- **détecteur de métaux et de courant**
- **tournevis**
- **pinces à longs becs**
- **chasse-clou**
- **marteau**

- tasseaux en pin brut de 13 x 27 mm
- lames de lambris
- vis de 5 x 50 mm et chevilles murales
- papier abrasif
- pointes tête homme
- baguette en L
- colle à bois
- plinthes

Fixer le lambris bois

L'assemblage par rainure et languette permet de masquer le clouage (voir schéma, en bas). Les pointes tête homme enfoncées dans la languette d'une lame sont masquées par la rainure de la lame suivante.

1 Poncez l'extrémité des lames. En partant de la gauche, présentez la première lame en place (languette à droite), de niveau avec le tasseau supérieur. Clouez le côté gauche du haut de la lame dans le tasseau avec une pointe tête homme.

2 Vérifiez la verticalité de la lame avant de la clouer dans les autres tasseaux. Répétez ce contrôle pour les 3 ou 4 premières lames, pour être sûr qu'elles sont verticales.

3 Tenez la pointe avec une pince à longs becs, piquez-la au pied de la languette et clouez-la en biais dans le tasseau. Clouez de même dans les autres tasseaux.

4 Avec le chasse-clou et le marteau, noyez la tête de chaque pointe dans le bois. Emboîtez la lame suivante : elle recouvre la tête des pointes. Répétez l'opération à chaque lame, jusqu'au bout du mur. Coupez la dernière lame à bonne largeur et clouez-la dans les tasseaux depuis son parement. Si vous lambrissez le mur en retour, laissez 3 mm de jeu entre le chant de la dernière lame et ce mur. Calez la première lame du mur suivant contre la dernière du précédent, vérifiez sa verticalité et clouez-la en place.

5 Coupez la baguette de finition pour recouvrir la bordure du lambris. Encollez l'extrémité des lames, plaquez la baguette et laissez sécher.

6 Coupez une longueur de plinthe et clouez-la sur la base des lames avec des pointes tête homme.

Conseil castorama

Montage encastré

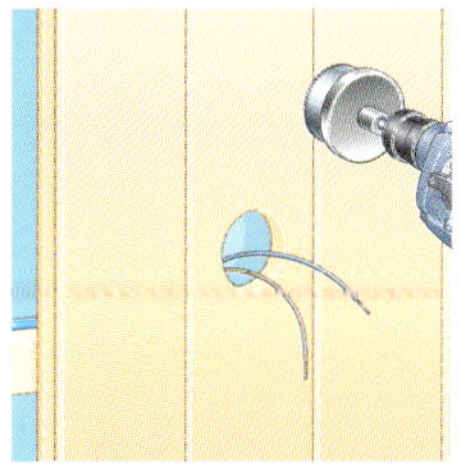

Au moment de poser la lame, pratiquez une découpe correspondant à la forme du boîtier. Coupez l'électricité avant de dévisser le capot. Tirez le boîtier vers l'avant et insérez derrière lui une cale en bois. Percez celle-ci, puis le mur et chevillez pour visser le boîtier. Les vis doivent pénétrer sur 25 mm environ. Fixez les lames, reconnectez les fils et remettez le capot de l'appareil en place.

l'astuce éco

Luttez contre la déforestation

Pour apporter votre contribution à la lutte contre la déforestation et l'effet de serre, n'achetez que du bois certifié, voir page 376.

Les trois méthodes pour fixer le lambris

Par clouage

La pose clouée est la plus traditionnelle. Les clous sont enfoncés dans la languette et noyés dans le bois.

Par crochet (ou clip)

La pose clipsée permet d'effectuer une pose plus nette. Les clips peuvent être soit cloués soit agrafés côté rainure.

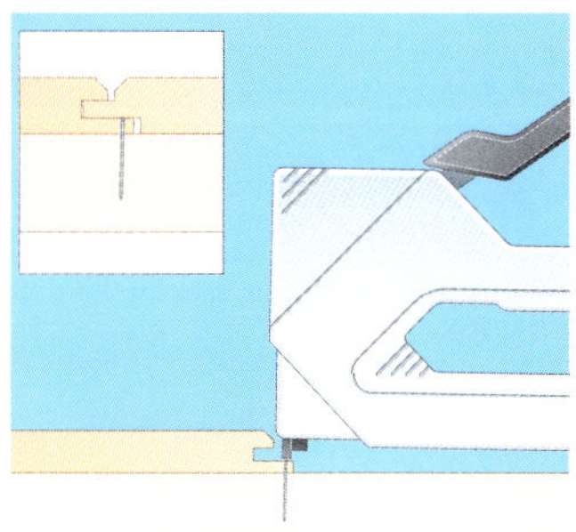

Par agrafeuse-cloueuse

Une fixation rapide et discrète. La pose agrafée est la plus rapide des trois. Les lames s'agrafent dans les rainures ou languettes.

MURS LAMBRIS

On utilise notamment le lambris PVC pour les murs et les plafonds des pièces humides telles que les cuisines et salles de bains pour deux raisons : le PVC résiste totalement à l'eau et il est facile à entretenir. Le lambris PVC se pose rapidement grâce à ses larges lames. Il existe des baguettes spéciales pour la finition des angles et des bords avec le plancher et le plafond.

Poser le lambris PVC

La pose du lambris PVC dépend de l'état du mur sur lequel il sera fixé. Si le mur est sain, vous pouvez coller le lambris directement. Le cas échéant, posez-le sur des tasseaux. Commencez par poser les profils (sur le sol et contre le mur de départ) avant de poser les lames. Les lames suivantes s'emboîteront ensuite les unes aux autres grâce à leur profil d'assemblage. Pour réaliser les angles et la jonction avec les extrémités (sol, plafond, fenêtre, etc.), les lames se posent à l'aide de profils de finition.

Si le mur est sain, la pose des lames peut se faire directement sur le mur, de différentes façons (voir ci-dessous).

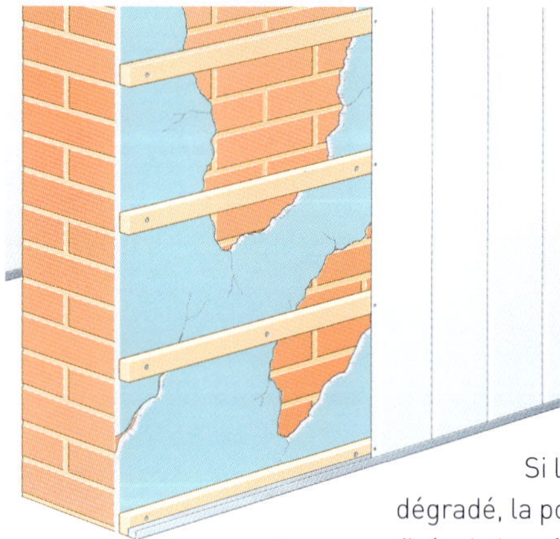

Si le mur est dégradé, la pose se fait sur tasseaux, fixés de la même façon que pour le lambris bois (voir la page précédente).

Choisir la fixation

Pour les lambris PVC, vous avez le choix entre différentes fixations.

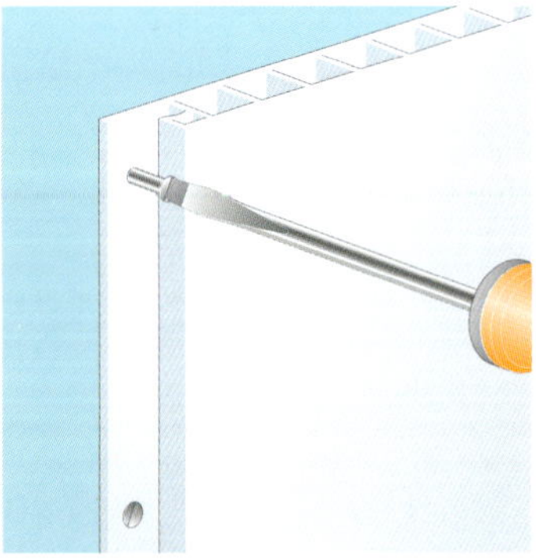

La pose vissée

La pose vissée directement sur le mur convient pour un mur sain qui ne présente aucune irrégularité. Utilisez un foret de 4 mm pour percer les languettes de la lame et un foret béton, des chevilles de 6 mm et des vis à têtes plates ou fraisées de 4 mm.

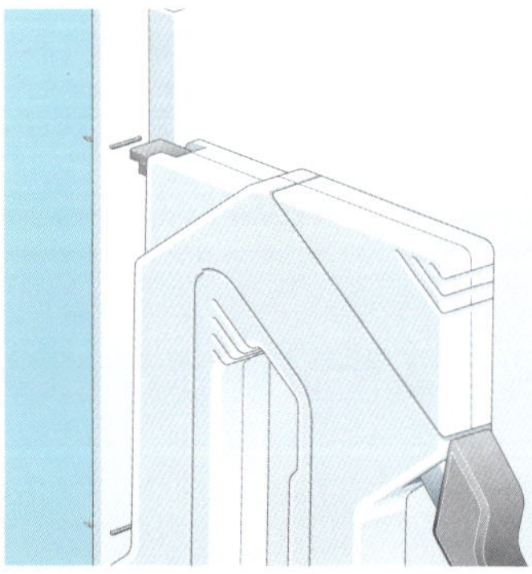

La pose agrafée

La pose agrafée se fait pour des murs présentant les mêmes caractéristiques que pour la pose clouée. Il est préconisé d'utiliser des agrafes inoxydables de 12 mm minimum.

La pose collée

La pose collée se fait sur un mur qui doit être compact, sans aucune trace d'humidité ou de corps gras. Utilisez une colle spéciale lames PVC.

Poser des plinthes neuves

Pour une bonne finition, il faut généralement poser des plinthes neuves, en PVC ou en bois selon la nature du lambris. Commencez par traiter le dos des plinthes en bois avec un produit fongicide et insecticide. Le mode de fixation des plinthes dépend de la nature et de la structure du mur et du type des fixations antérieures :

- pour les murs en maçonnerie, utilisez des clous à béton ou des vis ;
- sur les doublages et cloisons creuses, utilisez des pointes torsadées plantées dans les montants localisés avec un détecteur spécial ;
- vous devrez les coller avec une colle à bois, si le mur comporte des gaines électriques que des pointes ou des vis pourraient perforer.

Outils Matériaux

- **mètre ruban**
- **crayon**
- **copieur de profil**
- **étau ou établi-étau**
- **tréteau**
- **scie à dos**
- **détecteur de métaux et de courant**
- **perceuse avec mèche de 5 mm**

- plinthes
- chutes de tasseaux et de contreplaqué
- produit de traitement du bois
- chevilles à maçonnerie de 60 mm et vis de 5 mm
- pointes à béton, à placoplâtre
- colle adaptée au matériau
- pointes pour moulure
- papier abrasif
- enduit de rebouchage
- pâte à bois
- primaire
- apprêt et enduit décoratif
- peinture

1 Si vous utilisez des vis ou des pointes, placez-les approximativement tous les 60 cm, après vous être assuré qu'aucun câble ou tuyau ne court dans le mur à ces endroits. Si vous vissez, contrepercez le mur et insérez des chevilles appropriées. Dans une cloison creuse, localisez les montants et clouez la plinthe avec des pointes torsadées.

2 Pour coller la plinthe, appliquez au dos de celle-ci un cordon régulier de colle en zigzag. Pressez la plinthe en place et, si nécessaire, calez-la en position jusqu'à prise complète, au moyen d'objets lourds.

3 Poursuivez le relevé des dimensions, et coupez et fixez les plinthes les unes après les autres. Pour un assemblage sur angle sortant, coupez d'onglet l'extrémité des éléments de plinthe. Encollez les faces d'assemblage, aboutez les deux pièces et renforcez l'assemblage avec deux pointes tête homme.

4 Quand toutes les plinthes sont posées, poncez les angles saillants et comblez les éventuels jours avec de la pâte à bois. Masquez les têtes de pointes ou de vis avec de l'enduit. Poncez à nouveau ces retouches.

5 Déposez un cordon de pâte à bois entre la plinthe et le mur. Laissez sécher avant d'appliquer un primaire, puis l'apprêt, et enfin la peinture. Si vous préférez vernir la plinthe neuve, choisissez un apprêt acrylique assorti à la teinte du bois.

L'outil malin

Boîte à onglets

La boîte à onglets est indispensable aussi bien pour les coupes droites que pour les coupes d'onglet (45°). Vous trouverez des boîtes en bois et d'autres en plastique. Il existe des modèles spécifiques pour les plinthes (jusqu'à 120 mm de large). Elles sont à associer à une scie à dos.

Conseil castorama

Copieur de profil

Pour copier la forme de vos plinthes, vous pouvez utiliser un copieur de profil, qui sert ordinairement (comme ici) à reproduire le profil de canalisations et à découper le carrelage ou le parquet. Ce type d'accessoire est utile aussi pour découper des plinthes moulurées et assurer un assemblage parfait dans les angles.

MURS PRÉPARATIONS

Avant de peindre un mur, il est indispensable de le préparer, surtout s'il est ensuite enduit. Les fissures et les trous doivent obligatoirement être rebouchés, les surfaces doivent être propres, planes et sèches. Les surfaces déjà peintes avec une peinture vinylique ou acrylique peuvent être repeintes directement, celles en laque seront préalablement lessivées et dépolies.

Décoller le papier peint

Protégez le sol avec une bâche plastique, surtout s'il est recouvert de moquette ou de parquet. Coupez le courant pour éviter tout risque d'humidification des conduits et conducteurs encastrés. Diluez du produit pour décoller le papier peint dans la quantité d'eau tiède préconisée par le fabricant. Mouillez le papier avec une grosse éponge. Pour que l'eau l'imprègne plus profondément, griffez-le avec la lame d'un couteau de peintre, sans entamer l'enduit.

Outils Matériaux

- **housses de protection**
- **seau**
- **grosse éponge**
- **gants de protection**
- **lunettes de sécurité**
- **escabeau**
- **large couteau de peintre**
- **décolleuse à vapeur**

- eau
- produit pour décoller le papier peint

1 Avec une grande éponge, mouillez le mur, par portions de quelques mètres carrés. Laissez détremper pendant au moins 5 min. Glissez la lame d'un large couteau de peintre sous le bord d'un lé, à un joint, pour voir s'il se décolle. Il doit venir par grands pans entiers. Si ce n'est pas le cas, même après une période de détrempe prolongée, utilisez une décolleuse à vapeur.

2 Plaquez le socle de la décolleuse pendant quelques minutes à la base d'un lé, jusqu'à ce que le papier alentour soit bien mouillé. Déplacez la sole sur la zone suivante, tout en décollant le lé de l'autre main, en forçant sous les parties qui résistent avec le couteau de peintre. Décollez chaque lé du bas vers le haut, en veillant à ne pas endommager la surface sur laquelle il est collé.

L'outil malin

Décolleuse à vapeur

La décolleuse à vapeur se compose d'un réservoir et d'une sole en forme de bouclier, reliés par un tuyau souple. L'eau du réservoir, chauffée par une résistance électrique (ou par un brûleur au gaz) se transforme en vapeur qui gicle par les trous de la sole. Celle-ci s'applique sur la surface à décoller. Pour que les orifices de la sole ne se colmatent pas, employez une eau déminéralisée (ou de l'eau de pluie, ou encore celle issue d'un déshumidificateur). Ne laissez pas la sole longtemps au même endroit, sous peine d'abîmer le plâtre.

Pour employer une décolleuse en toute sécurité :

- coupez le courant des circuits de la pièce avant d'appliquer la décolleuse sur le mur ;
- débranchez-la et laissez-la refroidir pendant 2 min avant de refaire le plein d'eau ;
- portez des gants et des lunettes de protection ;
- n'abandonnez jamais une décolleuse allumée ;
- reposez l'appareil sur une surface horizontale ;
- ne la manipulez jamais par le tuyau et ne le déboîtez jamais quand l'appareil chauffe ;
- commencez par lire la notice d'utilisation avant de brancher l'appareil.

Décoller des dalles de liège

Les dalles de liège ont généralement été posées à la colle Néoprène. Soulevez-les simplement avec un grand couteau de peintre et arrachez-les. Il reste cependant toujours un peu de colle sur le mur. Le mieux est de la ramollir au moyen d'un décapeur thermique. Évitez d'employer une lampe à souder, dont la flamme nue risque d'enflammer les restes de colle. Grattez celle-ci dès qu'elle est ramollie, au moyen du couteau de peintre. Récupérez la colle que vous avez enlevée et jetez-la à la déchetterie.

Surfaces lisses et propres

Le temps que l'on consacre à la préparation des fonds est gage de réussite et de qualité du résultat. Il est tentant de vouloir aller vite et d'attaquer directement la finition, mais aucune peinture ne peut masquer la crasse et les irrégularités d'une surface. Veillez à bien enlever toute la saleté, taches grasses et parties pulvérulentes ou cloquées. Rebouchez trous et fissures et effectuez les réparations nécessaires. Même un enduit neuf nécessite quelques retouches locales. Sur une surface déjà peinte, grattez écailles et cloques de peinture et décapez les zones qui se décollent. Laissez bien sécher complètement les enduits de rebouchage avant de les poncer.

Lessiver

Les surfaces peintes, comme celles tapissées, doivent être lessivées avant mise en peinture. Le résultat final n'en sera que meilleur. La graisse, les moisissures, les taches de nicotine et les traces de doigts des enfants peuvent s'effacer avec un détergent ou, mieux encore, avec des cristaux de soude. Protégez-vous avec des gants et des lunettes, car les cristaux sont irritants. Terminez toujours par un rinçage généreux à l'eau claire et laissez sécher complètement. Lessivez les murs entiers de bas en haut (pour éviter les coulures).

Dans les maisons anciennes, on peut encore trouver des détrempes. Cette émulsion, aujourd'hui abandonnée, est très souvent poussiéreuse ou pulvérulente au toucher et se dissout au lessivage. Ne peignez ni ne tapissez jamais sur de la détrempe, car rien ne peut y adhérer. Il faut lessiver et gratter le plus possible, puis appliquer un produit de fixation pour fonds poudreux.

SOUS-COUCHES DES DIFFÉRENTES SURFACES

Surface	Sous-couche
Bois	Utilisez une sous-couche pour bois qui égalise le grain et empêche la peinture de l'imprégner. Appliquez-la sur un bois bien sec.
Métal	Utilisez une sous-couche spéciale qui protège de la corrosion et facilite l'accrochage de la peinture sur la surface métallique lisse. Il existe des sous-couches spécifiques à chaque métal, et des produits pour traiter la rouille ou peindre sur une surface rouillée.
Radiateurs	Apprêtez les surfaces accessibles des radiateurs avec une sous-couche pour métal résistant à la chaleur. Appliquée à froid, elle protège le métal de la corrosion externe et améliore le fini de la peinture.
MDF (panneau de fibres médium)	Utilisez une sous-couche pour MDF. Elle étanche la surface poreuse de ce matériau très absorbant, et empêche la peinture de l'imprégner.
Plâtre nu	Utilisez une sous-couche qui nourrira la surface poreuse, empêchant la peinture de l'imprégner. Sans cette préparation, vous devrez multiplier les couches de peinture. Attendez que le plâtre neuf soit bien sec : cela peut prendre plusieurs semaines pour une couche de finition, et plusieurs mois pour un plâtrage intégral. La surface d'un plâtre bien sec est légèrement rosée.
Surfaces multiples	Pour un nombre important de surfaces différentes, n'achetez pas plusieurs produits, appliquez un produit multisurface (ou 3 en 1), utilisable sur le bois, le métal et le plastique.
Carreaux, mélaminé, PVC	Utilisez une sous-couche spéciale pour assurer l'accrochage de la peinture sur une grande surface dure et lisse. Choisissez le produit correspondant au support.

Poncer

Un ponçage fin crée un fond lisse et uniforme qui améliore beaucoup l'aspect final de la peinture. Il facilite l'accrochage des apprêts, des peintures ou des vernis. Sur un plâtre mis à nu, le ponçage uniformise les zones réparées et décape toutes traces éventuelles d'ancien papier peint ou de colle. Sur du bois, veillez à toujours poncer dans le sens du fil.

Le ponçage génère beaucoup de poussière. Protégez-vous en portant un masque et en ventilant bien la pièce, et recouvrez tout ce qui craint avec des feuilles en plastique. L'opération terminée, époussetez toute la surface du plafond vers le plancher, puis passez l'aspirateur. Ces travaux paraissent fastidieux. Ils sont pourtant la condition pour obtenir une finition de qualité professionnelle.

Sécurité

Pour poncer, portez toujours un masque antipoussière. Si la peinture est très ancienne, elle peut contenir du plomb, très toxique : en cas de doute, demandez l'avis d'un spécialiste. Si le test est positif, ce professionnel effectuera le décapage au moyen d'un produit spécial.

Conseil castorama

Crème abrasive

Une bonne crème abrasive ménagère suffit à nettoyer parfaitement une peinture présentant un état de surface sans défaut.

Poser la sous-couche

Inutile d'appliquer une sous-couche sur une surface déjà peinte et en bon état : il suffit de la lessiver et de la poncer légèrement. Dans tous les autres cas, en revanche, vous obtiendrez un meilleur résultat en appliquant une sous-couche. La peinture adhère mieux sur celle-ci, sans cloquer ni s'écailler. Si le support a été mis à nu en décapant une surface peinte, l'application d'une couche d'enduit facilitera la finition. Sur une surface poreuse, la sous-couche empêche l'absorption de la première couche, ce qui réduit le nombre de couches à appliquer pour un résultat parfait. À l'opposé, la peinture adhère difficilement sur une surface brillante.

Adaptez l'enduit à la nature du mur et respectez bien son mode d'emploi. Si vous voulez gagner du temps, optez pour une sous-couche à séchage rapide : certaines peuvent être peintes après une heure seulement. Préférez les produits en phase aqueuse, sans odeur et moins agressifs pour l'environnement.

MURS PEINTURE

l'astuce éco de castorama

COV : danger !
Dans la plupart des peintures, la principale agression contre l'environnement provient des COV (composés organiques volatils), essentiellement des solvants relâchés dans l'atmosphère. Sources d'odeurs déplaisantes, ils sont également dangereux pour les personnes souffrant de problèmes respiratoires. Les commerces de bricolage mettent désormais en avant les produits en phase aqueuse considérés comme moins agressifs.

Après avoir préparé les murs et nettoyé la pièce, vous pouvez commencer à peindre. Cette opération, l'un des travaux de décoration les plus agréables, doit s'aborder avec calme et réflexion. Commencez donc par vérifier les points suivants.

- Êtes-vous sûr d'avoir la bonne peinture et d'en avoir assez (voir tableau ci-dessous) ?
- Disposez-vous du solvant adapté à votre peinture et en quantité suffisante ?
- Avez-vous les bons outils pour ce travail ? La plupart des peintures s'appliquent à la brosse ou au rouleau.
- Pouvez-vous atteindre toutes les surfaces en sécurité ? Il vous faudra peut-être un échafaudage, que vous pourrez louer ou réaliser vous-même.
- Disposez-vous de tout le temps nécessaire ? En plus du temps de séchage, tenez compte des intervalles entre les couches successives (voir tableau ci-dessous).
- Des enfants ou des animaux domestiques sont-ils présents ? Tenez-les éloignés du chantier !

Choisir la peinture

Pour l'intérieur, employez de préférence des peintures émulsion, en phase aqueuse (à l'eau), vinyliques ou acryliques, dans des formulations pour les types de supports : plâtre, béton, bois ou métal, sauf les vinyliques (voir ci-dessous). Les peintures glycérophtaliques, en grande majorité "solvantées", sont composées de résines alkydes en suspension dans une solution de solvant pétrolier (white-spirit).

Vinyliques

Les peintures vinyliques sont des émulsions en phase aqueuse pour murs et plafonds. Il s'agit de peintures dites "d'entrée de gamme", proposées généralement en blanc, aujourd'hui supplantées par les peintures acryliques.

Acryliques

Ce sont également des émulsions en phase aqueuse. Elles génèrent peu ou pas d'odeur. Faciles à appliquer, elles offrent une bonne résistance et sont d'un entretien facile. Sèches en moins d'une heure, elles permettent donc de passer deux couches dans la même journée, mais ne sont définitivement sèches qu'au bout de trois semaines. Il ne faut pas les lessiver avant. Elles seront cependant ensuite lavables sans difficulté. Elles peuvent couvrir directement des surfaces déjà peintes, ainsi que le papier peint uni ou texturé (à condition de ne pas trop le détremper) ou la toile de verre. Elles offrent un fini mat ou satiné. Une finition mate masque mieux les inégalités de surface. Avec les monocouches, plus épaisses, une seule couche suffit pour couvrir la plupart des surfaces. Certaines intègrent aujourd'hui un marqueur de couleur, rose ou bleu, facilitant le repérage des zones peintes des plafonds et des murs.

Bien que la plupart ne soient pas destinées aux pièces humides, il existe aujourd'hui des acryliques "spécial cuisines et salles de bains" d'excellente qualité, qui s'appliquent facilement, sèchent rapidement et qui sont lessivables.

Glycérophtaliques

Moins faciles à appliquer que les peintures émulsion, les peintures solvantées de type glycérophtaliques donnent une finition satinée ou laquée avec aspect brillant de haute qualité. Elles s'appliquent en couches fines en croisant et en tirant la peinture. Elles possèdent une très bonne pénétration dans leur support. Leur temps de séchage est assez long (6 à 12 h), ce qui impose deux jours pour passer deux couches. Le fini est parfaitement tendu et lisse. Les outils et les mains se nettoient au white-spirit, également utilisé pour les diluer. Elles nécessitent donc une bonne aération du local pendant et après le travail. Ces peintures sont idéales pour peindre cuisines et salles de bains ou pour obtenir des effets décoratifs de brillance dans les pièces à vivre. Elles peuvent aussi être utilisées aussi bien en extérieur qu'en intérieur. On voit apparaître aujourd'hui des glycérophtaliques en phase aqueuse.

Conseil castorama

Restes de peinture
Ne jetez aucun reste de peinture à l'égout, même des peintures à l'eau, moins agressives pour l'environnement que les produits à solvants : elles peuvent endommager les systèmes d'épuration (des effluents). Pour connaître les points agréés pour la collecte de ces produits, informez-vous en mairie.

PEINTURES POUR LES MURS ET PLAFONDS

	Vinylique	Vinylique monocouche	Vinylique pour plâtre	Acrylique	Laque glycéro	Peinture à effet	Peinture béton
Temps de séchage (h)							
Sec au toucher	1-2	3-4	1-2	1-2	6	24	1-2
Recouvrable après	4		4	4	24		24
Nombre de couches							
Conditions normales	2	1	1-2	1-2	2	1	2
Pouvoir couvrant (approx.)							
m^2 par litre	10-15	8	11	10-14	10-15	3	
m^2 par kg							1-6

Ordre des opérations

Vous voulez redécorer une pièce ? Commencez par le plafond, car vous risquez fort de déborder sur les murs. Peignez ensuite ceux-ci, et terminez par les menuiseries. Partez de la fenêtre ou de la source lumineuse, et éloignez-vous par passes parallèles à celle-ci. Faites les pauses en atteignant les coins, jamais au milieu d'un mur.

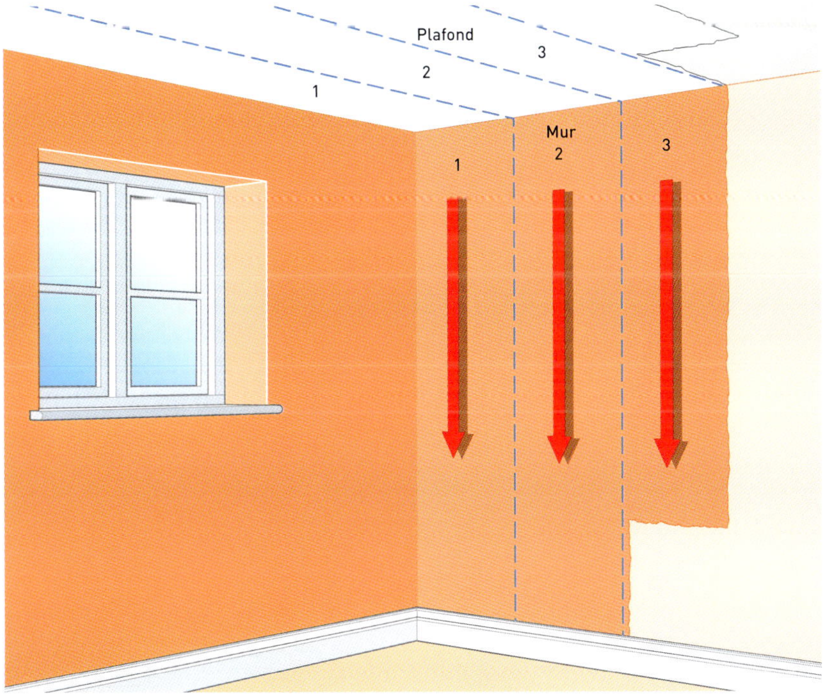

Astuces de professionnels

Vous pouvez faire des économies en achetant en grandes quantités, à condition de savoir comment conserver les produits.

Conservation

La peinture ne se conserve pas indéfiniment et finit par se dégrader. Les produits solvantés se conservent mieux que les peintures à l'eau. Vous pouvez garder de petites quantités dans un récipient hermétique, en laissant le moins d'air possible au-dessus du produit. Collez toujours une étiquette avec le nom et le type de peinture, ainsi que la pièce qu'elle a décorée et la date où vous l'avez utilisée pour la dernière fois.

Après l'avoir rempli, assurez-vous que le pot est bien fermé et retournez-le de façon à le stocker tête en bas. Ainsi, la peau qui ne manquera pas de se former se trouvera au fond du pot quand vous le remettrez dans le bon sens. Vous pouvez aussi enfermer le pot dans un sac en plastique fermé hermétiquement. Conservez la peinture à l'abri du gel.

Bac à peinture

Plus économiques, les grands pots de peinture sont aussi plus difficiles à manier. Les peintres professionnels transvasent leur peinture dans des récipients de taille plus réduite, plus pratiques à manier, en métal ou en plastique, appelés "camions". Si vous utilisez une peinture glycérophtalique, pour ne pas avoir à consommer une trop grande quantité de diluant pour nettoyer ce récipient, moulez une feuille d'aluminium à l'intérieur.

Au besoin, superposez plusieurs épaisseurs de feuilles d'aluminium pour éliminer tout risque de fuites. Jetez cette protection après usage.

L'outil malin

Bac à peinture

Ce bac plat comporte une grille d'essorage intégrée. Sa largeur lui permet d'essorer des rouleaux de 180 mm de large.

Brosses de peintre

Dans le bâtiment, on ne parle pas de pinceaux mais de brosses. La gamme en est très large, des moins chères à jeter après usage à celles en soies (poils) naturelles, de qualité professionnelle, si elles sont nettoyées et rangées avec soin. Il existe des brosses synthétiques de bonne qualité qui perdent très peu de leurs soies et dont les fibres effilées assurent un travail plus fin. Certaines de ces brosses sont cependant incompatibles avec les solvants : vérifiez les précautions d'emploi mentionnées sur leurs emballages.

Une petite pause ?

Pour les empêcher de sécher, enrobez brosses et rouleaux dans du film alimentaire. Serrez celui-ci bien hermétiquement afin de les garder ainsi le temps nécessaire.

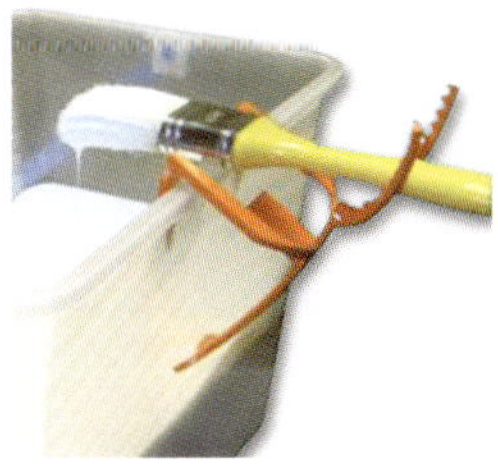

Le porte-pinceau : trois points d'appui, une butée antibascule et une antenne à cran de serrage.

Nettoyer et ranger

Les pinceaux utilisés pour les peintures en phase aqueuse (vinyliques ou acryliques) se lavent à l'eau claire. Frottez doucement les soies avec du savon, puis rincez et laissez sécher. Brosses, rouleaux et tampons propres peuvent se conserver dans un chiffon non pelucheux, dans un sac en plastique, dans du papier aluminium ou encore dans du papier kraft.

On peut conserver les pinceaux ayant servi à des peintures solvantées (glycérophtaliques), en les trempant dans un produit de nettoyage adapté ou dans le solvant approprié sans les laisser toucher le fond, ce qui finit toujours par détériorer les soies, mais en les suspendant.

Rangement en bidon nettoyeur

Moyen idéal pour ranger et nettoyer les brosses utilisées avec les produits solvantés. Fermez son couvercle bien hermétiquement et disposez les pinceaux avec très peu de produit au fond. La circulation des vapeurs les maintient propres et nets.

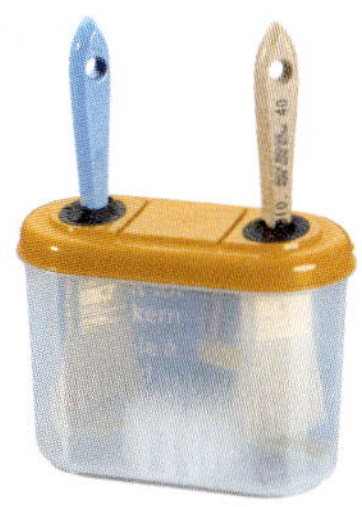

Insérez les pinceaux dans le réservoir. Ajoutez suffisamment de diluant pour couvrir juste les soies, fermez le couvercle avec soin et secouez le bidon en tous sens pour nettoyer les pinceaux. Éliminez le fluide comme indiqué sur l'emballage, et remplacez-le par une dose jusqu'à la marque. Gardez le couvercle bien fermé.

MURS PEINTURE

Pour peindre les murs et les plafonds, on utilise ordinairement une peinture vinylique ou acrylique. Les peintures en gel qui ne gouttent pas sont particulièrement adaptées à la peinture des plafonds. Ne secouez jamais une peinture en gel, même si elle présente un aspect grumeleux car vous lui feriez perdre ses qualités antigouttes.

Appliquer une peinture vinylique ou acrylique

Mélangez la peinture et versez-la dans un camion rempli environ au tiers. Trempez une queue-de-morue (brosse plate) de 100 à 125 mm sur environ le tiers de ses soies. Pressez la brosse à l'intérieur du bord du camion pour éliminer la peinture en excès. Ne l'écrasez pas sur le rebord car cela ôterait trop de peinture et déposerait une couche épaisse sur la paroi du camion.

1 En partant du haut du mur, couvrez environ 1 m², par courtes passes horizontales et verticales se chevauchant. Passez à la surface adjacente avant que la précédente ne soit sèche, pour fondre leurs bordures.

2 Progressez régulièrement pour couvrir la totalité du mur avant de faire une pause, sinon la zone de reprise entre deux applications serait visible.

Peindre les bordures

Les rouleaux et les grands tampons à peindre sont parfaits pour couvrir un mur d'une seule traite, mais ils ne permettent pas d'aller jusqu'aux lisières. Vous devrez finir celles-ci à la brosse ou avec un petit tampon. Cette bordure peut être peinte avant ou après la surface principale, mais en commençant par elle, vous obtiendrez un fini plus uniforme.

1 Appliquez trois ou quatre passes croisées contre la lisière pour couvrir la surface entre celle-ci et la peinture fraîchement appliquée sur le mur.

2 Parallèlement à la lisière, repassez sur les premières passes dans un long mouvement régulier. Peignez ainsi toute la bordure.

Liseré entre deux tons

Pour obtenir une séparation nette entre deux plages de couleurs, par exemple entre mur et plafond, ou entre deux murs de couleurs différentes, vous pouvez appliquer une bande de ruban à masquer. Mais, si votre main est bien ferme et assurée, vous pouvez liserer comme un professionnel. Attendez que la surface adjacente soit bien sèche pour faire ce travail.

1 Chargez légèrement la brosse. Appliquez-la à plat sur le mur, à peu de distance de la ligne de séparation, de manière à étaler légèrement les soies pour réaliser la bordure de peinture.

2 D'une main ferme, couvrez latéralement ou verticalement la surface, en progressant à petites passes vers la ligne de séparation entre les couleurs.

L'outil malin

Raclette à bordure

Ce type de raclette en plastique ou en métal permet de peindre au ras des plinthes, sans risquer d'y laisser couler des bavures. Déplacez-la au fur et à mesure. Vous pouvez également l'employer pour protéger le sol quand vous peignez les plinthes, ce qui évite aussi que la brosse capte des poussières ou des peluches.

Conseil castorama

Vêtements protecteurs

Portez des vêtements en coton pour peindre, mais jamais en laine : celle-ci libère des fibres qui viennent s'agglutiner dans la peinture fraîche. Couvrez-vous les cheveux quand vous peignez au plafond, et portez un masque si vous utilisez une peinture solvantée.

Peintures glycérophtaliques

Les peintures glycérophtaliques sont plus difficiles à appliquer et demandent souvent une couche d'apprêt. Utilisez une brosse de 75 mm et couvrez par plages successives de 30 cm de côté. Nettoyez les brosses et les coulures au white-spirit. Il est déconseillé de les utiliser pour des surfaces importantes (voir SÉCURITÉ, ci-dessous).

1 Couvrez trois bandes verticales et parallèles, séparées d'un espace légèrement inférieur à la largeur de la brosse.

2 Raccordez les bandes par des passes horizontales, sans recharger la brosse en peinture. Quand la brosse est presque sèche, repassez en légères touches verticales pour uniformiser la couche. Répétez l'opération sur la zone en dessous, en chevauchant sur la couche sèche, pour fondre les zones adjacentes.

L'outil malin

Rouleaux spécialisés

Les rouleaux conçus pour peindre des endroits difficiles facilitent beaucoup le travail.

- Un manche télescopique permet de peindre un plafond depuis le sol.
- Un rouleau à peindre dans les coins s'avère fort pratique pour peindre l'angle de deux murs de même couleur.

- Un mini-rouleau doté d'un très long manche permet de peindre les parties difficilement accessibles derrière un radiateur.

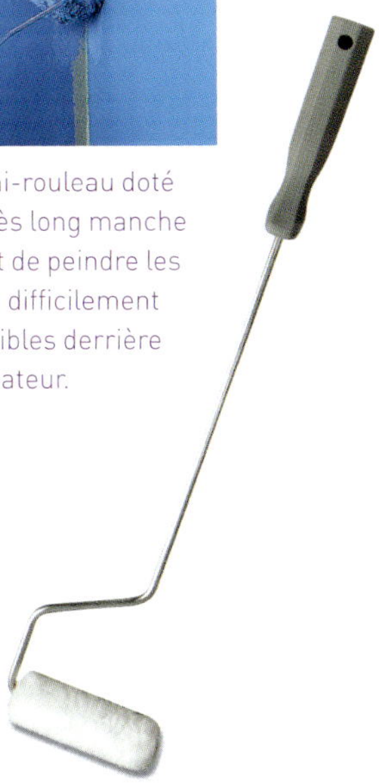

Peindre au rouleau

Moyen le plus rapide pour couvrir une surface, le rouleau peut nécessiter un plus grand nombre de couches qu'avec une brosse, car la peinture est déposée en couches plus fines. On trouve des manchons de rouleaux avec des tailles et des textures très variées. Choisissez un manchon à poils ras pour couvrir une surface bien lisse, et un manchon à peau de mouton pour une surface texturée. Finissez à la brosse les zones que le rouleau n'arrive pas à couvrir. Les peintures en gel antigouttes, conditionnées en bac, s'appliquent aussi au rouleau ; elles se liquéfient sous la pression, ce qui charge le rouleau de la quantité de produit nécessaire.

1 Versez la peinture dans le bac, environ au tiers de sa hauteur. Trempez le rouleau dans la peinture et faites-le rouler fermement sur le plan incliné strié du bac pour répartir régulièrement la charge de peinture. Un rouleau surchargé provoque des projections de peinture.

2 Passez le rouleau sur la surface du mur, d'un mouvement en zigzag, avec une pression constante. N'allez pas trop vite, ce qui pourrait provoquer des projections de peinture. Après avoir rechargé le rouleau, passez-le sur une zone adjacente non peinte et couvrez pour rejoindre la zone précédente, en passes chevauchées pour homogénéiser la couche.

Peindre au tampon

Présentés sous des tailles différentes, les tampons à peindre comportent une coque plate et rectangulaire contenant un tampon de fibres courtes (mohair), très souple. C'est l'outil idéal pour couvrir de grandes surfaces avec une peinture liquide : plus il est grand, plus on va vite. Il produit moins d'éclaboussures et de coulures que le rouleau, mais doit être rechargé plus souvent. Utilisez un bac spécial pour essorer l'excédent de peinture.

Kit complet à peindre

Idéal pour appliquer les peintures brillantes, les tampons laqueurs peuvent servir pour réaliser la sous-couche des peintures et enduits à effets.

Sécurité

Les peintures solvantées dégagent des vapeurs nocives pour votre santé autant que pour l'environnement. Ventilez généreusement la pièce dans laquelle vous appliquez ce type de produit, jusqu'à ce qu'il soit complètement sec. Évitez de les utiliser sur de grandes surfaces, telles que murs et plafonds.

MURS À EFFETS ET PEINTURES DÉCORATIVES

Si vous avez envie de personnaliser votre intérieur, les peintures à effets sont un moyen de valoriser vos murs et d'exprimer votre personnalité.

La variété des effets et le large choix des couleurs permettent de laisser libre cours à votre créativité et de décorer toutes les pièces de la maison en harmonie avec le style de votre intérieur. Les peintures à effets peuvent être appliquées avec des moyens simples comme avec une éponge ou une brosse.

Pour des résultats plus élaborés (marqués ou travaillés), il existe des peintures à effet décoratif comme l'enduit à cirer ou le tadelakt, revêtement mural issu de la tradition des hammams marocains, dont la douce texture évoque le marbre.

Préparer les murs avec une sous-couche

Pour tous les effets, il est indispensable d'utiliser la sous-couche adaptée au produit choisi. Elle sera appliquée en une ou plusieurs couches selon l'absorption et la couleur du support. La sous-couche permet d'éviter tout risque de dégorgement des supports et facilite la pose et, éventuellement, par la suite, la dépose à la décolleuse.

La sous-couche spéciale est appliquée en une ou plusieurs couches selon l'absorption et la couleur du support. La sous-couche est obligatoire.

Préparer la peinture

Vous pouvez utiliser soit une peinture spéciale, soit une peinture acrylique suivant les effets recherchés. Cette dernière est obtenue en mélangeant de la peinture avec de l'eau tiède. Vérifiez que les peintures acryliques peuvent être diluées sans perdre en qualité (suivez les instructions du fabricant).

La proportion d'eau mélangée à la peinture varie en fonction du résultat désiré :

- pour l'effet avec une éponge, la peinture doit être diluée dans une proportion de 1 pour 30 ;
- pour un effet circulaire, la peinture doit être diluée dans une proportion pouvant varier de 1 volume d'eau pour 4 volumes de peinture à 1 pour 10 ;
- pour un effet avec chiffon, la peinture doit être diluée dans une proportion de 1 pour 5 pour une couleur soutenue et jusqu'à 1 pour 25 pour une couleur claire.

1 Versez une dose de peinture acrylique dans un pot et ajoutez la dose correspondante d'eau tiède selon l'effet désiré.

2 Fermez hermétiquement et remuez vigoureusement.

Préparer les bons accessoires

Outil à veiner effet bois

Cet applicateur, léger et maniable, est strié de façon à imiter le veinage du bois de chêne, de sapin, de pin, etc. Il permet d'adapter une essence de bois à un objet ou un support à décorer.

Gant à peindre

Ce gant en forme de moufle sert à imprimer un décor sur un mur. Il est facile à utiliser même sur de grandes surfaces et peut servir de gant à lustrer.

Rouleau effet essuyé

Ce rouleau, recouvert d'une peau de chamois, permet une décoration nuancée sur un mur, par une application en tous sens.

Conseil castorama

Produits spéciaux

Il existe des enduits spéciaux pour ces effets. Dans ce cas, mélangez le colorant directement dans le pot sans rajouter d'eau. Suivant la teinte désirée, prenez une ou deux doses de colorant. Veillez à respecter le même numéro de bain pour les colorants.

Badigeon

Le badigeon donne un aspect doux et feutré à vos murs. Il les colore tout en cachant certaines imperfections. Vous pouvez multiplier les méthodes d'application selon votre inspiration grâce à l'utilisation de différents accessoires : brosse, chiffon, éponge, gant.

Le badigeon s'applique sur tout support lisse après application de la sous-couche. Vous pouvez également personnaliser vos murs peints avec des pochoirs.

Effet vertical

Étalez le badigeon coloré de haut en bas par bandes de 50 cm environ sans chercher à obtenir une application régulière avec la brosse.

Effet épongé

Trempez l'éponge dans la peinture diluée et appuyez-la délicatement sur le mur. Tournez l'éponge au fur et à mesure pour changer de motif. Pour obtenir un effet plus dense, passez plusieurs couches. Vous pouvez également changer de couleur.

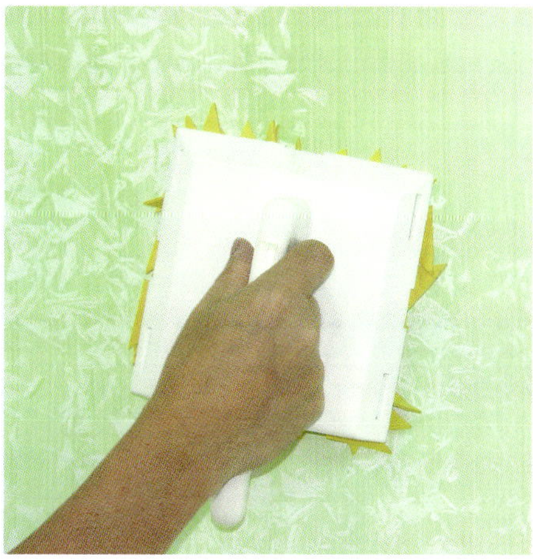

Effet au tampon

Appliquez le badigeon à la brosse de haut en bas, ou en tous sens, puis tamponnez irrégulièrement la surface pour ôter du badigeon. Essuyez le tampon de temps en temps.

Effet nuagé et très doux

Appliquez le badigeon coloré avec une brosse par mouvements croisés de droite à gauche, mètre carré par mètre carré.

L'outil malin

La brosse badigeon

Cette large brosse en soie laisse des traînées entrelacées dans une harmonie très agréable. Appliquez votre peinture à effet à grands coups de pinceaux en diagonale sur votre mur.

MURS PAPIER PEINT

Dans le travail de décoration des pièces, la pose du papier peint vient normalement en dernier, puisqu'il faut d'abord peindre le plafond, les portes, les fenêtres et les plinthes. Grâce au papier peint, vous changez du même coup la couleur, le décor et la texture des murs. Le papier standard à motifs, traditionnel ou préencollé, convient à la plupart des surfaces. Les revêtements épais, en vinyle expansé, sont très résistants et lessivables. Les toiles de verre se peignent et permettent de masquer certaines imperfections de surface. Les papiers vinyles se nettoient d'un coup d'éponge humide, ils conviennent bien aux cuisines et salles de bains.

Outils Matériaux
- **bâches de propreté**
- **escabeau**
- **seau**
- **brosse de tapissier**
- **brosse à encoller**
- **table à encoller**
- **mètre ruban**
- **fil à plomb**
- **crayon**
- **ciseaux**
- **éponge**

- lessive Saint-Marc
- primaire d'accrochage
- enduit de rebouchage
- produit pour décoller le papier peint ou décolleuse
- papier peint
- colle à papier peint

Organiser la pose du papier peint

Pour protéger vos meubles lors de la pose du papier peint, sortez-les avec les objets fragiles de la pièce. Recouvrez de bâches de propreté les moquettes et tout ce qui ne peut pas être déplacé. Avant et pendant la pose du papier peint, il est nécessaire de ne pas chauffer la pièce.

- Le tableau ci-dessous vous servira de guide pour estimer le nombre de rouleaux nécessaires. Un rouleau standard fait 10,05 m de long et 0,53 m de large. En prenant les mesures de la pièce, incluez les ouvertures : cela compense les chutes résultant des coupes et raccords.
- Calculez plus large pour un papier à grands motifs. La taille du motif est normalement indiquée sur l'étiquette du rouleau.
- Assurez-vous que tous les rouleaux achetés portent le même numéro de série et de bain, pour garantir une homogénéité de teintes.
- Utilisez une colle spécifique adaptée à la qualité du papier peint. Respectez bien le dosage eau/colle indiqué sur l'emballage pour une adhérence parfaite du papier. Dans un seau rond, saupoudrez la colle en faisant tourbillonner l'eau pour éviter la formation de grumeaux. Laissez reposer environ 15 min avant l'emploi.

Préparer les murs

La surface sur laquelle vous poserez du papier peint doit être lisse, sèche et propre. Préparez les murs après les avoir lessivés, avec un enduit, en rebouchant trous et fissures éventuelles. Appliquez ensuite, si nécessaire, une fine couche d'enduit sur toute la surface du mur. Laissez bien sécher l'enduit avant de coller le papier peint.

Si le papier est pelable (ou "stripable"), il est possible d'arracher la couche de surface et de poser directement le nouveau papier sur la couche qui est restée collée au mur. Pourtant, nous vous conseillons d'enlever les deux couches de papier pelable pour optimiser la pose du nouveau papier peint. Enlevez le papier existant avec une décolleuse ou un produit adapté dissout dans de l'eau. Vous pouvez tapisser une surface peinte, après l'avoir soigneusement lessivée. Une laque très brillante gagnera à être dépolie au papier abrasif ou avec un primaire d'accrochage. Laissez les surfaces sécher parfaitement avant de tapisser.

Sur une surface poreuse, ou un mur revêtu d'un matériau isolant tel que polystyrène, mousse de polyuréthane, liège, appliquez d'abord un primaire d'accrochage.

GUIDE DE CALCUL DU NOMBRE DE ROULEAUX

Périmètre de la pièce	Hauteur 2,3-2,4 m	Hauteur 2,4-2,6 m	Hauteur 2,6-2,7 m
10 m	5	5	6
12 m	6	6	7
14 m	7	7	8
16 m	8	8	9
18 m	9	9	10
20 m	10	10	11

Lire les étiquettes

Le papier peint fait l'objet d'une signalétique internationale précise qui fournit toutes les indications sur la nature du revêtement, ses conditions de pose et de dépose. Encore faut-il connaître la signification des pictogrammes.

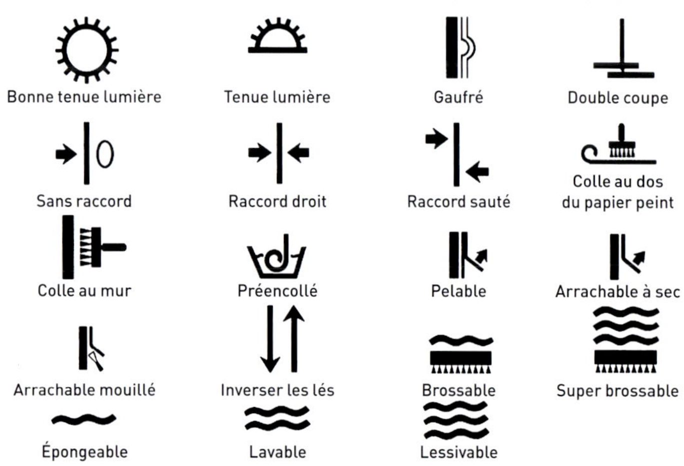

Couper le papier

Pour éviter de gaspiller du papier peint, mesurez avec précision la hauteur entre le plafond et le haut de la plinthe, à l'endroit où vous allez commencer l'affichage du papier. Si vous coupez plusieurs lés avant de commencer l'affichage, assurez-vous que les murs ont la même hauteur tout autour de la pièce.

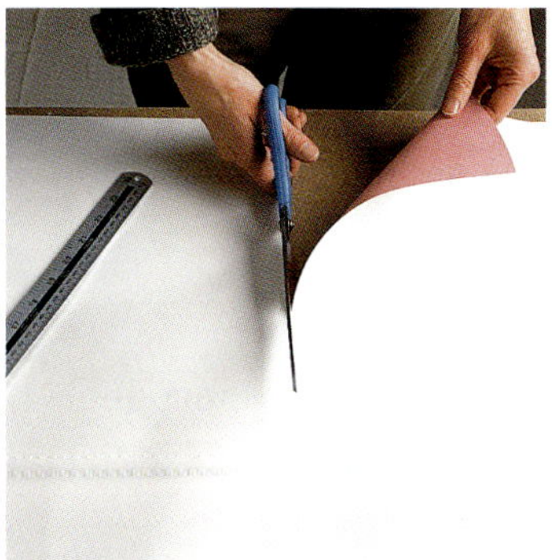

1 Mesurez la hauteur du mur en plusieurs endroits tout autour de la pièce. Ajoutez 10 cm à la plus longue des mesures, pour l'ajustement ultérieur en haut et en bas. Situez bien le sens du motif du papier par rapport au haut et repérez le raccord entre les motifs des lés adjacents. Déroulez le papier sur la table, face décorée en dessous, et tracez une ligne droite au niveau du point de coupe repéré. Coupez le premier lé avec de gros ciseaux ou à l'aide du massicot équipant la table à encoller.

2 Retournez le lé coupé. Déroulez la longueur suivante, accolez-la contre la précédente, en faisant concorder le décor éventuel. Coupez le deuxième lé en vous guidant sur la longueur du premier. Coupez ainsi plusieurs lés. Numérotez-les au fur et à mesure, au dos d'un coin supérieur, en indiquant aussi le sens de pose.

Encoller le papier

Le papier peint le plus courant doit être encollé au dos avant l'affichage. Utilisez une colle pour papier peint ordinaire. Préparez-la en quantité suffisante et laissez-la reposer. Vous pouvez superposer plusieurs lés de papier sur la table, les encoller et les afficher les uns après les autres.

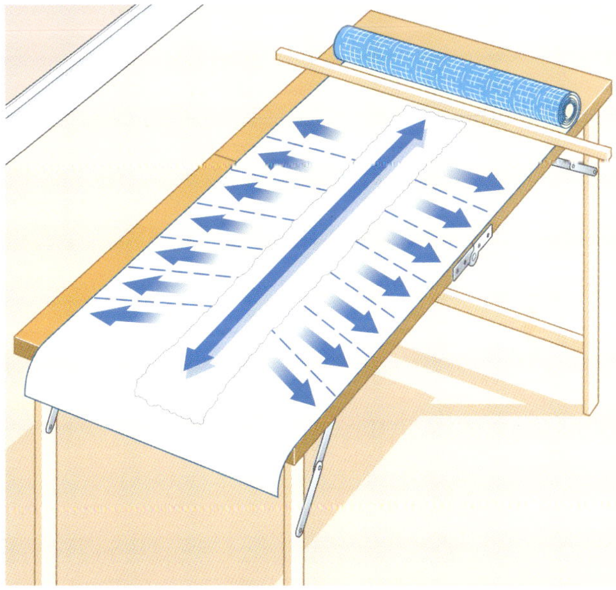

Posez la longueur coupée sur la table (face décorée dessous), le lé pendant à chaque bout de la table. Si vous encollez un lé court, calez-le avec un poids pour l'empêcher de s'enrouler. Trempez la brosse dans la colle et égouttez-la. Encollez au milieu du lé, en progressant vers les côtés par passes en chevrons (voir croquis ci-dessus). Vous repérerez plus facilement les zones mal encollées avec une colle colorée (qui s'éclaircit en séchant). Après chaque lé, nettoyez les bavures de colle sur la table avec une éponge.

Conseil castorama

Égouttage de la brosse

Le manche des brosses à encoller comporte un ergot qui permet de les accrocher à l'intérieur du seau, quand vous ne les utilisez pas. Si ce n'est pas le cas, tendez une ficelle entre les oreilles de fixation de l'anse du seau et déposez la brosse à plat sur ce support.

Replier le papier encollé

Les lés sont bien souvent plus longs que la table. Une fois que vous avez encollé la longueur posée sur la table, repliez délicatement le lé en accordéon. Vous pourrez ainsi passer à l'encollage du reste de la longueur sans risquer de maculer de colle la face décorée.

1 Une fois le lé posé sur la table complètement collé, repliez-le en accordéon, délicatement pour ne pas le déchirer. Repoussez l'accordéon vers un bout de la table et calez-le avec un poids (une grosse brosse, par exemple), pour empêcher la partie non encollée de s'enrouler.

2 Encollez toute la longueur, en repliant le lé au fur et à mesure. Enlevez l'ensemble en accordéon et mettez-le de côté pour laisser la colle imprégner le papier pendant le temps recommandé par le fabricant. Il faut laisser au papier le temps de se dilater avant affichage. Une bonne imprégnation prévient la formation de cloques quand le papier continue à se dilater une fois affiché. Pendant ce temps, encollez plusieurs autres lés.

MURS PAPIER PEINT

Les murs étant rarement droits et les angles bien d'équerre, ne vous guidez pas sur eux pour l'affichage des lés. Avant d'afficher le premier lé, tracez plutôt une ligne-guide verticale, au moyen d'un fil à plomb ou d'un niveau à bulles. Prenez connaissance des indications de pose spécifiques portées sur l'étiquette des rouleaux. Vérifiez les repères tracés au dos des lés lors de leur coupe, de manière à les poser dans le sens correct.

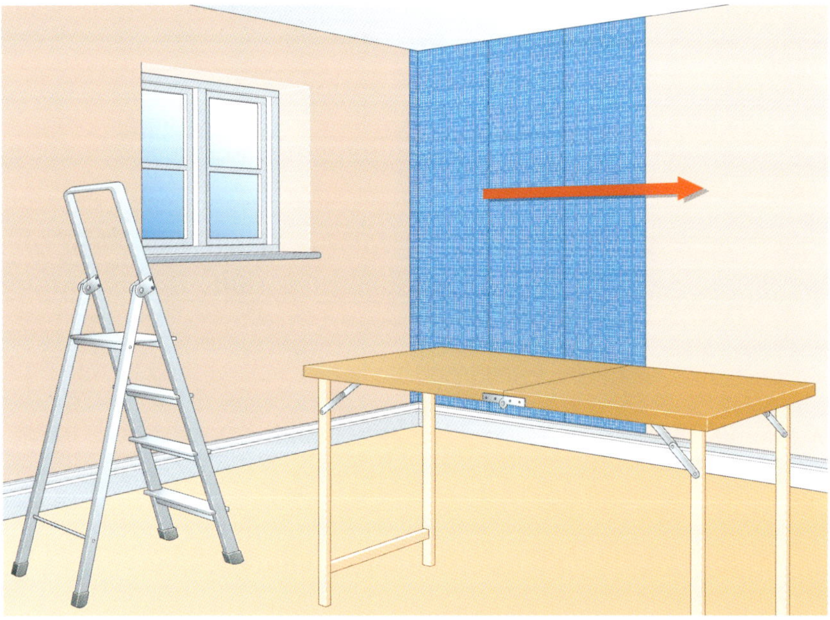

Par où commencer ?

- Si vous entrez dans la pièce par une porte face à une fenêtre, posez votre papier peint comme indiqué sur le dessin.
- Chaque fois que cela est possible, affichez le premier lé sur un mur sans ouverture, de manière à pouvoir poser un lé entier, couvrant du plafond jusqu'à la plinthe.
- Si vous êtes droitier, partez du mur placé à droite de la fenêtre, et du mur situé à gauche si vous êtes gaucher.
- Couvrez le mur en progressant depuis la fenêtre, afin que les joints ne créent pas d'ombre si les bords de certains lés se chevauchent par endroits.
- Si le papier peint a un décor à gros motifs, affichez le premier lé contre la cheminée ou un point focal, puis progressez en alternance dans les deux directions, de manière que le motif se trouve symétriquement centré. Couvrez complètement le mur de départ, puis le reste de la pièce.

Afficher le premier lé

Outils Matériaux
- **escabeau**
- **mètre ruban**
- **fil à plomb ou niveau à bulles**
- **crayon**
- **brosse à encoller**
- **table à encoller**
- **brosse de tapissier**
- **ciseaux**
- **roulette à joint**
- **seau**

- papier peint
- colle à papier peint

Ne travaillez jamais dans la précipitation et soyez prudent pour poser le premier lé, dont la rectitude parfaite est fondamentale pour la suite de la pose.

1 Pour positionner le premier lé, tracez une ligne du plafond à la plinthe, à 48 cm de l'angle, au moyen du fil à plomb ou du niveau à bulles. La largeur d'un rouleau étant de 53 cm, 5 cm couvriront le mur adjacent, où s'ouvre la fenêtre.

2 Positionnez le premier lé en haut du mur, son côté droit suivant la ligne verticale. Pour faciliter l'opération, maintenez la partie gauche du lé sur le mur. Assurez-vous que le haut du lé déborde sur le plafond sur 5 cm, pour la recoupe finale. Retenez le lé par ses deux côtés et ne le laissez pas se dérouler brutalement, car dans ce cas, il risque de se déchirer.

3 Quand le bord droit est calé, lissez la surface du lé avec la brosse de tapissier, passée du centre vers les bords, en veillant à ne laisser aucune cloque. Le bord droit doit rester bien aligné contre la ligne verticale.

Outils malins

Fil à plomb

Le fil à plomb donne la verticale. En général, il s'agit d'une masse à bout pointu, suspendue à une longue ficelle. Clouez une petite pointe en haut du mur, près du plafond, et accrochez-y le fil à plomb. Marquez au crayon une série de repères le long du fil, puis joignez-les avec une longue règle.

Roulette à joint

Cette petite roulette sert à aplanir les joints entre les lés et assurer un collage parfait, à utiliser uniquement pour les papiers peints traditionnels plats.

Règle-guide

Pour recouper les lés aux extrémités, vous pouvez utiliser cette règle spéciale à section en cornière, au lieu des ciseaux. Pressez la règle dans l'angle contre la plinthe (ou le plafond, ou la corniche), pour repousser le papier au fond de l'angle. Coupez en passant la lame d'un cutter contre la règle.

4 Une fois le premier lé posé, marquez le pli, en haut contre le plafond, et en bas contre la plinthe. Décollez doucement le papier et coupez sur le pli avec les ciseaux. Rabattez sur le mur les parties décollées à la brosse de tapissier.

5 Accolez le lé suivant contre le premier, en faisant coïncider le décor au niveau des yeux. Après avoir collé deux ou trois lés, aplanissez les joints avec la roulette. N'appuyez pas trop sur un papier texturé, pour ne pas écraser les motifs.

Conseil castorama

Toujours propres

De temps à autre, faites tremper les ciseaux dans un bocal rempli d'eau tiède, pour les débarrasser de la colle qui s'y accumule.

Poser du papier intissé

Le papier peint intissé constitue une nouvelle génération de revêtement mural, particulièrement appréciée pour sa facilité de pose. Il est constitué d'un support intissé sur lequel est collé un papier ou une couche de vinyle. Grâce à sa pose directe sur le mur encollé et à sa grande largeur, vous pouvez tapisser plus rapidement une pièce qu'avec du papier traditionnel.

Limitez l'encollage du mur à la surface d'un seul lé à la fois, en débordant d'une largeur de main environ. Affichez le lé, marouflez, puis arasez. Le lé est repositionnable facilement.

1 Les papiers intissés étant vendus sous différentes largeurs, mesurez le rouleau, en prévoyant un retour de 5 cm sur le mur suivant. À une distance du coin égale à cette mesure, tracez une verticale allant de la plinthe au plafond, en vous guidant avec le fil à plomb ou le niveau à bulles. Encollez généreusement et très régulièrement la surface sur laquelle le premier lé doit s'afficher, en débordant un peu du côté du lé suivant.

2 Vous pouvez couper les lés comme avec du papier standard, mais vous pouvez aussi dérouler directement le rouleau sur le mur. Glissez le papier sur la bonne position, en alignant son bord droit sur le tracé vertical. Le côté gauche doit revenir sur le mur suivant.

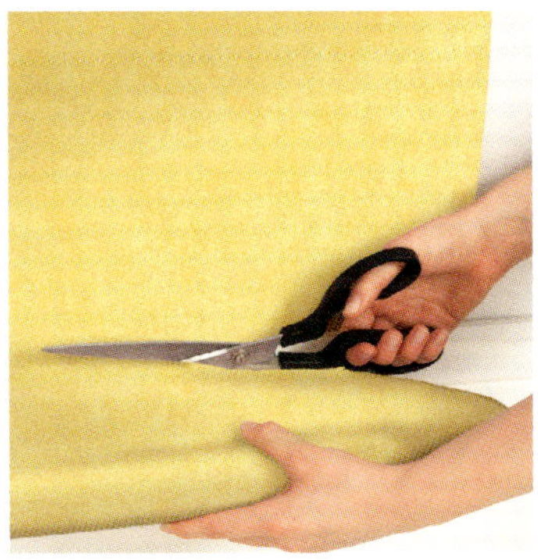

3 Marouflez le lé avec une brosse ou une éponge légèrement humide, en repoussant toutes les cloques de l'intérieur vers l'extérieur avec une brosse de tapissier. Coupez les extrémités du lé. Répétez l'opération pour chaque lé, en veillant à bien les poser bord à bord et à assurer le raccord des éventuels motifs.

MURS PAPIER PEINT : ANGLES, FINITIONS

En général, on fait toujours en sorte de commencer par couvrir un mur bien droit et dépourvu d'obstacle. Mais, on arrive tôt ou tard à buter contre un angle ou à devoir contourner une prise ou un interrupteur. Il est donc important de savoir passer ces obstacles pour conserver la netteté de la pose.

Angles rentrants

Dans un angle, il s'avère plus facile d'accoler les deux moitiés d'un lé recoupé en largeur que de replier un lé entier, surtout quand le mur est plus ou moins ondulé et que l'angle n'est pas vraiment d'équerre. Mesurez et coupez le papier de manière qu'il se prolonge un peu sur l'autre mur de l'angle, puis encollez le retour et plaquez-le sur l'autre pan de mur.

1 Mesurez la distance entre le bord du dernier lé posé et l'angle, en haut, en bas et au milieu du mur. Conservez la mesure la plus grande et ajoutez 25 mm pour le rabat sur le mur suivant. Coupez un lé à cette largeur, et conservez la chute qui sera le premier lé posé sur le mur suivant. Encollez et affichez le lé recoupé, bien jointif avec le dernier lé entier. Alignez le décor à hauteur des yeux et laissez le rabat de 25 mm se plaquer naturellement sur le mur suivant. Avec la brosse de tapissier, marouflez fermement le lé à l'intérieur de l'angle.

2 Pour être sûr que le papier est parfaitement collé dans l'angle, passez la roulette à joint sur le rabat. Essuyez la colle maculant la roulette avant qu'elle ne sèche. S'il se forme un pli, déchirez-le et faites chevaucher les deux parties ou, mieux, taillez sur le pli et raccordez les lèvres de manière que la coupe se voie le moins possible (cette méthode est impérative pour le papier vinyle).

3 À une distance de l'angle correspondant à la largeur de la chute résultant de l'étape 1, marquez des points de repère pour tracer une verticale du sol au plafond. Vous disposerez ainsi d'une bonne ligne de référence pour tapisser le mur suivant.

4 Après l'avoir encollée, posez la chute, en alignant son bord droit sur le trait vertical, son bord gauche recouvrant le rabat du dernier lé du mur précédent. Si le papier est à motifs, veillez à faire le raccord le plus précis possible.

Angles saillants

Certaines pièces comportent des angles saillants, autour du manteau d'une cheminée, par exemple. La méthode est la même que pour un angle rentrant : un lé recoupé est affiché avec un petit débord sur la face suivante, puis on appose sa chute en recouvrement de ce rabat, en s'alignant sur une verticale tracée sur le mur.

1 Tapissez le mur jusqu'à ce qu'il reste moins d'un lé entier pour atteindre le coin. Relevez la cote entre cet angle et le bord du dernier lé entier posé, et ajoutez 25 mm pour le rabat sur la face suivante. Coupez un lé à cette largeur et mettez la chute de côté. Affichez le lé recoupé et rabattez le débord sur la face suivante. Chassez toutes les bulles d'air en passant la brosse de tapissier.

2 Passez une roulette à joint sur le rabat pour le plaquer fermement sur la face suivante. Affichez le lé de chute contre le rabat, en alignant les motifs et en accolant bien le joint. Si les faces ne sont pas parfaitement planes et d'équerre, mieux vaut les faire se chevaucher légèrement, sous réserve d'aligner au mieux les motifs. Marouflez le chevauchement avec la roulette. Posez les autres lés jusqu'au coin saillant suivant. Avant de repartir sur le mur adjacent, tracez dessus un repère vertical.

Tapisser autour de l'interrupteur

Dans toutes les pièces, il y a inévitablement au moins un interrupteur et une prise électrique. Il est particulièrement important de soigner la pose à cet endroit, que l'appareil électrique soit encastré ou en applique. Prenez toujours la précaution de couper le courant.

1 Coupez le courant au disjoncteur. Affichez le lé depuis le haut du mur, en recouvrant l'appareil. Passez sur celui-ci la brosse de tapissier pour marquer son empreinte dans le papier. Procédez doucement pour ne pas le déchirer. Tracez les diagonales entre les coins de l'empreinte. Percez au centre avec la pointe de petits ciseaux. Coupez vers les coins, sur les diagonales et ouvrez les quatre pétales.

2 Taillez les pétales au niveau des côtés de l'appareil, en laissant environ 6 mm de recouvrement sur le couvercle. Dévissez, sans les retirer, les vis de fixation de la platine de l'interrupteur, et écartez-la un peu du mur.

3 Avec la brosse de tapissier, rabattez doucement le papier sur le mur, autour de l'appareil, puis repassez en appuyant pour chasser toutes les cloques. Repoussez la platine de l'interrupteur en place et serrez ses vis. Rebranchez le disjoncteur.

Conseil castorama

Marquer les chevilles

Arrachez tous les clous et dévissez tous les crochets muraux avant de tapisser. Laissez les chevilles en place. Marquez leur emplacement en y insérant une allumette (bout soufré enlevé) dépassant légèrement. Quand vous poserez le lé, affichez-le doucement sur le bout d'allumette et pressez pour qu'il transperce le papier. Passez la brosse de tapissier. Quand la colle est presque sèche, retirez l'allumette et remettez le crochet en place.

Frises

De nombreuses gammes de papier peint comprennent des bordures et des frises assorties. Elles peuvent aussi bien décorer des murs peints que tapissés (sauf avec du papier à reliefs), créant un effet de cimaise. Elles servent aussi à masquer les imperfections du raccord mur-plafond. Il existe aussi des frises repositionnables.

1 Avec le niveau à bulles, tracez au crayon une ligne horizontale tout autour de la pièce, au niveau où vous voulez placer la frise. Mesurez la longueur du mur et ajoutez 5 cm à chaque extrémité. Coupez une longueur de frise à cette cote. La colle des frises séchant vite, mieux vaut ne décorer qu'un mur à la fois, plutôt que d'enchaîner tout le périmètre de la pièce d'un seul tenant.

2 Encollez le dos de la frise en débordant sur les côtés, et repliez-la en accordéon, en veillant à ne pas écraser les plis. Laissez la colle imprégner le papier le temps préconisé, puis appliquez la frise en partant d'un angle, en déroulant doucement l'accordéon. Calez bien le bord supérieur sur le trait et plaquez-la avec la brosse de tapissier.

3 En haut du mur, affichez la frise entre le plafond et le trait repère, en dépliant doucement l'accordéon au fur et à mesure. Ajustez-la avec la brosse de tapissier. Éliminez les bavures de colle sur le mur et le plafond à petits coups d'éponge humide fréquemment rincée.

MURS PAPIER PEINT

La pose du papier autour des ouvertures demande beaucoup de soins. Il est bon de couper préalablement les lés à leurs dimensions approximatives avant de les encoller, de façon à n'avoir qu'un lé encollé à gérer à la fois.

Autour des portes et fenêtres

Pour araser correctement autour du dormant des ouvertures, laissez un débord d'au moins 30 mm tout autour. Mieux vaut procéder par petites coupes successives que de tenter d'araser d'un seul coup sur toute la longueur. Pour faciliter le travail, encollez le mur, afin de pouvoir repositionner le papier plus aisément. Le papier encollé se déchirant facilement, utilisez des ciseaux pour le retailler dans les endroits difficiles d'accès.

1 Coupez les lés à des dimensions permettant de couvrir le pourtour du dormant. Encollez et affichez les lés normalement jusqu'au dormant. Pressez le papier contre la périphérie du dormant avec la brosse de tapissier.

2 Du bout des doigts, moulez le papier sur la forme du bord du dormant de l'huisserie (encadrement), pour qu'il l'épouse exactement.

3 Coupez en diagonale vers le coin du cadre, avec de petits ciseaux. Décollez le papier et découpez-le par petites entailles en V, en le décollant et en le repositionnant autant de fois que nécessaire. Répétez l'opération jusqu'à ce que le papier épouse parfaitement le coin.

4 Forcez le papier au fond des recoins à petits coups de brosse de tapissier. Entaillez en diagonale vers la partie suivante du cadre du dormant.

5 Continuez à rogner le papier autour du coin du cadre. Si nécessaire, pressez du bout des doigts pour mouler papier sur les moulures du cadre. Décollez le papier et coupez-le en suivant la ligne moulée.

6 Coupez le papier exactement au fond de l'angle entre le cadre du dormant et le mur. Si la colle au dos du papier sèche avant que l'opération ne soit complètement terminée, réencollez plutôt le mur que le papier.

7 Essuyez les bavures de colle sur le cadre du dormant, avant que celle-ci ne prenne.

Derrière les radiateurs

Dans les conditions idéales, on vidange le radiateur (hors période de chauffe) et on le dépose pour pouvoir tapisser le mur sans difficulté. Si ce n'est pas possible, on coupe le radiateur et l'on tapisse derrière. Surtout, ne chauffez pas avant ni pendant la pose du papier, cela évitera la formation de cloques.

Conseil castorama

Travaillez au rouleau

Après avoir éliminé la poussière et les inévitables toiles d'araignée, repoussez, guidez et affichez le papier en place, au moyen d'un petit rouleau à peindre à long manche ou d'un manche à balai rond.

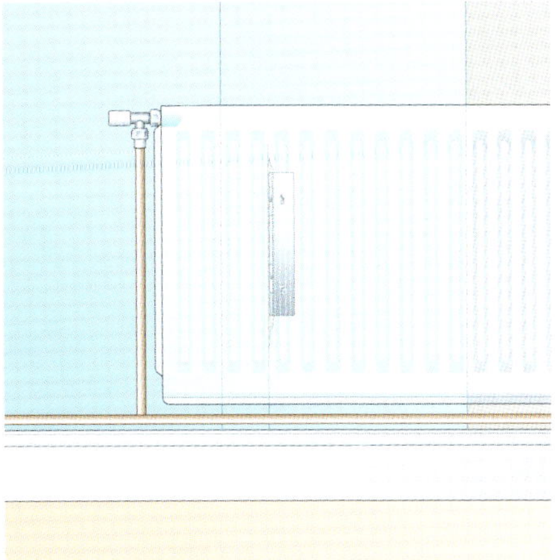

Posez les lés en les laissant retomber sur le radiateur. Marquez sur le papier la position des équerres de fixation, puis entaillez le lé depuis la base jusqu'à ce repère. Découpez une forme rectangulaire conforme à la section de l'équerre. Placez le lé de part et d'autre du support et faites glisser le papier en l'aidant avec un petit rouleau. Arasez le bas du lé.

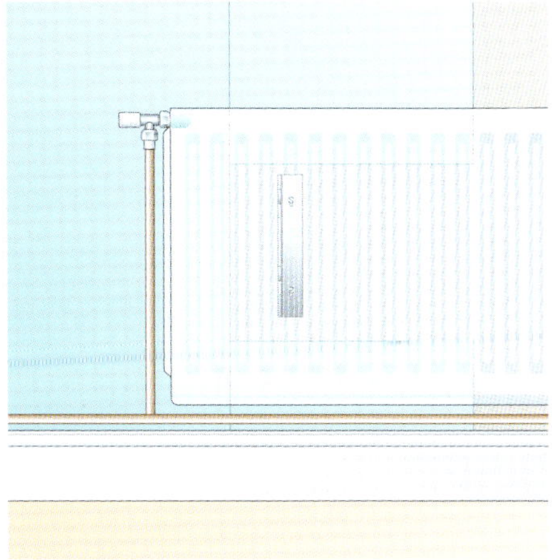

Si le radiateur est en tôle pleine et non en éléments ajourés, vous pouvez aussi couper le papier pour couvrir le mur derrière le haut du radiateur sur 15 cm environ. Coupez un autre morceau pour couvrir l'espace du bas.

Sécurité

Pour tapisser un escalier, n'effectuez pas ce travail seul mais soyez aidé d'une personne.

Tapisser dans un escalier

Choisissez un papier de bonne qualité, sans raccords, pour faciliter la pose des lés les plus longs, plus sensibles à l'élongation et au déchirement. Une fois encollés, ils sont relativement lourds. Il faut donc si possible travailler à deux. La personne qui vous aide, restée sur les marches, soutiendra le bas du lé pendant que vous poserez le haut.

Prévoir une plate-forme

Vous devez pouvoir atteindre aussi bien le mur de la cage que celui du chevêtre sans avoir à descendre et remonter (voir ci-contre). Placez un escabeau sur le palier supérieur, puis calez les pieds d'une échelle dans une contremarche à mi-hauteur de la volée, et entourez le haut de chiffons. Posez une robuste planche entre les deux et fixez-la aux barreaux de l'échelle et de l'escabeau au moyen de cordes. Superposez une seconde planche si la distance entre les appuis de la première dépasse 1,50 m.

Afficher les lés

Affichez le lé le plus long en premier. Coupez à longueur voulue, en n'oubliant pas que la plinthe est en biais. Commencez par maroufler le haut du lé, la partie pliée en accordéon restant pendante. Déroulez-la au fur et à mesure que vous descendez. Si une personne vous aide, elle peut afficher la partie inférieure du lé. Si la volée est trop longue, déplacez l'échelle et posez l'extrémité de la planche sur une marche, afin de pouvoir travailler sur la moitié inférieure du mur.

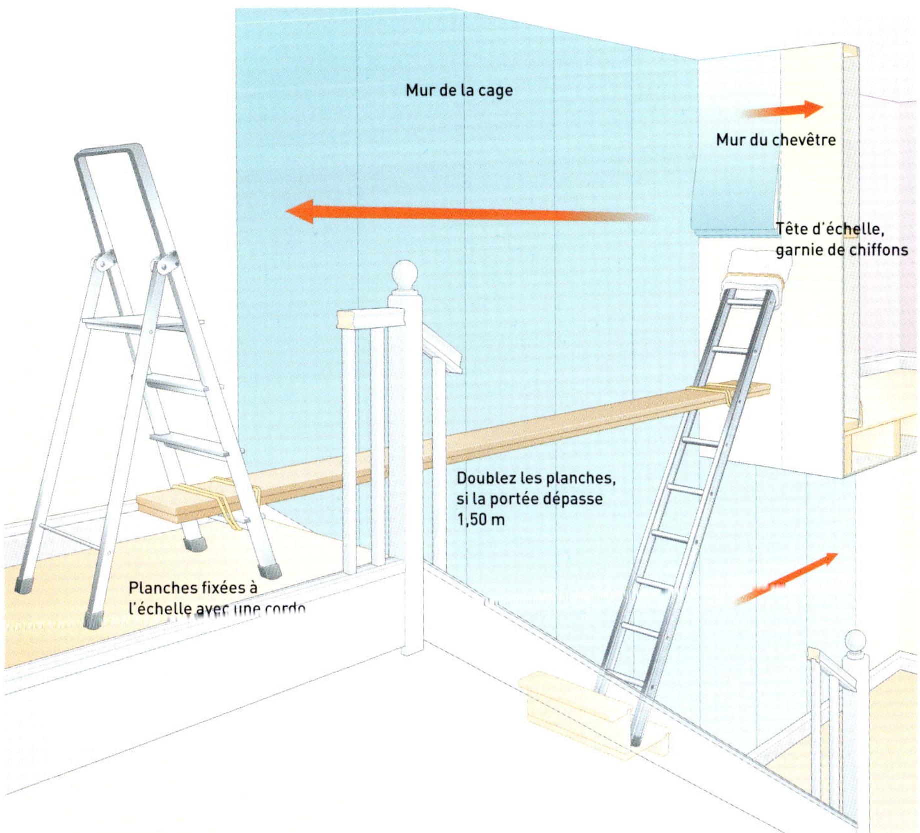

MURS CARRELAGE

Le carrelage demande une certaine adresse mais on obtient de bons résultats en s'y prenant avec soin. La surface à carreler doit être propre, sèche et plane. Décollez le papier peint pour mettre le plâtre à nu, décapez les peintures craquelées et rebouchez trous et fissures. Si vous refaites l'enduit au plâtre, attendez au moins un mois avant de carreler dessus. Traitez les surfaces poreuses avec un primaire d'accrochage.

Conseil castorama

Confectionner une règle de carreleur

Outil essentiel du carreleur, la règle permet d'aligner les rangées et de déterminer avec précision la coupe des carreaux de fin de rangées. Utilisez une latte en bois, idéalement de 50 x 25 mm de section et de 1,80 m de long, ou plus courte pour les petites surfaces.

Posez une rangée de carreaux, avec les croisillons. Calez contre elle la règle, son extrémité alignée sur le bord du premier carreau.

Marquez au crayon la position des carreaux et de leurs joints. En numérotant les repères, vous disposez d'un moyen rapide pour savoir le nombre de carreaux dans chaque rangée.

Préparer la pose du carrelage

Calcul des quantités

En général, le carrelage est vendu par paquets d'environ 1 mètre carré. Pour déterminer le nombre de paquets, il suffit donc de calculer la surface à couvrir, en multipliant sa hauteur par sa largeur.

Ajouter 5 à 10 % en prévision des chutes et de la casse. Si le mur comporte des ouvertures (portes, fenêtres, placards) calculez leur surface et retranchez-la du total précédent. Pour vous aider, faites un croquis coté de la surface à carreler.

Disposition

L'organisation du carrelage étant fonction du positionnement des joints, il est nécessaire de déterminer le point de départ précis pour la pose de la première rangée. Ne vous contentez pas de partir d'un angle : il est rarement d'aplomb et vous risquez de finir la rangée avec une coupe ridiculement étroite. Pour obtenir des coupes égales de part et d'autre du panneau de carrelage, il faut que celui-ci soit centré sur le mur, en partant d'un joint médian.

Rangées verticales

Il faut d'abord déterminer la position des rangées verticales, de manière à arrêter le point de départ. Celui-ci doit tomber près du centre de la surface à carreler. Mesurez la largeur de celle-ci et marquez son milieu au crayon.

Outils Matériaux

- **mètre ruban**
- **crayon**
- **règle de carreleur**
- **niveau à bulles**
- **détecteur de câbles et tuyaux**
- **marteau d'emballeur**

- trois lattes de bois de 50 x 25 mm
- carreaux
- croisillons d'écartement
- pointes à béton de 50 mm

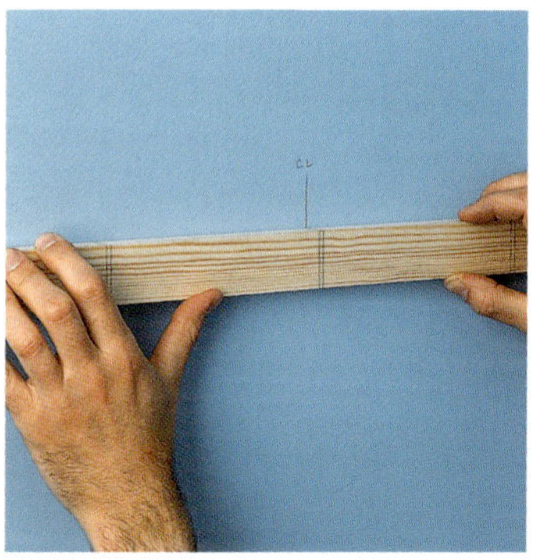

1 Placez la règle (voir Conseil Castorama, à gauche) en faisant coïncider l'un de ses repères avec le point central du mur. Reportez la position des carreaux sur le mur.

2 Quand vous arriverez dans un angle, vous verrez s'il faut recouper le dernier carreau de la rangée. Si le carreau recoupé est inférieur à une demi-largeur, mieux vaut repositionner le point de départ.

3 Repositionnez en alignant la règle sur le point central comme précédemment, puis tracez sur le mur un nouveau trait tombant entre deux repères tracés sur la règle. Vous déterminerez ainsi un point de départ qui assure la symétrie parfaite des carreaux d'extrémité de la rangée, l'axe du mur passant alors au centre d'un carreau.

4 Calez la règle, dressée verticalement à l'aide du niveau à bulles, contre le nouveau repère, et tirez une ligne de haut en bas.

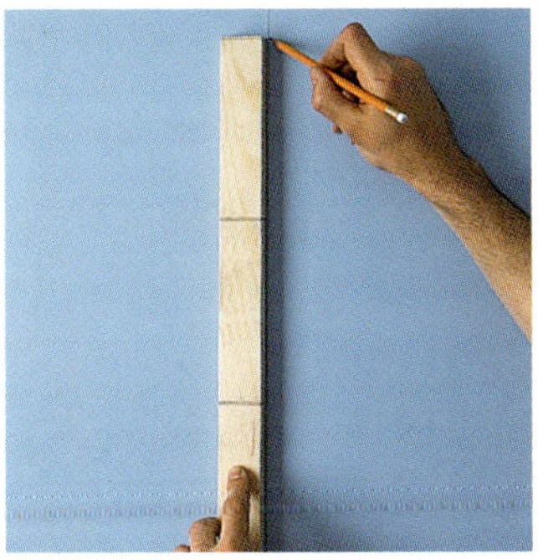

1 Alignez la règle sur le tracé vertical, son extrémité touchant le sol (ou la plinthe). Reportez la position de l'extrémité supérieure de la règle sur le mur. Faites glisser la règle contre le trait vertical. Avec de la chance, le repère tracé sur le mur s'alignera avec l'une des marques de la règle, et vous n'aurez donc pas à recouper de carreaux, ni pour la rangée du haut, ni pour celle du bas. Dans le cas contraire, repérez la marque de la règle située juste sous le repère tracé sur le mur ; la moitié de l'écart entre la marque et le repère donne la largeur de carreau à recouper. Comme pour les rangées verticales, il est préférable que cette dimension ne soit pas inférieure à un demi-carreau.

Rangées horizontales

Une fois déterminée la position des rangées verticales, repérez l'emplacement des rangées horizontales et déterminez celui de la première rangée. Clouez dans le mur des règles qui serviront de guides pour positionner les carreaux et qui les maintiendront pendant que la colle prend.

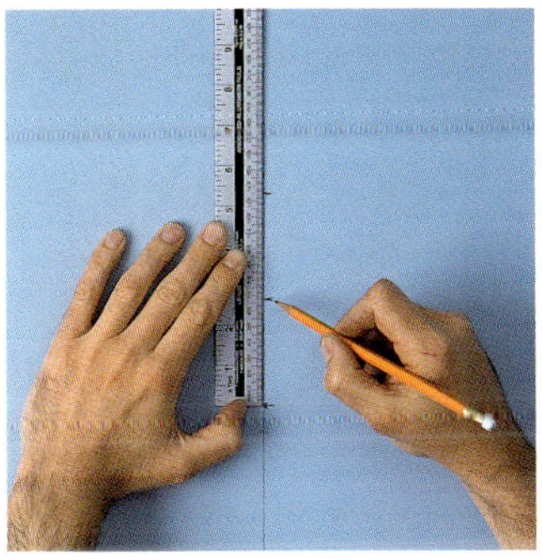

2 Mesurez la distance entre deux repères tracés sur le mur et tracez un nouveau trait exactement à égale distance des deux précédents.

3 Placez la règle de telle sorte que son extrémité inférieure soit un peu dégagée de la plinthe ou du sol, et faites-la glisser jusqu'à ce qu'une de ses marques s'aligne sur le repère que vous venez de tracer. Reportez sur le mur l'extrémité inférieure de la règle : vous commencerez la première rangée de carreaux entiers à cet endroit, à partir d'un trait horizontal tracé au moyen d'une règle et du niveau à bulles.

Conseil castorama

Recouvrir un carrelage

Au lieu de décoller le carrelage existant, recouvrez-le simplement de carreaux neufs. Assurez-vous que l'ancien carrelage adhère fermement et recollez tout carreau branlant. Veillez à ce que les joints du nouveau carrelage ne s'alignent pas sur ceux de l'ancien (pour cela utilisez de la colle souple).

4 Assurez-vous qu'il n'y a pas de tuyaux ou de câbles noyés dans le mur. Clouez un tasseau de 50 x 25 mm sans enfoncer complètement les pointes pour faciliter l'arrachage. Le haut du tasseau est aligné contre le tracé horizontal. Vérifiez l'horizontalité. Si nécessaire, posez plusieurs règles pour couvrir toute la longueur du mur. Clouez ensuite, avec les mêmes précautions, un autre tasseau contre le tracé vertical.

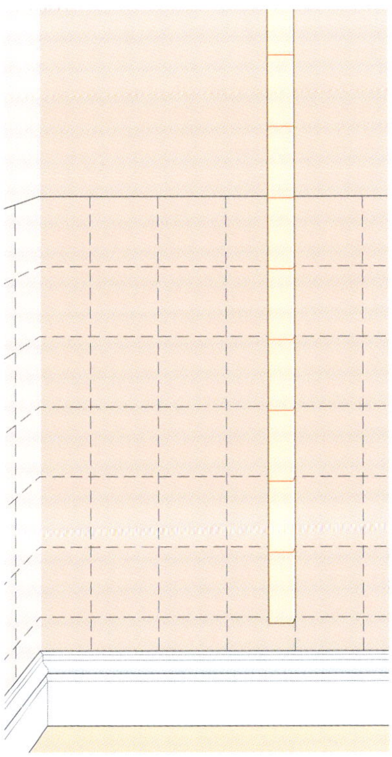

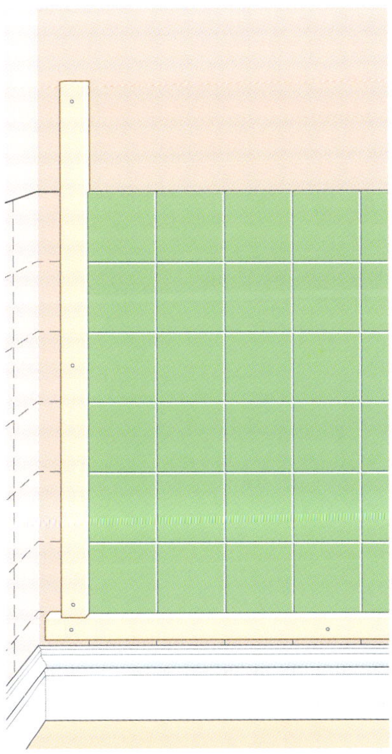

Carrelage mural partiel

Pour ne carreler qu'une partie d'un mur, posez la première rangée horizontale de telle sorte que, pour une meilleure esthétique, la rangée supérieure constituée de carreaux entiers, touche le plafond. Marquez la position de cette rangée sur le mur et déterminez celle de la rangée inférieure au moyen de la règle graduée. Remplissez la bande entre celle-ci et la plinthe avec des carreaux recoupés. Remontez ou redescendez la rangée supérieure afin d'éviter des coupes trop étroites. Vous pourrez peut-être éviter ces coupes, sauf si la plinthe n'est pas rectiligne. Dans ce cas, partez du point le plus bas de la plinthe, déterminé en y accolant une longue règle, calée à l'horizontale avec le niveau à bulles.

MURS CARRELAGE

Pour carreler une surface importante, mieux vaut travailler en partant du centre vers les bords et en collant d'abord les carreaux entiers. Les bords seront ensuite carrelés avec des carreaux recoupés. Travaillez par surfaces réduites en veillant, en particulier, à la régularité des joints et au collage uniforme des carreaux. Vous devez obtenir une surface parfaitement plane, avec des joints réguliers.

Poser des carreaux entiers

Lors de la pose des carreaux entiers, leurs faces doivent être exactement dans le même plan ; toute surface décalée compromet l'esthétique de l'ensemble. Décollez les carreaux saillants ou enfoncés et grattez ou ajoutez de la colle selon le cas.

1 Prélevez un peu de colle avec une truelle et appliquez-la dans l'angle formé par les deux tasseaux. Étalez la colle avec le platoir denté, tenu sous un angle d'environ 45° et étirez-la horizontalement à partir du tasseau vertical. Les stries ainsi moulées homogénéisent la quantité de colle au dos de chaque carreau : il sera plus facile de les caler au même niveau. N'enduisez pas plus de 1 mètre carré à la fois, sinon la colle risque de sécher avant que vous n'ayez pu disposer tous les carreaux.

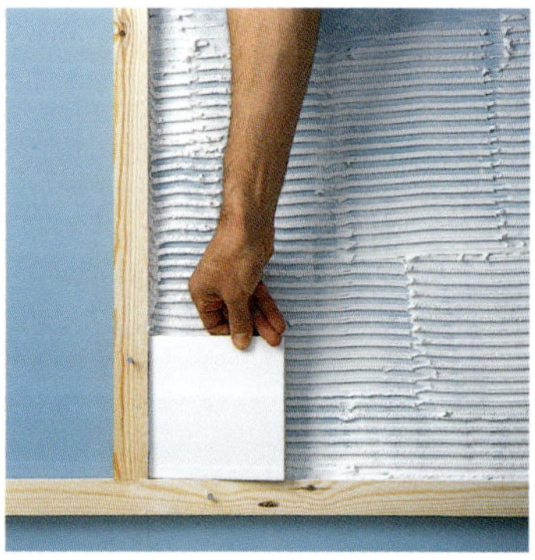

2 Placez le premier carreau dans l'angle en calant ses bords contre les tasseaux et en le plaquant fermement sur le mur. Posez ensuite les deux carreaux adjacents, celui du dessus et celui de côté. Espacez d'abord à l'œil tout en les pressant fermement sur la couche de colle.

3 Insérez un croisillon entre les carreaux et ajustez leur position. Les croisillons en plastique permettent d'obtenir facilement des joints bien réguliers. Repoussez-les à fond pour qu'ils soient entièrement noyés. Vous pouvez aussi n'insérer qu'une patte du croisillon entre les carreaux et la retirer quand la colle est sèche.

4 Continuez à poser les carreaux jusqu'à ce que toute la surface encollée soit recouverte. Poursuivez, mètre carré par mètre carré, jusqu'au moment où vous ne pouvez plus placer un carreau entier. Essuyez les bavures de colle au fur et à mesure avec une éponge humide, avant que la colle n'ait le temps de prendre.

5 Déclouez le tasseau vertical. Si vous observez des bavures de colle ayant reflué sous le tasseau, grattez-les avec le coin d'un couteau de peintre. Après avoir couvert le mur en carreaux entiers, posez les carreaux recoupés.

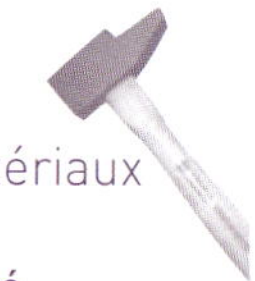

Outils Matériaux

- **truelle**
- **platoir denté**
- **éponge**
- **marteau d'emballeur**
- **couteau de peintre**
- **stylo-feutre**
- **coupe-carreaux**
- **râpe à carreaux**
- **scie à dos ou à métaux**

- colle carrelage
- carreaux
- croisillons d'écartement
- jonc quart-de-rond

Conseil castorama

Carreaux à rives émaillées

Les carreaux à rives émaillées biseautées ou arrondies permettent de garnir un angle saillant sans avoir besoin de bordures d'angle. Carrelez le premier pan de mur normalement, jusqu'à l'arête de l'angle. Carrelez ensuite le pan de mur en retour, en partant de l'arête et en recouvrant les côtés des carreaux bordant le pan précédent. Veillez à conserver l'espace du joint en insérant des croisillons entre ces carreaux et ceux de la bordure du premier pan de mur.

1 Pour connaître la largeur exacte du carreau d'extrémité, vous pouvez le superposer sur le dernier carreau entier, puis le recouvrir d'un autre calé contre le mur. Tracez la ligne de coupe au stylo-feutre en suivant le bord droit de ce dernier carreau. Vous pouvez aussi relever séparément les mesures en haut et en bas de la surface à couvrir.

Angles rentrants

Les angles entre deux pans de murs étant rarement verticaux, ne coupez pas tous les carreaux d'extrémité à la même largeur ; certains risquent de ne pas pouvoir s'insérer. Mesurez chaque carreau séparément. Les techniques de coupe sont décrites page suivante.

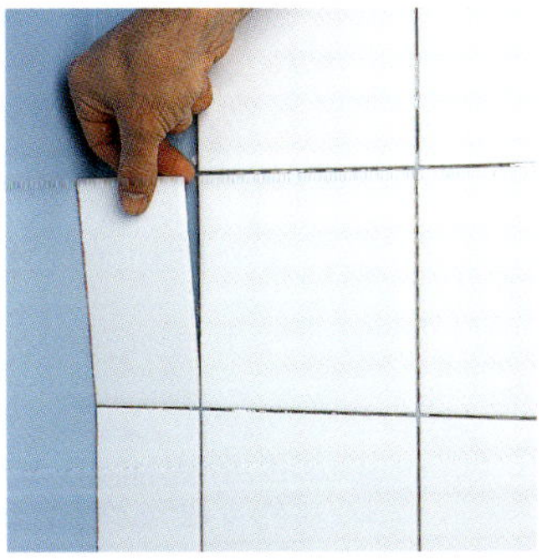

2 Après la coupe, vérifiez l'ajustement du carreau. Vous pouvez rectifier la coupe au moyen d'une lime. La précision de pose importe moins si le mur adjacent doit être carrelé, puisque ses carreaux viendront recouvrir les bords recoupés. En revanche, si ce n'est pas le cas, veillez à maintenir la largeur de joint dans l'angle.

3 Appliquez la colle au dos du carreau recoupé avec le petit côté du platoir denté, puis pressez-le en place bien dans le même plan que le carreau adjacent. Insérez des croisillons, si nécessaire.

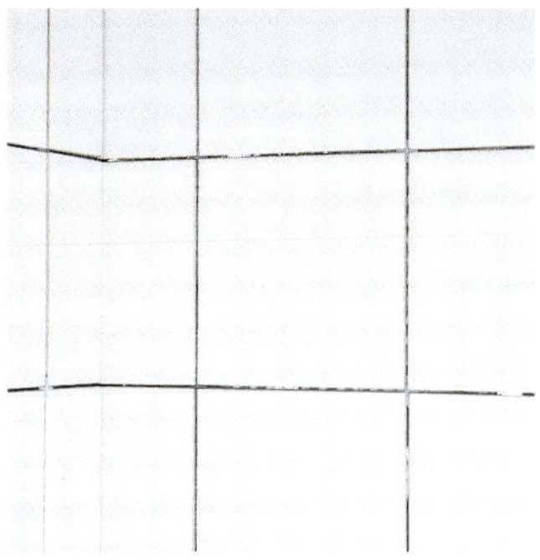

4 Quand un pan de mur est entièrement couvert, carrelez le suivant. Coupez les carreaux d'extrémité avec précision, pour avoir des joints parfaitement alignés dans l'angle.

Angles saillants

Un jonc en plastique permet d'obtenir une finition nette sur un angle saillant. Ces joncs quarts-de-rond, disponibles en différentes couleurs, présentent l'avantage supplémentaire de protéger le bord des carreaux d'angle contre les chocs qui risquent de les ébrécher.

1 Terminez le premier pan de mur. Coupez le jonc à la scie à métaux. Déposez une étroite bande de colle sur le mur en retour d'angle et pressez le jonc dessus. Alignez-le avec les carreaux du pan carrelé, en calibrant le joint avec les croisillons. Avec le platoir denté, déposez une large bande de colle sur le pan de mur adjacent, d'un mouvement vertical. Veillez à ne pas décoller le jonc en l'accrochant avec une dent du platoir.

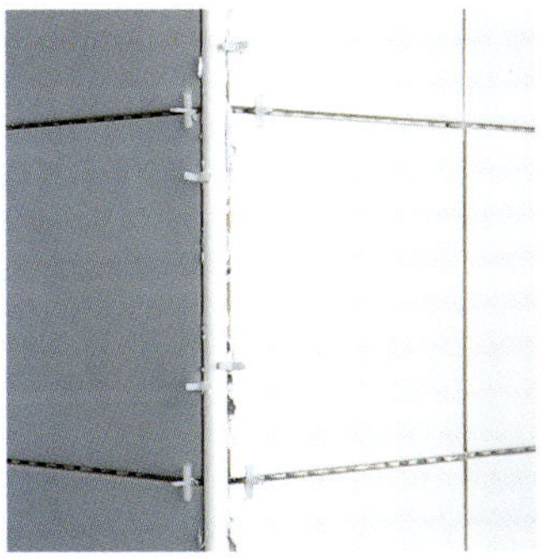

2 Commencez à carreler le pan en retour, en partant du jonc d'angle. N'omettez pas les croisillons d'écartement entre les carreaux, pour assurer l'uniformité des joints. Si besoin, rectifiez la position des carreaux avant que la colle prenne. Une fois le pan en retour, carrelé, assurez-vous que le jonc n'a pas bougé.

Ouvertures

La meilleure méthode pour carreler autour d'une ouverture (porte ou fenêtre) consiste à organiser la pose à partir du milieu de celle qui attire le regard. S'il n'y a qu'une porte ou une fenêtre, partez de son axe ; s'il y a deux ouvertures, partez de l'axe médian entre elles ; si une porte ou une fenêtre se situe près de l'extrémité d'un mur, partez du centre de l'espace compris entre son encadrement et l'angle opposé. Cherchez la coupe idéale autour de l'ouverture au moyen de la règle calibrée et déplacez le point de départ en conséquence. Procédez de même pour les rangées horizontales.

MURS CARRELAGE

À moins d'avoir à couvrir une surface réduite uniquement avec des carreaux entiers, comme le dessus d'un lavabo, vous devrez forcément recouper des carreaux. Il existe différents outils pour ce travail, certains plus faciles d'emploi que d'autres. L'importance du travail et votre budget guideront votre choix.

Conseil castorama

Ébavurez les carreaux

La lime permet d'éliminer les bavures des coupes. Passez-la bien à plat sur le chant de la coupe.

Découper des carreaux

Pointe à tracer

Outil le plus simple et le moins cher pour effectuer des coupes droites, la pointe à tracer comporte une extrémité spécialement durcie.

1 Tracez la ligne de coupe avec un crayon gras prévu pour écrire sur le verre et le plastique. Guidez-vous sur une règle métallique appliquée fermement pour qu'elle ne glisse pas pendant le traçage.

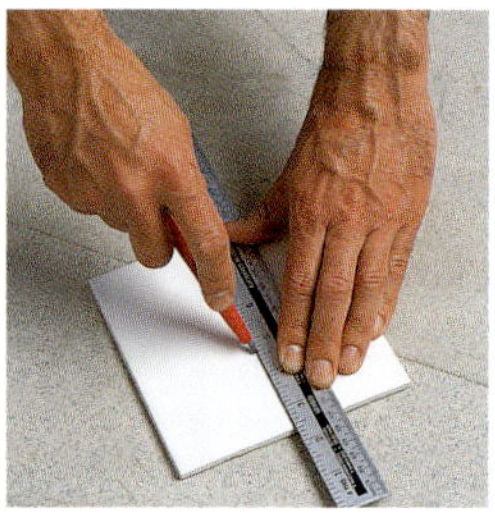

2 Plaquez fermement la règle et griffez sur le trait d'un mouvement régulier, en appuyant pour bien entailler l'émail. Placez un crayon sous le trait de coupe, puis pressez sur les bords du carreau pour le casser en deux.

Pince coupe-carreaux

La coupe des carreaux d'une certaine épaisseur avec une simple pointe à tracer est difficile. La pince à molette en carbure est plus efficace et permet une coupe plus nette.

1 Tracez la ligne de coupe comme avec la pointe à tracer. Guidez la molette de l'outil sur le trait avec une règle, en appuyant fortement pour entailler l'émail jusqu'au biscuit du carreau.

2 Engagez le carreau entre les mâchoires de la pince, en alignant le trait de coupe sous le repère axial. Serrez la pince pour briser le carreau en deux.

Coupes curvilignes

Plusieurs méthodes permettent de couper un carreau suivant une courbe, mais la scie à fil autorise des variations de courbure très variées.

1 Découpez un gabarit de la forme à obtenir dans une feuille de carton de mêmes dimensions que le carreau. Posez-le sur le carreau et reportez le contour de la coupe.

2 Bloquez le carreau avec précaution et sciez sur le trait avec la scie à fil. Si besoin, rectifiez la coupe avec une lime.

Coupe-carreaux

Cet outil robuste combine une molette en carbure et une arête de casse sur un plateau destiné à soutenir le carreau. Une règle graduée permet de positionner le trait de coupe, certaines ayant un repère pour tenir compte de la largeur du joint. Cet outil ne coûte pas très cher et est facile à utiliser.

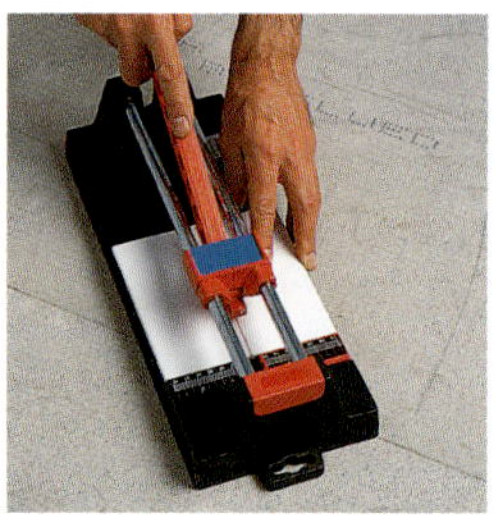

1 Tracez la ligne de coupe et placez le carreau sur la table de l'outil en alignant le trait sur l'encoche-repère. Amenez la roulette en contact avec le carreau en abaissant doucement le levier. Maintenez fermement le carreau.

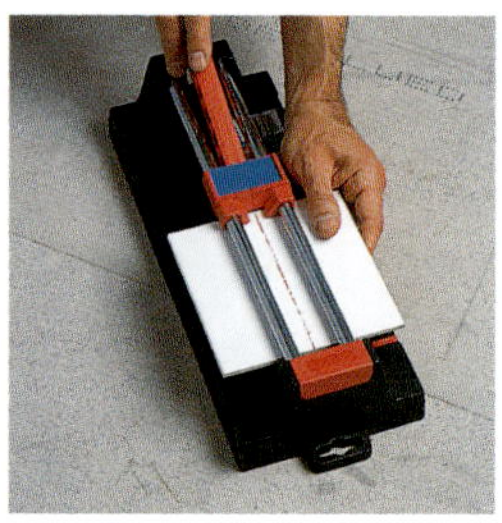

2 Entaillez l'émail en ramenant le chariot vers vous puis en le poussant en appuyant plus fort.

3 Pressez fermement sur le levier pour briser le carreau sur la ligne.

1 Carrelez jusqu'à proximité du tuyau et juste en dessous. Tracez ensuite sur le mur la projection du tuyau, en utilisant le bord d'un carreau pour faire des traits bien droits.

Passages de tuyaux

Comme il est rare qu'un tuyau tombe juste sur un joint, il faut généralement couper un carreau en deux selon l'axe du tuyau, puis entailler chaque moitié.

2 Reportez les marques sur le carreau, avec un crayon gras ou un feutre pour écrire sur le verre. Tenez compte de l'épaisseur des joints.

3 En vous aidant d'une équerre ou d'un autre carreau, joignez les tracés sur le carreau pour former un carré. Présentez une chute de tuyau (de diamètre identique) dans le carré et reportez son contour sur le carreau. Coupez le carreau en deux, sur une ligne passant par le centre du cercle.

4 Découpez les demi-lunes au moyen d'une scie à fil, d'une scie sauteuse munie d'une lame spéciale ou d'une scie à lame rotative. Avec les deux derniers outils, travaillez à vitesse réduite en tournant le carreau autour de la lame, la scie restant fixe. Sciez à l'intérieur du trait et finissez à la lime. Vous pouvez aussi grignoter les demi-lunes au moyen d'une pince à bec perroquet.

L'outil malin

Scie à lame pivotante

Une lame pivotante permet d'effectuer aisément les découpes fermées, même pour des diamètres réduits.

5 Vérifiez que les deux demi-carreaux s'ajustent parfaitement autour du tuyau. Si tout va bien, appliquez la colle au dos de chaque pièce et appliquez-les sur le mur. Le joint entre les deux pièces doit en principe être invisible, et celui autour du tuyau sera comblé au moment du remplissage des joints du carrelage.

Embrasure de fenêtre

L'étroitesse d'une embrasure nécessite des carreaux soigneusement recoupés. Travaillez comme sur un angle saillant. Quand le mur est carrelé, couvrez le haut de l'embrasure, puis les côtés, et enfin le bas.

Carreaux à rives émaillées

Avec des carreaux à rives émaillées, pas besoin de jonc d'angle. Carrelez le mur jusqu'à l'embrasure, puis l'intérieur de celle-ci, en disposant les carreaux de manière qu'ils recouvrent le bord de ceux du mur. Progressez vers l'encadrement de la fenêtre.

Pose de joncs d'angle

Carrelez le mur, le bord de la dernière rangée alignée avec l'ouverture. Collez les longueurs de jonc d'angle autour de l'embrasure, alignées avec le plan des carreaux ; raccordez les angles en onglets. Carrelez ensuite à partir des joncs.

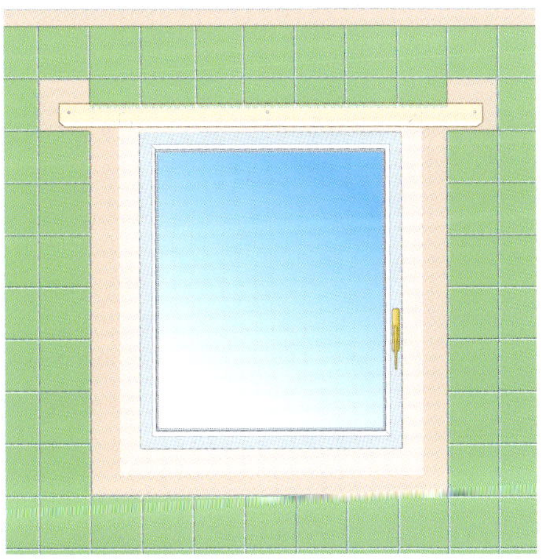

Soutien des carreaux au-dessus de l'embrasure

Pour supporter ces carreaux, fixez un tasseau dans le mur, son chant supérieur au niveau du sommet de l'embrasure.

Soutien des carreaux dans l'embrasure

Lors du carrelage d'une embrasure, il faut supporter les carreaux collés au sommet intérieur de celle-ci jusqu'à ce que la colle soit sèche. Le plus simple est de placer une planche calée sur deux tasseaux en biais.

MURS MOSAÏQUE ET JOINTOYAGE

La pose des tesselles de mosaïque est facilitée par leur assemblage en plaques contrecollées sur une toile Nylon, parfois sur papier kraft. On peut ainsi couvrir toute une surface ou insérer des motifs entre des carreaux classiques.

Après avoir carrelé tout le mur, laissez sécher la colle. La durée du séchage dépend du produit (reportez-vous à la notice). Vous pourrez ensuite finir les joints avec du joint en pâte ou en poudre. La fonction des joints de carrelage est avant tout esthétique, mais ils participent aussi à l'étanchéité du carrelage et à la protection du mur contre l'humidité.

Mosaïque

La mise en place des carreaux de mosaïque s'apparente à celle des carreaux standards, si l'on traite une plaque de mosaïque comme un grand carreau. Le centrage de la plaque sur le mur est moins important, puisque les tesselles sont bien plus petites que des carreaux classiques. Il faut néanmoins tracer les lignes de référence verticale et horizontale et progresser du centre vers les bords. Utilisez une colle blanche en poudre ou en pâte. Quand toute la surface est carrelée et que la colle est sèche, jointoyez les carreaux (voir page de droite).

Pose de mosaïque

La manipulation des plaques de mosaïque nécessite un peu d'entraînement mais le jeu en vaut la chandelle.

Outils Matériaux
- **platoir denté**
- **maillet en bois**
- **cutter ou pince à rogner**

- colle à carreaux
- plaques de mosaïque
- batte

1 Étalez la colle sur le mur avec le platoir denté, puis posez une plaque dessus. Pressez uniformément sur la surface, doigts écartés. Travaillez avec précision : quand la colle commence à prendre, il devient impossible de repositionner la plaque de mosaïque dont le filet est noyé dans la colle.

2 Avant que la colle ne soit sèche, plaquez une batte ou un morceau de panneau de particules sur la plaque et tapotez dessus avec un maillet en bois, de manière à obtenir une surface uniformément plate.

3 Pour réduire les dimensions d'une plaque, coupez entre les rangées de carreaux avec un cutter ou bien grignotez les carreaux au moyen d'une pince à rogner.

1 Déposez un peu de barbotine sur les carreaux avec la truelle. Étalez-la avec la raclette, en longues passes diagonales de bas en haut, pour forcer le produit dans les joints. Comblez ainsi tous les joints. Travaillez le plus rapidement possible car la barbotine prend assez vite.

Jointoyage

La barbotine se présente sous la forme d'un ciment à gâcher dans de l'eau, ou d'une pâte prête à l'emploi. Certains de ces produits sont disponibles en différentes teintes. Assurez-vous d'en avoir assez pour le chantier. Utilisez un produit hydrofuge là où le carrelage peut subir des projections d'eau.

Outils Matériaux

- **truelle**
- **raclette à lame caoutchouc**
- **éponge**
- **seau**
- **chiffon doux**

- barbotine

2 Dès que tous les joints sont garnis, passez une éponge humide sur les carreaux pour éliminer le produit en trop avant qu'il n'ait durci. Veillez à ne pas dégarnir les joints au passage.

3 Quand le produit commence à durcir, égalisez les joints au doigt. Travaillez doucement pour obtenir des joints uniformes. Si un manque apparaît à un endroit, ajoutez un peu de barbotine avec le bout du doigt. Épongez le produit en excès et laissez les joints sécher. Un voile poudreux se forme sur les carreaux après l'épongeage. Il suffit de repasser un chiffon doux et propre pour faire briller le carrelage.

Percer le carrelage

L'idée de percer des trous dans le carrelage, par exemple pour fixer des accessoires de salle de bains, fait peur. Cela ne présente pourtant pas de difficultés. Utilisez un foret spécial pour la faïence : sa pointe ne glisse pas et ne fêle pas les carreaux.

Outils Matériaux

- **crayon gras pour écrire sur le verre**
- **détecteur de métaux et de courant**
- **perceuse électrique**
- **foret à faïence ou à béton**

- accessoire à fixer
- chevilles et vis
- ruban de masquage

1 Assurez-vous qu'aucun câble ni tuyau n'est noyé dans le mur. Présentez le support en place sur le carrelage et enfoncez la pointe d'un crayon gras dans l'un de ses trous de fixation. Percez juste sur ce point tracé, insérez une cheville et vissez l'appareil sans le bloquer pour marquer l'autre trou de fixation après avoir mis l'accessoire de niveau.

2 Un morceau de ruban à masquer collé à l'emplacement à percer peut aussi empêcher le ripage du foret. Marquez la position du trou sur le ruban, puis commencez à percer, d'abord à vitesse réduite, puis en accélérant.

L'outil malin

Foret à faïence

Un foret à faïence constitue l'outil le mieux adapté pour percer des trous de fixation dans le carrelage. Sa forme pénètre l'émail sans effort, réduisant les dérapages. Il perce rapidement le carreau, sans risquer de le fissurer. Ces forets existent en différents diamètres.

MURS DESSUS DE LAVABO CARRELÉ

Un carrelage protège efficacement des projections d'eau le mur qui surplombe l'arrière d'un lavabo ou d'une vasque. Pratique et d'entretien facile, ce carrelage peut créer une zone de couleur dans une salle d'eau par ailleurs uniforme.

Poser le carrelage

Si le dessus du lavabo est droit ou faiblement courbe, mesurez la largeur du panneau à couvrir en multiples de carreaux entiers. Mais si la courbure est prononcée, il faudra recouper des carreaux. Dans ce cas, prévoyez une rangée de demi-carreaux au contact du lavabo. La coupe des carreaux peut prendre du temps, mais ainsi vous serez sûr que le carrelage est bien de niveau.

1 Mesurez la largeur du lavabo et marquez son centre sur le mur. Le panneau peut ici être carrelé par un nombre entier de carreaux, qu'il est possible de border de listels.

2 Alignez une rangée de carreaux avec les croisillons et les listels de bordure. Coupez un tasseau à cette longueur et reportez dessus la position des carreaux et des joints : c'est la règle calibrée qui servira aussi de guide pour la rangée de base en demi-carreaux.

Outils Matériaux

- **mètre ruban**
- **crayon**
- **niveau à bulles**
- **spatule crantée**
- **chiffon**
- **stylo à encre de chine**
- **pointe à tracer ou coupe-carreaux**
- **râpe**

- carreaux
- croisillons d'écartement
- tasseau en bois
- 2 pointes à béton de 50 mm
- mortier-colle
- produit à joints
- listels
- joint au silicone

3 Avec le niveau à bulles, tracez une ligne verticale élevée au-dessus de la marque du centre du lavabo.

4 Clouez la règle graduée avec deux pointes à béton de 50 mm. Assurez son horizontalité avec un niveau à bulles. Centrez-la par rapport à la ligne verticale. Son chant supérieur doit se situer à environ une demi-largeur de carreaux au-dessus du rebord arrière du lavabo.

5 Appliquez la colle de manière régulière sur la surface à carreler avec une spatule crantée.

6 Plaquez le premier carreau au milieu de la rangée. Alignez-le sur les repères tracés sur la règle-guide. Si vous pouvez démonter le lavabo, partez du niveau de son rebord arrière. Si ce n'est pas possible, vous comblerez l'espace par des carreaux recoupés. Complétez la rangée, et posez les autres rangées en remontant et en interposant les croisillons.

7 Au fur et à mesure de l'avancement du travail, essuyez les débordements de mortier-colle sur les carreaux, avant qu'ils n'aient le temps de sécher.

L'outil malin

Râpe à carreaux

Quand un carreau est trop large et ne s'insère pas parfaitement en place, ne le rejetez pas, réduisez sa dimension au moyen d'une rape spéciale. Cet outil, économique et facile d'emploi, est indispensable au carreleur.

8 Pour obtenir une finition parfaite, encadrez les carreaux avec un listel de bordure assorti. Recoupez les éléments du listel de manière que ses joints soient bien alignés avec ceux du carrelage. Coupez les éléments d'angle à 45°. Affinez les ajustements au moyen d'une râpe à carreaux.

9 Ôtez la règle et mesurez l'espace en dessous, pour déterminer la coupe des carreaux de la rangée inférieure en tenant compte du joint d'étanchéité. Lorsque la colle est sèche, passez la barbotine sur l'ensemble du carrelage et posez le joint d'étanchéité.

Conseil castorama

Étanchéité autour d'une baignoire

Pour avoir un joint parfaitement étanche autour d'une baignoire, remplissez-la d'eau avant de réaliser le joint. Attendez 24 h avant de la vider. Vous compensez ainsi les déformations dues au poids de l'eau.

Joint sanitaire

Le joint situé entre une baignoire, un receveur de douche ou un lavabo et le mur doit être protégé par un joint au silicone. Il compense les petites irrégularités de pose et, surtout, assure l'étanchéité entre le carrelage, l'élément et le mur. Déposez tout au long du joint un cordon continu de mastic au silicone, avec une pression et une vitesse constantes. Lissez la forme du joint du bout de l'index enduit de liquide vaisselle, en prenant garde à ne pas décoller la pâte de la surface.

PLAFONDS COMBLES

La méthode de construction des plafonds et des combles a évolué au fil des époques. Les maisons anciennes à toiture en double pente comportent toujours un grenier, laissé inoccupé ou aménagé de pièces mansardées parfois intégrées d'origine ou après coup pour accroître la surface habitable. La charpente des toitures modernes est souvent constituée de fermettes préfabriquées, plus faciles à poser, mais ne laissant généralement pas assez de place pour l'aménagement des combles ou demandant des travaux plus lourds.

Exploiter les combles

Dans les habitations, il est possible de créer un volume de rangement sous la toiture, tant que l'accès y est aisé et que le plancher est suffisamment solide. Quand le volume disponible et la structure de la charpente le permettent, on peut aménager une ou plusieurs pièces dans les combles, si nécessaire en renforçant ou en doublant certaines poutres et en posant un plancher solide. Il faut aussi alors prévoir un escalier, une ventilation, une fenêtre, une isolation et un chauffage, une installation électrique : ces transformations nécessitent un permis de construire.

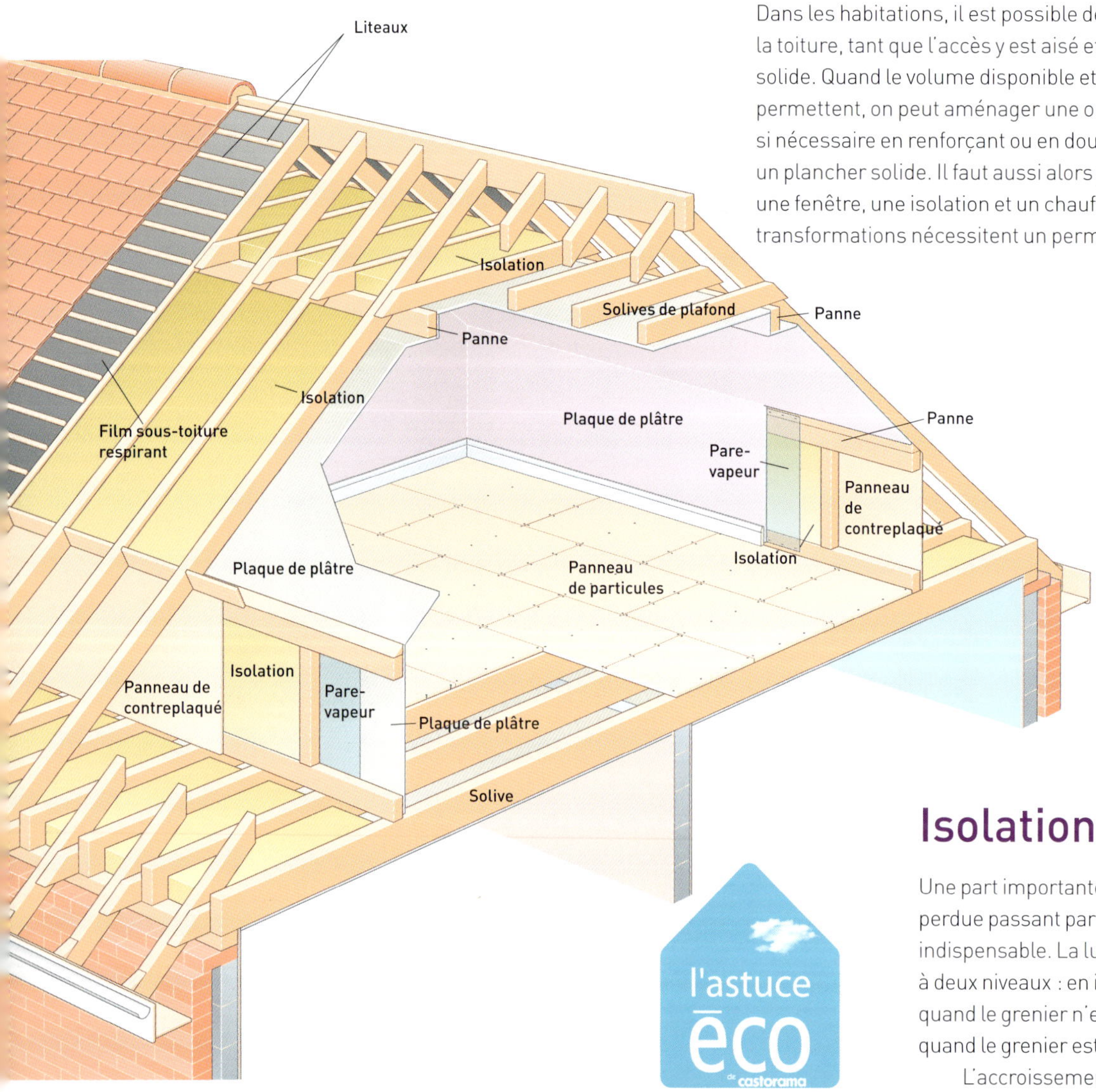

Sécurité

Pour travailler dans un grenier généralement poussiéreux et sans aération, portez des vêtements fermés, des lunettes et un masque protecteur. S'il n'y a pas de plancher, placez des planches sur les poutres pour vous déplacer en toute sécurité.

Isolation de pièces mansardées

Si vous aménagez les combles en pièces habitables, vous devez isoler la toiture. Veillez à laisser un espace de 2 cm entre la couverture et l'isolant et à disposer un film sous-toiture respirant entre les liteaux et l'isolant. Pour éliminer le risque de condensation sur la charpente (désormais plus froide), aérez-la en plaçant des chatières et doublez la couche isolante de plaques de plâtre.

l'astuce éco de castorama

Financez vos travaux

Pour financer vos projets d'isolation, rapprochez-vous de l'ADEME de votre région. Si vos travaux sont réalisés par un professionnel, et si les produits utilisés répondent à certaines normes vous pourrez bénéficier d'un crédit d'impôts pouvant atteindre, sous certaines conditions, 40 % sur les produits achetés.

Isolation des combles

Une part importante (30 % environ) de la chaleur perdue passant par la toiture, l'isolation des combles est indispensable. La lutte contre ces déperditions s'effectue à deux niveaux : en isolant le plancher des combles quand le grenier n'est pas exploité, et la sous-toiture quand le grenier est aménageable.

L'accroissement du coût de l'énergie et la nécessité d'en limiter les déperditions imposent aujourd'hui d'assurer une isolation convenable de la toiture. Pour isoler le plancher des combles, on pose un isolant directement entre les poutres, sous forme de rouleaux ou de flocons. Dans le premier cas, utilisez de la laine minérale ou végétale, en veillant à placer le pare-vapeur vers la source de chaleur ; pour les flocons, égalisez la couche en tirant une règle sur les solives. L'isolation de la sous-toiture se fait avec des bandes de laine minérale ou végétale, agrafées ou embrochées sous les chevrons, pare-vapeur tourné vers l'intérieur du grenier. Vous pouvez aussi utiliser des panneaux composites qui ont l'avantage d'offrir une face décorable immédiatement.

Conseil castorama

Réparer le plâtre autour de rosaces

Il faut tout d'abord couper l'électricité au branchement principal et placer une étiquette informative précisant que vous travaillez sur un circuit électrique. Ôtez l'ampoule, puis les vis qui maintiennent la rosace, afin de la descendre du plafond. Grattez le plâtre abîmé et appliquez un nouvel enduit à la truelle. Lissez le plâtre et attendez qu'il soit complètement sec avant de remonter la rosace et de remettre le courant.

Les types de plafond

Dans les maisons anciennes, les plafonds sont en plâtre sur lattis ; dans les habitations modernes, ils sont le plus souvent en plaques de plâtre. Ces deux types de plafond sont fixés sur les solives qui supportent le plancher de la pièce supérieure. Beaucoup de maisons ont des sols et planchers d'étage en béton : dalle autoporteuse, mais plus souvent plancher en hourdis béton (ou entrevous), posés entre des poutrelles en béton précontraint, des plaques de plâtre assurant la finition du plafond.

Plaques de plâtre

La plupart des plafonds modernes sont faits en plaques de plâtre fixées sous les solives. Les plaques sont ici clouées ou vissées sous celles-ci, et les joints sont recouverts d'un calicot avant l'application d'un enduit de jointoyage. Toutes les plaques actuelles sont prêtes à peindre, ce qui réduit les travaux de préparation. L'utilisation de plaques à bords amincis facilite la réalisation des joints, sachant cependant qu'ils risquent toujours de réapparaître si la pièce située au-dessus est habitée, ce qui entraîne des vibrations et des mouvements du plancher.

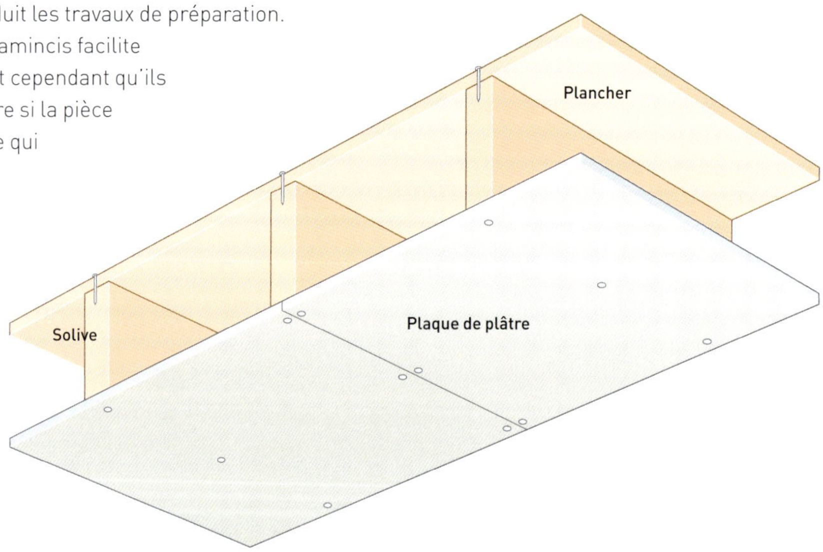

Plafond tendu

Lorsqu'un plafond est très dégradé et que, de surcroît, la hauteur sous celui-ci est importante (plus de 2,70 m), il peut être intéressant de faire poser un plafond tendu. Il s'agit d'une mince feuille de vinyle très lisse et très résistante, fixée par des baguettes d'ancrage entre les murs. La feuille est chauffée juste avant la pose pour qu'elle se tende en refroidissant. Il n'est même pas nécessaire de déménager les meubles pour réaliser ce genre de réfection. Il est possible d'intégrer des spots d'éclairage dans le plafond.

Lattis et plâtre

Cette méthode de construction des plafonds (également utilisée pour certaines cloisons) était très longue, puisqu'il fallait clouer chaque latte (petite planche de bois) sur les solives et recouvrir le tout avec du plâtre (souvent même avec plusieurs couches). Avec le temps, la mince couche de plâtre se fendille, voire se perce. Inutile de chercher à réparer ce genre de plafond dans les règles. Mieux vaut fixer dessous une ossature métallique sur laquelle vous pourrez visser des plaques de plâtre.

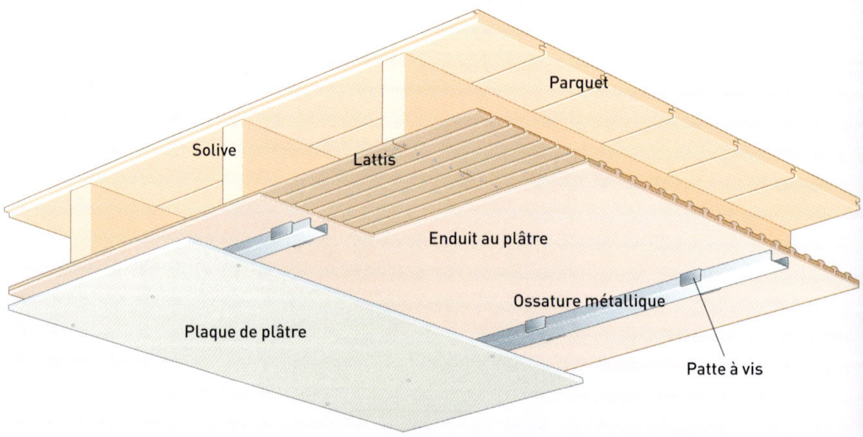

Plafond en bois avec isolation entre les solives

Les planchers traditionnels en bois, en parquets cloués sur solives et/ou lambourdes ne sont pas très isolants. Quand ce type de plafond forme le sol du grenier, il est indispensable de l'isoler. On le fait en épandant de l'isolant directement sur le sol du grenier quand celui-ci n'est pas utilisé. Si, en revanche, on veut pouvoir en conserver la jouissance pour y entreposer des objets, ou encore si l'on souhaite y aménager des pièces supplémentaires, il est indispensable de l'isoler par le dessous, c'est-à-dire par le plafond de la pièce située à l'étage inférieur. Si, en plus, on veut garder les solives apparentes, la meilleure solution consiste à découper des bandes de panneau isolant (plaque de plâtre + laine minérale ou polystyrène expansé) de la largeur d'écartement des solives, que l'on maintiendra à l'aide de cornières ou de tasseaux vissés à l'intérieur des solives.

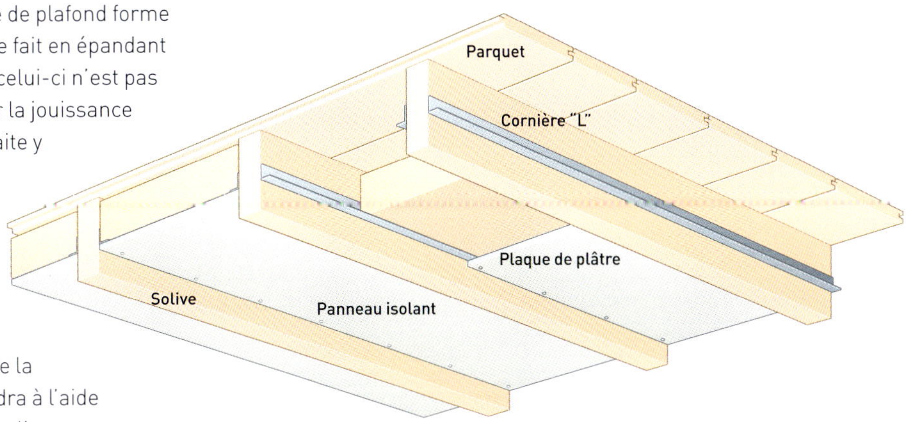

Plafond en plaques de plâtre sous hourdis en béton

Cette configuration est très fréquente dans les constructions pavillonnaires récentes : des éléments préfabriqués en béton (hourdis) sont posés entre des poutrelles en béton armé précontraint et forment une surface stable et solide pour constituer un sol d'étage. Le plafond lui-même est constitué de plaques de plâtre vissées sur une ossature en acier galvanisé. Les éléments d'ossature sont généralement clipsés sur des suspentes, elles-mêmes glissées et enfoncées entre les hourdis et les poutrelles. Une isolation peut être réalisée entre les plaques de plâtre et les hourdis quand ceux-ci ne sont pas en polystyrène.

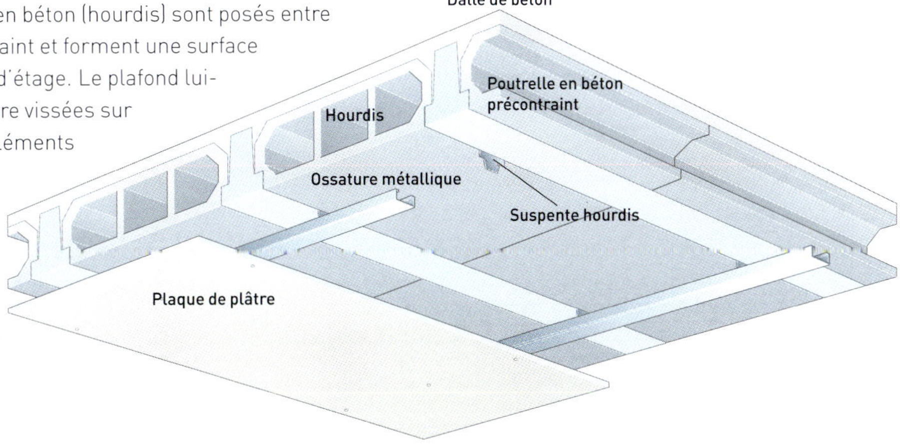

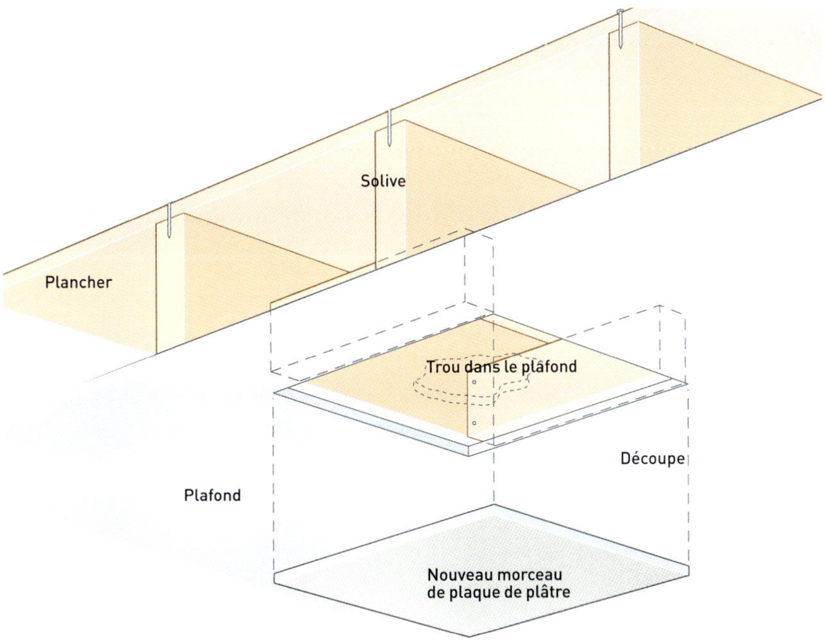

Réparer un trou dans un plafond

Il arrive que l'on perce la plaque de plâtre constituant le plafond (ici sous un solivage bois), ce qui impose une réparation. Tracez l'emplacement de la zone à découper de façon à former un carré ou un rond autour de l'endroit endommagé. Percez un trou avec une perceuse sur la ligne de périmètre et découpez une pièce avec une scie à guichet. Enlevez le morceau de plaque ainsi découpé, en arrachant si nécessaire les clous fixant la plaque à la solive. Découpez une pièce de mêmes dimensions dans une plaque neuve d'épaisseur identique. Emboîtez-la à la place de l'ancienne et la reclouant sur la solive s'il s'en trouve une à cet endroit (ce qui est l'idéal). Refaites les joints avec de l'enduit et du calicot.

PLAFONDS RÉNOVATION

Le revêtement de plâtre des vieux plafonds se fissure souvent et se gondole là où il commence à se décoller. Lorsqu'il s'agit d'une petite surface, la pose d'une pièce en plaque de plâtre suffit.

Découper la pièce

Découpez la zone en mauvais état et enlevez le plâtre jusqu'à atteindre le support. Mesurez l'épaisseur du plâtrage d'origine et cherchez une plaque de plâtre de même épaisseur. À défaut, utilisez une plaque juste un peu plus mince, et rattrapez la différence avec des bandes de carton, de contreplaqué ou de MDF.

Outils Matériaux

- **masque antipoussière**
- **lunettes de sécurité**
- **couteau à enduire**
- **crayon gras**
- **ciseaux**
- **crayon à papier**
- **scie égoïne, scie sauteuse ou scie à plaques de plâtre**
- **règle de maçon**
- **mètre ruban**
- **petit pinceau**

- vieux journaux
- calicot à joint
- plaque de plâtre
- papier abrasif

1 Il faut traiter sans attendre les zones où le plâtre est boursouflé, au moins autant par sécurité que pour l'esthétique, car de grands pans de plâtre qui n'adhèrent plus peuvent vous tomber sur la tête. Portez des lunettes et un masque. Ouvrez la plus grosse fissure avec un couteau à enduire, afin de pouvoir insérer les doigts et arrachez le plâtre jusqu'à mise à nu du support et des solives.

2 Avec le couteau, taillez les bords de la découpe, légèrement en biais vers le fond. Recouvrez largement toute la surface de la découpe avec des feuilles de papier journal. Tendez-les le plus possible, et tracez dessus le contour de la découpe avec un crayon gras.

3 Posez la plaque de plâtre sur une surface plane et dure (table ou établi portable) et reportez dessus le contour tracé sur le journal. Découpez la plaque en suivant ce tracé, au moyen d'une scie égoïne, d'une scie sauteuse électrique ou, comme ici, d'une scie à plâtre.

4 Vérifiez l'ajustement de la pièce de réparation dans la découpe ; si nécessaire, retaillez les bords de celle-ci pour laisser un interstice de 3 mm. Insérez la pièce en place. Plaquez une règle de maçon sur le plafond et mesurez l'écart avec la surface de la pièce : elle donne l'épaisseur des cales à placer en dessous de celle-ci pour que la réparation soit alignée avec la surface du plafond.

5 Représentez la pièce dans la découpe, vérifiez à nouveau son alignement dans le plan de la surface du plafond et rectifiez le calage si besoin. Clouez ensuite la pièce sur les solives avec des pointes à plaques de plâtre. Pour faciliter cette opération, repérez de part et d'autre de la découpe l'emplacement des solives, d'un trait de crayon à papier.

6 Humectez le pourtour de la pièce, ainsi que les côtés de la découpe, au moyen d'un petit pinceau. Bourrez ensuite un enduit de finition au plâtre dans l'interstice entre la pièce et la découpe, en le pressant avec la lame du couteau. La taille en biais des bords de la découpe améliore l'accrochage de ce joint.

7 Étalez de l'enduit sur le joint et appliquez dessus une bande de calicot, puis recouvrez-la d'une nouvelle couche d'enduit pressée avec le couteau. Laissez bien sécher avant de poncer.

Plafond en plaques de plâtre

Bien qu'il soit toujours possible de visser directement des plaques de plâtre sous les solives d'un plancher, la méthode correcte consiste à établir une ossature métallique suspendue aux solives, ossature sur laquelle les plaques de plâtre seront fixées. Cette technique permet en outre d'établir une isolation thermique et phonique avec de la laine minérale.

Outils Matériaux

- **visseuse-dévisseuse**
- **crayon**
- **cordeau traceur**
- **couteau de peintre**
- **lève-plaque**
- **rouleau à peinture**

- suspentes
- profilés métalliques
- vis
- plaques de plâtre
- bande de joint (calicot)
- enduit
- abrasif
- peinture plafond

1 Montez une ossature métallique perpendiculairement aux solives, par l'intermédiaire de suspentes, elles-mêmes fixées aux solives par des vis. Il existe différentes tailles de suspentes permettant de disposer la plaque de plâtre à 20 mm, 60 mm, 150 mm ou 280 mm du chant inférieur des solives. Suivant le type de profilé utilisé pour l'ossature, la portée maximale entre les suspentes est de 1,30 à 1,50 m. Les profilés doivent au maximum être espacés de 50 cm.

2 Profitez du montage de l'ossature pour disposer une couche de laine minérale entre la plaque de plâtre du plafond et le plancher de l'étage supérieur. Glissez l'isolant en disposant les bandes dans le sens des solives, pare-vapeur vers vous. Pour une bonne isolation phonique et thermique prévoyez une épaisseur d'au moins 100 mm de laine minérale.

3 Vissez les plaques sous l'ossature en espaçant les vis de 30 cm. Pour faciliter la mise en place des plaques, louez un lève-plaque.

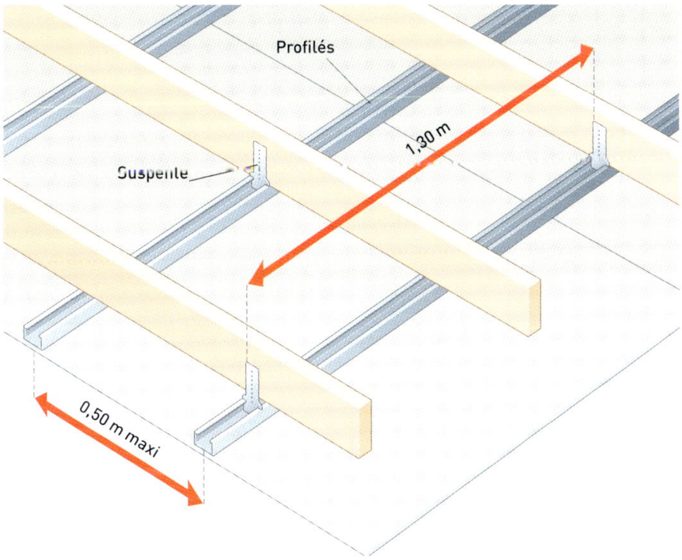

Plafond sur ossature métallique

Les plafonds à ossature simple répondent aux nécessités des constructions traditionnelles à plancher en lames ou en panneaux reposant sur des solives. Il existe aussi des suspentes destinées à une fixation entre les hourdis béton ou par vissage sous les dalles en béton.

La finition du plafond

La réalisation des joints entre les plaques doit être très soigneuse si l'on ne veut pas voir apparaître des fissures : avec un couteau de peintre, remplissez d'enduit le creux entre les bords amincis des plaques, posez une bande de joint (calicot), puis recouvrez celle-ci d'enduit. Après séchage, appliquez une deuxième couche. Laissez sécher puis poncez avant de peindre au rouleau.

COMBLES TRAPPE D'ACCÈS

Le grenier offre un espace de rangement commode quand on peut y accéder aisément. Une échelle ou un escalier escamotable, qui se range une fois plié dans le grenier, constitue l'un des moyens d'accès les plus simples. Son installation nécessite d'agrandir la trappe de visite existante ou d'en ouvrir une aux dimensions adaptées. Le solivage du plafond sera ensuite recouvert d'un plancher sur lequel les objets seront déposés.

Outils Matériaux

- **bâche de protection**
- **échelle**
- **détecteur électronique de solives**
- **marteau**
- **poinçon**
- **règle droite**
- **crayon**
- **lampe baladeuse**
- **scie à guichet**
- **scie égoïne**
- **scie à onglet**

- panneaux de particules à chants bouvetés
- chevrons de même section que les solives
- clous à chevron de 100 mm
- vis pour plaque de plâtre de 35 mm
- baguette de bois de 25 mm de large
- pointes tête homme de 50 mm
- vis
- apprêt
- encadrement

Choix entre une échelle et un escalier escamotable

Les échelles escamotables sont, soit en profilés d'aluminium, soit en bois ; elles sont télescopiques, ou repliables en accordéon. Elles font de 1,90 à 3 m en longueur développée mesurée entre le plancher de départ et le dessus des solives du plafond. Elles s'articulent toujours dans l'ouverture. Elles se déplient depuis le grenier. Vérifiez les dimensions et l'emplacement de la trappe spécifiés par le constructeur ainsi que la hauteur de dégagement nécessaire dans le grenier (souvent 1 m).

Ces échelles s'installent et se manœuvrent simplement : on les descend au moyen d'une tringle ou d'une corde fixée sur la traverse inférieure. Elles comportent deux ou trois sections, assurées en position fermée ou déployée par des verrous à ressorts. Certaines ont un ressort, ou un vérin pneumatique facile à manœuvrer qui les empêche de descendre brutalement.

Sécurité

Si vous voulez ranger des objets lourds dans le grenier, placez-les sur les bords plutôt qu'au milieu.

Découpe d'une solive

Pour réaliser une trappe ou agrandir celle qui existe, vous devrez couper une solive (l'un des éléments portant le plafond), à moins qu'elle ne se trouve à 60 cm d'une autre, comme dans certaines constructions des années 1950. Ne coupez pas plus d'une solive. Les charpentes des constructions modernes sont souvent réalisées en fermettes, l'ensemble étant calculé pour n'avoir à supporter que la couverture et le plafond. Consultez un architecte pour savoir si et où vous pouvez intervenir sur cette structure.

Réaliser une ouverture

Commencez par couvrir le sol d'une bâche de protection. Pour y voir clair dans le grenier, préparez une lampe baladeuse, que vous accrocherez à un chevron pendant les travaux. Il faut prévoir cependant, l'installation d'un éclairage fixe une fois l'escalier posé.

1 À l'emplacement envisagé, localisez la position de trois solives, soit au moyen d'un détecteur électronique, soit en tapotant légèrement le plafond avec un marteau jusqu'à obtenir un son assourdi. Ayant localisé une solive, sondez le plafond avec la lame d'un poinçon pour déterminer ses contours. Les solives de part et d'autre constitueront les côtés de l'ouverture. Seule la solive médiane sera coupée.

2 Avec une règle et un crayon, tracez le pourtour de l'ouverture, selon le guide d'installation du constructeur de l'escalier.

3 Crevez le plafond d'un coup de marteau à l'intérieur du rectangle tracé. Élargissez-le jusqu'à pouvoir y passer la tête et la lampe baladeuse, afin d'inspecter la zone à la recherche d'obstacles éventuels.

4 Si rien ne s'y oppose, découpez le rectangle tracé avec une scie à guichet ou avec un couteau-scie.

5 Installez-vous sur une solide planche posée entre les solives. Coupez la solive médiane à 5 cm au-delà du bord de l'ouverture. Retirez l'élément découpé et recouvrez la zone autour de l'ouverture de plusieurs planches pour pouvoir circuler sans risque.

Sécurité

- Recouvrez les solives de planches pour ne pas risquer de passer le pied au travers d'une plaque du plafond en vous déplaçant dans le grenier.
- Si vous évacuez des débris ou nettoyez le grenier, portez un masque antipoussière et des gants.
- L'installation électrique du grenier doit être conforme aux normes.

6 Coupez deux chevêtres dans un chevron, d'une longueur égale à la largeur de l'ouverture. Fixez-les avec des clous à chevron de 100 mm.

7 Vissez les plaques du plafond dans le chevêtre au moyen de vis pour plaque de plâtre de 35 mm.

8 Pour l'encadrement de l'ouverture, coupez des planches de 25 mm d'épaisseur environ, dont la largeur doit couvrir l'épaisseur des plaques du plafond et la hauteur des solives. Clouez-les sur les solives et le chevêtre avec des pointes tête homme de 50 mm. Si vous avez ébréché les bords des plaques de plâtre, réparez avec de l'enduit de rebouchage.

9 Recouvrez le joint entre l'encadrement et le plafond avec une baguette décorative. Coupez les angles avec la scie à onglets et clouez les quatre éléments en place.

L'outil malin

Scie à onglets

Conçue pour couper des angles jusqu'à 45° sur toute la largeur d'un chevron ou d'une planche, cette scie est très utile pour couper les baguettes d'encadrement et les plinthes.

Fabriquer une porte de trappe

Certains escaliers sont livrés avec la porte de trappe. Si ce n'est pas le cas ou si celle de la trappe existante ne convient pas, fabriquez-en une. Utilisez du contreplaqué, du panneau de particules, du triply ou du médium de 15 ou 20 mm. Rigidifiez le panneau par un tasseau sur lequel les charnières seront vissées.

Outils Matériaux

- **mètre ruban**
- **crayon**
- **scie à monture**
- **tournevis**
- **clé à molette, si besoin**

- contreplaqué ou médium de 15 mm, ou panneau de particules ou triply de 20 mm
- tasseau de 50 x 25 mm
- deux charnières double feuille de 63 x 44 mm

1 Mesurez le rectangle de l'ouverture à fermer et coupez un rectangle à ces dimensions dans le matériau choisi. Mieux vaut toujours fixer un tasseau sur le côté où les charnières seront vissées, plutôt que les visser simplement sur le chant du panneau.

2 Repérez bien le sens d'ouverture de la trappe, présentez-la de manière que les charnières se trouvent du côté où l'escalier s'appuiera, et vissez celles-ci dans la planche d'encadrement du chevêtre.

3 En général, l'escalier est retenu en position escamotée par un verrou à ressort à visser au centre du côté opposé aux charnières, selon le guide de pose.

Plancher de combles

Si le solivage du plafond n'est pas recouvert côté combles, il faut y poser un plancher robuste sur lequel vous pourrez faire des rangements. Les dalles de panneau de particules à chants bouvetés spécialement conçues pour cela sont d'une épaisseur de 19 ou 22 mm. Les dalles passent aisément par la trappe et couvrent trois solives.

Partez au ras des charnières, et posez deux plaques, puis fixez l'escalier. Si vous recouvrez tout le solivage, gardez un jeu de 10 mm sur les côtés pour laisser le plancher travailler.

Sécurité

- Déplacez les circuits électriques qui courent éventuellement sur les solives, en utilisant des conduits électriques gris, des boîtes de raccordement étanches et en passant sur les côtés du solivage, mais surtout jamais en perçant, ni en entaillant une seule solive.
- Assurez-vous que vous ne risquez d'endommager ni une canalisation électrique ni une tuyauterie en perçant ou en vissant les panneaux.
- Ne sciez pas les panneaux dans le grenier, où la ventilation est insuffisante, et portez un masque antipoussière pour effectuer ce travail.

Outils Matériaux

- **scie circulaire ou sauteuse**
- **perceuse-visseuse**
- **mèche 3 pointes de 4 mm et foret à fraiser de 13 mm**
- **tournevis**

- plaques d'aggloméré à chants bouvetés
- colle à bois cellulosique
- vis autoforeuses tête fraisée de 4 x 38

Pose des plaques

Les grands côtés des plaques doivent être perpendiculaires aux solives et les joints entre plaques alternés chaque fois que possible. Encollez la rainure avant d'y insérer la languette de la plaque suivante. Si nécessaire, recoupez les plaques pour que les joints tombent juste au milieu d'une solive et évitez surtout qu'un joint se trouve à mi-chemin entre deux solives. Vissez les plaques dans les solives, soit après perçage d'avant-trous fraisés de 4 mm, soit en employant des vis autoforeuses vissées directement dans les panneaux et dans les solives.

Poser l'échelle

Si vous posez un plancher dans le grenier, fixez l'échelle dès que possible sur les panneaux de bois ; vous travaillerez ainsi plus confortablement et de façon plus sûre pour finir le montage. Toutes les échelles étant différentes, il vous faudra donc lire les prescriptions du fabricant.

Outils Matériaux

- **perceuse visseuse-dévisseuse**
- **tournevis**
- **pointe carrée**
- **clé à molette, si besoin**

- échelle et accessoires

1 Déployez l'échelle jusqu'au sol. Montez les fixations hautes en suivant les instructions. Faites des avant-trous, puis vissez les charnières dans le panneau, dans la solive ou encore dans l'une des traverses du chevêtre. Posez la rampe ou, si l'échelle est équipée d'un système de ressort de rappel, il sera peut-être plus simple de la poser par la suite.

2 Si l'échelle possède un système de ressort de rappel, utilisez le gabarit fourni pour noter la position de la plaque de retenue sur le plancher du grenier. Marquez la position des vis avec une pointe carrée. Le système de rappel s'installe d'un côté ou de l'autre de l'échelle.

3 Placez le système de ressort de rappel selon les instructions du fabricant et vissez-le sur le plancher du grenier. L'échelle étant ensuite complètement repliée dans le grenier, raccordez le système de rappel d'un côté de celle-ci.

4 Suivez les instructions du fabricant pour déplier et replier l'échelle. Le maniement se fait généralement en tirant sur un crochet de fermeture avec la canne de manœuvre ou en faisant tourner le loquet situé sous la trappe.

La bonne mesure

La prise de cotes d'un escalier escamotable permet de déterminer son encombrement et de le mettre en place avec une grande précision.

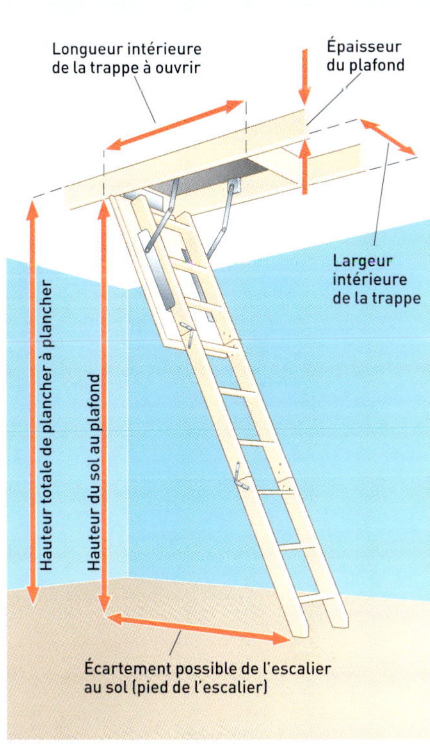

5 Pour replier et ranger l'échelle, libérez le verrou, repliez l'échelle et reverrouillez l'ensemble. Faites glisser l'échelle vers le haut jusqu'à ce qu'elle rentre complètement dans la trappe et poussez-la avec la canne de manœuvre. Refermez la trappe avec celle-ci et verrouillez le loqueteau.

PORTES BASES

Les styles et les matériaux des portes intérieures sont très diversifiés. Si les portes traditionnelles ont toujours leurs adeptes, les plus vendues sont maintenant les portes en matériau sandwich, postformé, pleines ou à vitrer et isoplanes.

Sécurité

Pare-flammes et coupe-feu

Les portes coupe-feu offrent une barrière aux flammes, aux fumées et à la chaleur, pendant une durée déterminée par la réglementation (30 min à 1 h). Ce type de porte s'impose pour des locaux contenant un appareil à flamme (chaudière de chauffage central par exemple) ou contenant des produits combustibles (garage). Les portes coupe-feu répondent à des classements de résistance au feu suivant différentes caractéristiques :

- le degré "pare-flammes" qui correspond à une étanchéité aux flammes et à l'absence de gaz inflammables entre les deux parois du vantail ;
- le degré "coupe-feu" a systématiquement les caractéristiques du "pare-flammes" mais est de plus isolant thermique (par exemple, si vous mettez un voilage à la face opposée aux flammes, il ne doit pas prendre feu). Par ailleurs, les portes peuvent avoir des résistances à la "stabilité" entre les 2 faces (températures différentes entre les 2 faces).
- "Stables climat 2" : qui correspond à une résistance mécanique.

Choix d'une porte

Le choix d'une porte additionnelle, ou pour une rénovation, doit tenir compte du style général de la maison. Qu'elles soient en pin ou en bois exotique, les portes peuvent être peintes ou vernies, éventuellement après teinture. Les huisseries modernes sont fabriquées avec des cotes standardisées. Mais vous pouvez faire retailler une porte à vos mesures, pour remplacer une huisserie ancienne.

Portes à panneaux

Ces portes ont une ossature menuisée habillée de panneaux, de plus en plus souvent réalisés en sandwich à placage décoratif sur le parement extérieur ou postformé. La porte "à cassettes" comporte un grand nombre de panneaux (au moins huit) dont la face externe a un aspect décoratif (diamants, moulures, etc.) qui détermine son style.

Le vantail peut également être vitré, avec vitres transparentes ou translucides et/ou teintées, couvrant toute la surface.

Sens d'ouverture

Pour une porte intérieure, le sens d'ouverture doit tenir compte de la disposition du mobilier et des habitudes de circulation des occupants dans l'habitation.
On exprime ce sens en désignant le côté vers lequel le vantail se rabat quand on le pousse.

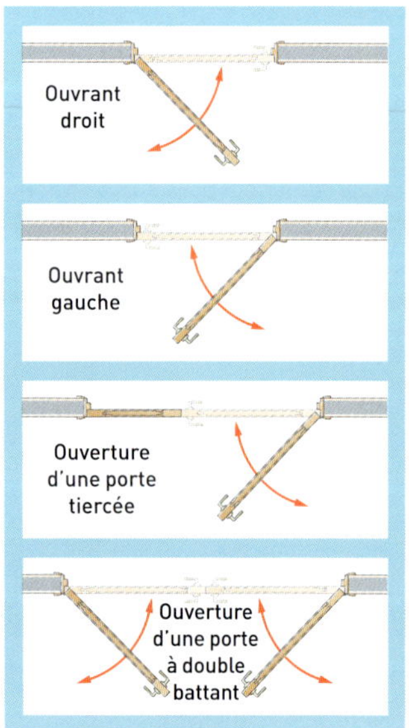

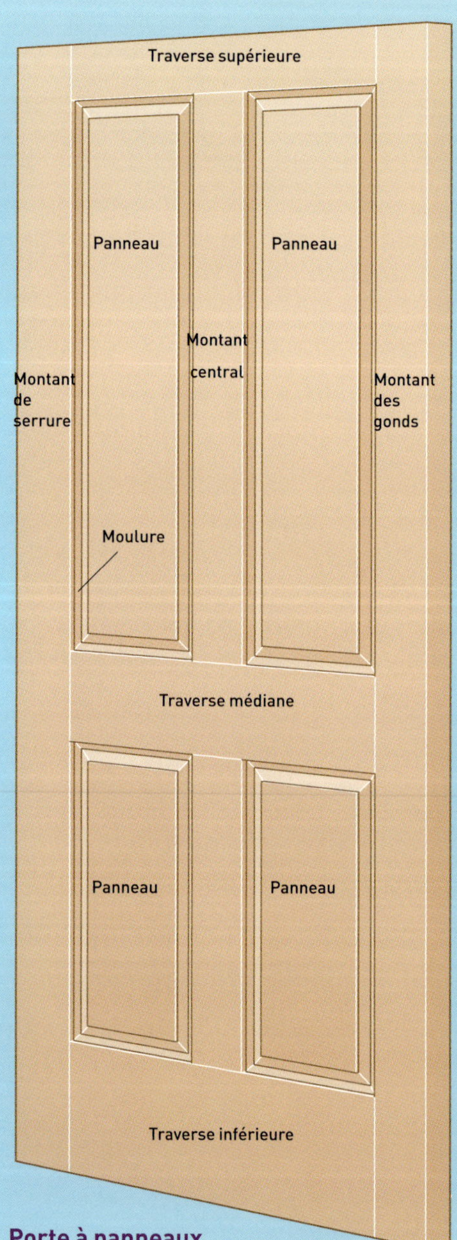

Porte à panneaux

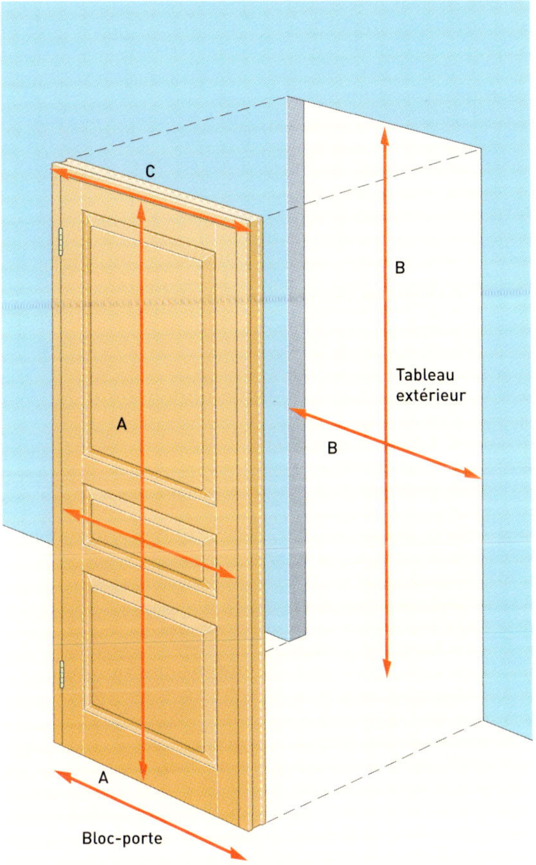

Prises de dimensions

Cinq dimensions doivent être indiquées au vendeur, pour être assuré d'obtenir la porte convenant exactement à l'ouverture à équiper : largeur et hauteur du seul vantail (A), largeur et hauteur du tableau (B) et largeur hors tout : vantail et huisserie assemblés du bloc-porte (C). Les dimensions des portes standards sont de 215 x 73 ou 83 ou 130 cm (porte tiercée). Il est bien sûr possible d'obtenir des portes sur mesure.

Huisseries

L'huisserie la plus simple se compose d'une partie fixe, le dormant, et d'une partie mobile, le vantail. Les portes tiercées et les portes à double battant comportent deux vantaux. Ceux-ci sont symétriques et de mêmes dimensions dans une porte à deux battants. Dans une porte tiercée, le vantail principal, qui est équipé de la poignée d'ouverture, est plus grand que l'autre (le double dans une porte standard) ; ce dernier se verrouille en haut et en bas au moyen de verrous à taquets.

Le dormant de l'huisserie se fixe dans l'entablement au moyen de vis, insérées dans des chevilles adaptées à la nature de la maçonnerie. Le joint entre le dormant et l'entablement peut être masqué. Le vantail s'articule sur quatre fiches équidistantes en acier bichromaté.

Portes isoplanes et postformées

Ces portes sont constituées d'un cadre recouvert de deux faces en fibres. Celles-ci peuvent être planes et prépeintes, plaquées d'une feuille de bois exotique, ou encore ornées de panneaux et/ou de moulures. On peut aussi poser soi-même des moulures sur une porte plane, afin de la mettre en harmonie avec le style de la maison.

Le cadre comporte au moins une traverse médiane et deux semelles à mi-hauteur pour pose d'une serrure à larder (d'un côté au choix). L'espace à l'intérieur de ce cadre et de ces renforts peut être en matériau plein ou en nid-d'abeilles de carton imprégné de résine.

Certaines portes ont une âme isolante en polystyrène ou en mousse de polyuréthane, assurant une haute isolation thermique. Elles sont destinées aux passages entre deux locaux présentant usuellement de fortes différences de température (accès aux combles, au sous-sol, etc.).

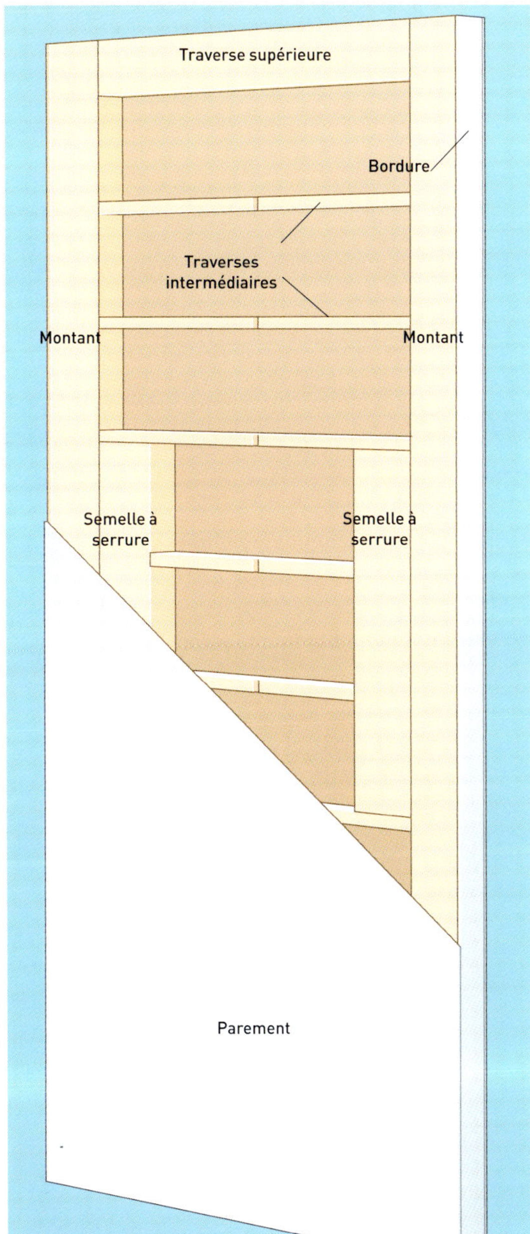

Porte isoplane

Conseil castorama

Portes intérieures

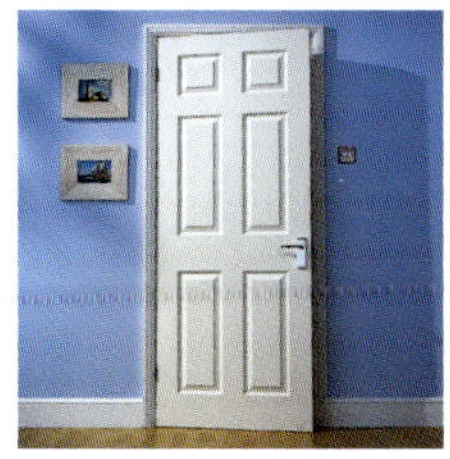

Portes pleines
Les portes pleines sont disponibles en fibre prépeinte, en chêne, en bois exotique clair ou en framiré, bois exotique.

Portes vitrées
Les portes d'intérieur vitrées peuvent comporter six, huit ou dix-huit carreaux.

Portes vitrées à double battant
Les configurations à six, huit ou dix-huit carreaux sont aussi disponibles avec les portes tiercées.

PORTES DÉFAUTS

Une porte qui grince ou qui ferme mal finit par exaspérer. Ces défauts sont dus au vieillissement, à une usure importante, à l'humidité ou à la superposition de nombreuses couches de peinture. Fort heureusement, il est facile d'y remédier.

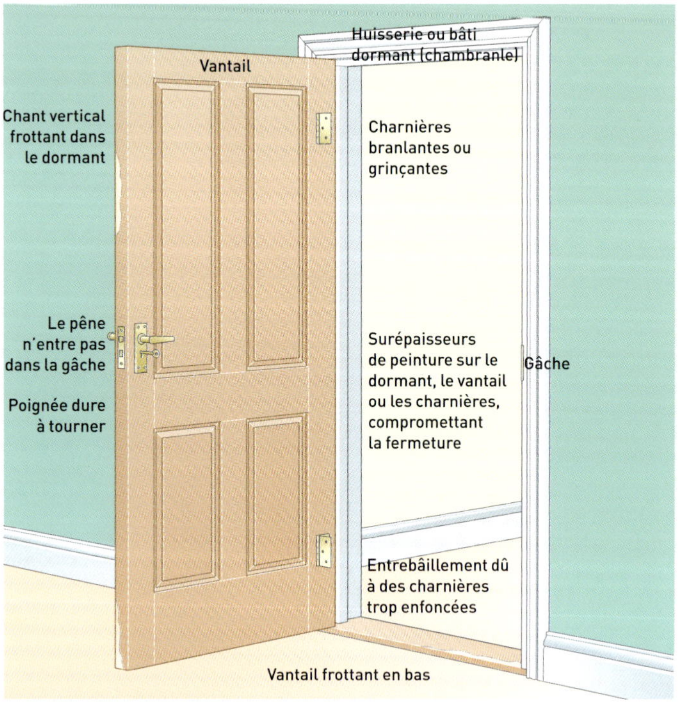

Grincements et points durs

Quand les charnières grincent ou qu'il devient difficile de manier la poignée, il suffit généralement de lubrifier à l'aide d'une burette d'huile l'axe de la charnière ou le mécanisme de la serrure. Après cette application, manœuvrez la porte plusieurs fois pour faire infiltrer le lubrifiant, puis essuyez l'excès d'huile qui finirait par couler jusqu'au sol.

Relever une porte affaissée

Une porte s'affaisse quand la fixation des charnières est défectueuse. Vérifiez le blocage de toutes les vis des charnières. Si l'une d'elles tourne à vide, remplacez-la par une de plus gros diamètre, ou remplissez son trou de petits morceaux d'allumettes et de colle.

Outils Matériaux
- **tournevis**
- **ciseau à bois**
- **maillet en bois**

- colle à bois
- allumettes

1 Ôtez la vis. Déposez un peu de colle sur l'extrémité de deux ou trois allumettes et enfoncez-les dans le trou de la vis.

2 Quand la colle est sèche, arasez les allumettes d'un coup de ciseau à bois, puis remettez la vis en place.

Porte qui coince

Une accumulation de couches de peinture sur le chant du vantail et à l'intérieur du dormant peut provoquer le blocage d'une porte, en haut, en bas, ou sur le côté. Un ponçage au papier abrasif gros grain à l'aide d'une cale à poncer peut suffire, sinon il faut raboter le chant qui coince.

Outils Matériaux
- **rabot**
- **établi-étau, si besoin**

- papier abrasif
- cale à poncer
- apprêt
- peinture

1 Ces traces marquent l'endroit où le vantail frotte : ici, le chant vertical. Quand le vantail coince en haut de ce chant, ou sur le haut de la porte, on peut en général raboter sans déposer le vantail. En revanche, si la porte coince en bas, il faut la dégonder et la bloquer dans un établi-étau pour la raboter.

2 Rabotez le chant, en tenant compte de l'épaisseur de la future couche de peinture. Si vous devez raboter près d'une charnière, il est préférable de la démonter.

3 Poncez les parties rabotées et les angles du chant à l'aide d'une cale à poncer. Appliquez une couche d'apprêt avant de peindre.

Les fermetures automatiques des portes

Automatiser la fermeture d'une porte évite de laisser celle-ci ouverte, ce qui est essentiel lorsqu'une des deux pièces n'est pas ou est moins chauffée que l'autre. Le ferme-porte est un dispositif automatique de retour à ressort ou à vérin, qui permet à la porte de se refermer toute seule.

Le ferme-porte fonctionne avec un système de ressort par détente hydraulique à bain d'huile, ou par système de ressort à frein hydraulique sur le pivot de la porte.

Le ferme-porte peut aussi être utilisé comme système de fermeture des portes coupe-feu ou des portes coulissantes.

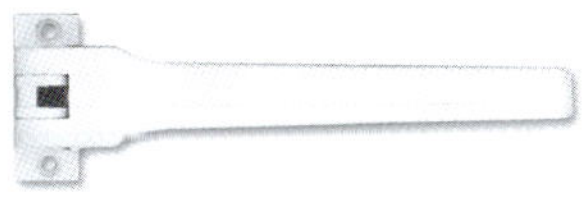

Ce ferme-porte blanc automatique est conçu pour les portes légères à mi-lourdes (PVC, bois, métal). Sa puissance de fermeture est réglable et il est doté d'un dispositif d'arrêt à 90° : il maintient (au besoin) la porte ouverte.

Le ferme-porte à ressort avec tension du ressort réglable doit être placé du côté de l'ouverture, côté paumelles. Il se monte en applique.

Le ferme-porte à ressort en spirale de 283 mm avec tension du ressort réglable referme la porte lorsqu'on la pousse. Il doit être placé du côté de l'ouverture en diagonale, côté paumelles. Il se monte en applique.

Corriger le décalage d'une serrure

Quand le vantail s'est affaissé, le pêne de la serrure s'insère mal dans la gâche. Si le décalage reste modéré, il suffit généralement de rogner à la lime la base de l'ouverture de la gâche, sinon il faut déplacer la gâche.

Outils Matériaux
- **tournevis**
- **crayon**
- **craie ou mine de crayon**
- **ciseau à bois**
- **perceuse avec mèche**

- petites chevilles en bois

1 Dévissez et retirez la gâche. Frottez une craie ou la mine d'un crayon gras sur l'extrémité du pêne, puis fermez le vantail et actionnez la poignée plusieurs fois. Ouvrez la porte : le pêne a laissé une marque dans l'entaille de la gâche. Tracez au crayon les bords de cette marque pour déterminer la nouvelle position de la gâche.

2 Démontez la plaque de gâche. En partant des traits faits à l'Étape 1, retracez le logement du pêne et entaillez en conséquence le dormant du côté repéré.

3 Replacez la plaque de la gâche, en vérifiant que son ouverture coïncide bien avec le logement entaillé dans le dormant. Si le décalage est faible, enfoncez des petites chevilles en bois dans les anciens trous des vis, puis prépercez de nouveaux trous pour les vis de la plaque de gâche.

Conseil castorama

Le seuil coince

Si le bas de la porte coince ou frotte sur la moquette, positionnez la porte à l'endroit où elle frotte le plus. Posez une feuille de carton épais ou une règle métallique contre le bas du vantail et tracez un trait de crayon reportant cette épaisseur sur le bas de la porte. Dégondez le vantail et sciez ou rabotez le matériau en excès, jusqu'au trait. Poncez les angles au papier abrasif et remontez la porte sur ses gonds.

PORTES INTÉRIEURES

Que le dormant soit neuf ou ancien, vérifiez que le vantail que vous allez poser a bien les bonnes dimensions avant de l'équiper de ses gonds ou charnières. Prévoyez un jeu de 2 mm en haut et sur les côtés et 6 à 12 mm en bas, selon l'épaisseur de revêtement de sol.

Poser un vantail dans un dormant neuf

Quand on remplace le dormant (cadre de la porte), il est presque toujours nécessaire de changer également la porte.

Conseil castorama

Rabotage

Quand vous rabotez le chant inférieur d'un vantail, rabotez en biais, de l'extérieur vers le centre pour éviter l'éclatement du bois de bout.

1 Relevez les cotes intérieures du dormant, ôtez la valeur des jeux périphériques et reportez le résultat sur le vantail. Rabotez la même épaisseur sur chaque chant, sans dépasser 5 mm.

2 Si le bas du vantail doit être recoupé de plus de 6 mm, commencez par le scier, puis passez le rabot et enfin poncez au papier abrasif. Placez des cales en bout de rabotage pour ne pas éclater le chant.

Outils Matériaux

- **mètre ruban**
- **crayon à pointe fine**
- **rabot**
- **gabarit (facultatif)**
- **ciseau à bois à large lame**
- **maillet en bois**
- **marteau**
- **perceuse avec mèches à bois**
- **tournevis ou/et visseuse-dévisseuse**
- **équerre à talon**
- **ciseaux à bois à lame large et à lame étroite**
- **cutter**
- **étau**
- **scie sauteuse**
- **scie égoïne**
- **pinces à longs becs**
- **chasse-clou**

- porte neuve
- papier abrasif
- deux charnières, ou deux gonds avec visserie
- chevilles en bois
- carton
- ruban de masquage
- serrure de porte avec poignée
- pointes de 30 mm
- pointes moulures
- baguette de bois mince pour l'arrêt de vantail
- baguette de décoration

Poser des charnières

Certaines portes sont fixées par des charnières. Deux charnières suffisent généralement pour une porte d'intérieur, bien qu'une troisième évite le gauchissement du bois exposé à l'humidité, dans une salle de bains ou une cuisine. Les charnières s'encastrent dans des entailles d'égale profondeur pratiquées dans le vantail et le dormant, au moyen d'un ciseau à large lame bien affûtée.

1 Marquez l'emplacement de la charnière supérieure sur le chant du vantail, à 175 mm du haut. La charnière inférieure sera à 250 mm du bas du vantail. Calez le vantail verticalement sur son chant arrière. Présentez chaque charnière contre les repères tracés, l'axe dépassant de la face. Tracez le contour de la patte sur le chant.

2 Tracez au crayon la profondeur de l'entaille, au moyen d'un gabarit, ou en présentant la patte dans le plan du chant du vantail.

3 Avec le ciseau, entaillez sur le tracé de chacune des extrémités, d'un coup sec frappé avec le maillet. Donnez quelques coups de ciseau entre les deux extrémités, puis creusez jusqu'au trait marquant la profondeur de l'entaille.

4 Finissez l'entaille jusqu'aux traits avec le petit ciseau, manié à petits coups de paume.

Conseil castorama

Tester l'ajustement

Avant de vérifier l'ajustement du vantail, clouez quatre pointes dans le dormant de manière à empêcher le vantail de tomber.

5 Présentez la charnière dans son logement et recreusez-le si nécessaire. Procédez de même pour la seconde.
Une fois les charnières en place, prépercez l'emplacement de leurs trous de fixation. Insérez les vis et bloquez-les avec la visseuse.

6 En maintenant le vantail en position ouverte dans le dormant, plaquez les pattes des charnières sur le montant. Insérez des cales sous le vantail pour le maintenir à la bonne hauteur, en laissant un jeu suffisant par rapport au sol. Assurez-vous que les pattes des charnières sont parallèles aux bords du montant puis tracez leur contour. Retirez le vantail. Entaillez au ciseau le logement des charnières, comme vous l'avez fait dans le vantail.

7 Calez le vantail en position ouverte et vérifiez que les charnières s'insèrent exactement dans leur logement. Rectifiez celui-ci si nécessaire. Percez les avant-trous et vissez une seule vis par charnière. Vérifiez que le vantail ferme correctement.
Si le vantail frotte du côté de la serrure, approfondissez les entailles. Vissez toutes les vis à fond.

Poser des gonds

Les portes sont souvent posées sur des gonds : gond mâle côté dormant de l'huisserie et gond femelle côté porte. Pour permettre un ajustement parfait de la porte et du dormant de l'huisserie, leur embase doit être encastrée dans le bois. Posez d'abord celle du dormant puis renouvelez l'opération sur le chant de la porte.

1 Déterminez l'emplacement des gonds sur le dormant (voir page de gauche). Positionnez-le et tracez le profil de sa patte à l'intérieur du dormant de l'huisserie.

2 Avec une mèche plate de 15 mm et un vilebrequin (ou une perceuse utilisée en vitesse lente), percez un trou en haut et en bas du tracé, dont le diamètre doit correspondre à la largeur de la patte du gond (15 mm). La profondeur des trous doit correspondre à l'épaisseur de celle-ci.

3 Avec un ciseau à bois parfaitement affûté, délimitez les contours rectilignes verticaux de la patte du gond. La profondeur de coupe doit correspondre à l'épaisseur de celle-ci.

4 Avec un ciseau à bois de largeur proche de celle de la platine du gond, dégagez le logement de celle-ci. Procédez par ajustements successifs pour ne pas enlever trop de bois.

5 Fixez le gond en serrant les vis progressivement (d'abord celles d'extrémité, puis celles du centre). La patte du gond doit affleurer la surface du bois.

FENÊTRES BASES

Les fenêtres jouent un rôle à la fois esthétique et fonctionnel. Conçues pour éclairer l'intérieur des pièces à la lumière du jour, elles limitent le passage du froid, de la chaleur et des bruits. Ces dernières fonctions ont pris une importance croissante à cause du coût de l'énergie et de l'intensité des bruits en agglomération et près des routes, voies ferrées et aéroports à fort trafic.

Choix des fenêtres

Le vantail, partie de la fenêtre articulé ou coulissant, se compose d'une structure enserrant la ou les vitres. Il est équipé d'articulations ou de rails, ainsi que d'une quincaillerie permettant de l'ouvrir et de la fermer, ou de la maintenir entrebâillée.

Les vantaux peuvent s'articuler autour d'un axe vertical ou horizontal ou coulisser horizontalement ou verticalement. Le choix dépend du style de la demeure et de l'emplacement de l'ouverture.

Les qualités d'étanchéité, longtemps considérées comme secondaires, sont devenues prioritaires du fait des impératifs d'économie d'énergie et de protection contre les bruits, mais aussi pour se protéger des tentatives d'effraction. Malgré tout, l'aspect esthétique ne doit pas être négligé, ce qui reste possible grâce à la diversité des gammes de produits proposées.

Fenêtres à vantaux

Ce type de fenêtre, le plus courant de tous, englobe différents modèles, selon le nombre de vantaux (éventuellement complété par une ou plusieurs parties fixes) et leur sens d'ouverture. Le nombre et la forme des vitres, le mode de manœuvre des ouvrants, ainsi que la nature du matériau, constituent autant de types de produits.
Le dispositif de manœuvre et de fermeture des vantaux est en général une crémone, posée en applique ou encastrée à mi-hauteur du montant opposé à celui des articulations ou de celui qui vient s'accoler contre le dormant, pour une fenêtre coulissante.

Fenêtres basculantes

Le vantail d'une fenêtre basculante est articulé sur deux pivots disposés au milieu de ses montants latéraux, permettant de le retourner complètement pour nettoyer la face extérieure des vitres. Ce type de fenêtre donne une surface d'éclairement maximale et permet de régler facilement l'aération, même par pluie battante.

Les fenêtres de toit classiques sont en général de ce type, avec des pivots étanches garantissant une stabilité parfaite dans toutes les positions, et une barre de manœuvre supérieure qui reste hors de portée des enfants.

Fenêtres abattantes

Avec son vantail articulé à la base, la fenêtre abattante est en principe bien plus large que haute. Le vantail s'ouvre normalement vers l'intérieur : vasistas de cave, de garage ou des toilettes. Dans ce cas, d'ailleurs, cette fenêtre ne s'ouvre que pour assurer une ventilation, mais ne doit pas laisser passer un individu même de petite corpulence, ce qui constitue une garantie appréciable pour les enfants, qui ne risquent pas de se pencher à la fenêtre.

Fenêtres oscillo-battantes

Souvent appelées "fenêtres à double ouverture", elles cumulent les modes de fonctionnement et les avantages des fenêtres à vantaux et des fenêtres abattantes. Plus récentes, elles ont un mécanisme

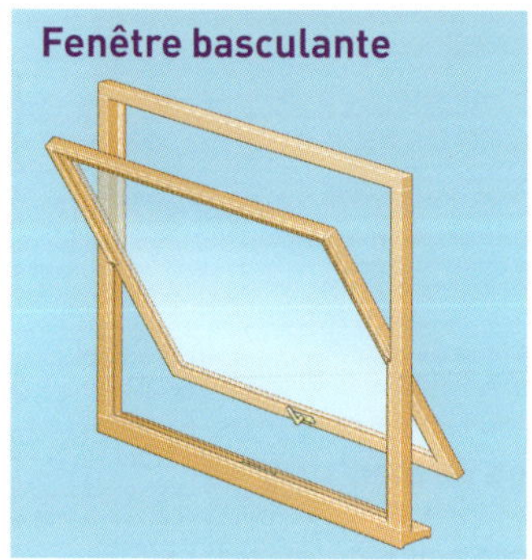

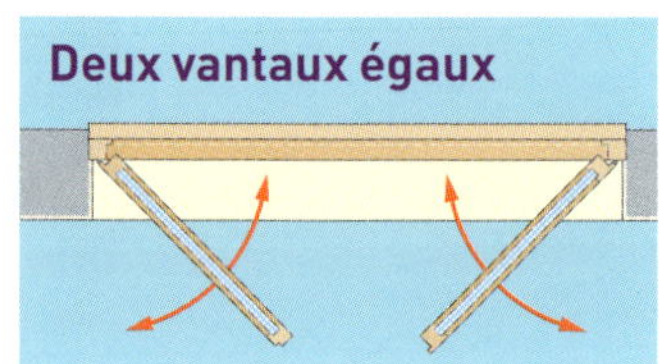

d'ouverture et de fermeture encastré, avec poignée en bec de canne : quand on l'abat, on a une fenêtre à vantail, quand on le relève, une fenêtre abattante. Il existe des fenêtres à deux vantaux, dont seul celui de droite est à double ouverture.

Portes-fenêtres

Les portes-fenêtres sont des huisseries que l'on retrouve aussi bien entre deux pièces, que dans les murs extérieurs. Dans ce dernier cas, elles donnent généralement accès à un balcon ou à une terrasse. Elles sont alors souvent de type coulissant. Une porte-fenêtre en étage doit avoir impérativement un garde-corps d'au moins 1 m de haut.

Fenêtres coulissantes

L'ouverture coulissante est intéressante du fait de son encombrement minimal vers l'intérieur. Quand la fenêtre est ouverte, il est possible de laisser fermés voilages ou rideaux. Un système de verrouillage à crochet garantit la sécurité de fermeture.

La plupart des fenêtres coulissantes ont deux vantaux, ne permettant de ce fait qu'une ouverture sur la moitié de la largeur de l'huisserie, ou deux ouvertures de chaque côté, de dimensions égales ou complémentaires. Les fenêtres à vantail unique, "à galandage", permettent de faire glisser le vantail dans le mur, libérant (presque) toute l'ouverture.

L'étanchéité des fenêtres coulissantes (à l'air et à l'eau) est assurée par des joints sur les montants verticaux. Leur forme, et surtout leur fixation, détermine la qualité de la fenêtre. Un joint qui laisse passer l'air en position fermée doit être remplacé avant qu'il ne laisse entrer l'eau.

FENÊTRES REMPLACEMENT

Si la menuiserie existante est dégradée ou si vous voulez améliorer l'isolation, vous pouvez facilement changer votre fenêtre en bois. Dans bien des cas, vous pourrez la remplacer par une fenêtre en PVC sans rien casser et en conservant l'ancien dormant. Le PVC a l'avantage d'offrir une bonne isolation, renforcée par le double vitrage. Il est sans entretien.

l'astuce éco de castorama

Vitrage peu émissif

En économisant l'énergie, l'isolation thermique renforcée contribue aussi à protéger l'environnement. En effet, consommer moins d'énergie (fuel, électricité, etc.), c'est diminuer les émissions de CO_2 liées à la production de ces énergies et donc lutter contre l'effet de serre qui nous menace (réchauffement global du climat).

Prise de dimensions

Avant d'acheter une nouvelle fenêtre, mesurez soigneusement la hauteur et la largeur du tableau ainsi que la hauteur et la largeur totales. Il est essentiel de prendre plusieurs fois, et à deux endroits, ces mesures, pour être sûr de ne pas faire d'erreur, surtout si la fenêtre doit être faite sur mesure. Dans certains cas, les fenêtres de remplacement peuvent venir se poser sur l'ancien cadre. Vous devrez donc prendre les mesures à l'intérieur du cadre.

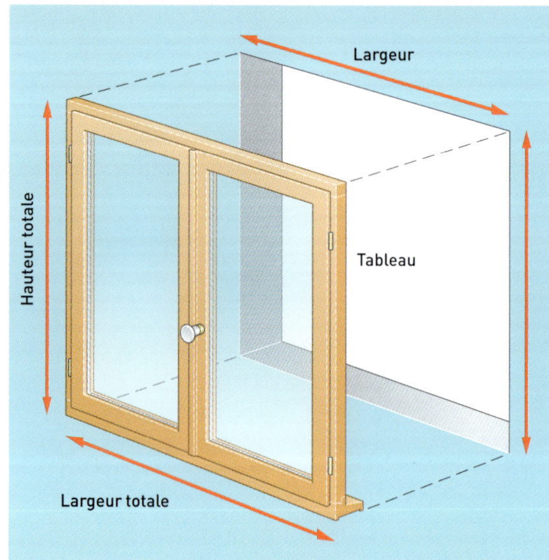

Matériaux des fenêtres

L'huisserie des fenêtres est réalisée en bois, en PVC, en acier ou en aluminium.

Bois

Les fenêtres actuelles en bois sont généralement en essences exotiques, mais on en trouve aussi en résineux (pin) ou en feuillus (hêtre et chêne). Elles demandent un entretien régulier. Les huisseries en bois peuvent être peintes, lasurées ou vernies. Leur mécanisme de commande est soit apparent, en applique, soit encastré dans le montant extérieur.

PVC

Inaltérable, le PVC n'a besoin d'aucun entretien. Les profilés des huisseries PVC sont affinés, ce qui augmente la surface vitrée. Faciles à installer, y compris dans l'ancien cadre, c'est le matériau le plus choisi pour les rénovations pour ses performances thermique et acoustique. On veillera tout particulièrement à opter pour des fenêtres intégrant un système de ventilation efficace, sous peine, sinon, de générer des problèmes de condensation dans la maison.

Aluminium

Les profilés en aluminium allient plusieurs avantages, ils sont :
- inaltérables et ne demandent aucun entretien ;
- rigides et très solides ;
- légers et permettent d'affiner cadres et montants, réservant une surface maximale au vitrage.

L'aluminium convient de ce fait parfaitement aux portes-fenêtres de grandes dimensions, notamment coulissantes. Grâce au thermolaquage, les fenêtres en aluminium sont proposées aujourd'hui dans une vaste gamme de coloris.

Le double vitrage

Le double vitrage diminue l'effet de vitre froide, élimine l'effet du phénomène de condensation en rapprochant la température du vitrage de la température ambiante, et donc baisse très sensiblement la consommation d'énergie. Toutes les fenêtres produites actuellement sont équipées de double vitrage, quel que soit leur matériau. L'espace compris entre les deux vitres est rempli soit d'air, soit d'argon dans les fenêtres à isolation renforcée. De nombreux progrès sont en vue concernant le verre lui-même : autonettoyant, renvoi de chaleur ou de froid (faible émissivité), chauffant ou réflectorisant.

Fenêtre en bois

Fenêtre en PVC

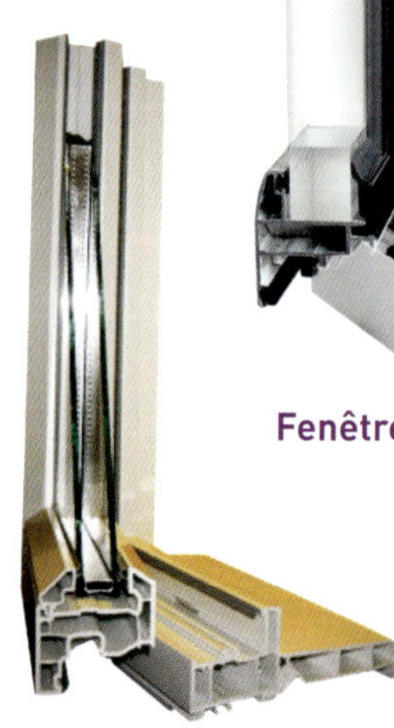

Fenêtre en aluminium

Poser une fenêtre PVC

Vous trouverez désormais dans le commerce des "blocs-fenêtres" en PVC pouvant se substituer facilement à l'ancienne fenêtre.

Avant toute chose, il faut s'assurer que le cadre existant est en bon état. Pour cela, sondez-le avec un tournevis ou, mieux, avec un poinçon : celui-ci ne doit pas s'enfoncer facilement.

Mesurez à l'intérieur du cadre existant la hauteur et la largeur à deux endroits différents. Si vous constatez un écart, gardez la plus petite dimension. Notez ces mesures avec précision.

Outils Matériaux

- **mètre ruban**
- **crayon**
- **tournevis (si besoin, à impact)**
- **niveau à bulles**
- **poinçon**

- mastic silicone
- fond de joint
- tasseau

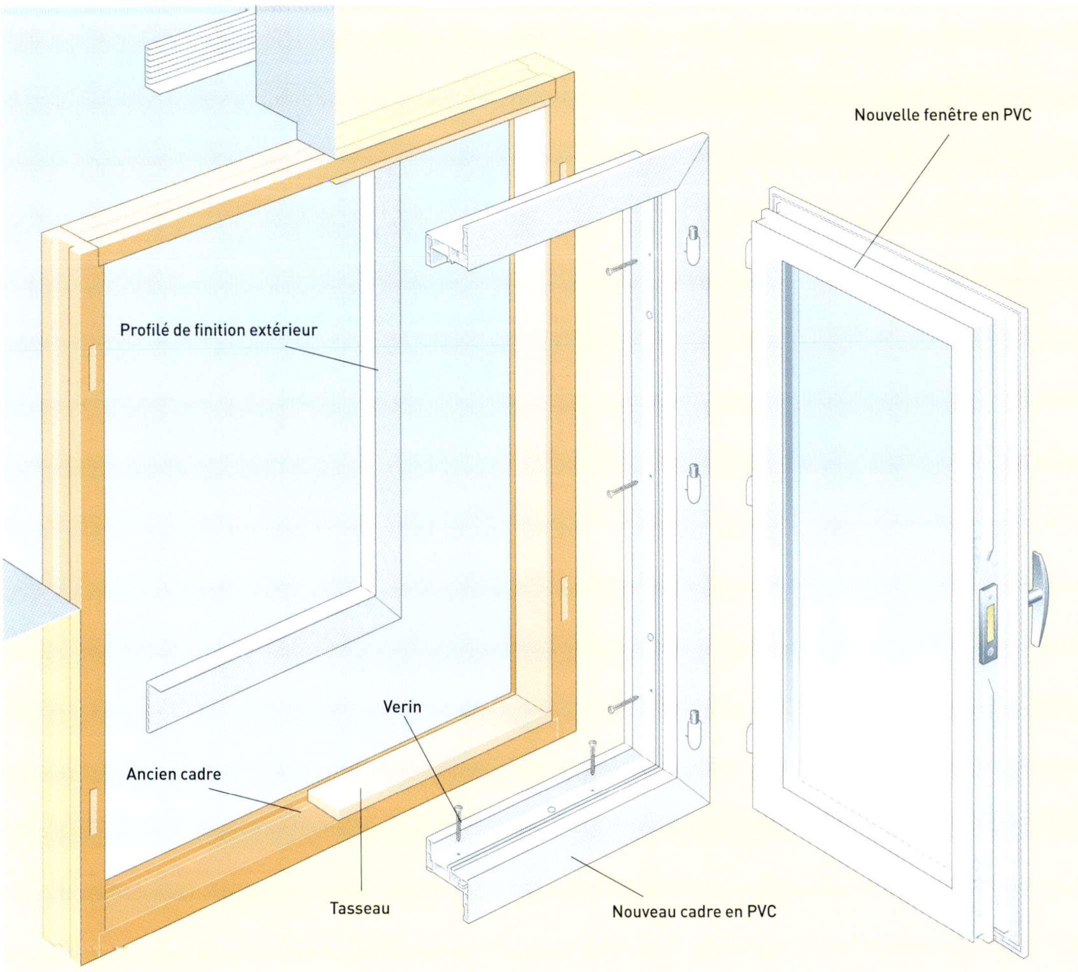

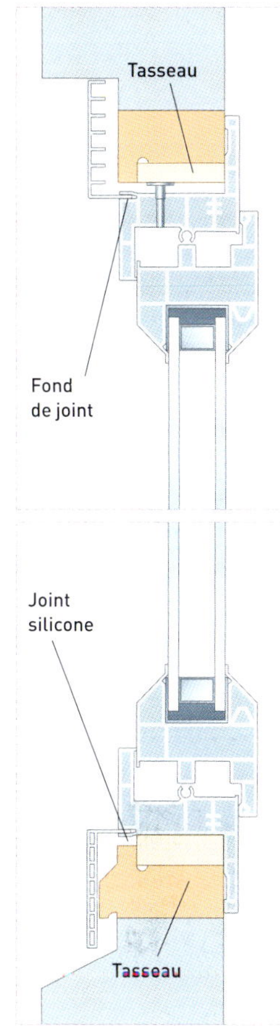

1 Dégondez les ouvrants, c'est-à-dire les vantaux de votre ancienne fenêtre. Il suffit généralement de les soulever en les manœuvrant sur leur axe.

2 Déposez les gonds de l'ancien cadre. Il faut souvent gratter la peinture qui empêche d'accéder aux vis. Si vous avez des difficultés à défaire les vis, utilisez un tournevis à impact. Bouchez les trous d'évacuation d'eau.

3 Engagez la partie intérieure du cadre en PVC et fixez-le. Réalisez l'étanchéité à l'extérieur du cadre avec un fond de joint et finissez avec un cordon de mastic silicone.

4 Clipsez les profilés de finition à l'extérieur, puis regondez les ouvrants de la nouvelle fenêtre. Manœuvrez et fermez celle-ci.

La ventilation

La plupart des fenêtres PVC actuelles intègrent un dispositif de ventilation. Si ce n'est pas le cas du modèle que vous aurez choisi, il est essentiel de rétablir cette ventilation, surtout si votre maison ou votre appartement n'est pas doté d'une VMC (ventilation mécanique contrôlée). En effet, les fenêtres isolantes en PVC sont par définition très étanches, et risquent d'entraver le renouvellement de l'air de vos pièces. Outre que cela rend l'atmosphère peu agréable, le taux d'humidité ambiant va augmenter, générant des phénomènes de condensation sur les parois froides, notamment sur les murs exposés au nord, pas ou mal isolés.

Pour rétablir une bonne ventilation, il faut créer des ouvertures hautes et basses, que vous protégerez avec une grille.

Si votre maison en est déjà dotée, ne les bouchez surtout pas, au motif qu'elles laissent partir la chaleur ! Il vaut mieux cela que saturer l'air ambiant d'humidité.

FENÊTRES FINITIONS

Vous pouvez rajeunir une vieille fenêtre, simplement avec une nouvelle couche de peinture et une quincaillerie neuve. En suivant la séquence de travail ci-dessous, votre tâche sera simplifiée.

Peindre une fenêtre

Préparez d'abord soigneusement l'encadrement, en décapant si nécessaire l'ancienne peinture et en rebouchant trous et fissures du bois. Il faut appliquer une sous-couche et une couche finale pour un fini parfait.

1 Déposez d'abord la crémone. Si vous prévoyez de la remplacer, rebouchez les trous de ses vis avec de la pâte à bois, laissez sécher et poncez. Préparez la surface à peindre en ponçant légèrement la peinture existante avec un papier abrasif à grain moyen.

2 Brossez la poussière et les débris, en insistant tout particulièrement dans les coins. Il est essentiel que toute la sciure de ponçage soit éliminée.

3 Si votre main manque d'assurance, utilisez une spatule à maroufler ou garnissez le pourtour de chaque vitre avec de l'adhésif de masquage, en laissant un espace de 2 mm à la périphérie.

Outils Matériaux

- **tournevis**
- **marteau**
- **pinceau à soies douces**
- **spatule à maroufler ou adhésif de masquage**
- **brosse de 25 mm ou tampon à peindre**
- **brosse à rechampir**

- pâte à bois
- papier abrasif à grain moyen
- apprêt/sous-couche
- peinture

4 Appliquez une couche d'apprêt/sous-couche.

5 Quand la couche de fond est sèche, appliquez la peinture selon la même séquence. Tirez bien la brosse pour éviter les coulures et bien couvrir la peinture précédente.

6 C'est dans les angles et dans les coins que vous risquez le plus de faire des coulures. Ne chargez pas trop la brosse de peinture et essorez-la bien sur l'intérieur du pot.

7 Peignez les montants en dernier. Dès que la peinture ne colle plus aux doigts, ôtez le ruban de masquage.

Conseil castorama

Caler le vantail ouvert
Pour maintenir le vantail entrouvert pendant toute l'opération, formez une boucle à chacune des extrémités d'un fil de fer rigide (coupé dans un porte-manteau, par exemple) et clouez-en une sur le vantail et l'autre sur le montant.

Installer un entrebâilleur de fenêtre

Un entrebâilleur est un dispositif qui permet de maintenir entrouverte une fenêtre (ou une porte). Cela évite que les fenêtres claquent à cause de courants d'air ou que quelqu'un puisse s'introduire chez vous. Vous pouvez facilement équiper votre fenêtre d'un entrebâilleur. Celui-ci se pose à l'aide de petites vis, soit sur chaque battant de fenêtre, soit d'un côté sur le dormant de l'huisserie (cadre fixe) et de l'autre sur l'ouvrant. Il existe un entrebâilleur pour chaque type de fenêtre.

Cet entrebâilleur en PVC convient pour toutes les fenêtres en PVC de un ou deux battants. Facile à visser ou à poser avec un adhésif, pratique avec ses 14 positions d'entrebâillement, il existe également en coloris brun pour les huisseries en PVC brun.

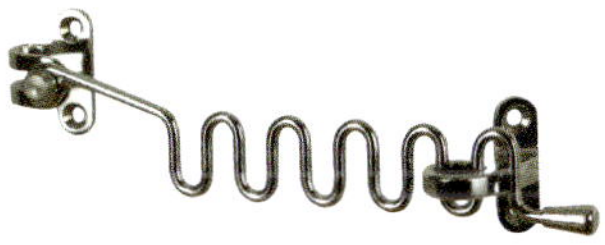

Très résistant, cet entrebâilleur polyvalent s'adapte à tous les types de fenêtres. Il est disponible en chromé, doré et époxy blanc. Il est également très pratique avec ses 5 positions d'entrebâillement.

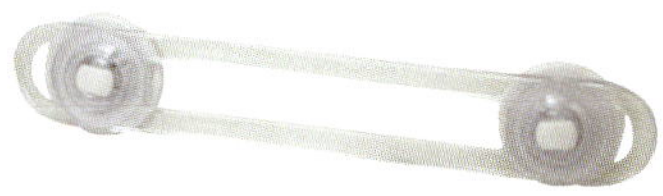

Grâce à son système de ventouse, cet entrebâilleur présente l'avantage d'une fixation simple et efficace sans perçage. Vous pouvez aussi le visser avec deux platines vissées.

L'outil malin

La crémone entrebâilleur

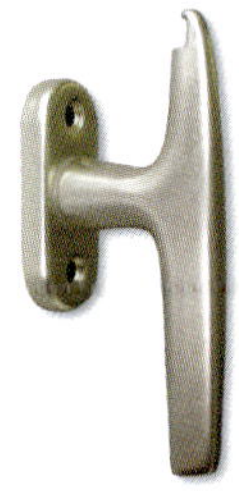

Cette crémone en aluminium est équipée d'une poignée spéciale qui permet le maintien de la fenêtre légèrement ouverte.

Habiller les fenêtres

Une fois vos fenêtres peintes, vous pouvez les habiller grâce à des films adhésifs adaptés et simples à poser. Ainsi vous pouvez facilement préserver votre intimité, renforcer la solidité de vos vitres ou renvoyer la chaleur.

Ce film vénitien imitation store permet une intimité suffisante, tout en conservant une transparence semblable à un store entrouvert grâce à l'alternance de bandes.

Le film dépoli permet de rendre les vitres opaques tout en laissant passer la lumière. Ainsi, il vous protège des regards extérieurs.

Le film sécurité incolore forme une membrane solidaire qui maintient le verre en place en cas de chocs.

Le film antichaleur forme un bouclier qui renvoie jusqu'à 79 % de l'énergie solaire et diminue la chaleur due à l'ensoleillement d'une pièce.

Entretenir vos fenêtres

Pour optimiser la durée de vie de vos fenêtres, il est nécessaire de les entretenir régulièrement. Débouchez les rainures et les trous d'évacuation et huilez la quincaillerie (paumelle, fiche, crémone, serrure, etc.).

Si vos fenêtres sont en aluminium ou en PVC, nettoyez-les avec un produit ni abrasif ni solvanté.

Si vos fenêtres sont en bois, renouvelez les lasures satinées tous les trois ans environ. Si vous avez des peintures extérieures, poncez l'ancienne couche et appliquez une nouvelle couche de peinture.

FENÊTRES BARRES ET STORES

Sécurité

Ne travaillez jamais seul en haut d'un escabeau ou d'une échelle. Malgre toutes les précautions que vous prendrez, une chute est toujours possible. Au moindre accident, vous pouvez rester immobilisé pendant de longues heures.

La mode n'est plus aux tringles chemin de fer, mais plutôt aux barres à rideaux, plus conformes à la décoration actuelle des intérieurs, et beaucoup mieux adaptées aux doubles rideaux. Plusieurs types d'installations sont possibles en fonction de la disposition des lieux, la plus classique étant la fixation de supports muraux, dans lesquels les barres sont enfilées et immobilisées par une vis de blocage. Les stores à enrouleur présentent l'intérêt de la simplicité de pose et de la discrétion.

Poser une barre à rideaux

Les supports sont proposés en différentes longueurs permettant de "décoller" plus ou moins la barre et donc le rideau du mur. Certains sont réglables. Prévoyez un support central pour les barres de plus de 2 m de long. Le type de fixation dépend de la nature de la maçonnerie ou du doublage. Ne perdez pas de vue que les rideaux sont toujours très lourds et que les mouvements de tirage et d'ouverture répétés peuvent ébranler les fixations.

Outils Matériaux
- **mètre**
- **crayon**
- **perceuse**
- **foret de Ø 6 mm**
- **tournevis**

- chevilles de Ø 6 mm
- vis de Ø 5 mm
- barre et supports

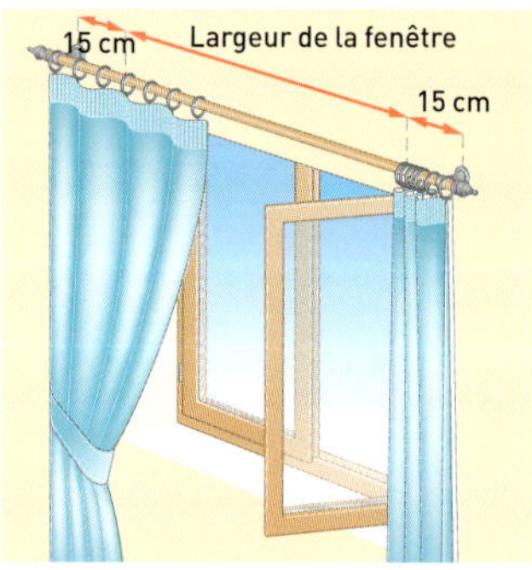

Prenez les bonnes mesures

1 Déterminez l'emplacement de la fixation de part et d'autre de la fenêtre en sachant que pour préserver le tombé du rideau, il faut laisser au minimum 15 cm de part et d'autre de la fenêtre et 5 cm au-dessus de l'embrasure.

2 Percez la maçonnerie ou le doublage avec une perceuse électrique dotée d'un foret de Ø 6 mm. Dans un mur en dur, utilisez une perceuse à percussion.

3 Placez des chevilles de Ø 6 mm et fixez l'embase du support avec des vis de Ø 5 mm. Dans un matériau creux, utilisez des chevilles à expansion, et à bascule dans la plaque de plâtre.

4 Fixez ce support sur son embase en veillant à l'engager sur toute sa longueur dans le logement prévu à cet effet. Serrez la vis de blocage.

5 Enfilez la barre dans le support et posez l'embout, bloqué également par une petite vis. Faites de même au niveau de l'autre support après avoir enfilé les anneaux (1 pour 10 cm). Équilibrez la barre et serrez les vis de blocage de celle-ci.

Conseil castorama

Embouts

Les barres sont aujourd'hui proposées dans un nombre infini de matériaux et de styles, depuis la simple barre en bois à embout boule jusqu'aux modèles en fer forgé aux décors les plus élaborés. Elles s'harmonisent avec tous les décors.

Supports

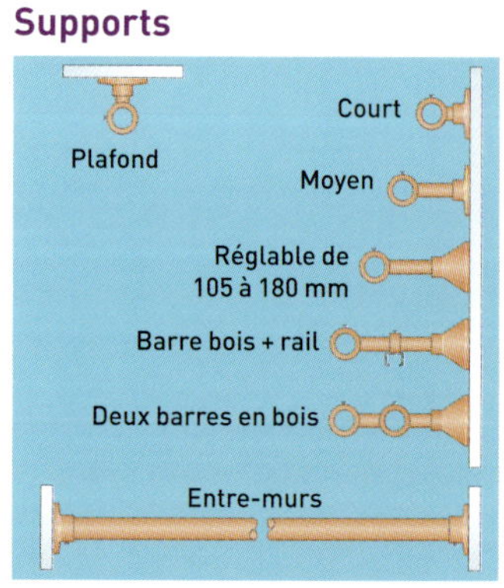

Vous trouverez tous les types de supports pour toutes les configurations de fenêtres.

Poser un store à enrouleur

La gamme des stores à enrouleur est très vaste, on en trouve de toutes sortes et de toutes dimensions. De même que pour les rideaux, déterminez l'emplacement de leur fixation : dans l'embrasure ou au-dessus. Pour la pose dans l'embrasure (comme ci-dessous), vous devez laisser 2 cm environ de chaque côté afin d'éviter les frottements. Vérifiez aussi les instructions de pose fournies par le fabricant.

Conseil castorama

Poser un store sans percer

Si vous voulez éviter de percer votre fenêtre, utilisez les équerres de fixation pour fenêtres PVC ou aluminium à poser directement sur le battant. Sans perçage, ces supports s'encastrent sur l'ouvrant de la fenêtre.

Pose en embrasure

Le store descend contre la fenêtre.

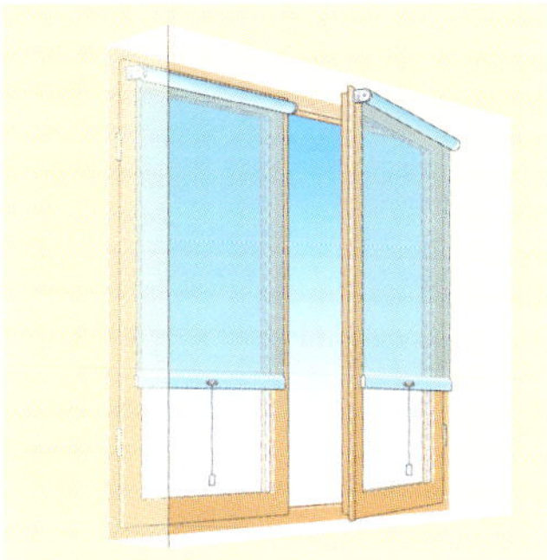

Pose sur le battant

La fenêtre peut s'ouvrir en gardant le store baissé.

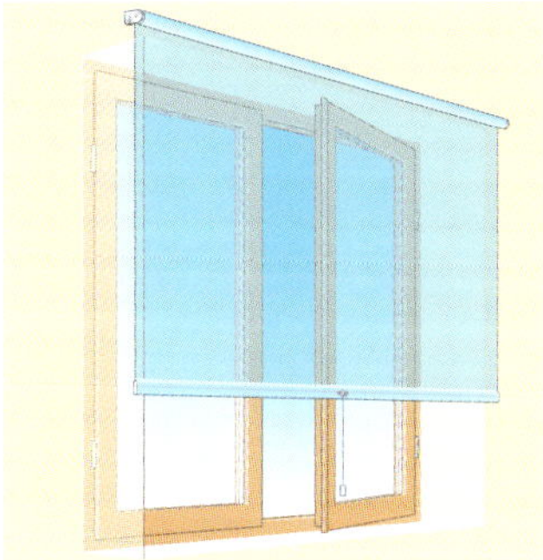

Pose en applique

Le store se pose devant l'embrasure.

Poser dans l'embrasure

La pose en embrasure est la plus pratiquée, car elle est à la fois simple et discrète. Pour qu'elle soit possible, il faut bien sûr qu'il y ait un espace suffisant entre la fenêtre et le retour supérieur de l'embrasure, pour permettre d'y loger le store sans gêner l'ouverture de la fenêtre. Les fixations sont généralement de type potence. Le store lui-même est en tissu de différentes couleurs, qualités et opacités.

Outils Matériaux

- **mètre**
- **ciseaux**
- **crayon**
- **poinçon**
- **perceuse avec forets à béton**
- **tournevis**

- store et fixations
- chevilles et vis

1 Mesurez la largeur requise. Certains stores peuvent se découper facilement (lire la notice). Marquez l'emplacement du support de fixation dans le coin de la fenêtre. Placez la fixation du cordon enrouleur du côté le plus pratique. Faites des avant-trous avec un poinçon puis percez, chevillez et vissez les supports de fixation.

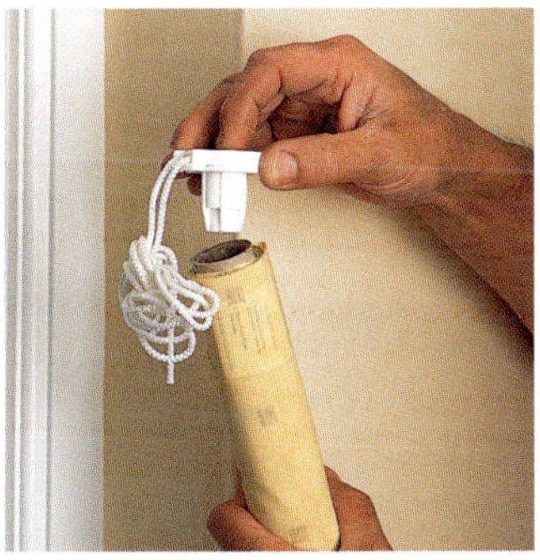

2 Enfoncez le dispositif du cordon de tirage à l'une des extrémités du store, puis placez l'accessoire de fermeture de l'autre côté. Enfoncez bien ces deux éléments en forçant un peu, et éventuellement en donnant de légers coups de marteau.

3 Glissez le store dans ses fixations. Veillez à bien l'emboîter, même en forçant un peu si nécessaire. Vérifiez que le cordon descend convenablement.

4 Actionnez le store pour déterminer la longueur du cordon. Coupez celui-ci, si nécessaire, et replacez le bouton de tirage. Il existe aussi des stores automatiques, qui descendent et s'arrêtent au niveau voulu sur un simple tirage.

CHEMINÉES POÊLES ET FOYERS

Sécurité

Précautions d'installation

Les appareils que vous choisirez doivent être conformes à la norme NFD 35376 et être installés par un professionnel ou une personne très qualifiée, dans le respect des DTU (Documents techniques unifiés) et des recommandations d'installation contenues dans la notice jointe à l'appareil.

Le bois fait son grand retour, sous l'effet conjugué de l'augmentation du prix des énergies fossiles (fioul, pétrole et gaz), et des aides publiques aux chauffages utilisant des énergies renouvelables. Inserts et foyers continuent d'être très prisés, tandis que les poêles connaissent un nouvel engouement. Il faut dire que les appareils actuels, même sous une livrée rétro, abritent aujourd'hui un cocktail technologique qui les rend désormais extrêmement performants. Beaucoup d'appareils, très design, savent aussi s'intégrer dans les intérieurs les plus modernes.

Cheminées

La notion de "cheminée" a beaucoup évolué. Rares sont désormais celles qui ne sont pas équipées de foyers fermés ou d'inserts, qui en améliorent considérablement le rendement. Des appareils à la fois performants et très décoratifs se situent désormais à mi-chemin entre le poêle traditionnel et la cheminée. Tous ces équipements bénéficient d'un regain d'intérêt du fait de l'augmentation du prix des combustibles fossiles et de l'électricité.

Cheminée classique

La cheminée en pierres moellonnées à grande hotte et sole en briques reste un grand classique toujours très apprécié. La présence d'un foyer fermé garantit un excellent rendement.

Cheminée contemporaine

Cette belle cheminée en pierres de Castillon trouve agréablement place dans un intérieur moderne. Elle associe rendement et plaisir du feu (foyer fonctionnant vitre relevée).

Cheminée métallique

À mi-chemin entre le poêle et la cheminée, ce type d'appareil conjugue la facilité d'installation et la commodité d'utilisation, alliées à un très bon rendement.

Conseil castorama

Distribution d'air chaud

Pour une pleine efficacité du récupérateur de chaleur compris dans la plupart des cheminées à foyer fermé, vous pouvez monter un kit de distribution d'air chaud, qui aspire l'air chaud dans la hotte et le distribue dans les pièces à chauffer (hors pièces humides). Il comprend un moteur de ventilation, des bouches d'insufflation et les accessoires nécessaires à l'installation.

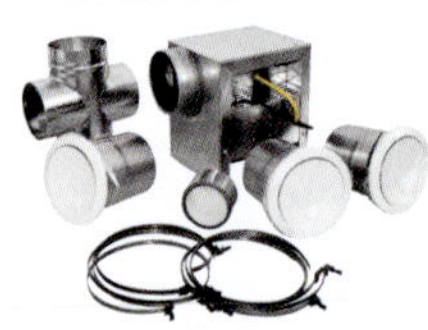

Poêles à bois

On les croyait un temps condamnés ; les poêles à bois sont de retour et l'on redécouvre leur charme et leur efficacité. Ils permettent aussi de faire de substantielles économies de chauffage, le bois étant de loin le moins cher des combustibles.

Poêle à bois basique

Classique, ce poêle à double combustion et feu continu possède une vitre qui reste toujours propre.

Poêle à bois contemporain

Ce poêle contemporain avec parement en Inox offre une puissance de 9 kW qui permet de chauffer un volume de 300 m³ de façon très confortable.

Foyers et inserts

Apparus dans les années 1970, les foyers fermés (montés d'origine dans la cheminée) et les inserts (intégrables dans une cheminée existante) ont révolutionné le chauffage des maisons individuelles, en offrant le charme du feu de bois, mais aussi l'efficacité et le rendement d'un véritable chauffage.

Foyer en fonte

Ce foyer à vitre cintrée offre une façade noire galbée très élégante. Sa puissance de chauffe est de 13 kW.

RANGEMENT MURAL

Sans système de rangement, une maison est vite encombrée. La pose d'étagères est un moyen simple pour récupérer de l'espace, sans faire de gros travaux d'aménagement. Vous pouvez les placer presque partout : contre le mur, sous un escalier, dans une alcôve ; vous pourrez y ranger des quantités d'objets qui autrement traîneraient dans toutes les pièces. Vous avez le choix entre divers types d'étagères et de consoles, de systèmes réglables ou d'ensembles prépercés à assembler sur place (ci-contre, à droite).

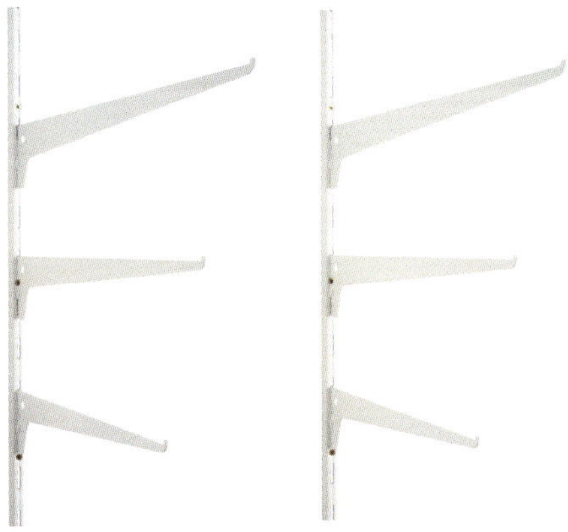

Matériaux pour tablettes

Les matériaux les plus divers sont employés pour fabriquer des étagères, du très économique panneau de particules au bois exotique le plus coûteux.

Panneau de particules

Ce matériau, le moins cher pour réaliser des étagères, est constitué de particules de bois agglomérées sous pression dans une résine. Il se coupe et se fixe facilement aux montants. Il est disponible brut ou plaqué (notamment mélaminé). Assez lourd, il présente l'inconvénient de fléchir facilement sous la charge et de se rompre brutalement.

Contreplaqué multiplis

C'est un panneau constitué de minces feuilles de bois collées les unes sur les autres, avec croisement de leurs fibres, entre deux peaux aux fibres parallèles. Ses chants sont suffisamment lisses pour rester naturels. Sa résistance à la flexion est faible, mais son point de rupture est élevé.

MDF

Constitué de fibres très fines amalgamées sous pression à température élevée, le MDF est très résistant à la flexion. Sa surface lisse peut être peinte, lasurée ou vernie, y compris les chants.

Bois massif

Les planches constituent le matériau traditionnel pour réaliser des étagères.

Verre

Les étagères en verre trempé, clair, dépoli ou fumé, d'au moins 5 mm d'épaisseur ne peuvent avoir que des dimensions restreintes. Leur capacité de charge est limitée.

Supports tablettes

Les supports sont soit fixes, soit réglables. Vérifiez toujours que les étagères et les supports pourront supporter la charge que vous souhaitez leur confier et tenez compte des indications précises fournies par le fabricant.

Équerres

Elles sont en aluminium extrudé, en acier embouti galvanisé, en profilés d'acier laqué au four ou plastifié, en acier forgé, exceptionnellement en bronze coulé.

Consoles sur crémaillères

Il s'agit de consoles associées à des rails métalliques ou en bois qui se fixent au mur ou dans une armoire. Les tablettes sont portées par les consoles insérées dans des encoches régulièrement espacées sur les crémaillères. Les ensembles économiques sont en général en aluminium. Les montants en acier sont les plus robustes.

RANGEMENT MURAL

Conseil castorama

Peut-elle fléchir ?
Pour évaluer le risque de fléchissement, posez l'étagère sur des briques ou des livres. Leur écartement doit être le même que celui prévu pour les équerres de fixation. Disposez sur l'étagère les objets qu'elle doit porter et posez dessus un niveau à bulles. Si l'étagère fléchit, rapprochez les supports jusqu'à ce qu'elle reste rectiligne. Si vous ne pouvez pas rapprocher les équerres comme il convient, utilisez un matériau plus épais ou plus résistant.

Les équerres constituent les supports d'étagères les plus simples, idéales pour porter une étagère unique. Leur écartement doit tenir compte du matériau des étagères, de l'épaisseur de celles-ci et de la charge à supporter.

Redresser une étagère fléchie

Si une étagère a fléchi sous une charge excessive, vous pouvez, soit renforcer ses chants, soit déplacer les équerres qui la portent afin de redistribuer la charge.

Rigidifier une étagère

On peut très facilement rigidifier une étagère en fixant un tasseau en bois, une baguette ou un profilé métallique sur son chant ou en dessous. Les renforts métalliques, disponibles dans différents styles, sont plus élégants et discrets que ceux en bois. Le renfort doit couvrir toute la longueur de l'étagère. Fixez les renforts en bois par collage et vissage, et les profilés métalliques par simple vissage.

Quand vous posez des étagères destinées à recevoir une charge élevée, rigidifiez-les avant de les mettre en place. Les renforts peuvent avoir un effet décoratif, ou servir à masquer un tube d'éclairage, par exemple.

Sécurité

Déterminer la charge
Ne surchargez pas les étagères, notamment en les encombrant de livres, dont on ne soupçonne pas le poids cumulé. La rupture d'une seule étagère peut en entraîner d'autres et causer la chute d'une ou plusieurs rangées de livres. Un tel incident peut s'avérer très dangereux, la chute de plusieurs kilos de livres, de 2 m de haut, constituant un réel danger pour qui les recevra sur la tête !

Repositionner les équerres

Au lieu de rigidifier l'étagère, vous pouvez rapprocher ses équerres de manière que la charge, de chaque côté, équilibre celle du centre. Déposez l'étagère, puis les équerres. Replacez les équerres en suivant la procédure indiquée page de droite. Bouchez les trous des anciens emplacements, poncez et repeignez.

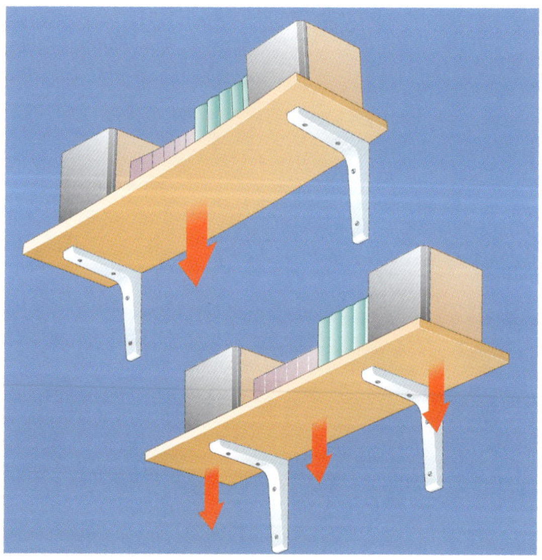

Assurer une fixation robuste

Dans un mur en maçonnerie, il faut percer au foret à béton pour insérer des chevilles destinées à recevoir des vis de 50 mm au moins. Dans une plaque de plâtre de doublage fixée sur une ossature en bois, recherchez les montants et traverses pour y visser les fixations des supports avec des vis de 40 mm ou de 50 mm, si l'étagère doit porter une charge importante. Si l'ossature est en profilés métalliques (à localiser au moyen du détecteur de métaux), utilisez des vis à tôle pour maintenir les supports dans ces profilés.

Monter une étagère murale

Les équerres se fixent en posant leur plus longue patte contre le mur, la plus courte sous l'étagère. La hauteur de l'équerre détermine donc l'écartement minimal entre deux étagères superposées.

1 Après vous être assuré qu'aucun tuyau ou câble ne se trouve dans le mur (voir SÉCURITÉ), présentez l'étagère à l'emplacement prévu et tracez le profil du bord inférieur. Tracez ensuite le bord du premier support, puis la distance au support suivant. Avec le niveau à bulles, vérifiez l'alignement horizontal de ces repères.

2 Présentez l'équerre contre le repère, et marquez ses trous de fixation sur le mur. Faites de même pour l'autre équerre. S'il y a plus de deux supports, répartissez leurs emplacements entre les deux premiers.

3 Percez sur les repères, insérez les chevilles si le mur est en dur, et vissez les équerres en place. Posez l'étagère dessus, et marquez les trous de fixation sur le dessous de celle-ci. Retirez l'étagère et percez des avant-trous aux emplacements marqués, en veillant bien à ne pas traverser. Remettez l'étagère en place et vissez les fixations sur la partie horizontale des équerres.

Fixations invisibles

Il existe plusieurs systèmes de fixations invisibles pour étagères murales. Le système décrit ci-dessous est fourni la plupart du temps avec l'étagère. L'étagère est portée par deux tiges horizontales (ou plus, selon la longueur de l'étagère) qui la traversent à mi-épaisseur (sans déboucher sur le chant avant). Ces tiges sont soudées sur une bande à fixer au mur, et peuvent comporter des trous taraudés pour placer des vis assurant un maintien efficace.

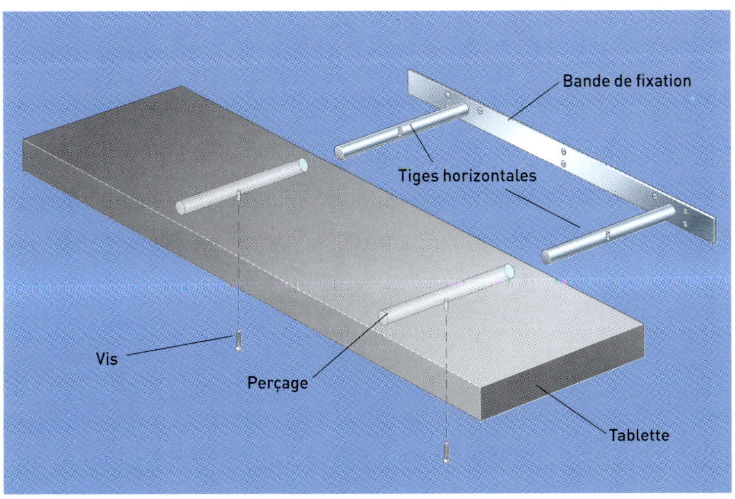

Les étagères à fixation invisible sont très esthétiques.

Sécurité

Percer sans risques
Avant de percer dans un mur, assurez-vous toujours qu'aucun câble ni tuyauterie ne chemine à cet endroit, au moyen d'un détecteur électronique. De toute façon, ne percez jamais dans les environs immédiats d'une prise, d'un interrupteur ou d'une applique.

Outils Matériaux

- **détecteur de métaux et de courant**
- **crayon**
- **règle**
- **niveau à bulles**
- **lunettes de sécurité**
- **perceuse à percussion avec foret à béton**
- **tournevis**

- étagère
- supports
- vis de 50 ou 40 mm et chevilles de 4, 5 ou 5,5 mm (en fonction du mur)
- petites vis pour fixer l'étagère sur les supports

Conseil castorama

Étagères en alcôve
Une alcôve offre un emplacement de choix pour placer des étagères. Elles y sont facilement fixées sur les côtés avec des tasseaux de 50 x 25 mm coupés à une longueur égale à la profondeur des crémaillères encastrées ou de l'étagère. Si celle-ci est relativement longue, soutenez-la au milieu par un tasseau fixé dans le mur du fond. Vous pouvez renforcer ce montage au moyen d'équerres vissées dans les tasseaux et sous l'étagère.

RANGEMENT MURAL

La mise en place de rayonnages peut se faire sur des équerres fixes ou sur des consoles réglables sur des crémaillères fixées au mur. Si les équerres sont peu onéreuses, l'ensemble consoles-crémaillères permet des évolutions multiples.

Monter une étagère sur crémaillères

Les tablettes reposent ici sur des consoles spécialement conçues pour s'ancrer à des hauteurs variées, dans des perforations pratiquées sur les crémaillères fixées au mur. Vous aurez le choix entre des crémaillères à simples ou doubles perforations pour les charges plus lourdes.

Outils Matériaux

- **détecteur de métaux et de courant**
- **niveau à bulles**
- **crayon**
- **mètre ruban**
- **poinçon**
- **perceuse électrique avec forets à béton**
- **tournevis**

- ensemble de crémaillères et de consoles
- vis et chevilles adaptées
- petites vis pour fixer les tablettes sur les consoles

1 Dressez une crémaillère contre le mur et déterminez son point haut de fixation. Tracez, percez, chevillez et suspendez la crémaillère à une seule vis, sans bloquer celle-ci. Réglez sa verticalité avec un niveau à bulles et marquez son second point de fixation avec un crayon gras. Tracez également les éventuels autres points de fixation en fonction de la longueur de la crémaillère.

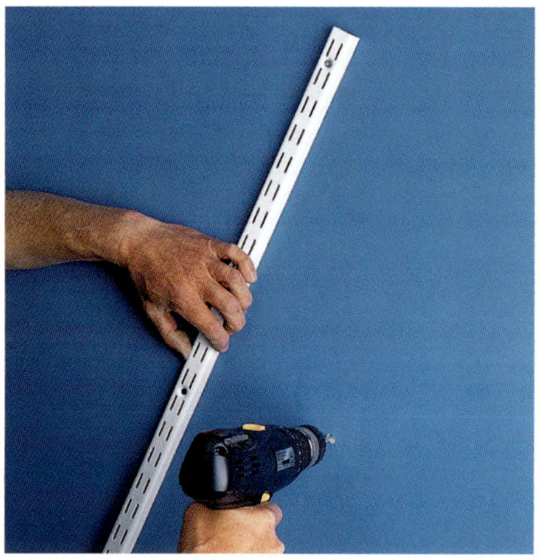

2 Faites pivoter la crémaillère, percez le second trou de fixation puis tous ceux nécessaires à la pose de la crémaillère. Chevillez, puis ramenez la crémaillère à la verticale. Placez les vis et bloquez-les. Faites de même pour la seconde crémaillère, les vis doivent être à la même hauteur que celles de la première crémaillère. En fonction de la nature des étagères, posez une crémaillère intermédiaire pour éviter le fléchissement des tablettes.

3 Posez les tablettes, bien centrées sur les consoles et marquez au poinçon, sous chaque tablette, l'emplacement des trous de maintien pratiqués dans la console. Percez des avant-trous sous la tablette déposée (si c'est plus pratique), et fixez la tablette en place avec des vis adaptées à l'épaisseur de la console.

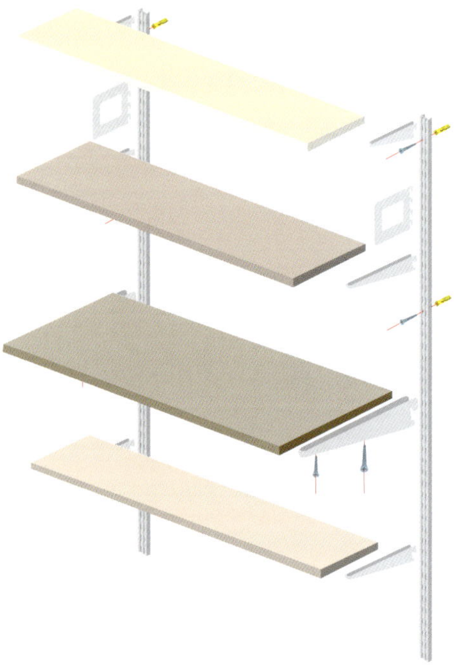

Étagères sur crémaillères

Les étagères sur crémaillères métalliques permettent un réglage facile d'espacement des tablettes en fonction de la hauteur des livres. Des "joues" garantissent un maintien latéral des livres ou objets.

Crémaillères à visser ou à encastrer

Quand on veut poser des étagères dans une alcôve, entre deux murs ou entre deux côtés de meuble, on peut recourir aux crémaillères en applique ou encastrées, associées à des taquets réglables.

Monter des rayonnages fixes

Ces rayonnages sont composés de tablettes posées sur des équerres vissées sur des montants en bois fixés au mur. Pour que le dos des tablettes colle au mur, il faut y pratiquer des encoches épousant la section des montants. Le choix du matériau doit tenir compte du nombre de montants, leur longueur étant déterminée par le nombre de tablettes et par leur espacement.

Outils Matériaux

- **mètre ruban**
- **crayon**
- **règle**
- **scie à panneaux**
- **papier abrasif**
- **brosse à peindre**
- **détecteur de métaux et de courant**
- **poinçon**
- **perceuse électrique avec forets à béton**
- **niveau à bulles**
- **tournevis**
- **règle à araser**
- **ciseau à bois**
- **maillet**

- tasseaux de section 50 x 25 mm
- peinture ou vernis à bois
- vis de 50 ou 40 mm et chevilles assorties (Ø 4, 5 ou 5,5 mm)
- petites vis pour fixer les tablettes sur les équerres
- équerres
- tablettes

1 Posez les montants sur le sol et accolez-les pour tracer en série les repères de coupe et ceux des vis de fixation des équerres. Marquez ainsi l'emplacement du trou de fixation supérieur de chaque équerre. Tracez les trous de fixation des montants (à positionner là où ils seront masqués par les pattes des équerres), à raison de trois par montant, ou quatre si l'on pose plus de trois tablettes ; percez-les. Poncez et peignez ou vernissez les montants. Assurez-vous que vous pouvez percer le mur sans risque d'atteindre une canalisation électrique ou un tuyau.

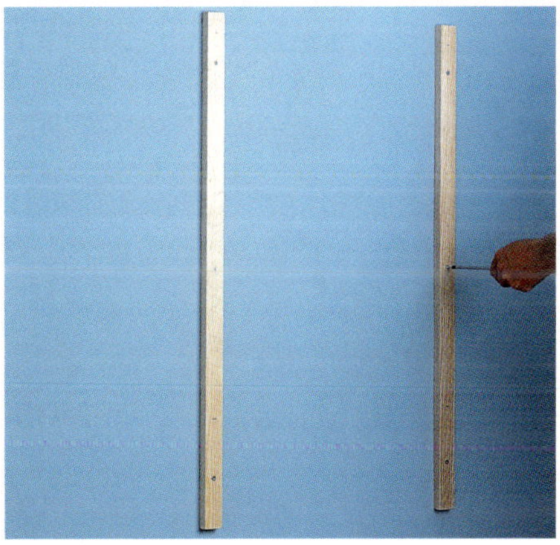

2 Positionnez le montant de gauche et poinçonnez sa fixation supérieure. Percez le mur, insérez la cheville et vissez le montant, sans bloquer la vis. Vérifiez sa verticalité au niveau à bulles et marquez ses autres fixations dans le mur. Faites pivoter le montant pour percer les autres trous. Insérez les chevilles, redressez le montant et serrez toutes les vis. Tracez l'emplacement du second montant, et calez-le : le haut des montants doit se situer au même niveau. Fixez-le.

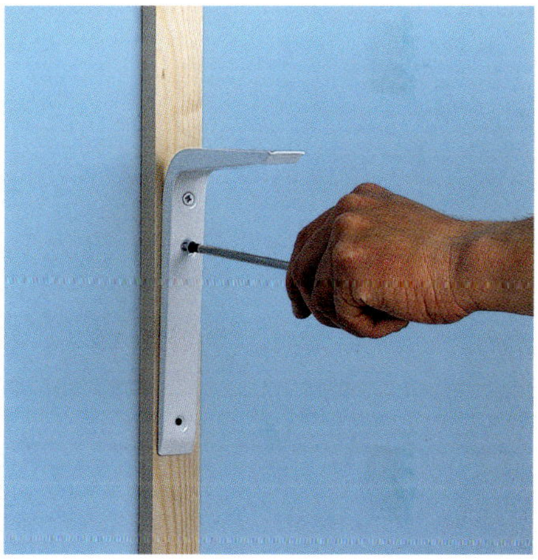

3 Si besoin, fixez un troisième montant à mi-distance des deux premiers, vérifiez l'alignement horizontal. Posez les équerres en commençant par leur trou supérieur de fixation.

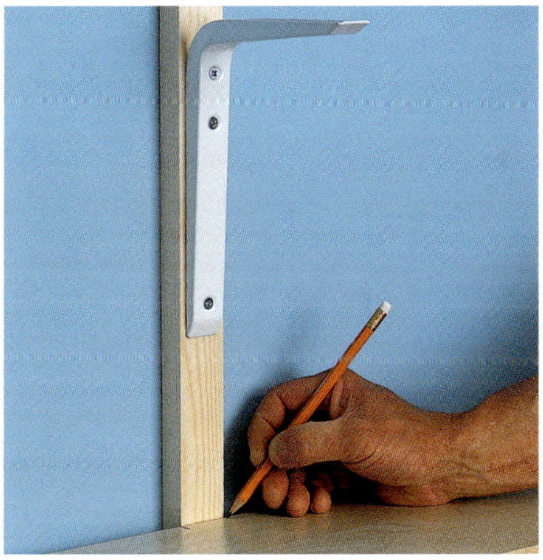

4 Si vous voulez que les tablettes touchent le mur, il faut découper le passage des montants. Présentez les tablettes l'une après l'autre, sauf celle du haut, contre les montants et reportez sur chacune l'emplacement des côtés des montants.

5 Reprenez chaque tablette et, avec une chute de montant, tracez le contour des encoches à réaliser. Sciez les côtés des entailles, puis dégagez leur fond au ciseau à bois, en taillant sur le trait.

6 Posez les tablettes. Marquez sur leur face inférieure l'emplacement des trous de maintien des équerres. Prépercez la tablette à mi-épaisseur, et posez les vis.

Conseil castorama

Tablette supérieure

Si la tablette supérieure est posée sur la tête des montants, il n'est pas nécessaire de l'entailler, mais il faut aligner ses cornières avec le haut des montants.

CUISINES ORGANISATION

Les éléments de cuisine sont conçus pour être modulables et faciles à installer. Pour déterminer leur emplacement, tenez compte de vos habitudes et de l'utilisation de la pièce : on ne compose pas une cuisine de la même façon si l'on y prend tous les repas en famille ou si l'on y fait seulement la cuisine et les diverses tâches ménagères.

Avant toute chose

Lors de la rénovation d'une cuisine, il est tentant de conserver la disposition existante des équipements. Il est pourtant toujours préférable de repartir d'une feuille blanche pour voir tout ce qui peut être amélioré.

La réorganisation d'une cuisine permet le remplacement de certains appareils électroménagers usagés. Il existe toute une gamme de fours, hottes, plaques de cuisson, réfrigérateurs et lave-vaisselle encastrables dans les éléments de cuisine. Choisissez des appareils à haute efficacité énergétique pour réduire votre consommation d'énergie.

Le chantier que vous envisagez est une bonne occasion de remettre à niveau l'électricité et l'éclairage. Prévoyez une rangée de prises sur le mur, au-dessus du plan de travail. Pour l'éclairage, prévoyez un éclairage direct des zones de travail et une illumination d'ensemble. Il existe un large choix de spots réglables encastrés dans le plafond, montés sur des rails ou directement dans les éléments de cuisine.

Si la cuisine comporte une zone de repas ou donne directement sur la salle à manger, prévoyez un accès facile à la table, pour simplifier le service et associer les convives à la préparation du repas.

Enfin, n'oubliez pas le revêtement du sol. Il doit résister à un passage intense et se nettoyer facilement. On utilise donc généralement du PVC ou du carrelage, mais vous pouvez aussi opter aujourd'hui pour du stratifié adapté, plus chaleureux.

Conseils pratiques et sécurité

- Si possible, placez l'évier sous une fenêtre pour assurer un bon éclairage. Vérifiez au préalable que la hauteur du robinet ne gêne pas l'ouverture de la fenêtre.
- Laissez assez d'espace dans les coins pour l'ouverture complète des portes et tiroirs. Ne placez pas un appareil, comme un lave-vaisselle, dans un coin où il gênera l'accès aux autres appareils.
- Si votre lave-linge est dans la cuisine, placez-le près du lave-vaisselle de manière à simplifier leurs raccordements.
- Ne mettez pas de prise de courant proche de votre évier.
- N'installez pas un réfrigérateur contre un appareil de cuisson.
- Par sécurité, évitez de placer la cuisinière ou la plaque de cuisson près d'une porte ou d'une fenêtre ouvrant vers l'intérieur.
- Placez votre four en hauteur, c'est une meilleure sécurité pour les enfants.
- Ne placez pas de meuble à tiroirs bas à côté d'un four ou d'une plaque de cuisson. Les enfants en bas âge peuvent s'en servir pour grimper comme sur un escalier et ils risquent de se brûler.
- Toute installation ou tout déplacement d'un appareil consommant du gaz doit être effectué par un professionnel agréé.
  Les modifications de plomberie ou d'électricité doivent respecter les normes les plus récentes.

Dresser un plan

L'idéal est de dresser un plan sur papier millimétré. Notez d'abord l'emplacement des éléments fixes : portes, fenêtres, tuyauteries, arrivée de gaz, radiateurs, chauffe-eau, interrupteurs et prises.

Ensuite, mesurez la longueur et la largeur des murs. Relevez les cotes à différents endroits et basez-vous sur la plus petite. Puis, relevez les dimensions des éléments désirés et placez-les sur votre plan avec vos appareils électroménagers. Finalisez votre plan en tenant compte du triangle de travail et des dimensions adaptées.

- La majeure partie du travail dans une cuisine se tient dans un "triangle de travail", figure qui relie l'évier, le réfrigérateur et le plan de cuisson. Partez de ce concept pour positionner vos appareils de différentes façons, et tracez à chaque fois le triangle de travail. L'efficacité maximale requiert un triangle ni trop étroit, ni trop étendu : l'addition de ses trois côtés doit se situer entre 3,50 m et 7 m.
- Les dimensions suivantes permettent un aménagement optimal de la cuisine :
  - 15 cm de chaque côté de l'évier et des plaques de cuisson ;
  - 45 cm minimum entre votre évier et votre plaque de cuisson ;
  - laissez un espace entre les murs et les éléments de coin pour ouvrir plus facilement les portes, d'autant plus s'il y a une fenêtre. L'espace sera comblé par un fileur ;
  - devant les éléments, prévoyez un espace de 90 cm pour une meilleure circulation des personnes ;
  - au-dessus des plaques de cuisson, prévoyez entre 65 et 70 cm pour installer votre hotte ;
  - la hauteur du plan de travail varie entre 73 et 90 cm de haut suivant la taille de l'utilisateur.

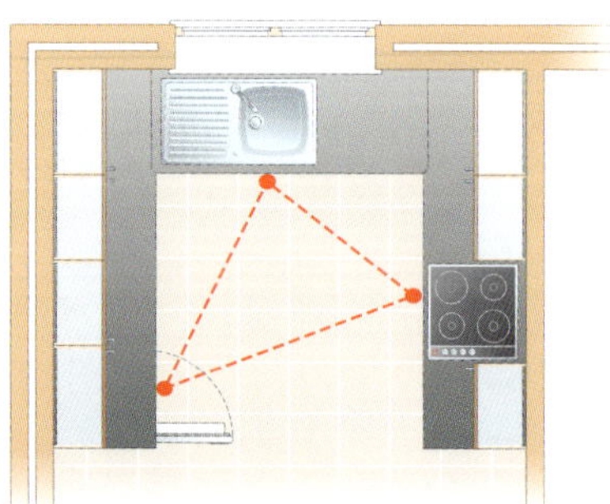

Le triangle de travail

Organisez la cuisine autour des trois points les plus utilisés : le plan de cuisson, l'évier et le réfrigérateur.

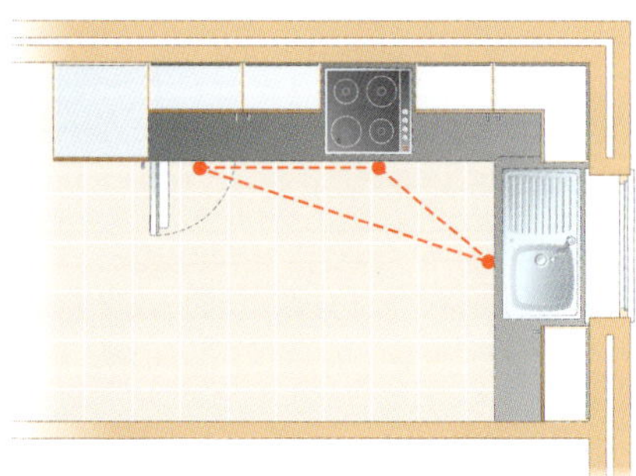

À L'INTÉRIEUR

CUISINES ÉLÉMENTS

Les éléments en kit existent pour les cuisines et les salles de bains. Ils se sont régulièrement améliorés et modernisés, et l'on dispose aujourd'hui d'un choix très étendu d'éléments aussi bien sur le style, les fonctions et les dimensions.

Pratiques

Les éléments en kit connaissent un grand succès du fait de leur coût modéré et de leur conditionnement qui permet de les transporter facilement, même dans une petite voiture.

Diversifiés

Le choix des dimensions, du style et des finitions vous permet d'acquérir des éléments de rangement très divers, adaptés à vos besoins, à vos goûts et au décor de la pièce. Vous pouvez choisir votre style de cuisine dans un large choix de matériaux et de finitions.

Adaptables

Vous disposez d'un vaste choix pour composer la cuisine qui vous donnera pleine satisfaction pendant de nombreuses années, selon vos goûts, votre budget et la surface à aménager. Pour modifier l'esthétique d'une cuisine existante, il suffit de renouveler les accessoires ou de changer la façade des tiroirs et des portes.

Pour une nouvelle cuisine, les meubles en kit sont de taille standard. Aussi, il est facile de remplacer vos éléments et de les réorganiser suivant vos besoins : la création d'un coin repas, le déplacement de votre évier sous la fenêtre, etc.

Logiques

Tous les éléments vendus en magasin sont conçus suivant les mêmes principes de base. L'assemblage des pièces, clairement numérotées sur la notice de montage, suit une procédure logique. Lisez attentivement le plan de montage, vérifiez la présence de toutes les pièces nécessaires et prévoyez assez de temps pour effectuer le montage sans avoir à vous interrompre trop souvent.

Assembler un élément bas

Voici comment se présente un meuble de rangement d'un système modulaire adaptable. Il peut être équipé de tiroirs, d'une porte ou d'étagères. Plusieurs éléments accolés peuvent former un ensemble bien adapté à vos besoins. Présentez le plan de votre projet au vendeur qui vous conseillera sur le meilleur choix.

Outils Matériaux

- **tournevis cruciforme**
- **petit marteau**
- **cutter**
- **perceuse et mèche**
- **règle**
- **crayon**
- **poinçon**

- caisson pour éléments bas
- vis et fixations fournies
- jeu de poignées

1 Ouvrez les paquets et disposez les pièces au sol dans l'ordre d'assemblage indiqué dans la notice. Posez-les sur le plastique d'emballage ou sur une couverture pour ne pas les détériorer. Laissez la visserie et la quincaillerie dans leurs sachets jusqu'à ce que vous les utilisiez.

2 Insérez les pieds dans les trous percés à cet effet sous la plaque de base du caisson. Si vous utilisez des pieds achetés séparément, référez-vous à leur notice de pose spécifique.

3 Retournez la plaque de base et posez-la sur ses pieds. Vissez les vis de resserrage dans les trous prépercés aux quatre coins de la plaque.

4 Déposez un peu de colle cellulosique sur une extrémité de chacune des quatre chevilles en bois et insérez-les dans les trous prépercés de chaque côté de la plaque de base.

5 Avec un petit marteau, enfoncez les chevilles à coups légers, jusqu'au fond du logement, en veillant à ne pas les endommager.

6 Insérez un excentrique (voir schéma en bas) dans le trou de plus gros diamètre percé à la base de chacun des panneaux de côté. La flèche de l'excentrique doit pointer vers le chant du panneau.

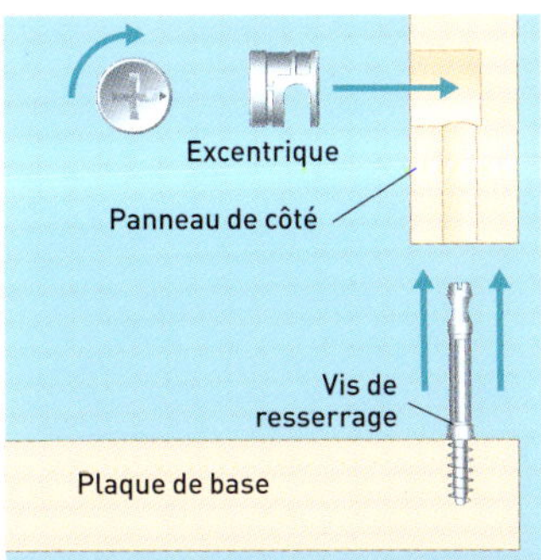

7 Déposez un peu de colle cellulosique sur les têtes des chevilles en bois.

8 Assemblez le premier panneau de côté à la plaque de base. Il doit s'insérer sans forcer sur les chevilles encollées et dans les tiges de verrouillage. Descendez-le verticalement, pour ne pas endommager les chevilles et veillez à aligner parfaitement les rainures de la base et du côté.

L'outil malin

Tournevis sans fil

Ce genre d'outil électrique très compact est idéal pour le montage des meubles en kit et, d'une façon générale, pour tous les travaux qui imposent un grand nombre de vissages et dévissages.

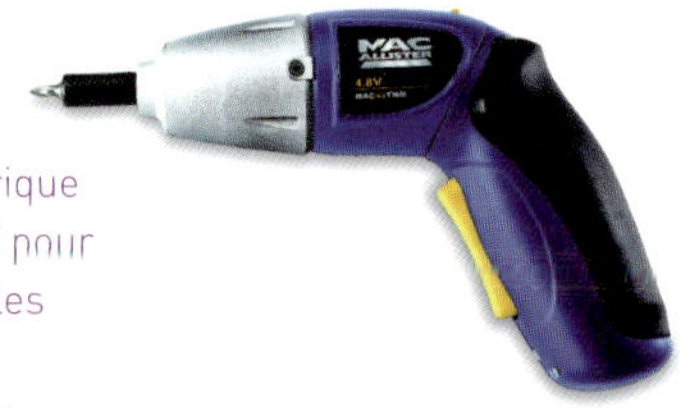

9 Verrouillez le panneau de côté en place en bloquant l'excentrique. Tournez-le dans le sens des aiguilles d'une montre avec un tournevis.

10 Posez le panneau arrière. Encollez les rainures du flanc et de la base déjà en place. Glissez le panneau arrière en place.

11 Glissez le second panneau de côté. Bloquez les excentriques.

12 Insérez quatre excentriques à came dans les logements situés en haut des panneaux de côté, flèches pointées vers le chant des panneaux. Insérez quatre chevilles en bois encollées dans le panneau de dessus. Enfoncez quatre vis de resserrage dans les trous prépercés et encollez la rainure. Mettez le dessus en place et bloquez les excentriques.

Fixer les poignées de portes

Si elles ne sont pas fournies avec l'élément, achetez des poignées assorties à l'ensemble. Percez, bien perpendiculairement à la surface, à un diamètre supérieur de 1 mm à celui des vis de fixation.

1 Déterminez l'emplacement de la poignée : au centre de la porte ou, plus commodément, en haut. Marquez cette position sur le devant de la porte au crayon (vous effacerez aisément les marques quand la poignée sera posée).

2 Présentez la poignée sur les marques. Reculez-la un peu pour reporter l'axe de ses trous de fixation.

3 Avec une mèche du diamètre adapté, percez les deux trous de fixation.

4 Placez la poignée sur la porte. Alignez les trous, insérez les vis depuis la face arrière de la porte et bloquez-les.

Régler les charnières

Il est rare que les portes ferment parfaitement du premier coup. Les charnières invisibles qui équipent ce type d'élément comportent un dispositif permettant leur réglage.

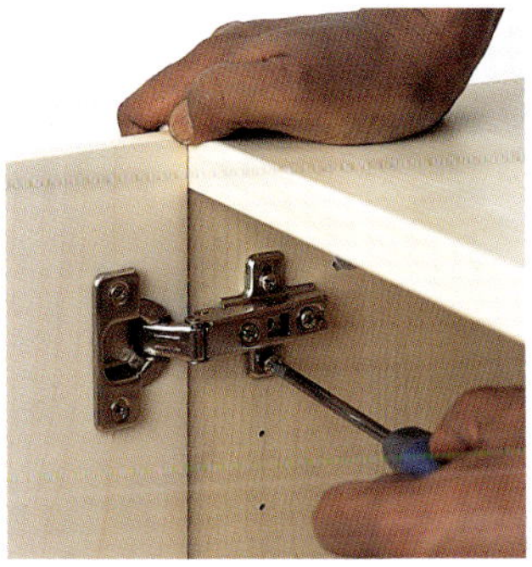

1 Si une porte tombe trop haut ou trop bas, desserrez les deux vis de la platine de fixation. Faites glisser la porte vers le haut ou le bas pour l'aligner avec la surface du dessus du caisson, et rebloquez les vis. Pour régler la position latéralement, tournez la vis placée sur le devant du bras de la charnière.

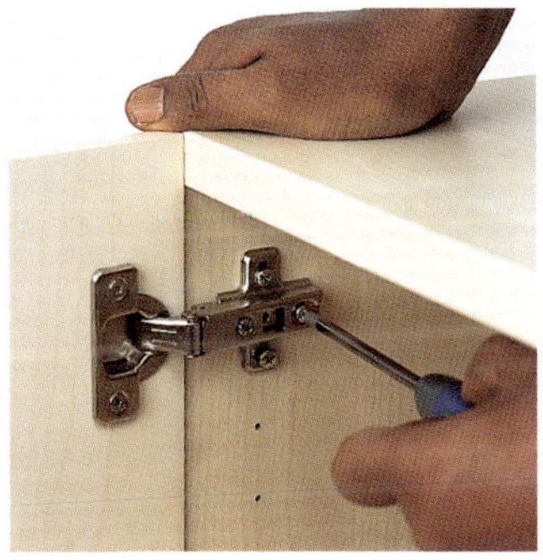

2 Si une porte ne plaque pas sur les chants frontaux du caisson, débloquez les vis situées sur l'arrière du bras des charnières. Repositionnez la porte et rebloquez ces vis. Agissez sur les vis de l'avant des charnières pour aligner la porte par rapport au caisson. Rebloquez-les bien quand le réglage est correct.

Fixer les charnières

Les charnières, fournies avec leur visserie, s'encastrent dans les logements cylindriques mortaisés à l'intérieur des flancs des caissons.

1 Si le pointage n'est pas déjà présent, marquez les avant-trous aux endroits prépercés de la porte avec un poinçon. Insérez l'embase cylindrique de la charnière dans le logement prévu à cet effet. Procédez de même pour les autres charnières.

2 Fixez les charnières sur la porte avec les vis prévues à cet effet, en veillant à les placer bien droit. Quand la porte est équipée de ses charnières, fixez-les dans les panneaux de côté, en veillant à ne pas forcer sur les vis.

Ranger les ustensiles

Pour ranger votre éponge, vos couverts ou même vos épices dans la cuisine, vous pouvez utiliser toute une gamme d'accessoires. Pratiques, ils se fixent sur le mur entre les éléments hauts et bas et permettent une manipulation rapide des ustensiles de cuisine.

Il existe également des accessoires de rangement qui se positionnent à l'intérieur des meubles de cuisine tels que les tourniquets à double hauteur, les paniers coulissants, les range-couverts, etc.

Conseil castorama

Présentation à plat

Avant d'assembler un élément, il est judicieux d'étaler toutes les pièces au sol, de manière à comprendre comment elles s'assemblent.

Une fois les principes de base du montage assimilés, rien ne vous empêchera de meubler toute une chambre, un bureau, une salle de bains ou une cuisine avec ce genre d'élément.

Assembler un bloc tiroir

La plupart des éléments peuvent être équipés d'un ou plusieurs tiroirs, en lieu et place des étagères et portes de placard.

Comme toujours, commencez par lire attentivement les instructions de la notice de montage, car les méthodes d'assemblage peuvent varier d'un fabricant à l'autre.

Outils Matériaux

- **poinçon**
- **perceuse et mèche**
- **tournevis**

- élément bas
- blocs tiroir
- façades de tiroir

1 Formez le cadre en emboîtant les côtés sur le fond du tiroir. Ils sont généralement repérés "G" et "D" : veillez à les monter dans le bon sens.

2 Glissez le fond dans la rainure de la partie inférieure du cadre.

3 Retournez le tiroir. Si les trous pour les vis de blocage du fond ne sont pas prépercés, marquez-les avec un poinçon. Vissez le fond en place.

4 Dans les trous prépercés au dos de la façade, insérez deux taquets, fixés chacun par deux vis. Rabattez la patte pour masquer les vis.

5 Emboîtez la façade dans les côtés du tiroir. Répétez les étapes 2 à 5 pour chacun des tiroirs du meuble.

6 Définissez la position des poignées avec précision, afin qu'elles soient bien parallèles. Avec le poinçon, marquez l'emplacement des trous de fixation sur la façade, puis percez-les. Insérez les vis depuis l'intérieur du tiroir et fixez les poignées.

7 Les coulisses des tiroirs se fixent dans des trous prépercés dans les côtés du caisson. Fixez chaque coulisse dans le panneau latéral avec deux vis, en veillant à bien placer chaque coulisse du bon côté, gauche ou droit. Assurez-vous également que les deux coulisses d'un même tiroir sont bien dans un même plan horizontal.

8 Engagez le tiroir assemblé sur les deux coulisses. Veillez à bien placer les tiroirs dans le bon ordre. Vérifiez l'alignement des façades. Pour le régler, agissez sur les vis les plus proches de la façade, toujours des deux côtés, afin d'égaliser la pression sur la structure du tiroir. Pour régler la position en hauteur, agissez sur les vis arrière. Quand le réglage est parfait, fixez les deux verrous de chaque tiroir en place.

Réunir les éléments

Que vous assembliez les caissons verticalement ou horizontalement, la méthode est la même. La stabilité d'un bloc de trois éléments, ou plus, doit être assurée au moyen d'équerres solidement fixées au mur.

1 Pour superposer deux caissons, localisez les quatre points d'assemblage marqués sous le panneau supérieur. Avec une mèche de 3 mm, percez les deux épaisseurs sans déboucher. Assemblez les caissons avec des vis de 3 x 30 mm puis masquez-les avec un cabochon.

2 Présentez deux équerres sur le dessus du caisson supérieur, à 10 cm de chaque côté. Marquez les positions des vis et percez des avant-trous de 3 mm, en veillant à ne pas déboucher sous le panneau. Vissez les équerres sur le caisson. Positionnez les caissons, marquez l'emplacement des trous de fixation sur le mur. Percez, chevillez et fixez en fonction de la nature du mur (voir ci-contre).

Outils Matériaux

- **perceuse avec forets à béton et mèches à bois**
- **détecteur de métaux et de courant**
- **tournevis**
- **poinçon**

- vis de 3 x 30 mm et leurs cabochons
- équerres

Sécurité

Percer en sécurité

Ne percez jamais à l'aplomb d'une douille d'éclairage ou d'une prise électrique. Avant de percer dans un mur, assurez-vous toujours qu'aucun tuyau ni câble encastré ne passe à cet endroit, au moyen d'un détecteur électronique.

Fixer en sécurité

La nature du mur dicte le mode de fixation.

- Plaque de plâtre : enfoncez un poinçon. S'il touche un tasseau ou un montant métallique, prépercez et fixez avec une vis de 30 mm ; sinon, utilisez une cheville spéciale.
- Maçonnerie : vis de 30 mm dans une cheville adaptée au matériau (brique pleine ou creuse, pierre, parpaing).

Assembler un élément sous évier

Cet élément peut être placé sous un évier. Il vous faudra dans ce cas adapter le panneau arrière pour le passage des tuyaux.

Outils Matériaux

- **tournevis cruciforme**
- **petit marteau**
- **perceuse avec mèche à bois de 3 mm**

- caisson de meuble bas prêt-à-monter
- plinthe

1 Assemblez le caisson comme pour tout meuble bas. Fixez solidement le montant central avec quatre vis.

2 Insérez l'embase des pieds dans les trous prépercés dans le dessous du panneau inférieur. Veillez à ce qu'aucune vis ne tombe sur la jonction entre les panneaux.

3 Enfoncez l'embase dans son logement à petits coups de marteau.

4 Percez des avant-trous dans les trous des embases de pieds et dans le panneau de fond. Fixez chaque embase avec trois vis.

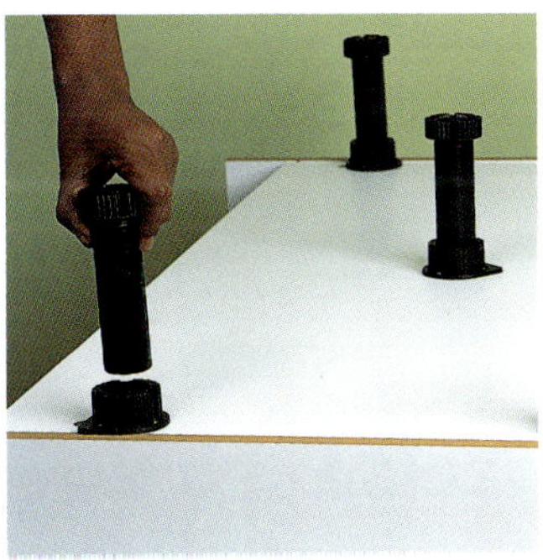

5 Emmanchez les pieds dans leur embase. Mettez le caisson en place et vérifiez qu'il est bien de niveau et à la bonne hauteur, sinon réglez les pieds.

6 Insérez les taquets d'étagères dans les trous percés dans les panneaux latéraux, aux niveaux voulus. Inclinez l'étagère pour la glisser en place. Calez-la sur les taquets.

CUISINES PLAN DE TRAVAIL, ÉVIER, PLINTHES

C'est au niveau des finitions (évier, plan de travail et plinthes) que l'on mesure l'aspect professionnel d'une cuisine. Tout ce qui en facilite l'utilisation, et surtout l'entretien, participe à la qualité de l'équipement.

Outils Matériaux

- **scie à métaux**
- **perceuse avec mèches de 2 et 4 mm et mèche plate de 12 mm**
- **tournevis cruciforme**
- **scie égoïne**
- **cutter**
- **lime douce**
- **crayon**
- **règle**
- **scie sauteuse avec lame pour bois**
- **équerre graduée**
- **poinçon**

- plan de travail
- bande de joint profilée
- évier de cuisine
- plinthe avec ses fixations
- ruban de masquage
- vis à bois de 3,5 x 16 mm et de 5 x 38 mm
- colle contact
- mastic d'étanchéité au silicone

Poser le plan de travail

Les plans de travail sont faits dans différents matériaux : bois massif, stratifié postformé, plan à carreler, matériau composite et même pierre naturelle.
Le stratifié est le plus simple à poser. Il en existe dans différentes largeurs, longueurs et épaisseurs, mais aussi décors et coloris. Le plan de travail posé ici fait 38 mm d'épaisseur, mais on en trouve en 75 mm, ou encore en 28 mm. Faites couper votre plan de travail à la longueur désirée en magasin : la ligne de sciage (que vous placerez dans un angle ou à la jonction entre deux parties de plan de travail) sera plus précise et plus régulière.

1 Repérez les points de fixation du plan de travail : trois vis à l'arrière et à l'avant de chaque élément suffisent en général. Prépercez ces emplacements sur les traverses des éléments avec une mèche de 4 mm.

2 Mettez le plan de travail en place en vérifiant qu'il est bien calé contre le mur, sans laisser de jour apparent.

3 Il faut un profil de jonction au niveau du retour de la rangée de meubles. Le chant frontal du plan de travail étant arrondi, cet élément en aluminium a un profil particulier, assurant un joint parfait. Avec une scie à métaux, coupez-le à une longueur égale à la largeur du plan de travail. Déposez de la pâte d'étanchéité sur le chant du premier plan et fixez le profil de jonction avec des vis à bois de 3,5 x 16 mm. Déposez du mastic au silicone sur le chant du deuxième plan de travail et posez-le contre le profil de jonction.

4 Fixez ensuite le plan sur les meubles bas. Collez un anneau de ruban de masquage à 38 mm de l'extrémité de la mèche de 2 mm (ou réglez le guide de profondeur de la perceuse à 38 mm). Depuis l'intérieur des éléments, percez de bas en haut dans chacun des préperçages et dans le plan de travail, jusqu'à la profondeur repérée. Vissez une vis à bois de 5 x 38 mm dans chacun de ces trous.

5 Garnissez les chants coupés du plan avec une bande décorative. Déposez de la colle contact sur le chant et au dos de la bande coupée à bonne longueur. Attendez le temps recommandé avant de la plaquer en place. Certaines bandes décoratives (placage) sont thermocollantes. Appliquez directement et passez un fer à repasser pour lisser.

6 Quand la colle est totalement sèche, arasez les côtés de la bande au cutter, puis finissez l'angle avec une lime douce.

Poser un évier dans le plan de travail

Quelles que soient la forme et les dimensions de votre évier, la méthode de pose encastrée est en principe la même. Vérifiez cependant les points particuliers éventuellement mentionnés dans le mode d'emploi accompagnant le bac.

1 Si l'évier n'est pas livré avec un patron de découpe, retournez-le sur le plan de travail (les cuves placées du bon côté, car l'évier n'est pas forcément bien rectangulaire). Assurez-vous qu'il est à égale distance des bords avant et arrière du plan, et que rien en dessous de ce dernier, ne l'empêchera de s'y encastrer. Reportez son contour sur le plan, au crayon gras. Si le revêtement du plan de travail marque mal (stratifié, par exemple), collez une bande de ruban de masquage sous les rebords de l'évier et tracez le contour dessus.

2 Retirez l'évier et mesurez la largeur sous le rebord de l'évier. En général, le schéma fourni avec l'évier vous donne cette cote. Reportez-la à l'intérieur du premier tracé, et tracez à la règle le périmètre de la découpe.

3 Avec une mèche plate de 12 mm, percez le plan de travail, à l'intérieur du tracé de découpe, pour permettre le passage de la lame de la scie sauteuse. Veillez à ne pas mordre au-delà du tracé.

4 Collez une bande de ruban de masquage sous la plaque-guide de la scie pour ne pas griffer la surface du plan de travail. Coupez à l'intérieur du tracé avec une lame adaptée au matériau. Soutenez la partie découpée à la fin de la coupe.

Fixer la plinthe

Une plinthe couvrant la base des éléments donne un aspect parfaitement fini et facilite le nettoyage. Elle est fixée au moyen de cavaliers spéciaux qui se clipsent sur les pieds des éléments.

1 Mesurez la longueur de la rangée d'éléments, d'un bout à l'autre, et coupez la plinthe à cette longueur. Presentez la plinthe à l'envers sur le sol, calée contre les pieds. Avec une équerre, reportez sur la plinthe la projection de chaque pied.

2 Marquez l'emplacement du cavalier entre les deux repères et percez sa fixation avec un poinçon. Fixez le cavalier avec la vis fournie. Placez ainsi un cavalier en alignement avec les pieds des éléments.

3 Posez la plinthe, simplement en clipsant chaque cavalier sur le pied correspondant.

Conseil castorama

Des joints étanches

Les surfaces de travail d'une cuisine subissent de fréquents nettoyages et sont souvent très humides. Il faut donc assurer une parfaite étanchéité de tous les joints, au moyen d'un mastic au silicone pour joints sanitaires. Traitez tout spécialement autour de l'évier et entre le mur et le plan de travail.

CUISINES TRANSFORMATION

Vous êtes lassé de votre cuisine ? Vous avez envie d'en changer le style, mais sans la refaire complètement ? Ne désespérez pas. Vous pouvez la transformer radicalement en changeant ses couleurs et en revoyant ses équipements ; vous aurez l'embarras du choix pour trouver les éléments qui vont lui donner un grand coup de jeune.

Changer les portes et le plan de travail

Les cuisines en éléments offrent l'avantage de la diversité des compositions et associations. Remplacer des portes pleines par des portes vitrées crée un style plus chaleureux.
En équipant les meubles de tiroirs, ou en en enlevant, vous pouvez gagner de l'espace de rangement. Les meubles bas ayant des cotes standards, leurs portes, façades et dessus sont interchangeables, mais vérifiez quand même avant d'en acheter de nouveaux.

Blanc brillant

Rien de mieux que le laquage blanc pour une cuisine nette, claire et moderne, fraîche en été et pleine de lumière en hiver, le style reste indémodable.

Aspect bois

Chaud, confortable et accueillant ; le bois naturel est sobre et moderne, vous pouvez aussi harmoniser les styles de la cuisine et de la salle à manger.

Aspect bouleau

Le fini pâle, lisse et tendre du bouleau crée une atmosphère distinguée et intemporelle.

Aspect rechampi

Des tiroirs, des portes et des panneaux peints en blanc soulignés de moulures et baguettes de couleur évoquent les grandes cuisines classiques d'autrefois.

Conseil castorama

Le détail qui change tout

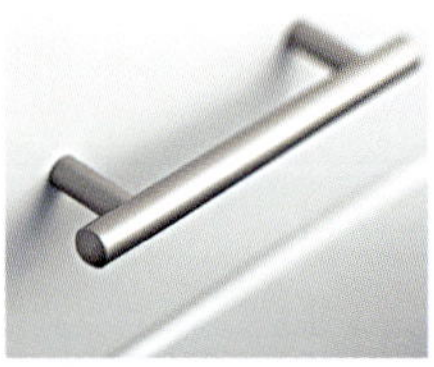

Vous serez étonné de l'effet que peut procurer le simple changement des poignées de tiroir et de porte.

Céramique classique

Cet évier de grande capacité, aux formes traditionnelles, est idéal pour une famille très active. Il souligne le style classique d'une cuisine.

Changer l'évier

Élément central d'une cuisine, l'évier doit associer l'aspect fonctionnel au côté esthétique.

Cuve et égouttoir ronds

Cette cuve moderne en acier inoxydable est associée à un égouttoir séparé assorti. Facile à nettoyer et compact, l'ensemble dégage une large surface de travail.

Cuve et demi-cuve

Résistant aux chocs, aux salissures et aux rayures, cet évier est idéal pour la préparation des aliments. Les deux cuves peuvent servir indépendamment l'une de l'autre.

Cuve et demi-cuve en acier inoxydable

Robuste, hygiénique et fonctionnel, l'inox s'harmonise avec tous les décors.

Repeindre portes et tiroirs

Les éléments à parements stratifiés ne sont pas toujours compatibles avec de nouvelles portes en stock en magasin. Pas de souci : vous pouvez parfaitement peindre les portes et les façades des tiroirs avec une laque brillante ou satinée. Pour que la peinture prenne bien, vous devrez dépolir les surfaces trop brillantes ou faire précéder la couche laquée d'un primaire d'accrochage pour le plastique.

Outils Matériaux

- **perceuse et mèches à bois**
- **papier abrasif de grain moyen**
- **tournevis**
- **brosse à peindre de 50 mm**
- **mètre ruban**
- **crayon**

- chutes de tasseaux
- primaire d'accrochage et laque
- poignées, si besoin
- pâte à bois

1 Déposez toutes les poignées et charnières, et poncez les surfaces avec un papier abrasif de grain moyen en insistant bien dans les recoins et au fond des rainures.

2 Si vous avez prévu de changer les poignées, comblez les trous de fixation avec de la pâte à bois, forcée dans les trous avec un vieux tournevis. Une fois la pâte solidifiée, poncez la zone avec soin.

3 Appliquez éventuellement un primaire d'accrochage avant la laque. Appliquez la peinture avec une brosse de 50 mm.

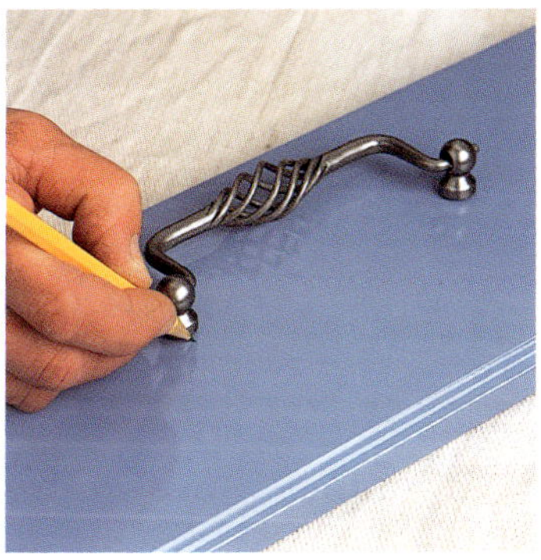

4 Quand la peinture est parfaitement sèche, remontez les poignées des tiroirs. Mesurez la largeur et la hauteur de la façade et marquez-en le milieu d'un léger trait de crayon. Centrez la poignée sur cette marque en veillant à ce qu'elle soit bien horizontale. Marquez les points de fixation. Gommez ensuite les tracés.

5 Posez la façade sur deux cales en bois et percez de part en part les trous pour les fixations de la poignée. Veillez à tenir la mèche perpendiculaire à la surface, sinon les poignées ne s'enfonceront pas correctement.

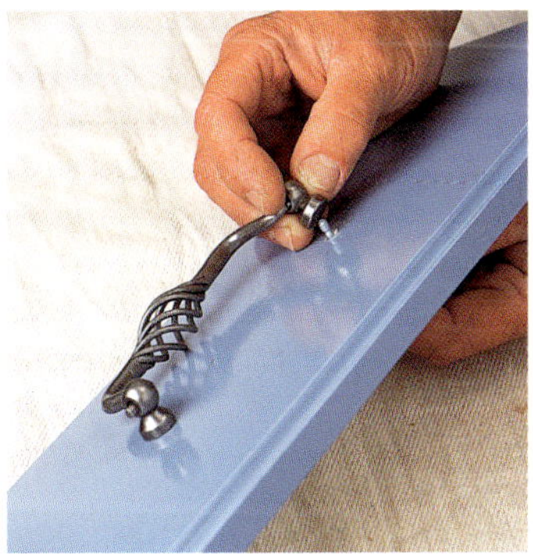

6 Insérez, depuis la face arrière de la façade, les vis fournies avec la poignée, vissez et bloquez-les.

7 Fixez toutes les poignées des tiroirs et des portes. Pour ces dernières, choisissez la position la plus pratique : en bas de la porte pour les meubles montés en hauteur.

Conseil castorama

Changer les plinthes

Les gammes de meubles de cuisine comprennent des jeux d'accessoires (plinthes, moulures et corniches), mais pour créer un style plus original, vous pouvez acheter des plinthes différentes,

ou les supprimer complètement, surtout si les pieds des meubles sont décoratifs.

A l'extérieur

GOUTTIÈRES ET DESCENTES

L'eau recueillie par la couverture doit pouvoir être collectée et évacuée sans risquer de détériorer les murs de la maison. C'est le rôle des gouttières et de leurs éléments complémentaires. Il est essentiel qu'elles soient toujours en bon état.

Gouttières en métal

Les gouttières traditionnelles de nos maisons sont en zinc, métal facile à travailler et qui présente l'intérêt d'être peu sensible à la corrosion, passée la phase d'oxydation de surface qui le rend gris mat.

Le système de drainage et d'évacuation des eaux pluviales comprend les gouttières elles-mêmes, demi-conduits posés horizontalement en périphérie de toit, mais aussi les pièces de raccordement aux descentes et, enfin, les accessoires de fixation de celles-ci. Une configuration intermédiaire, très courante, comprend un simple coude de gouttière évacuant l'eau vers un regard, lui-même raccordé au réseau d'évacuation des eaux pluviales.

Gouttières en PVC

Le PVC ayant investi et fini par dominer complètement le domaine des évacuations sanitaires, il n'est pas étonnant qu'il ait gagné le secteur de la gouttière.

Produite par les fabricants de tubes PVC sanitaire, la gouttière en PVC a d'abord copié purement et simplement celle en zinc, la couleur gris du matériau employé pour les canalisations en plomberie la rapprochant du zinc. Inaltérable, le PVC constitue une alternative intéressante au métal, dont on sait qu'il finit malgré tout par se dégrader en vieillissant. Surtout, il est beaucoup moins cher, ce qui lui a permis de se faire une place importante dans le domaine de la construction pavillonnaire, où le coût est un facteur économique très important.

Types de gouttière

Le classique modèle en zinc a donné naissance au même type de produit, mais en PVC, qui lui-même, a été décliné ensuite dans des formes et des coloris variés, bien plus faciles à obtenir qu'avec le métal et pouvant être plus facilement harmonisés à la construction.

Gouttière en zinc

La gouttière en zinc est proposée classiquement en éléments demi-ronds de 4 m de longueur et de 0,65 mm d'épaisseur, dans des développements de 16, 25 et 33 cm. Les descentes sont proposées en 80 ou 100 mm de diamètre en éléments de 2 m de long. Il existe aussi des gouttières en aluminium. Les gouttières en zinc s'assemblent par emboîtement et joint.

Gouttière en PVC gris

Les gouttières en PVC ont d'abord été grises, par analogie avec le zinc qu'elles étaient destinées à remplacer. Elles avaient la même forme demi-ronde et les mêmes cotes. Les accessoires étaient directement copiés sur ceux servant à la pose des systèmes de gouttières en zinc. Ce type de produit est très largement distribué.

Gouttière en PVC de couleur

La gouttière en PVC est proposée aujourd'hui dans une grande variété de couleurs : blanc, sable, marron, ce qui permet de répondre aux besoins de diversité des projets architecturaux.

Gouttière laquée

Certaines gouttières métalliques sont proposées laquées en toutes couleurs.

Gouttière en PVC carrée

Après avoir permis de réaliser des gouttières de couleur, le PVC a autorisé leur réalisation en formes variées. Les gouttières carrées sont aujourd'hui très appréciées.

Gouttière en cuivre

D'une grande élégance, le cuivre garantit aussi une résistance à la corrosion et à la déformation optimale. Pour les gouttières, son prix limite cependant son utilisation.

Descentes pluviales

Les éléments d'une gouttière s'assemblent, soit par emboîtement d'une extrémité mâle dans une extrémité femelle, soit par l'intermédiaire d'un manchon de liaison entre deux éléments mâles.

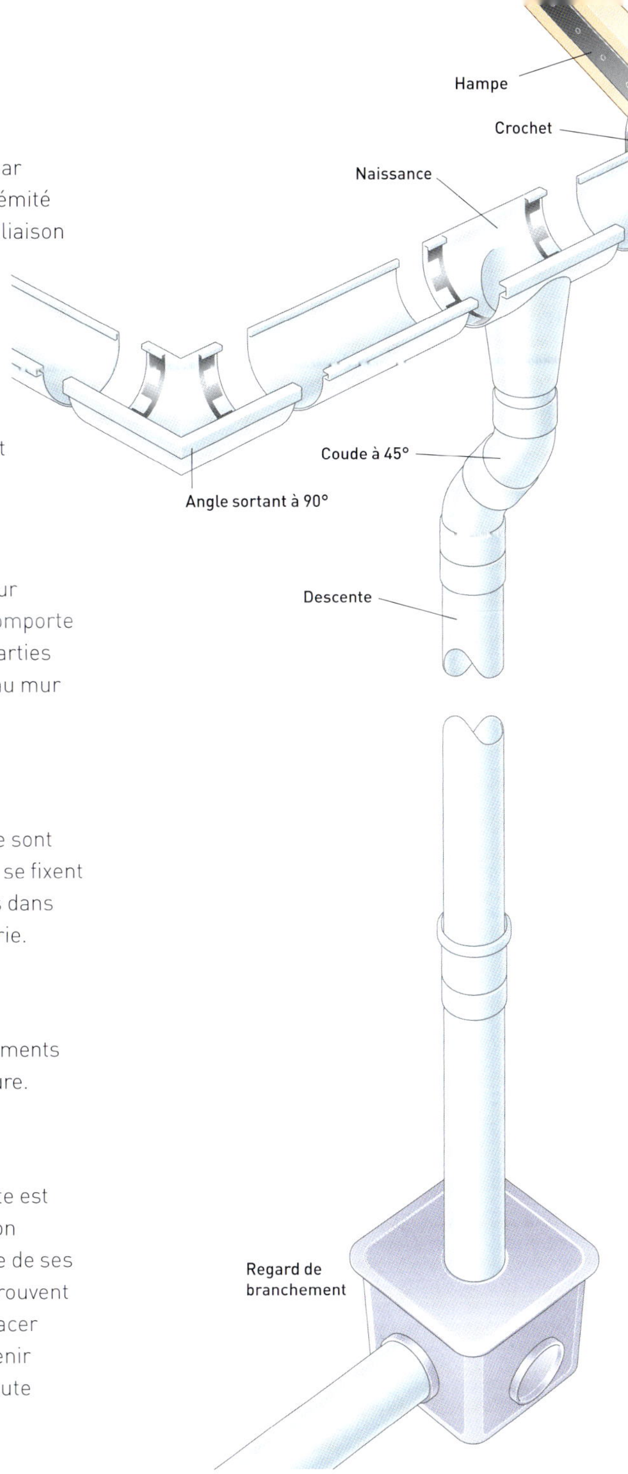

Crochets

Les éléments d'une gouttière sont retenus par des crochets, eux-mêmes fixés, soit directement sur l'extrémité des chevrons ou sur le bandeau, soit par l'intermédiaire d'une hampe.

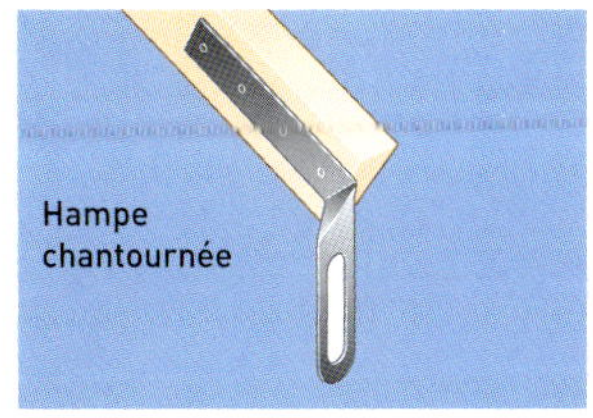

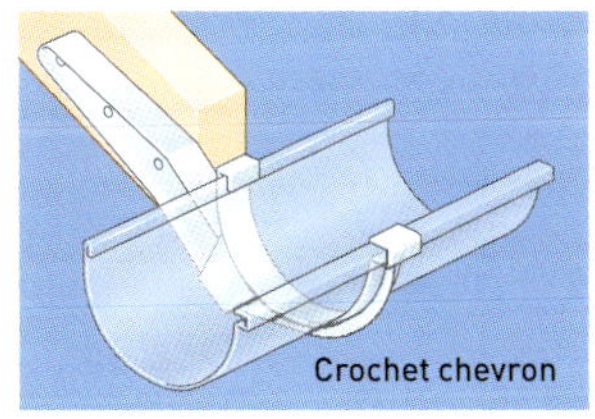

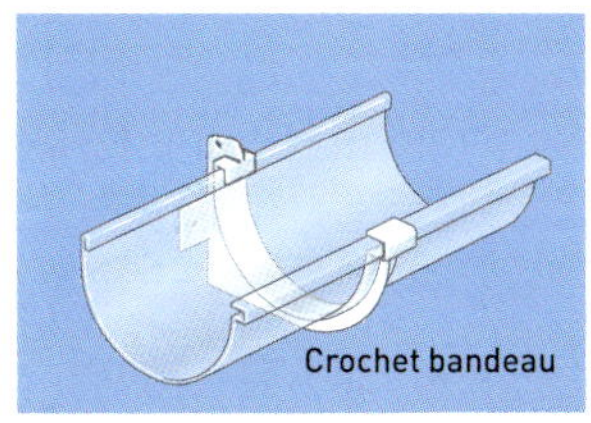

Descente

Le tuyau de descente relie la naissance au receveur évacuant l'eau au niveau du sol. Cette descente comporte presque toujours un ou plusieurs coudes et des parties droites, assemblées par des manchons et fixées au mur au moyen de colliers.

Colliers

Les colliers qui maintiennent le tuyau de descente sont normalement du même matériau que celui-ci. Ils se fixent dans le mur au moyen de vis galvanisées insérées dans des chevilles adaptées à la nature de la maçonnerie.

Angles sortants

Les pièces d'angle, à 90° ou 45°, réunissent les éléments de gouttière bordant les rives adjacentes de la toiture.

Naissances

La liaison entre la gouttière et le tuyau de descente est assurée par une pièce dont la forme dépend de son emplacement, au milieu de la gouttière, ou à l'une de ses extrémités. Si des arbres à feuilles caduques se trouvent à proximité de la toiture, il est recommandé de placer une crapaudine sur l'orifice de descente pour retenir les feuilles mortes ou un protège-gouttière sur toute la longueur de celle-ci.

Fond de gouttière

Cette pièce ferme l'extrémité de la gouttière.

Conseil castorama

Taille de la gouttière

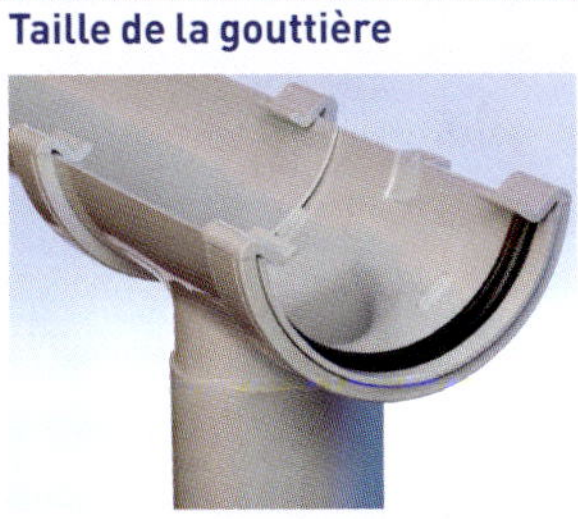

Pour parler de la taille des gouttières, on parle souvent de "développement" plutôt que de diamètre intérieur. La surface du toit de votre maison détermine à la fois le développement des gouttières et le diamètre du tube des descentes.

Toit	Développement de la gouttière	Diamètre de la descente
30 m²	160 mm	50 mm
70 m²	250 mm	80 mm
100 m²	330 mm	100 mm

l'astuce éco de castorama

Récupérez l'eau de pluie

Pensez à récupérer l'eau de pluie : elle peut servir à l'arrosage, et à l'alimentation en eau non potable dans la maison (lessive, W.-C., etc.), voir page 367.

GOUTTIÈRES PROBLÈMES

Sécurité

Travailler en hauteur

Avant d'y monter, assurez-vous de la stabilité de votre échelle. Ne l'appliquez jamais sur la gouttière, mais utilisez plutôt une pièce d'appui. L'échafaudage mobile, moins facile à manœuvrer, est cependant plus sûr. Assemblez ses éléments avec soin et vérifiez la solidité des planches. Équipez toujours la plate-forme d'un garde-corps. Si le sol est meuble, calez les pieds sur des bastaings.

Les éléments naturels, et d'abord le vent, la pluie et la neige, agressent régulièrement l'extérieur d'une construction, soumettant la maçonnerie et le système d'évacuation des eaux pluviales à des contraintes qui finissent par les dégrader.

Eau dans les murs

Une maçonnerie en bon état est parfaitement étanche mais quand elle se détériore, l'eau arrive à s'infiltrer dans le crépi, puis à imbiber le cœur des matériaux, nécessitant une intervention rapide.

Matériaux poreux

Si la zone affectée est en briques et très localisée, descellez les matériaux et remplacez-les. Mais si le désordre couvre une grande surface, il faut regarnir les joints, puis recouvrir le parement avec un enduit hydrofuge qui empêche l'eau de s'infiltrer mais laisse les matériaux "respirer" librement, afin que l'humidité accumulée s'évapore progressivement.

Infiltrations d'eau par des fissures du crépi

Comblez les fissures avec un joint de réparation hydrofuge. Si le désordre atteint une surface importante, décapez le crépi et refaites-le, puis appliquez un enduit hydrofuge.

Joints de mortier pulvérulents

Grattez le mortier avec un ciseau de maçon ou une pointerolle et une massette, sur une profondeur d'environ 15 mm. Brossez tous les débris et humidifiez les joints avant de les regarnir de mortier. Gâchez le mortier ; prélevez-en un petit peu sur le dos d'une truelle et pressez-le dans le joint. Quand le mortier est à moitié sec, formez les joints au profil du reste du mur.

Infiltrations par les huisseries

Les dormants d'huisseries en bois arrivent à travailler et, en rétrécissant, peuvent provoquer le décollement du solin de mortier qui comble leur périphérie.
Si nécessaire, réparez le dormant. Jusqu'à 10 mm de large, une fissure peut être comblée avec un enduit reboucheur et un fond de joint ; au-delà, il faut la recharger avec du mortier.

Problèmes de gouttières

Si la gouttière n'évacue pas complètement l'eau qu'elle collecte, une partie de celle-ci débordera et viendra dégrader le mur en dessous. Ce genre de problème doit être traité sans délai.

Gouttière métallique oxydée

Décapez les petites taches de corrosion en frottant avec un tampon à récurer, en veillant à ne pas appuyer trop fort pour ne pas percer le métal. Si la zone abîmée est importante, grattez-la avec une brosse métallique, à main ou rotative. Appliquez un apprêt, puis une peinture anticorrosion. Obturez les petits trous avec un mastic pour toiture, et posez une bande étanche adhésive pour des perforations importantes. Si elles le sont trop, remplacez complètement l'élément.

Fentes, trous dans la gouttière

Deux types de dégradations se produisent sur les gouttières en zinc : la fente quand la soudure entre deux éléments ne tient plus ; les trous, du fait d'une corrosion résultant de la stagnation de l'eau et des feuilles dans la gouttière. Vous pouvez y remédier en colmatant la fuite avec de la bande d'étanchéité.

Fuites aux joints

Après avoir enlevé tous les débris et la boue dans la zone de joint, injectez dans celui-ci un mastic d'étanchéité pour toitures, au moyen d'un pistolet applicateur. Si la gouttière est en plastique, le manchon raccordant deux éléments peut être endommagé. Pincez les deux éléments près du manchon, pour libérer celui-ci, décollez le manchon et remplacez-le.

Un crochet de fixation mal fixé ou cassé peut provoquer un affaissement de la gouttière dans laquelle l'eau stagne. Si les vis fixant le crochet ne tiennent plus, retirez-les, insérez de nouvelles chevilles et revissez-les. Si le crochet est mal posé, rebouchez les trous et refaites la fixation. Si la partie qui s'affaisse se situe entre deux crochets, rajoutez une fixation à ce niveau.

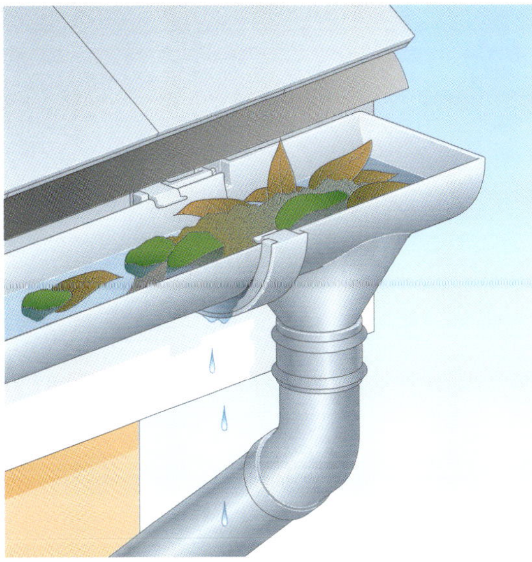

Naissance bouchée

Bouchez la base de la descente avec un chiffon, de manière à empêcher les débris d'aller obturer la canalisation d'égout. Raclez les débris et la boue avec une truelle. Retirez le chiffon et rincez la descente à l'eau courante. Pour éviter la répétition du problème, posez une crapaudine sur l'orifice de descente. Si un arbre à feuilles caduques surplombe la gouttière, recouvrez-la d'un grillage en plastique (ci-contre).

Conseil castorama

Protège-gouttière

Ce filet est facile à découper et peut s'ajuster à toutes les dimensions de gouttières demi-rondes en PVC, zinc, cuivre ou galvanisées. Il est fabriqué en polypropylène pour assurer une parfaite flexibilité. Les mailles empêchent les petits éléments de boucher les perforations et assurent le passage des eaux de ruissellement.

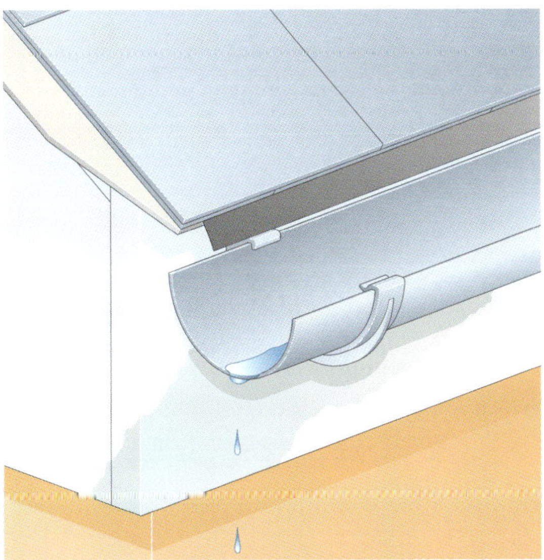

Un fond absent laisse l'eau s'échapper

Si la gouttière n'a pas de fond (qu'il soit parti ou n'ait jamais été posé), relevez la dimension du profil de la gouttière, achetez un fond correspondant et posez-le.

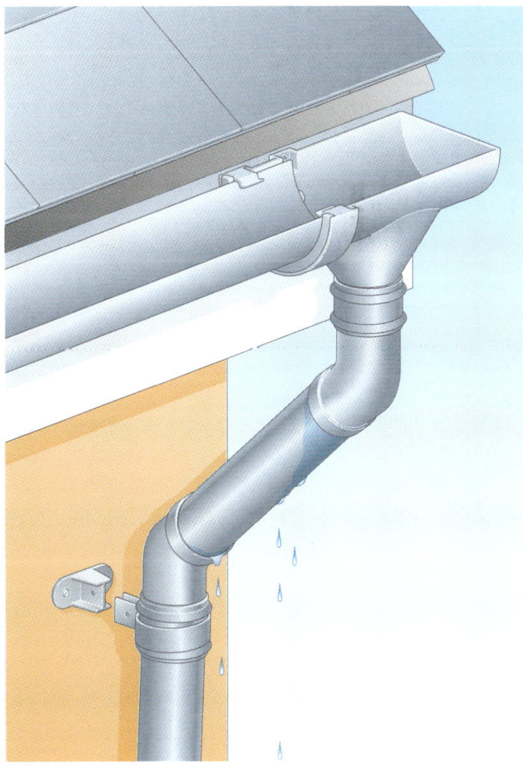

Descente déboîtée

Si une descente se déboîte, vérifiez les fixations des colliers : une vis peut être partie, comme ici. Vérifiez d'abord la cause de cette absence, avant de replacer une vis en acier galvanisé ou en Inox. Si la cheville a aussi disparu ou est détériorée, insérez une cheville neuve de meilleure qualité.

GOUTTIÈRES POSE EN PVC

Outils Matériaux
- **échelle**
- **gant**
- **brosse metallique**
- **scie**

Les gouttières en PVC sont légères et simples à mettre en place. Elles peuvent facilement remplacer les vieilles gouttières en fonte. Faites attention, au moment du démontage, car la fonte est un matériau très lourd. Si les éléments sont en trop mauvais état, il est préférable de tous les changer.

Contrôler les éléments

Avant de passer aux opérations de préparation et de montage de la gouttière, réunissez les éléments et contrôlez leur compatibilité.

1 Un système de gouttière en PVC comprend des crochets, des éléments de collecte demi-cylindriques, dont l'assemblage se fait par collage ou avec des éléments à joint.

2 Assurez-vous que la gouttière se clipse bien dans les crochets. Répétez ce geste que vous aurez ensuite à exécuter en haut d'une échelle.

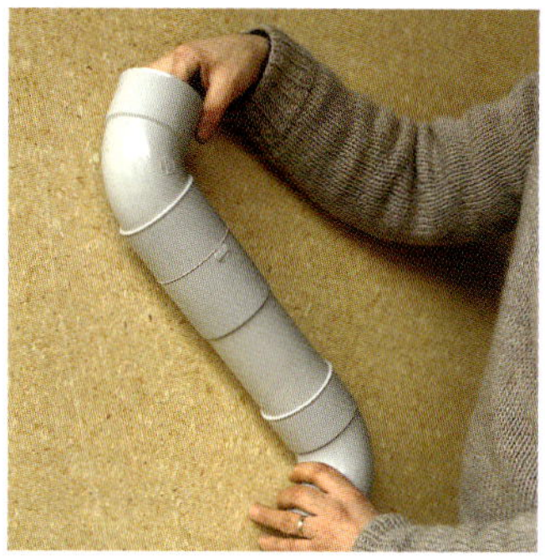

3 Assemblez à blanc les éléments de descente et les coudes de dévoiement. Vous aurez auparavant relevé les cotes sur site, avant pose de la gouttière.

Conseil castorama

Le bon diamètre

Le diamètre des descentes doit être en rapport avec la quantité d'eau à évacuer, laquelle dépend directement de la surface de la toiture. Pour ne pas risquer un débordement, par insuffisance de débit, adoptez les diamètres suivants :
- 18 à 20 m² : Ø 50 mm
- 40 m² : Ø 63 mm
- 65 m² : Ø 80 mm
- 100 m² : Ø 100 mm
- 160 m² : Ø 125 mm

Préparer les éléments

Vous gagnerez beaucoup de temps en préparant un certain nombre d'éléments en atelier plutôt que de le faire au bord du toit.

Outils Matériaux
- **scie à métaux**
- **marteau**
- **tournevis**
- **jeu de clés plates**
- **grignoteuse**

- gouttière PVC avec ses accessoires, descente, coudes, dauphin, colliers.
- colle PVC
- papier abrasif

1 Débitez les longueurs de gouttière dont vous allez avoir besoin avec une scie à métaux. Si vous devez assembler deux éléments de gouttière, la liaison doit se trouver au moins à 5 cm des crochets.

2 Déposez un peu de colle PVC dans la rainure des fonds pour naissance. Inutile d'en mettre beaucoup, mais il faut bien la répartir.

3 Engagez le fond de manière à ce qu'il s'emboîte complètement dans la gouttière. Essuyez immédiatement les éventuels débordements de colle.

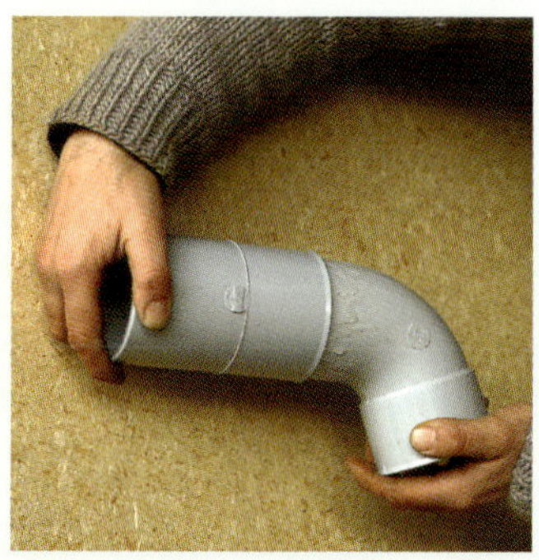

4 Assemblez de la même façon les éléments de descente.

Poser la gouttière

La gouttière repose sur des crochets adaptés à la nature de la couverture et du matériau de celle-ci. Les plus classiques sont des crochets constitués d'une hampe en acier galvanisé clouée sur les chevrons.

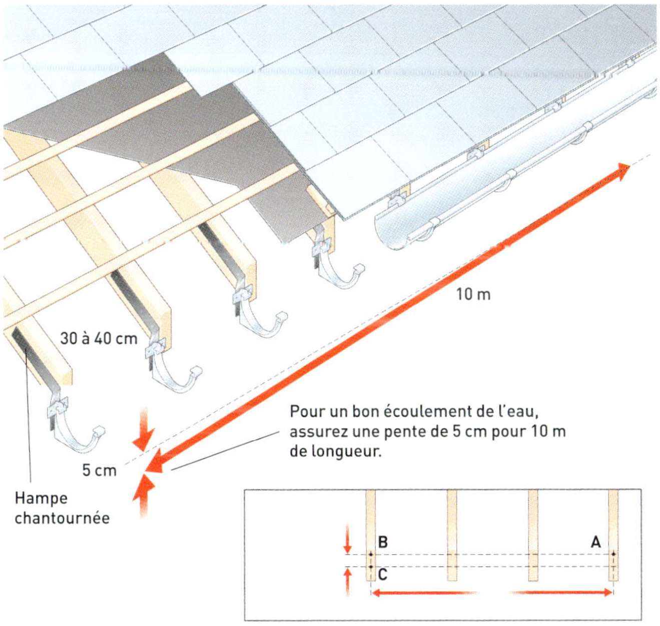

La pente

- Clouez une pointe au point haut de la gouttière (A).
- Tracez de niveau le point B côté naissance.
- Calculez la pente à raison de 5 mm par mètre soit 5 cm pour une longueur de toit de 10 m (C).
- Plantez un clou au point C suivant le calcul de la pente.
- Tendez un cordeau entre A et C.
- Clouez d'abord les crochets en A et C en alignement avec le cordeau puis les crochets intermédiaires tous les 30 à 40 cm. Placez un crochet de chaque côté de la naissance.

Faites-vous aider pour poser la gouttière.

Conseil castorama

Le récupérateur d'eau

L'eau qui descend dans votre gouttière est centrifugée le long des parois, ce qui permet d'en récupérer la presque totalité lors de faibles précipitations. Par pluies plus importantes, le débit est limité par la section du robinet et le surplus s'évacue au centre de l'écope.

Poser la descente

Il est essentiel d'emboîter convenablement les éléments de descente, sinon les fuites d'eau abîmeront la maçonnerie.

1 Engagez le coude sous l'élément de naissance, mesurez la longueur de tuyau nécessaire pour aller jusqu'au mur ; puis montez un nouveau coude et assemblez l'ensemble. Cet élément peut être préparé en atelier. Le montage avec la gouttière doit se faire sans colle, par simple emboîtement.

2 Avec un cordeau traceur, déterminez et matérialisez sur le mur l'axe de la descente. Faites passer le cordeau dans le trou de la naissance d'un côté et bloquez-le à sa base, puis pincez et lâchez le cordeau pour qu'il laisse une trace bien visible sur le mur.

3 Percez, chevillez et disposez les colliers de fixation du tuyau de descente.

4 Placez le tuyau de descente et refermez le collier. Serrez à fond la vis de blocage.

GOUTTIÈRES POSE EN ZINC

Très classique, parfois imposée par le permis de construire par respect des sites, la gouttière en zinc se pose par emboîtement avec joint d'étanchéité, ou par soudure, technique plus professionnelle mais aussi plus délicate. C'est cette méthode que nous vous montrons ici.

Outils Matériaux

- **scie à métaux**
- **cisaille grignoteuse**
- **marteau**
- **tournevis**
- **jeu de clés plates**
- **crayon gras**
- **fer à souder de couvreur**
- **petite brosse**

- gouttière en zinc avec ses accessoires : descente, coudes, dauphin, colliers
- papier abrasif
- flux décapant
- soudure à l'étain à 33 %
- pierre ammoniacale

Conseil castorama

La facilité : gouttières à emboîtement

Si la soudure du zinc vous fait peur ou tout simplement si vous n'avez pas le matériel nécessaire, vous pouvez utiliser des gouttières qui se montent sans soudure par simple emboîtement. Évitez l'assemblage avec d'autres métaux, tels que l'aluminium, le plomb, l'acier galvanisé et l'acier inoxydable car une réaction de nature électrochimique peut se produire.

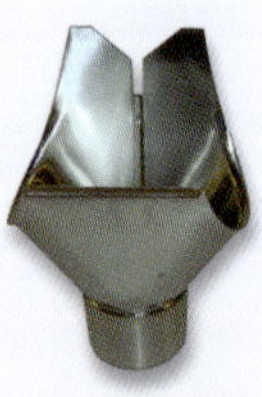

Couper la gouttière

Dans une pose soudée, la précision de coupe des éléments revêt une importance primordiale.

1 Pour une meilleure précision, utilisez une chute de gouttière pour tracer la ligne de coupe.

2 Réalisez la coupe avec une cisaille grignoteuse, outil qui préserve la netteté de la coupe et garantit une grande précision dans le travail.

3 Beaucoup plus épais, l'ourlet ne peut être coupé qu'à la scie à métaux. Guidez la lame avec l'ongle pour amorcer le trait de coupe puis poursuivez le sciage et inclinez la lame à la verticale pour achever la coupe. Attention de ne pas vous blesser en manipulant la gouttière, car le métal coupé est extrêmement tranchant.

Sécurité

Le fer à souder de couvreur possède une panne massive et de grandes dimensions. Il faut le manier avec précaution. Étamez la panne sur une pierre ammoniacale avant utilisation.

Souder le zinc

La soudure (en réalité une brasure) du zinc est la méthode la plus professionnelle pour le montage et l'assemblage des gouttières. Il est à noter que l'on ne peut souder que du zinc neuf ou du zinc décapé et mis totalement à nu. Si certaines gouttières peuvent être montées par simple emboîtement, ce n'est pas le cas pour les chéneaux en zinc qui sont toujours soudés.

1 Appliquez une mince couche de flux décapant avec une petite brosse, non sans avoir préalablement dégraissé le métal avec du succédané de trichloréthylène.

2 Utilisez ici un fer spécial de couvreur-zingeur, branché sur une bouteille de gaz. Déposez un cordon de brasure à l'étain à 33 %. Approchez la baguette du fer et faites fondre la soudure en périphérie de la pièce.

3 Poursuivez l'opération de l'autre côté de la pièce constituant le fond de la gouttière. Le cordon de soudure doit être très régulier, car il assure autant la liaison mécanique que l'étanchéité de la gouttière.

Poser et assembler la gouttière

La pose d'une gouttière en zinc se fait sur des crochets adaptés à la forme et à la nature du toit, en respectant une pente de 3 à 5 mm par mètre. La jonction des éléments est réalisée ici par soudure, mais il est possible de la réaliser par des joints.

1 Clouez les crochets de soutien de la gouttière. Sur cette toiture en panneaux autoporteurs, ils sont fixés sur le chant de ces derniers.

2 Engagez la partie mâle de l'ourlet dans la partie femelle de l'élément précédent et rapprochez les morceaux de gouttière.

3 Refermez les crochets sur la gouttière, d'abord à la main, puis avec une paire de pinces. Faites de même du côté du toit.

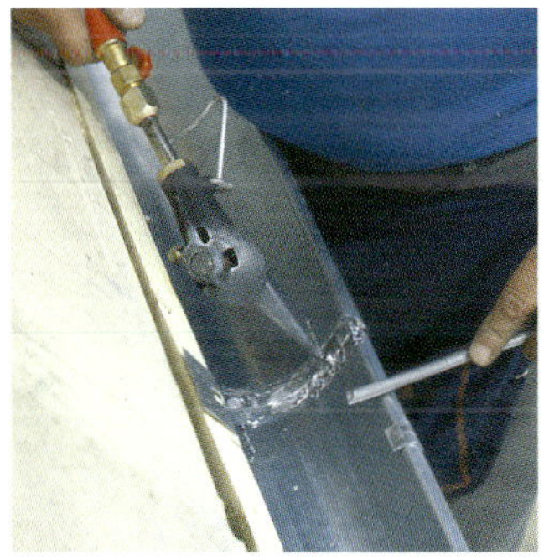

4 Appliquez du flux décapant à la jonction, puis faites chauffer le fer à souder. Approchez la baguette de soudure à l'étain à 33 % et réalisez un cordon de soudure bien régulier.

Poser la descente

Les descentes en zinc sont particulièrement rigides et se montent facilement par simple emboîtement. Les éléments peuvent être solidarisés par quelques points de soudure, empêchant tout déboîtement de l'ensemble par grand vent.

1 Tracez les lignes de coupe et réalisez celles-ci avec une scie à métaux.

2 Le S de liaison entre la gouttière et la descente est constitué de deux coudes et d'un élément droit. Préparez-les en atelier.

3 Tracez la verticale de la descente et déterminez l'emplacement des colliers de tenue. Percez, chevillez et vissez la tige d'embase de ces derniers.

4 Vissez la première partie des colliers sur leur embase. Faites en sorte de les positionner correctement pour recevoir la descente.

5 Emboîtez le S de liaison entre la gouttière et la descente. Attention : dans les emboîtements, la partie mâle doit toujours être au-dessus de la partie femelle !

6 Emboîtez la descente dans le S et positionnez la descente dans les demi-colliers déjà posés.

7 Refermez les colliers, maintenus ici par des boulons à écrous. Un bourrelet en mousse dans le collier empêche le tuyau de descendre.

MURS PEINTURE ET RÉPARATIONS

Conseil castorama

Les peintures façades en phase aqueuse agressent moins l'environnement et produisent moins d'odeur. Les outils se nettoient simplement à l'eau.

En maintenant l'extérieur d'une maison en bon état, on préserve son étanchéité et sa qualité esthétique. Il est inutile de peindre les briques, mais si l'une d'entre elles est abîmée ou poreuse, il faut la remplacer avant que l'humidité ne se propage. Il est en revanche important de repeindre périodiquement les crépis avec une peinture façade microporeuse. Elle présente l'avantage de protéger la façade en empêchant l'eau et l'humidité de pénétrer, tout en laissant la maçonnerie respirer.

Préparation

Une préparation soignée de la surface garantit l'obtention d'une finition meilleure et plus durable.

- Si nécessaire, décrochez les plantes grimpantes, ou couvrez les plantations voisines du mur avec des feuilles de plastique.
- Décapez saletés et moisissures avec un nettoyeur à haute pression.
- Grattez les plus grosses plaques de moisissure avec une spatule, puis traitez la maçonnerie avec un produit fongicide ; attendez ensuite 24 h avant de rincer généreusement à l'eau claire.
- Comblez fissures et trous du crépi avec un enduit.
- Refixez les gouttières qui branlent et remplacez celles qui fuient.
- Traitez les surfaces poudreuses avec un fixateur opacifiant qui agrégera le matériau pulvérulent sur la maçonnerie.
- Recouvrez les avancées, les toitures et les marquises avec des feuilles de plastique et enroulez des vieux journaux autour des descentes de gouttière pour les protéger des projections de peinture.

Calcul de la quantité de peinture

Le pouvoir couvrant indiqué par le fabricant (de 6 à 10 m^2/l selon les produits) correspond à une surface peu poreuse. En général, un crépi neuf absorbe plus de produit qu'un revêtement déjà peint. Calculez la surface à couvrir. Pour relever la hauteur du mur, utilisez un mètre ruban, ou une ficelle (au-delà de 5 m), et montez sur une échelle appropriée. Mieux vaut demander l'aide de quelqu'un, à la fois par sécurité et pour assurer une mesure précise. Vous pouvez aussi utiliser un télémètre laser. Prenez connaissance du mode d'emploi du produit, notamment du taux de dilution éventuellement préconisé pour la première couche.

Peindre l'extérieur des murs

Versez la peinture dans un bac à peinture (camion), plus léger et plus facile à manipuler que le pot de peinture, et surtout moins gênant en haut de l'échelle. Utilisez un rouleau à poils longs et une brosse pour les zones impossibles à peindre avec le rouleau. Travaillez par temps sec, mais évitez de peindre en plein soleil, surtout avec une peinture très claire. Divisez le mur en sections pouvant être couvertes en une seule fois, limitées si possible entre les ouvertures et les descentes de gouttière.

Conseil castorama

Tamponnage

Pour peindre une surface très texturée, vous pouvez utiliser une brosse, tenue perpendiculairement à la surface et tamponnée par petits coups serrés.

Outils Matériaux

- **échelle ou échafaudage roulant**
- **brosse de 100 ou 150 mm et rouleau à poils longs**
- **camion ou bac à peinture**

- vieux journaux
- ruban adhésif
- peinture façade

1 Enroulez du papier journal autour des descentes pluviales et maintenez-le par des bouts d'adhésif. Peignez du haut vers le bas et insérez la brosse avec précaution derrière le tuyau.

2 Appliquez la brosse chargée de peinture sur une zone non peinte et progressez vers la surface peinte la plus proche, par petites touches régulières.

3 Repassez avec la brosse perpendiculairement aux premières passes. Sur une surface rugueuse, on obtient un fini plus homogène en faisant tourner la brosse. Avec un rouleau, variez l'angle des passes. Peignez les recoins et autour des obstructions selon la même procédure que pour l'intérieur.

Remplacer une brique abîmée

Examinez périodiquement les murs en brique : le parement peut devenir poreux, laissant l'eau de pluie les imbiber, au point de créer parfois une tache d'humidité sur le revêtement intérieur. Une fissure peut provoquer le même désordre. Mieux vaut remédier au problème avant que les dégâts ne prennent de l'ampleur.

Outils Matériaux

- **perceuse à percussion avec mèche à béton de 10 mm**
- **gants de travail renforcés**
- **ciseau de briqueteur ou ciseau de maçon**
- **massette**
- **truelle**
- **vieux pinceau**
- **brosse à soies douces**

- mortier prêt-à-gâcher
- brique de remplacement

1 Percez une série de trous de 10 mm dans le joint de mortier entourant la brique en mauvais état.

2 Creusez les joints avec un ciseau de maçon ou un ciseau de briqueteur pour desceller la brique.

3 Tapotez et tiraillez la brique pour l'extraire de son logement. Portez de gros gants pour ne pas vous abîmer les mains.

4 Grattez le vieux mortier restant dans la cavité, avec une truelle ou un ciseau de maçon. Brossez soigneusement tous les débris.

5 Humectez les surfaces de la cavité avec une vieille brosse ; vous éviterez ainsi que la brique boive une partie de l'eau de gâchage du mortier.

6 Déposez à la truelle une couche de mortier sur la base et les côtés de la cavité. N'en mettez pas trop car vous risqueriez de le pousser au fond de la cavité, empêchant ainsi la nouvelle brique de rentrer.

7 Humectez les surfaces de la brique de remplacement et garnissez de mortier tous ses côtés, sauf le parement extérieur.

8 Insérez la brique dans la cavité et tapotez dessus avec le manche de la truelle pour l'aligner sur les briques adjacentes. Regarnissez les joints environnants.

9 Quand le mortier commence à durcir, brossez les parements des briques avec une brosse à soies douces.

FENÊTRES ET PORTES EXTÉRIEURES

Fenêtres et portes ont un impact important sur l'esthétique extérieure d'une maison. Si leur rôle primordial est bien d'empêcher l'humidité, la chaleur et le froid de pénétrer à l'intérieur, il est préférable qu'elles soient en accord avec le style de la maison. On peut être conduit à les remplacer dans le cadre d'une rénovation, en particulier pour améliorer l'isolation phonique et thermique. Leur fixation dépend de la nature des murs.

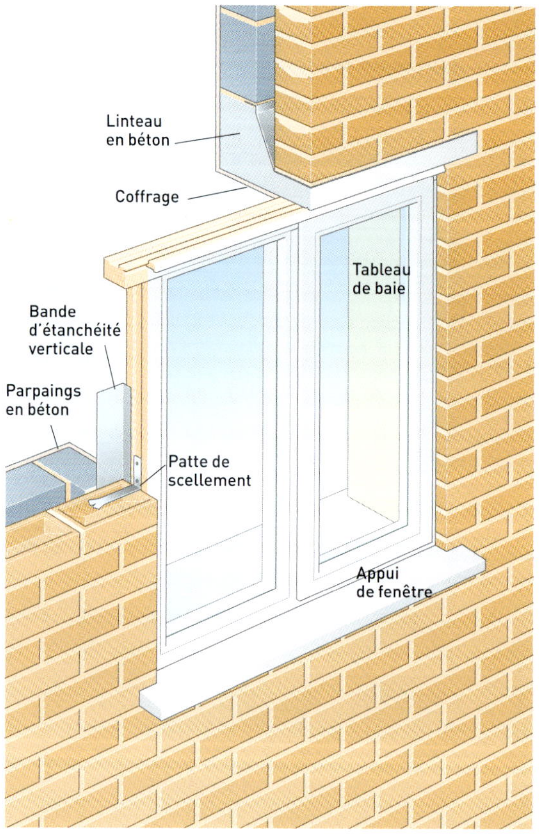

Fenêtres en murs pleins

Dans un mur plein en maçonnerie, le dormant d'une fenêtre en bois s'ajuste en général dans un logement ménagé à l'intérieur du tableau, ouvert dans le mur. Selon l'épaisseur de celui-ci, l'huisserie est montée affleurant le parement intérieur, ou en retrait, au fond d'une embrasure. Le dormant est fixé par clouage ou vissage sur des pattes de scellement. Les tableaux de fenêtres aménagés dans des murs maçonnés à l'ancienne comportent presque toujours un appui maçonné à larmier sur lequel repose la traverse inférieure du dormant.

Conseil castorama

Empêcher la pourriture

La meilleure façon de protéger le bois d'une huisserie du pourrissement consiste à la traiter périodiquement avec un produit fongicide. Pour réparer ou remplacer un élément, n'utilisez que du bois traité. Il faut aussi étancher les joints entre le dormant et le tableau de la maçonnerie avec une pâte spéciale, ou une mousse expansive si l'espace atteint environ 10 mm de largeur.

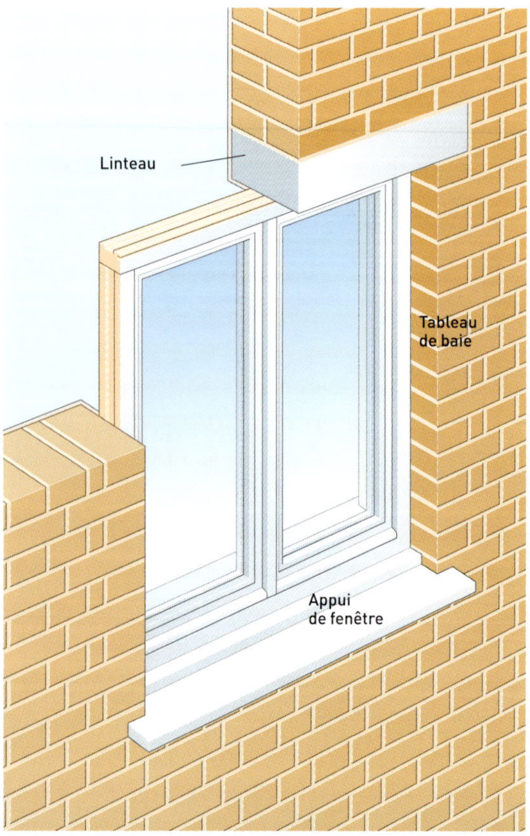

Fenêtres en double paroi

Dans certaines constructions modernes en briques, les murs périphériques sont à double paroi. Les huisseries y sont fixées au moyen de pattes métalliques, scellées dans les murs lors de leur construction. Dans l'ouverture du tableau, l'espace entre les deux parois est fermé, le plus souvent par un cadre en béton, parfois par un cadre maçonné en pierres ou briques. Dans tous les cas, une bande hydrofuge doit être interposée entre ce cadre et les deux murs, de manière à empêcher un transfert d'humidité de l'extérieur vers l'intérieur. À l'intérieur, les parois de l'embrasure sont enduites, après pose de la fenêtre, afin d'obtenir un fini parfait. L'étanchéité entre la traverse inférieure d'un dormant en bois et l'appui est réalisée par une bande d'étanchéité (en feutre bitumé), avec une languette insérée dans des rainures verticales aménagées face à face dans la traverse et l'appui.

l'astuce éco de castorama

Les courants d'air

Assurez-vous de l'étanchéité périphérique de chaque fenêtre, pour qu'aucun passage d'air ne vienne compromettre l'isolation et augmenter les dépenses de chauffage. Équipez toute huisserie neuve de vitres à double vitrage à faible émissivité, qui améliorent considérablement l'isolation. Choisissez des produits labellés "Acotherm".

Dormant de portes

Une porte se compose d'un vantail (l'ouvrant) et d'un cadre (le dormant) comportant deux montants verticaux, réunis par une traverse supérieure. Cette dernière possède deux "cornes" dépassant les traverses, qui se noient dans la maçonnerie. Les montants sont fixés sur des pattes métalliques scellées. En général, une porte est vendue complète, dormant et ouvrant assemblés, immobilisés par une écharpe.

Linteaux

L'ouverture pratiquée dans un mur porteur pour recevoir une huisserie est fermée à sa partie supérieure par un élément transversal porteur, appelé "linteau", qui soutient la masse de la maçonnerie située au-dessus et la répartit entre les parties du mur encadrant l'ouverture. Le linteau peut être constitué d'une poutre en bois, d'une longue pierre, d'une poutre en béton précontraint ou d'un profilé d'acier. Dans les constructions anciennes, les linteaux étaient réalisés avec des briques ou des pierres maçonnées en cintre, avec clé de voûte.

Aujourd'hui, les linteaux sont généralement des éléments en béton armé, préfabriqués ou coulés en place, surtout lorsqu'ils doivent couvrir une portée importante.

Types de portes extérieures

Outre la porte d'entrée principale, une maison peut avoir bien d'autres communications avec l'extérieur, telles que portes-fenêtres, portes coulissantes de terrasse et portes de garage.

Portes pleines

Les portes d'entrée peuvent être en bois massif, avec face extérieure lisse ou moulurée, en panneaux sandwichs postformés, en PVC, en acier ou encore en fibre de verre.

Certaines portes comportent un vitrage à petits bois ou à vitraux teintés, fixe ou ouvrant, protégé par une grille.

Le vantail des portes donnant sur l'extérieur comporte en général une grosse moulure à la base de la face extérieure, appelée "jet d'eau", pour rejeter l'eau ruisselante hors du seuil de porte. Certains dormants sont dotés d'une barre d'étanchéité, métallique ou en plastique, qui empêche l'infiltration d'eau sous le vantail, où cette barre vient se loger dans une feuillure.

Vitrage

Les vitres sont classiquement maintenues par un solin de mastic de vitrier. De petites pointes tête homme retiennent la vitre au fond de la feuillure du cadre pendant que le mastic sèche. Dans un cadre métallique, la vitre est tenue par des clips élastiques, recouverts d'un solin de mastic.

Les vitres des menuiseries industrielles sont fixées sous des baguettes de bois appelées "parcloses". Plaquée sur une mince bande de mastic, la vitre est calée au fond de la feuillure par ces baguettes quart-de-rond coupées d'onglet et fixées par des pointes tête homme.

Portes vitrées métalliques

Ces portes sont équipées d'un double vitrage à haute résistance, souvent de type cathédrale, parfois coloré, fixé dans un cadre en profilés. Pour une porte d'entrée, une boîte aux lettres peut être intégrée dans la partie aveugle sous le vitrage. Dans le cas de portes coulissantes, donnant accès à une terrasse ou à une véranda, chaque élément coulissant est en général constitué d'une seule vitre, transparente, fixée dans un cadre en aluminium.

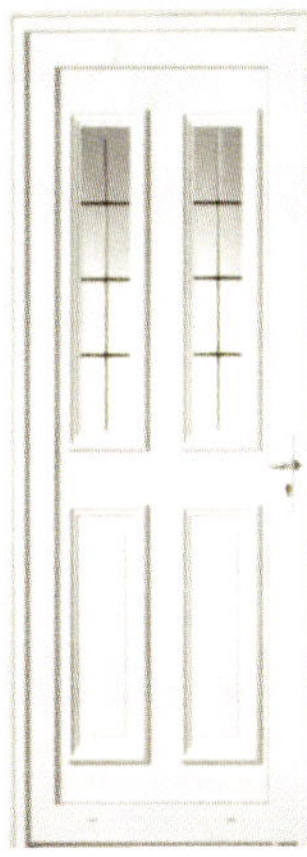

Portes de garage

Il existe divers types de portes de garage. Aux portes pliantes et battantes, on préfère aujourd'hui les portes coulissantes, et encore plus les portes basculantes ou sectionnelles, qui dégagent toute la largeur de l'ouverture. Ces dernières coulissent sur des rails verticaux placés de chaque côté de l'ouverture (basculantes) ou sur des rails horizontaux fixés au plafond du garage (sectionnelles). De plus en plus souvent, ces portes sont actionnées par une motorisation électrique, mise en œuvre par une télécommande.

FENÊTRES RÉPARATIONS

Outils Matériaux
- **gants de protection**
- **lunettes de sécurité**
- **mètre ruban**
- **cutter**
- **marteau**
- **tenailles**
- **vieux ciseau ou tranchoir**
- **couteau à mastic**
- **pinceau**

- mince panneau de fibres dur ou de contreplaqué
- pointes tête homme
- sous-couche pour bois
- mastic

Une vitre fêlée ou brisée constitue un réel danger potentiel, surtout pour les enfants, et compromet l'étanchéité de l'huisserie qu'elle équipe. Si vous ne pouvez pas la remplacer tout de suite, effectuez une réparation provisoire pour assurer la sécurité. Pour remplacer une vitre d'une fenêtre d'escalier, opérez depuis un échafaudage plutôt qu'en haut d'une échelle, et de préférence quand il n'y a pas de vent. Transportez les vitres sur le chant, pour qu'elles ne se voilent pas, toujours en portant des gants à paumes renforcées, et à deux si la vitre est de dimensions importantes.

Mise en sécurité temporaire

Un morceau de panneau de fibres suffit pour conserver provisoirement une certaine étanchéité, sans garantir ni l'isolation ni la sécurité de l'huisserie. Retirez la vitre cassée, remplacez-la par un morceau de panneau retenu par quelques pointes plantées horizontalement dans la feuillure. Si la vitre n'est que fissurée, recouvrez provisoirement la fissure avec du ruban adhésif d'emballage.

1 Après avoir enfilé de gros gants de bricolage à paume renforcée, retirez tous les débris de verre qui ne tiennent plus.

2 Mesurez l'ouverture et découpez une pièce dans le panneau de fibres, aux dimensions voulues.

3 Placez la pièce et maintenez-la avec des pointes tête homme plantées dans l'encadrement.

Conseil castorama

Restaurer l'étanchéité

Si le temps s'annonce pluvieux et venteux, assurez l'étanchéité provisoirement en déposant un cordon de mastic au silicone en fond de feuillure.

Découpez un panneau de fibres aux dimensions voulues et pressez-le sur le cordon de silicone. Appliquez un second cordon de silicone en lieu et place du mastic classique.

Déposer une vitre cassée

Étalez de vieux journaux au sol au-dessous de la fenêtre pour faciliter la récupération des débris, et veillez à porter de solides chaussures fermées. Si la vitre n'est que fendue, rayez-la à 25 mm environ de ses bords avec une molette de vitrier. Collez des bandes d'adhésif sur les fissures et sur ce tracé, et dégagez à petits coups de marteau chacun des morceaux de vitre ; les bandes adhésives les retiennent groupés.

1 Retirez à la main les morceaux qui tiennent encore grâce au mastic. Partez du haut et descendez, en dégageant les morceaux récalcitrants à petits coups de marteau.

2 Éliminez les restes de mastic avec un ciseau à froid ou un tranchoir de vitrier. Arrachez les pointes avec des tenailles au fur et à mesure.

3 Brossez les débris avant de protéger le bois avec une peinture.

Acheter des vitres neuves

Un vitrier coupera la vitre à vos dimensions et pourra vous indiquer la qualité de vitrage le mieux appropriée à la fenêtre à équiper. Le verre classiquement utilisé fait 3 mm d'épaisseur, parfois 4 mm.

Mesure des dimensions d'une vitre

En règle générale, réservez le verre de 3 mm aux petits vitrages, n'excédant pas 60 cm de large, prenez du 4 mm pour une surface de plus de 1 m^2 et du 6 mm pour une surface supérieure.

Relevez les cotes au fond de la feuillure dans laquelle la vitre s'encastre et faites couper la vitre neuve à 3 mm de moins sur chaque dimension. Vérifiez l'équerrage du cadre en mesurant ses diagonales : si elles diffèrent de plus de 2 mm, confectionnez un patron en carton, que le vitrier utilisera pour obtenir une forme exacte.

Sécurité

Pour ne pas vous blesser, emballez les débris de verre dans de vieux journaux. Déposez-les dans un bac spécial de récupération du verre, ou portez-les dans une station de collecte.

Qualités de mastic

Le mastic classique à l'huile de lin, utilisé depuis toujours par les vitriers, tend à être remplacé aujourd'hui par du mastic synthétique en cartouche qui reste souple, sans se fissurer quelles que soient les variations climatiques. Comptez environ 500 g de mastic pour couvrir un solin ayant un périmètre de 4 m.

Poser une vitre

Éliminez tous les débris restés au fond de la feuillure avec un couteau de vitrier et une brosse dure, en travaillant depuis l'extérieur. Posez la vitre neuve sur un journal plié, mais jamais directement sur une surface dure, et à l'écart du lieu où vous travaillez. Si vous utilisez du mastic à l'huile de lin, mouillez-vous les mains, pour qu'il ne vous colle pas aux doigts. Si nécessaire, épongez l'excès d'huile en roulant le mastic sur du papier journal ou du carton ondulé.

1 Pétrissez le mastic pour l'assouplir et déposez un cordon continu dans la feuillure, en le pressant en place avec le pouce. Ce cordon doit avoir une épaisseur d'environ 3 mm, à peu près uniforme sur tout le périmètre du cadre.

2 Après avoir enfilé des gants de bricolage, présentez la vitre sur la base du cadre, puis repoussez-la doucement dans son logement. Exercez une pression délicate sur tous les côtés de la vitre, mais jamais en son centre, surtout si elle est de grande dimension, car vous risquez de la briser. Poussez ainsi la vitre jusqu'à ce qu'elle repose sur une bande de mastic d'environ 2 mm d'épaisseur.

3 Calez la vitre en piquant dans le cadre des pointes tête homme tous les 20 cm avec un marteau de vitrier. Elles doivent porter sur la surface du verre et dépasser de 5 mm à l'intérieur du cadre. Décollez le mastic ayant reflué sur l'autre face du verre avec le couteau à mastic.

4 Garnissez l'intérieur du cadre avec du mastic, en le pressant sous les pouces pour bien l'appliquer. Avec le couteau à mastic en feuille de laurier, incliné à 45°, lissez-le pour obtenir un solin bien net, noyant les têtes des pointes et aligné avec la bande de mastic du fond de feuillure. Pour obtenir une surface bien lisse et des d'angles bien nets, mouillez le couteau de temps à autre. Laissez le mastic durcir au moins deux semaines avant de le peindre. Lors de cette opération, faites déborder la peinture sur la vitre, sur 3 mm environ, pour parfaire l'étanchéité.

L'outil malin

Brosse métallique

On utilise cette brosse pour décaper la peinture restée dans la feuillure.

Remplacer une vitre sous parclose

Le remplacement d'une vitre fixée par des parcloses impose de suivre une procédure un peu plus complexe, sans difficulté particulière cependant.

1 Depuis l'intérieur, faites levier sous les parcloses avec la lame d'un vieux ciseau à bois, en partant du milieu et en veillant à ne pas endommager les bords des feuillures du cadre.

2 Soulevez chaque parclose alternativement d'un côté et de l'autre et conservez-la pour calibrer la découpe de sa remplaçante.

3 Déposez la vitre cassée comme expliqué pages précédentes. N'opérez jamais sans gants à paumes renforcées.

Outils Matériaux
- **gants de protection**
- **lunettes de sécurité**
- **tournevis à large lame, ou ciseau**
- **tranchoir**
- **pinceau**
- **mètre**
- **marteau**
- **couteau à mastic**

- peinture de sous-couche ou peinture traitante
- mastic
- pointes tête homme

4 Une fois tout le verre éliminé, grattez le mastic durci adhérant au fond des feuillures avec un tranchoir ou un vieux ciseau à bois. Brossez la poussière avant d'appliquer une sous-couche. Laissez sécher complètement.

5 Relevez la hauteur et la largeur de la vitre, depuis l'intérieur des feuillures. Diminuez chacune des dimensions de 3 mm pour déterminer les cotes de la vitre de remplacement.

6 Pétrissez une boule de mastic pour l'assouplir avant de l'étaler avec le pouce dans la feuillure, en un cordon uniforme d'environ 3 mm d'épaisseur. Insérez la base de la vitre dans la feuillure inférieure du cadre, puis appliquez-la en pressant doucement sur ses côtés (jamais au milieu) jusqu'à ce qu'elle repose sur une bande uniforme de mastic de 2 mm d'épaisseur.

7 Appliquez un nouveau cordon de mastic sur tout le périmètre de la vitre, en le pressant bien dans la feuillure.

8 Coupez les parcloses neuves à la longueur exacte, avec les extrémités en onglet, et enfoncez-les dans le cordon de mastic. Clouez d'abord celle du haut, puis celle du bas, et enfin les parcloses latérales, avec des pointes tête homme.

9 Enlevez le mastic en excès, avec un couteau à mastic. Repeignez le bois.

Réparer le bois d'un dormant

Sous le vocable général de "pâte à bois", on trouve diverses qualités de mastic de reconstruction, mono ou bicomposant. Pour réparer une huisserie, préférez un produit conçu pour l'extérieur. Si le volume à reconstruire est important, choisissez un mastic bicomposant.

Outils Matériaux

- **vieux ciseau**
- **grattoir à lame étroite**
- **gants de ménage**
- **pinceaux**

- pâte à bois hydrofuge pour l'extérieur
- mastic silicone
- peinture ou vernis

1 Supprimez tout le bois pourri au moyen d'un vieux ciseau ou d'un grattoir à lame étroite. Creusez jusqu'au bois sain.

2 Mains protégées par des gants en caoutchouc, malaxez la pâte pour mélanger intimement les composants, conformément aux instructions du mode d'emploi.

3 Pressez la pâte dans la partie à rénover, avec un grattoir à lame étroite et lissez la surface au profil de l'appui de fenêtre.

4 Si l'air et l'eau passent entre le dormant et la maçonnerie, comblez le joint avec un mastic silicone, avant de revernir ou de repeindre la structure de l'huisserie.

Réparer une structure rouillée

Le cadre des fenêtres en acier finit toujours par rouiller. Les peintures ralentissent plus ou moins cette corrosion, sans pouvoir l'entraver indéfiniment. Pour repeindre le cadre, appliquez successivement un destructeur de rouille, en insistant bien dans les recoins, puis une sous-couche de protection phosphatante (dite "minium sans plomb").

Outils Matériaux

- **grattoir**
- **brosse métallique**
- **pinceaux**

- toile émeri à grain moyen
- destructeur de rouille
- apprêt antirouille
- peinture pour métaux

1 Grattez la peinture cloquée ou qui n'adhère plus au métal.

2 Terminez le décapage de la vieille peinture au moyen d'une brosse métallique.

3 Poncez toute la surface avec de la toile émeri à grain moyen, en insistant au fond des feuillures puis éliminez la poussière par brossage.

4 Avant la peinture définitive, appliquez un antirouille, en respectant bien son mode d'emploi, et ensuite un primaire anticorrosion.

5 Repeignez le cadre, avec une sous-couche, puis une couche de finition.

FENÊTRES VOLETS

Dans une maison, les volets sont pratiquement indispensables. Ils permettent de faire l'obscurité, d'isoler votre maison contre les fortes chaleurs autant que contre le froid de l'hiver. Les volets préservent votre intimité et protègent de la lumière. Enfin, ils constituent une protection essentielle contre le vol tout en participant à l'esthétique de la maison.

Les volets battants

Disponibles en bois, en PVC, sous forme de kit, les volets battants protègent efficacement du bruit, de la chaleur et du froid. De plus, ils apportent un caractère esthétique à votre façade. Vous les trouverez sur mesure en bois, PVC et aluminium. Persiennés dans les régions chaudes, ils filtrent la lumière et conservent la fraîcheur de la maison.

Choisir le type de volets

Le type de volet pouvant être installé sur une maison dépend étroitement du style architectural de celle-ci et de la configuration de la baie (ouverture dans le mur pour la fenêtre).

Les volets roulants

En PVC ou en aluminium, en kit ou sur mesure, les volets roulants sont discrets et s'adaptent à tous types d'ouvertures. Ils sont très pratiques, car il n'est pas nécessaire d'ouvrir la fenêtre pour les utiliser. De plus, ils sont simples à manœuvrer grâce à leur sangle ou à leur manivelle. Ils peuvent aussi être motorisés, avec télécommande ou interrupteur.

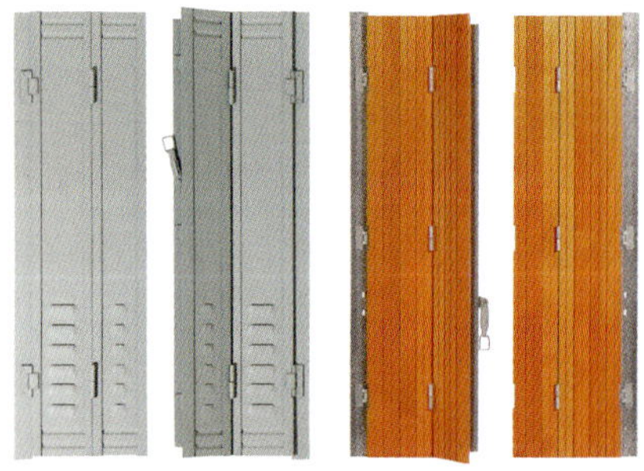

Les persiennes

En bois, PVC ou fer, les persiennes sont idéales lorsqu'il n'y a pas suffisamment de place sur les murs adjacents pour les volets battants. Elles se replient en accordéon dans l'encadrement de la fenêtre.

Conseil castorama

Prenez les bonnes mesures

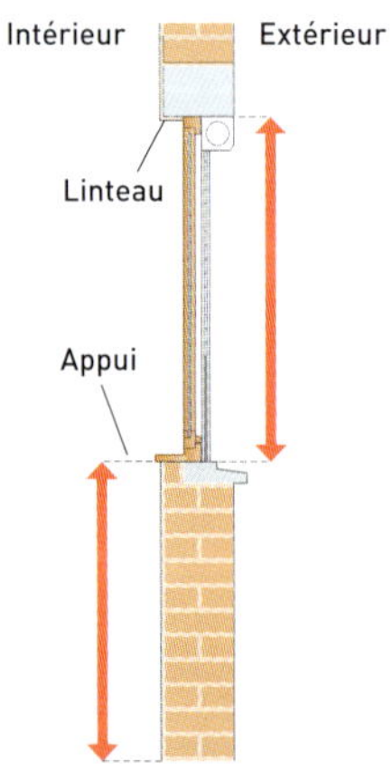

Une bonne installation dépend d'une bonne préparation. Nous vous conseillons de prendre les mesures du tableau (entre les murs extérieurs) et entre linteau et appui afin de choisir le kit le plus adapté.

Les différents types de pose des volets roulants

Selon la configuration de la baie et le type de volet roulant que vous retiendrez, le volet sera posé en alignement de façade, en retrait de celle-ci ou encore appliqué sur la façade elle-même.

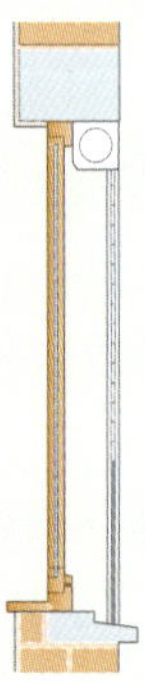

Coffre dans l'alignement de la façade

Il s'encastre entre les murs extérieurs (tableau). Vérifiez que l'épaisseur du coffre n'excède pas l'épaisseur du mur extérieur.

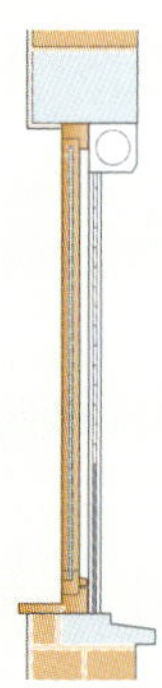

Coffre en retrait de la façade

Pose entre murs, même si le coffre est plus épais que le tableau.

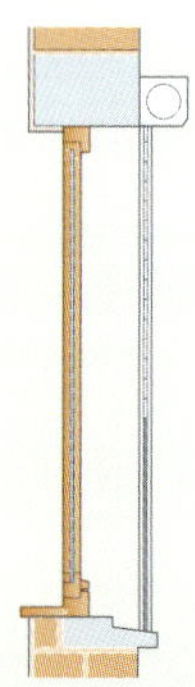

Coffre appliqué sur la façade

Aucune contrainte de dimensions de tableau.

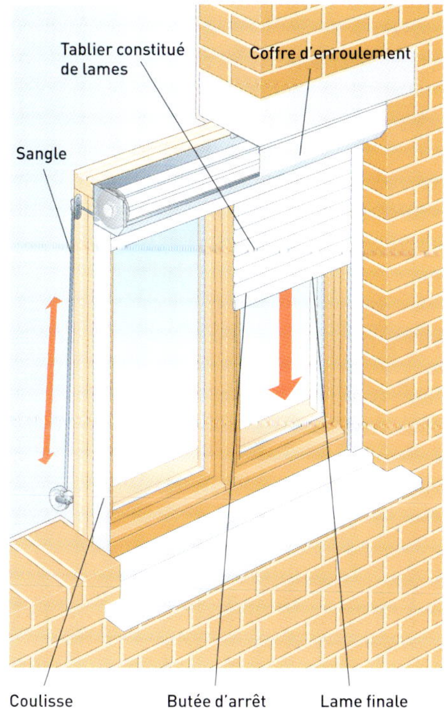

Installer un volet roulant en kit

Ces "kits volet" s'adaptent à la plupart des situations (voir schéma de pose). Les instructions de montage doivent être impérativement lues avant l'installation. Lorsque vous avez choisi le type de pose qui correspond le plus à vos configurations, suivez ensuite les étapes de pose.

1 Coupez les coulisses, le tablier et le coffre en tenant compte de vos mesures.

2 Installez le guide de sangle ou le raccordement électrique dans le cas d'un volet motorisé.

3 Percez la menuiserie pour pouvoir passer la sangle ou le câble pour l'interrupteur à l'intérieur de la maison.

4 Installez le coffre en fixant les coulisses sur les murs avec les chevilles et les vis adaptées.

5 Fixez l'enrouleur/interrupteur sur le mur intérieur ou sur le dormant de la fenêtre. Veillez à ce que la chute de la sangle soit la plus verticale possible.

6 Installez les arrêts de butée.

Outils Matériaux

- **perceuse électrique à percussion**
- **forets béton et métal**
- **niveau à bulles**
- **mètre ruban**
- **clef hexagonale**
- **scie à métaux**
- **tournevis**
- **marteau**

- chevilles et vis
- kit volet

Commande manuelle ou motorisée

Les volets roulants sont traditionnellement manœuvrés manuellement par une sangle ou une manivelle à cardan. Il est possible aujourd'hui de moderniser ces volets grâce à un kit de motorisation dont le mécanisme se loge dans l'axe d'enroulement (le moyeu) du tablier. Le moteur peut être commandé par un interrupteur en applique ou par une télécommande (pouvant agir sur plusieurs volets). Certains peuvent même être programmés pour fonctionner automatiquement.

Motorisation de volets battants

Cet astucieux système à bras articulé, piloté par une télécommande, permet de motoriser des volets battants jusqu'à 1,60 m de large.

Conseil castorama

Un bon entretien

Ces accessoires sont disponibles pour entretenir vos volets et veiller à leur bon fonctionnement : enrouleurs, guide-sangle, passe-caisson de manivelle, sangle, cardan de manivelle, bloqueur de manivelle, manivelle.

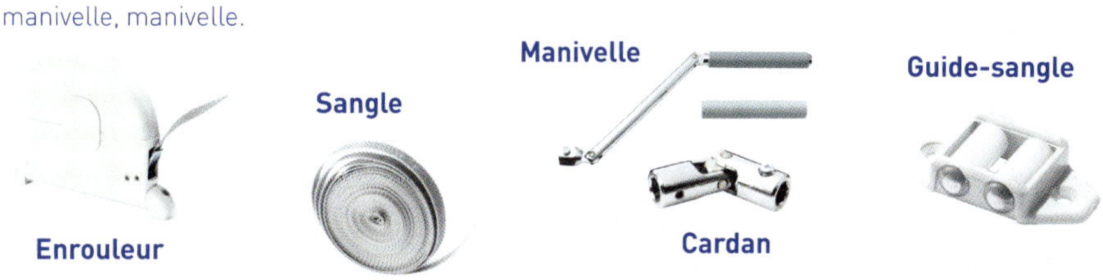

TOITURES STRUCTURES

La plupart des maisons individuelles sont coiffées d'une toiture en pente, le plus souvent à double pan, soutenue par une charpente et couverte de tuiles ou d'ardoises. Le poids de la couverture est porté par des chevrons eux-mêmes soutenus par une panne faîtière et une panne sablière appuyée sur un mur périphérique. Il existe diverses formes de tuiles, en terre cuite ou en béton moulé : losangée, romane, monopole, mécanique, canal, etc. Les ardoises peuvent être d'extraction naturelle ou en matériau de synthèse. On les remplace parfois par des bardeaux. La forme, l'architecture et le matériau de couverture des toitures à pans dépendent du style et des dimensions de la construction.

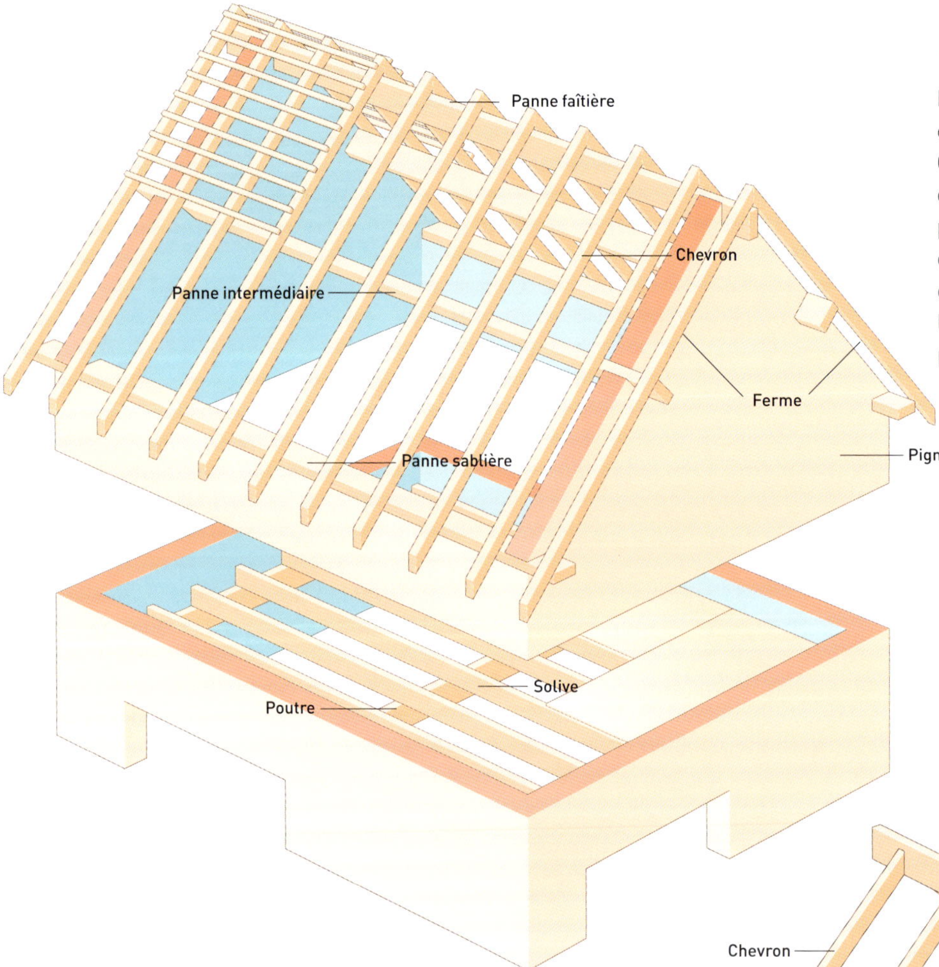

◂ Toiture double pan simple

Dans une toiture classique, la charpente se compose de fermes à triangle et de chevrons. Ces triangles sont formés d'une base, l'entrait, de deux arbalétriers pour les côtés et d'une poutre verticale, le poinçon. Dans les versions de toitures simplifiées, on trouve seulement des chevrons placés entre la panne faîtière et la panne sablière, soutenus éventuellement par une panne intermédiaire.

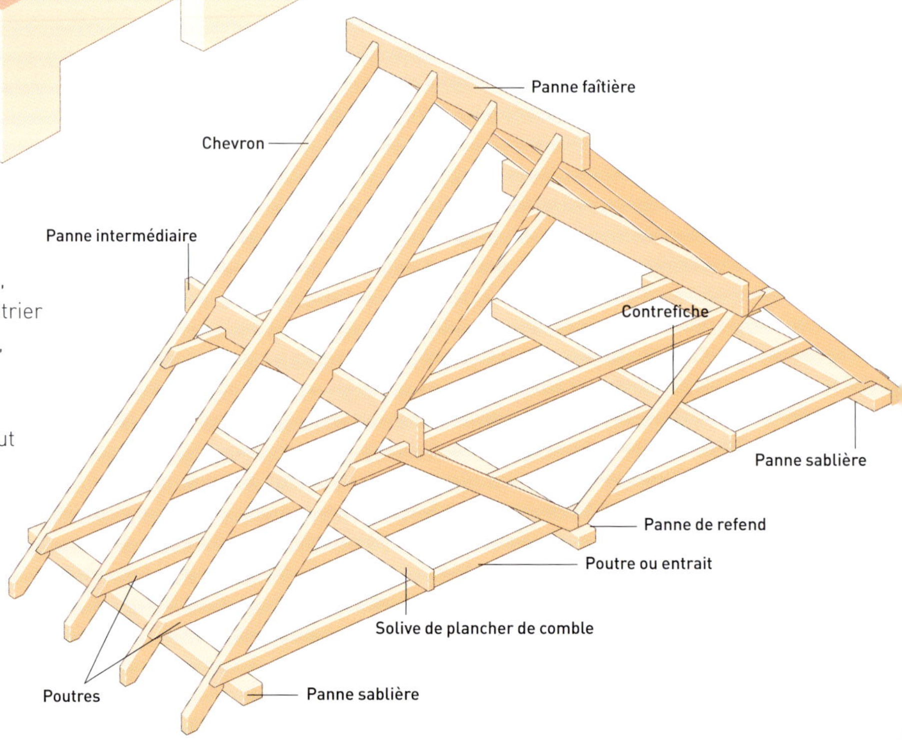

Fermes double pan à contrefiches ▸

Quand la portée entre les murs latéraux est importante, une contrefiche relie le milieu du chevron ou de l'arbalétrier à celui de la poutre (entrait), de chaque côté du triangle, et une panne intermédiaire relie les liaisons de ces contrefiches avec les chevrons. Pour de très grandes portées, spécialement avec des pentes modérées, il peut y avoir deux, voire trois pannes intermédiaires. Dans ce cas, les fermes sont triangulées par des contrefiches, et une poutre verticale appelée "poinçon" relie la faîtière à une panne centrale, dite "de refend" quand elle est portée par un mur de refend.

Si les combles sont aménageables, des solives sont posées à angle droit sur les poutres formant les bases des fermes.

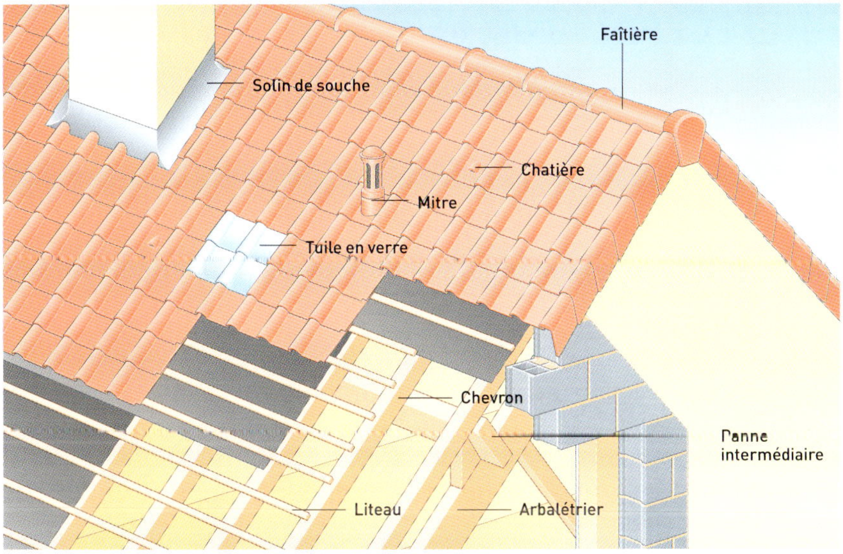

◂ Architecture d'une couverture en tuiles

L'écartement entre les fermes et la section de leurs chevrons dépendent de la charge maximale que la toiture peut supporter. Celle-ci découle de la masse de la couverture mais doit également tenir compte de la surcharge créée par un éventuel amas de neige. Si vous changez le matériau de couverture, pensez que cette opération peut vous amener à renforcer la charpente, soit en doublant les chevrons, soit en ajoutant des contrefiches dans les fermes. Dans tous les cas, ce type de travaux nécessite le dépôt d'une déclaration de travaux voire, dans certaines régions, d'un permis de construire (renseignez-vous en mairie). Cette dernière formalité est indispensable si vous modifiez la forme de votre toiture (pente et/ou architecture).

Constitution des couvertures ▸

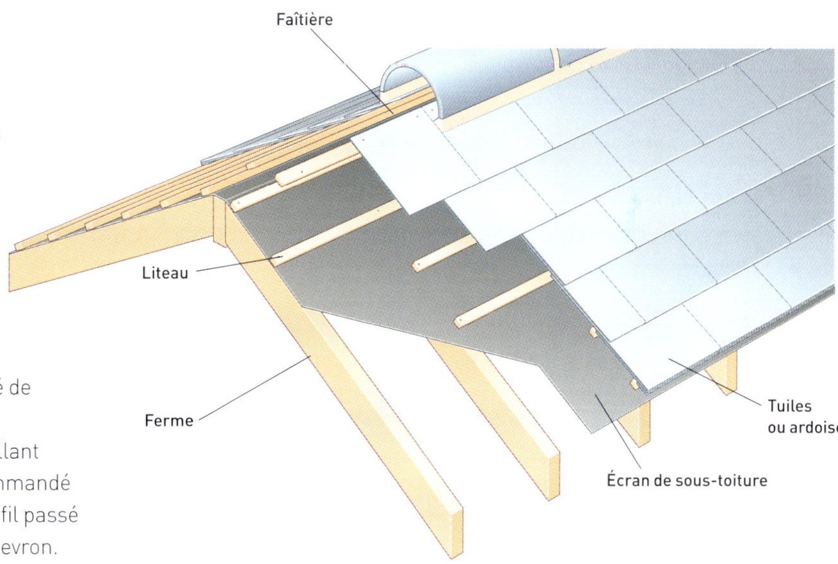

Les tuiles ou les ardoises sont portées par des liteaux ou des voliges (planches en pin traité) cloués sur les chevrons, généralement sur un film (ou écran) qui assure l'étanchéité de la toiture tout en laissant ses matériaux "respirer".

Les bandes microperforées en feutre asphalté ou en polyéthylène haute densité sont posées horizontalement avec un recouvrement. Les tuiles ou ardoises sont posées par rangs horizontaux, en partant des rives inférieures et en remontant vers le faîtage. Elles se chevauchent en partant du haut, et chaque rang est décalé par rapport à celui du dessous, d'une moitié de largeur de tuile ou ardoise.

Les tuiles s'accrochent sur les voliges par un talon saillant sous leur face intérieure. Sur un site très venté, il est recommandé de conforter cette fixation avec (pour une tuile sur deux) un fil passé dans l'œil du talon et cloué à son autre extrémité sous le chevron. Les tuiles canal se posent "à l'ancienne" sur des chevrons triangulaires, avec des rangées inversées aux rives recouvertes par les rangées de dessus, ou, plus pratiquement, sur des plaques de ciment ondulées.

Les ardoises sont fixées, soit par clouage sur les voliges, soit au moyen de crochets dont l'extrémité supérieure est piquée dans les voliges, soit avec des crochets agrafés sur les liteaux.

Toiture à deux pans (sur pignon)

Toiture à quatre pans (à croupe)

◂ Formes des toitures

Les toitures à deux pans (sur pignon) et celles à quatre pans (à croupe) sont les deux formes les plus courantes. Dans la première architecture, la toiture comporte deux pans rectangulaires égaux, dont les plus petits côtés reposent sur le triangle des pignons. Une toiture à quatre pans se compose de deux grands pans trapézoïdaux, reliés par deux pans triangulaires dont la base repose sur les murs d'extrémités. Leur charpente comporte en conséquence des pièces supplémentaires. Le triangle de croupe est constitué de deux arêtiers sur les côtés et d'un chevron central encadré de deux faux chevrons, eux-mêmes encadrés de deux autres chevrons (empannons) de longueur décroissante. Quand une toiture à quatre pans se raccorde sur une toiture à deux pans, la liaison est assurée par un chevron de noue.

TOITURES TUILES ET ARDOISES

Examinez votre toiture au moins une fois par an pour déceler d'éventuels éléments fissurés, décalés ou même disparus. Si vous attendez qu'une fuite apparaisse, les dégâts seront bien plus importants. Si vous devez monter sur le toit, ne transigez surtout pas sur la qualité des échelles et des échafaudages, ne prenez aucun risque et ne travaillez jamais seul. Encordez-vous toujours sur un point d'ancrage solide (souche de cheminée, par exemple).

Réparation provisoire d'une tuile

En attendant de la remplacer, vous pouvez réparer une tuile fissurée ou même cassée en deux, pourvu qu'elle soit restée en place.

1 Brossez avec soin la zone entourant la cassure, et éliminez tous les débris. Si l'application d'un caoutchouc liquide sur une fissure superficielle peut suffire, il faut recouvrir une cassure totale avec une bande d'étanchéité.

2 Coupez un morceau de bande un peu plus long que la cassure.

3 Pelez le dosseret en papier, soulevez la base de la tuile qui surplombe celle qui est cassée, et posez la bande d'étanchéité adhésive à cheval sur la cassure, en veillant à ce que les lèvres de celle-ci restent bien accolées.

4 Pressez sur la bande avec la paume des mains, afin qu'elle soit bien collée en place.

Outils Matériaux

- **brosse métallique**
- **ciseaux**
- **échelle-escabeau**
- **échelle de couvreur**
- **seau au bout d'une corde**
- **gants de bricolage**

- bande d'étanchéité
- tuiles de remplacement

Remplacer les tuiles cassées

Le plus souvent, chaque tuile est simplement maintenue par son talon, s'appuyant sur un liteau. Dans certaines situations (sites très ventés), une partie des tuiles est également retenue par un fil de fer passé dans l'œil du talon et enroulé autour de la volige. Dans ce cas, il faut d'abord défaire si l'on veut enlever la tuile.

1 Commencez par retirer la tuile cassée située le plus haut. Repoussez les tuiles adjacentes et tirez en biais celle à remplacer. Les tuiles situées au-dessous se déposent alors aisément. Descendez les tuiles une par une, ou placez-les dans un seau récupéré par un assistant. Replacez d'abord la première rangée inférieure, en progressant de droite à gauche. Calez bien le talon de chaque tuile sur son liteau.

2 Arrivé à la dernière tuile de la rangée, soulevez les tuiles de part et d'autre et insérez la nouvelle tuile d'un mouvement latéral alternatif en remontant, jusqu'à ce que son talon bascule derrière le chant supérieur du liteau.

3 Passez à la rangée du dessus. Pour glisser la dernière tuile, soulevez le bord inférieur de la tuile située au-dessus et glissez la nouvelle sous celles entre lesquelles elle doit s'encadrer, en la repoussant vers le haut avec un mouvement de gauche à droite.

Sécurité

Échelles et échafaudages

Même pour une réparation minime, vous devez utiliser une échelle parfaitement adaptée. Celle pour monter sur le toit doit être équipée d'un écarteur de mur qui lui assure un appui parfait sur le mur, et non pas sur la gouttière ou le soffite. L'échelle de toit, quant à elle, doit avoir une accroche à passer sur le faîtage et des roulettes caoutchoutées permettant de la glisser sur la couverture sans endommager les tuiles ou les ardoises. Si vous voulez entamer une intervention importante sur une toiture, mieux vaut louer un échafaudage avec garde-corps.

Réparation provisoire d'ardoises

Les ardoises anciennes sont clouées sur les voliges. Vous pouvez être amené à effectuer une réparation provisoire (en attendant, par exemple, de trouver une ardoise s'accordant avec celles de la toiture). Travaillez avec de robustes gants, car les bords des ardoises sont tranchants.

Outils Matériaux
- **échelle-escabeau**
- **échelle de couvreur**
- **gants de travail**
- **brosse métallique**
- **ciseaux**
- **ciseau à froid**

- bande d'étanchéité

1 Nettoyez la zone entourant la cassure avec une brosse métallique et éliminez avec soin la poussière et les résidus de mousse et de lichens.

2 Soulevez avec précaution la base de l'ardoise située au-dessus de celle à réparer et calez-la ainsi avec la lame d'un ciseau à froid. Pelez le dosseret de la bande d'étanchéité, coupée à bonne longueur, et insérez-la en place.

3 Plaquez soigneusement la bande en place, en pressant avec les paumes des mains.

Rénover les toitures en plaques ondulées

Si votre toiture en plaques ondulées présente des fissures, vous pouvez l'enduire d'un revêtement caoutchouc. Si votre toiture est endommagée, il est préférable de remplacer les plaques ondulées.

1 Posez la première plaque ondulée indifféremment à gauche ou à droite mais dans le sens opposé au vent dominant. Posez les plaques suivantes dans l'ordre indiqué par le schéma. Coupez-les et fixez-les au fur et à mesure.

2 Lors de la pose des plaques, respectez les recouvrements transversaux et latéraux. Le recouvrement latéral sera d'une demi-onde en site protégé et d'une onde complète si le site est exposé au vent ou à la neige.

3 Percez les plaques du bas sur le côté inférieur à 15 cm du bord sans gouttière et à 20 cm avec gouttière. Veillez à percer les plaques sur les sommets d'ondes. Pour ne pas écraser l'onde et fendre la plaque, intercalez entre la panne et l'onde une cale d'onde ou un pontet. Fixez les plaques (voir schémas).

4 Terminez la pose, soit par la mise en place des faîtières, soit par la réalisation de la liaison avec le mur. Dans le cas des faîtières, posez-les avec un recouvrement de 5 cm. Sinon, réalisez la liaison avec les murs avec une bande d'étanchéité. Appliquez au préalable un primaire d'accrochage.

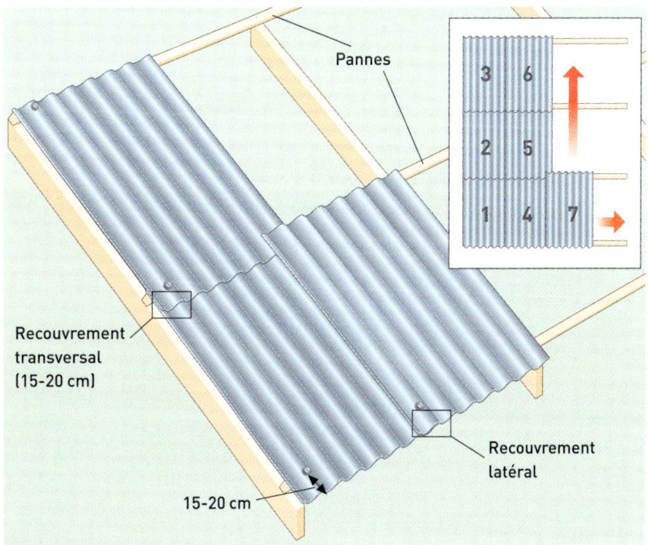

Fixations

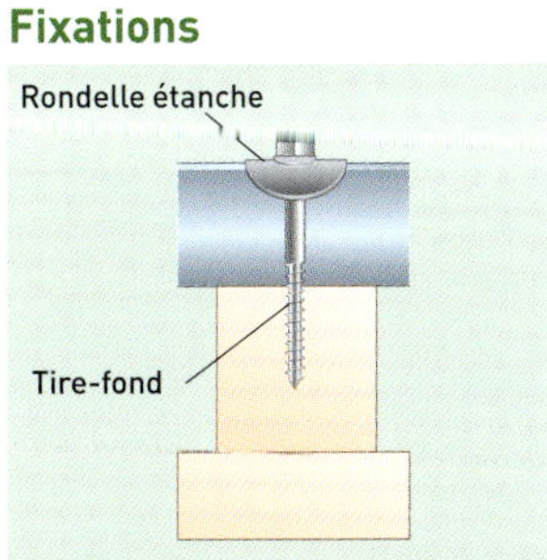

Sur charpente bois

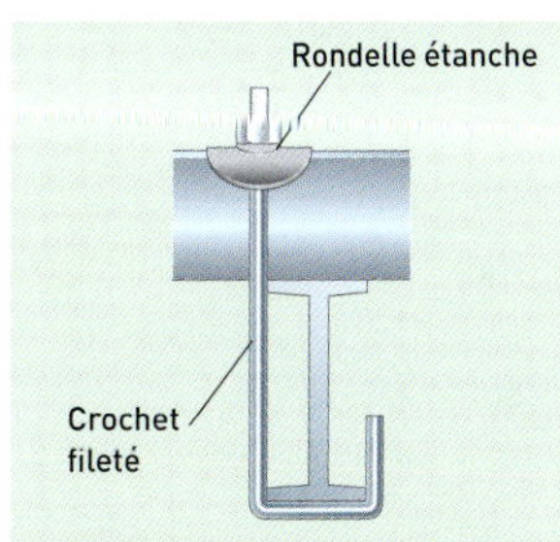

Sur charpente métallique

Outils Matériaux
- **perceuse et forets**
- **scie égoïne électrique (pour plaque polyester)**
- **tronçonneuse à disque (pour plaque fibro-ciment ou tôle galvanisée)**
- **mètre**
- **marteau**
- **clés**
- **échelle ou échafaudage**
- **masque de protection**

- plaques ondulées
- tire-fond
- crochets ou tiges filetées et écrous
- clous à tête plate et pointes pour tôles bardeaux
- cales d'ondes ou pontets
- bande d'étanchéité et primaire ou faîtières

PALISSADES STRUCTURES

Vous choisirez votre clôture selon l'usage auquel vous la destinez : préserver votre intimité, vous protéger du vent ou du soleil, embellir votre propriété, ou améliorer la sécurité de votre maison. Considérez d'abord l'implantation de celle-ci, et cherchez à l'intégrer harmonieusement dans son environnement.

Palissades

La palissade est assez facile à implanter et moins coûteuse qu'un mur. Ne sous-estimez cependant pas les travaux et le coût de l'entretien qu'elle nécessitera au fil des ans, car le bois devra être traité périodiquement. Il existe de nombreux types de palissades assurant une séparation efficace. Toutefois, si elle est exposée aux vents dominants, veillez à ce qu'une étanchéité trop parfaite ne crée le risque de la voir abattue. Préférez alors une clôture plus perméable au vent.

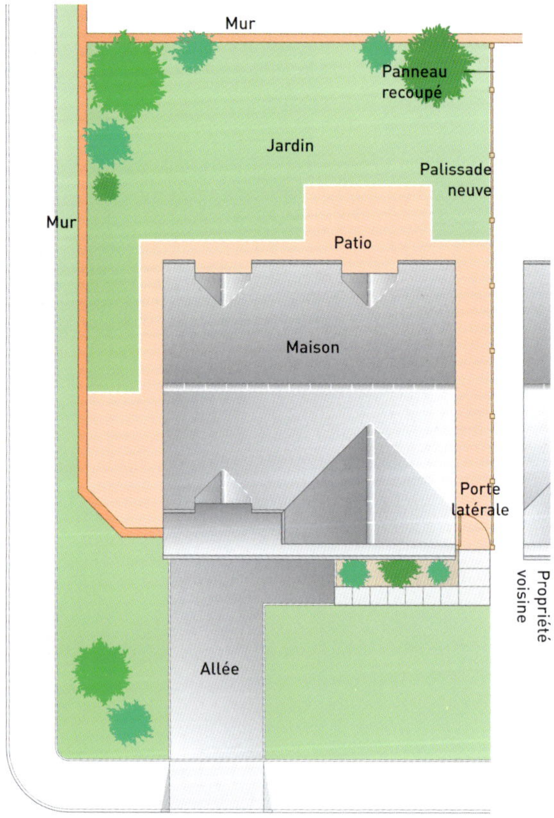

Concevoir une palissade

Commencez par aviser vos voisins de vos plans et vérifiez à la mairie que vous êtes en règle. Contrôlez le tracé exact de la ligne de séparation et assurez-vous que les poteaux sont implantés de votre côté. Avant d'abattre une vieille palissade, assurez-vous qu'elle est bien à vous. Si elle appartient à votre voisin et qu'il refuse que l'on y touche, vous pouvez ériger la vôtre à l'intérieur de votre propriété. Selon une règle coutumière de bon voisinage, qui ne constitue pas une obligation légale, les poteaux et traverses se placent vers l'intérieur de votre propriété. Tant que la palissade ne jouxte pas un passage public et que sa hauteur ne dépasse pas 2 m, son implantation n'est généralement pas soumise à autorisation.

Panneaux

Les panneaux, faciles à ériger, assurent une fermeture efficace et leur coût est adapté à ces avantages. Les panneaux, qui se fixent sur des poteaux scellés dans le sol, sont généralement vendus en largeur standard de 1,8 m et hauteur de 0,6 à 1,8 m, mais on peut les recouper. Comme tout élément en bois placé dehors, cette palissade doit être traitée avec un produit protecteur.

Treillis et panneaux combinés

Pour surélever une clôture, ajoutez un treillis au-dessus des panneaux. Le treillis est idéal pour guider des plantes grimpantes ou créer un aspect moins austère qu'une palissade pleine, en assurant un ombrage et une intimité plus naturels.

Piquets

Constituée de lattes verticales ayant un bout arrondi ou pointu, la palissade en piquets est en général vendue en panneaux de 1,2 m de haut maximum. On la pose souvent devant la façade, plus pour marquer une limite que pour fermer la propriété.

Panneaux en cannage

Idéaux pour un cottage, les panneaux en cannage d'osier ou de coudrier ont un aspect rustique et un peu sauvage.

Treillis

Les treillis, aux formes et aux matériaux très variés (notamment : bois tendres, plastique imitation bois, matériaux recyclés) se clouent entre les poteaux de palissade ou se fixent au-dessus d'une palissade ou d'un mur pour les surélever. Ils offrent le support idéal pour les plantes grimpantes dont le feuillage fait un écran naturel.

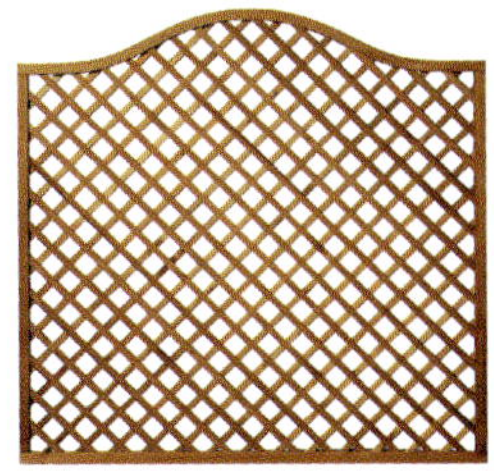

Panneaux en treillis

Les panneaux en treillis de bois souple, fixés entre des poteaux, forment un écran sérieux et esthétique. Vous pouvez préférer un treillis curviligne pour créer un aménagement plus original.

Portes

Sous des aspects très différents, les portes sont réalisées en bois, en métal ou en PVC. Elles peuvent être portées par des poteaux de bois, articulées sur un mur ou soutenues par des piliers en maçonnerie. Avant d'acheter une porte, définissez bien ses caractéristiques : largeur, mode de fixation, sens d'ouverture à droite ou à gauche.

Portillon métallique

Une grille s'assortit à une construction en pierres aussi bien qu'en briques. Ce type de grille est fourni en général avec paumelles et serrure intégrées.

Portillon à claire-voie

Un portillon à claire-voie s'intègre élégamment dans une palissade en piquets, un mur ou une haie. Les sommets des lattes, peintes ou lasurées, peuvent être carrés, ronds ou pointus.

Portail PVC

De style moderne, les portails PVC conviennent à des maisons contemporaines et assurent l'intimité du jardin. Ces portails nécessitent peu d'entretien.

Portail en fer

Classiques, les portails en fer apportent du caractère à votre jardin.

Structures

Une pergola ou une tonnelle peuvent donner une nouvelle dimension à un jardin, même au plus petit. Bien placée, cette construction incitera les visiteurs à une exploration. Taillées pour envelopper la structure, les plantes grimpantes comme la glycine créent un ombrage frais et accueillant.

Pergola en arc

Une tonnelle crée un point de focalisation à partir duquel on peut admirer la perspective du jardin.

Pergola en charpente

Garnie de plantes grimpantes, une pergola constitue un "toit" naturel au-dessus d'un patio ou d'une allée.

À L'EXTÉRIEUR

PALISSADES RÉPARATIONS

Pourrissement et insectes menacent portes et palissades en bois. Pour prolonger leur vie, traitez-les régulièrement avec un produit insecticide-fongicide. Par ailleurs, n'entassez pas de terre contre une palissade, et si possible, gravillonnez autour de sa base.

Réparer une traverse

Une traverse brisée peut être réparée en réunissant les lèvres de la cassure avec un gousset en tôle galvanisée pliée qui comporte des trous pour les vis ou pointes qui le fixeront dans le bois de la traverse. Si la rupture se situe près d'un poteau, utilisez un sabot d'extrémité fixé sur celui-ci.

Changer un élément

Quand le remplacement complet d'un poteau ou d'un panneau très vermoulu s'impose, la standardisation des éléments facilite l'opération.

Outils Matériaux

- **pince à décoffrer**
- **scie à métaux**
- **marteau**
- **tenailles**
- **perceuse et mèches**
- **niveau à bulles**
- **barre à mine**
- **pelle**

- panneau ou poteau
- pointes galvanisées de 75 mm
- bastaings
- ciment et agrégats

1 Faites levier avec la pince à décoffrer insérée entre le panneau et le poteau pour découvrir les pointes qui les assemblent.

2 Sciez les pointes et enfoncez les tiges résiduelles au marteau ou arrachez-les avec des tenailles. Si vous déposez le panneau, faites de même de l'autre côté. Si le panneau neuf ne s'ajuste pas, rabotez ses chants ou comblez les interstices avec de la pâte à bois. Percez six avant-trous équidistants dans chaque montant latéral du panneau, de chaque côté, et clouez-le dans le poteau avec les pointes galvanisées de 75 mm.

Renforcer un poteau vermoulu

A priori, c'est la partie scellée dans le sol qui pourrit en premier. Si on n'y remédie pas à temps, le poteau finit par s'effondrer en entraînant la palissade.

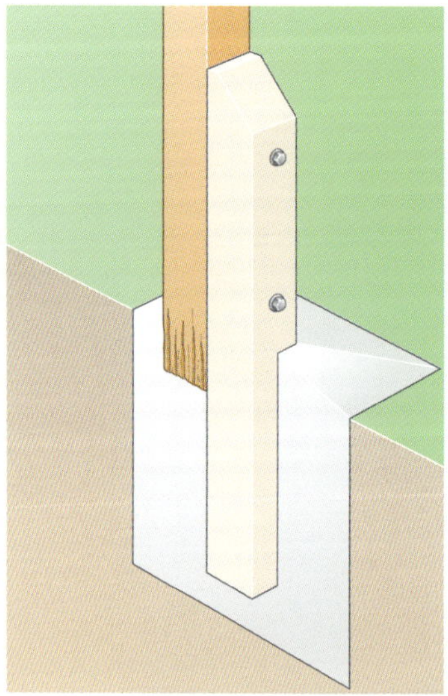

Calez la palissade entre des bastaings de chaque côté. Creusez autour de la base du poteau, coupez la partie pourrie et ôtez les restes de béton. Traitez le bois sain. Placez dans le trou un pieu en béton calé contre les restes du poteau. Insérez des boulons poêliers dans les trous aménagés dans le pieu et tapez dessus pour marquer leur empreinte dans le bois. Percez les poteaux aux emplacements ainsi repérés. Poussez les boulons dans les trous jusqu'à ce que leur filetage apparaisse au dos du poteau, engagez les écrous et bloquez-les. Étayez le poteau avec des bastaings, et vérifiez qu'il est bien vertical. Comblez le trou avec du béton et attendez 48 h avant de retirer les étais.

3 Pour déposer un poteau, détachez les panneaux de chaque côté et écartez-les du poteau. Creusez autour de la base du poteau et retirez le béton. Si l'opération s'avère ardue, entaillez le poteau et soulevez-le en faisant levier à la barre à mine. Placez dans le trou un poteau neuf de mêmes dimensions que l'ancien. Étayez la palissade avec deux bastaings pendant que vous reclouez les panneaux de chaque côté (voir Étape 2). Vérifiez la verticalité du poteau au niveau à bulles et bétonnez son pied. Lissez la surface du béton en pente vers l'extérieur et attendez 48 h avant de retirer les étais.

Conseil castorama

Traitement du bois

Une couche de produit fongicide-insecticide accroît de façon spectaculaire la vie des éléments en bois. Pour une efficacité optimale, traitez un bois bien sec, vers la fin de l'été, après une longue période ensoleillée et quand on n'annonce pas de pluie avant un ou deux jours. Appliquez le produit à la brosse ou au pistolet, en portant des gants, des lunettes de protection et un masque.

Ôter une tache de pourriture

Les attaques de pourriture limitées et superficielles peuvent être éliminées sans avoir à remplacer tout l'élément.

Outils Matériaux
- **maillet en bois**
- **ciseau à bois**
- **cale à poncer**

- traitement insecticide-fongicide
- pâte à bois pour l'extérieur
- papier abrasif

1 Avec un petit maillet et un ciseau, éliminez la partie pourrie jusqu'à apparition du bois sain. Enduisez la surface avec un produit de traitement extérieur.

2 Comblez la cavité avec de la pâte à bois, laissez sécher 15 min environ. Poncez à ras de la surface.

l'astuce éco castorama

Créosote : danger !
Choisissez des traitements hydrosolubilisés : sans créosote, ils sont dépourvus d'odeur, et plus respectueux de l'environnement.

Renforcer l'angle d'une porte

Quand une porte s'affaisse, vérifiez d'abord la fixation des paumelles. Si elle est correcte, le problème peut venir du jeu pris par les pièces d'angle du vantail, du fait du travail du bois.

Outils Matériaux
- **pince serre-joint**
- **tournevis**

- colle résistant à l'eau
- ferrure en T ou en L
- vis galvanisées

1 Remplissez de colle le joint qui baille et refermez-le avec une pince serre-joint.

2 Quand la colle est sèche, laissez le serre-joint en place pendant que vous vissez une ferrure à cheval sur le joint réassemblé.

Fixer une écharpe sur une porte

Une porte peut s'affaisser quand elle est dépourvue d'écharpe ou si celle-ci est sous-dimensionnée. Soulevez la porte et calez-la en place avant de relever les dimensions de l'écharpe qui doit s'insérer sans jeu entre les traverses du dos de la porte, pointe tournée vers la serrure. Taillez-la dans un chevron de même section que les traverses. Dégondez la porte, percez des avant-trous, et fixez l'écharpe neuve dans chacune des planches avec des vis galvanisées.

Traiter une porte rouillée

Les éléments métalliques extérieurs se détériorent rapidement quand la rouille les attaque. Une peinture spéciale contenant un inhibiteur de corrosion restaurera leur durabilité. Une seule couche suffit en général sur un élément déjà peint, mais fiez-vous plutôt aux indications portées sur le pot.

Outils Matériaux
- **brosse métallique**
- **lunettes de protection**
- **chiffon**
- **brosse à peindre**

- papier abrasif à grain moyen
- white-spirit
- peinture pour métaux avec inhibiteur de corrosion

1 Décapez la rouille et la peinture à la brosse ou au papier abrasif, en portant des lunettes de protection surtout s'il y a du vent.

2 Frottez la surface avec un chiffon imbibé de white-spirit.

3 Appliquez une couche de peinture inhibitrice de corrosion.

PALISSADES PORTILLON EN BOIS

Pour monter un portillon, commencez par le dresser entre ses poteaux. Ces derniers serviront de point de départ pour la clôture. Pour remplacer un portillon hors d'état, relevez précisément ses dimensions. Reportez ce relevé sur une feuille, en notant également l'emplacement des pentures et leur sens d'ouverture. En général, un portillon s'ouvre vers l'intérieur de la propriété close.

Poser un portillon en bois

Utilisez des poteaux carrés de 9 cm, dépassant la hauteur de l'ouvrant d'environ 0,60 m, pour un portillon léger. Si le portillon dépasse 1,20 m en hauteur ou en largeur, choisissez des poteaux de plus forte section et plus longs d'environ 0,75 m ; reportez-vous aux indications du fabricant du portillon. Traitez les poteaux en bois avec un produit pour l'extérieur. Les piquets n'assurant pas une tenue suffisante, scellez les poteaux dans du béton, et n'utilisez que des pièces métalliques protégées contre la corrosion.

Outils Matériaux

- **scie égoïne**
- **fausse équerre**
- **crayon**
- **perceuse et forets**
- **tournevis**
- **truelle**
- **bêche ou tarière**
- **niveau à bulles**

- 2 poteaux de portillon
- produit de traitement du bois
- portillon
- 5 madriers (contrefiches et supports)
- 2 pentures
- 1 verrou
- vis galvanisées
- ciment et agrégats ou mortier prêt-à-gâcher

1 Si les poteaux ne sont pas appointés (chant supérieur incliné pour évacuer la pluie), commencez par effectuer cette coupe, en traçant, près d'une extrémité, un angle de 20° au moyen de la fausse équerre.

2 Prolongez le tracé d'équerre sur le chant adjacent et sciez sur le tracé. Badigeonnez la coupe avec un produit traitant ; si le poteau n'est pas traité, enduisez-le entièrement.

3 Repérez le sens d'ouverture du portillon et posez-le face contre terre. Positionnez les poteaux de chaque côté, leur sommet dépassant celui du portillon de 5 cm, en laissant un espace de 5 mm de part et d'autre des côtés du portillon. Faites affleurer la face des poteaux, en le calant sur des planches ou des tasseaux retaillés à bonne épaisseur, si nécessaire.

4 Apposez les pentures en place au dos du portillon. Marquez les trous des vis et percez un avant-trou. Présentez une vis pour vérifier que le diamètre percé est suffisant. Percez les autres trous.

5 Vissez les pentures. Si vous peinez à les positionner avec précision sur les poteaux (voir : Conseil Castorama), fixez-le après avoir érigé les poteaux en place.

6 Percez les avant-trous pour les vis du verrou, puis fixez celui-ci en place. N'oubliez pas de laisser un espace de 5 mm entre le portillon et le poteau.

9 Calez l'ensemble en place avec des bastaings. Gâchez le béton, remplissez les trous autour des pieds des poteaux et lissez le béton en donnant une pente d'écoulement du poteau vers le sol.

7 Immobilisez ensemble le portillon et ses poteaux en les entretoisant avec trois barres en bois (entretoises). Présentez l'ensemble pour repérer l'emplacement des pieds des poteaux.

10 Laissez le béton prendre pendant 48 h avant de déposer les entretoises.

8 Creusez les trous pour le pied des poteaux avec une bêche ou une tarière. Leur diamètre doit correspondre à environ une largeur et demi de pelle, leur profondeur devant laisser sous le portillon un espace d'environ 5 cm pour un débattement normal. Vérifiez la planéité du sol sous le portillon, creusez un peu si nécessaire. Dans un sol très meuble, mieux vaut creuser une tranchée de 30 cm de large et 20 cm de profondeur entre les poteaux et la remplir de béton. Les poteaux ne risqueront plus, dans ce cas, de se rapprocher. Placez les poteaux dans les trous et vérifiez leur verticalité avec le niveau à bulles.

Conseil castorama

Réglage des pentures

Certaines pentures présentent un jeu plus ou moins important qui compromet la précision de leur fixation sur les poteaux. Vous devrez alors les régler après avoir mis les poteaux en place. Cela sera plus facile si vous ne placez d'abord que deux des vis de fixation quand poteaux et portillon sont couchés. De même, attendez que les poteaux soient en place pour fixer le verrou.

Fixer un poteau dans un mur

Pour maintenir un poteau contre un mur, fixez-le avec des goujons expansifs. Ils doivent être enfilés d'un côté dans des trous pratiqués dans le poteau et de l'autre dans la maçonnerie. Le serrage d'un écrou entraîne la dilatation de la queue du goujon, qui se bloque ainsi dans la maçonnerie. Comptez trois points d'ancrage pour un poteau de plus de 1,20 m, deux seulement pour un poteau plus petit.

Commencez par fraiser le logement des écrous et de leurs rondelles dans le poteau, au moyen d'une mèche à bois à lèvres droites (foret à lamer). Changez ensuite de mèche pour percer le passage du goujon de part en part. Avec un foret à béton de même diamètre, contre-percez dans la maçonnerie à travers les trous du montant avec précision.

Retirez les montants et percez dans la maçonnerie au diamètre adapté à la queue des goujons. Insérez les goujons dans les trous percés dans le mur, plaquez le poteau en place, enfilez les rondelles puis les écrous, et serrez ceux-ci au moyen d'une clé à pipe en prenant garde de ne pas forcer.

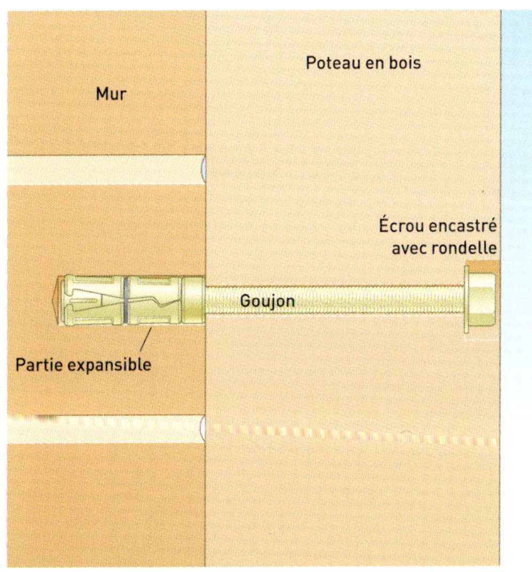

Goujon à expansion

PALISSADES PANNEAUX EN BOIS

Sécurité
Portez toujours de solides gants pour vous protéger des échardes. Soyez très prudent quand vous appliquez le produit de traitement du bois et portez également des lunettes de protection si nécessaire.

Une bonne préparation contribue à la bonne mise en place des panneaux. Gardez à l'esprit qu'il s'agit d'un travail assez pénible et que l'aide d'un assistant sera la bienvenue. Dégagez la végétation alentour et déplantez délicatement les plantes situées trop près du tracé de la clôture pour les replanter une fois la clôture terminée. Il vaut donc mieux effectuer ce travail au printemps ou en automne. Les panneaux de clôture semi-occultants font généralement 1,80 m de long sur 0,90 m, 1,20 m, 1,50 m ou 1,80 m de haut.

Outils Matériaux
- **gants de protection**
- **décamètre**
- **bêche ou tarière**
- **masse**
- **niveau à bulles**
- **2 cordeaux de maçon**
- **scie égoïne**
- **perceuse et forets**
- **truelle**
- **marteau**

- baguettes
- poteaux et panneaux
- chevrons
- briques
- pointes galvanisées de 75 mm
- ciment et agrégats ou béton prêt-à-gâcher
- chapeaux de poteaux
- mastic au silicone

Tracer et creuser les pieds de poteaux

Choisissez d'abord le mode de fixation des poteaux : dans du béton ou sur des supports. Le premier est le plus robuste, mais impose un travail supplémentaire et nécessite des poteaux dépassant la hauteur des panneaux d'au moins 0,60 m. Les supports métalliques (voir Conseil Castorama), solutions plus faciles, ne donnent pas une clôture aussi solide. Les poteaux sont livrés traités, mais il n'est jamais inutile de faire tremper leur pied toute une nuit dans un produit hydrofuge.

1 Déroulez et tendez un décamètre sur le tracé de la clôture. Repérez la position de chaque poteau en plantant une baguette qui marque le centre du trou. Pour des panneaux de 1,80 m de long, fixés entre des poteaux de 0,10 m de section, ces repères seront espacés de 1,90 m.

2 Creusez l'emplacement de tous les poteaux. S'il y en a beaucoup, vous pouvez louer une tarière. En général, une profondeur de 0,45 m est suffisante, sauf en sol très meuble où il faut creuser plus profond pour poser des poteaux plus longs.

3 Enfoncez des étais provisoires à la massette pour maintenir le premier poteau en place, en vérifiant avec le niveau à bulles, qu'il est bien vertical.

4 Érigez le dernier poteau de la même façon, maintenu par des étais, en vérifiant sa verticalité. Reliez la tête et la base de ces deux poteaux avec les cordeaux de maçon. Posez les autres poteaux dans leurs trous.

Couper les panneaux

Il est rare qu'une clôture comprenne un nombre entier de panneaux, et vous devrez sûrement en recouper certains.

1 Déposez avec précaution les montants d'extrémité et disposez-les à la longueur voulue, de part et d'autre du panneau, puis clouez-les en place.

2 Sciez le panneau au ras du chant extérieur des montants repositionnés.

Conseil castorama

Planter les poteaux

Si le sol est bien ferme, les poteaux peuvent être fixés avec des supports à enfoncer en acier galvanisé, adaptés à leur section. Enfoncez le support dans le sol à petits coups de masse. Si vous rencontrez une pierre, dégagez-la et reprenez l'opération jusqu'à obtenir la profondeur voulue. Vérifiez périodiquement que le piquet est bien vertical. Continuez à creuser jusqu'à ce que la face supérieure du support se trouve au niveau du sol. Engagez le poteau dans le support à coups de masse.

Construire la clôture

Dressez les poteaux et les panneaux en alternance, en progressant sur toute la longueur de la clôture. N'oubliez pas de vérifier l'alignement de chaque panneau, ainsi que sa verticalité et son horizontalité.

1 Dans chacun des montants du panneau, percez six avant-trous équidistants. Maintenez le panneau à une hauteur de 5 à 7 cm au-dessus du sol par des cales ou des briques. Cet espacement évitera au panneau de pourrir sous l'action de l'humidité remontant du terrain.

2 Vérifiez le calage horizontal du panneau avec le niveau, puis clouez-le sur les poteaux. Le dessus du panneau doit se trouver au moins à 25 mm au-dessous du sommet des poteaux.

3 Fixez le deuxième panneau, maintenu vertical au moyen d'un chevron, sur le poteau. Posez successivement et de la même façon tous les panneaux.

4 Assurez-vous que chaque poteau touche les cordeaux d'alignement, et vérifiez sa verticalité. Gâchez le béton et versez-le autour du pied de chaque poteau jusqu'au niveau du sol. Lissez la surface en pente pour que l'eau s'écoule du pied du poteau vers le sol.

5 Trempez le chapeau des poteaux dans un seau d'eau, pour éviter qu'il ne se fende quand vous le clouerez. Appliquez un mastic d'étanchéité au silicone sous sa face d'appui pour éviter que des infiltrations d'eau fassent pourrir le sommet des poteaux.

6 Clouez un chapeau sur chacun des poteaux.

Conseil castorama

Fixation par clips

Au lieu de clouer les panneaux sur les poteaux, vous pouvez utiliser des clips. Fixez-les d'abord sur le poteau, puis glissez le panneau entre les lèvres des clips et vissez ou clouez le panneau dans les clips. Cette fixation facilite le démontage des panneaux en cas de besoin. Mais les clips se voient nettement sur une clôture régulière.

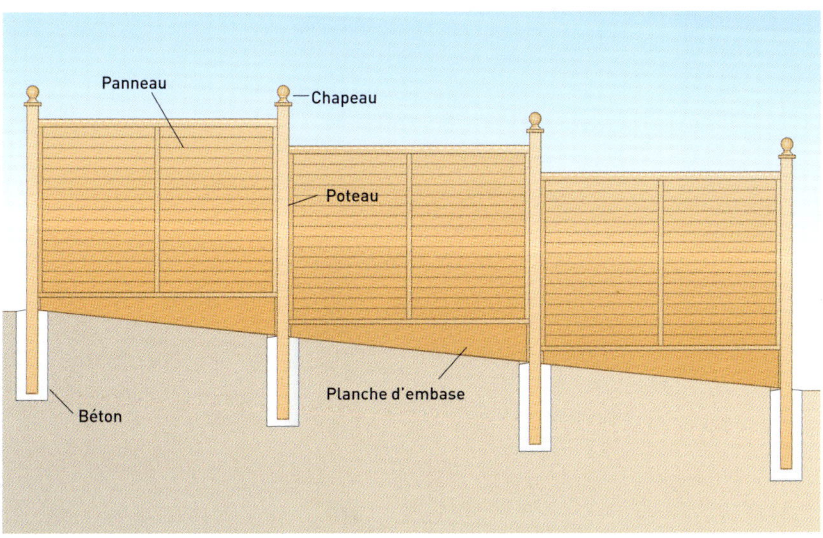

Clôture en pente

Pour réaliser une clôture sur une pente, il faut monter les panneaux horizontaux en escalier. Pensez donc à commander des poteaux plus longs pour compenser le décalage vertical entre deux panneaux consécutifs. Dans la mesure du possible, conservez un décalage constant, au besoin en travaillant le sol de manière à maintenir un triangle de mêmes dimensions sous chacun des panneaux, quitte à masquer ensuite les irrégularités avec une planche d'embase.

Planches d'embase

Les planches d'embase, spécialement traitées, sont à poser à la base d'une clôture pour protéger les panneaux de l'humidité du sol. Il est plus facile de remplacer une planche d'embase qu'un panneau complet. En prévision de la pose de la planche, laissez un vide de 15 cm sous les panneaux. Mesurez et coupez des planches de 25 mm d'épaisseur. Fixez-les avec des pointes ou des vis galvanisées, enfoncées de biais dans les poteaux, dans des avant-trous préalablement percés.

PALISSADES PLANCHES PLEINES

Les planches peuvent constituer une alternative élégante aux panneaux de clôture. Celles utilisées ici comportent un chant biseauté et sont clouées sur des traverses horizontales fixées entre les poteaux. Cette construction assure une parfaite intimité.

Ériger les poteaux et les traverses

Sur certains poteaux, les entailles destinées à recevoir les traverses de section triangulaire sont déjà réalisées ; si ce n'est pas le cas, vous devrez les faire. Prévoyez trois traverses pour une clôture de plus de 1,20 m de haut, deux seulement pour une clôture moins haute. Veillez à placer les poteaux de telle sorte que les traverses ne soient visibles que sur l'intérieur de la clôture. Les poteaux doivent être espacés de la moitié de la longueur des traverses, moins 5 cm (à recouper de chaque traverse). Tracez l'emprise de la clôture, creusez les trous pour les poteaux, placez ceux d'extrémité – côté intérieur de la clôture – et tendez entre eux deux cordeaux.

1 Placez les trois premiers poteaux dans leurs trous et étayez-les avec des chevrons. Insérez une extrémité de la traverse supérieure dans l'entaille du premier poteau et l'autre extrémité dans celle du troisième poteau. Vérifiez que la traverse est bien horizontale, puis tracez et coupez-la à longueur. L'extrémité de la traverse doit tomber exactement au milieu du poteau. Clouez en place avec des pointes galvanisées de 75 mm, puis posez de la même manière la traverse inférieure.

2 Pour assurer une meilleure rigidité, il faut alterner dans chaque poteau les joints entre les traverses. Pour cela, relevez la distance entre la face externe du premier poteau et le milieu du deuxième poteau et sciez la traverse médiane à cette longueur.

3 Clouez la traverse médiane avec des pointes galvanisées. La section suivante de traverse médiane aura une longueur couvrant la distance entre deux poteaux.

4 Assurez-vous que chaque poteau touche les cordeaux d'alignement, et vérifiez leur verticalité au moyen du niveau à bulles.

5 Poursuivez la pose des poteaux et des traverses pour réaliser le squelette de la clôture, en les étayant au fur et à mesure. Gâchez le béton. Vérifiez à nouveau leur verticalité, bourrez le béton à leur pied et laissez-le sécher pendant 48 h. Lissez la surface en pente d'écoulement vers le sol alentour.

6 Fixez les planches d'embase horizontalement au pied des poteaux. Pour éviter l'éclatement du bois percez des avant-trous pour les pointes.

Outils Matériaux

- **niveau à bulles**
- **scie égoïne**
- **marteau**
- **perceuse avec forets et mèches à bois**

- poteaux
- chevrons d'étayage
- traverses (3 x longueur de la clôture)
- pointes galvanisées de 50 mm et 75 mm
- ciment et agrégats ou béton prêt-à-gâcher
- lattes de sol
- planches à chant biseauté
- bande de crête

Conseil castorama

Béton prêt-à-gâcher
Pour sceller les poteaux, pensez au béton prêt-à-gâcher à la place du ciment mélangé à des agrégats. Présenté en sacs de 25 kg, ce béton prédosé met environ 3 h à prendre et est sec au bout de 4 h.

Fixer les planches

La première planche se pose avec son chant le plus large accolé au poteau et sa base reposant sur la planche d'embase. Commencez par couper toutes les planches à bonne longueur et protégez les coupes avec un produit de traitement. La longueur des planches doit faire 25 mm de plus que celle des poteaux.

1 Avec des pointes galvanisées de 50 mm, clouez le centre de la première planche sur la traverse supérieure. Vérifiez qu'elle est bien verticale avant de la clouer sur la traverse inférieure, puis sur la traverse centrale. Taillez une pige épaisse de 20 mm de moins que la largeur des planches. Alignez-la sur le côté du chant épais de la première planche. Calez le chant de la planche suivante contre la pige et clouez la planche sur les trois traverses.

2 Poursuivez le clouage des planches, en maintenant un chevauchement constant de chacune sur la précédente, au moyen de la pige, et en vérifiant chaque fois sa verticalité. À six planches du dernier poteau, mesurez l'espace restant et augmentez ou réduisez le chevauchement pour arriver pile contre le dernier poteau.

3 Positionnez la bande de crête sur le sommet des planches et clouez-la avec des pointes galvanisées. En perçant préalablement des avant-trous, vous éviterez de fendre le bois.

Conseil castorama

Équerres galvanisées

On peut également fixer les traverses (et les panneaux) avec des équerres en acier galvanisé. Ces équerres sont percées de trous pour le vissage. Ces équerres peuvent également être utilisées pour renforcer la fixation entre les traverses et les poteaux.

Clôture en planches sur une pente

Pour poser une clôture pleine en planches sur une pente, placez les poteaux et les planches verticalement, mais inclinez les traverses parallèlement au sol. Quand les planches sont toutes en place, sciez leurs deux extrémités parallèlement aux traverses. Couvrez la partie supérieure d'une latte de crête.

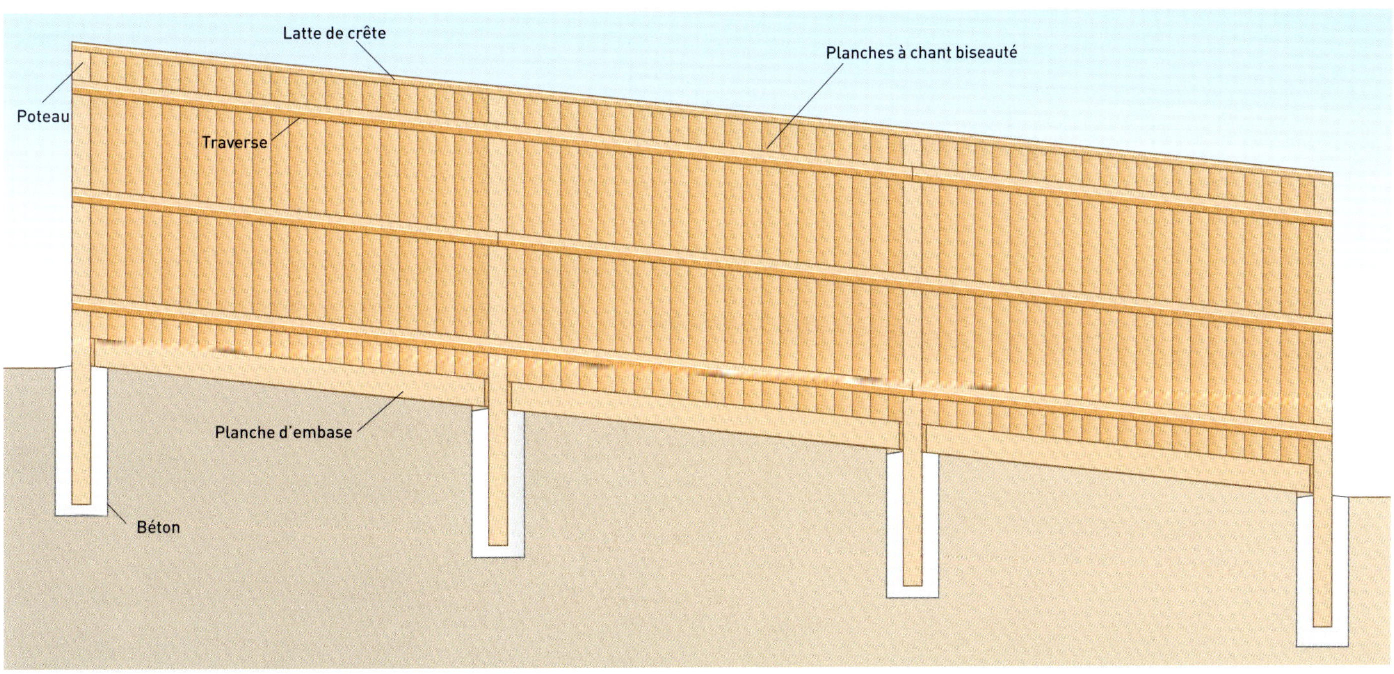

PALISSADES GRILLAGES

Installer un grillage permet de délimiter votre terrain et de vous protéger des intrusions. Soudé ou tissé, rigide ou souple, galvanisé, plastifié, les modèles sont variés. Vous pouvez également choisir la pose qui vous convient, ancré dans le sol ou scellé sur un muret.

Grillage métallique plastifié en maille soudée

Ces grillages offrent une excellente rigidité car les fils sont tréfilés durs. Lorsque ceux-ci sont de fort diamètre, le grillage ne demande pas de fixation autre que son attache sur les poteaux pour rester tendu et vertical.

Choisir un grillage

Le choix de votre grillage se fait en fonction de plusieurs critères : l'esthétique, la rigidité, la facilité de pose et sa résistance dans le temps.

Grillage métallique plastifié simple torsion

Bon marché, il est très solide. L'élasticité de ses mailles lui permet de s'adapter à toutes les configurations de terrain.

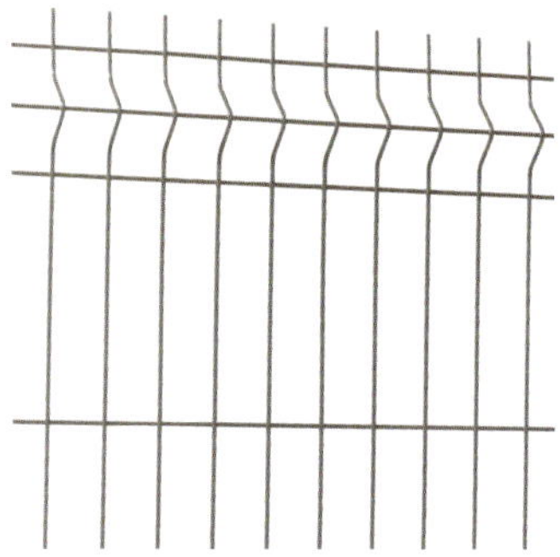

Grillage en panneaux rigides

C'est le plus rigide des grillages et sa pose est facile.

Bordure

Les bordures sont utilisées pour délimiter un massif ou des allées.

Poser un grillage torsion en rouleau

Il est recommandé de faire un plan sur papier afin de calculer la longueur de grillage, le nombre de piquets d'angle et intermédiaires, la quantité de béton. Les grillages sont présentés en rouleau mais il en existe en hauteurs et largeurs différentes.

1 Délimitez la zone en posant des piquets à chaque angle. Tenez compte de l'horizontalité du terrain et déblayez ou remblayez si nécessaire. Tendez une corde entre chaque piquet.

2 Repérez l'emplacement des poteaux intermédiaires avec des piquets métalliques ou en bois tous les 2,50 m à 3 m.

3 Creusez les trous à l'aide d'une bêche. La profondeur du trou est de 30 à 50 cm suivant la hauteur du poteau et le diamètre est de 30 cm environ.

Outils Matériaux

- **bêche**
- **pelle**
- **pioche**
- **niveau à bulles**
- **masse**
- **truelle**
- **pince coupante**
- **clé plate**
- **pince à agrafes**
- **mètre**
- **cales en bois**

- rouleau de grillage
- fil de tension
- barres de tension
- poteaux d'angle
- jambes de force
- corde ou cordeau
- raidisseurs ou tendeurs
- poteaux intermédiaires
- boulons galvanisés
- agrafes
- ciment
- sable
- gravier

4 Remplissez les trous de béton dosé (1 volume de ciment pour 2 volumes de sable et 3 de graviers). Mettez le poteau de niveau et ainsi de suite pour les autres poteaux. N'oubliez pas les jambes de force dans les angles.

5 Respectez l'alignement des poteaux et jambes de force. Vérifiez que tous les poteaux sont à la même hauteur avec un cordeau horizontal et vérifiez leur niveau vertical. Laissez prendre le mortier au moins 5 jours. Pour les grandes longueurs, placer un poteau de reprise de tension (poteau avec jambes de force) tous les 50 m.

Conseil castorama

Le droit de clore

Selon l'article 647 du code civil, tout propriétaire est en droit de clore sa propriété sans limite de temps aux conditions suivantes :

- Respect de la servitude de passage des terrains enclavés.
- Respect de certaines servitudes administratives (accès à la mer, servitude de halage pour les pêcheurs, etc.).
- Respect de l'écoulement naturel des eaux.
- Ne pas nuire à un voisin ou causer un trouble anormal de voisinage.

6 Fixez la jambe de force au poteau à l'aide des vis et boulons galvanisés.

7 Préparez les raidisseurs avec le fil de tension.

8 Attachez les fils de tension aux poteaux. Fixez les raidisseurs sur chacun des poteaux d'angle en respectant un alignement vertical de ceux-ci. Les fils de tension doivent être espacés de 50 cm dans la hauteur. Passez les fils de tension dans les autres poteaux. Au-delà de 20 m, placez des raidisseurs intermédiaires au niveau des poteaux de reprise de tension.

9 Tendez progressivement et successivement tous les raidisseurs, en commençant par le bas avec une clé plate.

10 Enfilez une barre de tension dans la première maille de votre rouleau de grillage.

11 Attachez cette barre de tension et ce grillage au poteau de départ. Attachez provisoirement le grillage au fil de tension supérieur tous les 1 m. Tendez le grillage sur toute la longueur. Enfilez la barre de tension dans la maille la plus proche de chaque poteau d'angle. Attachez-la au poteau avec le fil d'attache. Renouvelez l'opération pour les autres côtés. Une fois le grillage tendu, remplacez l'attache provisoire tous les 1 m par du fil d'attache tous les 30 à 40 cm.

Adjonction d'un portillon

Si des enfants ou des animaux domestiques doivent se promener sur la terrasse, prévoyez d'installer un portillon. Optez pour un modèle léger, articulé sur un pilastre. Si vous choisissez un portillon standard, notez bien ses dimensions de manière à positionner les pilastres et l'escalier d'accès en conséquence. Vous pouvez préférer réaliser vous-même, ou faire faire, un portillon sur mesure pour qu'il puisse être placé à un endroit bien précis. Un portillon métallique est fourni en général avec sa serrurerie et un loquet automatique.

PERGOLAS STRUCTURES

Une pergola est une construction à claire-voie posée sur des poteaux ou colonnes. On peut fixer un grillage ou un treillis sur cette structure pour soutenir les plantes grimpantes, telles que glycine ou chèvrefeuille, et former ainsi un ombrage. Vous la placerez à l'entrée du jardin, au-dessus d'une allée ou encore contre un mur pour ombrager un banc ou former un décor. Si vous voulez paver sous la pergola, faites-le après l'avoir montée.

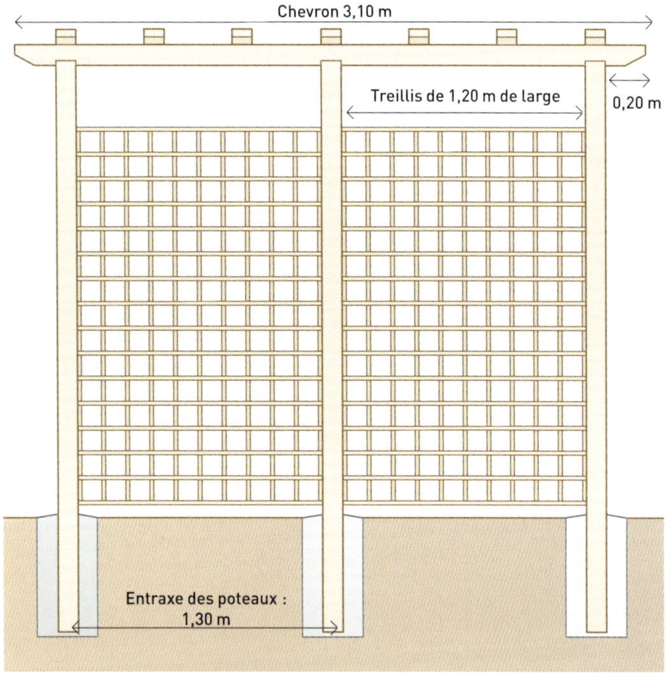

Vue de côté

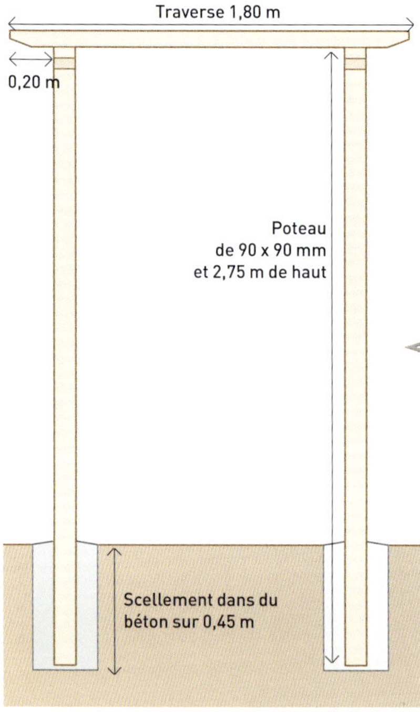

Vue de face

Conseil castorama

Établir une pergola

Sur une terrasse ou dans une cour bétonnée, utilisez des supports métalliques à fixer, adaptés à la section des montants. Vissez-les dans la maçonnerie avec des goujons à expansion.

Outils Matériaux

- **crayon**
- **scie égoïne**
- **ciseau à bois**
- **maillet**
- **perceuse et mèches à bois**
- **marteau**
- **fausse équerre**
- **niveau à bulles**

- 6 poteaux de 2,75 m de section 90 x 90 mm
- 2 chevrons de 3,14 m de section 90 x 90 mm
- 7 traverses de 1,80 m de section 100 x 75 mm
- 4 plaques de treillis de 1,83 x 1,22 m
- ciment et agrégats ou mortier prêt-à-gâcher
- pointes galvanisées de 65 et 125 mm
- lattes

Construire une pergola

S'il existe des pergolas en kit, ce type de structure peut facilement être réalisé avec des éléments en bois traité. Avant assemblage, veillez à appliquer un traitement protecteur sur toutes les extrémités sciées et les pieds.

1 Posez sur un sol plan les trois poteaux d'un des côtés de la structure. Coupez deux traverses de 1,20 m et utilisez-les pour établir l'espacement correct entre les poteaux, en haut et en bas.

2 Calez un chevron au bout des poteaux, dépassant de 0,20 m de chaque côté. Reportez le chant externe des poteaux sur la face interne du chevron. Les dimensions des poteaux pouvant varier légèrement, numérotez chacun d'eux à l'emplacement où il s'accole au chevron. Répétez l'opération pour l'autre côté de la pergola.

3 Tracez sur le chevron des entailles de 25 mm de profondeur pour y insérer l'extrémité de chaque poteau. Sciez le chant du chevron jusqu'à la profondeur repérée.

4 Avec le maillet et le ciseau à bois, débouchez l'entaille sur ses faces nettes et précises.

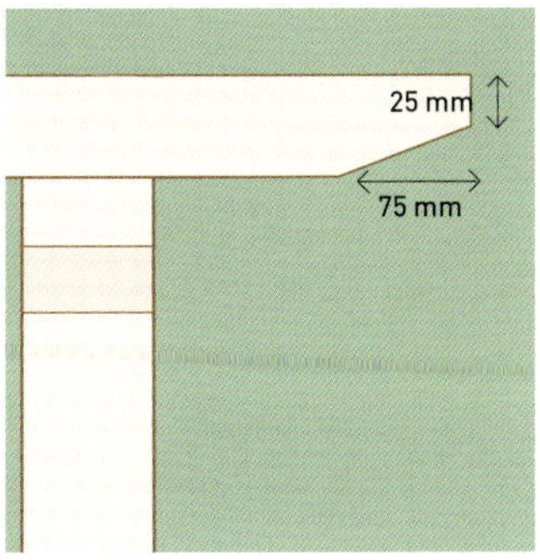

5 Entaillez l'extrémité des chevrons et des traverses sur une face biaise partant à 25 mm de la face supérieure et débouchant à 75 mm de l'extrémité. Repérez ces départs et reliez-les d'un trait. Sciez sur le tracé. Vous pouvez concevoir une autre forme à votre goût.

6 Guidez-vous sur les traverses pour marquer le trou des poteaux. Calez-les d'équerre avec un chevron et maintenez les poteaux parallèles en les écartant de 1,30 m. Vous obtiendrez ainsi le centre exact de chaque trou. Marquez-les avec un piquet, déposez les traverses et creusez sur 0,45 m de profondeur.

7 Assemblez les poteaux dans les entailles des chevrons. Percez des avant-trous, puis enfoncez deux pointes à chevron galvanisées de 125 mm dans chaque assemblage.

Conseil castorama

Assemblage serré

Les poteaux doivent s'assembler sans jeu dans les entailles des chevrons, à bons coups de maillet en interposant une chute de chevron pour éviter d'écraser le bois.

8 Calez l'espacement des poteaux avec une baguette de 1,20 m de long et vérifiez leur équerrage par rapport au chevron. Immobilisez ensuite la structure avec trois planches.

9 Dressez la pergola et insérez ses pieds dans les trous. Calez la structure avec des étais. Contrôlez la verticalité et l'alignement des poteaux ainsi que l'horizontalité du chevron.

10 Érigez l'autre côté de la pergola et vérifiez à l'aide du niveau à bulles que les deux traverses sont dans un plan horizontal. Si nécessaire, jouez sur l'enfoncement du pied des poteaux. Bétonnez les pieds et laissez sécher 48 h.

Monter les traverses et le treillis

1 Posez trois chevrons sur les traverses au droit des poteaux et clouez-les en place. Positionnez ensuite les quatre autres chevrons, équidistants deux à deux entre les trois premiers, et clouez-les également en place.

2 Percez des avant-trous pour fixer le premier panneau de treillis à l'aide de pointes galvanisées de 65 mm, en laissant un espace sous le treillis pour qu'il ne pourrisse pas.

3 Clouez de la même façon les trois panneaux de treillis.

TERRASSES BASES

D'abord simple extension sur l'extérieur, la terrasse, qu'elle soit isolée ou accolée à la maison, est devenue le prolongement de l'habitation. On peut y organiser des barbecues ou des réunions, la placer près de la piscine ou d'un bac à sable, en faire un espace de jeu ou encore un lieu de repos. En ville, elle permettra d'agrémenter une surface peu propice au jardinage car, par exemple, trop ombragée. Elle peut aussi pallier d'importantes dénivellations sans gros travaux de terrassement.

Est-ce un travail facile ?

Pas besoin d'être un charpentier qualifié pour réaliser une terrasse en bois. Veillez surtout à bien planifier les travaux et à bien vérifier les mesures dès le stade de l'élaboration et pendant toute la durée du chantier. Une seconde paire de bras ne sera pas inutile ! Les bois employés, traités en autoclave, bénéficient d'une garantie contre les attaques de champignons et d'insectes xylophages, ce qui ne doit pas vous dispenser de traiter les surfaces sciées, rabotées ou poncées avec un produit de traitement puissant.

Concevoir votre terrasse

Pour commencer, tracez les contours de la terrasse envisagée sur un plan de la maison et du jardin. Le côté exposé au sud vous assurera un ensoleillement maximum. Cela ne constitue pourtant pas un critère fondamental : construisez votre terrasse là où elle vous fera le plus d'usage. Tenez compte de la vue qu'elle vous procurera, mais aussi de l'intimité par rapport à vos voisins, ou encore de son accès au jardin et de sa proximité avec la maison.

Si la terrasse jouxte celle-ci, assurez-vous que la porte y donnant accès s'ouvre facilement. Recherchez les réseaux qu'elle peut masquer, comme une conduite d'écoulement d'eaux pluviales. Si nécessaire, aménagez un regard fermé par une trappe. Si vous l'établissez autour d'un arbre, laissez à celui-ci assez d'espace pour qu'il puisse ployer sous le vent sans abîmer la terrasse et entourez-le d'éléments amovibles pour tenir compte de sa croissance.

Ne voyez pas trop grand : une terrasse surdimensionnée peut écraser la maison. Sa construction n'impose aucune formalité administrative si elle est établie à moins de 0,60 m du sol.

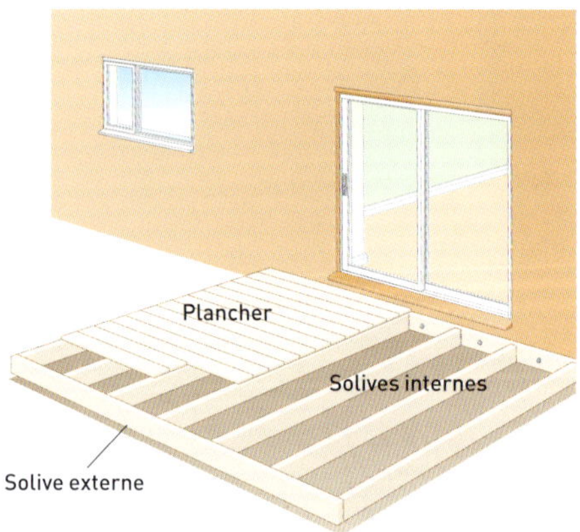

Terrasse posée au sol

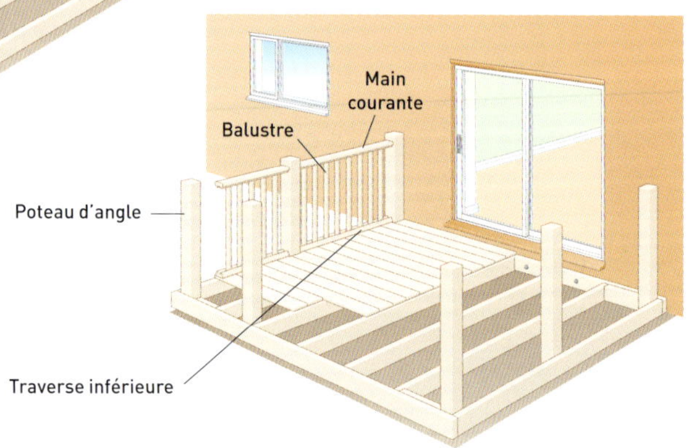

Terrasse au sol fermée par une balustrade

Balustrade, escalier et entourage

Une balustrade portée par des poteaux agrémente le style de la terrasse et participe à sa sécurité ; un portillon limitera les allées et venues des enfants et des animaux domestiques.

L'escalier d'accès peut être facilement réalisé avec des éléments standards. Il devra comporter une rambarde s'il se compose de plus de cinq marches ou monte à plus de 0,60 m. Si l'espace sous la terrasse ne sert pas à quelques rangements, fermez-le, par exemple avec des panneaux décoratifs en lattes. Doublez-les d'un grillage à petites mailles pour empêcher les feuilles et les débris de s'accumuler sous le plancher.

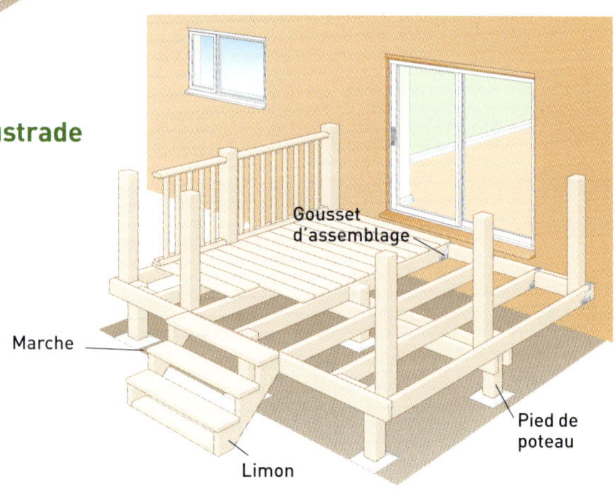

Terrasse surélevée avec balustrade et escalier

TERRASSES AU SOL

Outils Matériaux

- **cordeau de maçon**
- **piquets en bois**
- **marteau**
- **bêche**
- **règle**
- **niveau à bulles**
- **crayon**
- **gants de protection**
- **lunettes de protection**
- **scie à panneau ou circulaire**
- **masque pare-poussière**
- **perceuse avec mèches et tête de vissage**
- **scie sauteuse, si besoin**
- **tournevis**
- **jeu de clés à douilles pour la boulonnerie**
- **brosse de peintre**

- film polyane
- gravier
- béton à prise rapide, si besoin
- feutre géotextile, si besoin
- poteaux
- tire-fond
- vis autoforeuses
- pointes galvanisées de 50 ou 63 mm (selon épaisseur des lames)
- papier abrasif
- lames de plancher
- fongicide-insecticide

Réaliser une plate-forme posée au sol est une opération assez aisée. Vous pourrez ajouter ultérieurement des éléments tels que poteaux et balustrade. Très esthétique, une allée en dalles lattées menant à la terrasse préservera la pelouse.

Lames du plancher

Laissez un espace de 3 mm entre les lames du plancher pour permettre à l'eau de pluie de s'écouler. Les lames de caillebotis réversibles peuvent se poser face lisse ou rainurée au-dessus, l'alternance des deux dispositions donnant un effet décoratif. La pose droite, perpendiculaire aux solives est la plus simple, mais vous pouvez opter pour une disposition différente, avec un solivage adapté.

Droite
Pour une pose droite standard, espacez les solives de 0,40 m et faites se joindre les lames au milieu de celles-ci.

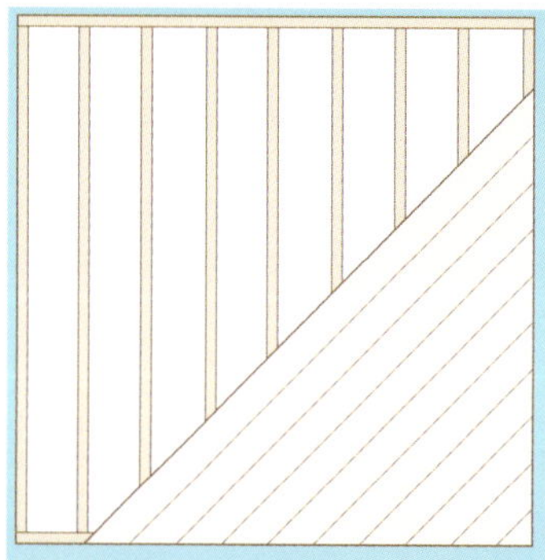

Diagonale
Pour une pose diagonale, espacez les solives de 0,30 m afin d'obtenir une résistance suffisante.

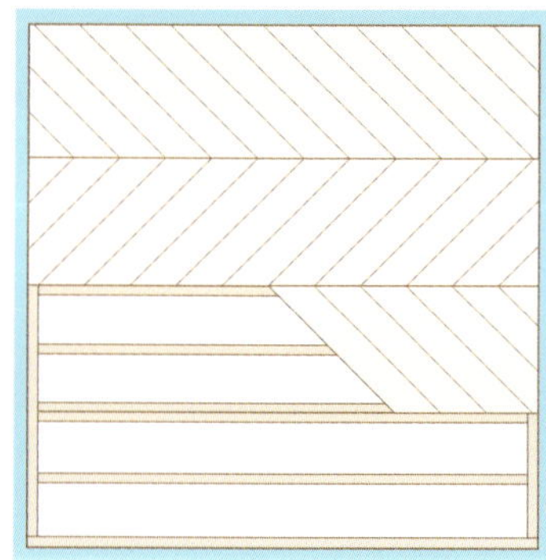

Chevrons
Pour la pose en chevrons, espacez les solives de 0,30 m et doublez-les de chevrons sous les lignes des sommets d'angles pour assurer un soutien suffisant.

Préparer le site

La plate-forme doit reposer sur un sol plan et uniforme. Une fois déterminés l'emplacement et les dimensions de la terrasse, marquez son périmètre avec des cordeaux tendus entre des piquets d'alignement.

1 Décapez le gazon couvrant la surface, en veillant à ne pas endommager d'éventuelles canalisations enterrées. Au moyen d'une grande règle et du niveau à bulles, vérifiez la planéité et l'horizontalité de la surface décapée. Corrigez les défauts.

2 Couvrez la surface d'un film géotextile pour prévenir la repousse de l'herbe, et recouvrez-le de gravier sur 40 à 50 mm d'épaisseur.

Poser sur sol humide

Si le terrain retient l'eau, mieux vaut placer la plate-forme hors sol, sur des plots bétonnés coiffés d'une plaque étanche. Creusez en périphérie des trous d'environ 15 cm de côté et de profondeur, espacés de 1,20 m. Coulez du béton dans ces trous, en dépassant légèrement le niveau du sol. Avant que le béton ne soit solidifié, alignez le sommet des plots dans un plan horizontal, au moyen d'une règle et du niveau à bulles. Recouvrez toute la surface d'un feutre géotextile, découpé au passage des plots. Étalez une couche de gravier sur cette membrane et coiffez chaque plot d'un carré de feutre bitumeux.

1 Assemblez les poutres et les solives avec deux tire-fond à chaque bout engages dans des trous percés dans les poutres du cadre.
Si vous voulez accoler la plate-forme à un mur ou ajouter une balustrade, vous devez le faire avant de poser le plancher.

4 N'oubliez pas de traiter toutes les extrémités des bois sciés.

Assembler le plancher

La plus simple structure est toujours assez lourde : il faut donc l'assembler sur place. Cette terrasse est constituée d'une plate-forme dépourvue de poteaux d'appui. Assemblez d'abord le solivage, poutres extérieures et solives, sur lequel vous visserez les lames. Les poutres des deux petits côtés doivent être assez longues pour recouvrir l'extrémité des deux autres.

2 Fixez les lames du plancher avec des vis galvanisées. L'emploi de vis autoforeuses vous dispense de percer les avant-trous. Laissez un interstice de 3 mm entre les lames, pour l'écoulement de l'eau et le travail du bois. Utilisez une plaquette de 3 mm d'épaisseur comme pige pour calibrer cet espacement.

3 Vissez les lames au centre des solives. Alternez les joints.
Si nécessaire, recoupez une partie des lames pour obtenir une répartition esthétique de ces joints.

Sécurité

Portez des gants, un masque antipoussière et des lunettes de sécurité pour scier les éléments.
Ne brûlez pas les chutes de bois traité, pour éviter un dégagement de fumées très toxiques : jetez-les à la déchetterie.

Conseil castorama

Jonctions

Si l'une des dimensions de la plate-forme dépasse la longueur des poutres ou solives, il faut placer deux éléments bout à bout. Posez-les bout à bout sur un établi et calez une éclisse, morceau de poutre d'environ 0,60 m de long, à cheval sur le joint, maintenue par des serre-joints, sur la face intérieure de la poutre. Assemblez l'éclisse par huit tire-fond, placés tête sur la face extérieure.
Si vous aboutez deux solives internes, posez une éclisse de 0,60 cm de chaque côté de la jonction.

Poser une allée en dalles de bois

Les dalles lattées, disponibles en différentes dimensions, permettent de réaliser une allée en peu de temps. Elles sont assemblées sur une structure disponible en kit, dans laquelle il suffit de les insérer. Vous pouvez poser la structure sur un lit de gravier, étalé sur un film noir qui empêchera la végétation de pousser.

Outils Matériaux
- **perceuse avec mèches**

- structure en kit
- vis autoforeuses galvanisées de 50 mm
- dalles lattées en bois traité

1 Assemblez la structure avec des vis enfoncées en bout.

2 Assemblez les traverses dans les encoches de la structure pour obtenir un solivage à "mailles" carrées où l'épaulement doit se trouver tourné vers le haut.

3 Glissez chaque dalle dans l'un des carrés, bien calée au fond des épaulements, en alternant, ou non, le sens des lattes selon l'aspect recherché. Pour empêcher les dalles de se vriller, fixez-les par une vis dans chaque coin.

TERRASSES SURÉLEVÉES

l'astuce eco de castorama

Bois éco-certifiés
Pour l'achat des poutres, solives, chevrons, tasseaux et planches, donnez la préférence aux bois venant d'une exploitation qui respecte les règles du développement durable, garanti par les labels FSC, PEFC et Tropical Forest Trust.

Conseil castorama

Plate-forme sur dalle en béton
Si la plate-forme surplombe plus ou moins une aire bétonnée, inutile d'ôter le béton. Il suffit alors d'insérer les poteaux dans des pieds métalliques, dont la semelle est vissée dans le béton au moyen de chevilles d'ancrage à expansion. Effectuez le traçage à la craie et placez les piquets d'alignement hors de l'aire bétonnée, même si cela nécessite un plus long cordeau.

Une terrasse surélevée constitue un bon moyen pour aménager un terrain en pente ou très inégal, et permet un prolongement intéressant de la maison. Une balustrade, un escalier, participeront à son esthétique et à sa sécurité.

Outils Matériaux

- **mètre ruban**
- **maillet**
- **cordeau de maçon**
- **bêche**
- **gants de protection**
- **lunettes de protection**
- **masque pare-poussière**
- **scie à panneau ou circulaire**
- **jeu de clés à douilles pour la boulonnerie**
- **marteau**
- **niveau à fioles**
- **niveau à bulles**
- **équerre de maçon**
- **crayon**
- **perceuse avec mèches et tête de vissage**
- **établi**
- **tournevis**
- **serre-joints**
- **scie sauteuse**

- piquets en bois
- poutres
- chevilles expansives, si besoin
- chevrons de 25 x 100 mm pour les solives
- poteaux d'appui pour poutres
- béton à prise rapide
- feutre géotextile
- gravier
- produit traitement du bois
- goussets d'assemblage et pointes galvanisées de 50 mm
- tire-fond
- poteaux
- main courante et traverses
- balustres
- vis autoforeuses galvanisées de 50 ou 65 mm (selon l'épaisseur des lames)
- ruban à masquer
- chevilles en bois de 12 mm et 75 mm de long
- colle à bois extérieur
- lames traitées pour l'extérieur

Préparer le site

Commencez par nettoyer le terrain, enlevez les pierres et arrachez les éventuelles souches d'arbres et arbustes, tout en veillant à ne pas abîmer les réseaux d'eau et d'électricité pouvant être enterrés. Déplaquez l'herbe et assurez-vous que le sol est bien drainé.

Arpentez le terrain en fonction des dimensions de la terrasse et matérialisez son emprise avec des piquets et un cordeau. Déplaquez le gazon avec une bêche et conservez quelques plaques pour arranger ultérieurement le tour de la terrasse. Corrigez les éventuels dénivelés.

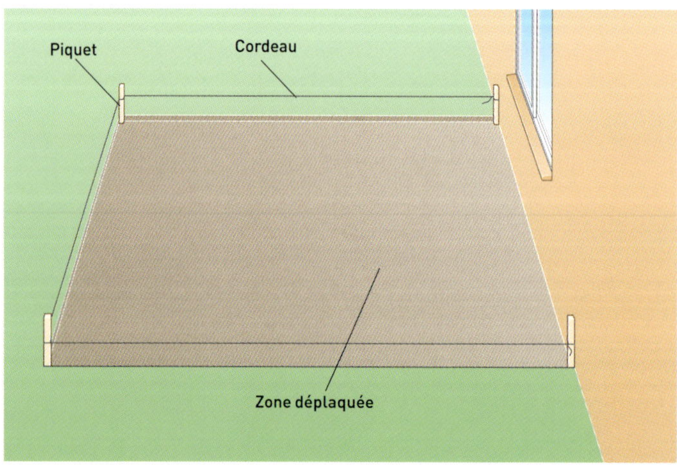

Terrasse accolée à un mur

Si vous aménagez la terrasse contre la maison, veillez à ne pas obturer une bouche d'aération, ni "shunter" la bande d'arase hydrofuge.
Il faut fixer une poutre directement dans le mur, puis monter le reste du solivage dans l'alignement de cette poutre. Percez la poutre tous les 0,40 m, alternativement en haut et en bas pour ne pas créer une ligne de fissurage. Veillez à ce qu'aucun trou ne tombe à l'emplacement d'un gousset d'assemblage. Calez la poutre horizontalement et reportez l'emplacement de chaque trou sur le mur. Retirez la poutre et percez aux emplacements ainsi repérés. Insérez une cheville à expansion dans chaque trou, puis les boulons dans la poutre, sans omettre leur rondelle. Plaquez la poutre et bloquez les boulons avec une clé à douille.

L'outil malin

Niveau à bulles

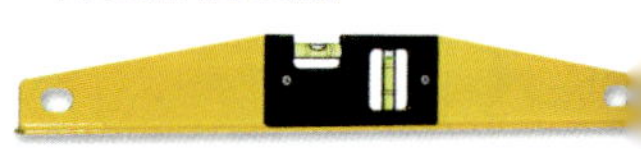

Pour vérifier que le cordeau est bien horizontal, demandez à un assistant de le tenir tendu au maximum pendant que vous posez le niveau à bulles dessus, à peu près en son centre.

Arpenter le site

Prenez tout le temps nécessaire pour tracer avec le plus grand soin le périmètre de l'ouvrage. La méthode de triangulation 3-4-5 assure l'équerrage précis des angles, donc la qualité esthétique de l'ouvrage fini.

1 Pour réaliser les chevalets d'alignement, coupez des pièces dans des lattes. Chaque chevalet est composé de trois éléments de 25 x 100 mm. Taillez en pointe l'une des extrémités de deux d'entre eux : ils serviront de pieux. Clouez le troisième à 50 mm du sommet des deux pieux, pour constituer une espèce de chevalet.

2 Près de chaque coin à environ 0,45 m du bord de la surface déplaquée, plantez un chevalet parallèlement à chacun des côtés. Tendez un cordeau entre le milieu des chevalets opposés, à l'aplomb du côté de la surface déplaquée. Vérifiez que la traverse de chaque chevalet est bien horizontale et enfoncez les pieux jusqu'à ce que le cordeau soit parfaitement horizontal.

3 Pour vous assurer que les cordeaux se croisent bien à l'aplomb de chaque angle, placez une solive sur le côté de la surface, puis calez le niveau verticalement contre cette solive, juste sur le coin. Réglez la position des cordeaux sur les traverses des chevalets jusqu'à ce que les quatre se croisent parfaitement à l'aplomb des coins de la surface.

4 Formez les angles à 90° par la méthode 3-4-5, toujours en faisant glisser latéralement les cordeaux sur les traverses des portiques jusqu'à obtenir l'équerrage parfait. Quand vous êtes certains que les angles sont bien d'équerre et à l'aplomb des coins, marquez la position des cordeaux sur les traverses des chevalets d'un trait de scie. Glissez le cordeau de côté pour donner un coup de scie sur le trait. Replacez ensuite le cordeau dans cette encoche.

Conseil castorama

Équerrage en diagonale
Pour une ultime vérification, mesurez chacune des diagonales : si elles sont identiques, vous êtes sûr que les quatre angles sont bien d'équerre.

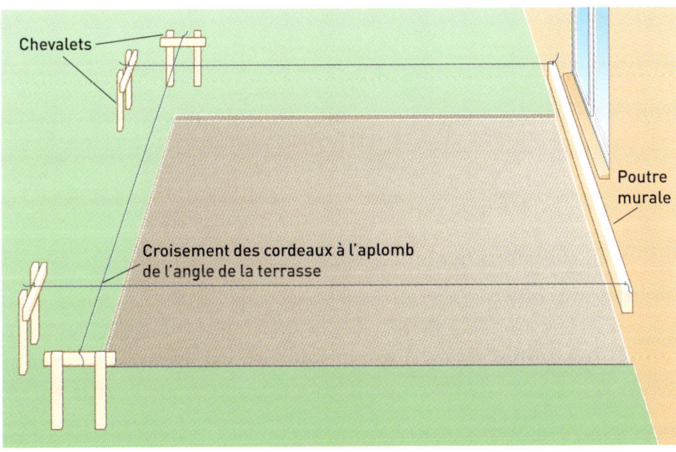

Triangulation 3-4-5

Vous ne pouvez pas aller plus loin sans être sûr que les côtés du tracé sont parallèles deux à deux et que les angles sont bien à 90°. La méthode de la triangulation dite "3-4-5" est la plus simple pour contrôler cette géométrie. Elle est fondée sur la règle qui veut que dans un triangle dont le rapport des côtés est de 3, 4 et 5, les deux plus petits côtés forment un angle droit parfait. Évidemment, cela se vérifie avec tous multiples de 3, 4 et 5.

Assurez-vous d'abord que les cordeaux se croisent exactement à la verticale des quatre coins, avec un niveau à bulles ou un fil à plomb. À défaut d'employer une équerre de maçon, découpez dans du ruban à masquer une bande de 0,90 m et collez-la sur un côté en partant d'un coin, puis une de 1,20 m partant du même coin contre l'autre côté. Mesurez la distance entre les extrémités de ces deux bandes : si elle est exactement de 1,50 m, l'angle est parfaitement droit. Si nécessaire, rectifiez en faisant glisser les cordeaux latéralement.

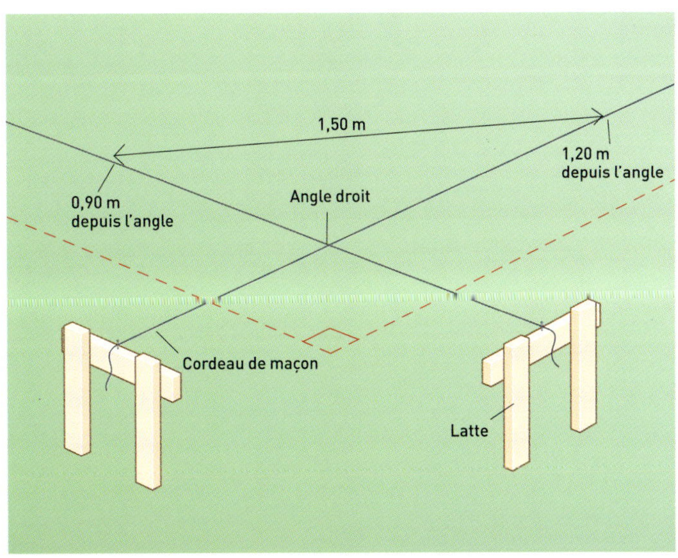

1 À l'emplacement de chaque poteau, creusez un trou d'environ 0,30 à 0,40 m de large sur 0,60 m de profondeur. N'espacez pas les poteaux de plus de 1,20 m. Dans chaque coin, écartez le poteau de sa largeur, d'un côté ou de l'autre par rapport au périmètre de la plate-forme.

Fixer les pieds des poteaux

La plate-forme est portée par des poteaux. Ceux situés dans les coins ne sont pas implantés exactement sur l'angle du solivage, mais décalés d'une largeur afin de pouvoir insérer ultérieurement les poteaux de la plate-forme. Ce travail est plus aisé à deux.

2 Placez le poteau dans son trou et vérifiez sa verticalité avec le niveau à bulles. Calez temporairement le poteau avec deux étais avant de combler le trou avec du béton.

3 Une fois tous les poteaux en place et le béton solidifié, vous pouvez ôter les cordeaux et les chevalets d'alignement.

4 Couvrez la surface d'un feutre géotextile et recouvrez-le de gravier pour empêcher l'herbe de repousser mais laisser l'eau de pluie s'écouler. Attendez 48 h avant d'assembler le solivage.

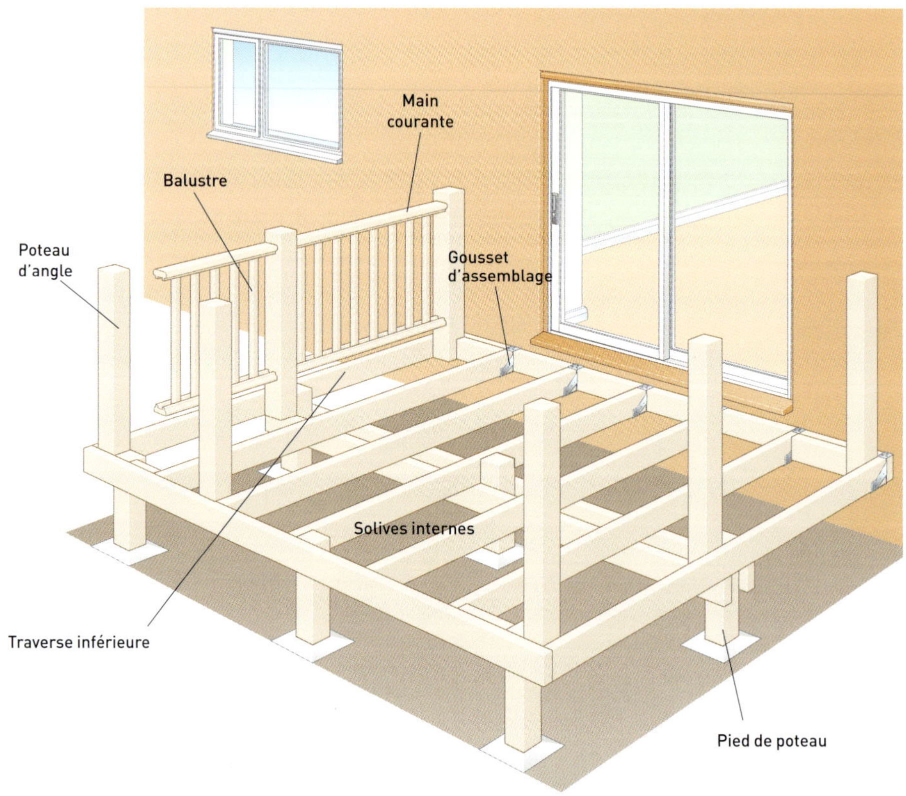

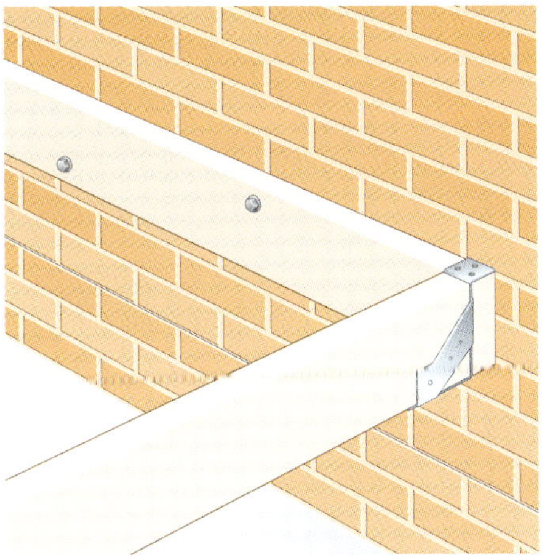

Construire le solivage

Le solivage constitue le squelette qui porte la plate-forme. N'oubliez pas que les lames de parquet seront fixées en travers des solives, d'où la nécessité de choisir d'abord l'orientation de celles-ci.

1 Coupez à longueur les poutres latérales du solivage, en tenant compte de leurs assemblages en bout, sur les deux autres. Badigeonnez les coupes avec un produit de traitement. Fixez les éléments sur la poutre murale au moyen de goussets d'assemblage métalliques cloués avec des pointes galvanisées de 50 mm.

2 Fixez les poutres périphériques sur les poteaux d'angles, en contrôlant leur horizontalité avec soin. Faites-les dépasser d'une largeur de poteau et fixez-les avec deux tire-fond engagés dans des trous percés au préalable. Assemblez les poutres avec deux autres tire-fond.

3 Poursuivez l'assemblage de l'entourage du solivage en fixant les poutres sur chaque poteau, à l'aide de deux tire-fond.

4 Pour renforcer l'ensemble, fixez deux solives de part et d'autre de chaque paire de poteaux intermédiaires se faisant face. Positionnez-les accolés sous les poutres périphériques.

5 Coupez les solives à longueur et fixez-les entre les poutres périphériques avec deux tire-fond à chaque extrémité, ou avec des goussets métalliques pour l'assemblage sur la poutre murale. Si vous prévoyez de placer les lames dans une disposition droite, espacez les solives de 0,40 m ; pour une disposition diagonale, espacez-les de 0,30 m.

Conseil castorama

Solive incurvée

Si vous découvrez qu'une solive est incurvée, placez la partie bombée au-dessus. Vérifiez la rectitude des poutres et des solives avec une longue règle et, si nécessaire, rabotez la face bombée afin d'obtenir une surface plane pour la pose du plancher.

Poser une balustrade

Assemblez les balustrades sur le solivage fini, avant de poser les lames du plancher. Coupez les balustres à la longueur souhaitée, qui ne doit toutefois jamais être inférieure à 0,90 m au-dessus du plancher, la traverse inférieure doit se trouver au maximum à 7,5 cm du plancher. Pensez à laisser un écart suffisant pour pouvoir insérer aisément les lames.

1 Choisissez l'espacement des pilastres (rappelez-vous : 1,20 m au maximum) et coupez la traverse inférieure et la main courante à leur longueur exacte. Bloquez un élément de main courante sur l'établi et percez sur son axe une rangée de trous espacés de 10 cm ou moins si vous voulez que les balustres soient plus rapprochés.

2 Bloquez la main courante dans un étau (ici des taquets) et engagez dessous les balustres en les bloquant dans la rainure avec des vis placées en diagonale. Utilisez un bloc de bois comme cale d'écartement pour assurer un espacement régulier. Le profil latéral de la main courante permet de bien évacuer l'eau de pluie.

3 Posez la traverse inférieure sur les balustres et fixez-la avec des vis autoforeuses galvanisées de 50 mm, dans des avant-trous. Calibrez l'écartement entre balustres au moyen d'une cale en bois.

L'outil malin

Serre-joints à pompe

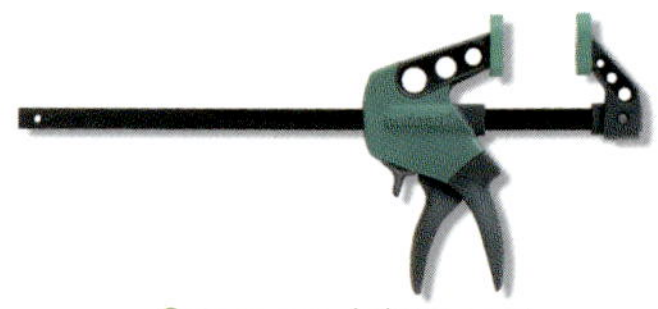

Ces serre-joints sont faciles à placer, ils maintiennent les pièces avec précision pendant que vous percez et vissez, libérant vos deux mains pour effectuer le travail.

4 Insérez un pilastre dans l'angle contre le poteau portant les solives et maintenez-le en place à l'aide d'un serre-joint. Fixez le pilastre à la poutre avec deux tire-fond insérés dans des avant-trous.

5 Confortez les pilastres d'angle avec un morceau de solive contre la poutre extérieure, entre chacun d'eux et la traverse la plus proche. Fixez-le avec des vis autoforeuses. Placez le pilastre suivant et fixez-le avec une seule vis de manière à pouvoir l'ajuster lors de la pose de la main courante.

6 Faites 2 trous de 38 mm de profondeur avec une mèche de 12 mm de diamètre à chaque extrémité de la traverse inférieure et de la main courante. Insérez des chevilles en bois de 12 mm dans les trous et marquez leurs positions en haut et en bas du chant des pilastres d'angles. Percez à 38 mm de profondeur aux points ainsi repérés.

7 Collez les chevilles dans les trous des pilastres et insérez la traverse et la main courante sur ces chevilles. Maintenez ces assemblages en place avec des serre-joints jusqu'à prise complète de la colle. Ajoutez alors une seconde vis à la base du pilastre intermédiaire pour renforcer la fixation.

Poser le plancher

Les balustrades étant en place, vous pouvez poser le plancher. N'oubliez pas que les lames se posent perpendiculairement aux solives.

1 Posez les premières lames contre un côté de la plate-forme et progressez vers le centre. Il faut entailler les lames au niveau du pied des pilastres. Coupez la lame à longueur et maintenez-la contre les pilastres avec des serre-joints, sur le solivage. Reportez très précisément le profil du pilastre sur la lame.

2 Retirez la lame et fixez-la solidement sur l'établi. Découpez l'échancrure tracée à l'aide d'une scie sauteuse.

3 Glissez la lame en position. Si nécessaire, rabotez ou sciez la face externe de manière que le bord interne s'aligne contre le flanc intérieur du pilastre ; ainsi, vous disposerez d'un bord droit à partir duquel vous pourrez poser les autres lames. Fixez la lame dans les solives avec des vis autoforeuses galvanisées de 50 ou 65 mm (selon l'épaisseur des lames).

4 Fixez chaque lame par deux vis dans chaque solive avant de placer la suivante, sans oublier de laisser un interstice de 3 mm entre elles. Positionnez les joints entre les lames, exactement au milieu d'une solive. Alternez les joints, et répartissez-les de façon à former un dessin esthétique.

5 Ne sacrifiez pas un bel arbre : bâtissez la plate-forme autour de son tronc. Le solivage sera renforcé autour de l'ouverture ménagée à cet effet en utilisant des chutes de solives fixées avec des vis autoforeuses. Pensez à laisser un espace suffisant pour que l'arbre puisse ployer sous le vent, sans peser sur le plancher, et en prévision de la croissance du tronc. Découpez les lames pour épouser les contours du tronc.

Conseil castorama

Protection du plancher

Passez sur le plancher une lasure protectrice incolore, imperméabilisant le bois tout en le laissant respirer. Pour rénover un plancher ancien, décapez-le avec un nettoyant spécifique qui enlève les moisissures et élimine la grisaille du bois.

Poser les panneaux d'entourage

Des panneaux en treillis, découpés à bonne taille, permettent d'entourer une plate-forme surélevée d'une jupe esthétique. En doublant ces panneaux d'un grillage à mailles fines, vous empêcherez les débris et feuilles mortes d'aller s'accumuler sous la plate-forme.

Outils Matériaux

- **mètre ruban**
- **scie sauteuse**
- **marteau**
- **tournevis**
- **pinces coupantes**
- **perceuse et mèches**

- panneaux de treillis
- vis galvanisées de 30 mm
- vis autoforeuses de 75 mm
- grillage à petites mailles
- agrafes de 20 mm

1 Relevez la cote entre la base du solivage et le sol. Avec la scie sauteuse, coupez le panneau latté à cette cote. Retirez délicatement la bordure de la partie enlevée en tapant à petits coups de marteau. Replacez-la sur la rive de coupe de la partie à mettre en place et fixez-la avec des vis galvanisées de 30 mm.

2 Relevez les dimensions du panneau de treillis (à l'intérieur du cadre) et découpez une bande de grillage à ces dimensions. Fixez le grillage sur l'intérieur du cadre avec des agrafes clouées au marteau.

3 Percez des avant-trous et fixez la bordure supérieure du cadre dans la poutre latérale.

TERRASSES EXTENSION

Outils Matériaux
- **tournevis**
- **lunettes de protection**
- **gants de protection**
- **fausse équerre**
- **niveau à bulles**
- **mètre ruban**
- **crayon**
- **marteau**
- **scie circulaire ou égoïne**
- **boîte à onglets**
- **perceuse avec mèches et tête de vissage**
- **2 serre-joints**

- poteaux porte-travure
- poutres et solives
- lames de parquet extérieur
- vis autoforeuses galvanisées de 50 ou 63 mm (selon l'épaisseur des lames)
- goussets métalliques et pointes galvanisées de 50 mm
- produit traitement du bois pour l'extérieur
- tire-fond
- boulons poêliers

Le fait de pouvoir la modifier facilement est l'un des avantages d'une terrasse en bois. Si vos besoins changent, il suffit d'ajouter un solivage pour l'agrandir. Si cette extension se prolonge au-dessus d'une pente, vous pouvez régler la hauteur de la partie ajoutée en agissant sur la taille des poteaux qui la portent, et même ajouter un escalier donnant accès au jardin. Pour une extension vers le haut de la pente, calez le nouveau solivage sur le côté de celle d'origine.

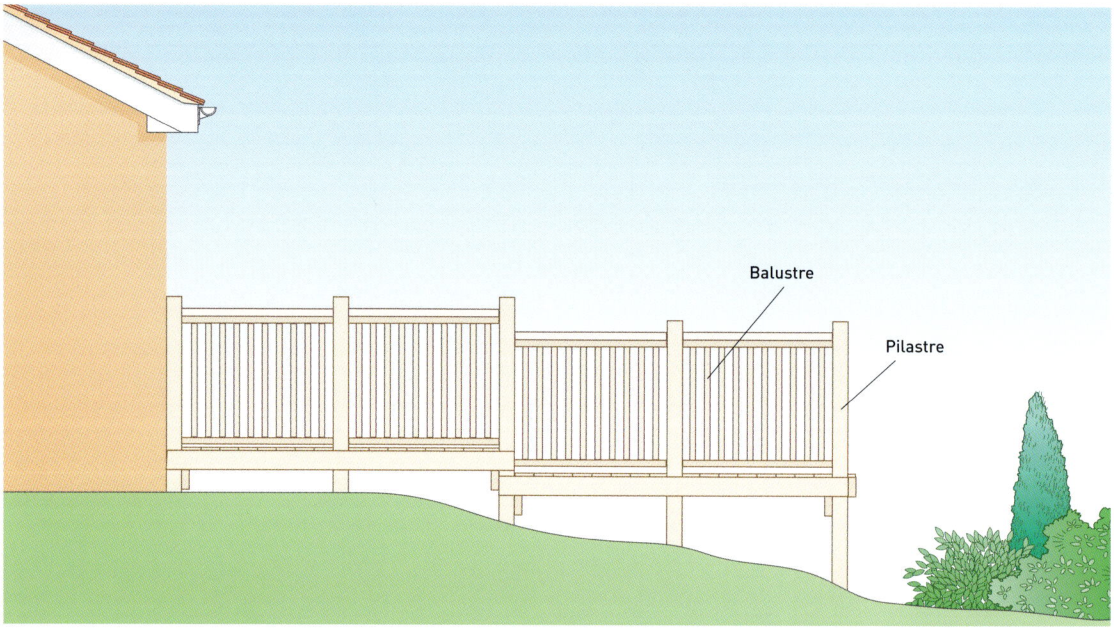

Extension au même niveau

L'adjonction d'éléments prolongeant la plate-forme existante constitue la méthode la plus simple pour agrandir la terrasse. En général, vous devrez d'abord déposer une partie de la balustrade.

1 Déposez les lames recouvrant le bord du côté de l'extension pour mettre le solivage à nu. Pour agrandir celui-ci, vous devrez dresser des poteaux supplémentaires pour y fixer des solives couvrant la surface de l'extension.

2 Fixez des lames neuves par deux vis sur la partie de solivage découverte, en alternant leurs joints et en veillant à ce qu'ils tombent au milieu des solives. Sciez les parties des lames dépassant le bord de l'extension.

Extension d'un côté

Si l'extension est perpendiculaire au solivage existant ou se raccorde avec une autre terrasse, vous pouvez avoir à modifier la disposition du plancher.

1 Fixez une nouvelle pièce de bois contre le solivage existant avec des tire-fond. Tracez le périmètre de l'extension, placez les poteaux et fixez-y les solives. Fixez l'extrémité de celles-ci sur la poutre avec des goussets cloués. Si les lames sont disposées en diagonale, espacez les solives de 0,30 m ; pour une disposition droite, l'écartement doit faire 0,40 m.

2 Fixez chaque lame avec deux vis dans chaque solive. Pour une disposition en diagonale, calez la lame sur l'établi et tracez l'angle de 45° avec une fausse équerre, puis coupez à la scie circulaire ou égoïne. Posez les lames, puis sciez leurs extrémités au ras de la rive du solivage.

Extension sur niveau décalé

Si l'extension surplombe un terrain en pente, vous pouvez relever le niveau de la partie d'origine ou, au contraire, préférer construire la nouvelle partie sur un niveau différent, ce qui peut constituer un ensemble esthétiquement attractif.

1 Centrez la poutre de départ de l'extension contre la rive existante pour déterminer le décrochement de niveau. La poutre doit avoir la longueur de la rive existante, moins 15 cm (épaisseur de deux solives de rive et de deux lames). Appliquez un morceau de solive sur les extrémités des deux lames et fixez-le avec quatre tire-fond.

2 Réalisez le reste du nouveau solivage. Dans ce cas, les nouveaux poteaux portant le solivage doivent être plus hauts que ceux d'origine, pour tenir compte de la différence de niveau.

3 Fixez sur les nouvelles poutres les solives espacées de 0,40 m, au moyen de deux tire-fond insérés dans des trous percés dans la poutre au niveau de l'extrémité de chaque solive. N'oubliez pas que les lames seront perpendiculaires à ces solives. Ici, on a inversé leur sens pour obtenir un effet esthétique.

4 Coupez trois éléments de lames pour réaliser le bandeau qui fermera proprement les côtés du nouveau plancher. Coupez leurs extrémités avec une scie à onglet, pour un assemblage net.

5 Coupez les lames à la longueur voulue et placez la première contre le nez de la marche. Fixez chaque lame avec deux vis insérées au niveau de chacune des solives qui la supporte.

Réaliser un coin en pan coupé

Un coin en pan coupé, facile à réaliser, donnera du caractère à votre terrasse. Il faut recouper les poutres et les solives selon l'angle voulu, puis recouvrir avec des lames, elles-mêmes recoupées au ras de la nouvelle rive.

1 Avec une longue règle ou un grand niveau à bulles, tracez l'angle du pan coupé sur les éléments du solivage. Sciez-les sur le tracé.

2 Mesurez un morceau de solive se raccordant exactement sur les extrémités des solives recoupées. Fixez-la sur les extrémités des solives avec deux tire-fond chacune.

3 Posez et vissez les lames débordant du pan coupé. Calez avec deux serre-joints une autre lame sur le pan coupé. Coupez les dépassements des lames, à l'aplomb de la rive d'angle, avec une scie circulaire ou égoïne. N'oubliez pas de traiter toutes les coupes avec un produit préservant le bois.

L'outil malin

Scie circulaire

Une scie circulaire facilite les coupes des charpentes et planchers, la version sans fil étant encore plus pratique. La profondeur de sciage étant réglable, déterminez-la avec soin pour couper les lames de plancher sans entamer les éléments du solivage.

MURETS DE JARDIN MATÉRIAUX

Le choix du matériau de construction constitue la première phase de la construction d'un muret de jardin. Pour un ouvrage en briques, vous devrez déterminer l'assemblage. Quel que soit le matériau choisi, il faudra gâcher un mortier bien dosé.

Choisir les matériaux

Le choix des matériaux pour construire le muret de jardin dépend de nombreux facteurs.

- Le matériau qui a servi à la construction de votre maison, ainsi que celui des habitations et murs du voisinage immédiat.
- Votre budget. La pierre naturelle est de loin la plus coûteuse, et son prix varie d'une région à l'autre. Le niveau de façonnage des pierres influe sur leur prix : le moellon aux faces parfaitement régulières est plus cher que la pierre brute. Pour calculer facilement la quantité à approvisionner, comptez en général 1 t de pierre pour environ 3 m^2 d'ouvrage fini. Ce n'est qu'un ordre de grandeur, car les dimensions et le poids des pierres varient beaucoup.
- Le briquetage impose un assemblage précis. Il pardonne bien moins les défauts d'assemblage que la pierre naturelle. Néanmoins, une fois maîtrisées les bases de cette technique, le travail avance plus vite qu'avec des pierres.
- La pierre reconstituée, relativement peu coûteuse, se maçonne plus aisément. Les pierres étant livrées dans des dimensions variées, estimez la quantité nécessaire en divisant la surface de l'ouvrage par les dimensions des blocs que vous prévoyez d'assembler.

Couper des briques

Quel que soit l'ouvrage entrepris, vous serez amenés à couper des briques. Plus compliquée qu'on ne l'imagine en voyant faire un maçon, l'opération est cependant assez facile à maîtriser. Mesurez la brique avec un réglet et tracez la ligne de coupe sur les quatre faces avec un crayon. Rainurez sur ce tracé à petits coups de ciseau, frappé avec la massette. Posez ensuite la brique, face creuse dessous, sur du gazon ou du sable et frappez d'un coup puissant avec le ciseau pour séparer les deux sections. Portez toujours des lunettes de sécurité et des gros gants de protection.

Assembler les briques

Un mur en briques est constitué d'une superposition de couches, appelée rangées, solidarisées par du mortier. L'assemblage, qui est la disposition des briques, consiste à ne jamais aligner les joints de deux rangées superposées. La charge du mur se trouve ainsi répartie sur toute sa longueur, assurant sa résistance et sa stabilité.
Nous présentons ci-dessous les trois types d'assemblages les plus couramment employés pour les murs de jardin. Pour tenir compte des coupes et de la casse, majorez de 5 % le nombre de briques correspondant à l'assemblage choisi.

Assemblage régulier

On l'emploie pour les murs pleins ayant l'épaisseur d'une seule brique, et pour chacune des doubles parois, lesquelles sont alors "harpées" (réunies) par des entretoises. Toutes les briques sont posées bout à bout, dans le sens de la longueur. Pour assurer le décalage des joints verticaux d'un mur droit, chaque rangée se termine ou commence en alternance, par une demi-brique. Un angle se construit en alternant un départ de rangée en long avec un départ en boutisse (brique en travers). Comptez environ 60 briques/m^2.

Assemblage anglais

Cet assemblage est formé de rangées alternant briques en long et en boutisse, dans un ordre lui-même alterné d'une rangée sur l'autre. Pour conserver l'alternance des joints, on place un mulot (demi-brique dans le sens de la longueur) avant la dernière brique placée en long, en retour d'angle. Comptez environ 120 briques/m^2.

Assemblage flamand

Briques en long et paire de boutisse alternent dans chaque rangée. Le décalage des joints est assuré par des mulots, ajoutés dans une rangée sur deux. Comptez environ 120 briques/m^2.

Mortier

Le mortier "colle" les briques ou les pierres entre elles. Les mortiers d'usage général sont constitués d'un mélange de sable tamisé, de chaux, de ciment et d'eau (mortier bâtard), ou de sable tamisé, de ciment, d'un plastifiant et d'eau. Le plastifiant est incorporé dans certains ciments.

- Plastifiants et additifs antigel créent de minuscules bulles d'air dans le mélange, ce qui le rend plus crémeux. La protection assurée par les antigels se limite aux gelées légères. Ne maçonnez jamais quand il gèle.
- Ajoutée au mortier, la chaux hydraulique ralentit la prise, évitant ainsi le fissurage. De plus, elle facilite la mise en œuvre du mortier.
- Respectez toujours bien les instructions portées par le fabricant sur l'emballage des plastifiants et autres additifs. Un dosage excessif compromet la résistance de l'ouvrage maçonné.

Gâcher le mortier

Le mortier peut être gâché à la main (pour de petites quantités) ou dans une bétonnière. Gâchez le mortier au fur et à mesure, en fonction de vos besoins. Si vous travaillez directement sur le sol (gâchage à l'air), protégez-le avec une feuille de plastique car le ciment brûle durablement l'herbe. Si vous utilisez une bétonnière, déversez le mortier dans un bac en tôle ou en plastique.

Gâchage manuel

Mélangez d'abord complètement les ingrédients à sec. Avec la pelle, creusez un cratère au centre du tas et versez-y l'eau propre (additionnée de plastifiant, si nécessaire). Avec le dos de la pelle, repoussez doucement le mélange dans l'eau, en le laissant l'absorber. Mélangez soigneusement, en ajoutant de l'eau si besoin. La consistance du mortier est importante : il ne doit être ni trop sec, ni trop mouillé. Pour vous en assurer, prenez un peu de mortier sur la lame d'une truelle et inclinez-la : le mortier doit glisser très lentement sur l'outil.

Conseil castorama

Outils propres

Ne laissez pas le béton ou le mortier sécher sur vos outils. Nettoyez-les de temps à autre avec une brosse en coco.

Quantité de mortier

Un sac de sable de 25 kg, gâché avec les autres ingrédients dans les proportions indiquées ci-dessous, permet de maçonner environ 55 briques.

DOSAGES DES MORTIERS

Mortier d'emploi général (contraintes modérées)	1 part de ciment 1 part de chaux 6 parts de sable fin
Mortier fort (contraintes sévères)	1 part de ciment 6 parts de sable fin plastifiant
Mortier très fort (exposé à la neige, à la pluie et vents violents)	1 part de ciment 4 parts de sable fin plastifiant

Sécurité

Portez des lunettes de sécurité, des gants et un masque quand vous gâchez le mortier ou le béton. N'approchez jamais les mains, ni un seau, de la cuve d'une bétonnière qui est en train de tourner !

Stocker les matériaux

Les briques, le ciment et les matériaux employés dans le mortier doivent être conservés bien au sec jusqu'à leur mise en œuvre. Couvrez les briques, le sable et les agrégats avec des bâches en plastique. Placez les sacs de ciment à l'intérieur sur une surface sèche et dure, ou à l'extérieur sur une plate-forme surélevée par rapport au sol également recouvert d'une bâche en plastique.

Dans une bétonnière

Versez environ 1/4 de seau d'eau dans la cuve. Ajoutez la moitié du sable, puis le ciment et la chaux si vous en utilisez. Faites tourner la cuve, puis ajoutez le reste du sable et de l'eau si nécessaire. Malaxez jusqu'à obtention de la bonne consistance.

Mesurer le mortier

Dans la plupart des cas, les ingrédients du mortier sont comptés à la pelle. Mais pour certains ouvrages, spécialement la finition des joints, une variation de la teinte du mortier compromet l'esthétique. Pour éviter cet écueil, chaque ingrédient doit être dosé avec précision, au moyen d'un seau. À l'intérieur de celui-ci, tracez un trait, au crayon-feutre, repérant le niveau d'une mesure. Dosez les ingrédients l'un après l'autre avec ce seau gradué, en veillant bien à ce que chaque dose affleure juste le repère.

MURETS DE JARDIN FONDATIONS

Outils Matériaux

- **marteau**
- **cordeau à tracer et piquets**
- **scie**
- **niveau à bulles**
- **mètre**
- **pelle**
- **pioche, si besoin**
- **solides gants de protection**
- **massette**
- **seau**
- **brouette**

- barres de 27 x 50 mm pour les portiques d'alignement
- pointes, grosses et petites
- bombe de peinture (facultatif)
- ciment
- agrégats
- tasseaux de 40 x 60 mm
- plaque de fermeture en contreplaqué, si besoin

Un muret de clôture doit toujours reposer sur une robuste fondation, constituée d'une tranchée remplie de béton. On ne doit jamais sous-estimer l'importance des fondations. La solidité de la clôture dans le temps et même sa facilité de construction en dépendent. Lors du gâchage du béton, respectez bien le dosage du ciment et des agrégats (sable et gravier).

Tracer les fondations

Avant toute chose, commencez par vous assurer que le terrain est ferme et bien drainé, et qu'il ne contient ni canalisations, ni racines d'arbres. Repérez l'emprise au sol du mur et de ses fondations au moyen de cordeaux à tracer.

1 Réalisez les portiques dans trois morceaux de barres de 27 x 50 mm de section. Taillez en pointe une extrémité de deux d'entre eux et réunissez-les en clouant le troisième sur leur autre extrémité. Enfoncez un portique à chaque extrémité du site, à 45 cm environ de la zone à creuser, en veillant à les placer à la même hauteur.

2 Pour matérialiser la largeur du mur, enfoncez deux petites pointes sur le chant de la traverse de chaque portique. Deux autres pointes, piquées de part et d'autre des précédentes, matérialisent la largeur de la fondation.

3 Tendez des cordeaux entre les pointes marquant la largeur des fondations et maintenez-les tendus par des piquets plantés dans le sol. Si la clôture comporte un retour à angle droit, plantez deux autres portiques perpendiculaires aux premiers. Au moyen d'une équerre de maçon (voir page suivante), vérifiez que les deux lignes de cordeaux forment bien un angle droit.

4 Calez le niveau à bulles contre le cordeau pour repérer au sol le bord de la fondation. Tracez cette ligne, soit avec un cordeau retenu par de petits piquets, soit avec une bombe de peinture, soit avec une rangée de petits piquets, soit encore avec une traînée de plâtre. Vous pouvez alors déposer les cordeaux tendus entre les portiques, afin qu'ils ne vous gênent pas pour creuser la tranchée.

Creuser la tranchée de fondation

La nature du sol détermine l'épaisseur de la semelle de fondation. Le tableau ci-dessous est établi pour un sol moyen. Augmentez ces chiffres pour un terrain récemment remblayé, sablonneux ou argilo-siliceux. Dans les zones où le sol est très meuble, couvrez le fond de la tranchée d'un film géotextile perméable, lui-même recouvert d'une couche de caillasse compactée. Ajoutez l'épaisseur de deux briques au-dessus du béton pour remettre le terrain de surface en place ou tenir compte de l'épaisseur d'un dallage contre le pied du mur.

DIMENSIONS DES FONDATIONS

Type de mur	Hauteur	Épaisseur de béton	Largeur tranchée
Simple paroi	Jusqu'à 1 m	15 cm	30 cm
Double paroi	Jusqu'à 1 m	30 cm	45 cm
Double paroi	De 1 à 2 m	35 - 45 cm	45 - 60 cm
Mur de retenue	Jusqu'à 1 m	15 - 30 cm	35 - 45 cm

L'outil malin

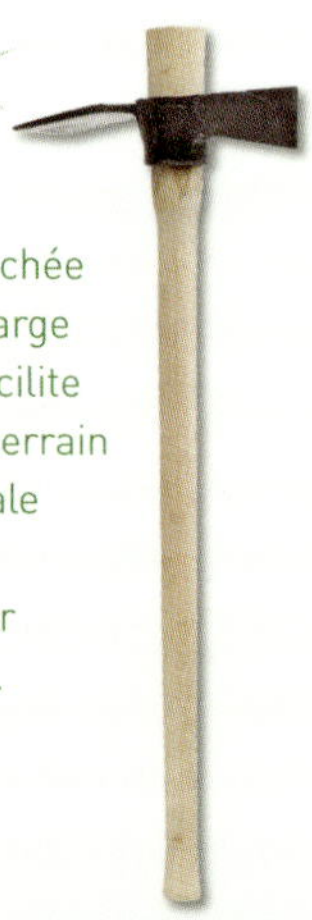

Pioche

Pour creuser la tranchée d'une fondation, la large lame de la pioche facilite l'émiettement d'un terrain lourd, et s'avère idéale pour déchausser les pierres ou couper les racines d'arbres.

Nivelage et aplomb

Vérifiez la profondeur de la tranchée avec un mètre ruban et la verticalité des parois de la tranchée avec le niveau à bulles. Placez un bastaing au fond et posez le niveau à bulles dessus.

1 Coupez, dans des tasseaux de 40 x 60 mm, des piges de hauteur, appointées à une extrémité, d'une longueur dépassant de 15 à 25 cm la hauteur de la fondation selon la nature du terrain. Enfoncez un tasseau à une extrémité de la tranchée, sa tête juste au niveau du béton fini, puis piquez les suivants en alignant leur tête avec le niveau à bulles.

Remplir la tranchée

La tranchée de fondation est remplie avec un béton gâché avec 5 parts d'agrégats et 1 part de ciment, jusqu'à la hauteur matérialisée par une série de piges plantées dans le fond de la tranchée.

2 Versez le béton jusqu'à ce qu'il remplisse la tranchée au ras de la tête des piges. Laissez sécher pendant 48 h avant de monter le mur.

L'outil malin

Brouette galvanisée
Pour charrier la terre de la tranchée ou le béton à y couler, mieux vaut employer une brouette robuste.

Fondations en escalier

Si le mur court sur une pente, faites des paliers, le béton devant bien entendu toujours rester horizontal dans chacun d'eux. La longueur de chaque palier est déterminée en multiples de l'épaisseur de la fondation et dépend de la valeur de la pente ainsi que du matériau employé pour construire le mur. Matérialisez chaque palier avec une planche de contreplaqué fixé sur une traverse clouée entre deux piquets. Coulez d'abord le palier du haut.

Fabriquer vos outils de calibrage

Règle graduée

La règle graduée sert à vérifier que chaque rangée de briques tombe bien à la hauteur exacte. Sur une longueur de tasseau, tracez des repères tous les 70 mm (60 mm pour l'épaisseur de la brique plus 10 mm pour le joint de mortier entre chaque rangée).

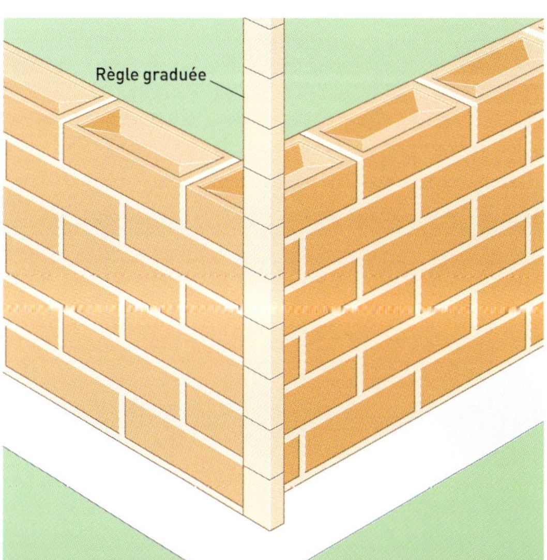

Équerre de maçon

L'équerre de maçon est un grand triangle rectangle servant à vérifier que deux murs en retour forment bien un angle de 90°. Sa construction est basée sur la règle simple de géométrie, dite du triangle 3-4-5. Utilisez trois longueurs de barre d'environ 50 x 20 mm de section. Tracez les repères, à 45 cm d'une extrémité sur l'une, 60 cm sur la deuxième et 75 cm sur la troisième. Clouez les deux premières à angle droit, puis ajustez la troisième entre les marques avant de la clouer en place. Renforcez l'angle droit par un morceau de contreplaqué.

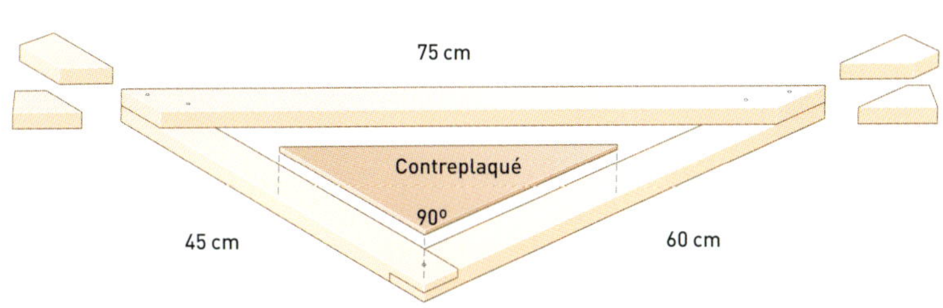

MURETS DE JARDIN BRIQUES

Établir la rangée d'assise

Le muret est construit ici en appareillage régulier "à coupe de pierre" de double épaisseur. Les deux épaisseurs sont solidarisées par des crampons de harpage. Utilisez des briques non gélives, les plus robustes pour les deux couches d'assise. Gâchez le mortier et entreposez-le sur un bac, préalablement humecté, ou sur une feuille de plastique, lestée par quelques briques, à proximité immédiate du chantier.

Outils Matériaux

- **cordeau et piquets**
- **petit et grand niveau à bulles**
- **truelle**
- **crayon**
- **règle graduée**
- **équerre de maçon**
- **fer à joints**
- **brosse**

- chevron rectiligne
- mortier
- briques pleines ou perforées
- crampons de harpage galvanisés ou inoxydables (modèle torsadé)
- carton mince

1 Tendez des cordeaux entre les pointes piquées sur les portiques d'alignement. Tenez un niveau à bulles à la verticale contre ces cordeaux et marquez les bords du mur sur le béton, puis tracez les côtés en joignant ces marques au moyen d'une règle.

2 Déposez un peu de mortier sur la fondation, dans un angle ou une extrémité contre le tracé du bord externe. Sillonnez ce mortier au milieu en tirant la pointe de la truelle vers vous. Posez la première brique, face striée dessus s'il y en a une. Nivelez la brique en long et en large au moyen du niveau à bulles.

3 Placez à sec une brique-guide, à peu près 1 m plus loin, en l'alignant sur la première au moyen d'un grand niveau à bulles. Elle pourra être repositionnée ultérieurement. Poursuivez en suivant le tracé jusqu'au bout de la rangée.

4 Tendez un cordeau de nivellement entre deux piquets plantés aux extrémités de la rangée. Vous pouvez effectuer rapidement un nivellement complet avec un niveau laser. Complétez la pose de la rangée d'assise en employant les techniques de maçonnage décrites ci-dessous. Déplacez la brique-guide si nécessaire.

5 Répétez l'opération pour l'assise de la rangée interne. Vérifiez l'équerrage des anges avec l'équerre de maçon.

Techniques de base

Avec la règle graduée, vérifiez que les joints entre les rangées ont bien 10 mm d'épaisseur. Avec l'expérience, vous pourrez en juger à l'œil. Vérifiez régulièrement l'aplomb vertical et horizontal au niveau à bulles.

1 Chargez la truelle d'un boudin de mortier grossièrement aplati et déposez-le sur la rangée de briques. Étalez-le sur 5 ou 6 briques en le lissant avec le plat de la truelle, puis sillonnez le milieu de la bande de mortier frais avec la pointe de l'outil. Enlevez le mortier qui a reflué au-delà du bord de la rangée.

2 Prenez une brique à pleine main et garnissez de mortier l'une de ses extrémités. Si le mortier a été gâché correctement, il ne doit pas couler.

3 Avec le manche de la truelle, calez la brique dans le mortier, en équilibrant les joints horizontaux et verticaux à 10 mm d'épaisseur. Si une brique est trop enfoncée, retirez-la et ajoutez du mortier. Alignez le chant de la brique sur le cordeau, sans qu'il le touche.

4 Enlevez le mortier en excès sur le parement du mur d'un mouvement rapide de la lame de la truelle, de bas en faut.

1 Dans chaque angle, posez 3 briques dans chaque direction et montez les briques des coins sur 5 ou 6 rangées, en escalier. Vérifiez la hauteur de chaque rangée avec une règle graduée.

Construire les angles

Une fois la première rangée en place, l'étape suivante consiste à monter les angles, en veillant aux alignements de niveau.

2 Vérifiez la verticalité du mur avec le niveau à bulles et la rectitude de l'angle avec l'équerre. Solidarisez les deux épaisseurs de briques en noyant de place en place des crampons de harpage (simples morceaux de fils de fer torsadé) dans le mortier, tous les 90 cm au maximum horizontalement et tous les 45 cm au maximum verticalement. Cette opération est inutile pour les appareillages anglais et flamand.

3 Vérifiez l'alignement des briques de parement en plaquant une règle ou un grand niveau à bulles contre les flancs du mur. Une fois les angles et les extrémités montés, montez les parties droites. Pour guider l'alignement de la deuxième rangée, tendez un cordeau entre deux piquets plantés dans les joints verticaux à chaque extrémité du mur. Remontez ce cordeau après chaque rangée terminée. Comblez au fur et à mesure le joint entre les deux parois.

Conseil castorama

Cordeau d'alignement

Pour maintenir le cordeau parfaitement contre la rangée de briques, pliez un petit rectangle de carton en deux autour du cordeau et calez-le sous une brique.

Jointoyer

Le jointoiement consiste à lisser le mortier entre les briques, pour obtenir un aspect bien net, tout en compactant le mortier afin de rendre les joints parfaitement étanches. Il existe différentes finitions, les plus courantes étant les joints à surface concave ou brossée.

Attendez que le mortier soit à moitié sec : en pressant du bout du doigt, celui-ci doit laisser une marque dans le joint, sans que du mortier y reste collé. Formez la surface du joint en creux, au moyen d'un fer à joint, d'une anse de seau ou d'une tige de métal. Laissez les joints formés sécher encore un peu, puis brossez les débris de mortier avec une brosse, en veillant à ne pas arracher le mortier des joints.

Couronnement et faîtage

La finition du mur consiste à couvrir son sommet avec des briques, des dalles, des pierres ou des éléments préfabriqués. Un faîtage est aligné avec les parements du mur, un couronnement les dépasse.

Couronnement en dalles

Les dalles de couronnement d'un muret de jardin peuvent servir de bancs. Elles doivent dépasser de 25 à 30 mm de chaque côté. Calez-les fermement sur un lit de mortier après avoir mouillé leur face de contact, surtout par temps très chaud, afin d'améliorer leur adhérence au mortier. Alignez-les au cordeau et au niveau à bulles.

Faîtage en briques

Placez les briques de faîtage sur chant et en boutisse, leurs extrémités alignées sur les parements du mur. Maçonnez-les avec un mortier très robuste.

MURETS DE JARDIN PILIER ET JARDINIÈRE

La construction d'un muret de jardin est somme toute assez simple. Cependant, s'il est assez long ou s'il doit retenir un terrain en pente, il est important de le renforcer. Pour cela vous pouvez aussi lui adosser une jardinière en briques. Ce petit ouvrage se monte aussi facilement que le muret.

Construire un pilier en briques

Des piliers d'appui (raidisseurs), espacés au maximum de 3 m, sont indispensables pour les murs monoparoi dépassant 45 cm de haut. On peut aussi en incorporer dans un mur en double paroi, en tant que pilastres décoratifs supportant une statue ou une vasque, ou encore pour porter les montants d'une pergola. Ils sont indispensables pour tout mur à double paroi dépassant 1,35 m de haut. Nous décrivons la construction d'un muret monoparoi en appareillage classique.

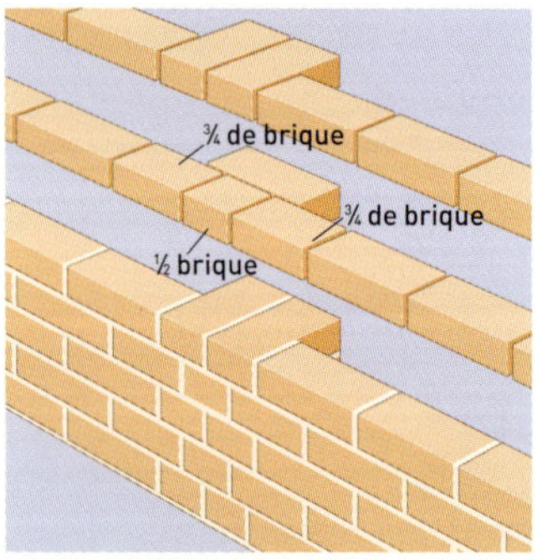

Pilier d'appui

Pour construire un pilier dépassant d'un seul côté du muret, maçonnez deux briques côte à côte en boutisse à la place de l'une des briques en long, de manière qu'elles dépassent du mur d'un seul côté. À la deuxième rangée, recouvrez la partie en dépassement avec une brique en long et placez dans la rangée du muret correspondante deux éléments en trois quarts de brique, encadrant une demi-brique.

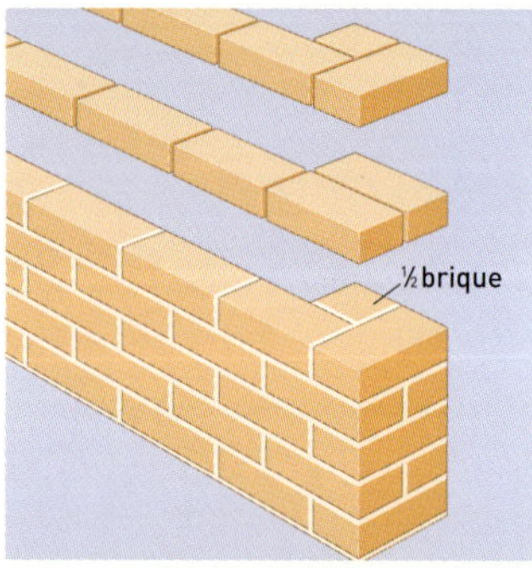

Pilier plein en bout

Pour un pilier plein dépassant d'un seul côté au bout d'un muret, posez une brique en boutisse sur la dernière brique en long, avec une demi-brique parallèle à celle-ci, calée contre la boutisse. Dans la rangée suivante, accolez deux briques en long.

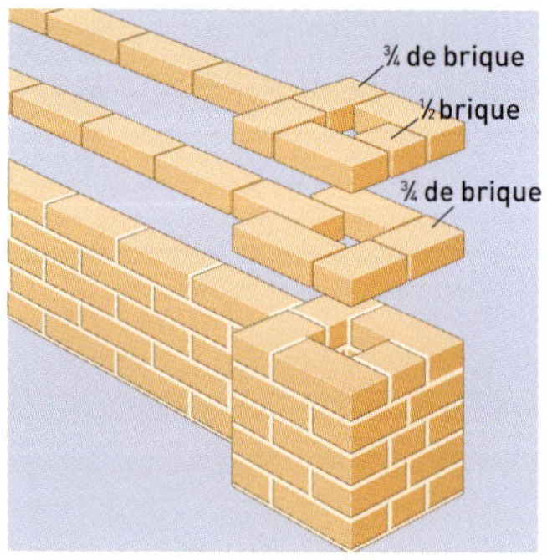

Pilier creux centré

Terminez la rangée d'assise avec deux trois quarts de briques en boutisse. Calez une brique en long contre chacune, alignée sur son extrémité, et fermez le dernier côté du carré avec une demi-brique en long. Dans la rangée suivante, couvrez ce dernier côté avec deux trois quarts de briques bout à bout en boutisse.

Joints de dilatation

Un mur peut subir des déplacements plus ou moins importants, sous l'effet des variations de température ou de mouvements du terrain. Espaces verticaux dépourvus de mortier, les joints de dilatation évitent la fissuration du mur que ces mouvements peuvent provoquer.

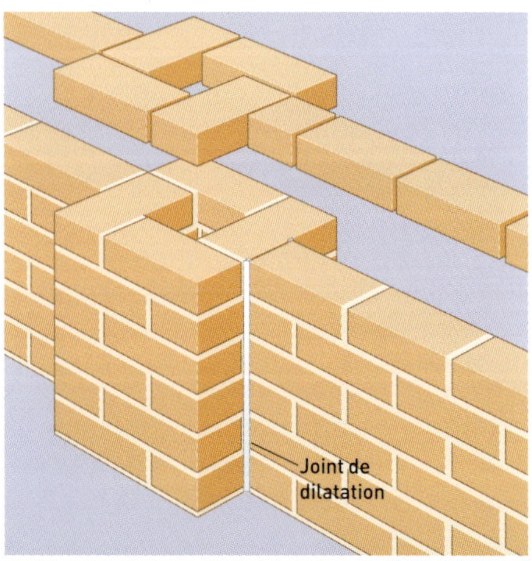

Un muret de jardin de moins de 6 m de long, ne supportant aucune charge structurelle, n'a pas besoin de joint de dilatation. Au-delà de 6 m prévoyez de répartir les joints de dilatation. Normalement, ces joints ont une largeur de 10 mm ou de 1 mm au moins par mètre de longueur du mur. Chacun va de la fondation au sommet du mur, couronnement ou faîtage inclus.

Ce type de joint se masque plus aisément en le plaçant à la liaison entre le mur et un pilier. Montez le mur et le pilier normalement et insérez une bande de polystyrène de 10 mm d'épaisseur à la place du mortier entre mur et pilier. Une fois le mur terminé, garnissez chaque côté du joint de mastic d'étanchéité.

Conseil castorama

Renforcer un pilier

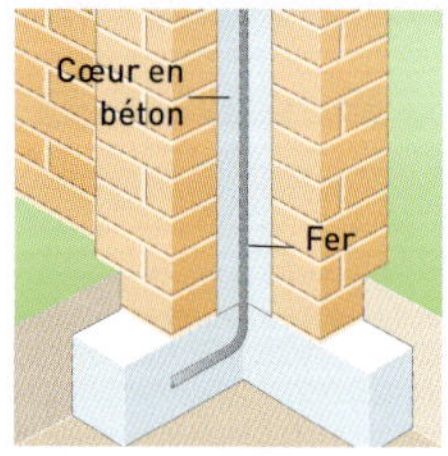

Si le pilier d'extrémité d'un muret dépasse 1 m de haut, ou s'il doit porter une porte ou une grille, il faut le renforcer. Pour cela, remplissez son cœur creux avec du béton, armé d'un fer axial, scellé auparavant dans le béton de fondation.

L'outil malin

Niveau laser sur trépied

Un niveau laser posé sur un trépied réglable, qui permet de matérialiser un alignement sur une grande distance, s'avère fort utile pour aligner un mur de grande longueur.

Construire une jardinière en briques

Une jardinière est tout simplement constituée d'un carré de quatre murets. Elle permet de cultiver toutes sortes de plantes dont le développement des racines est limité. Comme tout muret, une jardinière doit être montée sur une fondation en béton, condition de sa solidité et de sa stabilité. Cependant, au lieu des tranchées individuelles, vous coulerez simplement une dalle de béton de 15 cm d'épaisseur dépassant des murets sur 10 cm.

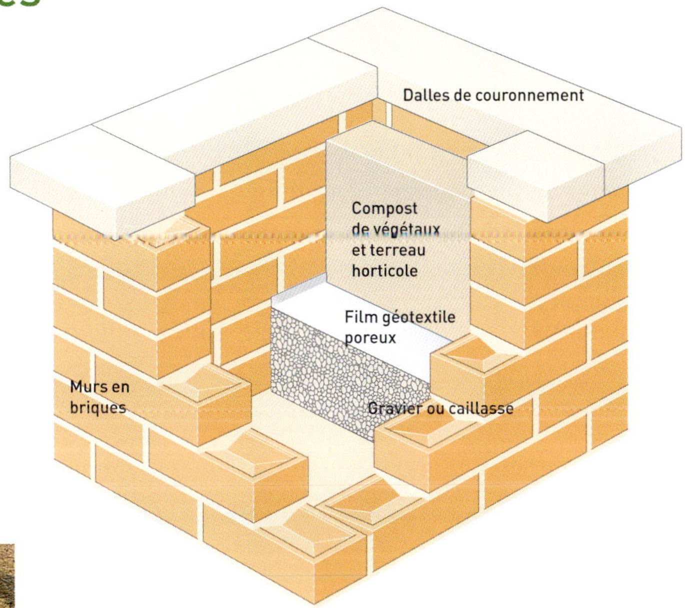

1 Posez la première rangée de briques sur un lit de mortier épais de 15 mm et vérifiez son horizontalité avec un grand niveau à bulles.

2 Laissez de place en place des joints sans mortier entre les briques de la couche d'assise, de manière à permettre le drainage de l'eau d'arrosage des plantes. Un passage toutes les deux ou trois briques doit suffire.

3 Montez les rangées de briques, jusqu'à 60 cm de haut environ (des murets plus élevés risquent de s'écarter sous la pression de la terre). Posez les dalles de couronnement. Laissez sécher au moins 48 h avant de remplir de terre.

4 Quand la maçonnerie est sèche (il faut compter en général une semaine), versez 40 cm de gravier ou de caillasse au fond de la jardinière. Cette couche assurera le drainage et protégera les plantes des problèmes de rétention d'eau.

5 Coupez un morceau de film géotextile et posez-le sur la couche de gravier, pour qu'elle ne se mélange pas au terreau.

6 Remplissez la jardinière avec un mélange de compost, de terreau ou de terre de jardin et de sable, en fonction des plantations.

Outils Matériaux

- **pelle**
- **seau**
- **brouette**
- **gants de travail**
- **truelle**
- **niveau à bulles**
- **mètre**
- **fer à joints**

- béton
- mortier
- briques non gélives
- dalles de couronnement
- gravier ou caillasse
- film géotextile poreux
- compost
- terreau ou terre de jardin
- sable

Conseil castorama

Le bon mélange

Une jardinière doit être remplie avec un mélange réalisé en fonction des besoins des plantations. On compte en général 1 part de terreau, 1 part de compost et 1 part de sable fin. Certaines plantes ont des besoins plus spécifiques : il faut alors revoir les proportions du mélange.

MURETS DE JARDIN PIERRES

Outils Matériaux
- **martelet**
- **gants de protection**
- **lunettes de protection**
- **truelle**
- **niveau à bulles**
- **cordeau de maçon**

- pierres naturelles
- mortier
- crampons de harpage

La construction d'un mur en pierres de pays nécessite une certaine habitude des travaux de maçonnerie. On a utilisé ici des pierres moyennes et quelques grosses pierres à maçonner. Une méthode plus simple, donnant le même effet, consiste à ériger deux parois accolées, avec du mortier seulement au centre, de façon à créer l'illusion d'un muret en pierres sèches.

Construire un mur en pierres de pays

Coulez la fondation comme pour un mur en briques. Un mur isolé à deux parements doit avoir une épaisseur d'au moins 45 cm et sa fondation doit s'étendre sur 15 cm de part et d'autre. Tracez sur la fondation les côtés du mur fini. Il existe plusieurs façons de couronner un mur, avec des pierres plates ou avec des briques.
La méthode choisie ici est une alternance de grosses pierres et de plus petites, posées à la verticale et scellées au mortier.

1 Cherchez des pierres d'angle. Si aucune n'a la forme adéquate, taillez-en une avec un martelet. Portez de gros gants et des lunettes de sécurité pour effectuer ce travail.

2 Déposez du mortier sur la fondation et asseyez une pierre d'angle dans chaque coin, faces alignées sur le tracé externe (ajouter le tracé de ligne).

3 Posez sur la ligne toutes les pierres qui constitueront la base du muret. Vous pouvez utiliser des pierres de tailles différentes, mais leur face externe doit être alignée sur un côté du tracé.

4 Commencez par ériger les angles et les extrémités, tout comme pour un mur en briques. Vérifiez la verticalité des pierres d'angle. Tendez un cordeau d'un bout du mur à l'autre à 30-40 cm de la fondation. Remontez-le au fur et à mesure de l'avancée des travaux, le dessus du mur devant être horizontal.

L'outil malin

Martelet
Un martelet comporte deux pannes : l'une carrée et l'autre tranchante. Il est forgé dans un acier à très grande résilience.

7 Pour le haut du mur, étalez du mortier sur la totalité des pierres et posez des pierres à la verticale et en alternant leur grosseur. Avant que le mortier ne soit complètement sec, ôtez le surplus avec une truelle et brossez les pierres avec une brosse.

6 Noyez des crampons métalliques espacés au maximum de 90 cm dans le plan horizontal et de 45 cm dans le plan vertical. Comblez l'espace médian avec du mortier chargé de débris de pierres.

5 Montez un côté du mur jusqu'à une hauteur de 50 cm au plus, puis passez de l'autre côté et montez l'autre face jusqu'à la même hauteur. Vous pouvez placer de grosses pierres maçonnées en boutisse, qui feront varier la hauteur dans leur rangée. Vous n'êtes pas obligé de faire toute la longueur du mur en une seule fois.

L'outil malin

Meuleuse d'angle

Cet outil équipé d'un disque diamant permet une coupe précise et rapide des matériaux de construction.

Construire un mur en pierres reconstituées

La pierre reconstituée est disponible dans une grande variété de teintes, formes et tailles. Utilisez, comme ici, des éléments autobloquants, qui facilitent l'assemblage.

Outils Matériaux

- **gants de travail**
- **truelle**
- **niveau à bulles**
- **mètre**
- **fer à joints**

- mortier
- parpaings
- dalles de couronnement

1 Posez la rangée d'assise sur une couche de mortier étalée sur la fondation. Montez rangée sur rangée, en garnissant les joints de mortier.

2 Quand la hauteur prévue est atteinte, étalez du mortier sur la dernière rangée et posez des dalles de couronnement.

Sécurité

- Portez toujours des lunettes de sécurité et des gants renforcés pour tronçonner des matériaux, ainsi qu'un masque, car l'opération génère beaucoup de poussière.
- La tronçonneuse tourne encore quelques secondes après coupure de son alimentation : attendez qu'elle soit immobile avant de la reposer !

PAVAGE DALLES ET PAVÉS

Sécurité

Si les dalles sont très lisses, elles peuvent être dangereuses quand il pleut. Pour éviter tout risque d'accident, traitez-les avec un réducteur de glissance.

Pour une bonne finition, allées et terrasses gagnent à être finalisées par de belles bordures. Elles sont même indispensables pour encadrer des pavés simplement posés sur un lit de sable épandu sur une couche de caillasse compactée, sans joints maçonnés. Elles empêchent aussi les pavés de côté de s'affaisser dans le terrain voisin.

1 Posez la première rangée de dalles dans le sens de la pente, en partant de la dalle de base. Insérez des cales de 5 mm d'épaisseur entre les dalles pour assurer la régularité des joints. Après chaque pose, vérifiez la pente et la planéité des dalles. Si l'une d'elles boite sur ses plots de mortier, ne vous contentez pas de rajouter du mortier en dessous : retirez la dalle et reposez-la.

Poser les dalles suivantes

Comme le chant coupé n'est jamais parfaitement rectiligne, quelle que soit la méthode employée pour couper les dalles (voir Conseil Castorama), placez toujours la coupe contre un joint de mortier qui en masquera les irrégularités.

2 Quand la première rangée est terminée, posez les dalles le long des deux rangées extérieures adjacentes. Si l'appareillage est à joints rompus, une rangée sur deux commence et finit par une demi-dalle.

3 Couvrez la zone centrale, en reculant, rangée après rangée. Clouez un cordeau sur les piquets de part et d'autre de chaque rangée pour vérifier régulièrement la pente et l'alignement.

1 Préparez du mortier sec avec 3 parts de sable et 1 part de ciment. Ôtez les cales d'épaisseur et remplissez les joints de mortier. Quand ils sont tous remplis, faites descendre le mortier dans les joints avec une truelle ou un bout de bois. Ajoutez du mortier. Répétez l'opération trois ou quatre fois, sinon des creux apparaîtront au niveau des joints. Enfin, brossez minutieusement l'excès de mortier pour qu'il n'en reste pas sur les dalles.

Jointoyer

Attendez 48 h avant de marcher sur le dallage et de faire les joints. Si les dalles sont mouillées ou que la pluie menace, attendez le retour d'un temps sec.

2 Humidifiez tous les joints en versant de l'eau avec un arrosoir ou avec la lance d'un pulvérisateur de jardin pour faire prendre le mortier.

Conseil castorama

Coupe des dalles

Coupez les dalles sur un lit de sable. Tracez la ligne de coupe sur toutes les faces. Portez des lunettes de sécurité et rainurez sur le tracé avec le ciseau à briqueter et la massette, puis approfondissez la rainure jusqu'à ce que la dalle se brise.

Une tronçonneuse équipée d'un disque spécifique donne une coupe plus nette. Mais le port de lunettes et d'un masque pare-poussière, en sus des gants, est impératif.

1 Creusez une tranchée de part et d'autre de la couche d'assise. Elle doit déborder de 8 cm vers l'extérieur mais de 2 cm seulement vers l'intérieur. Quand le béton est sec, posez les éléments de bordure sur un lit de mortier gâché avec 3 parts de sable et 1 part de ciment. Alignez-les au cordeau et réglez leur pente avec le niveau à bulles. Laissez le mortier durcir pendant au moins 3 jours.

Poser des pavés

Les pavés se posent sur un lit de sable ordinaire. On les tasse au moyen d'un compacteur à plateau ou avec une dame. Toutefois le pavage ne sera pas aussi stable qu'avec la machine. Prévoyez un pavage comportant un nombre entier de pavés, ceci afin d'éviter les coupes. Établissez une couche d'assise épaisse d'au moins 10 cm, comme pour un dallage, avec une pente suffisante pour le drainage.

2 Placez dans le lit de sable deux chevrons écartés d'environ 1 m. Leur épaisseur doit correspondre à celle du lit de sable, qui dépend de la taille des pavés et du mode de compactage : un compacteur mécanique réduit cette épaisseur de 2 cm, un compactage manuel de 1 cm. Tassez le sable, puis nivelez-le sur le haut des chevrons, en contrôlant la pente au fur et à mesure.

3 Nivelez ainsi deux ou trois longueurs, puis retirez doucement les chevrons et comblez leur emplacement en versant du sable à la truelle. Assurez-vous que la surface reste parfaitement plane. Ne posez pas le pied sur le lit de sable.

4 Disposez les pavés selon l'assemblage choisi, en partant d'un coin. Équipez-vous de genouillères et placez vos genoux sur une planche pour répartir votre poids sur plusieurs pavés. Accolez soigneusement les pavés, sans laisser de joints (des petits tétons moulés sur le côté des pavés assurent leur écartement). Une fois la terrasse entièrement terminée, dispersez une faible épaisseur de sable (granulé 0/2).

5 Balayez et tassez les pavés dans le sable avec un compacteur ou avec une dame. S'ils s'enfoncent trop, ou pas assez, retirez-les et ajustez l'épaisseur du sable. Dispersez du sable et renouvelez l'opération tant que les joints ne sont pas totalement remplis.

Outils Matériaux

- **mètre ruban**
- **fil à plomb**
- **niveau à bulles**
- **bêche**
- **équerre de maçon**
- **truelle**
- **genouillères**
- **compacteur à plateau ou dame et bastaing**

- mortier
- grosse planche ou chevron
- sable ordinaire
- éléments de bordure
- pavés

Conseil castorama

Niveler une allée

Pour niveler le lit de sable, vous pouvez vous baser sur les bordures. Prenez une planche épaisse ou un chevron plus long que l'écartement entre les bordures. Encochez chaque extrémité de manière que le chant inférieur s'insère juste entre les bordures et descende à une profondeur égale à l'épaisseur des pavés, moins 1 ou 2 cm (selon la méthode de compactage, voir Étape 2). Tirez cette règle vers vous, en reculant.

PAVAGE DRAINAGE DU JARDIN

Cours et allées sont établies avec une légère pente pour faciliter l'évacuation de l'eau. Si la surface recouverte est importante ou si le terrain est peu perméable, il ne suffit pas de laisser l'eau s'écouler dans le gazon ou dans une plate-bande adjacente : il faut établir un caniveau de drainage pour récupérer l'eau et la conduire vers un point raccordé au réseau ou à un puits de collecte.

Caniveau en béton polymère

Ce caniveau est un classique dans la gamme des caniveaux pour le particulier. En béton polymère avec une grille galvanisée, il est conçu pour le passage de véhicules légers.

Caniveau en PEHD

Léger, facile à transporter et à mettre en œuvre, sa grille en PEHD permet des coupes faciles (mise à la longueur et coupes d'angle). La forme en caillebotis de la grille limite la pénétration de déchets dans le caniveau (feuilles, papiers, etc.). Il est idéal pour des installations en entrée de garage et autour des terrasses.

Caniveau en PEHD, grille galvanisée

Grâce à sa composition en PEHD (polyéthylène haute densité), ce caniveau est un produit innovant. Rendu très léger et robuste à la fois, ce caniveau incassable se transporte très facilement. Insensible au gel par sa matière, son état de surface particulièrement lisse facilite l'autocurage.

Poser un caniveau

Vous pouvez réaliser votre caniveau avec des éléments en PVC, en polyester armé de fibres de verre ou en béton.

Outils Matériaux

- **bétonnière**
- **mètre ruban**
- **pelle**
- **truelle**
- **niveau à bulles**
- **règle de 1 m de long**
- **scie égoïne**

- sable et graviers
- ciment
- éléments de caniveau
- mastic d'étanchéité
- grille couvre caniveau

1 Étalez un lit de béton classique (3/4 sable et agrégats, 1/4 ciment) sur quelques centimètres d'épaisseur. Alignez le premier caniveau sur le béton en commençant par l'élément aval, préalablement raccordé au tuyau d'évacuation. Prévoyez une pente de 2 cm/m.

2 Déposez un cordon de mastic d'étanchéité dans la rainure d'emboîtement à l'extrémité de l'élément. Calez l'élément suivant. Vérifiez la pente à chaque élément. Vous pouvez recouper les éléments, si nécessaire, avec une scie égoïne à denture fine (pour le caniveau en polyéthylène).

3 Placez les obturateurs et ramenez le béton contre le flanc du caniveau, en lui donnant une légère pente vers l'extérieur. Garnissez de mortier le joint entre le caniveau et le dallage. Posez la grille.

4 Vous pouvez intégrer un caniveau au milieu d'un dallage, en donnant à chaque moitié de celui-ci une pente menant vers le caniveau.

Évacuer l'eau stagnante

Un terrain où l'eau stagne en permanence doit être drainé. On peut améliorer l'évacuation des eaux de surface en creusant des fossés de drainage. Cependant, dans les terrains où la nappe phréatique affleure, il faut évacuer les eaux stagnantes par un réseau de drains, vers une mare ou dans un puits perdu. S'il existe un collecteur spécifique pour les eaux pluviales dans le réseau de tout-à-l'égout, elles doivent impérativement être dirigées vers celui-ci.

Le creusement des tranchées nécessaires à la pose des drains bouleverse le jardin. Dans la mesure du possible, réalisez ces travaux en automne ou en hiver, quand il est possible de déplanter et de replanter sans dommage, et quand on peut réensemencer de gazon les parties terrassées.

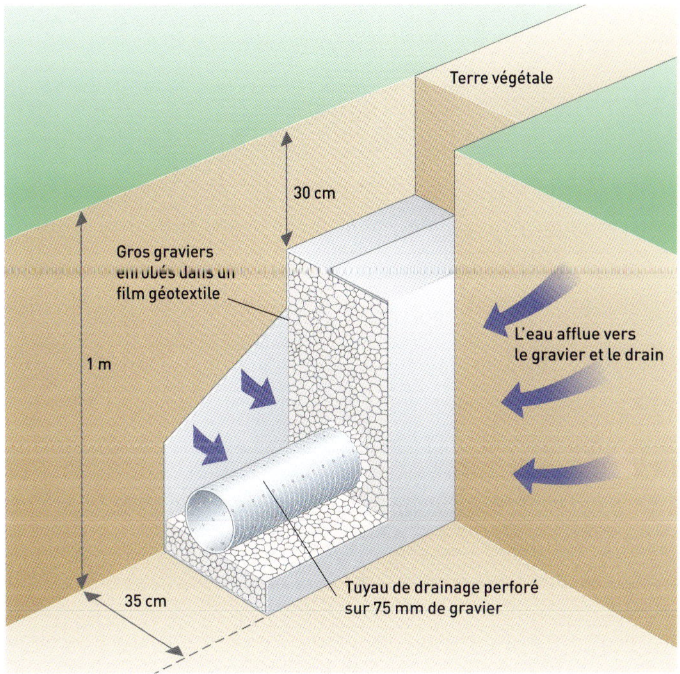

Poser un tuyau de drainage perforé

Creusez une tranchée d'au moins 1 m de profondeur et 35 cm de large, au fond en pente vers un fossé, le tout-à-l'égout ou un puits perdu (voir ci-contre). S'il y a du gazon, découpez-le en plaques bien nettes avec une bêche et conservez-les pour les remettre en place ultérieurement. Garnissez la tranchée d'un film géotextile perméable et étalez sur 75 mm une couche de gravier lavé, en respectant la pente. Posez dessus un tuyau de drainage en plastique perforé de 100 mm de diamètre. Recouvrez ensuite le drain avec du gravier jusqu'à 20 à 30 cm du niveau du sol, en veillant à ce que le tuyau reste bien centré dans la tranchée. Repliez le film géotextile par-dessus et comblez avec la terre ou les plaques de gazon. Vous pouvez aussi entourer le tuyau de drainage de géotextile.

Drainer une grande surface

Quand la surface à drainer est importante, et/ou que le terrain s'avère fort peu perméable, la solution du problème passe par l'implantation d'un réseau comportant plusieurs drains raccordés à un collecteur principal, l'ensemble étant disposé en arête de poisson. Selon la gravité du problème, l'espacement des tranchées peut aller de 3 m dans un sol argileux à 6 m en sol spongieux. Ils se raccordent sous un angle d'au moins 45° au collecteur, implanté au point le plus bas. Celui-ci évacue l'eau drainée vers un puits perdu.

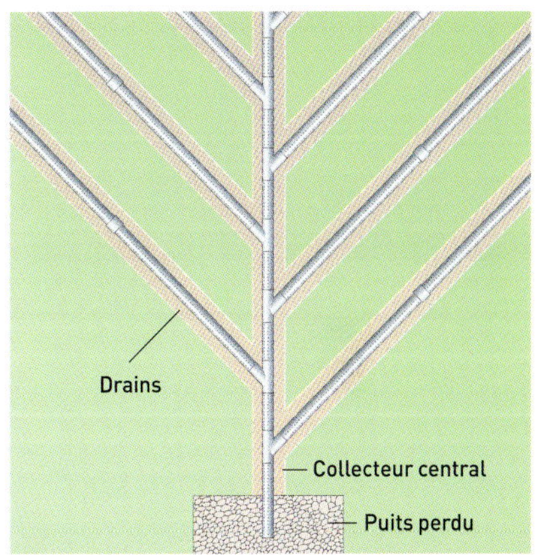

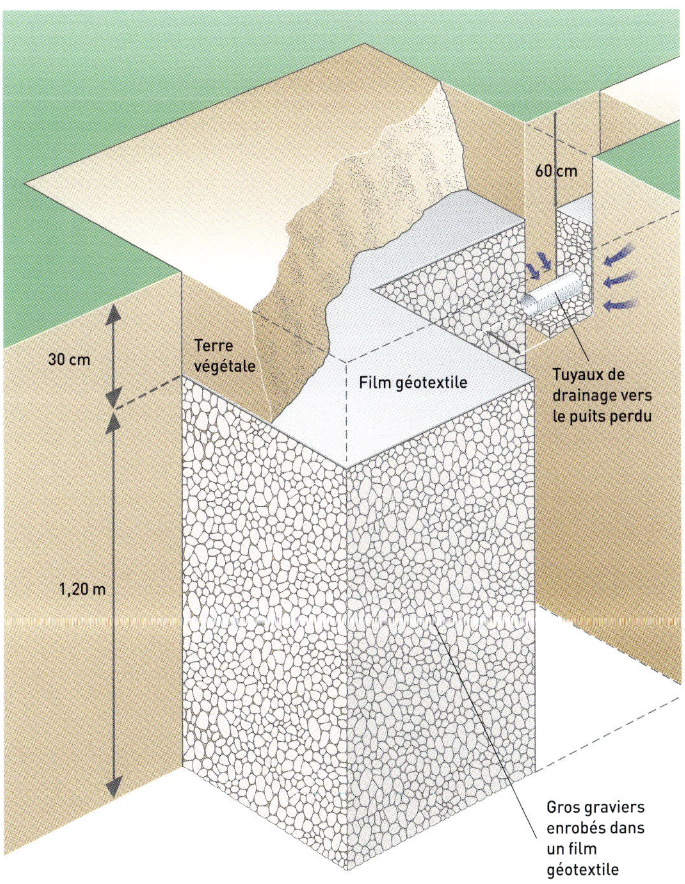

Construire un puits perdu

Un puits perdu est une excavation profonde garnie d'un film géotextile et remplie de gros gravier. L'eau drainée jusqu'à ce puits s'infiltre lentement dans le terrain profond.

Le puits perdu classique se réalise en creusant un trou carré de 1,20 m de côté et 1,20 m de profondeur. Lorsque vous aurez atteint cette profondeur, vérifiez que vous avez trouvé un terrain suffisamment perméable pour assurer la dispersion de l'eau. Remplissez l'excavation d'eau et voyez le temps qu'elle met à disparaître : s'il faut plusieurs heures, l'emplacement ne convient pas pour un puits perdu efficace. En revanche, si l'eau s'infiltre bien, garnissez les parois de l'excavation avec un film géotextile, en superposant les bords sur 30 cm minimum. Le collecteur de drainage doit déboucher dans le puits à une profondeur d'environ 60 cm. Remplissez le puits de gros gravier, ou de caillasse bien concassée jusqu'à 30 cm du niveau du sol. Rabattez le film géotextile sur le gravier et recouvrez avec de la terre de surface.

PAVAGE BORDURES ET BALUSTRADES

Le jardin gagne à être rehaussé par de belles finitions. Une terrasse peut être habillée d'une balustrade, une allée peut recevoir du gravier et un parterre de fleurs peut être délimité par des bordures.

Installer une balustrade

Pour parfaire l'aménagement de votre jardin ou de votre façade, les balustres en béton sont incontournables. Elles permettent de délimiter une terrasse en rez-de-jardin, de réaliser une main courante pour un escalier extérieur, d'élever un garde-corps de balcon (en respectant les normes), de rehausser un mur de clôture avec des balustres de petites hauteurs.

Les éléments qui composent une balustrade sont : les piliers aux extrémités, les tablettes qui servent aussi bien de socle que de main courante et les balustres.

1 Commencez par installer le pilier de départ. La pose de piliers et de socles se fait sur une chape de béton. Les piliers doivent être remplis avec 4 barres de fer reliées à la chape et avec du mortier. Posez le chapeau du pilier.

2 Placez les tablettes socles en vérifiant le niveau. Les tablettes sont prépercées latéralement. Continuez à placer les tablettes jusqu'au prochain pilier que vous poserez.

3 Répartissez les balustres entre deux piliers. Pour 1 m, il doit y avoir entre 4 et 5 balustres. Le perçage vertical des tablettes se fait suivant le nombre de balustres placés. Collez les tablettes avec les balustres avec le produit de liaison adapté.

4 Placez les tablettes d'appui pour la main courante en fixant des goujons entre les balustres et les tablettes. Liez les tablettes d'appui entre elles en utilisant les goujons et le produit de liaison.

5 Une fois la balustrade terminée, emplissez les joints avec le produit de liaison. Mettez une bande adhésive de chaque côté des joints pour ne pas abîmer les pièces. Laissez sécher 5 h et nettoyez les joints avec une brosse. Laissez sécher 8 h et mouillez l'ensemble afin de permettre un séchage lent et durable du béton et du ciment colle. Renouvelez cette opération pendant deux jours. Attendez une semaine et appliquez sur tout l'ensemble un hydrofuge pour obtenir une protection supplémentaire.

Rampe d'escalier

Vous pouvez également construire une rampe d'escalier extérieur ou un arc de cercle avec une balustrade.

Extérieur

Commencez par monter le pilier en bas des marches. Si la hauteur de l'étage est supérieure à 2 m, armez-le avec 4 barres de fer et 1 béton maigre (125 kg/m^3). Placez les tablettes de socle sur le sommet des marches. Pour les tablettes près des piliers, coupez-les selon l'angle de la pente avec une meuleuse d'angle. Remplissez de mortier l'espace vide entre les marches et les tablettes. Posez les cales (vendues avec une découpe de 30°) sur les tablettes socles et laissez sécher 3 h. Posez ensuite les balustres. Sur celles-ci, posez les cales supérieures et posez les tablettes d'appui pour la main courante.

Arc de cercle

Commencez par placer les tablettes d'appui pour le socle. Remplissez les cavités de ciment colle pour que le goujon soit complètement recouvert. Créez la courbe, soit à l'aide des joints avec un produit joint souple pour extérieur, soit en coupant les tablettes. Dressez ensuite les piliers aux extrémités de la balustrade. Fixez les balustres au socle. Posez les tablettes d'appui avec des goujons et du ciment colle.

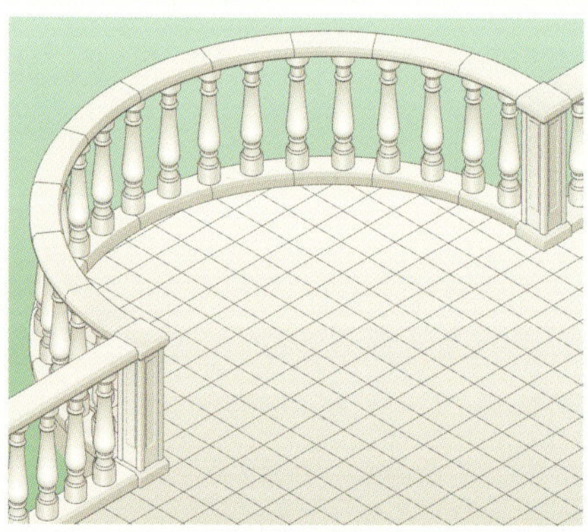

Faire une allée en graviers

Une allée gravillonnée doit comporter des bordures, sans lesquelles le gravier serait peu à peu dispersé. Établissez une couche d'assise de 10 cm d'épaisseur, tout comme pour un dallage.

Outils Matériaux

- **mètre ruban**
- **niveau à bulles**
- **bêche**
- **truelle**
- **équerre de maçon**
- **râteau**
- **rouleau de jardin**

- mortier
- gros gravier et sable mélangés
- gravier fin
- caillasse
- éléments de bordure

1 Creusez de part et d'autre de l'assise de l'allée une tranchée de 10 x 10 cm environ dans laquelle vous coulez du béton pour servir de fondations aux bordures.

2 Alignez les blocs de bordure au cordeau, en les posant délicatement sur un lit de mortier.

3 Ramenez le mortier contre le flanc des éléments de bordure avec une truelle, sans dépasser le niveau de l'allée terminée, ni celui du terrain de l'autre côté de la bordure, de façon que ces cordons restent invisibles.

4 Assurez-vous que la couche d'assise est fermement tassée. Recouvrez-la d'une couche de 5 cm de gros graviers mélangés à du sable. Étalez-la au râteau.

5 Tassez la couche de gravier et de sable en passant un rouleau de jardin.

6 Recouvrez d'une couche de 20 à 25 mm de petits graviers, tassée au rouleau de jardin.

Installer des bordures

Les bordures apportent une touche de finition à votre jardin. Elles délimitent vos allées, mettant en valeur vos massifs et elles protégent vos plantations. Vous pouvez associer les droites et les courbes pour créer librement vos massifs ou vos bassins ou pour retrouver le charme des allées sinueuses.

Pour installer des bordures droites, colonnades, demi-rondins, bois, vous pouvez suivre les Étapes 2 et 3 expliquées ci-dessus en respectant les points suivants : la profondeur de la saignée doit correspondre à 30 % de la hauteur de la bordure et à une largeur de 15 cm. Dans le fond de la saignée, mettez un lit de béton maigre de 2 à 3 cm. Ajoutez du mortier de chaque côté de la bordure. Vérifiez les niveaux et l'aplomb.

Pour les bordures castines, bordures cloître, bordures pavées, procédez de la même façon, mais la saignée doit être d'une profondeur de 5 cm et d'une largeur égale à la bordure. Mettez de niveau et laissez sécher minimum 48 h. Collez les bordures avec une colle à carrelage de qualité extérieur et nettoyez les éventuelles salissures sans délai à l'eau claire.

Bordure courbe

Bordure demi-rondin

Bordure rondin

BÉTON CONCEPTION ET COFFRAGE

Sécurité

- Pour gâcher le mélange, portez des lunettes de sécurité, des gants et un masque pare-poussière.
- Travaillez toujours le mélange sur une surface plane et horizontale, que vous le gâchiez à la main, à l'aire, ou avec une bétonnière.
- N'introduisez jamais la main ou une pelle à l'intérieur d'une bétonnière pendant que sa cuve tourne.
- Ne laissez pas le béton durcir sur vos outils, mais brossez-les énergiquement tant qu'il est encore frais.

Le béton est un mélange de ciment et d'agrégats (gravier et sable). L'eau ajoutée pendant le gâchage déclenche des réactions chimiques qui le transforment en un matériau solide, très résistant. Le degré de résistance peut être modulé en agissant sur le dosage des ingrédients, en fonction de l'utilisation prévue. Celui-ci doit être extrêmement précis : un excès d'agrégats compromet la qualité de la finition ; avec trop de sable, la surface du béton résiste mal aux agressions. Le mélange commence à prendre en 2 h, et on ne peut plus le travailler. Toutefois, le béton n'atteint réellement toute sa résistance qu'au bout de plusieurs jours, et continue de durcir tant qu'il contient de l'eau.

Concevoir un ouvrage en béton

Différents facteurs doivent être pris en compte pour obtenir un béton suffisamment résistant pour une allée, un passage de voitures ou une terrasse.

- Le poids qu'il devra supporter détermine l'épaisseur du béton. Une dalle de 10 cm d'épaisseur suffit à porter un abri de jardin en bois. Pour un garage en maçonnerie, la dalle de béton doit avoir une épaisseur de 15 cm, coulée sur une couche d'assise de 20 cm en caillasse bien compactée.
  Les bords de la dalle, qui supporteront les murs, doivent avoir une épaisseur minimale de 20 cm.
- L'usage prévu détermine les proportions du mélange (voir tableau ci-dessous).
- La surface du béton doit avoir une légère pente, pour évacuer l'eau, à l'opposé du mur d'un bâtiment si la dalle le jouxte, ou à l'opposé de la porte pour une dalle isolée.
- La surface d'une dalle jouxtant une habitation doit être au moins 15 cm sous de la bande d'arase.
- Pour une dalle devant supporter un poids élevé, une voie carrossable, par exemple, le béton doit être armé d'un ferraillage noyé à mi-épaisseur.

BÉTONS MÉLANGES

Ingrédients	Quantités nécessaires pour 1 m^3 de béton environ
Mélange pour dallage (béton résistant à toutes les intempéries, y compris le gel), avec agrégats et sable séparés	
1 part de ciment	16 sacs de 25 kg
1,5 part de sable	$\frac{1}{2}$ m^3
2,5 parts d'agrégats calibre 20	$\frac{3}{4}$ m^3
Mélange pour dallage (béton résistant à toutes les intempéries, y compris le gel), avec mélange agrégats + sable	
1 part de ciment	16 sacs de 25 kg
3,5 parts d'agrégats + sable	1 m^3
Mélange pour fondations ou semelles (et pour scellement de pieds de poteaux), avec agrégats séparés	
1 part de ciment	11 sacs de 25 kg
2,5 parts de sable	$\frac{1}{2}$ m^3
3,5 parts d'agrégats calibre 20	$\frac{3}{4}$ m^3
Mélange pour fondations ou semelles (et pour scellement de pieds de poteaux), avec mélange agrégats + sable	
1 part de ciment	11 sacs de 25 kg
5 parts d'agrégats + sable	1 m^3
Mélange pour dalles de garage et d'abris de jardin (préservées des intempéries), avec agrégats séparés	
1 part de ciment	13 sacs de 25 kg
2 parts de sable	$\frac{1}{2}$ m^3
3 parts d'agrégats calibre 20	$\frac{3}{4}$ m^3
Mélange pour dalles de garage et d'abris de jardin (préservées des intempéries), mélange agrégats + sable	
1 part de ciment	13 sacs de 25 kg
4 parts d'agrégats + sable	1 m^3

Gâcher manuellement

Le gâchage manuel n'est acceptable que pour de petites quantités. Procédez comme pour le mortier, en malaxant consciencieusement et méthodiquement (travail plus fastidieux qu'on ne l'imagine) jusqu'à obtention d'une consistance uniforme, ni trop sèche, ni trop crémeuse. Une pelletée doit rester sur la pelle et, quand on la déverse, former un petit monticule qui ne s'écroule pas.

Utiliser une bétonnière

Commencez par verser environ 1/4 de seau d'eau dans la cuve. Ajoutez la totalité des agrégats et la moitié du sable (ou la moitié d'un mélange agrégat + sable), et la totalité du ciment. Vérifiez le mélange pour savoir s'il faut ajouter de l'eau. Ajoutez le reste d'agrégats (et du sable, s'ils sont séparés), et encore de l'eau si nécessaire. Plutôt qu'à la pelletée, calibrez les quantités au moyen d'un seau.

Si le mélange final s'avère trop crémeux, ajoutez des agrégats et du ciment en proportion. Une bétonnière de taille moyenne contient 12 à 14 pelletées d'agrégats et 2 à 3 pelletées de ciment.

Béton prêt-à-l'emploi

Pour un ouvrage de surface importante, ou si vous manquez de temps, pensez au béton malaxé prêt-à-l'emploi, livré par camion-toupie, dans un volume qui dépend de votre commande, mais aussi de l'accès au site. Préparez le passage du camion, de manière à réduire, et si possible éviter, la manutention du béton dans une navette de brouettes. L'entreprise spécialisée qui fabrique le béton le facture au mètre cube, avec une livraison minimale (en général 5 m^3). Comptez une perte de 10 % et précisez l'usage du béton pour recevoir le produit le mieux adapté. Pour en réduire le prix, voyez si un de vos voisins ne serait pas intéressé par une commande groupée.

Estimation de la quantité

L'estimation de la quantité de béton nécessaire pour un ouvrage est fondée sur un exercice de géométrie. Calculez la surface à couvrir en multipliant la longueur par la largeur. Multipliez cette surface par l'épaisseur de l'ouvrage (dans la même unité que les longueur et largeur) pour obtenir un volume. Arrondissez au mètre cube supérieur et ajoutez environ 10 % pour tenir compte des pertes.

Par exemple : (largeur) 2 m x (longueur) 6 m x (épaisseur) 0,15 m = 1,8 m^3 ; valeur que l'on arrondira à 2 m^3 de béton.

Pour une surface circulaire, utilisez la formule : $\pi.r^2$ (π = 3,14 et r^2 = rayon du cercle x rayon du cercle). Pour obtenir le volume de béton, multipliez la valeur de la surface ainsi obtenue par l'épaisseur de l'ouvrage.

Par exemple : (π) 3,14 x (rayon) 2 m x (rayon) 2 m x (épaisseur) 0,15 m = 1,884 m^3 de béton ; soit 2 m^3 en arrondissant.

Formes irrégulières

Pour déterminer le volume d'un ouvrage aux contours irréguliers, reportez le contour précis à l'échelle sur du papier millimétré où chaque carré représente 1 m^2 de l'ouvrage. Comptez le nombre de carrés entiers, et à peu près la moitié des carrés partiels, et multipliez ce total par l'épaisseur ; ajoutez 10 % et arrondissez.

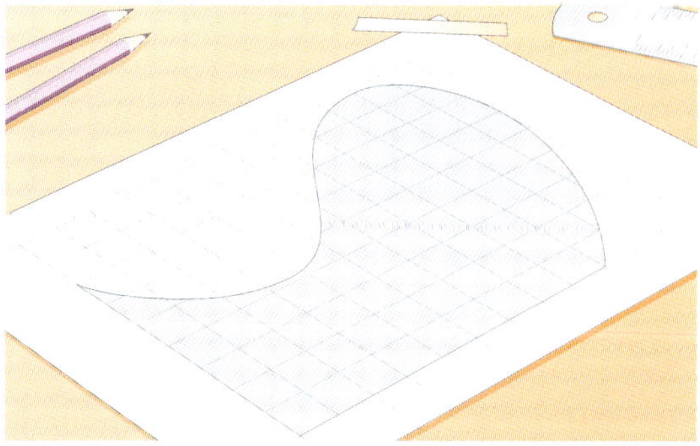

Poser un coffrage pour une dalle

Le béton frais doit être moulé dans un coffrage jusqu'à sa prise complète. Un coffrage en bois suffit pour la plupart des travaux courants. Pour un ouvrage important, comme une allée carrossable, le coffrage se monte directement sur la couche d'assise. Utilisez des planches en pin brut de sciage d'environ 27 mm d'épaisseur et d'une largeur égale à l'épaisseur du béton, maintenues en place par des piquets espacés d'environ 1 m.

Outils Matériaux

- **cordeau de maçon**
- **équerre de maçon**
- **scie égoïne**
- **massette**
- **niveau à bulles**
- **longue règle**
- **marteau**

- piquets taillés dans des tasseaux de 40 x 60 mm
- planches en pin brut, de 27 mm et d'une largeur égale à l'épaisseur du béton
- pointes de 50 mm

1 Marquez le périmètre de la dalle avec des cordeaux, tendus entre des piquets, à l'aplomb des côtés à coffrer. Vérifiez le bon équerrage entre les cordeaux, au moyen d'une équerre de maçon.

2 Coupez une planche à la longueur d'un des grands côtés et posez-la sous le cordeau marquant ce côté. À chacune de ses extrémités, et à l'extérieur du coffrage, enfoncez un piquet jusqu'à ce que sa tête affleure le chant supérieur de la planche.

3 Après avoir vérifié qu'elle est parfaitement horizontale, au moyen du niveau à bulles, clouez la planche sur les piquets avec des pointes de 50 mm.

4 Avec le niveau à bulles, posé sur une longue règle, et une cale calibrée, réglez la pente des deux côtés adjacents du coffrage à une valeur de 2 cm/m pour une simple dalle.

5 Fermez le périmètre avec la dernière planche et clouez-la sur les piquets, puis clouez les planches entre elles. Inutile de recouper les planches qui dépassent les limites extérieures du coffrage, comme ici.

6 Tous les 1 m environ, enfoncez des piquets contre l'extérieur du coffrage, pour bien le rigidifier, car on ne peut plus le retoucher une fois que le béton est coulé.

BÉTON COULAGE ET FINITION

Le béton commence à prendre 2 h environ après avoir été gâché. Il faut donc le couler, le tasser et en lisser la surface pendant cette durée. Divisez les grandes surfaces en sections pouvant être finies sans difficulté dans ce laps de temps. Vous pouvez marcher sur le béton au bout de 3 jours, mais attendez 5 jours avant de le décoffrer et au moins 10 avant de rouler dessus avec une voiture.

Couler le béton

Il faut être deux pour couler du béton. Avec du béton livré malaxé, deux personnes peuvent couler 8 à 9 m^2 avant que le béton ne commence à prendre. Pour qu'il ne se fissure pas, il faut en ralentir le séchage pendant les premiers jours, en le bâchant avec des feuilles de polyane.

Outils Matériaux

- **arrosoir avec pomme**
- **brouette**
- **pelle**
- **râteau (facultatif)**
- **platoir ou truelle**

- béton
- chevron de 34 x 120 mm plus long que la largeur de la dalle à bétonner
- treillis de ferraillage
- morceaux de briques
- feuilles de polyane
- tasseaux et briques ou pierres pour retenir les feuilles de polyane

1 Mouillez la couche d'assise et le coffrage avec l'arrosoir ou au jet. Disposez un treillis de ferraillage, calé sur des morceaux de briques à quelques centimètres de l'assise.

2 Versez le béton dans le coffrage, en partant d'un coin. Assurez-vous que le ferraillage soit bien noyé dans le béton.

3 Hachez le béton frais à coups de pelle, en insistant le long des parois du coffrage pour chasser les bulles d'air. Étalez le béton avec un râteau ou une pelle, en conservant une surépaisseur de 1 ou 2 cm au-dessus du coffrage. Remplissez-le ainsi sur 1 m à 1,50 m depuis le côté d'où vous êtes parti.

4 Pour "tirer" le béton, utilisez une règle constituée d'un chevron bien rigide (section de 34 x 120 mm, par exemple), plus long que la largeur du coffrage. Avec un assistant, saisissez les deux extrémités de cette règle. En partant d'une extrémité, égalisez la surface en déplaçant la règle par petits bonds successifs.

5 Pour enlever le béton en excès et niveler sa surface, revenez au côté d'où vous êtes parti et faites glisser la règle de manière régulière et continue sur toute la surface du béton frais, en lui donnant un mouvement hachuré. Comblez les éventuels creux laissés par ce nivelage et repassez la règle jusqu'à ce que la surface soit uniforme et dans le plan du bord du coffrage. Poursuivez le coulage du béton jusqu'au remplissage complet du coffrage.

6 Après ce travail, la surface brute du béton peut être finie selon l'un des procédés décrits page suivante. Vous pouvez terminer cette finition en chanfreinant les arêtes des rives à l'aide d'un platoir ou d'une truelle.

7 Pour ralentir son séchage et éviter ainsi qu'il ne se fissure, recouvrez le béton de feuilles de polyane. Supportez-les pour qu'elles ne touchent pas la surface du béton et calez leurs bords avec des briques.

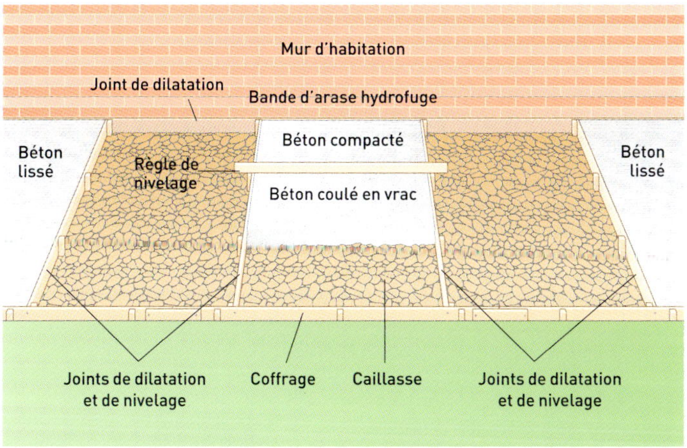

Plaques de béton

Autant que possible, divisez la surface à bétonner en plaques d'égales dimensions. Celles-ci dépendent de la taille du site, mais on ne peut guère niveler sur plus de 4 m de béton frais d'un seul tenant. Placez des joints de dilatation perpendiculairement aux côtés les plus longs du coffrage. N'oubliez pas d'interposer un joint de dilatation contre le mur et de tenir la surface du béton au moins à 15 cm au-dessous du niveau de la bande d'arase hydrofuge de ce mur. Calez le coffrage avec des piquets hors du volume à remplir et coulez le béton d'une plaque sur deux, afin de pouvoir marcher entre elles pour les niveler. Réalisez les plaques qui restent à couler et nivelez-les en calant la règle sur celles qui ont déjà été coulées.

Conseil castorama

Renforcer la dalle

Lorsqu'une dalle est soumise à beaucoup de passage, il est nécessaire de réaliser une armature en treillis soudé. Celui-ci doit être à mi-épaisseur de la dalle en béton. Ligaturez les fers entre eux à la pince avec du fil de fer recuit.

Surface striée

Les stries d'une surface brute de nivelage ont un effet antidérapant qui convient bien à de nombreuses situations.

Finitions du béton

En général, on peut laisser le béton brut de coulage et de décoffrage. Vous pouvez obtenir une finition plus élaborée avec un balai ou un platoir. Avant de passer ces accessoires, il faut que le béton ait commencé à prendre, sinon vous feriez remonter l'eau à sa surface, ce qui le fragiliserait.

Surface brossée

Brossez la surface avec un balai de coco, un peu incliné. Une brosse souple donne un fini plus lisse.

Lissage au platoir ou à la taloche

Un platoir ou une taloche permettent d'obtenir une surface lisse, presque glacée. L'opération est assez fastidieuse et requiert une certaine habileté pour réaliser une surface uniformément lisse. Ce glaçage est à proscrire sur une surface exposée à la pluie, sur laquelle il n'y a pas beaucoup de passage, car mousses et lichens la rendraient glissante.

Protéger votre dalle de ciment

Après avoir terminé la finition de votre dalle, il est préférable de traiter le béton pour éviter qu'avec le temps, il ne produise une fine poussière en permanence. Vous renforcerez ainsi la surface de votre dalle et faciliterez son nettoyage. Utilisez un durcisseur de surface adapté.

Nettoyez la surface pour que le support soit propre et sec avant l'application. Appliquez le produit en une seule imprégnation au rouleau, au pinceau ou par pulvérisation. Laissez sécher pendant 3 h en protégeant de la poussière et pendant 24 h pour un séchage complet. Protégez de l'humidité pendant 24 h.

ESCALIERS CONSTRUCTION

Vous pouvez utiliser différents matériaux pour aménager un escalier sur un terrain en pente : briques et dalles en béton, poutres et gravier, béton ou pierres plates, etc. Le dessin dépend du type de matériaux employé, du dénivelé et de la longueur de la pente. Toutefois, le giron (profondeur d'une marche dans le plan horizontal) ne doit jamais être inférieur à 30 cm, et la hauteur jamais inférieure à 10 cm, ni supérieure à 18 cm. Augmentez la valeur du giron sur une faible pente et réduisez-la dans le cas contraire.

Tracer et creuser la volée

Pour l'escalier en briques et dalles en béton réalisé ici, la première contremarche repose sur une assise en béton et les autres s'appuient directement sur la marche d'en dessous. Toutes les marches ont un même giron, sauf la première, qui est plus longue.

Outils Matériaux

- **cordeau de maçon**
- **équerre de maçon**
- **marteau**
- **mètre ruban**
- **grand niveau à bulles**
- **longue règle, si besoin**
- **bêche**
- **brouette**
- **truelle**
- **dame**

- 5 piquets de 40 x 60 mm de section
- béton
- briques
- sable ordinaire
- ciment
- caillasse
- cale calibrée de 10 mm
- dalles

1 Matérialisez les limites au sol de l'escalier avec quatre cordeaux tendus entre des piquets : deux qui marquent les côtés de la volée, écartés de la largeur des marches, et deux à l'aplomb du nez de la première et de la dernière marche. Vérifiez l'équerrage du tracé au moyen d'une équerre de maçon.

2 Pour calculer le nombre de marches et de contremarches, mesurez la hauteur entre le niveau de départ et celui d'arrivée et la projection horizontale de la volée. Marquez l'arrière de la plus haute marche par un piquet. Posez dessus un niveau à bulles de 2 m. Si le vôtre est trop court, placez-le sur une longue règle en bois. Demandez à un assistant de relever la distance horizontale jusqu'à la première contremarche, et la hauteur par rapport au sol à cet endroit.

3 Divisez la hauteur totale par celle d'une contremarche et reportez-vous au tableau de combinaison giron-hauteur (page suivante) pour obtenir le giron approprié. Déplaquez le gazon à la pelle dans la surface comprise entre les cordeaux.

4 Marquez l'arrière des marches avec des cordeaux, en reculant de 5 cm pour avoir l'espace de travail. Taillez grossièrement le pourtour de la volée à la bêche, en comptant 10 cm de couche d'assise.

5 Creusez une tranchée profonde d'environ 15 cm pour la contremarche de départ. Marquez la hauteur de la marche avec deux piquets et nivelez leur tête horizontalement avant de couler le béton. Si une surface dallée conduit à l'escalier, creusez plus profond et posez une ou deux rangées de briques sur lesquelles vous calerez les dalles contre la première marche.

6 Bétonnez la base de la première marche au ras de la tête des piquets, et laissez sécher 24 h avant de poursuivre la construction.

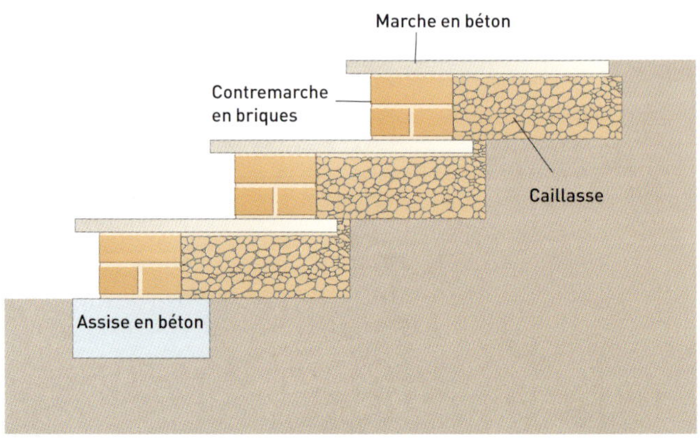

Les cotes des marches

Divisez la hauteur de la volée par celle d'une contremarche pour obtenir le nombre de contremarches de la volée. Divisez ensuite la projection horizontale de la volée en un nombre entier de marches. Les combinaisons giron-hauteur de marche données ci-contre donnent un escalier pratique et sûr. Mais on ne peut pas toujours faire correspondre ces deux mesures, il faut parfois raccourcir ou allonger le giron, et réduire la hauteur des contremarches ou relever un peu le niveau de départ. Mais ne vous éloignez pas trop des chiffres du tableau et conservez à l'esprit qu'aucune marche ne doit avoir un giron inférieur à 30 cm.

COMBINAISON **GIRON-HAUTEUR**

Giron de marche	Hauteur de marche
46 cm	10 cm
43 cm	11,3 cm
40 cm	12,5 cm
38 cm	14 cm
36 cm	15 cm
33 cm	16,5 cm
30 cm	18 cm

Construire les marches

Il n'est jamais inutile de dresser le dessin de la volée avec les dimensions des marches, une fois retenues les valeurs du giron et de la hauteur. Vous apprécierez de pouvoir vous y reporter au cours de la construction de l'escalier. Si vous devez manutentionner de grandes dalles, faites-vous aider par sécurité.

1 Gâchez un mortier avec 4 parts de sable pour 1 part de ciment. Sur la base en béton, maçonnez la première contremarche avec deux couches de briques en appareil régulier, en contrôlant leur horizontalité. Laissez sécher pendant 2 h.

2 Derrière la contremarche, comblez avec de la caillasse, jusqu'au-delà de la dalle à supporter. Compactez la caillasse avec une dame.

3 La surface de la couche de caillasse doit remonter un peu vers l'arrière de la marche. Calibrez la pente avec le niveau à bulles et une cale de 10 mm placée sous le nez de marche.

4 Étalez une couche uniforme de mortier sur la contremarche et la caillasse et posez dessus la dalle de la première marche, qui doit déborder à l'avant et de chaque côté sur 4 cm environ. Posez le niveau à bulles sur le nez de marche pour vérifier le nivellement latéral. Si vous accolez deux dalles, assemblez-les avec un joint de mortier gâché avec 3 parts de sable et 1 part de ciment. Plaquez un cordon de ce mortier contre le chant de la première dalle, avant de placer la seconde.

5 Vérifiez que la marche a bien une pente d'arrière en avant, avec le niveau à bulles et une cale de 10 mm d'épaisseur. Lissez ensuite les joints.

6 Érigez la contremarche suivante sur la dalle de la première marche. Assurez-vous qu'elle a bien la même hauteur que la contremarche de départ et rectifiez légèrement l'épaisseur des joints horizontaux si nécessaire. Vérifiez également le niveau de chaque marche par rapport au piquet du haut, avec le niveau à bulles et un mètre. Posez la dalle de la marche suivante.

7 Poursuivez la construction de la volée, en vérifiant le giron de chaque marche. Posez le grand niveau ou une longue règle sur le nez des marches pour vérifier leur alignement. Les deux côtés de la volée peuvent être remblayés et ces pentes engazonnées traitées en rocailles.

ESCALIERS MARCHES ET RONDINS

Une volée accolée à un mur doit être construite en maçonnerie. Dans la partie "promenade" d'un jardin, des rondins peuvent porter une ou deux longues marches sur une faible pente, ou couper une longue pente à intervalles plus ou moins réguliers.

Marches maçonnées

Un escalier n'est pas toujours établi sur une pente. On peut fort bien construire une volée autonome contre un mur de clôture (mais jamais directement contre un mur d'habitation, car elle interromprait sa protection hydrofuge). Si le mur est en briques, la volée devra être construite dans le même matériau. Les contremarches ne sont rien d'autre que des murets entre lesquels on dispose de la caillasse compactée. Jusqu'à 5 marches, on peut les centrer sur une base en béton. Pour une volée plus longue, il faut prévoir un soubassement sur toute la longueur.

Les contremarches peuvent s'élever depuis le niveau du sol, ou sur une assise en béton de 10 cm coulée à l'arrière de chaque marche sur de la caillasse compactée, où la dalle sera posée, la contremarche suivante reposant sur l'arrière de cette dalle.

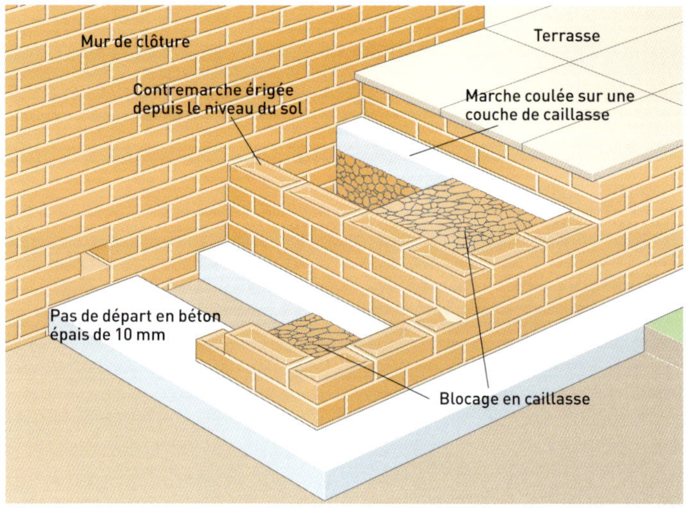

Construire un escalier avec des blocs marches

Pour faciliter la réalisation de votre escalier extérieur, vous pouvez utiliser des blocs marches. La profondeur des marches est réglable. Avant de commencer, mesurez la hauteur et la longueur du futur escalier. Ensuite, suivant la taille des blocs marches que vous avez choisis, calculez le nombre de marches nécessaires. Reportez bien les dimensions de vos blocs dans les instructions suivantes.

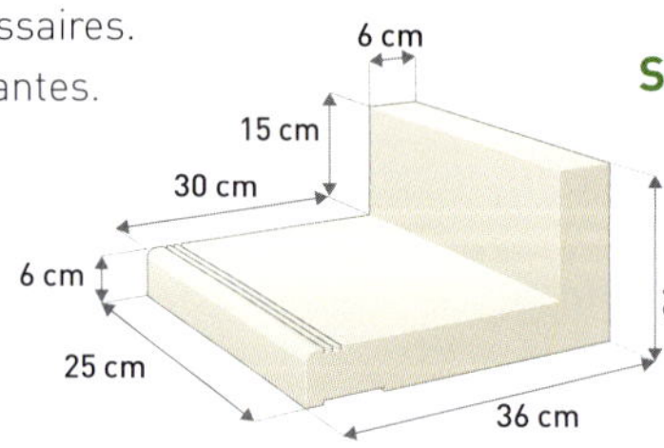

Schéma d'un bloc marche avec les dimensions standard

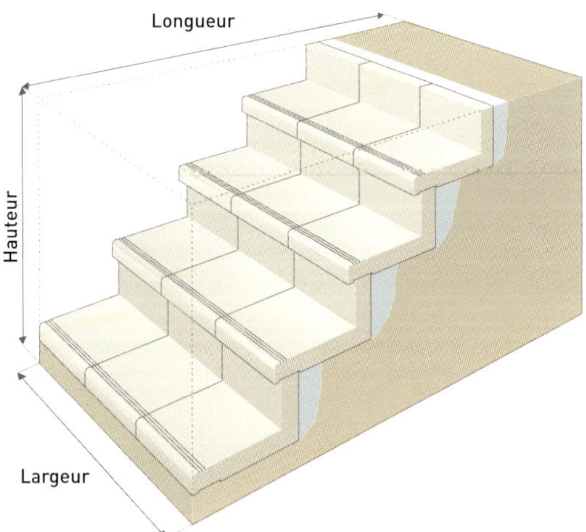

1 Calculez le nombre de blocs marche par marche en divisant la largeur de votre escalier par 25. Prévoyez un joint de 15 mm entre chaque bloc marche.

2 Calculez le nombre de marches de votre escalier en divisant la hauteur par 21, la partie haute de la marche supérieure correspond au niveau du sol fini.

3 Déterminez l'emplacement de la première marche. La première marche se situera verticalement par rapport à la dernière marche à une distance égale au nombre de marches multipliée par 28 cm (30 cm - 2 cm).

4 Égalisez la pente. Préparez l'emplacement de la première marche. Décapez la terre végétale sur 5 cm. Remplissez avec un béton maigre.

5 Posez la première rangée en laissant un joint de 15 mm entre chaque bloc marche. Vérifiez les niveaux et l'alignement.

6 Préparez la seconde marche et selon le profil de la pente, enlevez la terre en surplus ou comblez avec un béton maigre.

7 Répétez les Étapes 5 et 6 jusqu'à la hauteur souhaitée.

8 Jointoyez à l'aide d'un mortier à base de ciment blanc hydrofugé dans la masse, lissez avec un fer à joint.

9 Nettoyez les éventuelles salissures sans délai à l'eau claire.

Construire des marches en rondin

Cette marche en rondins s'harmonise fort bien avec une allée réservée à la promenade. Vous pouvez remplacer les rondins par des traverses de chemin de fer récupérées ou même des morceaux de poutres. Formez chaque contremarche avec un ou deux éléments, selon leur épaisseur. Veillez à traiter le bois avant de le mettre en place.

Outils Matériaux

- **bêche**
- **mètre**
- **niveau à bulles**
- **scie à bûche**
- **masse**
- **perceuse avec mèches**
- **dame**
- **marteau**
- **râteau**

- rondins de 75 mm de diamètre environ
- produit fongicide-insecticide pour bois placé à l'extérieur
- clous à chevron en acier galvanisé de 125 mm
- caillasse
- gravier

1 Creusez le terrain de part et d'autre de la marche, en le nivelant grossièrement. Si besoin, compactez-le en le piétinant. Sciez le ou les rondins à la longueur voulue avec une scie à bûche et appliquez un produit insecticide et fongicide sur les surfaces de sciage. Posez un premier rondin à l'emplacement de la contremarche. Coupez deux bouts de rondins longs d'environ 45 cm et taillez l'une de leurs extrémités en pointe. Ces piquets retiendront la contremarche. Enfoncez-les à coups de masse de chaque côté de la marche, leur tête dépassant un peu de la hauteur de celle-ci.

2 Posez le deuxième rondin sur le premier et assurez-vous qu'il est bien horizontal, avec le niveau à bulles. Repoussez les rondins et ajustez le niveau de la terre en dessous, si nécessaire.

3 À coups de masse, renfoncez les piquets jusqu'à ce que leur tête affleure le haut de la contremarche.

L'outil malin

Masse

Pour enfoncer les longs piquets dans le sol, vous apprécierez cette lourde masse à long manche.

4 Retirez le rondin supérieur. Tandis qu'un assistant appuie la masse sur le devant du piquet, percez le rondin inférieur dans l'axe du piquet ; procédez de même pour l'autre piquet. Clouez le rondin sur les piquets avec des clous à chevron en acier galvanisé de 125 mm insérés dans ces avant-trous. Répétez l'opération avec le rondin supérieur.

5 Pour former la marche, damez la couche de caillasse que vous aurez disposée derrière la contremarche.

6 Recouvrez la caillasse de gravier nivelé au râteau.

Confectionner des pas en bois

Ayant bénéficié d'un traitement qui les rend imputrescibles, les traverses de chemin de fer (à gauche) sont l'un des matériaux souvent employés pour réaliser des marches dans un jardin. Vous pouvez remplir l'espace entre deux traverses de graviers, de pierres ou d'écorces de pin. Vous pouvez aussi engazonner cette surface, mais les passages répétés détruiront le gazon. Mieux vaut, dans ce cas, poser des disques de gros rondins (ci-contre) entre lesquels vous sèmerez du gazon.

ABRIS ET SERRES PLANIFICATION

Abri ou cabanon, kiosque ou gloriette, serre ou simple véranda : les constructions de jardin, de dimensions et de formes très variées, dépassent l'imagination. Si la construction est assez vaste, vous pourrez y installer l'électricité et le chauffage pour en faire un atelier, voire un bureau. Certains cabanons de grandes dimensions comptent plusieurs pièces et vous permettront d'accueillir des amis en toute saison. La réalisation de ces constructions, relativement économique, s'avère simple et facile à organiser.

Abris, cabanons et gloriettes

Structures considérées comme temporaires, les constructions en bois dans un jardin occupant moins de 20 m² au sol sont généralement dispensées de permis de construire, sauf dans un site classé. Avec une simple déclaration de travaux, on peut les implanter presque partout, sur une surface plane et bien ferme. Pour faire le bon choix, passez en revue les points suivants.

Planification

- De quelle taille de bâtiment avez-vous besoin ? Au-delà de quelle taille risque-il de nuire à l'esthétique du jardin ?
- Comment y accéderez-vous ? Un chemin est-t-il nécessaire pour protéger la pelouse et éviter de se mouiller les pieds ?
- Où l'implanter ? N'érigez pas une construction là où elle créerait un espace mort, ni dans un emplacement manquant de lumière. Le plus souvent, ce genre de construction est édifié contre une haie ou adossé à un mur.
- Aura-t-il assez de lumière l'hiver ? Ne risque-t-il pas d'être écrasé de chaleur l'été ?
- Devrez-vous y amener l'électricité ? Si oui, n'est-il pas trop éloigné d'un point de branchement ?
- Aurez-vous besoin d'y amener l'eau ? Existe-il un robinet de puisage à proximité du lieu choisi pour l'implantation ?
- La construction retenue pourra-t-elle s'adapter à l'évolution de vos besoins ? Une gloriette, par exemple, pourra être transformée en cabanon ou en atelier quand les enfants auront grandi.
- Comment pourrez-vous lui donner un aspect agréable, participant au décor du jardin ? Allez-vous le traiter avec une lasure colorée, par exemple ? L'entourerez-vous de plantes décoratives ?

Serres

De dimensions et de formes très variées, les serres comportent une structure rigide en bois ou, de plus en plus souvent, en aluminium ou en PVC qui dispensent de tout entretien. Choisissez le modèle le plus vaste possible : il sera vite rempli !

Vitrage

Trois types de vitrage s'offrent à votre choix : le verre horticole, économique, est le plus couramment employé ; le verre trempé, plus résistant, est recommandé si des enfants jouent fréquemment dans le jardin ; les feuilles de polycarbonate, encore plus robustes, diffractent les rayons solaires, réduisant ainsi le risque de brûlure des végétaux.

Ventilation

Une ventilation bien adaptée est très importante pour la régulation de la température et du renouvellement de l'air. Si la ventilation est insuffisante, l'hygrométrie augmente et favorise le développement des maladies cryptogamiques. La plupart des structures de serre sont dotées d'une ou plusieurs lucarnes réglables. Vous pouvez installer des lucarnes à régulation thermostatique peu coûteuses et ne nécessitant aucune alimentation électrique, ou encore des vitres en persiennes, assurant une ventilation réglable, sans risque de créer des courants d'air.

Ombrage

Pendant les jours les plus chauds, un système d'ombrage évitera la surchauffe et le brûlage des plantes. Trois possibilités s'offrent à vous.

- Application sur la face externe des vitrages d'une peinture spéciale filtrante, résistant à la pluie, mais qui s'élimine à coups de brosse, l'automne venu.
- Fixation de toiles, ou filets, d'ombrage à l'intérieur ou à l'extérieur de la structure.
- Pose de protections dédiées au-dessus des plantes les plus fragiles.

Chauffage

Il peut s'avérer nécessaire de chauffer la serre, pendant les périodes de froid ou pour favoriser le développement de certaines plantes. Ici encore, trois options vous sont proposées.

- Un chauffage à pétrole, économique à l'achat, consomme un carburant relativement cher. Il est difficile à réguler et favorise la condensation qui nourrit les maladies cryptogamiques.
- Un radiateur à bouteille de gaz bénéficie d'une régulation thermostatique, mais favorise lui aussi la condensation.
- Le chauffage électrique, plus performant, nécessite un branchement. Celui-ci permet d'utiliser un tube radiant, un radiateur soufflant ou tout autre appareil de chauffage électrique.

Irrigation

Une nappe capillaire qui retient l'eau et la diffuse à la demande des plantes, suffit pour la plupart des serres. Plus simplement, vous pouvez arroser régulièrement le sol de la serre. Vous pouvez aussi poser un programmateur d'arrosage, associé à un système de brumisation, très utile si vous vous absentez souvent, pendant plusieurs jours.

BASSINS BASES

Sécurité

N'oubliez jamais que les jeunes enfants peuvent se noyer dans quelques centimètres d'eau. Ne les laissez jamais sans surveillance à proximité d'un bassin. Entourez-le d'une clôture de sécurité.

Depuis des siècles, l'eau est utilisée pour décorer paysages et jardins, leur donnant une touche d'élégance et créant un environnement où se développent poissons, batraciens et faune sauvage. Les agencements hydrauliques vont des simples fontaines sur lit de galets à de véritables petits étangs.

Conception des bassins

Sur un croquis sommaire du jardin, dessinez les contours du bassin que vous envisagez et tracez son environnement décoratif, notamment végétal. Une forme symétrique crée un effet plus rigoureux, mais vous pouvez préférer un bassin plus informel, aux contours irréguliers, d'apparence naturelle dans son environnement végétal.

Il existe une large gamme de bassins en plastique moulé, intégrant des poches pour les plantations. Leur installation est simple : creusez une excavation assez large pour recevoir la coque. Celle-ci doit être installée bien à plat. Vérifiez son niveau avant de combler tout autour. Les liners souples, eux, permettent de modeler à volonté la forme et les dimensions du bassin.

Les poissons prolifèrent dans seulement 40 à 60 cm d'eau. Il ne faut pas oublier que la chaleur et les rayons du soleil pénètrent plus facilement un bassin peu profond, accélérant la croissance des algues. Cependant, il n'est pas souhaitable de dépasser une profondeur de 1 m.

Un bassin doit avoir une margelle. Évitez d'épandre des graviers sur le bord, ils pourraient glisser dans le bassin. Les dalles en pierre reconstituée sont idéales pour réaliser une margelle. Vous pouvez aussi utiliser des galets, ou engazonner jusqu'à la rive, en la garnissant de plantes aquatiques qui créeront un effet plus naturel.

Implantation d'un bassin

- La majorité des plantes aquatiques ayant besoin de soleil pour croître, placez le bassin en un endroit où il sera ensoleillé tout l'été.
- Évitez les situations très ventées, où l'évaporation sera plus intense et où de fortes rafales peuvent déraciner les plantes.
- N'implantez jamais un bassin dans un terrain saturé d'eau, à moins d'y installer un dispositif de drainage efficace. L'eau s'accumulant sous une bâche peut arriver à la soulever et à la faire remonter en surface par endroits ; elle peut aussi déloger une coque rigide.
- Comptez 5 à 6 m entre le bassin et l'arbre le plus proche, sinon celui-ci ombragera l'eau, les racines parviendront à abîmer la bâche, et le bassin sera rempli de feuilles mortes chaque automne.
- Certaines espèces d'arbres peuvent endommager un bassin ou compromettre la vie aquatique : le saule a des racines puissantes et ses feuilles produisent, en pourrissant, des composés toxiques pour les poissons ; les pucerons de nénuphars hivernent dans les cerisiers et pruniers ; les cytises et rhododendrons sont toxiques ; les systèmes racinaires du marronnier d'Inde et du peuplier sont voraces et envahissants, tout comme l'if qui, de plus, est toxique.
- Pensez à avoir un point d'eau proche pour refaire le niveau du bassin.
- Tenez compte de la nécessité d'alimenter en électricité pompes et fontaines, soit en amenant une ligne étanche, soit en utilisant des appareils alimentés par panneaux photovoltaïques.

Pompes

Les pompes des bassins domestiques peuvent alimenter des cascades et des fontaines, tout en filtrant l'eau. Pour déterminer le débit de la pompe, calculez approximativement le volume du bassin exprimé en m^3 : longueur moyenne x profondeur moyenne x largeur moyenne.

En dehors de la capacité elle-même du bassin, il faut déterminer les filtres à mettre en œuvre, la taille de la cascade que vous voulez implanter et la hauteur à laquelle il faudra amener l'eau pour l'alimenter. Comme ordre de grandeur, avec par exemple une chute de 15 cm de large, il faut prévoir une pompe débitant environ 2 750 l/h.

Filtration de l'eau

On peut maintenir l'eau claire et saine sans filtre, simplement avec une végétation adaptée et un minimum de poissons pour stabiliser un biotope équilibré. Il est plus simple de combiner plantes et filtrage, en choisissant l'un des filtres suivants.

- **Les filtres mécaniques** sont constitués d'un ou plusieurs bacs contenant des blocs de mousses et, souvent, d'une grille en Inox très fine ; ils ne conviennent qu'aux petits bassins, jusqu'à 900 litres.
- **Les filtres réservoirs** assurent une filtration mécanique et biologique, avec des bactéries détruisant les polluants. Ces appareils de tailles variées, pouvant être équipés de clarifieurs à UV, s'implantent hors de l'eau, soit dans une excavation, soit masqués par des pierres et/ou des plantes.
- **Les clarifieurs** à UV-C bombardent les algues flottantes de rayons ultraviolets qui les détruisent et provoquent leur amalgame, facilitant leur retenue dans un filtre-réservoir.
- **Les filtres à pression** assurent une filtration mécanique et biologique en combinaison avec un clarifieur à UV et peuvent être enterrés.

Plantations

Les plantes sont indispensables à l'équilibre biologique d'un bassin. Les plantes aquatiques et les nénuphars s'enracinent au fond (ou dans des pots immergés), tandis que leurs feuilles et fleurs flottent à la surface. Étangs, lacs et rivières sont bordés par des plantes dont les racines plongent juste sous la surface ; placez-les dans des bacs situés au maximum 25 cm sous le niveau de l'eau. Dans un bassin à rives verticales, vous pouvez poser ces bacs sur un rebord en briques.

Les plantes oxygénantes sont les plus importantes de toutes, car elles absorbent les sels minéraux qui favorisent le développement des algues. Elles sont vendues en bottes retenues par un bout de ligne, et peuvent être plantées dans des paniers posés au fond. S'il est recouvert d'une couche de terre, il suffit de laisser couler les paniers, ainsi les plantes pourront se développer. Ces plantes croissent vite dans une eau saine et il faut les tailler en été.

BASSINS CONSTRUCTION

Les liners en PVC, bâches de polyéthylène ou PVC, conviennent fort bien pour les bassins de taille modeste et se prêtent à la réalisation de n'importe quelle forme. Ces bâches sont peu coûteuses, ont une durée de vie raisonnable et se réparent aisément.

Tracer le bassin

À partir du croquis du bassin que vous avez imaginé, choisissez l'emplacement le mieux adapté en tenant compte de la réalité du terrain.

Outils Matériaux

- **Tuyau d'arrosage ou corde**
- **mètre ruban**
- **bêche**
- **pioche, si besoin**
- **brouette**
- **maillet en bois**
- **niveau à bulles et règle, ou niveau à laser**
- **truelle**
- **platoir**
- piquets de 50 x 50 mm
- sable fin
- ciment
- feutre géotextile ou vieille moquette, au choix

1 Matérialisez le contour du bassin avec un tuyau d'arrosage ou une corde, en essayant divers tracés jusqu'à ce que vous obteniez la forme désirée.

2 Entaillez le contour à la bêche, en suivant le tuyau ou la corde.

3 Retirez le tuyau ou la corde et entaillez un second tracé marquant l'extérieur de la margelle, distant du premier tracé d'une valeur égale à la largeur des dalles moins 5 cm. Celles-ci surplomberont ainsi la rive de 5 cm, masquant la bâche et la protégeant des rayons solaires directs.

Creuser le bassin

Pour assurer la stabilité d'une margelle pavée, le mieux consiste à creuser une tranchée autour du tracé du bassin avant d'excaver celui-ci. Une fois la bâche en place, vous pourrez recouvrir ses bords avec un cordon de béton, sur lequel vous disposerez les pavés de la margelle.

1 Creusez entre les deux tracés, au besoin avec une pioche, sur une profondeur d'une douzaine de centimètres : 10 cm pour la semelle de béton et 2 à 3 cm pour les dalles. Au fur et à mesure, nivelez grossièrement le fond de la tranchée.

2 Taillez des piquets de 5 cm de côté et 30 cm de long, appointés à un bout. Enfoncez-en un au centre de la tranchée, son sommet correspondant au niveau de l'eau, en tenant compte de l'épaisseur des dalles et de l'épaisseur de la couche de mortier de scellement de celles-ci. Enfoncez les autres piquets espacés d'un mètre maximum, tout au long de la tranchée, alignez-les de niveau avec une longue règle et le niveau à bulles, ou le niveau laser.

3 En vous guidant sur le tracé interne, commencez par creuser jusqu'au niveau de la banquette à plantes de rive, qui doit se situer environ 25 cm sous le niveau de l'eau et avoir une largeur de 30 cm. Pour être stables, les rives ne doivent pas être verticales, mais former une pente d'environ 20° vers l'intérieur, ou plus en terrain meuble.

6 Recouvrez l'excavation d'une couche de 25 mm de sable humide, lissée au platoir. Si le terrain est particulièrement caillouteux ou que l'excavation présente des angles aigus, recouvrez cette couche d'un feutre géotextile ou d'une veille moquette pour protéger la bâche.

4 Creusez la partie centrale jusqu'à la profondeur voulue, en prolongeant la pente des rives à 20°. Assurez-vous qu'aucune pierre ne dépasse du sol déblayé. Plantez un jalon au centre de l'excavation et alignez son sommet avec celui du piquet de référence planté en premier, avec un niveau à bulles ou laser. Étendez la vérification à l'alignement du plan de ce jalon avec tous les autres piquets, et si vous décelez des irrégularités, rectifiez en conséquence.

Conseil castorama

Voyez grand

N'oubliez pas que plus un bassin est grand, mieux c'est. Les plantes de berge et la végétation aquatique réduiront la surface apparente de l'eau.

5 Quand tous les piquets sont parfaitement alignés horizontalement, gâchez un mortier relativement épais avec trois parts de sable pour une part de ciment. Étalez un cordon de mortier sur le côté de l'excavation, sa surface étant dans le plan des têtes des piquets et ses bords arrondis, avec une surface lissée. Contrôlez l'alignement du niveau par rapport au jalon central. Laissez le mortier sécher pendant au moins 24 h.

L'outil malin

Niveau à bulles

Il existe des niveaux à bulles de différentes longueurs. Pour l'extérieur, choisissez un niveau d'un mètre, vous pouvez le poser sur une longue règle pour contrôler sur une distance supérieure. Nettoyez tout dépôt de mortier sur le niveau, avant qu'il ne sèche.

Calcul des dimensions de la bâche

Quand vous calculez les dimensions de la bâche, prévoyez une extension au-delà des rives du bassin : 15 cm tout autour s'il doit être recouvert par la margelle dallée, plus s'il est enterré sous le gazon arrivant jusqu'à l'eau.

- Pour déterminer la longueur de la bâche, mesurez la longueur maximale du bassin (y compris les dépassements) et ajoutez à cette valeur deux fois la profondeur maximale.
- Pour trouver la largeur de la bâche, relevez la largeur maximale du bassin (y compris les dépassements) et ajoutez-lui deux fois la profondeur maximale.

BASSINS CONSTRUCTION

Deux personnes sont nécessaires pour étaler la bâche dans l'excavation et en lisser les plis. Vous ne pourrez cependant jamais les éliminer tous. Posez ensuite la pompe et les filtres.

Outils Matériaux

- **tuyau d'arrosage**
- **ciseaux ou cutter**
- **mètre ruban**
- **bétonnière (facultatif)**
- **pelle**
- **truelle**
- **tronçonneuse d'angle, ou massette et ciseau de briqueteur**
- **gants de protection**
- **lunettes et masque de protection**
- **fer à jointoyer**

- bâche pour bassin
- pierres ou briques
- béton à fondations
- pavés de margelle
- sable de rivière
- ciment

Poser la bâche et la bordure

Étendez la bâche sur la totalité de la surface excavée. Tendez et repliez doucement la feuille de manière qu'elle recouvre bien le trou, avec de larges débords tout autour. Veillez à ne pas la percer sur des pierres pointues ; si cela arrivait, réparez le trou en collant une pièce (morceau de bâche) sur les deux faces.

Conseil castorama

Remplir le bassin

Il faut au fur et à mesure remplir le bassin pour plaquer la bâche sur les berges et lisser les plis. Prévoyez un rebord de la bâche d'au moins 50 cm. Vous le maintiendrez tout au long du remplissage du bassin avec des pierres et des briques.

1 Étalez la bâche dans le trou, en lissant le plus possible les plis. Disposez quelques pierres ou briques sur les bords pour lester la bâche et l'empêcher de glisser.

2 Placez l'extrémité du tuyau au fond du bassin et calez-le avec quelque chose de lourd, mais non contondant. Remplissez le bassin d'eau, en veillant à retirer les briques ou pierres au fur et à mesure, pour libérer la bâche, afin qu'elle épouse la forme du trou.

3 Lissez la bâche sur le rebord et repoussez sa frange dans la tranchée, dont elle doit recouvrir à peu près la moitié. Éliminez le film en débord avec des ciseaux ou un cutter.

4 Remplissez la tranchée de béton, jusqu'au niveau du rebord de rive. Tout en calant fermement la bâche en place, cette bordure de béton constitue une base solide pour l'assise des dalles de la margelle. Laissez le béton sécher pendant 24 h.

5 Posez les dalles sur un lit de mortier étalé sur la semelle de béton, en surplombant la bâche de 5 cm. Pour un bassin aux formes curvilignes, il faut recouper chaque dalle en fonction des besoins. Utilisez un ciseau de briqueteur et une massette, ou une tronçonneuse d'angle en portant des gants renforcés, des lunettes de sécurité et un masque. Gâchez le béton à raison de quatre parts d'agrégats pour une de ciment. Laissez un joint de 1 cm entre les dalles. Videz ensuite le bassin, puis remplissez-le et lissez les joints entre les dalles. Éliminez toutes les bavures de béton – poison pour les poissons – sur la bâche.

Installer la pompe et les filtres

Il est plus facile d'installer la pompe dans un bassin vide. Pour empêcher des débris de la colmater et pour pouvoir la saisir aisément pour la nettoyer, ne la posez pas sur le fond. Nous avons utilisé ici une pompe avec tête lance-jet, reliée à un clarifieur à UV-C et à un filtre biologique. Cette pompe se raccorde à l'alimentation électrique comme un éclairage de jardin.

Outils Matériaux

- **niveau à bulles**
- **scie à métaux**

- feutre géotextile
- 2 briques
- pavé ou pierre plate
- pompe avec tête à jet
- tuyau en plastique adapté à la pompe (ici 25 mm)
- canalisation en plastique
- collier à vis
- clarifieur à UV-C
- filtre-réservoir biologique

Sécurité

Installer une pompe basse tension est une tâche aisée. Mais n'oubliez pas que l'eau et l'électricité forment un mélange mortel. Pour protéger les fils électriques, il est indispensable de les mettre sous une gaine. Pour plus de précaution, couvrez-les d'un grillage avertisseur rouge. Si vous avez le moindre doute sur vos compétences d'électricien, faites appel à un professionnel.

1 Disposez une pièce de feutre géotextile sur la bâche pour la protéger et posez dessus deux briques qui serviront de support. Posez une dalle ou une pierre plate sur les briques et placez la pompe dessus.

2 Déterminez la position de la tête de fontaine au moyen d'un niveau à bulles posé sur les margelles. Elle doit se situer entre 3 et 5 cm au-dessus du niveau de l'eau. En général, les têtes fontaines sont réglables et adaptées chacune à un type de jet.

3 L'alimentation électrique est assurée par un câble U 1000 RGPFV, directement enterré ou par un câble U 1000 2RV qui passe dans une canalisation en plastique tout le long de son cheminement près du bassin.

4 Fixez le tuyau sur la sortie de la pompe, au moyen d'un collier à vis. Ce tuyau sera ensuite raccordé au clarifieur à UV-C et au filtre biologique.

5 Avec la scie à métaux, sciez l'extrémité du raccord sur le clarifieur à UV-C pour mettre son diamètre en concordance avec les tuyaux de liaison. Le clarifieur doit être alimenté en électricité, en suivant les indications fournies par son constructeur.

6 Mettez le filtre-réservoir en place, c'est-à-dire au-dessus du bassin. Ici, sa sortie alimente une cascade. Reliez par un tuyau la sortie du clarifieur à l'entrée du filtre-réservoir.

BASSINS JEUX D'EAU ET PLANTES

Une cascade ajoute au réalisme d'un bassin en créant une ambiance sonore. Elle contribue à l'oxygénation de l'eau par brassage. Une fois le bassin terminé, vous pouvez y introduire des plantes aquatiques pour créer un biotope riche et diversifié.

Installer une cascade

Raccordez un tuyau supplémentaire à la sortie de pompe (elle a presque toujours plusieurs sorties) pour alimenter une cascade. Vous pouvez réaliser celle-ci en moulant une chute de bâche sur le sol compacté ou bétonné, ou installer une coque en plastique préformé.

Outils Matériaux
- **truelle**

- cascade en plastique préformé
- sable ou mortier
- galets ou cailloux (facultatif)

1 Disposez la coque préformée en alignant son bord inférieur sur la rive de margelle. Posez-la sur un lit de sable ou de mortier frais, pour pouvoir la positionner plus facilement à votre gré.

2 Testez la cascade en remplissant le bassin et en mettant la pompe en marche pour faire circuler l'eau. Pour un effet plus réaliste, disposez des galets ou des cailloux dans la cascade.

Plantes aquatiques de bassin

Même si vous disposez d'une pompe et de filtres, les plantes sont indispensables pour maintenir l'état sanitaire de l'eau. Pour priver les algues de lumière, les végétaux doivent couvrir environ le tiers de la surface de l'eau pendant leur croissance. Les larges feuilles des nénuphars sont idéales pour cela. Végétaux d'eau profonde et plantes flottantes priveront les algues de sels minéraux. Les plantes aquatiques n'ont pas besoin d'un sol riche. Utilisez un compost aquatique ou une terre lourde et évitez les terres sablonneuses ou trop riches.

Outils Matériaux
- **gants de protection**

- plantes aquatiques
- paniers à plantes
- toile de jute, si besoin
- compost aquatique ou terre de jardin lourde
- gravier lavé

1 Dans la plupart des bassins d'ornement, les plantes sont placées dans des paniers spéciaux en cannage qui retiennent la terre en restant perméables à l'eau. On trouve maintenant des bacs de plantation en plastique à flancs micro-grillagés qui empêchent la terre de souiller l'eau. Si le bac comporte des flancs à larges mailles, tapissez-le avec de la toile de jute avant de le remplir de compost. Si vous plantez des végétaux à haut développement, comme les ajoncs, utilisez un bac assez grand pour pouvoir le lester avec des briques ou des pierres avant de le remplir de compost.

2 Si vous achetez une plante à croissance rapide, commencez par la rempoter dans un plus grand bac. Recouvrez la terre autour du pied avec du gravier, pour empêcher l'érosion du sol. Déposez doucement le bac au fond du bassin.

Installer une fontaine

Une fontaine ajoute à un jardin une touche d'originalité et de sérénité. Vous pouvez en installer une même si vous n'avez pas de bassin. Certaines fontaines sont simplement équipées d'une pompe pour la circulation de l'eau, d'autres combinent ce système avec un circuit électrique d'éclairage.

Pompe avec jet autonome

Dans la plupart des équipements autonomes, l'eau est pompée dans un petit réservoir enterré et y retourne en boucle. La pompe peut être alimentée par photopiles ou, comme ici, par un circuit électrique basse tension raccordé au tableau électrique. Comme pour un éclairage de jardin, ce circuit doit cheminer dans un conduit TPC. Vous pouvez aussi utiliser un câble blindé spécial, enterré à une profondeur minimum de 50 cm, avec grillage avertisseur.

Outils Matériaux

- **pelle**
- **brouette**
- **niveau à bulles**
- **tournevis**
- **tuyau d'arrosage**

- ensemble de pompe
- 4 pointes
- ficelle
- conduite en plastique
- des galets ou des pierres

1 Présentez le réservoir retourné sur l'emplacement et marquez son contour en enfonçant une pointe à chaque coin et reliez-les avec une ficelle. Retirez le réservoir et excavez le sol sur toute sa hauteur, afin qu'il soit complètement enterré.

2 Placez le réservoir dans l'excavation et calez-le bien à l'horizontale au moyen du niveau à bulles, présenté successivement en long, en large et sur les diagonales.

3 Vissez le socle de la fontaine sur le couvercle du réservoir. Suivant les instructions, branchez le tuyau entre la pompe et la fontaine. Assurez-vous que le tuyau en plastique traverse le couvercle sans être écrasé.

4 Remplissez le réservoir d'eau. Ajustez le tuyau en plastique entre le couvercle du réservoir et la pompe. Asseyez celle-ci au fond du réservoir, en sortant le câble électrique hors de ce dernier. Effectuez le branchement électrique conformément au mode d'emploi.

5 Masquez le couvercle du réservoir sous une couche de galets ou de grosses pierres.

Sécurité

Pour manipuler des objets lourds, portez des chaussures à bout renforcé et soulevez la charge en pliant les genoux tout en gardant le dos bien droit.

Équipement de la maison

Sécurité

Avant de commencer à travailler sur l'installation électrique, prenez les précautions suivantes :

- coupez l'alimentation du circuit concerné en abaissant le bouton s'il s'agit d'un disjoncteur ou d'un interrupteur ou en enlevant la cartouche d'un coupe-circuit classique ;
- si vous n'êtes pas sûr de pouvoir clairement identifier le circuit, coupez le courant au disjoncteur de branchement ;
- pendant que vous travaillez sur l'installation, apposez une pancarte ou une étiquette sur le dispositif de coupure indiquant qu'il ne faut pas "remettre" le courant pendant toute la durée de votre intervention.

Une fois celle-ci terminée, vous pouvez "remettre" le courant. Ne le faites que lorsque tous les couvercles et toutes les façades d'appareils sont replacés. En matière d'électricité, le provisoire n'a pas sa place.

Une installation électrique est composée d'un réseau de conducteurs constituant un certain nombre de circuits répartis dans l'ensemble de la maison en fonction des besoins spécifiques de chaque pièce. La rénovation d'une installation ou son prolongement ne sont pas hors de votre portée si vous respectez strictement les normes et les règles de sécurité liées à l'utilisation du courant électrique.

Respecter la norme

En France, les installations électriques neuves ou faisant l'objet d'une rénovation complète ou importante doivent respecter la norme NF C 15-100 qui concerne tout à la fois les installations et les matériels à utiliser. Elle a pour vocation la protection de l'installation et celle des personnes, mais aussi le confort d'utilisation et de gestion du courant électrique. Elle vise à une utilisation rationnelle du courant dans la maison et tient compte des possibilités d'évolution de l'installation. Il est impératif de la suivre pour toute intervention et notamment pour toute extension de votre installation. En cas de doute sur les règles à suivre, consultez PROMOTELEC, association dont la mission est précisément le respect de la norme, notamment en matière de sécurité.

Ne vous lancez dans des travaux d'électricité que si vous possédez de bonnes connaissances dans ce domaine et une bonne pratique des méthodes et techniques d'installation. Dans le cas contraire, faites plutôt appel à un professionnel. Ces pages vous permettront alors de mieux dialoguer avec lui et d'obtenir une installation conforme à vos aspirations et à vos besoins.

Protection de l'installation

La norme prévoit en particulier :

- un appareil général de coupure et de protection (disjoncteur différentiel 500 mA) en tête de tableau ;
- un dispositif parafoudre dans les zones sensibles ;
- des dispositifs de protection différentiels (disjoncteurs) à haute sensibilité (30 mA) pour tous les circuits de la maison ;
- une réserve de 20 % au tableau pour les possibilités d'extension de l'installation.

Autres dispositions

Les autres dispositions principales concernent la distribution du courant dans la maison :

- toutes les prises de courant doivent accepter un courant de 10/16 A et bénéficier d'obturateurs d'alvéoles ;
- tous les circuits doivent posséder un conducteur de protection (terre) ;
- les conducteurs doivent être en cuivre et respecter les sections imposées par la nature des circuits ; le code des couleurs doit être respecté ;
- le calibre des disjoncteurs ou interrupteurs différentiels protégeant les circuits doit être en rapport avec la nature des circuits qu'ils protègent.

Ces dispositions récentes s'ajoutent à toutes celles qui constituent le corpus de la norme et concernent notamment les raccordements (par dés), la qualité de la terre, le nombre de points d'alimentation par circuit, etc.

Des travaux à votre mesure

Un incident électrique peut endommager les appareils alimentés, causer un incendie, voire un accident corporel pouvant aller jusqu'à l'électrocution. Ne vous lancez pas dans ces travaux à la légère !

- Soyez patient et méthodique et ne vous embarquez dans ce travail que si vous êtes sûr de pouvoir le finir.
- Si vous avez le moindre doute sur vos capacités, faites appel à un professionnel.
- Coupez le courant au disjoncteur principal avant toute intervention, même pour un simple remplacement d'ampoule ; ne vous contentez pas d'actionner l'interrupteur ou de couper le courant du seul circuit concerné.
- Quand vous travaillez sur l'installation électrique, portez de préférence des chaussures à semelle en caoutchouc ou en crêpe.
- Utilisez des outils à manche isolé, spécialement destinés aux travaux électriques.
- Quand vous réalisez des connexions, vérifiez que l'isolant des conducteurs n'est pas endommagé.
- Assurez-vous que le raccordement à la terre est effectif, avec un conducteur à gaine verte, jaune ou vert/jaune ; dans les appareils, la vis de fixation de la cosse de protection doit être bien serrée. Ce raccordement ne doit pas être effectué sur les appareils à double isolation marqués du symbole correspondant ⧈ ou sur les matériels ne comportant aucune partie métallique.
- Les circuits doivent être protégés par un coupe-circuit (fusible, disjoncteur ou interrupteur différentiel) de puissance correspondant à leur capacité ; ne remplacez jamais un fusible qui a "sauté" par un autre d'ampérage supérieur ; commencez par régler le problème avant de changer le fusible ou d'enclencher le disjoncteur ou l'interrupteur différentiel.
- Remplacez sans attendre tout appareil électrique défectueux.
- Ne réparez jamais une rallonge électrique que vous auriez coupée ; remplacez-la entièrement.
- Ne surchargez pas les circuits par des prises multiples en cascade ; installez plutôt des socles de prises multiples.
- Respectez les contraintes d'installation dans les pièces humides (salle de bains, cuisine, etc.).

Conseil castorama

Tableau précâblé

Le tableau de répartition est la "gare de triage" de votre installation. Sa qualité détermine directement celle de l'installation. Vous pouvez le composer vous-même à partir des appareils disponibles dans les rayons spécialisés, mais vous gagnerez beaucoup à opter pour un tableau précâblé, surtout si vous êtes un électricien novice.

Diagnostiquer une installation

Un certain nombre de signes peuvent vous permettre de savoir si votre installation doit être rénovée. La présence de fusibles à broche en porcelaine et fil de plomb, ou encore des conducteurs à isolant textile, avec des connexions par épissures, signalent une installation vétuste qui doit être entièrement refaite. Ceci étant, des installations plus récentes, moins dangereuses, gagneront aussi à être rénovées.

1 Votre tableau de répartition est-il ancien ou récent ?

Dans les vieilles maisons, on trouve encore des tableaux à support bois, porte-fusibles et broches en porcelaine, voire des tabatières réparties dans les différentes pièces de la maison. Ces matériels doivent être impérativement remplacés. Les équipements plus récents, constitués de porte-cartouches fusibles sont encore acceptables mais gagneraient à être modernisés. Assurez-vous que votre disjoncteur d'abonné comporte bien une fonction différentielle (il porte alors l'indication 500 mA sur sa face avant) ; si ce n'est pas le cas, demandez son remplacement par le distributeur de courant.

2 Les circuits sont-ils bien identifiés ?

Toute intervention partielle sur votre installation suppose d'identifier les circuits. S'ils ne le sont pas au tableau (ce qui est généralement le cas), vous devez le faire. Allumez toutes les lumières de la maison et branchez un appareil (lampe ou poste de radio) sur toutes les prises. Coupez successivement l'alimentation de chacun des circuits en enlevant les fusibles les uns après les autres : notez au fur et à mesure les pièces qu'ils alimentent (chambre, salon, etc.). Notez au passage le calibre de la protection des circuits.

3 Les conducteurs sont-ils en bon état et bien protégés ?

Les installations les plus anciennes sont faites avec des fils torsadés à isolant textile, fixés directement au mur ou au plafond par des pontets en porcelaine. Il faut totalement les changer. Les installations moins vétustes sont réalisées sous baguettes bois. Inflammables, elles doivent être toutes remplacées par des baguettes PVC, surtout si les conducteurs qu'elles protègent sont à isolant textile ou encore en caoutchouc, généralement craquelé. Ces conducteurs devront être remplacés en même temps. Toutes les connexions par épissures isolées par du chatterton doivent être remplacées par des barrettes (dominos) de connexion, des connecteurs automatiques ou des borniers. Les vieilles installations encastrées doivent également être contrôlées. Pour cela, ouvrez les boîtiers d'appareils et examinez l'état des conducteurs : si leur enveloppe isolante est craquelée, il faut renoncer à utiliser ces circuits et installer soit de nouveaux circuits encastrés soit des circuits sous baguettes PVC apparentes.

4 Votre installation possède-t-elle une prise de terre ?

L'installation doit impérativement posséder une prise de terre sur laquelle doit être raccordé le conducteur principal de protection, permettant un raccordement par une borne au tableau de tous les fils de terre de l'installation. Si ce n'est pas le cas, faites poser une prise de terre par un électricien. En immeuble collectif, cette installation incombe au propriétaire et/ou au syndic.

5 Les socles de prises, les interrupteurs sont-ils en bon état ?

Examinez de près tous les socles de prises et tous les interrupteurs. Les appareils en porcelaine, à capot métallique ou en Bakélite doivent impérativement être remplacés. Il en sera de même des appareils plus modernes dont la façade est fêlée, voire cassée. La plupart des matériels électriques sont aujourd'hui alimentés par une fiche à broches de 4,2 mm de diamètre, avec alvéole de raccordement à la terre ; les anciens socles de prises à alvéoles de 4 mm, sans obturateur de sécurité ni possibilité de raccordement à la terre doivent être changés (et leur liaison à la terre rendue possible).

6 Les appareils sont-ils bien raccordés ?

Même si les appareils (prises, interrupteurs, appliques, etc.) semblent bien raccordés, il est bon de contrôler périodiquement la qualité de leurs branchements. Un léger dysfonctionnement, un petit grésillement ou un échauffement signalent que les conducteurs ne sont plus bien fixés dans leurs alvéoles : ouvrez les boîtiers ou la façade des appareils et resserrez les vis de blocage des bornes de connexion.

7 Les douilles sont-elles en bon état et bien fixées ?

Si les douilles en porcelaine ont pratiquement disparu partout, il n'en est pas de même pour celles en laiton et noix en porcelaine (pour ampoule à culot à baïonnette), encore très largement répandues. Vous pouvez les remplacer par des douilles de même nature en plastique.

8 L'installation se prolonge-t-elle à l'extérieur ?

Si c'est le cas, elle doit être constituée de matériels étanches, en PVC, assurant la protection des connexions et celle des personnes. Les vieux matériels et conduits métalliques extérieurs doivent être absolument remplacés.

Sécurité

La norme NF C 15-100 précise que tous les circuits, y compris ceux destinés à alimenter des plafonniers, doivent désormais être raccordés à la terre et comprendre par conséquent trois conducteurs de même section.

Dans une installation, le tableau électrique, aussi appelé "tableau de répartition" ou d'abonné, distribue et protège les différents circuits qui la composent. Chacun des circuits alimente un ou plusieurs points d'utilisation de même type : éclairages, prises, etc. en fonction de la nature des pièces et de l'utilisation que l'on fera du courant et selon la puissance des appareils qui y seront installés et/ou utilisés.

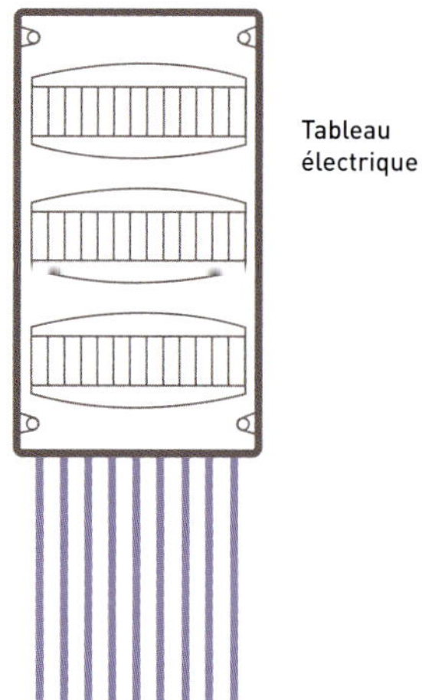

Principaux types de circuits

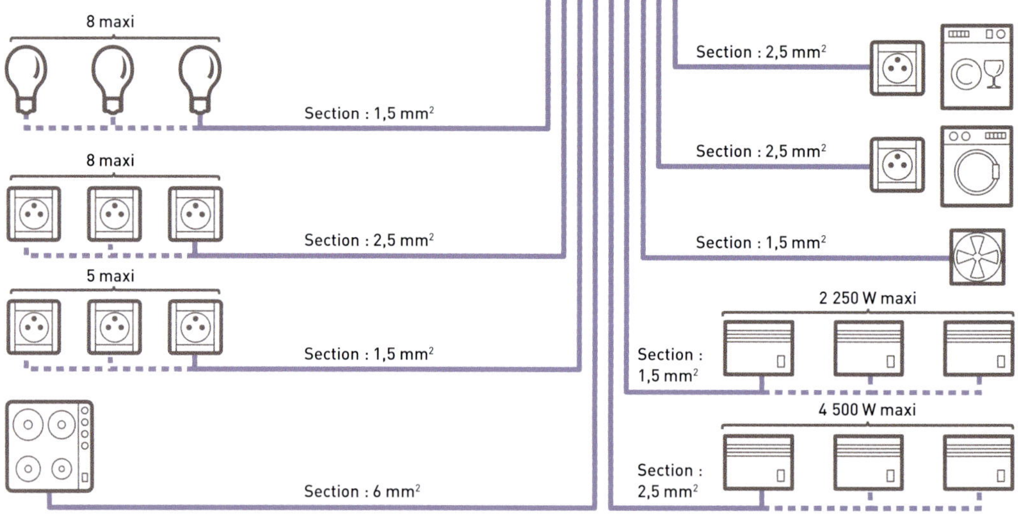

Les différents circuits d'une maison sont constitués de trois conducteurs (phase, neutre et terre) dont la section est en rapport avec la puissance des appareils à alimenter. Les dispositifs qui les protègent (disjoncteurs ou interrupteurs différentiels) sont calibrés en fonction de cette puissance maximale autorisée.
Les trois conducteurs doivent être rigides (on parle de conducteur à "âme massive", par opposition aux câbles). Leur couleur est normalisée :

- bleu pour le neutre ;
- vert, jaune ou vert/jaune pour la terre ;
- rouge ou toute autre couleur à l'exception des précédentes pour la phase (généralement violet, orange, noir ou marron).

Circuits éclairage
Ils servent à alimenter les luminaires et les prises commandées.

Circuits prises
Ils alimentent les prises de courant qui ne sont pas dédiées à un appareil donné.

Circuits cuisinière
Ils alimentent les prises ou les boîtiers affectés à l'alimentation des appareils de cuisson, cuisinière ou table de cuisson.

Circuits spécialisés
Ils alimentent les appareils spécifiques : lave-linge, lave-vaisselle, congélateur, chaudière.

Circuits chauffage
Ils alimentent les appareils de chauffage fixes.

Circuit VMC
Il alimente la ventilation mécanique contrôlée.

La prise de terre

Sans prise de terre, quand un défaut d'isolation se produit sur un appareil à carcasse métallique, celle-ci se trouve sous tension. Si vous la touchez, vous risquez d'être électrocuté. Si l'appareil est raccordé à la terre, le courant sera attiré par la prise de terre et vous serez protégé. Dans les installations modernes, les appareils de protection différentiels (disjoncteurs) coupent automatiquement le courant dès que se produit une "fuite" d'électricité dans l'installation, vous protégeant ainsi contre tout risque d'accident.

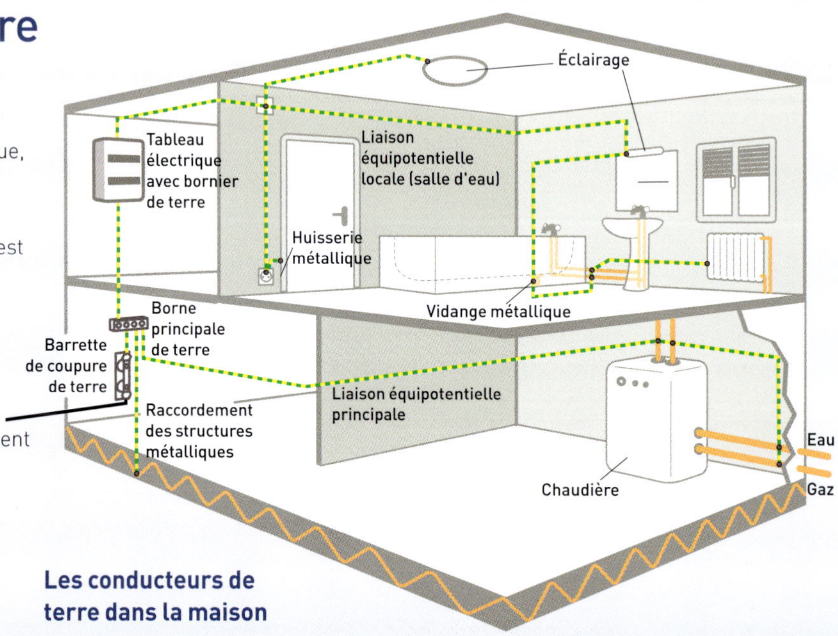

Les conducteurs de terre dans la maison

Deux solutions

La prise de terre peut être réalisée avec un piquet (ci-dessous) ou un câble en fond de fouille (en bas).

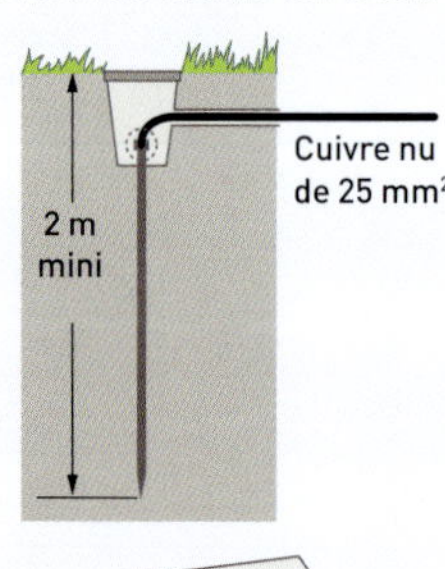

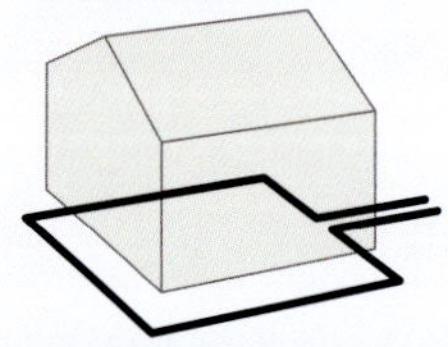

Boucle en cuivre nu de 25 mm²

L'entrée et le couloir

Ce sont les premières pièces de la maison où l'on pénètre. Leur configuration impose souvent d'allumer la lumière pour s'y déplacer, même le jour. Permettant par définition, l'accès aux différentes pièces de la maison, c'est aussi de là que l'on identifie et accueille les visiteurs. L'installation doit y être bien pensée avec, notamment, la possibilité de commander l'éclairage depuis différents points à l'aide d'un télérupteur, l'allumage et l'extinction de la lumière par interrupteur automatique ; un détecteur de présence constitue aussi une excellente solution. Un accès à la cave impliquera également l'installation d'un interrupteur à voyant permettant de ne pas oublier d'éteindre la lumière quand on en sort. Enfin, pour l'accueil sécurisé des visiteurs, vous devrez prévoir soit une sonnette, soit un interphone, soit, enfin, un portier vidéo.

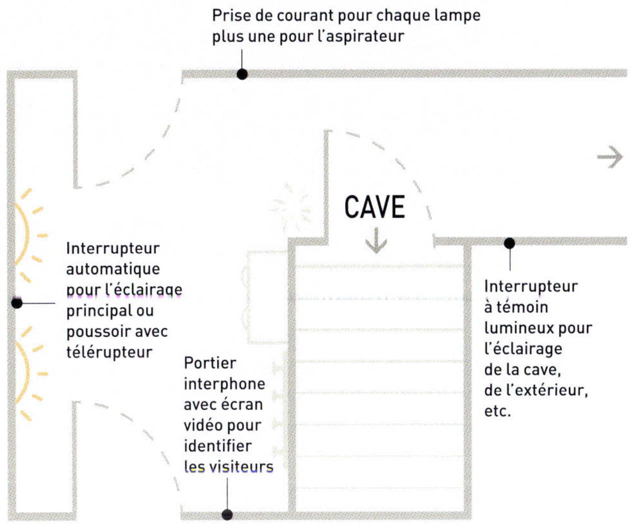

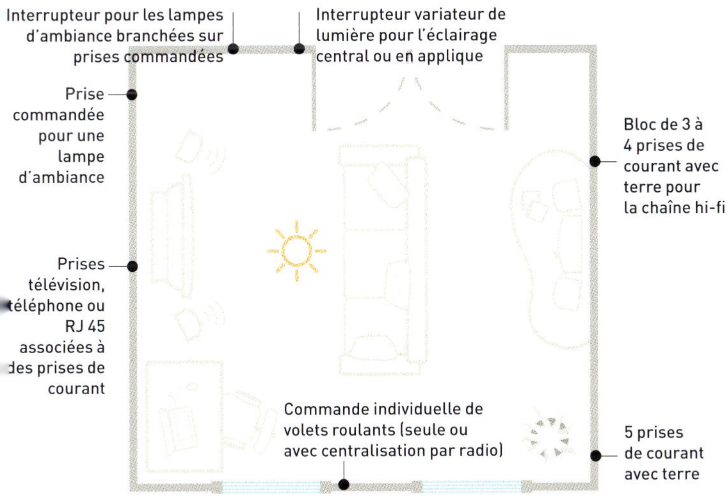

Le séjour

C'est la pièce à vivre par excellence, celle où prime le confort. Au cœur de la vie familiale, le séjour doit bénéficier d'une installation électrique permettant une utilisation facile, confortable et efficace aussi bien pour l'éclairage que pour des équipements audiovisuels. L'éclairage adapté est composé d'un point lumineux central et/ou d'appliques associés à un variateur. Il doit aussi créer l'ambiance, avec des lampes et luminaires commandés par des interrupteurs. C'est aussi une pièce "technique" où le multimédia prend une place croissante. Il faut donc prévoir toutes les possibilités d'alimentation et/ou d'interconnexion de ces matériels : prises techniques pour la télévision, le magnétoscope, le lecteur DVD, la hi-fi, l'informatique. On y trouve aussi certains interrupteurs spécialisés comme ceux commandant les volets roulants des portes-fenêtres.

La salle à manger

Autrefois uniquement dévolue aux repas de fin de semaine et de jours de fêtes, la salle à manger est souvent devenue une pièce polyvalente où l'on n'hésite pas à manger tous les jours, mais aussi où l'on regarde la télévision, et où l'on installe des équipements de loisirs quand l'appartement ne comprend pas de séjour. Outre l'éclairage, souvent commandé par un variateur, il faut prévoir la possibilité d'y brancher les différents équipements audiovisuels propres aujourd'hui à toute pièce à vivre. Ici aussi, on trouvera désormais des interrupteurs spécialisés pour commander, par exemple, les volets roulants.

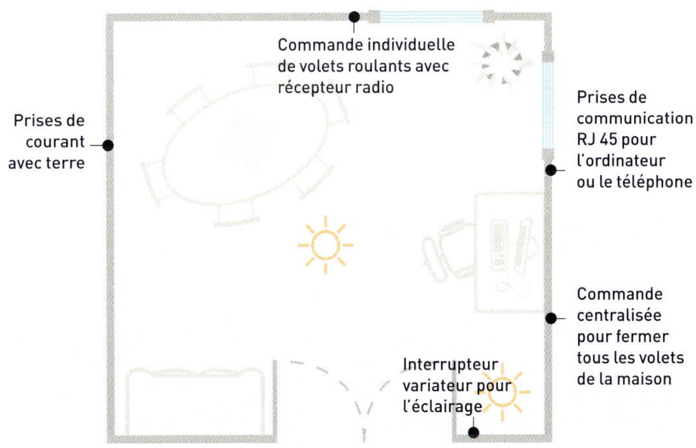

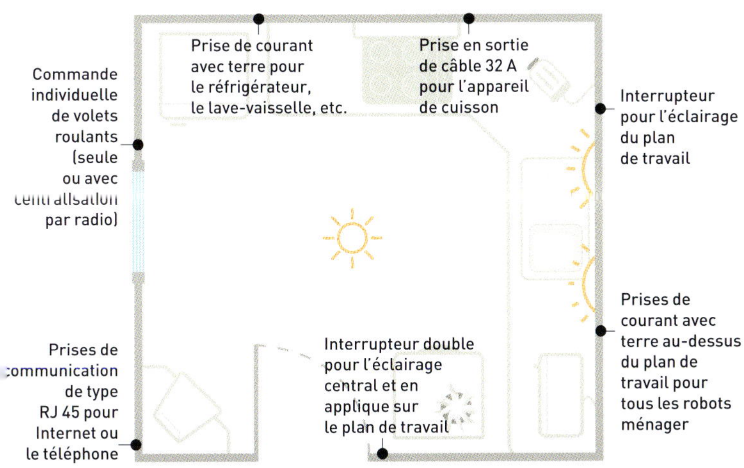

La cuisine

Pièce technique par excellence, la cuisine est aussi un véritable lieu de vie. Quand elle est assez vaste, on y prépare les plats et l'on y prend souvent les repas. L'éclairage central et ponctuel doit donc être efficace et agréable. Mais la multiplication des équipements électroménagers, portatifs et fixes, confère ici une place prépondérante aux prises qui doivent être à la fois nombreuses et adaptées à la puissance des appareils à utiliser. Certains, comme les appareils de cuisson sont de gros consommateurs de courant. On ne manquera pas d'y installer aussi des prises dites de "communication" pour la télévision, le téléphone et Internet.

Sécurité

La "quantité" de courant qu'un conducteur peut acheminer est directement liée à sa section. Si l'appel de courant nécessaire au fonctionnement d'un appareil est trop important, le fil surchauffe et sa gaine isolante peut finir par fondre. Respectez toujours le tableau ci-dessous.

SECTION DES FILS

Ampérage	Section
10 A	1,5 mm²
16 A	2,5 mm²
20 A	4 mm²
32 A	6 mm²

Dans une installation, le courant est transporté par des conducteurs métalliques isolés par une enveloppe en PVC de couleur. Ils sont eux-mêmes protégés par une autre gaine qui les solidarise (câbles multiconducteurs) ou par un conduit qui peut pendre la forme d'un tube (apparent ou encastré) ou d'un profilé en PVC (baguette, plinthe, goulotte, etc.).

Fils et câbles

Les fils servent à alimenter les appareils de distribution du courant (prises, boîtes de connexion, dominos) qui permettent eux-mêmes la transmission de l'énergie aux appareils consommateurs de courant : ampoules, résistances, moteurs électriques, etc.

Les fils souples sont constitués d'une tresse câblée protégée par un isolant et ne servent que de liaison entre un socle de prise et un appareil électroportatif (machine ou luminaire). Ils sont couplés par deux (méplat) pour les appareils ne nécessitant pas de raccordement à la terre, ou par trois pour ceux qui doivent intégrer un conducteur de protection.

Les fils rigides (en réalité semi-rigides) sont composés d'un fil unique protégé par une enveloppe isolante de couleur en PVC. Ils servent aux installations fixes sous baguettes ou sous conduits encastrés ou apparents. Réunis à plusieurs sous une autre gaine isolante, ils forment un câble multiconducteur pour pose fixe sous pontets clouables. Certains câbles multiconducteurs à enveloppe isolante renforcée sont utilisés pour les installations enterrées.

Câble multiconducteur rigide

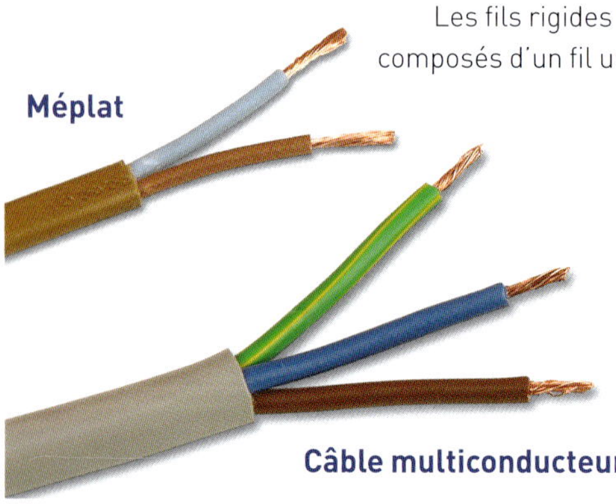

Méplat

Câble multiconducteur souple

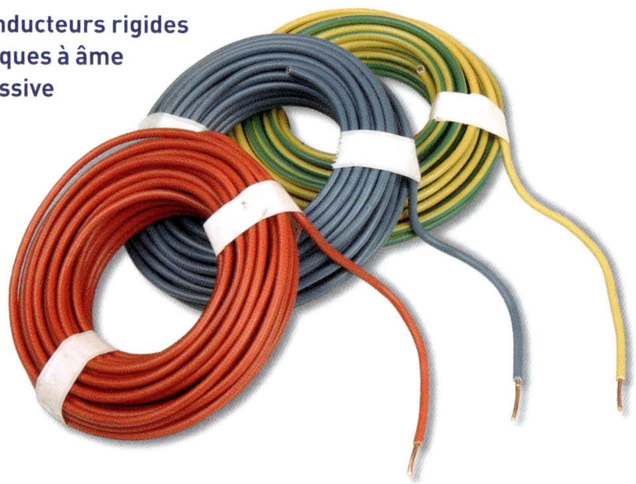

Conducteurs rigides uniques à âme massive

Conduits

Les conducteurs, surtout lorsqu'ils sont individuels, et donc à âme massive, doivent bénéficier d'une protection continue, que leur pose soit apparente ou encastrée.

Conduits rigides

Il s'agit de conduits en PVC rigide et lisse, destinés à une pose apparente avec des colliers en applique. Si l'on y fait cheminer des conducteurs rigides individuels à âme massive, ils doivent assurer une protection continue, rendue possible par des accessoires de liaison : coudes, manchons, T, etc. Si l'on y fait passer un câble conducteur, la protection n'a besoin d'être continue que sur les sections droites. On les utilise alors sans accessoires de liaison.

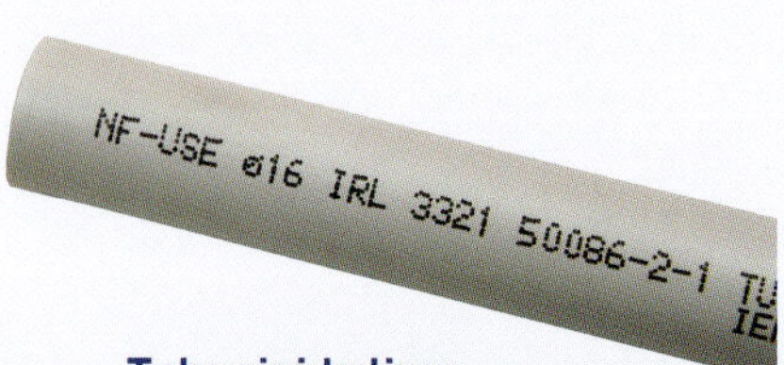

Tube rigide lisse

Les conduits flexibles

Sous cette appellation, on désigne en fait des tubes isolants flexibles, cintrables et déformables. Ces conduits se distinguent les uns des autres par leur degré de souplesse et de résistance et par leur couleur. La couleur orange désigne un matériau qui, pouvant être conducteur de flamme, doit être noyé dans la maçonnerie (béton ou plâtre). Seule l'extrémité du conduit, sur 10 cm au maximum, peut sortir de la maçonnerie (ce qui peut se révéler nécessaire en cas de doublage décoratif d'un mur). Les conduits gris annelés sont utilisés dans les doublages.

Tube flexible annelé

TYPES DE CONDUITS

Appellations	Référence
Isolant flexible cintrable et déformable (orange)	ICTL-3421
Isolant flexible cintrable et déformable (gris/orange)	ICTA-3422
Tube rigide lisse ordinaire (gris)	IRL-3321
Tube isolant flexible cintrable ordinaire (gris)	ICA-3321

Signification des lettres

I : Isolant — C : Composite
R : Rigide — S : Souple
A : Annelé — L : Lisse
T : Transversalement élastique

Baguettes

La baguette en matière plastique se compose d'un socle clouable, ou collable (le PVC se prête bien à cette technique de pose), et d'un couvercle. Le socle comprend deux logements, qui peuvent accueillir chacun plusieurs conducteurs. Le couvercle vient s'emboîter (par clipsage) sur le socle, assurant ainsi une étanchéité satisfaisante (sans être totale). Les baguettes doivent toujours rester accessibles. Il ne faut donc pas les recouvrir de papier peint ou les dissimuler sous un revêtement, textile ou autre.

Plus larges que les baguettes et pouvant donc accueillir davantage de conducteurs, les plinthes "électriques" se substituent, aux plinthes traditionnelles qui ceinturent une pièce. Elles sont associées à de multiples appareils (prises, dérivations, etc.), qui s'y intègrent parfaitement et offrent une grande commodité de raccordement.

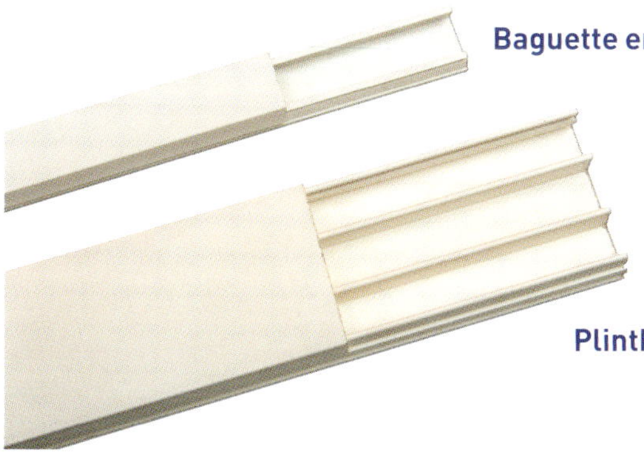

Baguette en PVC

Plinthe en PVC

Liaisons par bornes dans une boîte de connexion

Si la plupart des liaisons et dérivations de fils de 2,5 et 4 mm^2 peuvent se faire avec des accessoires comme les dominos ou barrettes de connexion ou les connecteurs, il faut recourir aux bornes pour les fils de forte section. Elles sont constituées d'un cylindre taraudé d'un pas de vis fendu, permettant le passage d'un ou de plusieurs conducteurs. Un boulon à tête ronde fendue (vis) permet le blocage de la partie métallique des conducteurs. Ce dispositif reste très employé dans les installations pour assurer les dérivations indispensables à la répartition des circuits.

Accessoires de liaison

Barrettes de connexion

Ce sont des accessoires de liaison composés de conduits métalliques placés dans un matériau isolant (matière plastique). Ces conduits, disposés parallèlement les uns aux autres, comportent à chaque extrémité une petite vis permettant le serrage du conducteur qui y sera enfilé. Les dominos sont présentés en barrettes rassemblant plusieurs conduits (généralement une douzaine).

Dominos ou barrettes de connexion

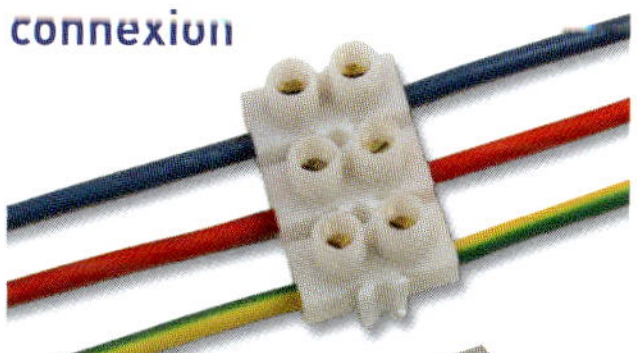

Connecteurs

Ces petits accessoires assurent une liaison rapide et sans outils de conducteurs dont l'extrémité a été soigneusement dénudée. Ils permettent de gagner tout à la fois beaucoup de temps d'installation et de place à l'intérieur des boîtes de dérivation, car ils sont bien moins encombrants que les dominos.

Connecteurs

Dénuder les conducteurs

Différents systèmes permettent de mettre à nu l'extrémité des conducteurs. La technique la plus élémentaire consiste à entailler l'isolant avec précaution à l'aide de la lame très tranchante du couteau d'électricien, pour tirer ensuite l'isolant avec les doigts. Mais la méthode la plus pratique et la plus professionnelle fait appel à une pince spéciale (dite précisément "pince à dénuder") dont les becs en V tranchants forment une mâchoire réglable en butée, qui permet d'entailler l'isolant avec précision. Celui-ci est éliminé ensuite en tirant sur la pince. Il existe différents autres modèles de pinces dont une "automatique", qui fait les deux opérations en une seule fois.

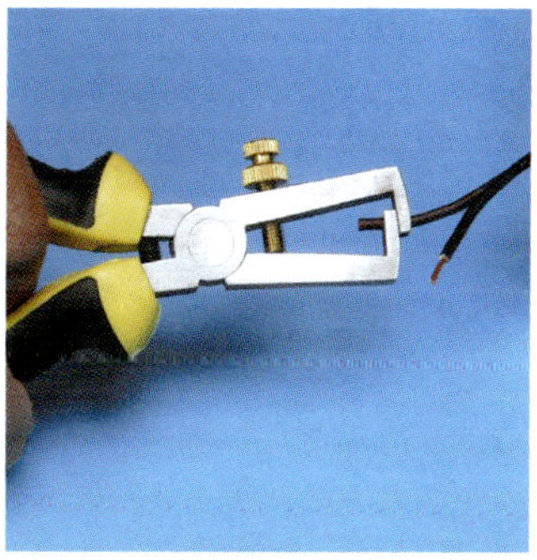

- Déterminez l'emplacement de la boîte en fonction de l'endroit de sortie des conducteurs d'alimentation et de la dérivation à réaliser.
- Fixez la platine de support des bornes sur le mur. Vissez et chevillez (en choisissant des chevilles adaptées à la nature du mur).
- Dégagez une longueur suffisante de fil d'arrivée. Faites de même pour les conducteurs de départ.
- Recoupez l'extrémité des conducteurs de telle sorte qu'une fois les raccordements effectués, ils ne dépassent pas du logement des bornes.
- Dénudez l'extrémité des conducteurs sur une longueur correspondant exactement à la taille des fentes pratiquées dans les bornes de raccordement.
- Engagez la partie dénudée des conducteurs dans la fente des bornes en respectant bien sûr la continuité des couleurs.
- Amorcez le filetage de la vis des bornes, puis serrez-les avec un tournevis.
- Serrez les vis sans excès pour ne pas écraser les conducteurs.

ÉLECTRICITÉ DÉPANNAGES

Sécurité

Avant toute intervention sur l'installation, prenez la précaution d'isoler le circuit sur lequel vous allez travailler en enlevant la cartouche du fusible ou en agissant sur le bouton du disjoncteur concerné. Contrôlez que le courant est bien coupé avec un tournevis testeur ou un contrôleur universel. Ne prenez jamais de risque avec l'électricité !

Il n'est rien de plus irritant que les pannes électriques. Pourtant, avec un minimum de logique et de patience, vous devriez identifier facilement le problème et y remédier rapidement, le plus souvent par vous-même. Avant de faire quoi que ce soit, vous devez prendre toutes les précautions pour intervenir en toute sécurité.

Contrôler un circuit

Pour une sécurité absolue, le plus sûr est de couper le courant au disjoncteur principal de l'installation. Cela implique cependant que vous devrez travailler dans l'obscurité, ou tout au moins à la lueur d'une lampe de poche, ce qui n'est pas très confortable. L'idéal est donc de ne suspendre que l'alimentation du circuit concerné, dans la mesure bien sûr, où vous pourrez l'identifier avec certitude. Pour en couper l'alimentation, il suffit en principe d'agir sur le coupe-circuit qui le protège : fusible, interrupteur ou disjoncteur différentiel. Dans le premier cas, retirez purement et simplement le fusible (en le rangeant dans la poche), dans les autres cas, agissez sur le bouton d'enclenchement de l'interrupteur ou du différentiel. Accrochez sur le bouton une étiquette indiquant clairement qu'il ne faut pas le réenclencher pendant que vous êtes en train de travailler sur le circuit, pour éviter toute "remise" du courant par une tierce personne. Attention : la suspension d'alimentation n'est garantie que si le coupe-circuit est bipolaire, c'est-à-dire que s'il agit sur les deux fils et donc les deux pôles du circuit. Ce n'est généralement le cas que sur les installations les plus récentes !

Il est naturellement essentiel de bien identifier le circuit. Là encore, cette identification n'est faite que sur les installations récentes. Encore faut-il procéder aux vérifications d'usage.

Identifier le problème

Suivez la procédure suivante pas-à-pas pour identifier la cause de pannes d'un appareil électrique.

Un appareil à fiche ne fonctionne plus

- Si c'est un luminaire, commencez par remplacer l'ampoule. Pour tout autre type d'appareil, branchez sa fiche dans une autre prise. S'il fonctionne, c'est la prise qui est en cause. Sinon, branchez-le sur la prise d'un autre circuit. S'il fonctionne, c'est le circuit précédent qui est en cause.
- Si un appareil ne marche pas sur une prise que vous savez correctement alimentée, contrôlez la liaison des conducteurs côté fiche et côté appareil. Contrôlez le câble pour voir s'il n'est pas endommagé.
- Si l'appareil ne fonctionne toujours pas, c'est que l'appareil lui-même est en cause.

Un circuit est coupé

- Coupez tous les interrupteurs et/ou débranchez tous les appareils raccordés au circuit concerné. Coupez le courant au disjoncteur principal. Remplacez le fusible qui a sauté ou réenclenchez le disjoncteur qui a fonctionné. Réenclenchez le disjoncteur principal. Si le problème persiste, il est lié au circuit lui-même.
- Sinon, allumez les éclairages et/ou rebranchez les appareils les uns après les autres jusqu'à ce que vous trouviez celui qui a fait sauter le fusible ou le disjoncteur protégeant le circuit. Contrôlez les connexions au niveau de la fiche et de l'appareil.
- Si le problème persiste, c'est que l'appareil lui-même est en court-circuit.

Une applique ou un plafonnier ne marche plus

- Les autres luminaires du circuit fonctionnent-ils ? Si ce n'est pas le cas, voyez pourquoi le circuit est coupé (voir UN CIRCUIT EST COUPÉ).
- Si les autres luminaires fonctionnent, remplacez l'ampoule après avoir coupé l'interrupteur.
- Si cela ne suffit pas, coupez l'alimentation du circuit concerné et contrôlez les connexions électriques. Resserrez les vis des bornes de liaison. Contrôlez la continuité électrique du circuit du luminaire avec un contrôleur universel. Remplacez le luminaire si nécessaire.
- Si cela ne suffit toujours pas, coupez de nouveau le courant et ouvrez la façade de l'interrupteur. Contrôlez les liaisons et resserrez éventuellement la vis des bornes. Remettez le courant.
- Si le problème n'est pas résolu, remplacez l'interrupteur.

Tous les circuits sont coupés

- Commencez par vous demander si vous n'êtes pas victime d'une coupure d'alimentation. Vérifiez que vous avez payé votre dernière facture et que vos voisins ont de l'électricité.
- Si le disjoncteur principal seul a fonctionné, réenclenchez-le prudemment. Il arrive qu'il se déclenche sous l'effet d'une surtension sur le réseau ou en raison d'un incident (coup de foudre, par exemple).
- S'il déclenche à nouveau et s'il s'agit d'un disjoncteur différentiel haute sensibilité, la panne est liée à un problème de terre. Consultez un électricien.

L'outil malin

Détecteur de courant

Vous trouverez dans le commerce des détecteurs de métaux servant à localiser les canalisations encastrées dans les murs ou situées derrière les doublages. Ils permettent également de mettre en évidence la présence de courant électrique en émettant un signal sonore et parfois lumineux quand on les approche de sources électriques.

Sécurité

Emplacement du tableau

Le tableau de répartition principal (ou les tableaux complémentaires éventuels) de votre installation ne peut pas être placé n'importe où dans la maison. Il est interdit, par exemple, de le placer au-dessus ou au-dessous d'un point d'eau, ou encore dans la salle de bains. Il ne doit pas être disposé, non plus, au-dessus d'un appareil de cuisson ou de chauffage. Si vous le placez dans un placard, sa face affleurante doit être tournée vers vous, sans possibilité de ranger des objets devant ; les portes du placard doivent permettre l'aération du tableau. Enfin, bien sûr, vous ne pouvez pas le placer à l'extérieur de la maison.

Le tableau de répartition

Chacun des circuits de la maison fait l'objet d'une protection centralisée au tableau de répartition. Celui-ci a donc à la fois une fonction de distribution du courant, via les différents circuits (voir page 264), et une fonction de protection de ces circuits comme des personnes qui sont amenées à les utiliser. Situé le plus souvent à l'entrée de la maison ou de l'appartement, le tableau de répartition se présente aujourd'hui sous la forme d'un boîtier en matière plastique protégeant un certain nombre d'appareils de protection ou de régulation, clipsés sur des rails métalliques qui sont situés à l'intérieur du boîtier.

Le tableau doit être conforme à la norme NF C 61-910. Il comporte :

Installation d'un tableau de répartition

- un répartiteur de phase ;
- un répartiteur de neutre ;
- un répartiteur de terre ;
- un ou plusieurs dispositifs de protection des circuits et des personnes (interrupteurs ou disjoncteurs différentiels 30 mA) ;
- plusieurs dispositifs de protection contre les surintensités (coupe-circuits à cartouche, disjoncteurs divisionnaires) ;
- d'autres appareils modulaires de gestion et de confort (télérupteur, minuterie, parafoudre, délesteur, etc.) ;
- des barres de pontage (peignes) isolées pour la terre et le neutre ;

Nota : la dimension du tableau doit permettre une réserve d'emplacement de 20 % pour d'éventuelles extensions.

Protéger les circuits

Pour éviter toute surchauffe des conducteurs d'un circuit liée à une demande trop forte de courant, et éviter ainsi les risques d'incendie, il faut pouvoir limiter l'intensité du courant qui passe dans les fils. C'est la mission des coupe-circuits : autrefois les broches à fil fusible, aujourd'hui les coupe-circuits à cartouches fusibles calibrées, ou les disjoncteurs différentiels. Comme les courts-circuits entraînent également une élévation de température des conducteurs, ces dispositifs ont également pour mission de couper le courant automatiquement quand se produit ce genre d'anomalie. Chaque circuit doit au moins être protégé par un coupe-circuit, calibré en fonction de l'intensité maximale admissible par le circuit en fonction du diamètre des fils. Les disjoncteurs divisionnaires offrent une protection plus précise que les cartouches. Après suppression du défaut, il suffit de les réarmer. S'ils ressautent encore, c'est que le problème n'est pas réglé.

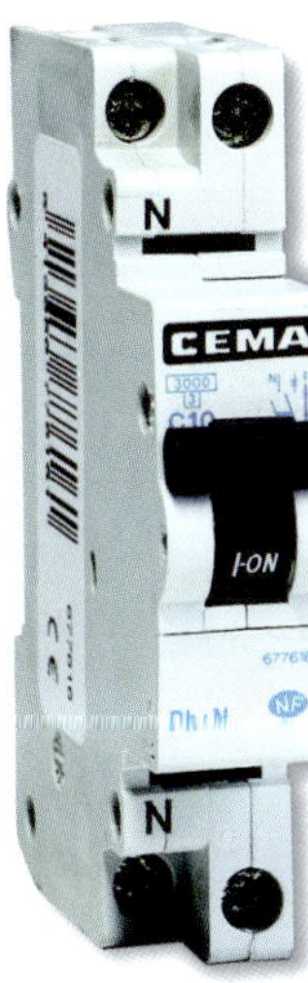

Disjoncteur divisionnaire

Protéger les personnes

Les disjoncteurs différentiels assurent à la fois la protection des circuits (voir ci-contre) et celle des personnes. En effet, en association avec le conducteur de terre (dit "de protection"), ils détectent toute fuite de courant sur l'installation ou sur les appareils qu'elle alimente. Ils préviennent tout risque d'électrocution en coupant automatiquement le courant si ce type d'anomalie se produit. C'est ce qu'on appelle la fonction "différentielle", le disjoncteur réagissant à toute différence de potentiel entre la phase et le neutre. En principe, cette fonction est généralement intégrée au disjoncteur d'abonné de l'installation dont la sensibilité est de 500 mA. En pratique, l'installation doit comprendre un certain nombre d'interrupteurs ou disjoncteurs différentiels protégeant plusieurs groupes de circuits (chauffage, circuits spécialisés, etc.).

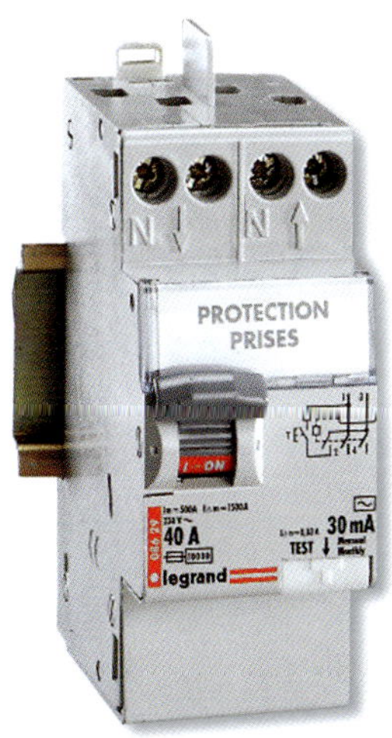

Interrupteur différentiel

Conseil castorama

Cartouches fusibles

Les cartouches fusibles à "voyant" permettent une identification immédiate du circuit qui est en cause ou sur lequel s'est produit une anomalie : il s'agit d'une petite pastille rouge qui se détache quand la cartouche a "sauté", et suspendant l'alimentation du circuit. Supprimez le défaut, puis remplacez la cartouche usagée par une autre de même calibre, c'est-à-dire de même grosseur et donc de même ampérage.

ÉLECTRICITÉ CÂBLES ET CONDUITS

Dans un certain nombre de locaux tels que la cave, le cellier ou l'atelier, l'installation électrique peut être réalisée à l'aide de câbles multiconducteurs et/ou de conduits rigides, à l'intérieur desquels vous pourrez faire passer soit des fils à âme rigide. Ce genre de câble simple à poser sans outillage important permet facilement le prolongement d'une installation existante.

Sécurité

Si vous voulez alimenter un appareil de chauffage avec un câble multiconducteur veillez à adapter la section des conducteurs à la puissance de l'appareil pour éviter toute surcharge du circuit.

Clouer un câble multiconducteur

Les câbles multiconducteurs rigides, de section ronde, sont exclusivement réservés à une pose apparente, par pontets clouables ou passage dans un conduit PVC. Ils ne doivent en aucun cas être encastrés. Il ne faut pas les confondre avec les câbles multiconducteurs souples, constitués de fils câblés, qui sont réservés à l'alimentation des appareils électriques mobiles : éclairage, outils, prolongateurs, etc.

Ce type de câble permet une installation extrêmement rapide, le câble n'étant fixé que par des pontets écartés au plus de 40 cm. S'il est nécessaire de faire un arrondi, son rayon de courbure ne doit pas être supérieur à six fois le diamètre du câble. Enfin, la liaison avec les appareils de raccordement ou de distribution doit être continue ou étanche (si l'installation est à l'extérieur).

Les câbles multiconducteurs constituent aussi le moyen le plus simple pour alimenter un appareil supplémentaire, par exemple une table de cuisson, une machine à laver ou encore un chauffage électrique.

1 Déterminez le parcours du câble et tracez une ligne repère sur le mur en vous aidant d'un niveau à bulles. C'est la seule solution pour que le câble soit posé de façon rectiligne.

2 Disposez le câble et fixez-le au mur avec des pontets clouables de section intérieure correspondant au diamètre du câble. Pour une bonne précision, utilisez un marteau d'électricien à panne et frappe étroites. Si le mur est en béton, prenez des pontets à pointe adaptée. Ne les espacez jamais de plus de 40 cm, et veillez à ne pas décrire des courbes trop serrées.

Poser des conducteurs sous conduits apparents

Dans les pièces "techniques" comme l'atelier, où les impératifs esthétiques importent peu, on peut réaliser une installation complète sous conduits tubulaires en PVC avec des fils rigides, comme on le ferait sous baguettes PVC ou sous conduits encastrés. L'impératif absolu est ici la protection continue des conducteurs électriques.

1 Tracez l'emplacement des conduits à l'aide d'un cordeau à poudre. Tendez celui-ci puis pincez la corde pour laisser une trace de craie sur le mur. Vous obtiendrez ainsi un repérage très précis du parcours des conduits et un guide précieux pour l'alignement des colliers.

2 Percez à l'emplacement des colliers (tous les 40 cm environ) avec une mèche et une perceuse adaptées à la nature du mur. Chevillez, puis posez le collier. On utilise ici des chevilles à frapper à ailettes qui constituent en même temps l'embase des colliers.

3 Coupez des sections droites de conduits. Vous pouvez le faire avec une scie à dos ou une scie à métaux. Travaillez alors dans une boîte à onglets pour obtenir une coupe parfaitement droite. Vous pouvez aussi utiliser un coupe-tube de plombier.

Outils Matériaux

- **niveau à bulles**
- **crayon**
- **cordeau à poudre**
- **craie bleue en poudre**
- **marteau**
- **tournevis**
- **coupe-tube de plombier ou scie à dos ou à métaux**

- câble multiconducteur rigide
- conducteurs rigides
- conduits en PVC
- raccords pour conduit en PVC
- colliers à sangle ou colliers-lyres
- chevilles
- talc

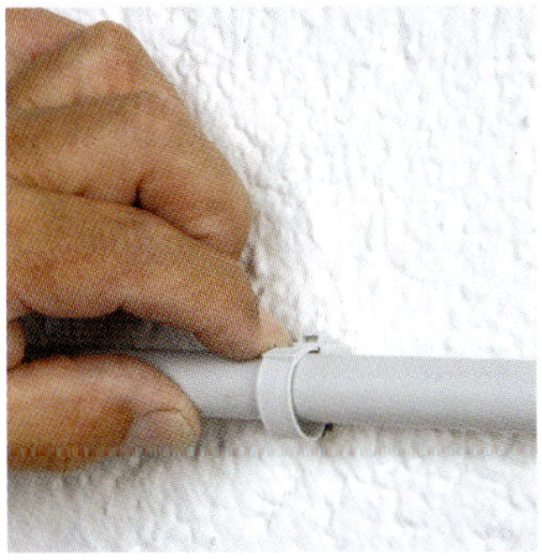

4 Mettez les tubes en place en veillant à laisser la place au niveau des angles ou des éventuelles dérivations en T pour les accessoires de liaison destinés à assurer la continuité de protection des conducteurs. Différents systèmes de colliers peuvent être utilisés, depuis le traditionnel collier métallique à embase à vis (en queue-de-cochon) jusqu'au moderne collier à sangle qui assure une fixation parfaite de l'ensemble, sans aucun jeu. Ce système prévient tout desserrement éventuel du collier.

5 Les accessoires de liaison sont en deux parties qui forment ainsi des raccords de continuité. Mettez en place la partie arrière de ces raccords et passez les conducteurs.

6 Il suffit maintenant de clipser la partie avant des accessoires de liaison. Il existe des manchons droits, des coudes et des T de dérivation.

Sécurité

On doit pouvoir tirer et retirer facilement les conducteurs des conduits. Ainsi, l'occupation intérieure de ces derniers ne doit pas dépasser le tiers de leur section.

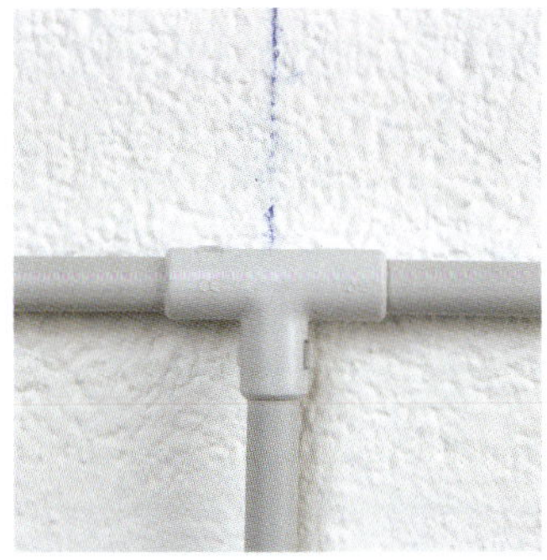

Talquer le conduit

Les conducteurs ont parfois du mal à glisser dans les conduits. Pour éviter cela, introduisez un peu de talc dans les tubes avant de les mettre en place. Pour les tubes de grande longueur, réunissez les conducteurs et attachez leur extrémité à un solide fil de fer qui vous permettra de tirer l'ensemble dans le conduit.

Poser un câble sous conduits apparents

Dans toutes les pièces où les câbles multiconducteurs risquent d'être endommagés par des chocs ou des frottements trop fréquents, comme dans un garage ou un atelier, il peut être intéressant de les protéger sous des conduits en PVC. Dans ce cas, la protection du câble lui-même n'a pas besoin d'être continue.

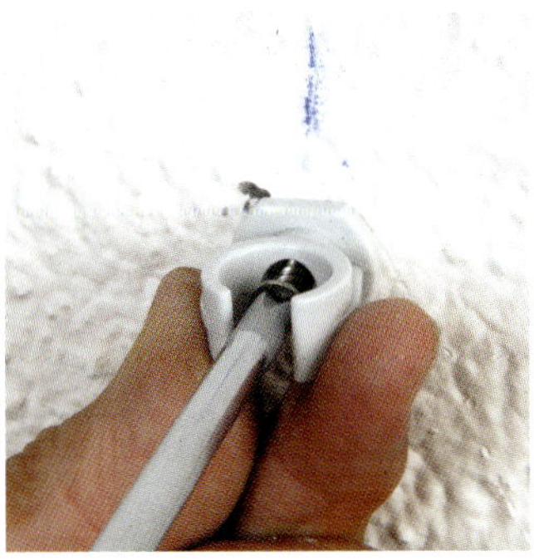

1 Après traçage du parcours des conduits, déterminez l'emplacement des colliers de fixation. Chevillez en fonction de la nature du mur et vissez les colliers par leur embase. On a utilisé ici des colliers-lyres qui se fixent de façon traditionnelle avec des vis.

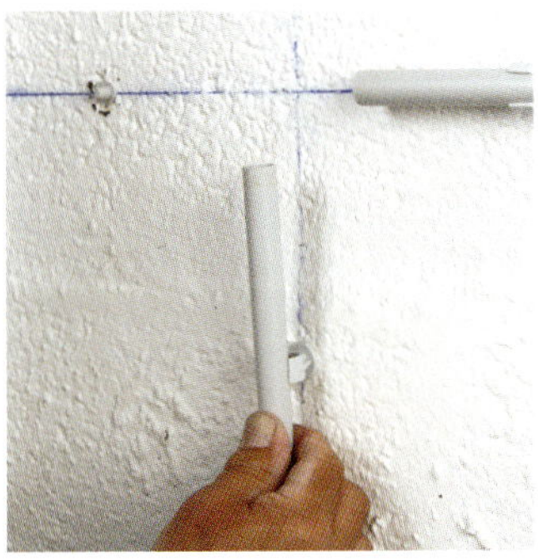

2 Mettez en place les conduits en faisant en sorte de laisser quelques centimètres libres au niveau des coudes. Cet espace doit être déduit pour laisser le moins de câble possible sans protection.

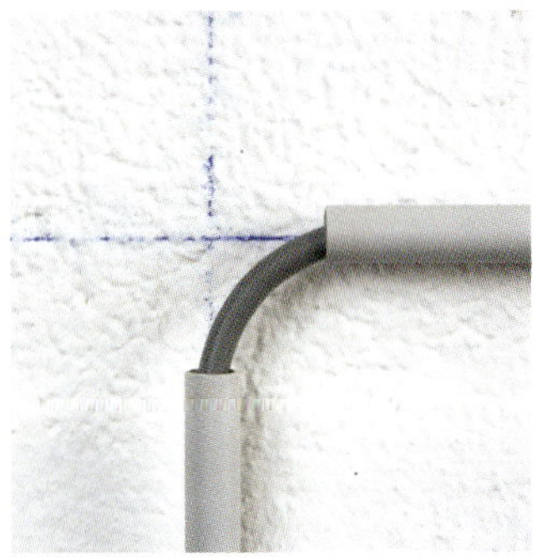

3 Faites passer le câble dans les conduits. On se dispense ici des accessoires de protection au niveau des coudes.

ÉLECTRICITÉ PLINTHE ET BAGUETTE PVC

Les baguettes PVC ont définitivement supplanté les baguettes bois, interdites dans les installations nouvelles et les rénovations. Elles permettent une installation rapide, elles assurent une bonne protection des conducteurs et offrent une étanchéité satisfaisante. Faciles à ouvrir, elles simplifient l'accès aux conducteurs et favorisent une évolution permanente de l'installation ou une intervention en cas de panne.

Sécurité

Les baguettes PVC ne doivent jamais être noyées dans la maçonnerie. Les couvercles des baguettes doivent toujours rester accessibles pour permettre une intervention facile et rapide sur les conducteurs. De ce fait, ils peuvent être peints mais pas tapissés.

Outils Matériaux
- **scie à dos et boîte à onglets**
- **pistolet extrudeur**

- plinthe PVC
- colle-mastic murale

Poser et fixer une plinthe PVC

Les plinthes et baguettes PVC se scient facilement et se coupent tout aussi aisément avec des pinces coupantes ou un couteau d'électricien. Elles se posent, selon la qualité du support, par collage, clouage, ou éventuellement par chevillage et vissage si un mur est irrégulier et friable.

1 Placez la baguette avec son couvercle dans la boîte à onglets et coupez-la avec une scie à dos. Vous pouvez réaliser ainsi des coupes droites ou à 45° pour les retours à angle droit.

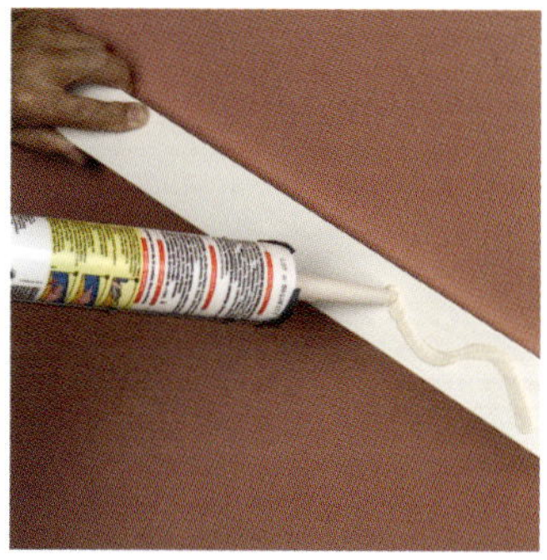

2 Déposez un cordon de colle-mastic murale au dos de la plinthe. Vous pouvez utiliser un simple tube (pour un petit morceau) ou un pistolet à cartouche extrudable.

3 Le couvercle de la baguette se clipse simplement sur la partie rainurée, après passage des conducteurs. L'étanchéité ainsi obtenue est satisfaisante et la protection mécanique (contre les coups) suffisante. Dans une pièce humide, les baguettes électriques seront au moins posées à 10 cm du sol.

Câbler une plinthe PVC

La structure de la partie rainurée de la plinthe possède des alvéoles parfaitement séparées permettant d'isoler les conducteurs les uns des autres. Elle est particulièrement précieuse quand il s'agit de faire cheminer des circuits moyenne tension et basse tension. Des systèmes garantissent le maintien des fils à l'intérieur de la plinthe ou de la baguette.

Outils Matériaux
- plinthe électrique PVC
- accessoires de maintien des conducteurs
- conducteurs rigides rouge, bleu, vert/jaune ou toute autre couleur nécessaire

1 Mettez les conducteurs en place dans les rainures. Vous pouvez faire cheminer plusieurs conducteurs dans une même rainure, à condition de ne pas faire voisiner des conducteurs moyenne et basse tension.

2 Des petits accessoires (ici en vert) se clipsant sur les cloisons intérieures des alvéoles permettent de maintenir facilement les fils durant la pose.

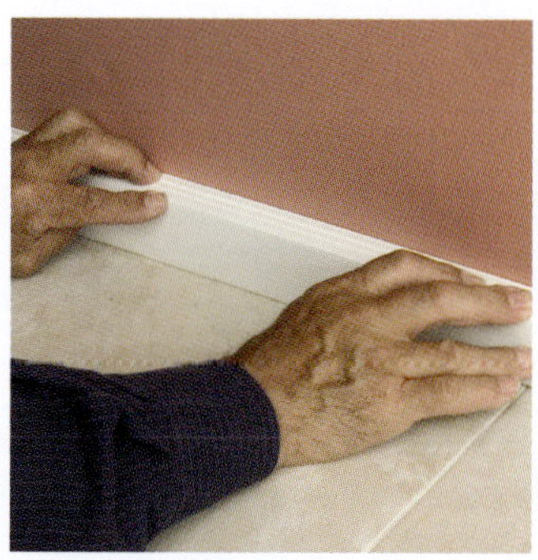

3 Clipsez le couvercle de la plinthe sur son embase en veillant à ne pincer aucun conducteur.

Sécurité

Lors de la mise en place des conducteurs dans les plinthes ou les baguettes, respectez scrupuleusement le code des couleurs :
- bleu pour le neutre ;
- vert, jaune ou vert/jaune pour la terre ;
- rouge ou toute autre couleur autre que les précédentes pour la phase. N'oubliez pas que le fil de phase change de couleur au passage d'un interrupteur.

Installer une prise sur plinthe PVC

Des prises sont associées aux plinthes PVC. Elles permettent un raccordement très facile, sans qu'il soit nécessaire d'entailler les cloisons des alvéoles de la plinthe.

Outils Matériaux

- **pince à dénuder**
- **tournevis d'électricien**
- **tournevis cruciforme**

- prise (2P + T) en applique
- conducteurs rigides rouge, bleu, vert/jaune ou autre couleur nécessaire

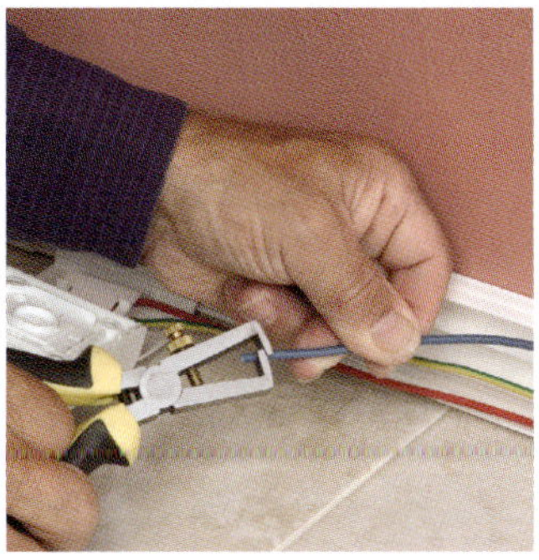

1 Dénudez l'extrémité des conducteurs sur une longueur correspondant exactement à la profondeur des alvéoles de raccordement. Vous éviterez ainsi tout risque de grésillement ou de court-circuit. Utilisez une pince à dénuder en veillant à la régler de façon à ne pas entamer la partie métallique des conducteurs.

2 Procédez aux raccordements électriques en serrant convenablement mais sans excès la vis des bornes de liaison de la prise.

3 Clipsez l'embase de la prise sur la baguette, puis rapportez le couvercle de la plinthe, de part et d'autre de la prise. Vissez le socle de la prise sur le mur après chevillage en rapport avec la nature de celui-ci.

4 Il ne reste plus qu'à rapporter la façade de la prise sur son socle et à serrer sa vis de fixation. Veillez de préférence à orienter la platine de la prise de telle sorte que la broche de terre soit située vers le haut.

Installer un interrupteur sur baguette PVC

Grâce aux baguettes PVC, il est possible de réaliser l'installation simple et discrète d'un interrupteur, par exemple à côté d'une porte, avec un appareil en applique classique. Le PVC peut facilement être peint ultérieurement de la couleur de l'encadrement de porte ou du mur. Les baguettes peuvent être collées, clouées ou vissées.

Outils Matériaux

- **pince coupante**
- **tournevis d'électricien**

- baguette PVC
- interrupteur
- conducteurs rigides (ici rouge et noir)
- colle-mastic murale

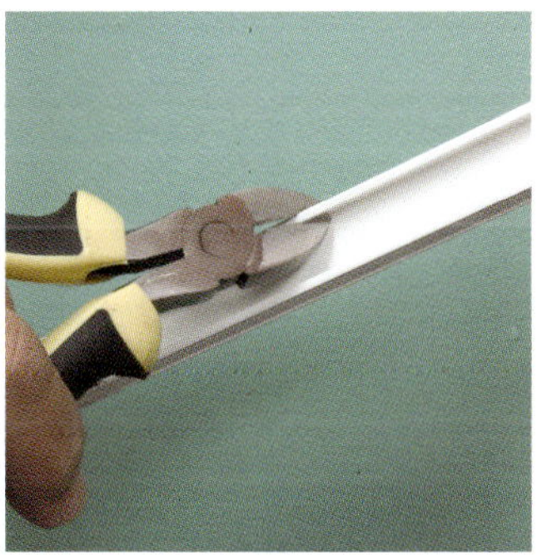

1 Entaillez le côté de la baguette avec des pinces coupantes à bec droit de façon à permettre le passage des conducteurs. Cette ouverture doit correspondre au plus près à la taille des deux conducteurs (trois s'il s'agit d'un commutateur de va-et-vient) de façon à assurer la meilleure continuité de protection possible avec le boîtier de l'appareil de coupure (ici un interrupteur pour un plafonnier ou une applique). Fixez la baguette par collage, clouage ou vissage.

2 Fixez le socle de l'interrupteur (ici par chevillage et vissage) après avoir entaillé le boîtier de l'appareil, en correspondance avec l'entaille précédemment pratiquée dans la baguette.

3 Faites passer les conducteurs dans la baguette. Dénudez leur extrémité. Procédez à leur raccordement sur l'interrupteur. La coupure se fait toujours sur le conducteur de phase (rouge). Après le passage dans l'interrupteur, le conducteur de phase doit changer de couleur (ici noir).

4 La suite du montage de l'interrupteur se fait sans aucun outil. Clipsez d'abord l'entourage du boîtier sur le socle de celui-ci, puis le bouton à bascule.

ÉLECTRICITÉ ENCASTREMENT

L'encastrement des conducteurs permet de réaliser une installation électrique discrète, idéale pour une décoration de qualité. La généralisation des doublages en plaques de plâtre facilite ce genre d'installation. La présence fréquente de cloisons de carreaux de plâtre ou l'utilisation de blocs de béton cellulaire dispensant de tout doublage, justifie encore la technique d'encastrement par saignées et noyage des conduits dans la maçonnerie.

Outils Matériaux

- **crayon**
- **détecteur de métaux et de courant**
- **perceuse électrique**
- **scie trépan (ou cloche)**
- **pince à dénuder**
- **tournevis d'électricien**
- **masque antipoussière**

- conduit isolant flexible
- conducteurs électriques rigides
- boîtier d'encastrement pour matériaux creux
- appareil électrique (ici prise 2P + T) à encastrer

Encastrer dans une plaque de plâtre

Les doublages en plaque de plâtre sont suffisamment décollés du mur pour laisser le passage des conduits électriques. Ils permettent ainsi d'encastrer les appareils (interrupteurs, prises, etc.) et de passer discrètement des conducteurs. Il faut bien sûr tenir compte de la position des ossatures métalliques de soutien des plaques, et de la présence éventuelle d'autres conduits.

1 Déterminez l'emplacement du perçage à réaliser, en tenant compte de l'emplacement des conduits derrière le doublage ou de la possibilité d'en passer de nouveaux.

2 Vérifiez avec un détecteur qu'il n'y a pas déjà de conduit ou de ligne électrique derrière la plaque. Percez la plaque avec une scie trépan (scie cloche) d'un diamètre correspondant au boîtier d'encastrement.

3 Récupérez le conduit isolant flexible à l'intérieur duquel vous aurez fait passer les conducteurs et engagez-le dans le boîtier d'encastrement après avoir fait sauter l'opercule pour permettre son passage.

4 Enfoncez le boîtier d'encastrement dans son logement puis serrez ses vis de fixation. Celles-ci agissent sur des griffes qui s'écartent derrière la plaque et bloquent le boîtier.

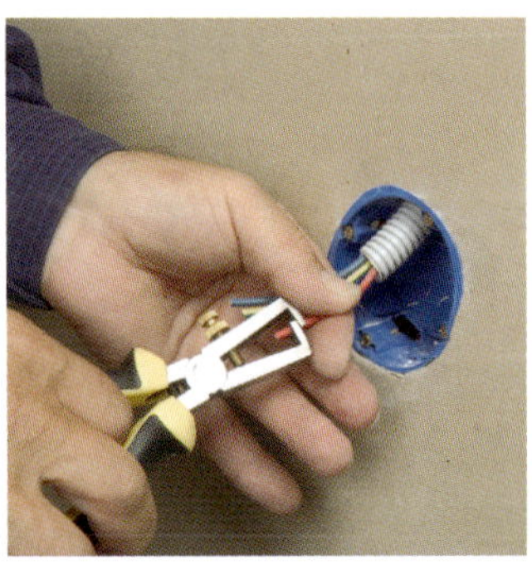

5 Dénudez l'extrémité des conducteurs avec une pince adaptée sur une longueur correspondant à la profondeur des alvéoles de raccordement de la prise.

6 Procédez aux raccordements puis serrez fermement mais sans excès les vis de blocage des bornes de la platine de la prise. N'oubliez pas le conducteur de terre et respectez le code des couleurs.

7 Fixez la platine de la prise précédemment câblée sur le boîtier d'encastrement. Ici la platine se fixe sur le boîtier mais certains appareils possèdent aussi des griffes d'écartement.

8 Posez la façade de l'appareil (maintenu ici par une vis, clipsé sur d'autres modèles). Pour éviter le démontage de la prise au moment de la décoration, réalisez celle-ci, autant que possible, avant le montage final de la façade des appareils.

Conseil castorama

Attention à la poussière !

Si vous avez beaucoup de perçages à réaliser, portez un masque antipoussière et ramassez aussitôt la poussière de plâtre, car elle est très salissante.

Encastrer dans la maçonnerie

Méthode classique pour réaliser des installations électriques discrètes, l'encastrement des conduits et des appareils dans une maçonnerie existante ne pose pas de difficulté particulière, surtout dans les matériaux tels que le carreau de plâtre ou le béton cellulaire. Vous gagnerez à réaliser les saignées avec une rainureuse à disques diamantés, qui peuvent même exécuter des creusements dans les enduits de mortier ou encore les murs en béton.

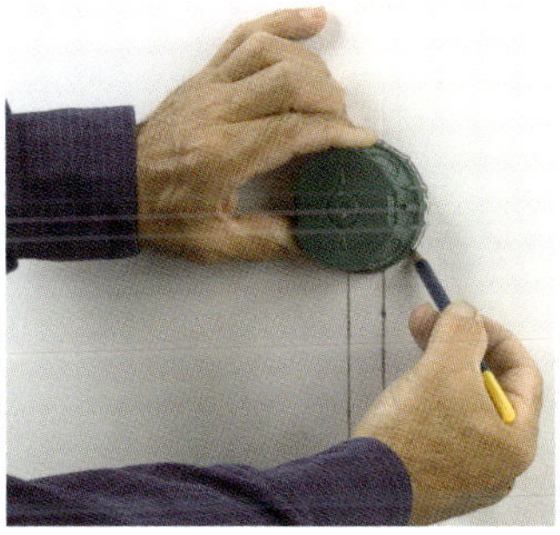

1 Commencez par tracer l'emplacement des appareils (prise, interrupteur, etc.) et des saignées à réaliser pour les conduits en tenant compte des règles d'encastrement dans les cloisons de faible épaisseur (voir ci-dessus, à droite).

2 Percez les alvéoles destinées aux boîtiers d'encastrement avec une scie trépan (cloche) de diamètre et de profondeur adaptés à la taille des boîtiers.

5 Détachez l'opercule de prépercage et introduisez dedans l'extrémité du conduit.

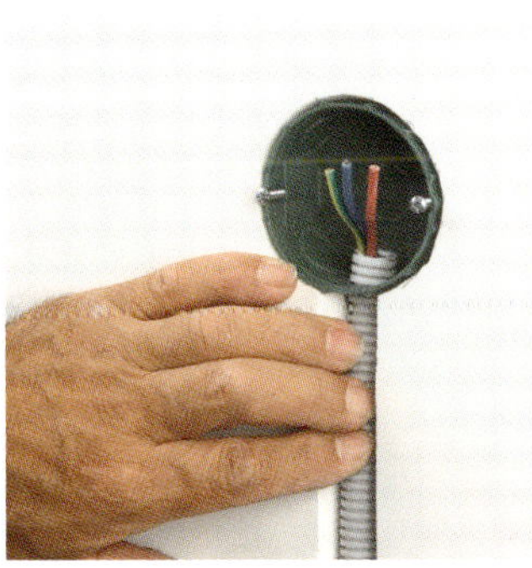

6 Engagez les boîtiers dans leur alvéole après y avoir déposé un peu de plâtre pour assurer leur scellement. Logez le conduit préalablement câblé, en laissant dépasser une longueur suffisante de fils pour faciliter leur dénudage.

Outils Matériaux

- **niveau à bulles et si besoin fil à plomb**
- **crayon**
- **cordeau à poudre**
- **perceuse et scie trépan**
- **truelle langue-de-chat**
- **pince coupante**
- **pince à dénuder**
- **tournevis d'électricien**
- **rainureuse**

- conduit
- conducteurs
- boîtiers d'encastrement
- appareils (prise, interrupteur)
- plâtre

Règles d'encastrement des conduits

Il existe des règles très précises pour l'encastrement des conduits dans les cloisons non porteuses de moins de 10 cm d'épaisseur.

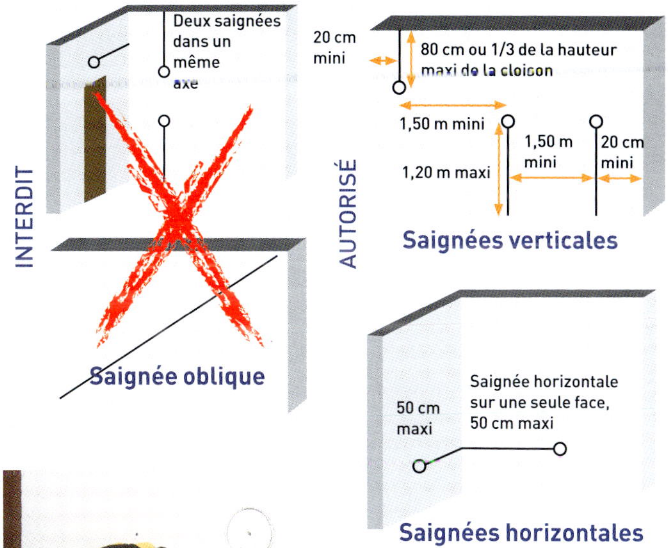

3 Creusez les saignées dans l'alignement des alvéoles avec une rainureuse équipée de disques diamantés. La profondeur de la saignée doit permettre un rebouchage d'au moins 4 mm au-dessus du conduit.

4 Creusez les saignées et le logement des boîtiers d'appareils avec un ciseau de maçon à lame étroite et une massette. Portez de préférence des gants de bricolage et des lunettes de protection.

7 Rebouchez les saignées à l'aide d'une truelle langue-de-chat, avec du plâtre, ou avec du mortier si le mur est en béton. Arasez l'excédent avec une truelle Berthelet et lissez avec un large couteau à enduire. Poncez après séchage.

8 Dénudez l'extrémité des fils avec une pince à dénuder. Procédez aux raccordements nécessaires puis fixez les appareils en agissant sur les vis qui assurent l'écartement des griffes de fixation.

ÉLECTRICITÉ FICHES

Sécurité

Serrez correctement toutes les vis des bornes de raccordement. Vous éviterez ainsi les risques de faux contacts, mais surtout de grésillement et d'échauffement à l'intérieur des appareils.

Le raccordement des appareils électriques mobiles ou portatifs se fait par l'intermédiaire d'un socle de prise, et d'une fiche à deux broches de 4 mm de diamètre, permettant la transmission de l'électricité aux conducteurs. Ce dispositif, apparemment très simple, doit faire l'objet de soins particuliers pour assurer une liaison sûre et pratique. Un bon dénudage est une garantie de bon contact des conducteurs.

Dénuder des conducteurs

Le dénudage consiste à éliminer l'enveloppe isolante des conducteurs sur une longueur correspondant de façon très précise à la profondeur de l'alvéole des bornes de raccordement des appareils.

La principale difficulté réside dans la nécessité d'entailler la gaine isolante des conducteurs sans entamer la partie métallique du fil. Toute entaille dans le métal réduit en effet d'autant le diamètre du conducteur, et par là même, l'ampérage maximum admissible du courant qu'il peut transporter.

Plusieurs techniques sont possibles :

- avec la lame croche d'un couteau d'électricien, méthode la moins précise quand on n'a pas l'habitude de ce type d'outils ;
- avec une pince à dénuder réglable à l'aide d'une vis de butée et d'un écrou moleté de blocage, technique la plus pratique et la plus sûre, retenue dans nos photos ;
- avec une pince à dénuder automatique, outil pratique mais peu précis.

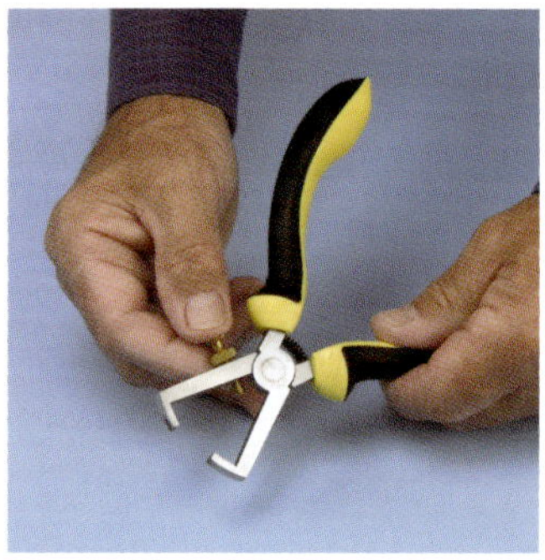

Réglage de la pince

Déterminez l'ouverture des mâchoires de l'outil en agissant sur la vis de réglage et bloquez-la avec l'écrou moleté.

Technique de dénudage

Si la pince est bien réglée, les mâchoires doivent couper l'isolant à l'emplacement voulu. Exercez une rotation pour couper la gaine sur toute sa périphérie. Tirez sur la pince pour dégager la gaine. Si des brins de câbles sont coupés ou si le fil massif est entamé, c'est que les mâchoires sont trop fermées ; si la gaine ne s'extrait pas bien, c'est qu'elles sont trop ouvertes.

Monter une fiche 6 A

Certains luminaires d'ambiance ou certains petits appareils électroportatifs de cuisine de faible puissance sont encore alimentés par un fil méplat à deux conducteurs à fil câblé. Ces appareils ne demandent pas un courant de plus de 6 à 8 A et peuvent être dispensés d'un raccordement à la terre (d'où la présence de deux conducteurs seulement). Le dénudage des fils doit être précis, car on a vite fait de trop les entailler.

Outils Matériaux

- **pince coupante**
- **pince à dénuder**
- **tournevis testeur de tension**
- **tournevis d'électricien**
- **couteau d'électricien**

- fil méplat
- câble multiconducteur
- fiche adaptée à l'ampérage du circuit et au nombre de conducteurs

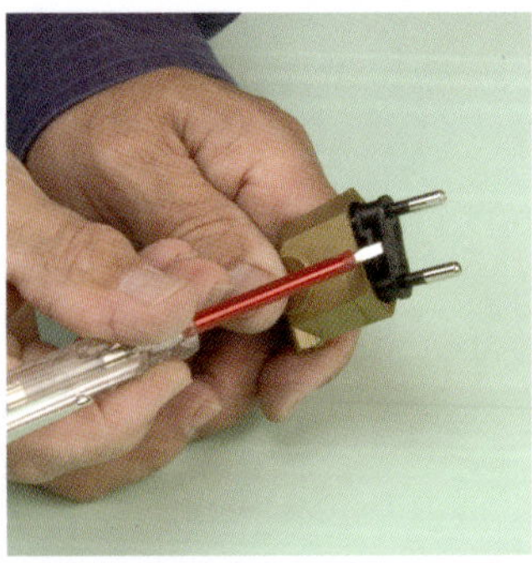

1 Dégagez le corps de la prise de son boîtier protecteur. Il est parfois bloqué par une vis, mais le plus souvent simplement engagé en force. Il faut dans ce cas faire levier avec la lame d'un petit tournevis d'électricien pour l'extraire.

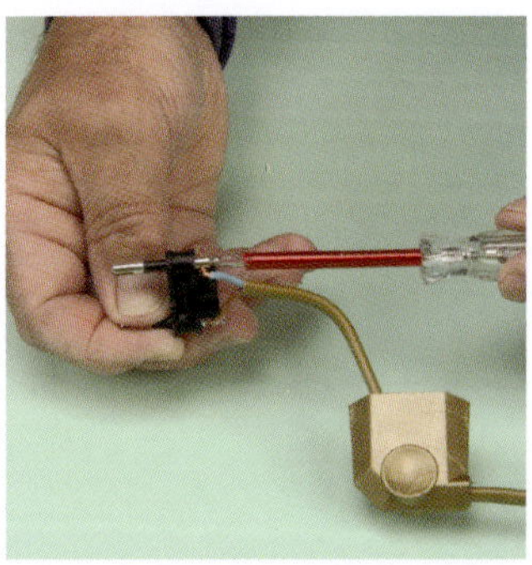

2 Dédoublez le fil méplat pour désolidariser les deux conducteurs et engagez-le dans le boîtier de la fiche. Dénudez l'extrémité des fils, torsadez le câble et introduisez celui-ci dans les alvéoles des fiches. Serrez la vis des bornes sans trop écraser le câble.

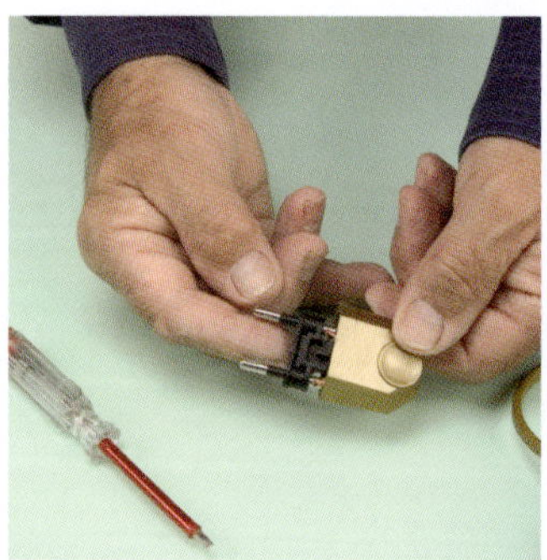

3 Remontez la fiche en tirant doucement sur le fil et en poussant le corps de la fiche dans son boîtier. À la sortie de celui-ci, les fils du méplat doivent être solidaires.

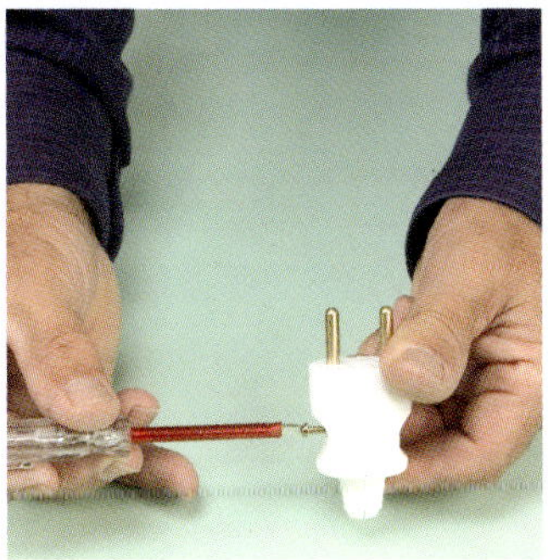

1 Le boîtier de la fiche est ici en deux parties, maintenues ensemble par une petite vis latérale qui se défait complètement. Veillez à ne pas la perdre.

Sécurité

L'entaillage de la gaine des câbles multiconducteurs se fait avec un couteau d'électricien à lame croche. Soyez très prudent avec cet outil très tranchant.

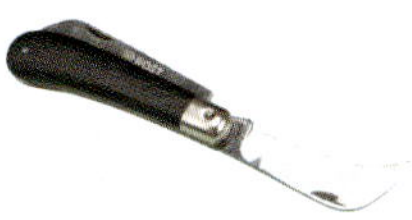

Monter une fiche 10/16 A

La majorité des appareils électroportatifs actuels est alimentée par une fiche 10/16 A, à broches de 4,8 mm de diamètre et comprenant une alvéole permettant le raccordement à la terre par une broche saillante située dans le socle de prise. Ce type de raccordement répond pleinement aux exigences de la norme NF C 15-100 qui prévoit que tous les circuits doivent permettre une liaison avec un conducteur de protection (terre). Ces fiches sont à associer à un câble multiconducteur souple.

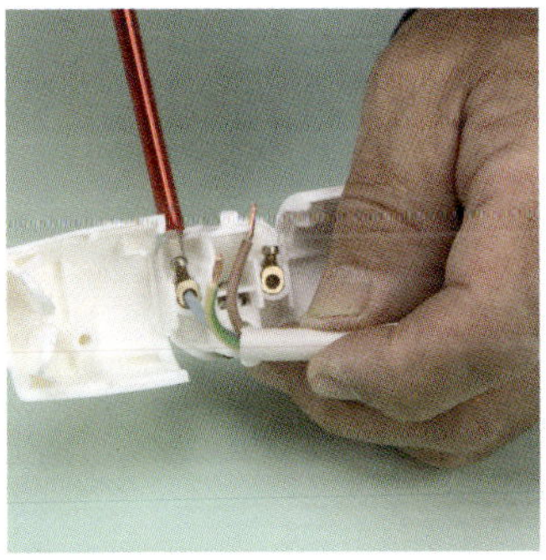

2 Ouvrez le boîtier de la fiche. Après dénudage des conducteurs sur environ 2 à 3 mm, engagez leur extrémité dans leur alvéole de raccordement et serrez convenablement leur vis de blocage.

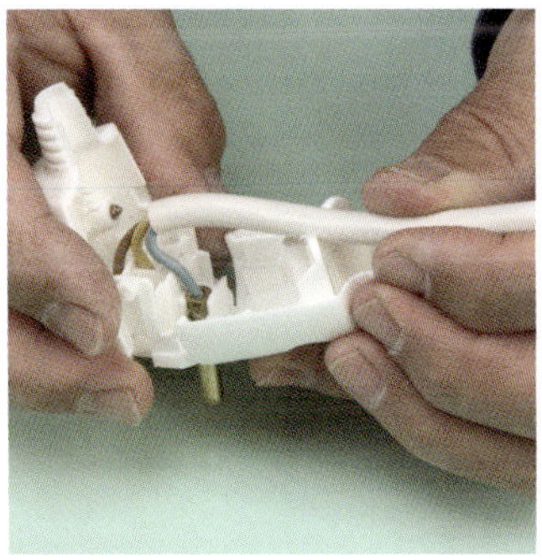

3 Engagez la partie non dénudée du câble multiconducteur dans les lèvres du dispositif de serre-câble empêchant l'arrachement accidentel des fils.

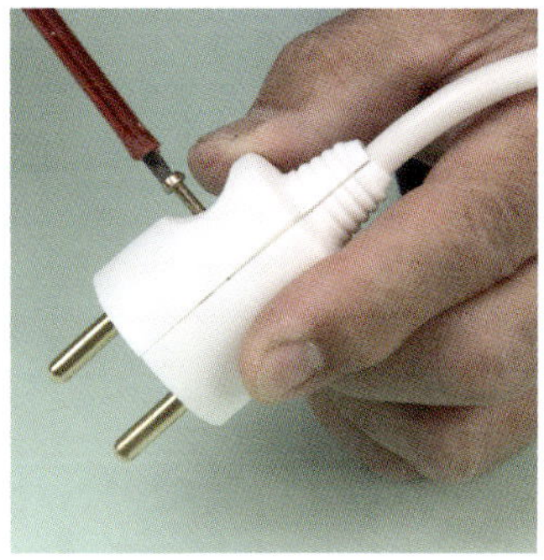

4 Vous pouvez maintenant refermer le boîtier, en veillant à ce que la gaine isolante soit pincée par le serre-câble. Sur certaines prises, celui-ci est constitué d'une patte avec deux vis. Il ne vous reste qu'à replacer la vis latérale de blocage des deux parties du boîtier.

Conseil castorama

Multiprise de forte puissance

On dispose souvent d'un socle de prise 32 A dans la cuisine, alors que l'on n'a à alimenter qu'un lave-vaisselle de 20 A. Avec une multiprise, vous pourrez dédoubler l'alimentation et obtenir un raccordement pour une fiche 10 A et une fiche 20 A.

Monter une fiche de forte puissance (20/32 A)

Les fiches destinées à alimenter les appareils de forte puissance, demandant un courant de 20 A et plus, sont dotées de broches rondes de forte section (8 à 12 mm) pour les conducteurs actifs (2 en monophasé, 3 ou 4 pour le triphasé) et d'une broche de terre de section rectangulaire.

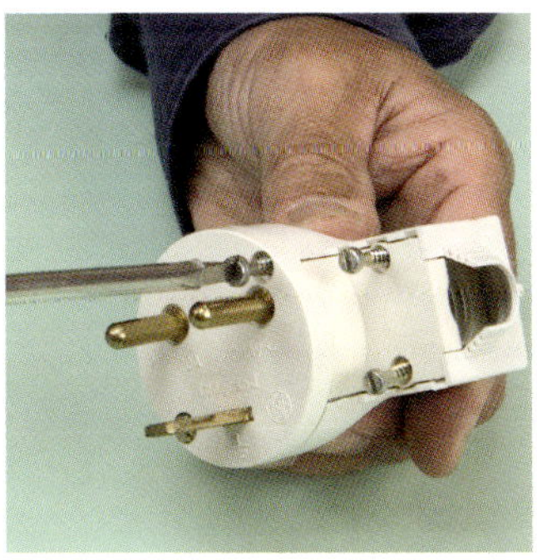

1 Ouvrez la prise en desserrant les vis avec un tournevis d'électricien (le simple tournevis testeur de tension est ici insuffisant). Vous trouverez deux vis pour le corps de prise proprement dit, et deux autres vis pour la partie arrière (la sortie du câble se faisant latéralement) agissant sur le serre-câble. Il est en effet essentiel de prévenir tout risque d'arrachement accidentel des conducteurs.

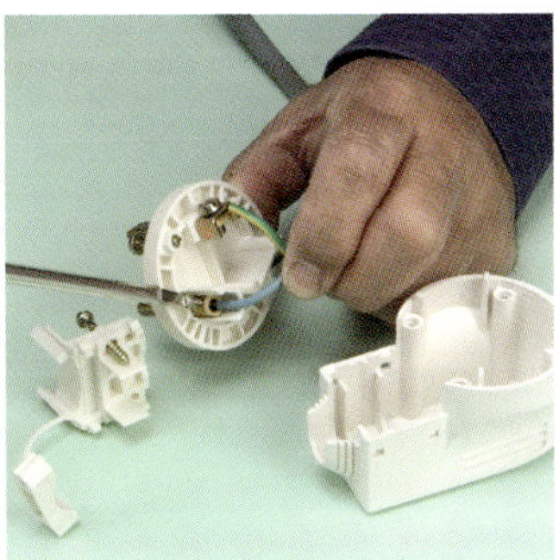

2 Raccordez l'extrémité dénudée des conducteurs actifs, neutre et phase, aux bornes qui leur sont réservées. Il s'agit de bornes rondes, alors que celle destinée à la terre est plate, ceci pour éviter toute confusion de branchement. Serrez à fond les vis de blocage.

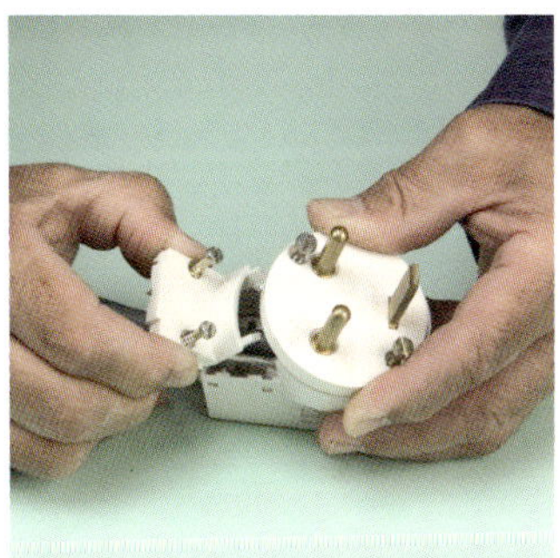

3 Remettez en place simultanément le capot du serre-câble et le corps de prise. Refermez le capot du serre-câble avec ses deux vis correctement serrées.

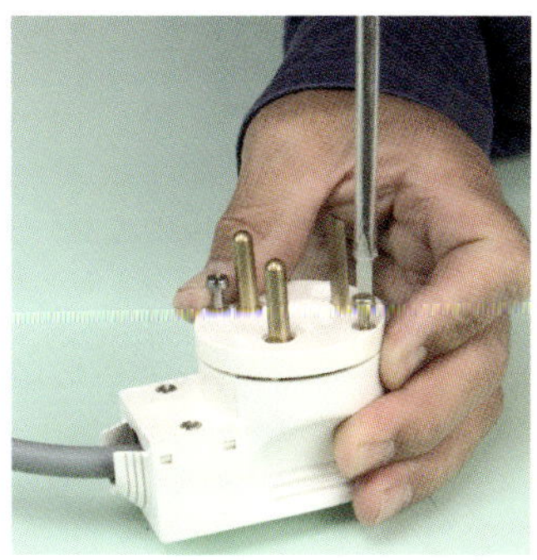

4 Remontez le corps de fiche. Serrez et bloquez ses vis de fixation.

Sécurité

Que l'on travaille avec du fil souple méplat ou avec un câble multiconducteur souple, aucune liaison ni aucun raccordement ne doit être fait par épissure, le cordon électrique devant être entier et intact d'un bout à l'autre entre fiche et douille (éventuellement avec interposition d'un interrupteur de fil souple).

Outils Matériaux

- **tournevis testeur de courant**
- **pince coupante**
- **couteau d'électricien**

- douille en matière plastique, à baïonnette ou à vis
- fil méplat ou câble multiconducteur

L'alimentation électrique des ampoules d'éclairage se fait par un dispositif de contact correspondant à la forme, à la taille et à la disposition des contacts de celles-ci. Les plus courantes sont à baïonnette ou à vis. Les modèles anciens associent la porcelaine et le laiton, parfois la Bakélite. Les plus récents sont en matière plastique avec des contacts métalliques et bénéficient d'une enveloppe isolante en matière plastique.

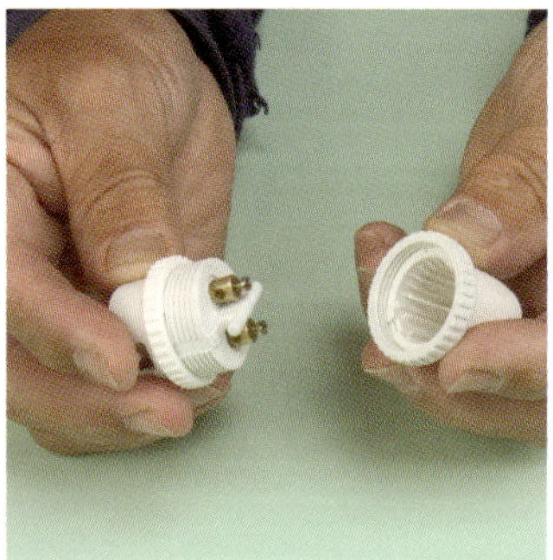

1 Démontez la douille en dévissant le culot arrière qui est simplement vissé sur le corps de prise, sans interposition d'une bague comme sur les modèles métalliques.

Monter une douille baïonnette

Référencé dans les catalogues sous la lettre B, et connu sous l'appellation de "douille Swan", ce type de douille est destiné à recevoir le culot cylindrique à ergots des ampoules à baïonnette. Longtemps en 4 ou 5 parties, cette douille a été très simplifiée. Elle comprend désormais un corps à fourreau entaillé de deux rainures à angle droit, doté des contacts et des bornes de raccordement et d'un culot vissant équipé d'une vis serre-câble.

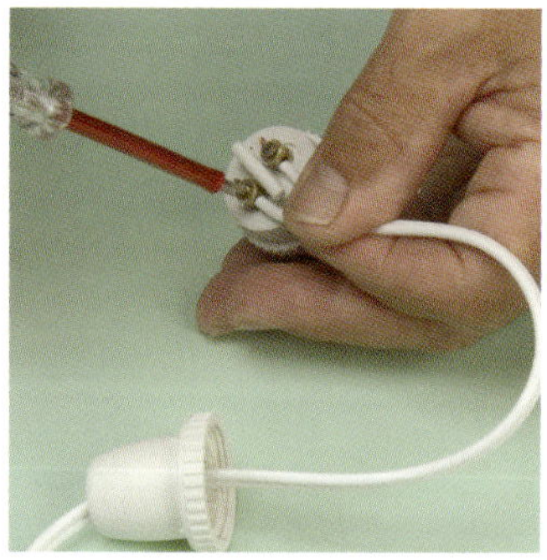

2 Faites passer le fil dans le perçage du culot. Dédoublez l'extrémité du fil méplat et dénudez le bout des conducteurs sur 2 mm. Reliez-les aux bornes et serrez la vis de celles-ci.

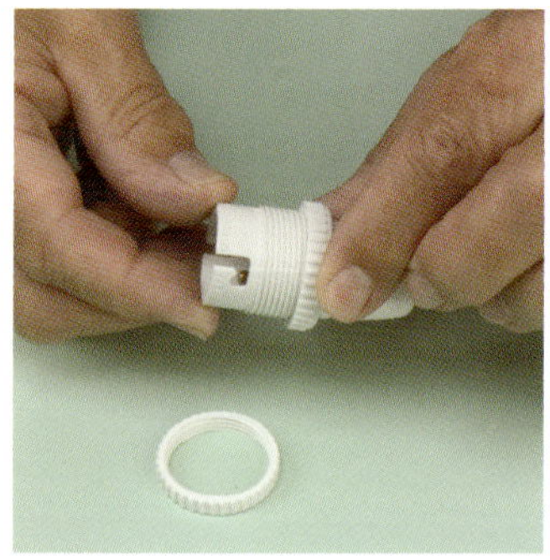

3 Revissez le culot sur la douille préalablement raccordée et serrez-la correctement mais sans excès (il faut pouvoir le desserrer facilement par la suite en cas de faux contact). La douille est livrée avec une bague (au premier plan) pour la fixation d'un abat-jour.

Monter une douille DCL

Selon la nouvelle norme NF C 15-100, les nouvelles douilles DCL sont obligatoires depuis 2001 dès les demandes de permis de construire. Le DCL (Dispositif de Connexion de Luminaire) est obligatoire pour chaque point d'éclairage. Il doit être pourvu d'une douille DCL avec une fiche récupérable 2 pôles + terre. Les fiches et douilles DCL permettent de raccorder rapidement un luminaire à une prise pour luminaire.

Pour monter la fiche, dénudez d'abord l'enveloppe isolante du câble multiconducteur avec un couteau d'électricien sur 15 mm minimum. Dégagez les conducteurs et dénudez leur extrémité sur environ 6 mm avec une pince à dénuder.

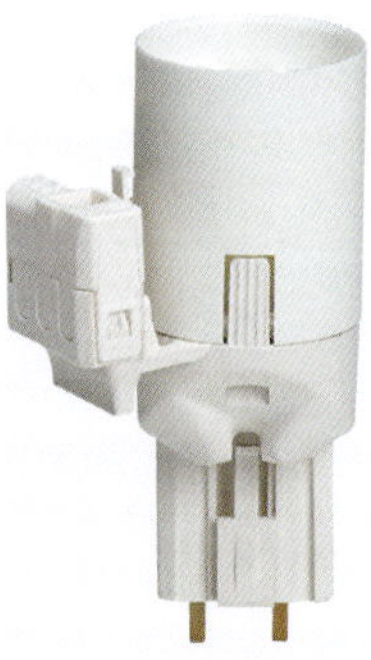

Fiche

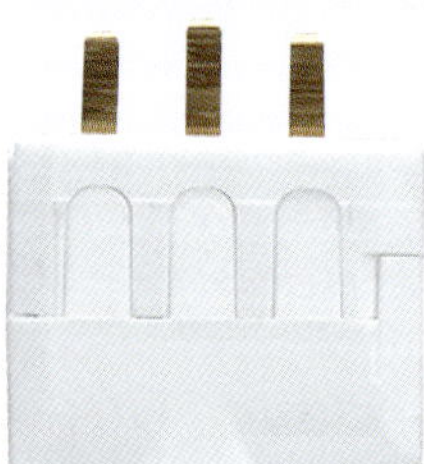

Douille

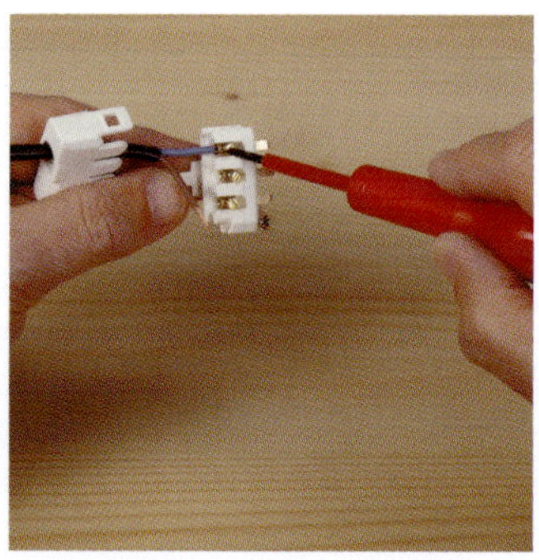

1 Après avoir dégagé le câble et les conducteurs de leur enveloppe isolante, raccordez-les sur la fiche. Passez le câble dans la fiche et raccordez chaque conducteur, le fil de terre se plaçant au milieu.

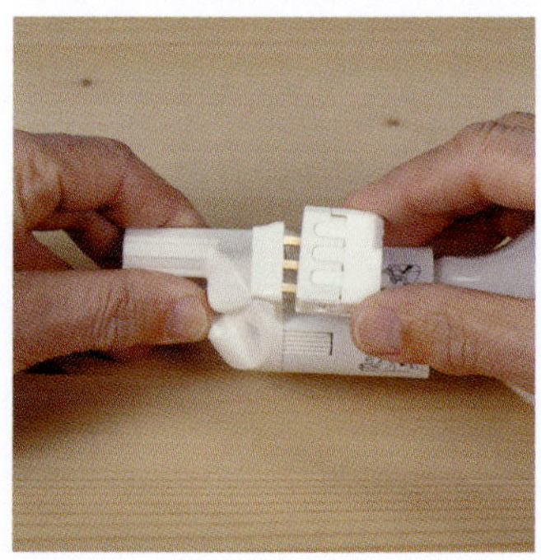

2 La fiche vient se clipser tout simplement sur la douille.

1 Les douilles à vis actuelles sont en grande partie en matière plastique. Elles sont en trois parties principales : le culot, le corps de douille et le fourreau vissant. Dévissez le culot du fourreau et sortez le corps de la douille.

Monter une douille à vis

L'autre génération de douilles est destinée à recevoir les ampoules à culot vissant de type Edison, d'où E27 (27 mm) et E12 (12 mm). Elles comportent un contact central et un autre latéral. Les modèles en plastique actuels sont très simplifiés par rapport aux modèles métalliques antérieurs. On les utilise pour les plafonniers de salon, la plupart des luminaires mobiles et les lampes d'ambiance.

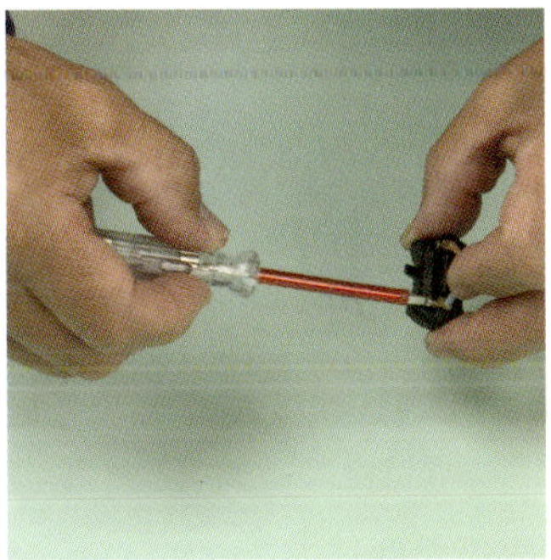

2 Enfilez le câble dans le culot. Dégagez sa gaine pour extraire les conducteurs. Dénudez ceux-ci. Procédez aux raccordements sur les bornes. Serrez bien les vis.

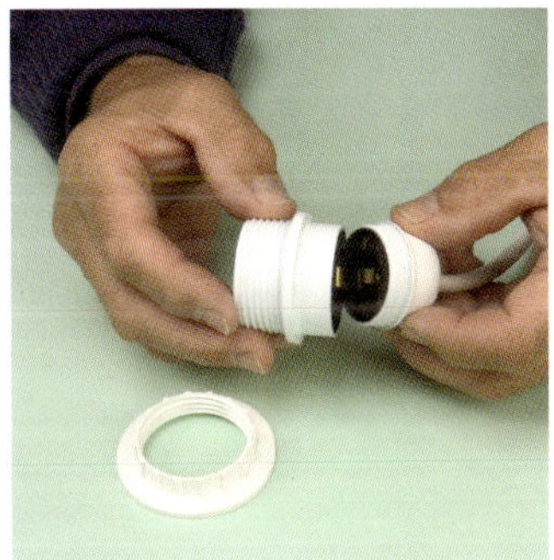

3 Engagez le corps de douille dans les rainures de guidage internes du culot. Revissez le fourreau sur le culot. Une bague complémentaire peut être vissée sur le fourreau pour la fixation d'un abat-jour.

4 Les douilles à vis peuvent recevoir des ampoules jusqu'à 150 W de puissance. En cas d'utilisation avec un luminaire ou un abat-jour, consultez les limites de puissance, souvent inférieures à la capacité maximale de la douille (ceci pour éviter une surchauffe liée à la réduction de la ventilation).

Monter un interrupteur de fil souple

Les luminaires mobiles utilisant les douilles à baïonnette ou à vis sont généralement commandés par un interrupteur de fil souple. Les modèles à bouton traversant opérant la coupure sur un seul des deux conducteurs sont remplacés par des interrupteurs à bascule agissant sur les deux conducteurs, précaution indispensable avec le courant alternatif. L'intérêt du premier montage résidait dans sa solidité. Celle-ci est obtenue aujourd'hui par des serre-câbles contenus dans le boîtier de l'appareil.

Outils Matériaux
- **tournevis testeur de courant**
- **pince coupante**
- **couteau d'électricien**

- interrupteur de fil souple
- fil méplat

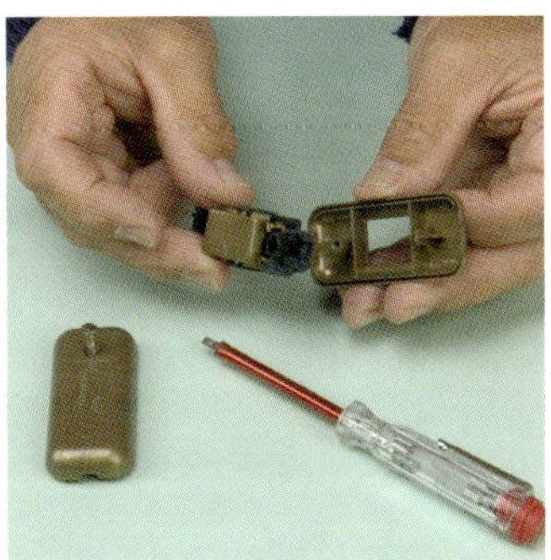

1 Desserrez la vis de maintien située au dos de l'interrupteur, enlevez le couvercle et sortez le corps de l'interrupteur à bascule. Dédoublez les deux conducteurs du fil méplat. Dénudez leur extrémité sur 2 mm en vue du raccordement aux bornes de l'interrupteur.

2 Engagez l'extrémité des conducteurs dans l'alvéole des bornes et serrez correctement la vis de blocage.

3 Rabattez la patte des serre-câbles sur le méplat pour vous garantir contre tout risque d'arrachement accidentel.

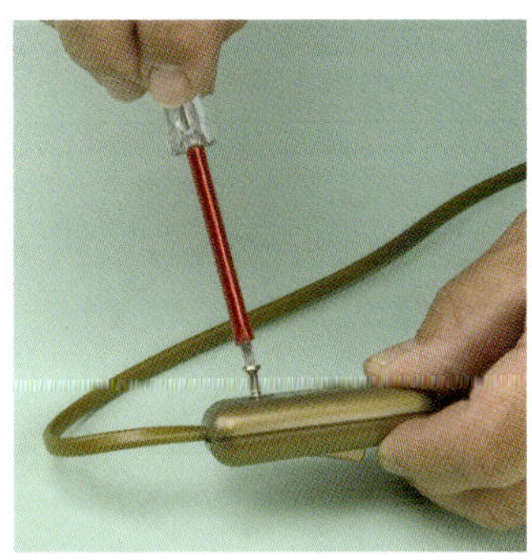

4 Refermez le boîtier de l'appareil sur le corps d'interrupteur. Resserrez la vis de montage.

Interrupteur avec prise de courant

La tendance actuelle est à l'association des appareils de natures différentes, comme celle d'un interrupteur et d'une prise de courant. Le regroupement des fonctions s'inscrit dans l'évolution de la norme en faveur d'une multiplication des prises, compte tenu de la croissance du nombre d'équipements à alimenter. Le câblage peut associer également une prise à un commutateur, dans le cas d'un va-et-vient.

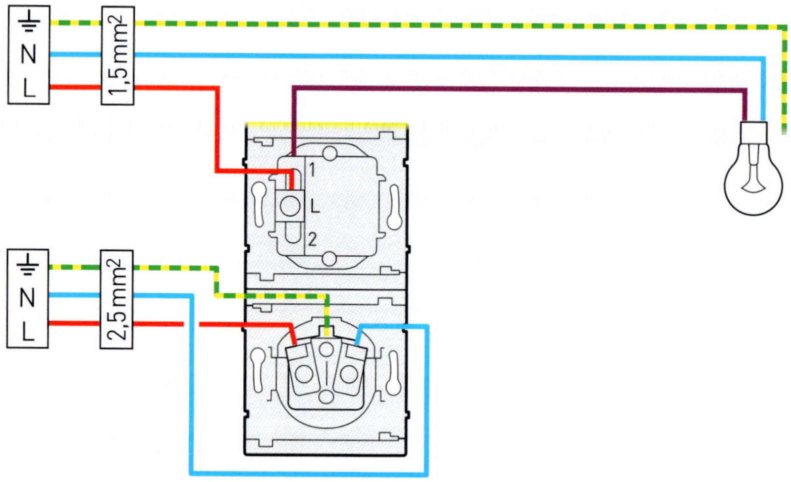

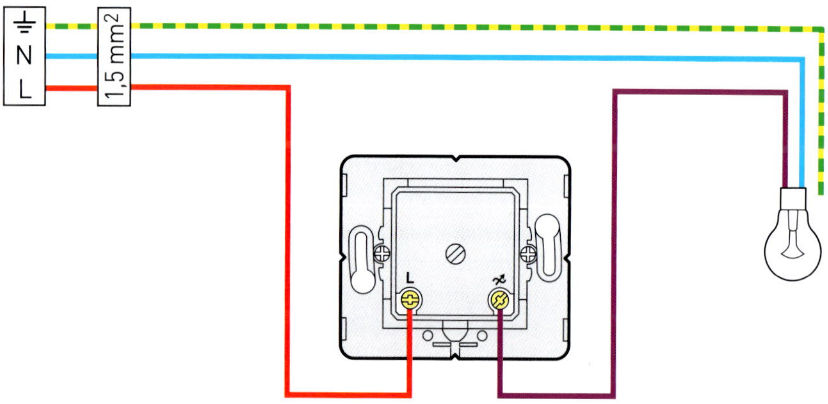

Interrupteur variateur

Le variateur de lumière n'est autre qu'un interrupteur agissant sur l'intensité du courant, ce qui permet de faire varier l'éclairage dans la pièce, dans une plage pouvant aller de 60 à 500 W. Cette possibilité est surtout intéressante avec les éclairages halogènes qui ont un éventail de puissance beaucoup plus large que celle des ampoules à incandescence de 60 à 100 W. Les appareils les plus répandus sont aujourd'hui à bouton rotatif.

Interrupteur automatique

Les premiers interrupteurs automatiques ont été développés pour permettre de garantir le fonctionnement et l'arrêt d'un moteur ou d'une machine quand une tâche était remplie (par exemple pour commander une pompe selon le niveau d'un liquide dans une cuve). Les interrupteurs automatiques constituent aujourd'hui le moyen le plus apprécié de commander l'éclairage. On utilise ainsi ce genre de matériel pour allumer et éteindre la lumière :

- en fonction de la luminosité (interrupteur crépusculaire) ;
- de la présence d'une personne ou d'un animal dans le champ de contrôle de l'appareil.

Cette dernière fonction tend à se généraliser dans les locaux ou zones à fort passage (par exemple l'escalier) où l'on a tendance à oublier d'éteindre la lumière quand on en sort. Ce système peut aujourd'hui être associé à un télérupteur, des interrupteurs automatiques remplaçant alors les boutons-poussoirs.

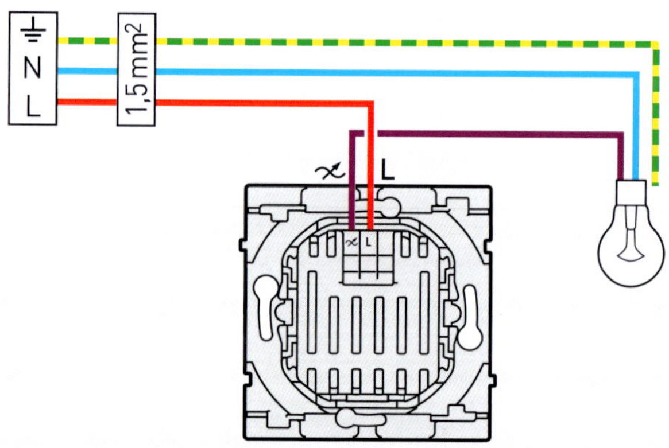

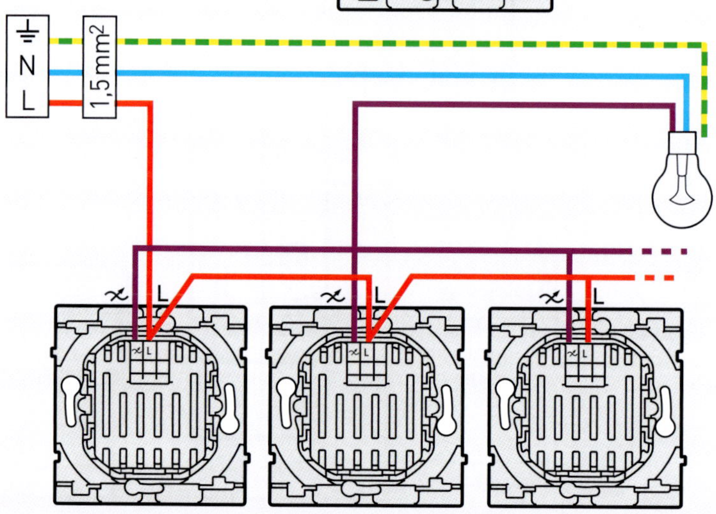

Interrupteur minuteur

L'interrupteur minuteur se substitue à la minuterie classique toutes les fois où la commande du circuit depuis un seul point est possible. C'est l'équipement idéal pour ne pas laisser la lumière allumée dans des toilettes ou dans un placard.
Le câblage et la pose ne diffèrent pas de ceux d'un interrupteur classique, à l'ampoule témoin près. La temporisation se règle de 30 s à 8 min.

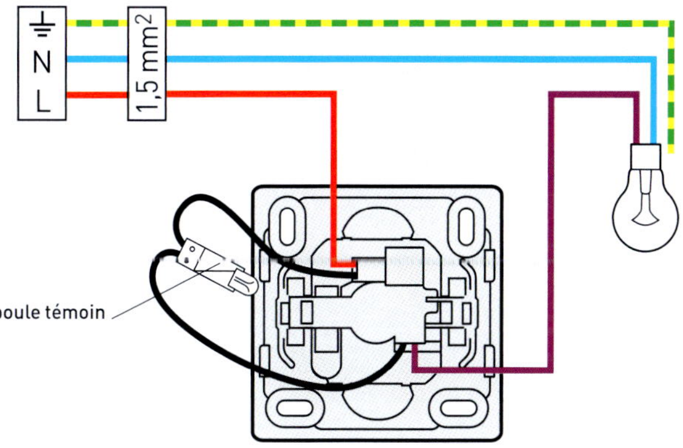

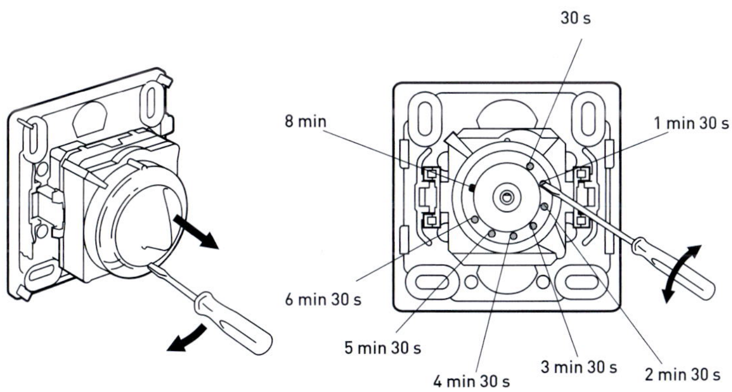

Minuterie

La minuterie fut longtemps un mécanisme d'horlogerie complexe et onéreux, réservé le plus souvent aux parties communes des immeubles d'habitation, en particulier les escaliers. On trouve aujourd'hui des minuteries comme des horloges de commande, sous forme d'appareils modulaires, pouvant être facilement intégrées au tableau de répartition, par clipsage sur les rails prévus à cet effet.

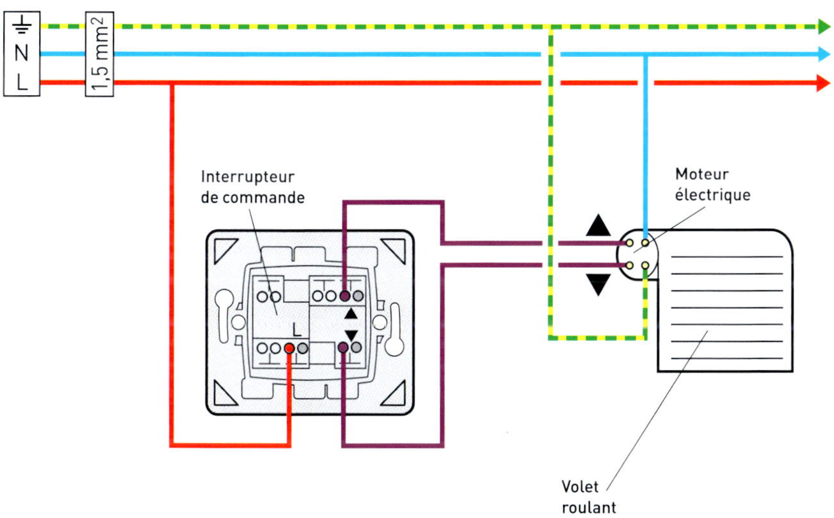

Commande de volet roulant

La commande individuelle de volet roulant pose le problème de l'inversion de changement de sens du moteur électrique contenu dans l'axe du dispositif, ainsi que de la nécessaire sécurité en bout de course ou en cours de fonctionnement. On utilise ici un interrupteur spécial à bascule et point mort central ou encore à double bascule, l'une pour l'ouverture, l'autre pour la fermeture. Cet interrupteur possède donc trois pôles :
– un d'alimentation recevant le conducteur de phase ;
– deux autres permettant l'alimentation alternative du moteur dans un sens ou l'autre de rotation.

Le moteur du volet roulant doit impérativement être raccordé à la terre.

Prise programmable

La commande d'un certain nombre d'appareils ménagers, ou encore d'éclairage, peut être facilement programmée à l'aide de petits appareils vendus dans le commerce qui s'interposent entre le socle de prise et la fiche d'alimentation de l'appareil à programmer. On trouve des modèles mécaniques très basiques, fonctionnant sur le principe de la roue dentée dont on enfonce des segments pour déterminer les plages de fermeture du circuit, donc d'alimentation de l'appareil. La répétition des plages est constante sur une période de 24 h à 7 jours, renouvelable.

On a vu apparaître depuis quelques années des programmateurs électroniques à affichage digital beaucoup plus sophistiqués. Bien plus précis que les modèles mécaniques, ils offrent en outre l'avantage des programmations multiples (jusqu'à une cinquantaine) beaucoup plus fines.

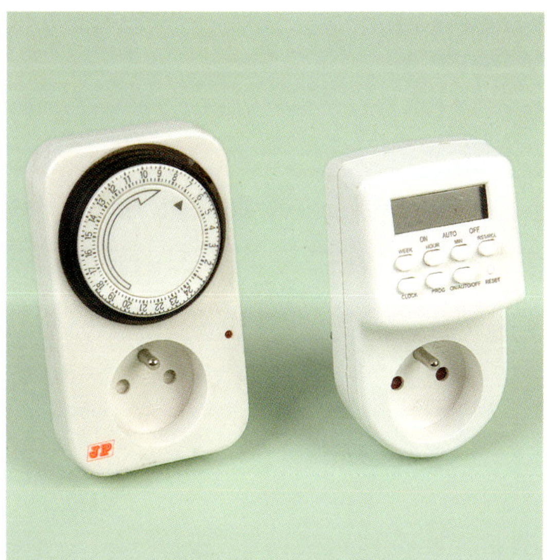

ÉLECTRICITÉ SALLE DE BAINS

L'eau et l'électricité ne font pas bon ménage. Ce mariage accroît considérablement les risques dans les pièces telles que la douche ou la salle de bains. La norme de sécurité est très exigeante et doit être suivie à la lettre.

Sécurité avant tout

L'humidité favorise l'écoulement de l'électricité vers la terre et, de ce fait, augmente les risques dans la salle de bains. Pour ne prendre aucun risque, il ne faut brancher que des appareils pouvant être utilisés sans danger et veiller à la conformité de l'installation électrique avec la norme NF C 15-100.

Le choix des matériels

Tous les circuits qui desservent une pièce comportant une baignoire ou une douche doivent être protégés par un ou plusieurs dispositifs différentiels à haute sensibilité (30 mA), sauf pour les circuits en très basse tension de sécurité (limités à 12 volts dans les pièces d'eau) ou en aval d'un transformateur de séparation.

Les possibilités d'installation des appareils électriques dans les différentes parties d'une salle de bains ou d'une douche dépendent de leur classement au regard du risque électrique qu'ils peuvent entraîner. On distingue ainsi :
– la classe I, à laquelle appartiennent les appareils ménagers, les appareils de chauffage, les appliques, etc., qui doivent être obligatoirement raccordés à la terre ;
– la classe II, dont font partie les appareils électriques bénéficiant d'une double isolation, et qui ne doivent pas être raccordés à la terre.
S'y ajoutent les matériels alimentés en 12 V (TBTS) ou par un transformateur de séparation.

Le tableau ci-dessous regroupe les principaux types d'appareils. Il indique leur classement et les possibilités d'installation dans les différentes parties (ou volumes) de la salle de bains.

APPAREILS ET MATÉRIELS	MESURE DE PROTECTION	VOLUMES			
		0	1	2	3
Lave-linge, sèche-linge	Classe I	Interdit	Interdit	Interdit	Autorisé
Appareils de chauffage	Classe I	Interdit	Interdit	Interdit	Autorisé
	Classe I ⊡	Interdit	Interdit	Autorisé	Autorisé
Éclairage	Classe I	Interdit	Interdit	Interdit	Autorisé
	Classe I ⊡	Interdit	Interdit	Autorisé	Autorisé
	TBTS 12 V	Autorisé (1)	Autorisé (1)	Autorisé (1)	Autorisé (2)
Chauffe-eau instantané	Classe I	Interdit	Autorisé (3)	Autorisé (3)	Autorisé
Chauffe-eau à accumulation	Classe I	Interdit	Autorisé (4)	Autorisé (4)	Autorisé
Interrupteur		Interdit	Interdit	Interdit	Autorisé
	TBTS 12 V	Interdit (1)	Autorisé (1)	Autorisé (2)	Autorisé
Prise 2P+T		Interdit	Interdit	Interdit	Autorisé
Prise rasoir (20 à 50 VA)	Transfo de séparation	Interdit	Interdit	Autorisé	Autorisé
Transfo de séparation		Interdit	Interdit	Interdit	Autorisé
Canalisation		Interdit (5)	Autorisé (5)	Autorisé	Autorisé
Boîte de connexion		Interdit	Interdit (6)	Interdit	Autorisé

Interdit **Autorisé**

(1) Transformateur en dehors des volumes 1 et 2.
(2) La tension peut être portée à 50 V.
(3) Si raccordé au réseau d'eau par des canalisations fixes métalliques.
(4) Chauffe-eau horizontal placé le plus haut possible.
(5) Limité à l'alimentation des appareils autorisés dans ces volumes.
(6) Sauf alimentation directe d'un appareil.

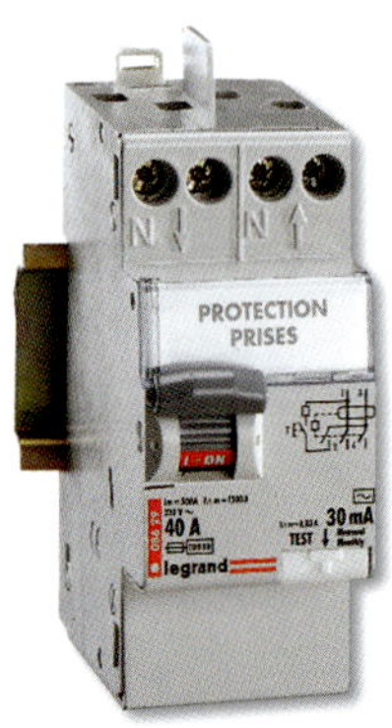

Sécurité

Quelles que soient les qualités de l'installation et celles des appareils électriques pouvant se trouver dans une salle de bains, vous ne devez jamais les manipuler ou les toucher quand vous avez les mains et les pieds humides, sauf s'il s'agit d'appareils fonctionnant en très bas voltage.
Il est en particulier très dangereux d'utiliser un téléphone filaire.

Suivre la norme

La norme NF C 15-100 est là pour vous protéger. Elle évolue constamment dans le sens d'une meilleure protection des personnes et des biens. Informez-vous régulièrement de son évolution.

Transformateur de séparation

Il s'agit d'un transformateur dont les enroulements primaires et secondaires sont électriquement séparés par une double isolation renforcée pour limiter les risques en cas de contact simultané accidentel entre la terre et les conducteurs actifs d'un appareil. Il en sort un courant très basse tension.

Conseil castorama

PROMOTELEC
Association ayant pour mission de faire connaître la norme et d'encourager la qualité des installations, PROMOTELEC vous permettra de bien connaître les règles à suivre pour intervenir sur une installation électrique. Ne vous lancez dans ce genre d'opération que si vous avez une solide pratique en la matière.
Au moindre doute, n'hésitez pas à faire appel à un professionnel.

Sécurité

Disjoncteurs différentiels
Tous les circuits desservant la salle de bains ou la douche doivent être protégés par un ou plusieurs dispositifs différentiels à haute sensibilité 30 mA (sauf ceux en très basse tension ou en aval d'un transformateur de séparation).

Les volumes de protection

La norme définit 4 volumes de protection (0, 1, 2 et 3) à l'intérieur de la salle de bains, qui déterminent les conditions d'installation des circuits et d'utilisation des appareils électriques. L'emprise de ces volumes par rapport à la baignoire est parfaitement codifiée. Le respect de ces règles est la condition essentielle pour utiliser l'électricité en toute tranquillité et en toute sécurité dans ce lieu de confort.

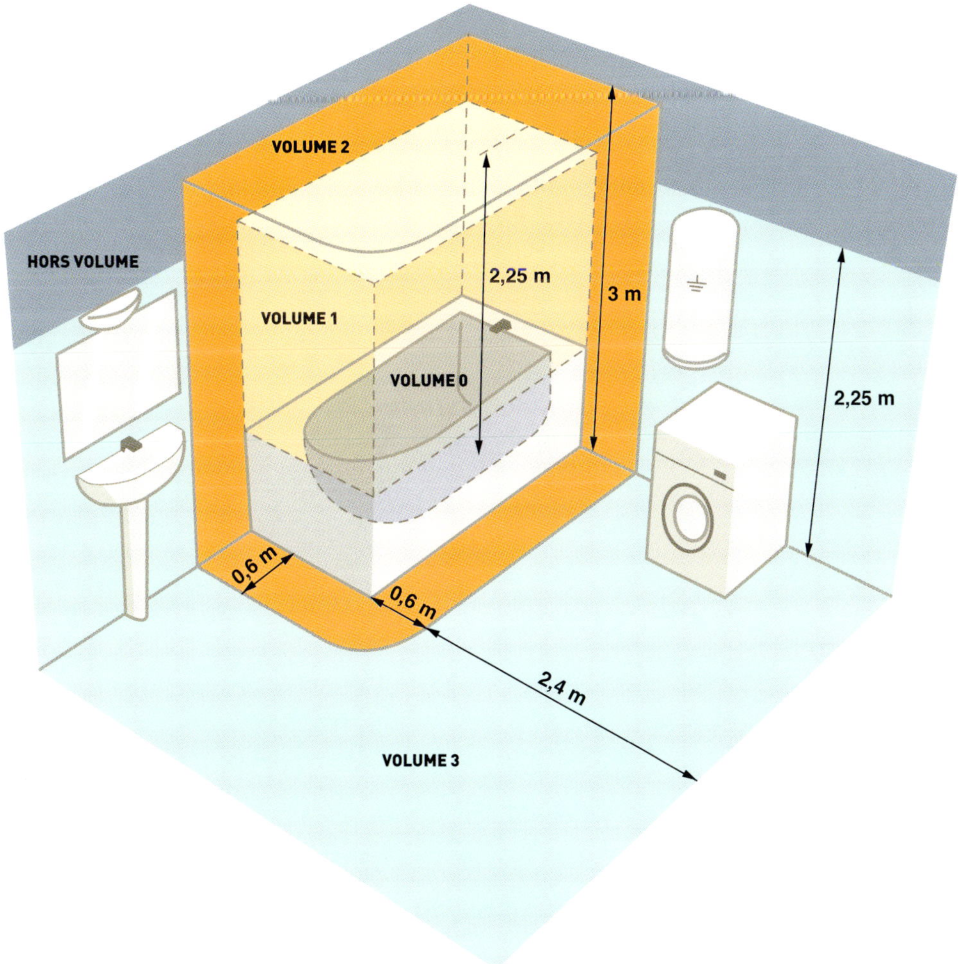

Sécurité

Canalisations électriques

Si les baguettes bois sont désormais interdites dans la salle de bains, les baguettes PVC sont tolérées à condition qu'elles présentent un indice de protection : IP suffisant (voir tableau ci-dessous). Si ce n'est pas le cas, les conducteurs rigides individuels devront être remplacés par un câble.

Dans le volume 0

Seules les canalisations électriques TBTS (12 V) sont acceptées.

Dans les volumes 1 et 2

On ne doit y trouver que les canalisations strictement nécessaires à l'alimentation des appareils autorisés dans le volume considéré.

VOLUME 0 : la baignoire ou la douche

- Tout appareil électrique (sèche-cheveux, rasoir, téléphone portable, etc.) est interdit.

VOLUME 1 : au-dessus de la baignoire et du bac à douche jusqu'à 2,25 m

- Ne sont autorisés que les appareils d'éclairage ou les interrupteurs alimentés en Très Basse Tension de Sécurité 12 V (TBTS 12 V). Pour ces appareils électriques, on veillera à ce qu'ils portent la marque NF et soient protégés contre les projections d'eau.

VOLUME 2 : au-dessus de la baignoire et du bac à douche jusqu'à 3 m de haut et 60 cm autour

- Tous les matériels tels qu'appareils de chauffage électrique ou appareils d'éclairage doivent être de classe II, porter la marque NF et être protégés contre la pluie (seules sont admises les prises "rasoirs" équipées d'un transformateur de séparation).

VOLUME 3 : au-delà de 60 cm

- Sont admis les appareillages électriques et les matériels électriques de classe I, les prises de courant de type 2P + T et les boîtes de connexion. Ils doivent porter la marque NF et être protégés contre les chutes verticales de gouttes d'eau (ou IPX 1).

La liaison équipotentielle

Tous les éléments métalliques d'une construction ou de ses équipements sont susceptibles de conduire l'électricité et donc de se trouver sous tension en cas de contact avec un conducteur électrique mal isolé ou un appareil électrique à l'isolation défectueuse. Si on touche cet élément métallique, on risque l'électrocution. La solution consiste à relier entre eux tous ces éléments et à les raccorder à la terre. C'est obligatoire pour les volumes 1, 2 et 3 de la salle de bains, mais il est conseillé de faire de même hors de ces volumes, en vue d'éventuelles modifications d'aménagement.

Indices de protection

Les matériels que l'on souhaite installer dans les différents volumes de la salle de bains doivent bénéficier d'un indice minimum de protection contre l'eau (IP), auquel correspond souvent un symbole.

EMPLACEMENT	INDICE DE PROTECTION IP	SYMBOLE MINIMUM DE LA PROTECTION CONTRE L'EAU	
		APPAREILS ÉLECTRO-DOMESTIQUES	LUMINAIRES
Extérieur des volumes	20 ou x0B	Pas de symbole	Pas de symbole
Volume 3	21 ou x1B	💧	💧
Volume 2	23 ou x3B	Pas de symbole	[💧]
Volume 1	24 ou x4B	△💧	△💧
Volume 0	27 ou x7B	💧💧	💧💧

Sécurité

Connexions électriques

Elles doivent garantir une parfaite sécurité. Les épissures, comme dans tout le reste de l'installation, sont interdites.

Dans les volumes 0, 1 et 2

– Les appareils à poste fixe doivent être raccordés directement et non par une prise et une fiche.
– Aucune boîte de connexion n'est admise, sauf celles contenant les dispositifs de raccordement des appareils d'utilisation aux canalisations qui les alimentent.

Dans les volumes 2 et 3

Les boîtes de raccordement alimentant les appareils de chauffage doivent être situées derrière ces appareils.

ÉLECTRICITÉ À L'EXTÉRIEUR

Les installations électriques extérieures étant soumises à l'humidité, voire à la pluie, doivent être réalisées avec des matériels spécifiques étanches et conformément à la norme NF C 15-100. L'utilisation du courant moyen voltage (230 V) doit se faire avec beaucoup de précautions.

Éclairage sur un mur extérieur

Sécurité

Raccordement à la terre
Quand ils ne sont pas de classe II, les appareils d'éclairage extérieur doivent impérativement être raccordés à une prise de terre.

Les éclairages fixés en applique sur le mur extérieur de votre maison peuvent être commandés manuellement par un interrupteur situé à l'intérieur ou à l'extérieur de l'habitation, ou bien automatiquement, à l'aide d'un interrupteur automatique détecteur de présence. Beaucoup de projecteurs halogènes intègrent d'ailleurs cette fonction, ce qui réduit leur installation au raccordement à une ligne électrique constituée d'un câble étanche, intégrant les conducteurs actifs (phase et neutre) et de protection (terre). La liaison se fait de préférence sans boîte de connexion, par raccordement direct dans l'appareil doté d'un presse-étoupe d'étanchéité.

Alimentation en moyenne tension

Les éclairages de forte puissance destinés à l'extérieur sont en majorité alimentés en 230 V. Ils doivent donc bénéficier d'une totale étanchéité aux projections d'eau, garantie par un indice de protection IP24 ou IP25 (dans les emplacements susceptibles d'être arrosés par un jet d'eau). Leur ventilation intérieure induit la puissance maximale des ampoules, qui ne doit jamais être dépassée.

Applique à détection

On trouve aujourd'hui des appliques classiques intégrant un système de détection automatique d'allumage. En ABS, ce type de matériel est insensible à la corrosion. En vitre claire, cette applique reçoit une ampoule de 100 W diffusant largement la lumière.

Applique flambeau

Alimentée directement depuis l'intérieur de la maison, cette applique en flambeau diffuse une lumière d'ambiance au niveau du mur où elle est installée. Elle est en effet conçue pour recevoir une ampoule de 60 W. Elle existe sous forme d'applique, en borne haute et basse, avec alimentation enterrée.

Demi-applique

Cet éclairage en demi-applique participe à l'ambiance plus qu'à l'éclairement d'une zone importante. Il est constitué d'un support et d'un écran de diffusion décollé du mur qui met en valeur la maçonnerie du pilier sur lequel il est installé.

Projecteur halogène à détecteur

Conçus pour l'éclairage puissant d'une zone déterminée, les projecteurs halogènes sont généralement associés à un détecteur de présence à infrarouge permettant de choisir la durée de fonctionnement et la portée de détection.

Spots et bornes

Le balisage des allées et l'éclairage d'une zone ponctuelle au jardin peuvent être obtenus par des spots ou des bornes réparties sur la surface à éclairer. Les plus simples ne demandent aucune installation particulière puisqu'il suffit de les planter dans la pelouse, et de les alimenter avec un câble étanche cheminant sur le sol. Pour une intégration meilleure et plus durable, on utilise des bornes sur socle ou encore enterrées, ce qui suppose le passage d'une ligne dans le sol, en respectant des règles très strictes.

Sécurité

Une canalisation électrique enterrée ne doit pas côtoyer ou croiser une autre canalisation (électricité, eau, gaz, évacuation, etc.) à moins de 20 cm.

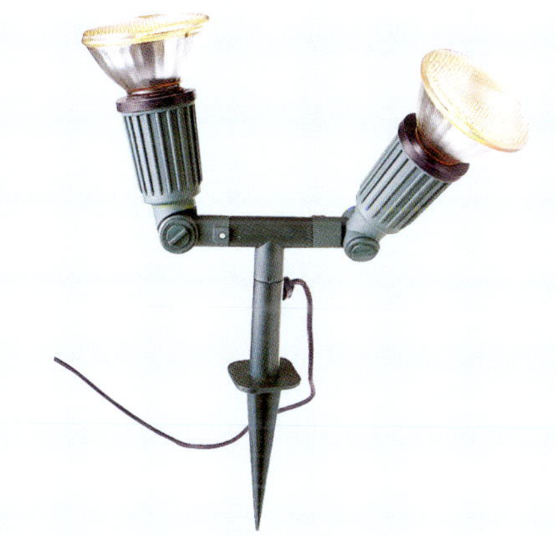

Double spot à piquer

Entièrement en matière plastique (polyamide) et fibre de verre précâblée, ce double spot à piquer est préservé des risques de corrosion. De classe I, il reçoit des ampoules de projecteur de forte puissance (100 W).

Spot halogène

On trouve des projecteurs halogènes ovales en fonte d'aluminium plus décoratifs que les modèles rectangulaires classiques à vitre plate. À piquer dans le sol, celui-ci peut recevoir des ampoules de 300 W. Il est alimenté par un câble posé sur le sol.

Spot enterré

Composé d'un cylindre et d'un cuvelage en fonte d'aluminium anodisé, ce spot affleure le gazon et constitue un éclairage balisant discret et esthétique. Certains modèles possèdent une tête orientable pour un éclairage ponctuel et directionnel.

Balise solaire

Les balises solaires sont équipées d'une batterie qui se recharge pendant la journée sous l'effet de la lumière et assure une autonomie d'éclairage nocturne de 8 h. Simplement piqué dans le sol, ce type d'éclairage ne demande aucune autre alimentation électrique.

Alimentation électrique enterrée

Le passage de canalisations électriques dans le sol peut être rendu nécessaire pour l'alimentation de bâtiments annexes ou celle d'appareils d'éclairage qui ne sont pas fixés sur la maison. L'installation doit se faire avec des matériels strictement normalisés, dans des conditions prévues par les textes. Les conducteurs sous conduits, en particulier, sont strictement interdits, au profit de câbles spécifiques protégés ou non par un conduit.

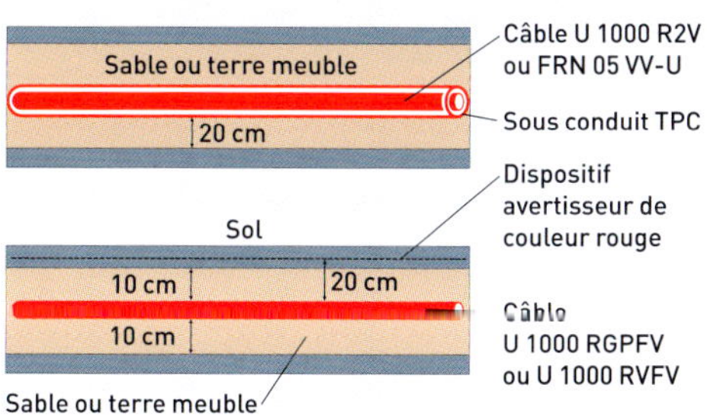

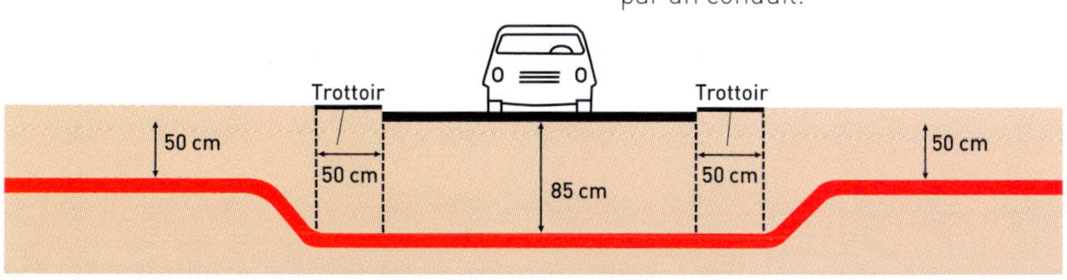

Tranchée et signalement des lignes

Les canalisations enterrées doivent l'être à une profondeur convenable (voir schéma ci-contre) pour éviter l'écrasement, mais aussi l'affleurement lors des moindres travaux de jardinage. Comme il arrive, cependant, de creuser profondément dans le jardin (par exemple pour planter un arbre), la présence des lignes électriques doit être signalée par ce qu'il est convenu d'appeler « un dispositif avertisseur » : il s'agit d'un grillage en matière plastique imputrescible, qui doit être placé à 20 cm au-dessus de la ligne.
On utilisait autrefois du grillage galvanisé ; celui-ci s'étant généralement dégradé, il faut cependant être alerté par tout morceau de grillage que l'on pourrait trouver en creusant, même s'il n'est plus rouge.

Sécurité

Avant toute intervention sur un appareil électrique, mettez son circuit d'alimentation hors tension en retirant le fusible qui le protège (s'il assure une protection bipolaire), ou en ouvrant le disjoncteur (et en le bloquant). Effectuez un contrôle supplémentaire avec un testeur. Ne prenez jamais le moindre risque avec l'électricité !

L'éclairage tient aujourd'hui une place essentielle dans la décoration intérieure. Son rôle est bien sûr fonctionnel, tout particulièrement dans les pièces comme la cuisine, mais les multiples possibilités offertes par les ampoules et les luminaires d'aujourd'hui participent très directement à l'ambiance de la maison. L'éclairage est l'un des domaines de l'installation électrique où vous pouvez exercer sans risque votre créativité.

Effets décoratifs et d'ambiance

Un appartement vide est généralement livré avec une simple douille et une ampoule au plafond, fournissant un seul point d'éclairage central. On trouve parfois quelques points d'éclairage muraux destinés à recevoir des appliques. Différentes prises, destinées à alimenter des luminaires mobiles, sont aussi souvent commandées par des interrupteurs. C'est à partir de ces points de fourniture du courant que vous allez devoir organiser l'éclairage des pièces, en fonction de leur utilisation et de leur décoration. On n'éclaire pas de la même façon une cuisine, un salon et une salle à manger. Chacune des pièces mérite en effet un traitement spécifique. Assurez-vous que votre installation est capable de supporter un éclairage diversifié, constitué d'un certain nombre de luminaires dont certains peuvent être de gros consommateurs d'énergie. Peut-être faudra-t-il aussi envisager une évolution de votre abonnement dans le sens d'une augmentation de puissance.

Salon

Cette pièce satisfera les désirs de tous les membres de la famille : lecture, télévision, discussions, musique, jeux d'enfants. Évidemment, un plafonnier central n'est pas suffisant, il faut donc ajouter des éclairages ponctuels. Les appliques ou les spots peuvent mettre en relief les éléments saillants de la décoration, ou inonder un mur d'une lumière douce. Des lampes à pied et des appliques peuvent créer des taches de lumière chaude donnant une atmosphère relaxante, que des commandes à variateur permettent de régler au goût de chacun.

Chambres

Ajustez l'éclairage pour créer une atmosphère reposante dans les chambres. Combinez appareils encastrés, appliques et lampes de table pour créer une ambiance lumineuse douce, tout en permettant d'y voir assez clair pour fouiller dans une armoire ou ranger du linge dans une commode. Un lampadaire peut donner une ambiance agréable, mais des spots à la tête du lit permettront à l'un de lire confortablement quand on est couché, sans déranger l'autre.

Salle à manger

Les repas doivent pouvoir constituer un moment privilégié de convivialité familiale. Tout éclairage froid et violent est donc proscrit. Si la table doit être bien éclairée, il est bon de pouvoir régler cet éclairage avec un variateur. Ainsi, vous verrez bien ce qui est dans votre assiette, sans pour autant baigner dans un flot lumineux durcissant les contrastes. Mettez aussi en valeur les éléments décoratifs de la pièce par des éclairages ponctuels, et introduisez quelques lampes aux teintes pastel pour souligner les couleurs du décor.

Entrées et escaliers

Pour l'entrée, choisissez un éclairage combinant lampe de table et appliques murales. Les escaliers, quant à eux, doivent être largement éclairés pour éviter tout accident.

Cuisine

Dans la cuisine, il faut bien voir tout ce que l'on fait. Éclairez vivement l'évier et le plan de cuisson avec des spots. Disposez des tubes au néon sous les éléments hauts pour répandre une bonne lumière sur les surfaces de travail. Évitez d'encombrer celles-ci de lampes mobiles.

Types d'ampoules

Il existe une très grande variété d'ampoules, en forme de bulbe, de tube, de cornet, de flamme, etc. Chacune d'elles correspond à un usage bien défini, pour un effet décoratif spécifique. Le culot de fixation est, soit à baïonnette, soit à vis, à l'exception des tubes droits, équipés d'une double fiche à chaque extrémité et des ampoules halogènes TBT à griffes.

Incandescence ordinaire

Les ampoules à bulbes à incandescence, toujours très employées, sont disponibles avec douille à baïonnette ou à vis. Elles peuvent être claires, opalines ou colorées. Leurs formes et leurs tailles couvrent une vaste gamme, depuis le bulbe classique en poire, jusqu'aux flammes lisses ou torsadées, en passant par les champignons, avec ou sans réflecteur interne. Il en existe des variantes pour emplois spéciaux, par exemple à émission infrarouge chauffante, ou à grosse boule, pour pose sans abat-jour.

Halogène

Les ampoules halogènes donnent une lumière d'un blanc vif, plus brillante qu'une ampoule à incandescence de même puissance, qui accuse les reliefs et souligne les teintes vives. De plus, elles limitent la fatigue oculaire de la lecture. Mais elles doivent être placées dans un support adapté, car elles dégagent beaucoup de chaleur.

Réflecteur

Ces ampoules, qui émettent un puissant faisceau directionnel, sont destinées à équiper les spots et les projecteurs. Dans la plupart des modèles, une argenture interne concentre les rayons lumineux en un cône plus ou moins ouvert. Dans certains modèles, un anneau d'argenture renvoie les rayons vers un réflecteur séparé qui projette un faisceau. Plus typiques sont les modèles PAR, à réflecteur parabolique aluminisé, destinés à équiper spots et projecteurs.

Halogène TBT

D'usage relativement récent, l'éclairage TBT utilise des bulbes halogènes alimentés sous 12 V, tension inoffensive, même pour un cardiaque. Cette tension provient d'un transformateur, qui peut être soit intégré dans l'embase de l'appareil d'éclairage, soit monté à distance. Leur lumière vive est idéale pour mettre en valeur une zone particulière.

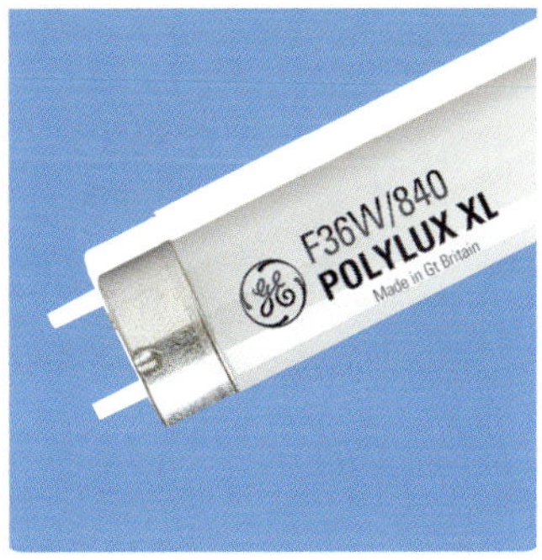

Tubes

Ces cylindres de verre plus ou moins gros et longs sont équipés d'embouts métalliques. La lumière émise par les tubes fluorescents va d'un blanc froid et cru à une chaude lumière légèrement rosée. En dehors des dimensions variées, il existe des tubes circulaires. Sauf au garage et à l'atelier, ce type d'éclairage n'a que des applications limitées dans l'habitation. Il existe également des tubes à filament de tungstène, en général de taille limitée (jusqu'à 30 cm de long), souvent employés pour un éclairage indirect. Enfin, les ampoules-tubes à décharge, remplies d'un iodure métallique, fournissent un éclairage puissant pour l'extérieur, notamment pour éclairer les abords de la maison.

Sécurité

N'équipez jamais un éclairage d'une ampoule ou d'un tube dont la puissance dépasse celle indiquée sur l'appareil, au risque de créer une source d'incendie.

Conseil castorama

Les variateurs

Ces appareils permettent d'ajuster avec précision l'intensité des éclairages, selon vos besoins ou votre envie. Ils s'installent comme un interrupteur. Certaines lampes ne supportent pas ce type de commande, en particulier les tubes fluorescents et les halogènes TBT. Respectez bien les mentions portées sur le mode d'emploi.

Fluo compactes

Ces ampoules ont été conçues pour réduire très sensiblement la consommation électrique de l'éclairage. Elles sont constituées d'un petit tube fluorescent recourbé ou encapsulé à l'intérieur d'un globe ou d'un bulbe. Elles sont équipées des mêmes culots, à vis ou à baïonnette, que les ampoules classiques. Elles émettent une lumière vive, mais consomment environ cinq fois moins d'électricité que les ampoules à incandescence pour un même éclairement. Qui plus est, elles durent huit à dix fois plus longtemps. Leur emploi est donc recommandé pour les appareils d'éclairage qui restent allumés quotidiennement pendant plusieurs heures d'affilée.

PLOMBERIE ALIMENTATION EAU

Les réseaux sanitaires d'alimentation et d'évacuation constituent ce qu'il est convenu d'appeler l'installation "de plomberie" de la maison. Ce terme, issu d'une époque où le plomb était le métal le plus utilisé pour les canalisations est resté, bien que celles-ci soient aujourd'hui en métal (acier et surtout cuivre) et en plastique (PVC, PVC-C et PER).

L'alimentation en eau

Rares sont aujourd'hui les particuliers qui ne bénéficient pas d'une adduction d'eau publique et qui doivent s'approvisionner par un puits, un forage profond ou une source. Si c'est le cas, notez que l'utilisation d'eau prélevée dans le milieu naturel à l'usage personnel d'une famille est soumise à déclaration sanitaire auprès de la DDASS. Le dossier de déclaration doit contenir :

- les caractéristiques du forage (débit, profondeur, etc.) ;
- les résultats d'une analyse de l'eau effectuée par un laboratoire agréé pour les analyses d'eau destinée à la consommation humaine.

L'eau vous est généralement fournie par une régie municipale ou une compagnie délégataire auprès de laquelle vous avez souscrit un abonnement, comprenant un coût de raccordement et une tarification des mètres cubes consommés, avec parfois un forfait minimum. Le réseau de distribution public est relié à chaque abonné par une tuyauterie aboutissant à un robinet d'amont, juste avant le compteur. Ce robinet doit rester accessible aux agents de la compagnie de distribution. Un autre robinet d'arrêt se situe après le compteur, soit contre sa sortie, soit à l'entrée dans le logement. Vous avez tout intérêt à repérer sa localisation, et à vérifier périodiquement son bon fonctionnement (manœuvrez-le deux ou trois fois par an) car c'est à ce niveau que vous devrez couper l'alimentation de votre habitation en cas de fuite dans votre installation ou, plus généralement, pour toute intervention sur celle-ci.

Un rapport sur la qualité sanitaire de l'eau fait l'objet d'un affichage en mairie et doit être communiqué aux abonnés avec chaque facture.

Le réseau sanitaire d'une maison

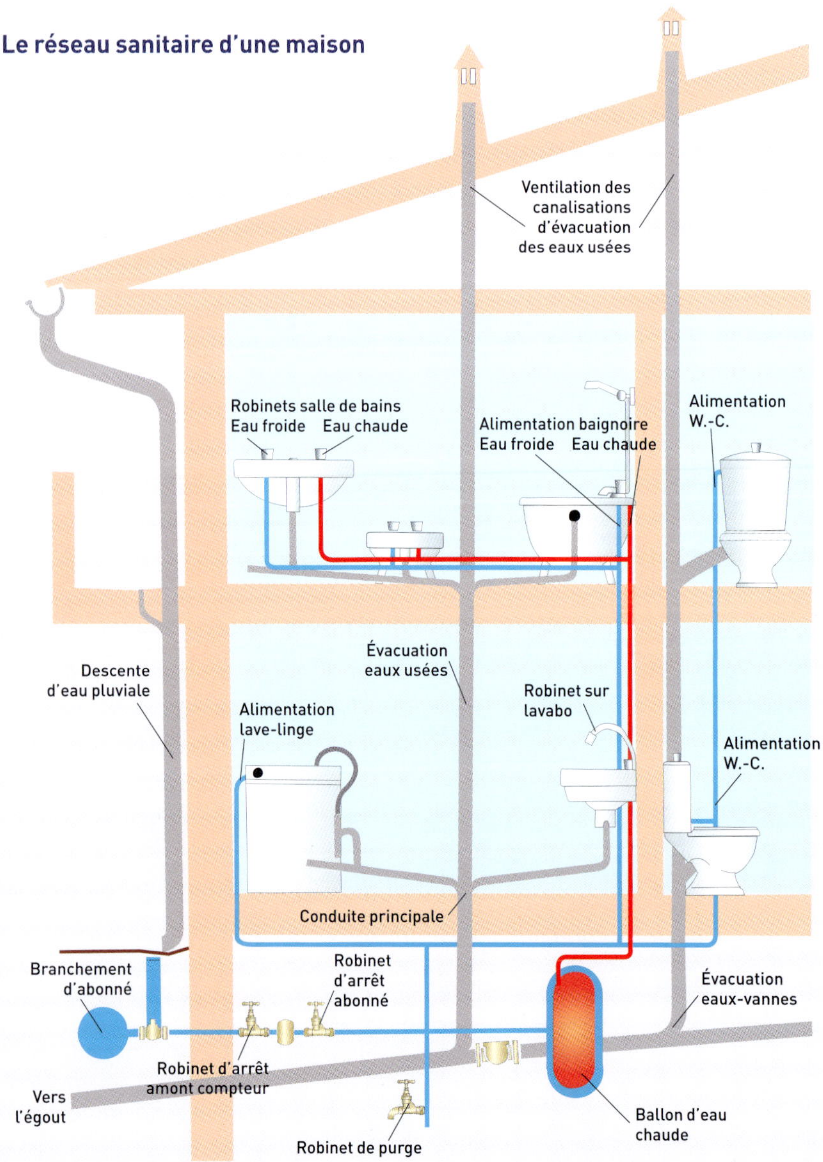

Les canalisations du réseau sanitaire

Votre installation sanitaire comprend :

- un réseau d'alimentation constitué des canalisations en cuivre, en PER ou en PVC-C parfois en plomb pour les habitations anciennes ;
- un réseau d'évacuation, composé de canalisations en acier, en PVC (majorité des cas) ou/et en fonte.

Dans les constructions anciennes, les tuyaux de la canalisation principale, qui distribue l'eau dans le logement, étaient en plomb (d'où le nom de l'installation et de la profession qui la réalise et l'entretient). On en trouve souvent encore entre la grosse canalisation du réseau et le compteur, entre celui-ci et la maison, et souvent, en ville, dans la colonne montante des immeubles antérieurs aux années 1950. S'ils sont en bon état, la teneur en plomb dissous dans l'eau reste généralement dans la limite de la norme actuelle (0,25 mg/litre) ; mais vous avez tout intérêt à le faire vérifier.

Cette limite sera abaissée à seulement 0,10 mg/litre en 2012, conformément à une directive européenne. Aucune canalisation en plomb ne pourra plus alors acheminer de l'eau de consommation (pour la cuisine, la boisson, mais aussi pour les soins du corps) sans dépasser cette limite : il faudra remplacer les tuyaux en plomb avant cette échéance. Vous avez tout intérêt à faire effectuer un diagnostic de votre installation par un professionnel bien avant 2012, pour éviter les délais (et les surcoûts) que ne manquera pas de provoquer la précipitation des interventions de dernière minute. Attention : notez qu'une eau exagérément adoucie est corrosive pour les métaux et peut se charger anormalement de plomb si les canalisations acheminant l'eau sont en plomb !

PLOMBERIE EAU CHAUDE

Le système de production et de distribution d'eau chaude est la partie de l'installation de plomberie la plus sujette aux incidents, du fait des contraintes que subissent ses composants. Il est donc judicieux de bien connaître ceux-ci, ainsi que le cheminement des canalisations, afin de pouvoir intervenir judicieusement et rapidement en cas de besoin.

L'eau chaude sanitaire

L'eau chaude consommée dans une habitation peut provenir soit d'un équipement collectif, chaudière collective ou réseau urbain, soit d'un équipement individuel, appareils à accumulation ou instantanés, à énergie électrique, gaz ou fioul. Dans le cas d'un réseau collectif, vous pouvez maîtriser uniquement votre consommation. Dans le cas d'un équipement individuel, vous pouvez maîtriser votre consommation ainsi que la température de chauffage de l'eau. Ainsi, vous pouvez économiser de l'énergie, limiter l'entartrage avec une température moins élevée et éviter les brûlures à l'eau chaude.

En France, l'équipement individuel d'eau chaude le plus répandu est le chauffe-eau électrique à accumulation (55 %), suivi de la chaudière mixte, chauffage et production d'eau chaude (25 %).

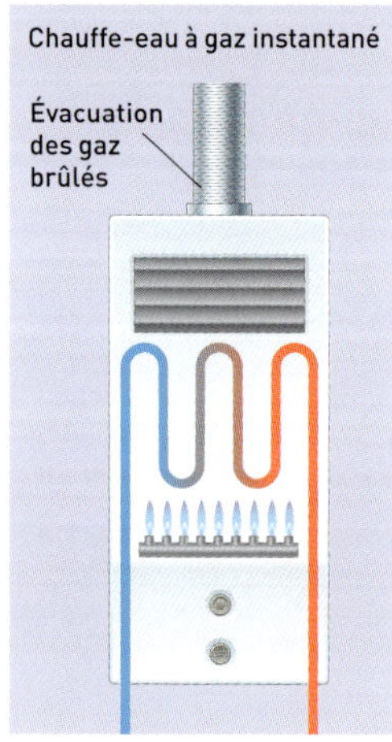

Choisir un chauffe-eau

Pour produire de l'eau chaude, vous avez le choix entre plusieurs options selon le type de fonctionnement ("instantané" ou "à accumulation") et selon la source d'énergie employée (gaz ou électricité).

L'eau peut être chauffée à chaque fois que l'on en a besoin, en "instantané", ou pendant une période bénéficiant d'un tarif avantageux et stockée, en "accumulation".

TYPE DE CHAUFFE-EAU		COÛT			CONFORT	
		INSTALLATION	ENTRETIEN	CONSOMMATION	DÉBIT	QUANTITÉ
Accumulation	Gaz	*	*	***	***	***
	Électricité	***	**	*	***	**
Instantané	Gaz	*	*	***	*	***
	Électricité	***	*	*	*	***

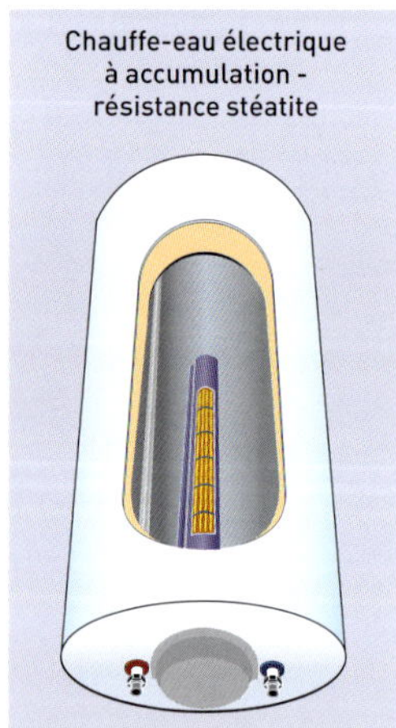

Confort

- Débit d'eau chaude : tous les appareils instantanés ont toujours un débit d'eau chaude limité. Les appareils à accumulation fournissent l'eau chaude avec un débit constant et régulier.
- Quantité d'eau chaude : les appareils instantanés n'ont pas de limite de quantité d'eau chaude. Les appareils à accumulation sont limités si leur temps de chauffe est trop faible.

Préconisation Promotelec pour les chauffe-eau électriques à accumulation :

LOGEMENT	CAPACITÉ EN LITRES
Studio	100
2 pièces	150
3 pièces	200
4 pièces	250
5 pièces et plus	300

En fonction de ces critères, on optera pour :
- un chauffe-eau électrique instantané ;
- un chauffe-eau à gaz instantané ;
- un chauffe-eau à gaz à accumulation ;
- un chauffe-eau électrique à accumulation ;
- une alimentation via la chaudière de chauffage central.

Coût

- Coût à l'installation : les appareils au gaz sont plus chers à l'installation car elle doit être réalisée par un professionnel.
- Coût d'entretien : les appareils au gaz doivent obligatoirement être entretenus chaque année par un professionnel. Les appareils électriques demandent un entretien réduit suivant la qualité de l'eau.
- Coût à la consommation : les combustibles fossiles (gaz et fioul) restent plus économiques que l'électricité, mais le tarif heures creuses permet de chauffer l'eau la nuit à moindre coût.

Chauffe-eau gaz à accumulation (tank gaz/styx)

Au gaz (naturel, butane, propane) ou au fioul de 115 à 195 l, de 6,4 à 8,6 kW, il chauffe la totalité de la cuve en moins de 45 min.

Chauffe-eau électrique instantané

Ce petit chauffe-eau électrique instantané à installer au-dessus de l'évier procure un débit limité de 1,5 à 2,5 l/min. L'eau est stockée dans un mini-ballon (dont la contenance peut aller jusqu'à 30 l), et chauffée par une résistance au fur et à mesure des besoins.

Chauffe-eau à gaz instantané (ou "chauffe-bain")

Au gaz (naturel, butane, propane) ou au fioul, l'évacuation des gaz brûlés se fait par conduit de fumée, ventouse, VMC, ou même sans raccordement pour certains appareils.

Poser un chauffe-eau électrique à accumulation

Il est conseillé d'installer le chauffe-eau dans le volume habitable. C'est possible de l'installer en dehors mais en maintenant l'appareil hors gel et hors intempéries (housses de surisolation disponibles). Prévoyez de l'espace autour du chauffe eau : 5 cm en haut pour pouvoir le décrocher et 50 cm en bas pour pouvoir sortir la résistance. Pour l'alimentation en eau, la pression doit être inférieure à 4,5 bars (sinon, installez un réducteur de pression).

Sécurité

Pour une installation dans la salle de bains, respectez scrupuleusement la norme NF C 15-100. L'appareil doit être installé dans le volume 3, c'est-à-dire à plus de 0,60 m de la baignoire ou du bac de douche. Une installation dans le volume 2 est tolérée à condition que les canalisations soient en matériau conducteur

1 Vu son poids, le chauffe-eau doit être fixé sur un mur porteur. S'il est fixé sur un mur non porteur, il doit être soutenu par un trépied. Tracez une ligne de niveau pour délimiter la position du chauffe-eau tout en veillant à garder l'espace suffisant tout autour pour sa manipulation.

2 Le chauffe-eau possède des pattes d'accrochage permettant sa suspension sur tire-fond. Réalisez les trous à la perceuse à percussion, logez dans les trous des chevilles adaptées à la nature du mur et vissez les tire-fond en laissant l'espace nécessaire à l'accrochage de l'appareil.

3 Soulevez l'appareil et accrochez-le sur les tire-fond de soutien. Sauf pour les petits modèles (50 l), vous devrez vous faire aider pour une mise en place correcte et sans risque de l'appareil.

4 Vissez un raccord isolant sur l'arrivée d'eau froide puis sur le groupe de sécurité. Raccordez la vidange du groupe de sécurité aux eaux usées.

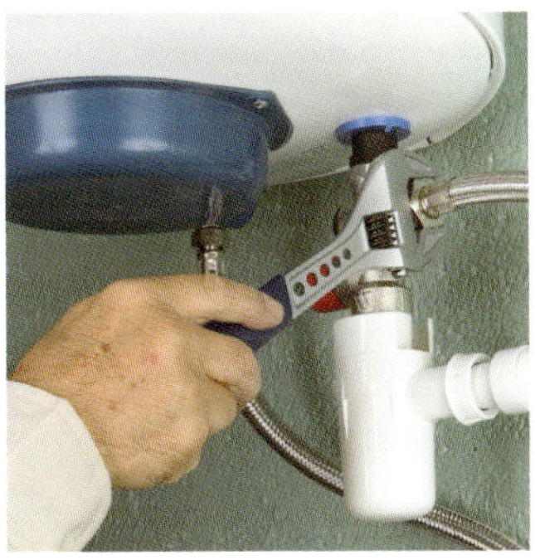

5 Reliez le groupe de sécurité à l'arrivée d'eau froide avec un flexible, lui-même raccordé à l'installation. N'oubliez pas le joint d'étanchéité entre le flexible et le groupe de sécurité, à réaliser avec filasse et pâte à joint.

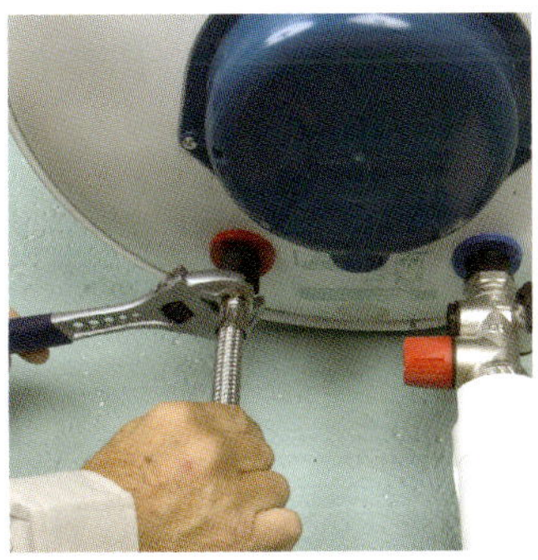

6 Installez un raccord isolant également sur la sortie d'eau chaude, puis vissez le flexible Inox de raccordement à l'installation. Remplissez la cuve en ouvrant les robinets d'eau chaude du réseau (pour faire appel d'air). Ouvrez la vanne d'entrée d'eau froide sur le groupe de sécurité et attendez que l'eau coule aux robinets d'eau chaude du réseau.

7 Amenez une ligne électrique constituée d'un câble à conducteurs cuivre rigides de 2,5 mm^2, fixée par pontets clouables ou sous tube. Procédez aux raccordements du chauffe-eau, en suivant les indications fournies par son fabricant, puis remplissez l'appareil. Raccordez le circuit au tableau en veillant à la qualité de la terre, et en assurant son alimentation et sa protection par un disjoncteur différentiel 30 mA, couplé éventuellement avec une horloge jour/nuit (contacteur).

Outils Matériaux

- **niveau, crayon**
- **perceuse à percussion**
- **foret à béton de 12 mm**
- **clé à molette**
- **tournevis cruciforme**
- **pince à dénuder**
- **marteau d'électricien**
- chevilles de 12 mm
- tire-fond de 12 x 80 mm
- filasse et pâte à joint
- câble multiconducteur 3 x 2,5 mm^2 cuivre rigide

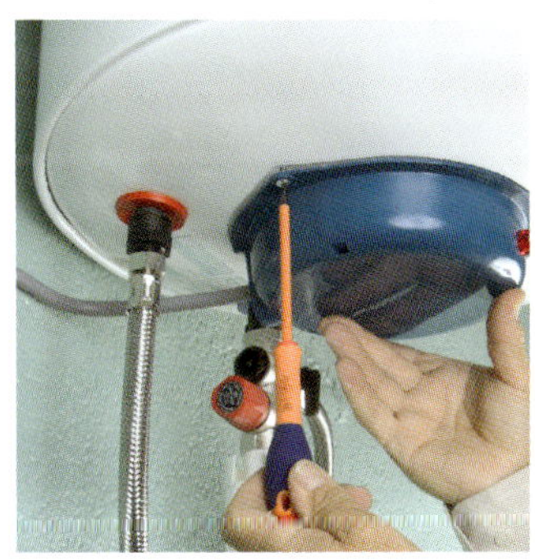

8 Fermez le capot avec ses vis de fixation. Enclenchez l'alimentation électrique. Manœuvrez la molette du groupe de sécurité chaque mois pour éviter qu'il ne s'entarte. Contrôlez l'état de l'anode magnésium et détartrez si besoin.

Chauffe-eau électrique à accumulation (cumulus)

Ces chauffe-eau se posent à la verticale ou à l'horizontale, au mur ou au sol. Ils utilisent une résistance soit thermoplongée (directement en contact avec l'eau) soit stéatite (protégée de l'eau), elle limite l'entartrage et se remplace sans vidange.

PLOMBERIE URGENCES

Une fuite d'eau peut rapidement dégénérer et créer des dommages importants aux revêtements, à la décoration, au mobilier, mais aussi à la structure même de la maison. Il faut agir vite pour traiter le moindre suintement. Pour éviter d'être pris au dépourvu en cas d'urgence, localisez la vanne d'arrêt général et conservez à portée de main les outils et produits nécessaires à une réparation.

En cas d'inondation

Dès que vous constatez un début d'inondation, quelle qu'en soit la cause, commencez toujours par couper l'électricité au disjoncteur principal. Une fois l'eau épongée et l'origine de l'inondation réparée, examinez avec soin toutes les prises, commutateurs, suspensions et autres appareils électriques que l'eau peut avoir touchés pour être sûr qu'ils ne sont pas mouillés. Si vous décelez la moindre trace d'humidité dans un appareil, ne remettez pas la tension avant qu'il soit bien sec.

Dans une telle situation, une connaissance parfaite du réseau de plomberie est décisive : sachez où se trouvent les robinets d'arrêt et d'abord la vanne d'arrêt principal, située en principe après le compteur. Deux à trois fois par an, manœuvrez ces robinets et lubrifiez légèrement leur axe pour empêcher qu'ils ne se bloquent. Ne les laissez jamais ouverts en grand, mais refermez-les d'un quart de tour pour être certain de pouvoir les manœuvrer en cas d'urgence.

Réparation d'urgence

La méthode la plus rapide pour colmater une fuite résultant d'un éclatement localisé consiste à l'enfermer à l'intérieur d'un manchon de réparation. Mais cette solution ne peut être que temporaire.

Ce ruban adhésif caoutchouteux autovulcanisant permet de colmater une fuite et de restaurer l'étanchéité d'une canalisation ou d'un joint. Il s'applique en s'étirant autour de la pièce à réparer, en recouvrant à chaque tour au moins une demi-largeur de ruban. Il s'amalgame en quelques minutes pour former un manchon compact en caoutchouc.

Outils Matériaux

- **coupe-tube**
- **mètre ruban**
- **crayon-feutre**
- **lime queue-de-rat**
- **brosse ébarbeuse ou laine d'acier**

- tronçon de tuyau neuf
- 2 raccords instantanés
- câble de terre de 6 mm² de section et 2 colliers métalliques

Sécurité

L'emploi de raccords instantanés en plastique rompt la continuité de la mise à la terre du réseau de tuyauteries (liaison équipotentielle). Il faut la reconstituer en pontant les raccords au moyen du conducteur de terre (vert-jaune) de 6 mm² de section.

Réparation définitive

N'importe quel type de raccord convient pour remplacer une section de tuyau endommagée, les raccords instantanés en plastique étant les plus faciles d'emploi.

1 Fermez le robinet d'arrêt et purgez la tuyauterie. Coupez le tube de part et d'autre de la partie endommagée et déposez celle-ci. Il est parfois nécessaire de défaire les colliers les plus proches retenant le tuyau, de manière à pouvoir faire tourner le coupe-tube.

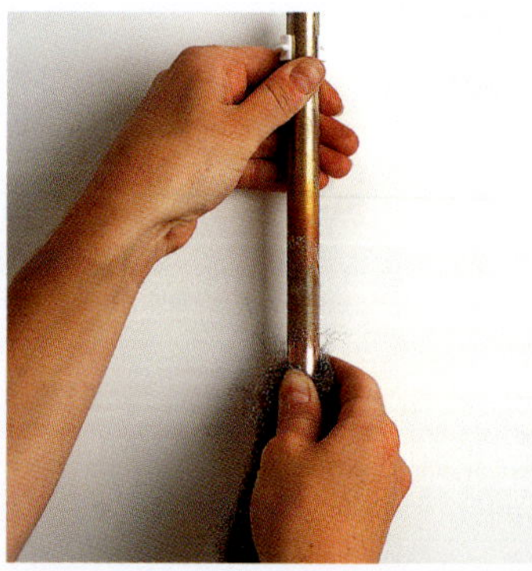

2 Éliminez les bavures à l'intérieur des extrémités coupées, au moyen d'une queue-de-rat. Brunissez l'extérieur à la laine d'acier ou avec une brosse ébarbeuse. Relevez avec précision la longueur de tuyau à remplacer et ôtez la marge correspondant à la course de serrage des joints universels (marquée sur leur bague). Coupez un bout de tuyau neuf et ébarbez les lèvres des coupes.

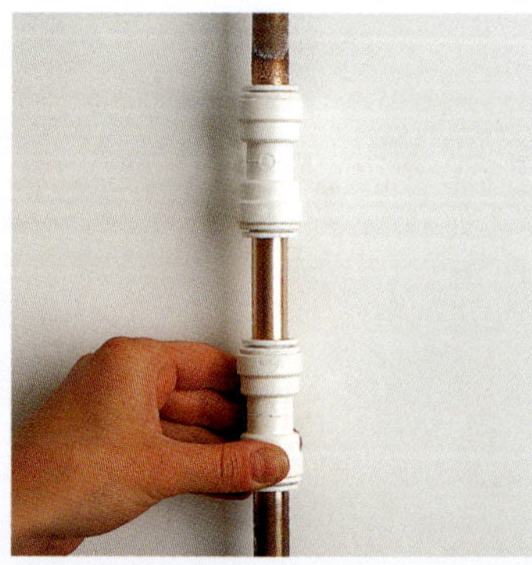

3 Insérez chacune des extrémités du tronçon neuf dans un joint universel. Raccordez l'ensemble sur l'une des extrémités du tuyau recoupé, en poussant la bague du joint bien à fond. Dégagez le plus possible l'autre partie du tuyau pour pouvoir placer l'autre raccord. Reconstituez la continuité de terre en pontant les joints (voir SÉCURITÉ).

Réparer un joint qui fuit

Si la reconstitution d'un raccord soudé nécessite de savoir faire une soudure et de posséder le matériel nécessaire, il est plus facile de recourir à un produit de soudure à froid. La soudure à froid à deux composants se lime et se ponce une fois dure. Il s'agit d'un mastic bicomposant ayant la consistance d'une pâte à modeler, qui durcit après qu'on l'ait malaxé et devient aussi résistant que du métal.

Outils Matériaux

- **brosse métallique**
- **gants de ménage**

- mastic époxy bicomposant

1 Fermez l'arrivée d'eau de la tuyauterie en cause. Vidangez le tuyau, puis décapez la partie à réparer avec une brosse métallique.

2 Enfilez des gants de ménage pour vous protéger les mains avant de couper une portion de mastic suffisante pour recouvrir largement la zone qui fuit.

3 Malaxez le mastic entre les doigts jusqu'à obtenir un produit uniformément coloré. Dès lors, vous devrez travailler rapidement, car le mastic durcit en 5 min.

4 Pressez le mastic autour du tuyau, en le forçant dans l'interstice entre le tuyau et le joint. Lissez et laissez durcir complètement pendant 24 h.

Coups de bélier

Il arrive qu'après la vidange d'une tuyauterie, de l'air se soit accumulé dans un coude ou dans une partie haute, ce qui provoque des vibrations et coups de bélier, pouvant aller jusqu'à l'interruption du débit d'eau, voire à la rupture d'un joint. Pour éliminer le problème, reliez le robinet affecté à un robinet d'eau froide au moyen d'un tuyau d'arrosage. Ouvrez les deux robinets pendant quelques minutes. L'air est éjecté par la pression de l'eau. L'élimination complète du problème peut nécessiter de répéter plusieurs fois l'opération. Le problème peut aussi venir d'un blocage des canalisations dans les colliers de fixation. Dans ce cas, remplacez-les par des colliers isophoniques.

Utilisations du mastic de réparation

Le mastic de réparation, ou soudure à froid, peut être utilisé avec succès sur de nombreux matériaux.

Entre cuivre et laiton

Entre cuivre et cuivre

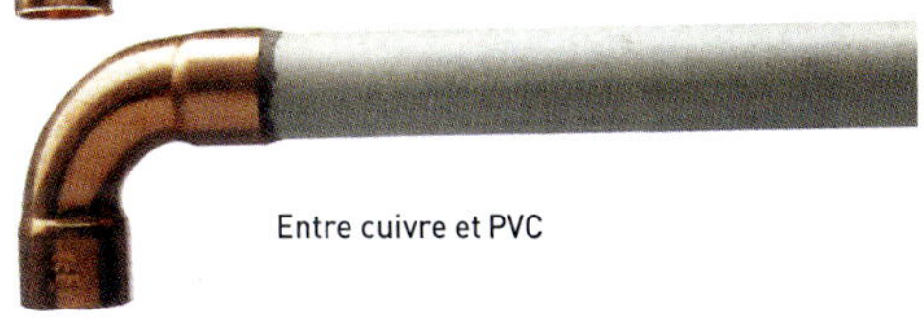

Entre cuivre et PVC

Tuyauterie gelée

Toutes les tuyauteries situées à l'extérieur ou traversant un local non chauffé doivent être enveloppées d'une gaine isolante qui les préserve du gel. Malgré tout, cet isolant ne fait que repousser la limite de givrage et si la température descend très au-dessous de zéro pendant une longue période, l'eau peut arriver à geler dans le tuyau, interrompant le débit. Au pire, ce gel peut faire éclater un tuyau ou déboîter un joint. Si votre habitation reste vide pendant plusieurs semaines en période de risque de gelées intenses, prenez vos précautions pour éviter une catastrophe. Placez le thermostat de vos appareils de chauffage sur la position "hors gel", de manière que toutes les tuyauteries passant dans les pièces chauffées restent préservées du givrage. Si vous préférez laisser l'habitation non chauffée, fermez le robinet d'arrêt principal, vidangez complètement les tuyauteries et laissez les robinets de purge ouverts.

Pour dégeler une tuyauterie, réchauffez-la au moyen d'un sèche-cheveux, en partant du robinet et en progressant régulièrement vers l'amont jusqu'à ce que l'eau recommence à couler. Vous pouvez aussi enrouler autour du tuyau gelé des serviettes trempées dans l'eau bouillante (portez des gants de ménage). Mais en aucun cas n'employez une lampe à souder ou une flamme nue.

Entre cuivre et plomb

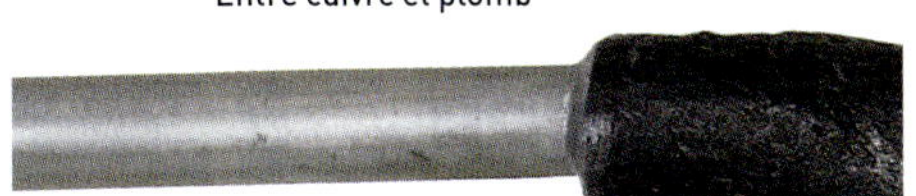

Entre PVC et plomb

Sécurité

Si vous êtes amenés à faire des réparations sur des tuyaux en plomb et si vous êtes propriétaires, sachez que le plomb est interdit depuis 1995. Vous serez contraint de remplacer votre installation d'ici à 2013.

PLOMBERIE TUBES ET RACCORDS

Dans une installation idéale, les tuyauteries alimentant les équipements devraient cheminer sans aucun raccord intermédiaire afin de réduire les risques de fuites. Dans la réalité, cela s'avère impossible, car on ne peut alimenter tous les appareils avec un tuyau unique, même si on trouvait un tube assez long pour cela. En pratique, il faut assembler des sections de longueurs et de formes très diverses, au moyen de raccords adaptés.

Matière et dimensions des tubes

Jadis, la plupart des arrivées d'eau et des évacuations étaient réalisées en tubes d'acier et de plomb. De nos jours, l'alimentation en eau est le plus souvent assurée par des tubes en cuivre, mais le plastique est de plus en plus utilisé.

Pour les évacuations, le plastique (PVC) s'est généralisé.
Les diamètres des tubes d'alimentation en cuivre s'échelonnent de 10 mm (pour les W.-C.) à 16 mm (pour les baignoires), en passant par 12 mm (lavabos et bidets) et 14 mm (douches et éviers).

Il y a une diversité de plus en plus large de matériaux de synthèse, chacun étant mieux adapté à un type d'usage précis. Ainsi, le polyéthylène (noir) convient-il pour les arrivées d'eau froide depuis le compteur jusqu'au robinet d'arrêt à l'entrée dans le logement. Le PVC gris est devenu le matériau de base des canalisations d'évacuation. Le PVC-C (crème) se pose pour les circuits d'alimentation en eau froide sous pression jusqu'à 20 bars et d'eau chaude (jusqu'à 100 °C) sous 6 bars.

Flexibles et pipes de distribution

Constitués d'un tube souple généralement en caoutchouc protégé par une tresse métallique en acier inoxydable, les flexibles d'alimentation apportent une grande facilité de pose. Ces canalisations souples sont serties sur des raccords mécaniques de différentes natures (mâles, femelles, bicônes, etc.).

Ils résistent jusqu'à des pressions de 20 bars, pour des températures jusqu'à 100 °C. On les trouve dans des longueurs de 0,30 m à 1 m. Lors de leur montage, évitez les courbes trop serrées et la torsion de la tresse pouvant provoquer l'écrasement du flexible.

Leur raccordement au réseau cuivre, PER ou PVC-C et la distribution peuvent être assurés par une pipe de distribution à 3, 4, 5 ou 6 départs.

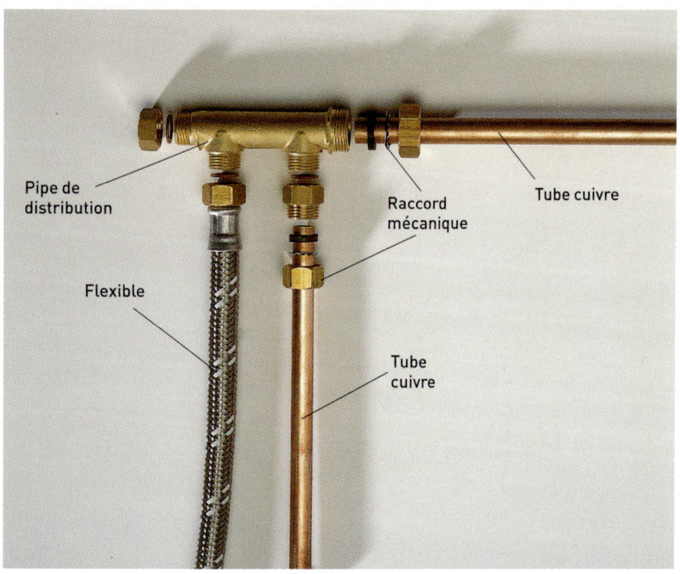

Cuivre

Les tubes de cuivre sont disponibles sous forme de barres rigides (de 1 à 3 m) pour les installations apparentes, ou en couronnes (de 10 m en général), en qualité recuite adaptée aux installations encastrées.

Plastique

Comme dans bien d'autres domaines, les matières plastiques ont révolutionné la plomberie. De nombreux types de matières plastiques sont aujourd'hui utilisés, tant pour l'alimentation en pression (PVC-C, polyéthylène basse densité, polyéthylène réticulé, etc.), que pour les évacuations (PVC).

- Le PVC surchloré, appelé "PVC-C" ou "PVC Pression" permet de réaliser une installation complète (eau froide, eau chaude et même chauffage central) avec des raccords uniquement collés, au moyen d'une colle spécifique. Les diamètres à utiliser sont de 14 mm (W.-C., lavabo, évier), 16 mm (douche) et 20 mm (baignoire, chauffe-eau). Ce matériau offre en outre l'avantage d'être insensible au tartre ;
- Le polyéthylène basse densité, ou "bande bleue" est très utilisé entre le compteur et l'installation, ou encore pour l'arrosage enterré dans le jardin ;
- Le polyéthylène réticulé (PER) est aujourd'hui le moyen le plus employé pour réaliser les installations sanitaires et le chauffage central derrière les doublages en plaque de plâtre ou directement noyé dans les chapes (PER gainé). Il sert aussi pour les installations de chauffage basse température par le sol.

Raccord cuivre sur tube en polyéthylène.

Couronne de tube en PER sous gaine.

Les raccords

Pour relier des sections successives de tuyauterie, ou raccorder une tuyauterie sur un appareil, on utilise des raccords adaptés à la nature des tuyaux et au type de liaison à assurer. Certains raccords permettent de relier des tubes de nature différente.

Raccords instantanés

Développés pour pouvoir effectuer le raccordement des tuyauteries sans utiliser de flamme (là où il y a de forts risques d'incendie), les raccords instantanés ont rapidement connu la faveur des amateurs, attirés par la simplicité (apparente) de leur mise en œuvre, mais aussi des professionnels, à cause du gain de temps qu'ils permettent.

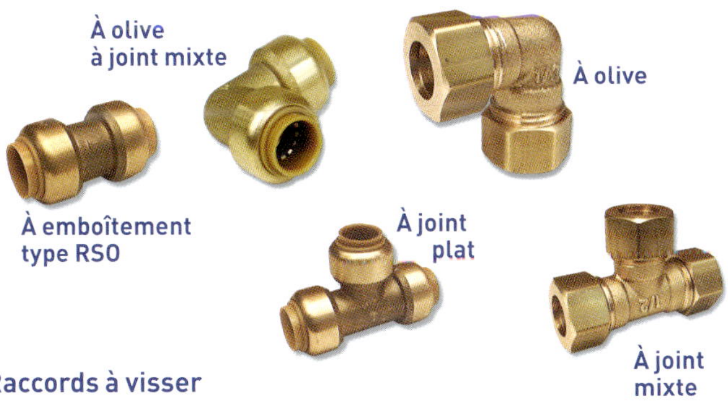

Raccords à visser

Les dispositifs à visser comprennent soit un manchon fileté et un emboîtement pour souder un tube de cuivre, soit deux manchons filetés.

Raccords à souder

La soudure (en fait la brasure) des raccords sur les tubes de cuivre reste la technique "professionnelle" d'assemblage. Cette dernière garantit une liaison durablement étanche, à condition que la brasure soit parfaitement effectuée, ce qui effraie souvent les amateurs. L'un des principaux points conditionnant la qualité de la brasure réside dans l'emploi d'un matériau de brasage, avec une quantité exactement proportionnée à la liaison à réaliser. Cette contrainte peut être évitée avec les raccords autobrasants, déjà garnis de la bonne quantité de brasure, placée au bon endroit, et qu'il suffit de chauffer.

Raccords à emboîtement

Assembler des tubes PVC-C

Les tubes en PVC-C existent dans tous les diamètres permettant de réaliser une installation complète, grâce notamment à des raccords comparables à ceux que l'on utilise en plomberie "cuivre". Les liaisons se font par collage, qui entraîne en fait une véritable soudure par fusion.

Outils Matériaux

- **scie à métaux ou scie à dos**
- **boîte à coupe**
- **crayon**
- **outil à ébavurer ou lime plate et queue-de-rat**

- colle PVC

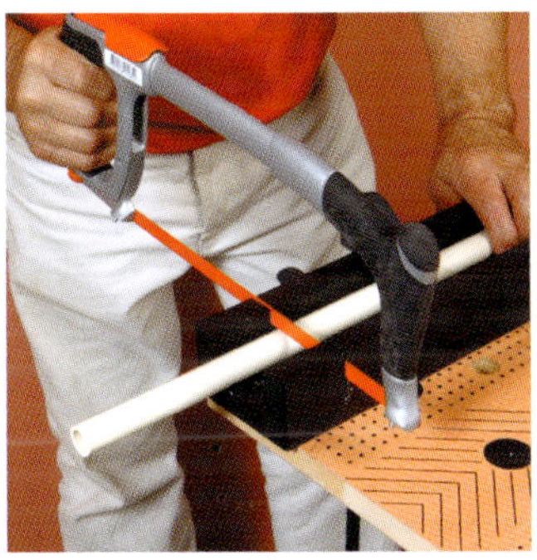

1 Déterminez les coupes à réaliser et sciez les tubes avec une scie à denture fine : scie à dos ou scie à métaux. Utilisez une boîte à coupe pour obtenir des sectionnements parfaitement perpendiculaires à l'axe du tube. Vous pouvez aussi utiliser un coupe-tube de plombier.

2 Le sciage doit être suivi d'un ébavurage externe et interne du tube. Il existe pour cela un petit outil spécifique, mais vous pouvez aussi le faire avec une lime plate et une lime queue-de-rat pour l'intérieur du tube.

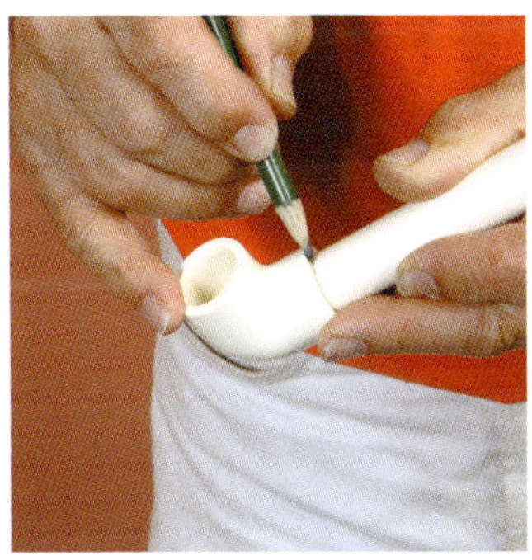

3 Procédez aux assemblages "à blanc" et tracez sur le tube, au crayon, le niveau de l'emmanchement pour apprécier la partie qui devra être encollée.

4 Appliquez une mince couche de colle sur la partie du tube à emboîter dans le raccord. Essuyez les bavures de colle et procédez au raccordement.

PLOMBERIE TUBES ET RACCORDS

Les travaux de plomberie en cuivre sont aujourd'hui à la portée des amateurs habiles et bien outillés grâce à l'utilisation d'accessoires nouveaux, de raccords rapides, dispensant d'employer un outillage spécifique dont la mise en œuvre nécessiterait un savoir-faire de professionnel.

Couper des tubes en cuivre

Vous pouvez couper le tube de cuivre à la scie à métaux, en guidant la lame le long d'une bande d'adhésif enroulée au niveau de la coupe. Mais vous obtiendrez toujours un résultat bien plus net avec un coupe-tube.

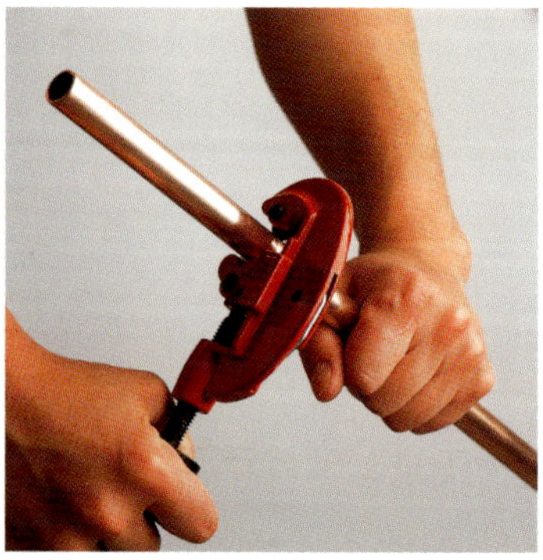

1 Tracez l'emplacement de la coupe au crayon. Placez le coupe-tube de manière que l'arête de la molette tombe exactement sur le tracé. Serrez la vis du mors mobile et faites tourner l'outil autour du tube. Resserrez et tournez à nouveau, et ainsi de suite jusqu'à ce que le tube se sépare en deux.

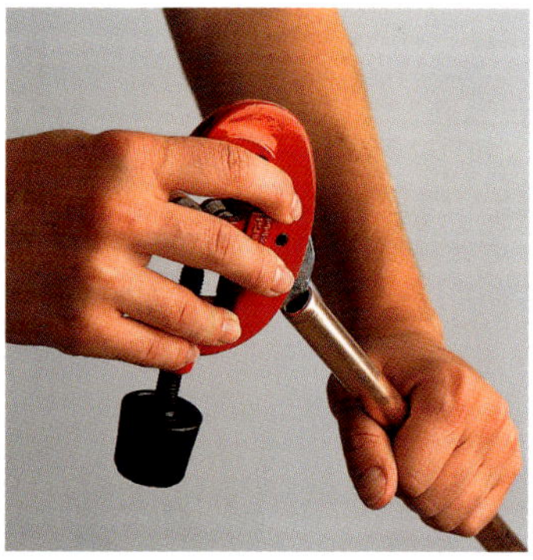

2 Utilisez la lame triangulaire de l'outil pour ébarber l'intérieur de la coupe. Veillez à éliminer tous les copeaux de l'intérieur du tube.

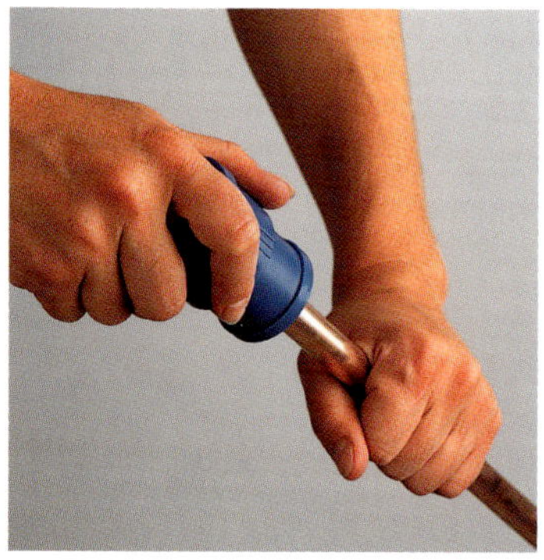

3 Décapez l'extérieur de l'extrémité du tube, pour obtenir une surface assurant l'étanchéité du raccord. Utilisez un tampon de laine d'acier, ou une brosse à ébarber (ci-dessus) ; cette dernière élimine le risque d'introduction de débris de laine d'acier dans le tube.

Outils Matériaux
- **crayon**
- **mètre**
- **coupe-tube**
- **laine d'acier ou brosse à ébarber**

L'outil malin

Coupe-tube

Dans ce petit étau à main, le mors fixe porte une molette de coupe. Après y avoir enserré le tube, on fait tourner l'outil, en le resserrant à chaque tour, jusqu'à ce que le tube se brise.

Cintrer des tubes en cuivre

Jusqu'à un diamètre de 14 mm, le tube de cuivre se cintre assez aisément au ressort, qui l'empêche de s'écraser et régularise le rayon de courbure. Néanmoins, la cintreuse donne toujours une courbure plus régulière et nécessite une force de cintrage plus faible.

Avec une cintreuse

La cintreuse permet de couder des tubes de fort diamètre sans effort. Équipez-la du segment adapté au diamètre du tube et au rayon de cintrage. Glissez le tube jusqu'au repère de départ du cintrage, entre le segment et le rouleau, puis ramenez doucement le manche de la cintreuse vers vous.

Avec un ressort à cintrer

1 Enduisez généreusement le ressort de vaseline avant de l'insérer dans le tube. Si le coude se situe assez loin de l'entrée du tube, fixez une corde au ressort pour faciliter son retrait après le cintrage.

2 Posez le tube sur votre genou, en interposant un chiffon replié en tampon, et tirez vers vous les deux côtés du tube d'un même mouvement régulier et lent. Pour extraire le ressort, faites-le tourner sur lui-même.

Conseil castorama

Raccords flexibles

Composés d'un tuyau en élastomère, gainé sous une tresse en acier inoxydable, ces flexibles simplifient énormément la pose des appareils sanitaires.

Outils Matériaux
- **cintreuse ou ressort à cintrer**
- **chiffon**
- vaseline

Tubes d'évacuation

Le diamètre des tuyauteries d'évacuation des eaux usées est nettement supérieur à celui des réseaux d'eau froide et chaude. Traditionnellement, leur diamètre est de 32 mm pour un lavabo et un bidet, de 40 mm pour l'évacuation des baignoires, douches et éviers, de 50 à 80 mm pour la chute des eaux usées et de 90 à 100 mm pour les eaux-vannes (évacuation des W.-C.). De plus, la pente de ces canalisations ne doit pas être inférieure à 2 cm/m.

Pendant longtemps, ces canalisations furent réalisées en fonte (qui conserve des adeptes, à cause de son amortissement des bruits), en amiante-ciment (désormais interdit) ou en grès. Ces dernières ne sont plus employées que pour les canalisations visibles de constructions de standing. Le PVC est aujourd'hui généralisé pour les tubes d'évacuation comme pour les siphons.

Tube flexible

Coude PVC à coller

Mise en œuvre des tuyauteries en PVC

Les tubes PVC se coupent simplement à la scie à métaux. Il faut penser à ébavurer la lèvre de la coupe au moyen d'une lime demi-ronde ou avec du papier de verre. Les sections de tubes s'assemblent au moyen de manchons et de coudes. Le plus simple consiste à utiliser des raccords souples qui prennent instantanément l'angle désiré. Une alternative consiste à utiliser des raccords à compression pour relier les éléments qui doivent pouvoir rester démontables, notamment pour éliminer un bouchon dans une tuyauterie. Les tubes en PVC sont retenus en place au moyen de colliers en polypropylène en lyre ou en deux parties, dans lesquels la canalisation est simplement clipsée.

Vidages : bondes et siphons

Un dispositif fixé sur l'appareil sanitaire (lavabo, évier, etc.) permet l'évacuation de l'eau par l'intermédiaire d'une bonde et d'un siphon vers les canalisations d'évacuation des eaux usées et vers les égouts.

La bonde est un dispositif fixé sur l'appareil sanitaire permettant l'évacuation de l'eau de la cuve vers le siphon. Placé sous la bonde, le siphon assure le raccordement à la canalisation et empêche la remontée des mauvaises odeurs en provenance des égouts, sans gêner l'évacuation de l'eau grâce à une "garde d'eau", réserve d'eau usée contenue dans un coude et qui forme un "bouchon liquide" entre la bonde de l'appareil et la canalisation d'évacuation. Une garde d'eau de 50 mm minimum permet d'éviter le désamorçage quand la canalisation d'évacuation se trouve momentanément placée en dépression, sous l'effet de la chute d'un volume important vidangé d'un autre appareil.

Le siphon le plus courant est le siphon "bouteille" qui comporte une partie démontable (le culot) qui permet l'extraction d'éventuels bouchons sans avoir à démonter toute l'installation.

Certains siphons sont équipés d'une prise machine à laver qui permet de raccorder le tuyau de vidange de cet appareil directement sur le siphon du lavabo ou de l'évier. Cependant, il est plus efficace d'utiliser un siphon de machine à laver spécifique : la "canne siphon".

Bien que l'on puisse encore trouver des siphons en laiton ou en fonte sous des équipements anciens, les accessoires sont presque toujours réalisés en PP (plastique) ; toutefois, lorsque le siphon reste apparent, un modèle en laiton chromé est plus esthétique.

Les appareils sanitaires que l'on peut obturer (baignoire, lavabo, évier) sont équipés d'un trop-plein afin d'éviter tout risque de débordement.

Dans le cas d'un évier à deux bacs, les deux bondes sont reliées entre elles par une tubulure, elle-même reliée au siphon.

Dans le cas des receveurs de douche ou pour l'évacuation des eaux d'une terrasse, le siphon est intégré dans la bonde.

Siphons de douche et de baignoire

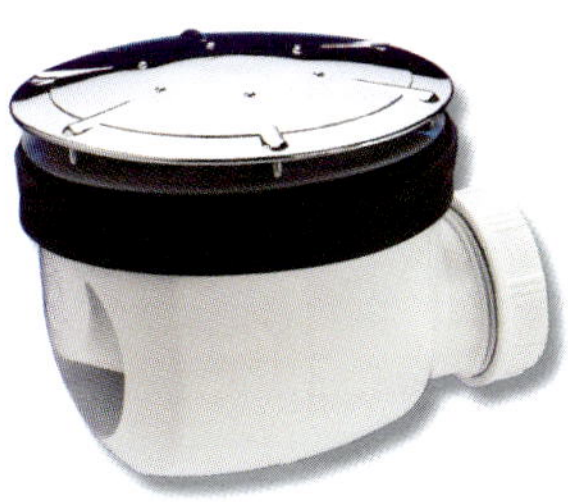

Bonde "grand débit" pour receveur de douche

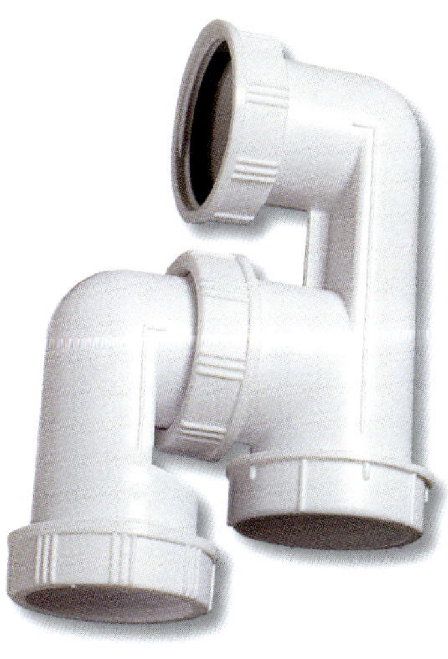

Siphon de baignoire avec prise de trop-plein

Siphons d'éviers et de lavabos

Siphon métallique en applique

Siphon de lavabo à culot démontable

Les lave-linge et lave-vaisselle nécessitent à la fois une alimentation électrique, une alimentation en eau et une évacuation de vidage. Cette dernière s'effectuera d'autant plus aisément que la machine sera à proximité d'une canalisation existante. L'emploi d'un robinet autoperceur simplifie la réalisation de la prise d'eau.

Alimentation en eau

Toute machine à laver a besoin pour fonctionner d'une alimentation en eau froide, d'une évacuation de vidage et d'une alimentation électrique. Quand l'eau est dure (plus de 25 °Th), il est fortement recommandé de l'adoucir, afin que la résistance chauffant l'eau conserve le plus longtemps possible toute son efficacité ; faute de quoi la consommation électrique tend à augmenter au fur et à mesure que les éléments chauffants s'entartrent.

Raccordement

La machine à laver est souvent alimentée en eau à partir d'un robinet autoperceur placé sur la canalisation d'alimentation en eau froide. Veillez à ne pas "tirer" de l'eau au robinet pendant que la machine se remplit. Cela vaut également pour une machine placée dans la salle de bains, où vous devrez éviter de prendre une douche ou de remplir la baignoire pendant que la machine fonctionne.

Prise d'eau classique ▲

Un robinet d'arrêt peut être placé derrière la machine. Raccordez-le dans les règles à une canalisation d'eau froide par un tube compatible avec l'installation (cuivre ou PVC-C).

Évacuation de vidage

Le raccordement du flexible de vidage de la machine doit être réalisé avec soin. Un raccordement inadapté constitue la principale cause des "inondations" imputables aux machines à laver. En effet, lorsque la pompe de vidage se met en marche, le flexible d'évacuation subit une pulsion brutale, qui peut facilement arriver à le déconnecter de son raccordement à la canne de vidage ou au siphon sous évier. Pour éviter cet incident, le flexible de sortie de la machine ne doit jamais être tendu et fermement retenu par un collier fixé au mur près de son raccordement à la canalisation rigide. De même, la méthode qui consiste à poser l'extrémité recourbée du flexible de vidage dans l'évier ou le lavabo ne peut qu'être très provisoire, dans l'attente de la réalisation d'un raccordement correct.

Raccords des tubes

L'utilisation répétée et fréquente des machines à laver, souvent lorsqu'on n'est plus dans la pièce, doit conduire à soigner tout particulièrement leur installation. Pensez à toujours placer un robinet d'arrêt facilement accessible, à proximité du raccordement de l'alimentation en eau sur la canalisation d'arrivée d'eau. N'oubliez pas de manœuvrer ce robinet de temps à autre pour qu'il ne se grippe pas.

Pour la canalisation de vidage, il est sage de placer au point le plus bas de la canne de vidage, un siphon facilement démontable pour récupérer facilement les petits objets échappant au filtre de sortie et surtout pour prévenir la remontée des mauvaises odeurs.

Raccordement d'une machine à laver ▶

L'agencement des raccordements d'une machine à laver dépend de l'implantation de l'équipement par rapport aux canalisations existantes. Il faut toutefois veiller à placer le raccordement électrique à l'opposé et le plus loin possible des tuyauteries d'eau.

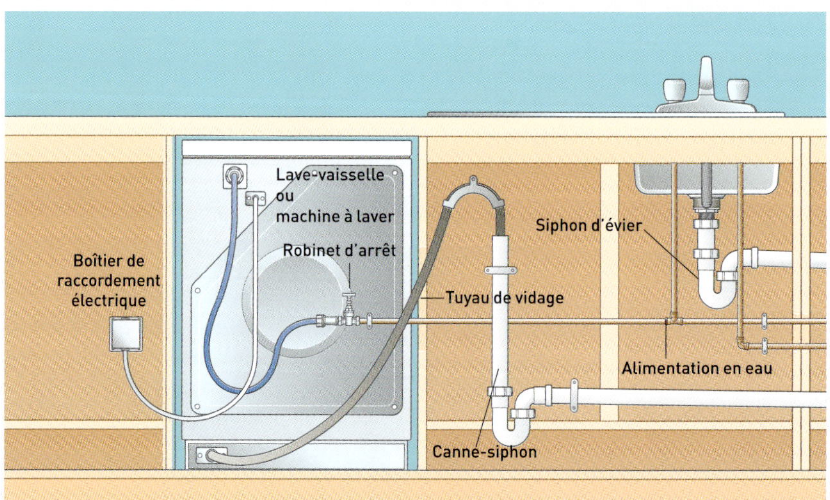

Alimentation électrique

Les machines à laver font voisiner l'eau et l'électricité. Leur alimentation électrique doit respecter strictement les normes de sécurité. Proscrivez en particulier, toute alimentation par une rallonge traînant au sol pour atteindre une prise de la cuisine. Implantez plutôt une prise spécifique, alimentée par un circuit dédié réalisé avec des conducteurs et un fil de terre de 2,5 mm^2, protégé par un coupe-circuit de 20 A et un disjoncteur différentiel de 30 mA, type A incorporé au tableau d'abonné.

Sécurité

Si vous placez la machine à laver dans la salle de bains, souvenez-vous qu'elle doit obligatoirement être située dans le volume 3, et que son alimentation électrique doit s'effectuer par l'intermédiaire d'un circuit avec prise de terre, protégé par un disjoncteur différentiel 30 mA.

Outils Matériaux

- **laine d'acier**
- **tournevis**
- **clé plate ou à molette**

- robinet autoperceur
- raccords à compression

Robinets et raccords autoperceurs

Raccorder la machine à laver avec un robinet autoperceur est un raccordement simple à mettre en œuvre. Celui-ci fera par ailleurs fonction de robinet d'arrêt. En principe, il est possible de réaliser ce "piquage" sans même couper l'eau ; dans la pratique, il vaut mieux fermer la vanne d'arrêt générale ou le robinet d'arrêt commandant l'alimentation de la canalisation concernée. Il existe également des brides autoperceuses pour raccorder le tube de vidage sur une canalisation d'évacuation en PVC.

Robinet autoperceur

1 L'étanchéité du raccordement impose une propreté parfaite des surfaces des tubes en contact à l'intérieur du raccord. Décapez ces surfaces avec un tampon de laine d'acier en débordant largement jusqu'à ce qu'elles brillent uniformément.

2 Calez correctement les joints en élastomère dans leurs gorges avant de mettre la bride en place. Glissez le demi-collier derrière le tube et emboîtez par-dessus l'embase portant l'ouverture filetée, en alignant les trous d'assemblage et en veillant à l'équerrage de la bride par rapport au tube.

3 Insérez les vis d'assemblage dans les trous aux extrémités de la bride et serrez-les à fond, tout en maintenant fermement la bride pour qu'elle reste bien d'équerre sur le tube.

4 Après vous être assuré que le robinet est bien fermé, insérez-le dans l'orifice fileté. Serrez à la main, jusqu'à ce que l'effort diminue brusquement, signalant le percement complet du tube. Poursuivez la rotation pour placer le robinet dans la position la plus pratique pour le manœuvrer aisément.

5 Bloquez le robinet en place en serrant à fond sa bague de pied, au moyen d'une clé plate ou à molette, en veillant à ne pas le faire tourner.

6 Raccordez le flexible de la machine sur la sortie du robinet, en veillant à ce que la rondelle d'étanchéité soit bien en place.

Conseil castorama

Mini-robinets d'arrêt

Le robinet d'arrêt permet d'isoler l'alimentation de la machine en cas de fuite ou quand il faut la déplacer. Parmi la grande diversité de robinets d'arrêt, on trouve des appareils de petite taille, pratiques pour une installation dans une zone encombrée, comme le dessous d'un évier de cuisine ou d'une vasque posée sur un meuble.

Les eaux usées produites dans une maison sont collectées par un réseau de canalisations qui les dirige soit vers l'égout public, soit vers un système d'assainissement individuel autonome. En principe, les eaux-vannes (issues des W.-C.) doivent être évacuées par une canalisation spécifique, avec mise à l'air libre en toiture.

Que fait-on des eaux usées...

Les eaux usées contiennent des polluants présentant des risques sanitaires notables :

- Les eaux-vannes (EV) issues des W.-C. sont chargées de matières fécales, riches en streptocoques et coliformes ;
- les eaux ménagères (EM) contiennent des graisses et divers débris végétaux ou de résidus animaux, ainsi que des émulsifiants et des détergents, notamment des phosphates et des nitrates.

Ces effluents doivent subir un traitement d'assainissement. Les effluents des habitations raccordées au tout-à-l'égout sont traités dans une station d'épuration. Ceux des maisons non raccordées doivent être traités individuellement, par un procédé anaérobie suivi d'un filtrage avant épandage (fosse septique).

...et des eaux de pluie ?

Les eaux de pluie (EP) collectées par les gouttières ne sont en principe pas chargées de polluants et peuvent donc être évacuées directement dans la nature. Dans beaucoup d'endroits, le tout-à-l'égout est constitué de deux réseaux dits "séparatifs", l'un pour les eaux-vannes et les eaux ménagères, l'autre pour les eaux de pluie qui sont ensuite restituées à l'environnement sans traitement particulier.

Les eaux de pluie ne doivent pas être dirigées vers une fosse septique ou une microstation, leur volume important, notamment en cas d'orage, risquant de faire déborder le système et d'annihiler la flore microbienne assurant la destruction des matières.

Règles à respecter

Depuis 1997, les eaux usées provenant d'habitations ou de groupes d'habitations non reliées à un réseau de tout-à-l'égout, ou seulement à un réseau de collecte des eaux pluviales, doivent être traitées avant rejet de l'effluent épuré à la nature. Ce traitement doit éliminer une part très importante des charges polluantes. Pendant longtemps, ce traitement a pu s'effectuer avec un dispositif de fosse septique, associé à un bac décolloïdeur (pour la rétention des matières encore en suspension) et suivi d'un filtrage ou d'un épurateur. L'effluent résiduaire est ensuite envoyé dans un lit filtrant ou dans un réseau d'épandage souterrain. Plus récemment, sont apparus des fosses compactes avec préfiltre intégré, des biofiltres et des microstations d'épuration.

Raccordement à l'égout

Le système d'évacuation des eaux usées des installations raccordées à l'égout comprend en général deux réseaux séparés de canalisations, qui se rejoignent avant le raccordement au collecteur :

- le premier, destiné aux eaux-vannes, collecte exclusivement les eaux usées provenant des W.-C. ;
- le second réunit l'ensemble des eaux ménagères, c'est-à-dire celles provenant de la cuisine (évier, machines à laver) et des salles d'eau (salle de bains, douche, cabinet de toilette), éventuellement de la laverie.

Les chutes et descentes d'eau doivent être obligatoirement prolongées dans les combles et sortir en toiture, avec des canalisations de même diamètre, pour assurer la ventilation (dite "primaire") des évacuations. L'évent sortant du toit doit posséder un chapeau de ventilation.

La ventilation des chutes évite le désamorçage des siphons par effet de piston mais il a surtout pour fonction d'évacuer les gaz (en particulier l'hydrogène sulfuré) qui règnent dans les égouts.

Le clapet antiretour évite que les eaux de l'égout se déversent dans la maison lors de débordements.

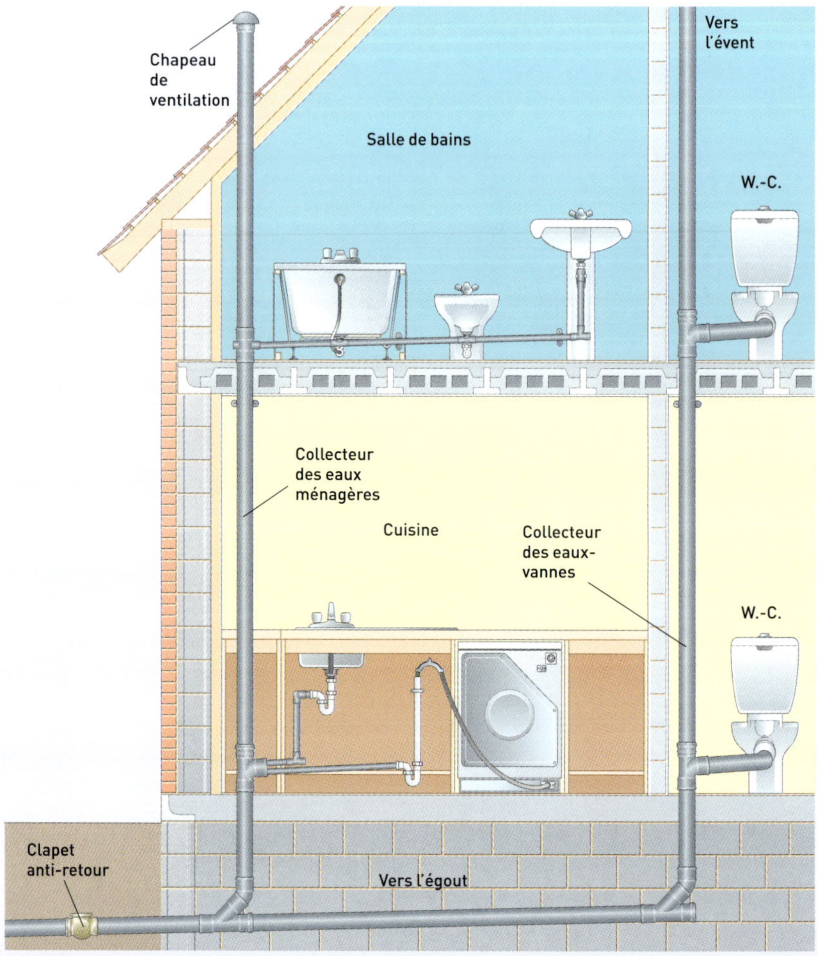

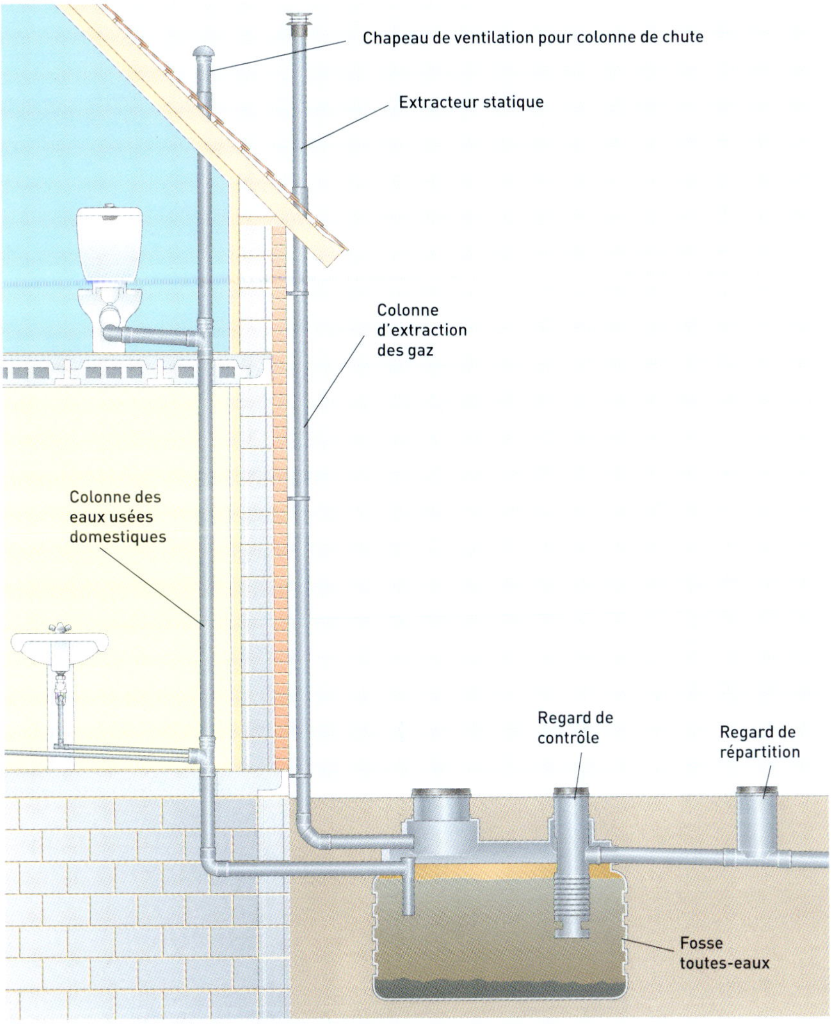

Raccordement à une fosse septique

La fermentation anaérobie qui se déroule dans une fosse septique produit des gaz relativement dangereux (hydrogène sulfuré), voire potentiellement inflammables (méthane).

Le DTU 64.1 précise que l'extraction des gaz doit être réalisée par une canalisation de 100 mm de diamètre minimum, distincte de la descente principale, "piquée" sur celle-ci, en sortie de fosse "toutes-eaux" ou sur le préfiltre, ou encore avant l'épandage.
La canalisation d'extraction, le plus souvent extérieure à la maison, doit, dans ce cas, être prolongée au-dessus de la toiture et comporter un "extracteur" qui permet de créer une dépression dans le conduit favorisant l'extraction des gaz (effet "venturi"). Un regard, placé obligatoirement après la fosse toutes eaux permet une répartition des eaux prétraitées dans les tuyaux d'épandage, évite la stagnation des effluents et sert à prélever un échantillon après prétraitement.

l'astuce éco de castorama

Eaux épurées
Le terme "eaux usées" caractérise une eau chargée de produits qui la rendent impropre, en l'état, à tout usage. Mais un traitement approprié peut permettre de les employer à des usages non alimentaires et non hygiéniques, par exemple pour arroser la pelouse, les arbres et fleurs, ou encore laver la voiture.

Les fosses toutes eaux avec préfiltre intégré

Pour choisir une fosse toutes eaux et l'équipement adéquat, vous devez tenir compte des éléments caractéristiques du sol et du site concerné. La taille de la fosse doit également prendre en compte le nombre d'habitants du logement. Sachez que depuis le 1er décembre 2005, la marque CE apparaît sur les nouvelles fosses mises en vente. À partir du 1er avril 2006, l'intégralité des fosses toutes eaux doivent comporter cette marque.

En cas de colmatage des matières dans les descentes des eaux usées domestiques vers la fosse, vérifiez l'alimentation en eau, le rejet anormal ou excessif de produits nocifs ou non biodégradables (eau de Javel, déboucheurs). Vérifiez régulièrement le regard de contrôle et si besoin nettoyez le préfiltre au jet d'eau sous pression.

Pour les boîtes de répartition, vérifiez régulièrement le bon écoulement des eaux prétraitées vers les tuyaux d'épandage. En cas de colmatage, nettoyez au jet d'eau sous pression la boîte, les tuyaux de répartition et d'arrivée d'effluents.

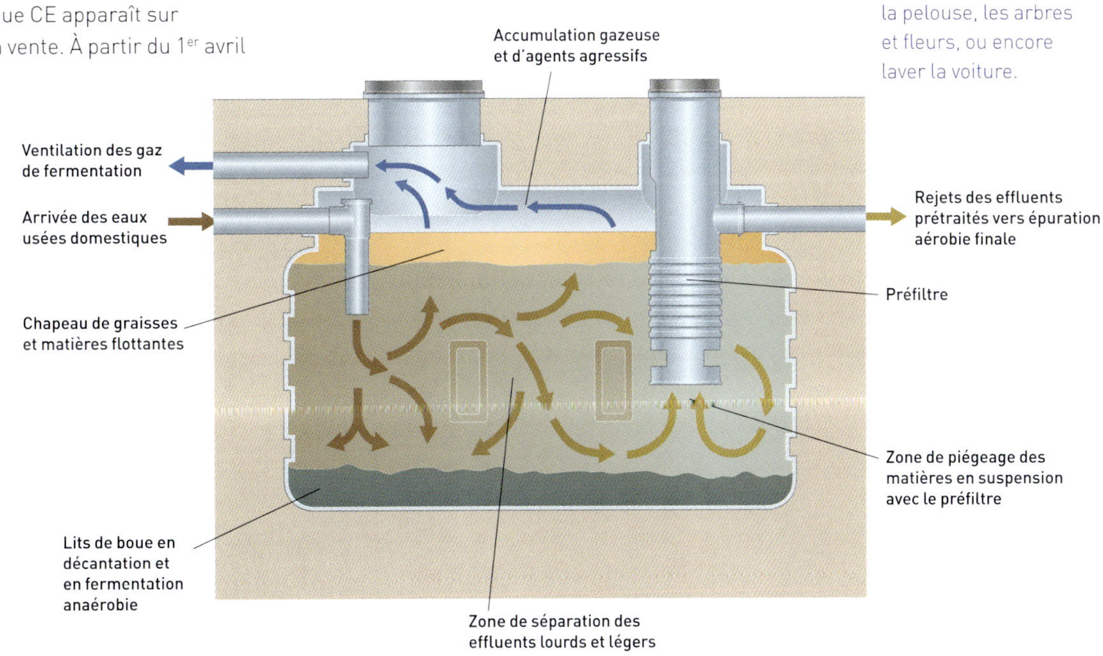

PLOMBERIE BOUCHONS ET FUITES

Quand un évier, une cuvette de W.-C. ou une baignoire mettent de plus en plus de temps à se vider, ou ne se vident même plus du tout, c'est qu'un bouchon obture l'évacuation. Attaquez le problème sans attendre. Il en va de même pour un robinet qui goutte pour éviter une érosion fatale de son mécanisme.

Déboucher un siphon

L'accumulation de graisse dans le siphon, ou de fibres dans la grille de la bonde, freine de plus en plus l'écoulement. Si l'eau ne s'écoule plus du tout, le colmatage complet provient d'un bouchon dans la tuyauterie de vidage. Diverses méthodes permettent de traiter ce genre de problème.

Outils Matériaux
- **ventouse**
- **chiffon**
- **lunettes de sécurité**
- **gants de protection**
- **seau**
- **furet de plombier**

- déboucheur chimique
- vaseline

1 Si l'évier ne se vide plus du tout, conservez un peu d'eau au fond et appliquez la ventouse sur la bonde. Bouchez l'orifice de trop-plein avec un chiffon mouillé pour préserver la dépression. Actionnez le manche d'un vigoureux mouvement alternatif vertical. Retirez l'outil et voyez si l'eau s'évacue. Il est souvent nécessaire de répéter l'opération une ou deux fois.

2 Si la ventouse échoue, essayez un déboucheur chimique. Portez des gants de ménage et des lunettes de protection. Respectez les instructions portées sur le flacon de ce produit très toxique. Protégez la bague métallique de la bonde en l'enduisant de vaseline.

3 Si le bouchon a résisté à toutes ces actions, il faut vous résoudre à démonter le siphon. Placez un seau en dessous pour recueillir l'eau sale. Dévissez le culot du siphon et laissez le contenu de l'évier s'écouler dans le seau. Remettez le culot en place, sans omettre ses éventuelles rondelles et serrez-le sans forcer, ce qui rendrait difficile un dévissage ultérieur. Si aucun bouchon ne descend avec l'eau, visitez la conduite d'évacuation avec un furet.

L'outil malin

Furet de plombier

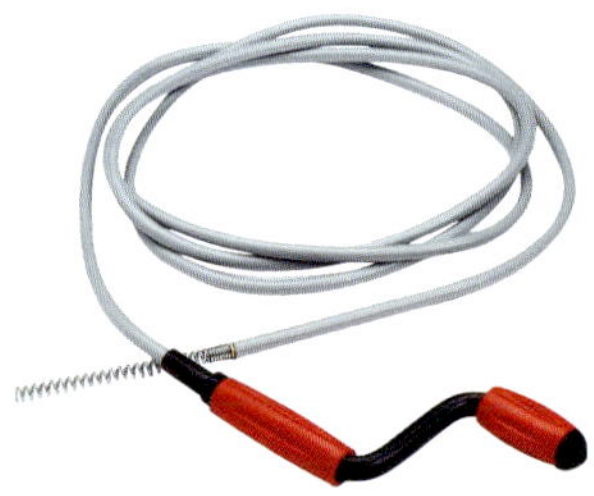

Le furet de plombier se compose d'une tête rotative à brins d'acier fixée à une extrémité d'un câble tournant dans une gaine flexible, entraîné par une manivelle à l'autre extrémité. Ce câble se love dans un carter à la fin du rembobinage, pour préserver l'hygiène.

Déboucher les toilettes

Une cuvette de W.-C. bouchée se remplit d'eau jusqu'à ras bord puis ne se vide que très lentement. Le colmatage se situe souvent dans le siphon, sinon il faut chercher la cause dans la tuyauterie d'évacuation.

1 Essayez de verser un seau d'eau chaude tenu en hauteur, un bouchon léger y résiste rarement.

2 Placez la ventouse d'un déboucheur sur l'orifice du fond de cuvette et actionnez son manche.

3 Si le bouchon résiste, utilisez un déboucheur pneumatique à cartouche (à gauche) ou un furet, dont la tête fore le bouchon quand vous tournez la manivelle. Portez des gants de ménage pour effectuer ce travail.

Outils Matériaux
- **gants de ménage**
- **seau**
- **furet de plombier**
- **déboucheur à ventouse ou à cartouche**

- déboucheur chimique

Réparer un robinet qui goutte

Plus vite vous arrêterez un robinet qui goutte, plus l'opération sera simple et moins elle provoquera de dégâts. Si vous n'avez pas de joints de rechange, examinez l'intérieur du robinet : il peut suffire de retourner le joint s'il n'est que légèrement écrasé. Prévoyez néanmoins de le remplacer au plus vite. Ici l'opération concerne un classique robinet de puisage à clapet. Les robinets mélangeurs comportent deux têtes à clapet dont le joint se change de la même façon. Certains mélangeurs sont équipés de têtes monoblocs à disque en céramique qui durent plus longtemps que celles à clapet. Les mitigeurs comportent des cartouches "céramiques" qui sont également monoblocs. En cas de fuite sur ces appareils, il faut changer l'ensemble tête ou cartouche.

Outils Matériaux

- **clé à molette ou plate**
- **pince multiprise**
- **tournevis**
- **clé serre-tube**
- **chiffon**

- rondelle de siège
- graisse silicone
- carton

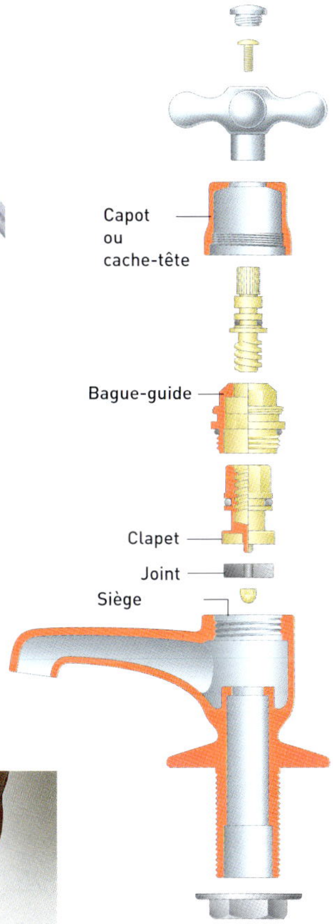

1 Fermez l'arrivée d'eau et ouvrez le robinet pour vidanger la tuyauterie. Fermez la bonde, au cas où quelque vis ou écrou tomberaient. Dévissez le bouchon portant la pastille rouge ou bleue située au centre de la tête de manœuvre. Veillez à ne pas l'écraser si vous utilisez une pince multiprise.

2 La fixation de la tête de manœuvre varie d'un type de robinet à l'autre. Dans le modèle ci-dessus, il faut déposer une vis de fixation centrale, puis tirer la tête. Le corps de la tête ou le capot cache-tête se trouve ainsi dégagé.

3 Dévissez le capot. Si vous n'y parvenez pas à la main, employez une pince multiprise, mais après avoir enroulé un chiffon autour du capot chromé pour le protéger.

4 Dévissez le corps de la tête du robinet avec une clé à molette. S'il résiste, ne forcez pas, vous risquez de tordre la base du robinet et d'imposer une contrainte anormale sur le tuyau d'arrivée d'eau. Enroulez plutôt un bout de carton autour de la base du robinet pour la bloquer dans une clé serre-tube, ce qui vous permettra ensuite d'agir de toutes vos forces sur la clé à molette.

5 Une fois le corps de la tête du robinet complètement dévissé, sortez-le. Le joint est fixé au clapet, soit calé dans une petite coupelle, soit retenu par une tige et un petit écrou (dans ce cas, le joint est percé). Desserrez l'écrou. Sortez le joint usagé, si nécessaire en le soulevant avec la lame d'un tournevis ou la pointe d'un couteau.

6 Insérez un joint neuf dans le clapet. Remontez le robinet dans l'ordre inverse de son démontage. Appliquez un peu de graisse silicone sur le filetage de la tête de manœuvre avant de la visser dans le corps du robinet.

Conseil castorama

Siège de robinet usé

Quand un robinet persiste à goutter avec un joint neuf, c'est que le siège sur lequel il porte est érodé. On peut le rénover au moyen d'un rodoir spécial ou, plus facilement, avec une rondelle de clapet qui se visse sous le mécanisme. Elle vient s'appliquer sur le joint en plastique inséré dans le siège. En remplaçant le joint à la première fuite, vous retardez l'érosion du siège.

PLOMBERIE ÉVIERS ET VASQUES

Le plus souvent, vous pourrez raccorder l'évier neuf sur les tuyauteries d'eau et d'évacuation de l'ancien, du moins si le nouveau conserve à peu près les mêmes dimensions. Mais, si vous changez l'évier de place, vous devrez modifier en conséquence les arrivées d'eau froide et chaude et le raccordement à la canalisation d'égout.

Poser un évier de cuisine

Avant de remplacer l'évier existant, mesurez précisément l'espace disponible. Si la forme du nouvel équipement diffère de celle de l'ancien, mieux vaut remplacer aussi le plan de travail. Il est rare que les robinets de l'évier neuf tombent juste au même endroit que les précédents. Pour éviter les raccords complexes, utilisez des raccords flexibles, en veillant à ne pas leur imposer des courbes trop serrées.

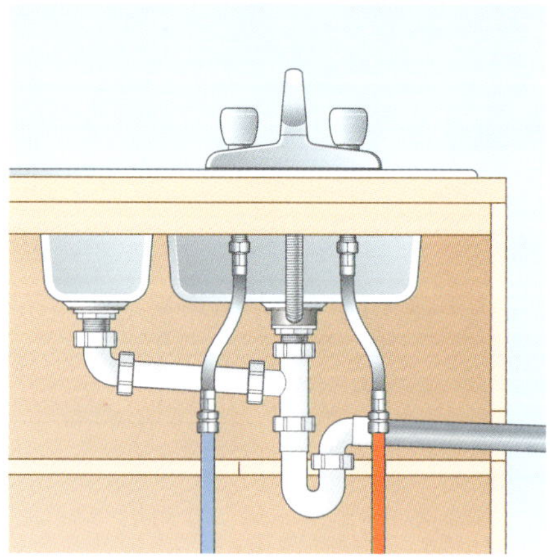

Outils Matériaux

- **tournevis**
- **scie à métaux**
- **pince multiprise ou pince-étau**

- robinets
- évier de cuisine avec sa quincaillerie de fixation
- pâte au silicone
- raccords flexibles de 15/21

1 Assemblez le robinet mélangeur en suivant les instructions de montage, et vissez les tubes (ou flexibles d'alimentation) dans les ouvertures filetées prévues à cet effet.

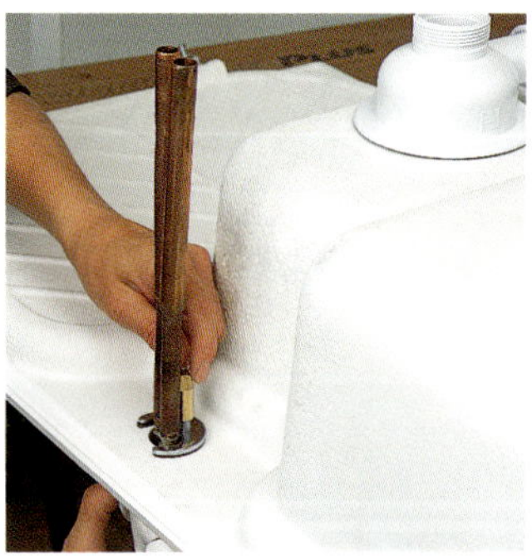

2 Insérez le robinet dans l'orifice de l'évier, sans omettre ni la rondelle ni la semelle d'appui, selon les instructions de la notice de montage.

3 Placez les pattes de fixation sous la face inférieure de la bordure de l'évier, régulièrement espacées. Déposez tout autour de la bordure de l'évier un cordon continu de pâte d'étanchéité au silicone. Retournez doucement l'évier et descendez-le avec précautions dans la découpe du plan de travail. Passez dessous pour bloquer les vis de chaque patte de fixation, sans forcer, pour ne pas les déformer.

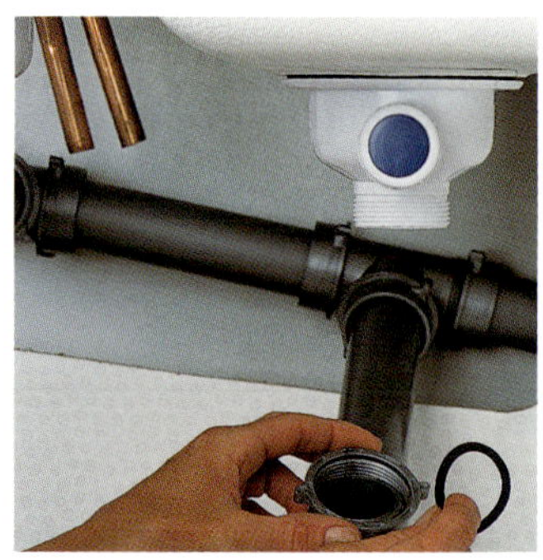

4 Raccordez les tuyauteries d'évacuation et le siphon, avec leurs rondelles d'étanchéité.

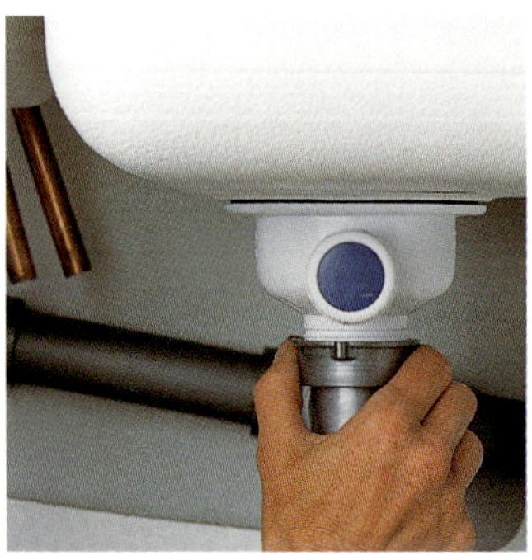

5 Raccordez la tête de chaque siphon sous la bonde de chaque bac, toujours avec les rondelles fournies avec les siphons.

6 Raccordez les queues des robinets aux tuyaux d'arrivée d'eau froide et chaude, au moyen de raccords flexibles. Raccordez le tube de débordement et l'orifice prévu à cet effet sous la bonde. Ouvrez le robinet et vérifiez qu'il n'y a aucune fuite. Si ce n'est pas le cas, resserrez les bagues d'étanchéité des joints qui fuient.

Conseil castorama

Gain de place

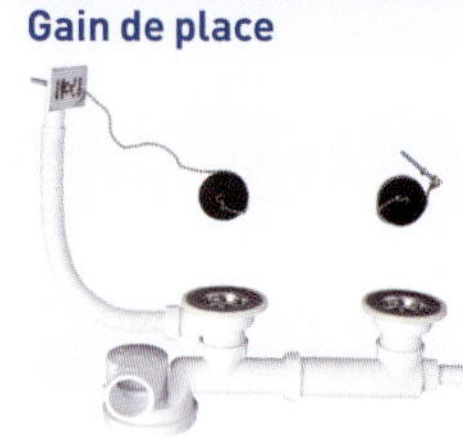

En montant un siphon extra-plat, vous augmentez le volume de rangement disponible sous votre évier.

Poser un lavabo

Il existe une grande variété de lavabos. Certes très élégantes, les vasques murales nécessitent des fixations particulièrement robustes et leurs tuyauteries sont difficiles à masquer. Aussi, le lavabo sur colonne reste-t-il le plus répandu, la colonne supportant la vasque et masquant les tuyaux. Dans une salle d'eau exiguë, vous pouvez implanter un lavabo d'angle pour gagner de la place.

Outils Matériaux

- **feuille de plastique**
- **clé coudée (clé lavabo)**
- **niveau à bulles**
- **crayon**
- **détecteur de métaux et de courant**
- **perceuse a percussion**
- **coupe-tube**
- **petite queue-de-rat**
- **tournevis**
- **laine d'acier**

- vasque et colonne
- robinets
- raccords flexibles de 12/17
- pâte au silicone
- vis de 50 mm
- chevilles pour plaques de plâtre, ou chevilles spéciales, si nécessaire
- siphon
- tuyaux d'évacuation

1 Posez la vasque à l'envers sur le sol (protégé par une feuille de plastique). Posez le robinet. Fixez le raccord fileté des flexibles d'alimentation en eau chaude et en eau froide, sans omettre les rondelles en fibre. Bloquez les bagues avec la clé coudée (clé lavabo), en retenant le robinet de l'autre main.

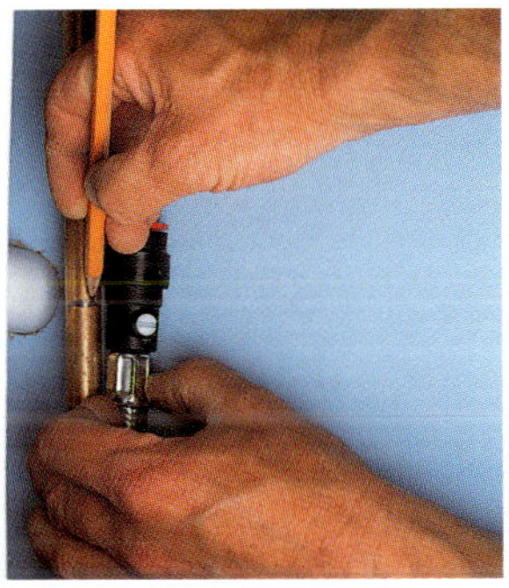

2 Disposez les flexibles de manière qu'ils soient masqués par la colonne et tracez sur les tuyaux d'eau l'emplacement où il faut les couper. Ils doivent être assez longs pour s'insérer à fond dans les raccords des flexibles. Assurez-vous que le tuyau de vidage est correctement positionné par rapport au siphon.

3 Retirez la colonne et la vasque. Vérifiez qu'aucun tuyau ni câble électrique ne chemine dans la paroi avant de percer aux emplacements des fixations. Insérez les chevilles adaptées à la nature du mur. Procédez de la même façon pour les fixations dans le sol. Coupez les tuyaux sur les repères et ébavurez la coupe avec une queue-de-rat. Raccordez le siphon et le tuyau d'évacuation, en n'omettant aucune des rondelles d'étanchéité dans les raccords.

4 Remettez le lavabo en place. Vissez les fixations de la vasque au mur et celles de la colonne au sol, sans trop bloquer les vis.

5 Emmanchez les connecteurs des raccords flexibles sur les tuyaux d'arrivée d'eau, préalablement décapés à la laine d'acier. Insérez le tuyau d'évacuation dans la sortie du siphon et serrez la bague du raccord à la main. Ouvrez le robinet (et les robinets d'arrêt des flexibles) et vérifiez qu'il n'y a aucune fuite. Dans le cas contraire, resserrez les raccords qui fuient.

Traiter l'eau pour améliorer le goût

Traiter l'eau permet d'améliorer le goût de l'eau de boisson. Pour éliminer les impuretés, les odeurs de chlore et réduire pesticides, plomb, mercure et bactéries, il existe différentes solutions.

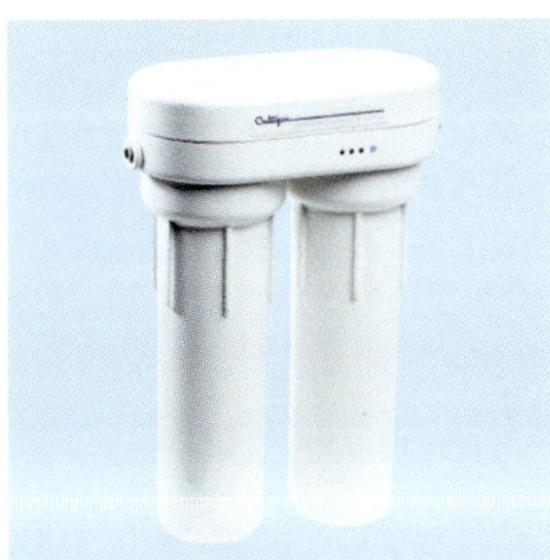

Les purificateurs sous évier

Ils s'installent facilement sur l'arrivée d'eau froide de votre évier.

Les filtres antigoût

Ils se posent facilement et peuvent s'adapter à tous les mitigeurs et robinets.

Les carafes

Elles retiennent le chlore et les métaux lourds.

Conseil castorama

Contrôle préalable

Déballez et inspectez attentivement le W.-C. ou l'équipement neuf avant d'arracher les fixations anciennes. Si vous constatez un défaut ou l'absence d'un accessoire, vous ne vous trouverez pas dépourvu de tout équipement sanitaire.

La diversité des modèles de W.-C. proposés permet toujours d'en sélectionner un en harmonie avec le style de votre intérieur et bien adapté à la configuration de vos toilettes. La pose de cet équipement reste simple tant qu'il s'agit de remplacer un W.-C. existant. Si vous envisagez de créer des nouveaux W.-C., vous devrez généralement faire appel à un professionnel pour le raccordement de l'évacuation, qui doit se conformer à des règles strictes.

Les types de W.-C.

Les appareils à réservoir bas (monobloc ou pack), portant sur le mur et s'appuyant sur la cuvette, sont les plus répandus. Quand la configuration le permet, il est possible de dissimuler le réservoir derrière un doublage, réservoir et cuvette étant portés par une solide armature (suspendu).
En l'absence de grosse canalisation d'évacuation, on peut installer un W.-C. à broyeur.

Pack W.-C.

Appelés aussi monobloc, les packs W.-C. comprennent le réservoir, la cuvette et l'abattant. C'est le modèle le plus courant.

Suspendu

La cuvette suspendue, avec réservoir encastré, libère de l'espace et facilite le nettoyage.

Broyeur

Le W.-C. broyeur présente l'avantage de pouvoir se brancher sur une évacuation de petit diamètre comme celui de la baignoire ou de la douche.

Réparations de fuites de réservoirs

Les W.-C. sont les plus gros dévoreurs d'eau de la maison. Une fuite d'eau augmentera considérablement votre facture d'eau, aussi réparez-la rapidement.

Réparer une fuite d'eau avec un écoulement à gros débit

Il s'agit généralement du clapet, il ne ferme plus le fond du réservoir :
- fermez le robinet d'arrêt ;
- débloquez, par rotation, le mécanisme central. Vérifiez qu'aucun corps étranger ne s'est glissé dessous ;
- vérifiez l'état du clapet, et si besoin remplacez-le. Remontez l'ensemble et faites un essai à vide.

Réservoir de W.-C.

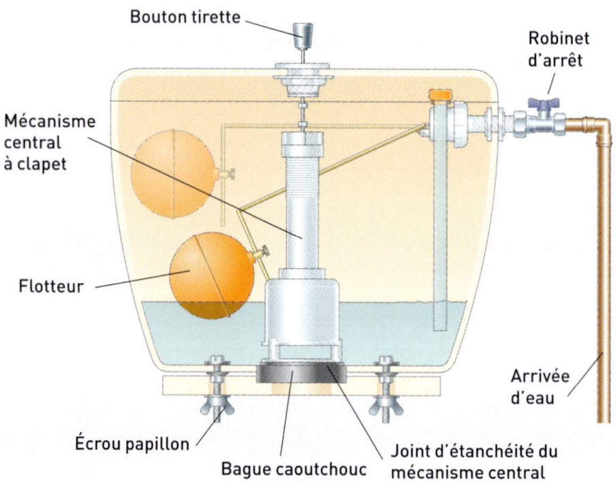

Réparer une fuite entre réservoir et cuvette

Il s'agit d'une fuite provoquée par la détérioration du joint situé entre la cuvette et le réservoir :
- fermez le robinet d'arrêt et dévissez le robinet d'arrêt sur le robinet flotteur ;
- dévissez les deux écrous papillons sous l'appui de cuvette ;
- remplacez le joint et procédez au remontage.

ATTENTION : au serrage cuvette/réservoir, procédez alternativement des deux côtés afin d'éviter une fêlure du réservoir.

Il se peut qu'il soit nécessaire de changer le mécanisme complet. Procédez au démontage cuvette/réservoir comme pour le changement du joint. Enlevez le mécanisme et remplacez-le par le nouveau mécanisme en respectant bien l'ordre de positionnement des joints (voir notice de pose). Procédez au remontage de la cuvette/réservoir.

Installer un pack W.-C.

Aujourd'hui les modèles de pack W.-C. ou monobloc disposent d'un mécanisme de chasse intégré qui simplifie l'installation. Montez d'abord le réservoir sur la cuvette. Ensuite, vous pourrez fixer celle-ci au sol et la raccorder à l'alimentation et à l'évacuation d'eau.

Outils Matériaux

- **pince multiprise**
- **tournevis**
- **détecteur de métaux et de courant**
- **perceuse à percussion**

- cuvette et réservoir
- graisse silicone
- vis
- chevilles, si nécessaire
- raccords sans soudure

1 Placez la grande bague en caoutchouc dans l'orifice de chasse à l'arrière de la cuvette.

2 Posez les deux vis ou tiges filetées dans le fond du réservoir et posez-le sur la cuvette. Glissez le mécanisme de chasse dans la bague en caoutchouc.

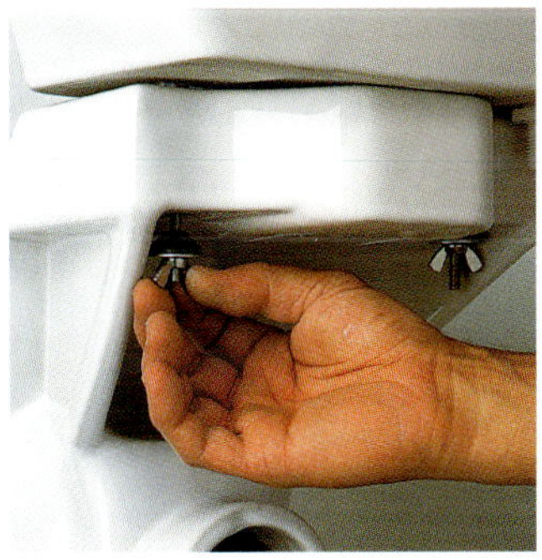

3 Glissez les rondelles ou joints sur les tiges filetées et vissez les écrous papillon. Bloquez-les à la main, sans forcer.

4 Positionnez la cuvette en fonction de l'emplacement de l'évacuation. Faites le raccordement si besoin avec une pipe articulée pour les raccords difficiles.

5 Après avoir vérifié l'absence de câbles et de tuyaux, marquez l'emplacement des trous de fixation de la cuvette avec un crayon. Emboîtez le raccord souple de la conduite d'évacuation (préalablement garni d'un peu de graisse silicone) à l'orifice de sortie de la cuvette. Contrepercez les trous de fixation de la base de la cuvette.

6 Enfilez les manchons de protection dans les trous de fixation de la base de la cuvette, puis insérez les vis de fixation et vissez-les à fond. Si le réservoir comporte des fixations au mur, contrepercez-les, insérez des chevilles adaptées et vissez sans omettre de placer des rondelles.

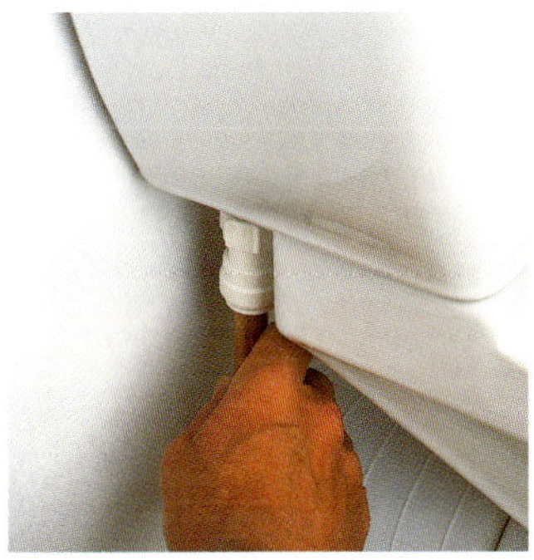

7 Équipez l'arrivée d'eau (horizontale ou verticale) d'un robinet d'arrêt et raccordez-la sur le réservoir.

Sécurité

Avant de percer dans un mur ou un plancher, assurez-vous qu'aucun câble électrique ne chemine à l'endroit du perçage, au moyen d'un détecteur de métaux et de courant.

Conseil castorama

Changer l'abattant

Vous pouvez remplacer une lunette fissurée ou ébréchée sans toucher à la cuvette. Mais il faut poser un ensemble d'abattant complet. Choisissez-en un en harmonie avec le style des toilettes. Optez pour un abattant déclipsable qui vous facilitera le nettoyage ou pour un antibactérien qui détruit les bactéries.

BAIGNOIRES INSTALLATION

Formes, matières, dimensions, la large gamme des baignoires vous permet de profiter pleinement de cet espace de détente et d'intimité. En acier émaillé, acrylique ou Toplax, vous apprécierez leur qualité et leur facilité d'entretien.

Choisir la forme de la baignoire

Le choix de la forme d'une baignoire est affaire de goût, mais est aussi lié aux possibilités offertes par la taille et l'organisation de la pièce destinée à constituer la salle de bains.

Rectangulaire

Classiques, les baignoires rectangulaires s'installent partout : en longueur, en largeur, en épi, sur podium ou sur pieds. Elles se déclinent en différentes tailles :
- baignoires-sabots (105 x 60 cm) ;
- baignoires confort (190 x 90 cm).

D'angle

Les baignoires d'angle sont idéales pour prendre des bains à deux et pour dégager de la place en occupant un angle. La salle de bains doit être spacieuse car il faut prévoir de rajouter au moins 80 cm le long de la forme arrondie. Les dimensions standards sont de l'ordre de 120 x 120 cm à 135 x 135 cm, mais il en existe de plus grandes.

À l'ancienne

Certaines baignoires peuvent s'installer au centre d'une pièce. Les baignoires à l'ancienne dites "pattes de lion" en font partie. Elles ont en général un rebord incurvé vers le haut et sont de bonnes dimensions (180 cm). Profondes et confortables, elles nécessitent cependant, tout comme les baignoires d'angle, une importante quantité d'eau chaude.

Installer une baignoire

Une baignoire est composée d'une cuve, de pieds et d'un tablier. Le tablier d'habillage (parties verticales à monter le long de la cuve) est soit en plaques de bois (attention aux fuites), soit en plastique, soit en maçonnerie recouverte de carrelage. Il est bon de placer une trappe de visite démontable au niveau des raccordements pour faciliter toute intervention.

Outils Matériaux
- **perceuse**
- **niveau à bulles**
- **crayon**
- **clé**
- **mètre**

- baignoire
- siphon
- trop-plein
- flexibles
- robinet
- tablier avec supports et clips
- mastic silicone

1 Retournez la baignoire et posez-la sur une surface propre et protégée. Vissez les pieds ajustables dans leurs embases. Assurez-vous qu'ils sont bien enfoncés.

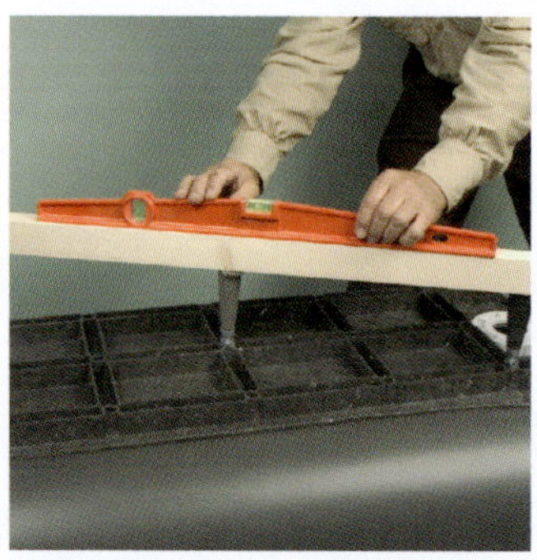

2 Pour une baignoire avec un tablier, ajustez la hauteur des pieds à l'aide d'un niveau en respectant la hauteur de pose du tablier. Tenez compte de la hauteur du passage du système de vidage, qui doit être de 130 mm minimum.

3 Positionnez le siphon. Assurez-vous que le joint double lèvre est bien installé. En cas de joint traditionnel, installez un cordon de silicone sous la grille de fixation du siphon. Remettez la baignoire sur ses pieds et posez le clapet.

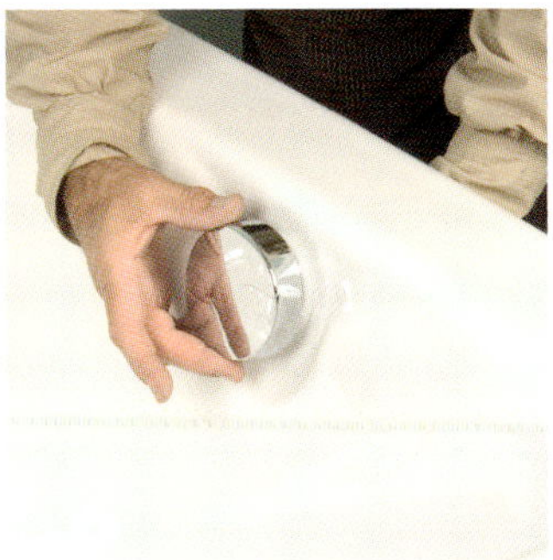

4 Fixez le trop-plein et posez le volant de manœuvre qui coiffe l'orifice.

5 Pour une parfaite stabilité, la baignoire repose sur des tasseaux ou des taquets spéciaux fixés au mur. Repérez leur emplacement, percez, chevillez et vissez.

6 Placez la baignoire à son emplacement définitif et vérifiez qu'elle est bien horizontale avec un niveau. Dans le cas d'une pose avec un tablier, assurez-vous que la cote de passage du tablier est respectée.

7 Ajustez si nécessaire le réglage en hauteur pour corriger un éventuel défaut d'horizontalité. Vissez ou dévissez le pied, puis serrez les écrous de blocage avec une clé à molette.

8 Mettez le robinet/mitigeur en place sans oublier de placer les joints d'étanchéité. Tenez le robinet et vissez les écrous de liaison avec une clé à molette ou, mieux, avec une clé à fourche pour ne pas abîmer le chrome.

9 Montez le support de douchette qui se fixe généralement sous le mitigeur, par un écrou qui se visse à la main.

10 Montez le flexible de raccordement de la douchette sans oublier de placer le joint d'étanchéité.

11 Réalisez le joint sanitaire entre la baignoire et le mur avec du mastic silicone. Lissez-le au doigt.

Conseil castorama

La trappe d'accès

Prévoyez dans le panneau d'habillage de la baignoire une ouverture minimale de 40 x 40 cm pour la trappe. Il existe plusieurs systèmes de trappes de visite.
- Les systèmes magnétiques : avec ou sans ouvrant découpable, ils s'adapteront aux formats des carreaux de faïence choisis. Ils s'ouvrent d'une simple pression du doigt en bas à droite.
- Avec un cadre métallique : le choix du format de la trappe se fera en fonction du carreau de faïence choisi.

La trappe doit être située parallèlement à l'arrivée d'eau, face au système de vidage et être assez grande pour un accès aisé. Toutefois, pour les baignoires balnéo, il est préférable d'installer un tablier entièrement démontable car les différents éléments sont répartis tout autour de la baignoire.

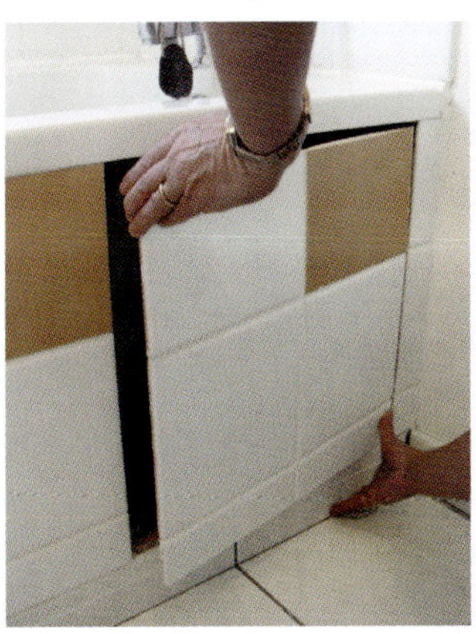

Entretenir la baignoire

- Les baignoires en acrylique, en Toplax, en acier et en fonte seront nettoyées après usage avec une éponge et un nettoyant ménager non abrasif. Rincez à l'eau puis essuyez pour éviter les marques de calcaire. S'agissant des baignoires en acrylique, suivez scrupuleusement les recommandations du fabricant pour éviter de ternir ou de rayer le matériau.
- N'employez pas de poudres à récurer, de térébenthine, de white-spirit ou d'alcool.
- Le vinaigre de vin blanc chaud vous aidera à dissoudre les traces de calcaire. Passez-le à l'éponge et frottez.
- Les traces noires métalliques seront détachées avec une brosse en nylon et du nettoyant ménager.

BAIGNOIRES BALNÉO

Les baignoires balnéo permettent de profiter davantage de votre salle de bains. Douce, vive, chaude, tonique, caressante ou relaxante, l'eau est aussi bien apaisante que régénérescente. Vous trouverez de nombreux modèles de baignoires dont les remous vous prodigueront un massage réparateur.

Fonctionnement

Les baignoires de balnéothérapie sont en acrylique, matériau dont la souplesse d'utilisation permet d'obtenir des formes variées très ergonomiques (rectangulaires et d'angle). Commode à percer et à usiner, l'acrylique permet l'implantation des buses du système.

Système eau tonifiant

L'eau est propulsée avec adjonction d'air.

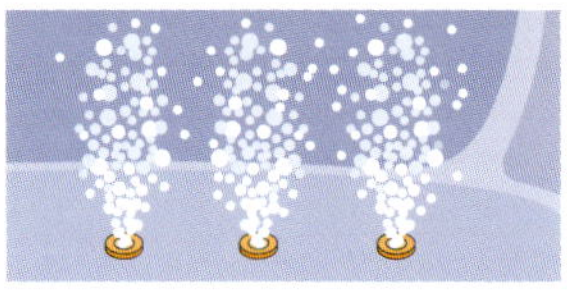

Système air relaxant

Des bulles d'air procurent un massage relaxant.

Système eau et air mixte

Combinaison des systèmes précédents.

Outils Matériaux

- **marteau**
- **perceuse et forets**
- **niveau à bulles**
- **mètre**
- **crayon**
- **clés plates 8/7/19**
- **tournevis**

- silicone
- joint mousse

Baignoire balnéo avec un système mixte (eau/air)

Les branchements électriques

L'installation électrique doit être en conformité avec la norme NF C 15-100 en vigueur. Prévoyez une alimentation électrique indépendante monophasée avec terre 230 Volts 50 Hertz, protégée par un fusible approprié de 16 A. L'arrivée du câble d'alimentation devra se faire en dessous de la baignoire (à travers le mur, le plancher), le branchement se fera dans un boîtier étanche de catégorie IP X5. Prévoyez aussi un interrupteur ou un disjoncteur différentiel ou courant différentiel résiduel (DDR) ayant un courant de déclenchement n'excédant pas 30 mA. Cette protection doit être installée en dehors du périmètre de sécurité, à l'extérieur de la salle de bains (en dehors du volume 3).

Installer une baignoire balnéo

Posez la baignoire dans un emplacement où les revêtements du sol et des murs (ex : carrelage) sont achevés.

1 Installez les attentes : alimentation en eau, évacuation, alimentation électrique et ligne équipotentielle selon la norme NF C 15-100 en vigueur.

2 Installez un joint mousse hydrofuge en haut du retour du rebord de la baignoire contre le mur (transmission de bruit) pour obtenir un support pour le joint silicone.

3 Mettez la baignoire en place, en vérifiant le niveau dans le sens de la longueur et de la largeur, au moyen d'un niveau à bulles en réglant les plots servant de pieds. Ne fixez pas les pieds au sol, posez-les simplement sur le sol fini, de préférence carrelé. Vérifiez que les pieds centraux s'appuient bien sur le sol.

4 Raccordez la vidange et l'alimentation des robinets avec des tuyaux ou Durit souples afin d'éviter la transmission des vibrations.

5 Réalisez un joint uniquement en silicone en fin d'installation pour assurer l'étanchéité entre la baignoire et les murs.

6 L'accessibilité à tous les éléments du système est obligatoire. Installez le tablier de façon fixe et démontable uniquement avec un outil (NF C 15-100).

7 Prévoyez une ventilation sous tablier (1 cm minimum) ou avec une grille de 20 x 20 cm qui prend l'air dans la salle de bains.

Sécurité

Respectez règles et normes

Ne laissez pas les enfants sans surveillance quand le système est en fonctionnement. Les fonctions de balnéothérapie mettent en présence des systèmes électriques sous tension. Contrôlez que l'installation de votre balnéo est en conformité avec la norme NF C 15-100.

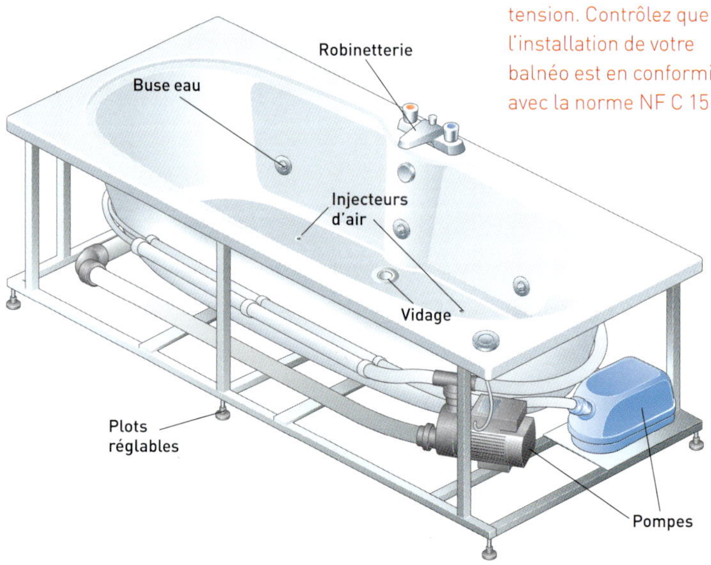

Cabines intégrales

La technologie des baignoires de balnéothérapie a été étendue aux cabines de douches dites "intégrales". La plupart sont prêtes-à-poser et ne demandent qu'un simple branchement d'arrivée d'eau froide et chaude et qu'un raccordement à une évacuation. La plupart offrent la fonction hydromassage grâce à des buses orientables, certaines se transformant en hammam.

Recyclage de l'eau

Les cabines intégrales ont la réputation, en partie exagérée, d'être de grosses consommatrices d'eau. Surtout, et c'est plus réel, certaines ont besoin d'une pression assez importante. Les fabricants ont mis au point des cabines qui recyclent l'eau et dispensent d'une pression importante. Un filet d'eau chaude maintient en permanence la température de l'eau pour un confort optimal.

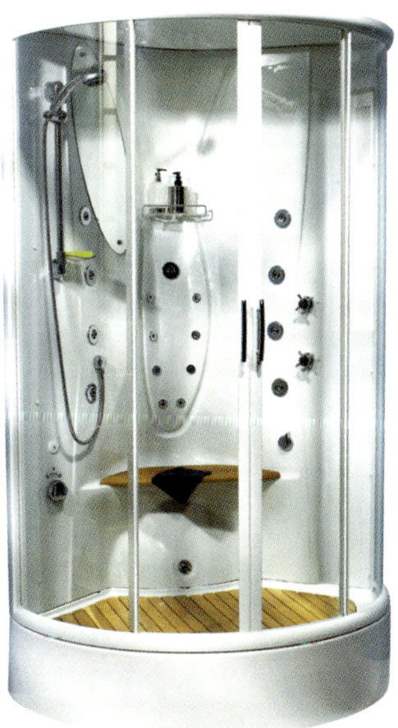

Traiter l'eau pour protéger les installations

Les systèmes de balnéothérapie sont particulièrement sensibles au tartre qui peut les endommager. Si votre eau est dure et contient beaucoup de calcaire, vos canalisations peuvent être elles aussi entartrées, ainsi que votre chaudière, votre lave-vaisselle, ou machine à laver. Une eau traitée peut diminuer de 50 % le coût des produits d'entretien.

Les adoucisseurs

C'est le procédé le plus efficace et le plus utilisé. L'eau "dure" (chargée en calcaire) passe sur un lit de résine alimentaire qui capte le calcaire. Ainsi, elle est adoucie, débarrassée du calcaire en trop. Lorsque la résine ne capte plus le calcaire, il faut la régénérer. C'est le rôle du sel transformé en saumure, injecté par la vanne automatique.

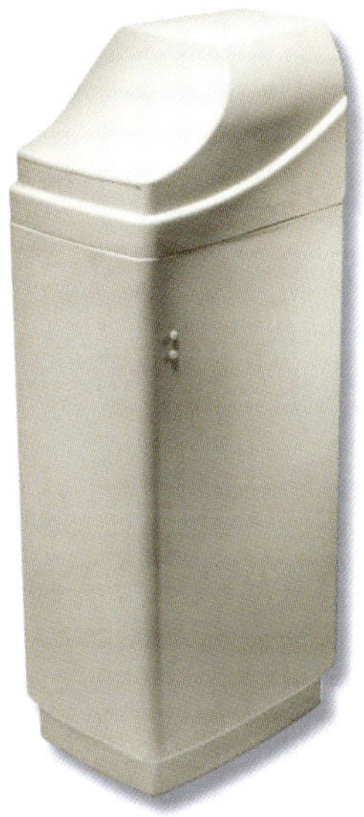

Ces centrales constituent une nouvelle technologie dans le traitement de l'eau. Elles s'installent facilement sur l'arrivée d'eau générale. Le procédé à aimant ou à électrodes crée un champ magnétique qui modifie la cristallisation du tartre et l'empêche d'adhérer aux canalisations.

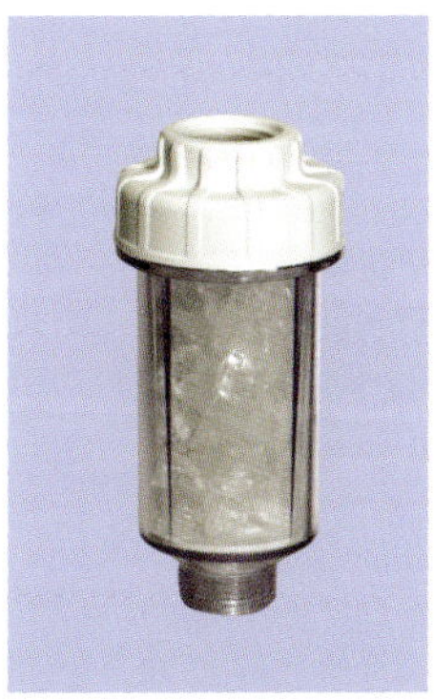

Ce microfiltre protège les lave-linge. Il se visse facilement sur le robinet d'arrêt du lave-linge. Il permet d'importantes économies par rapport à l'utilisation d'un antitartre habituel.

Les kits de traitement locaux et globaux

En se dissolvant dans l'eau, les cristaux de polyphosphates empêchent le calcaire de se transformer en tarte dans vos appareils et canalisations.

Ce minifiltre protège le chauffe-eau et s'installe sur l'alimentation.

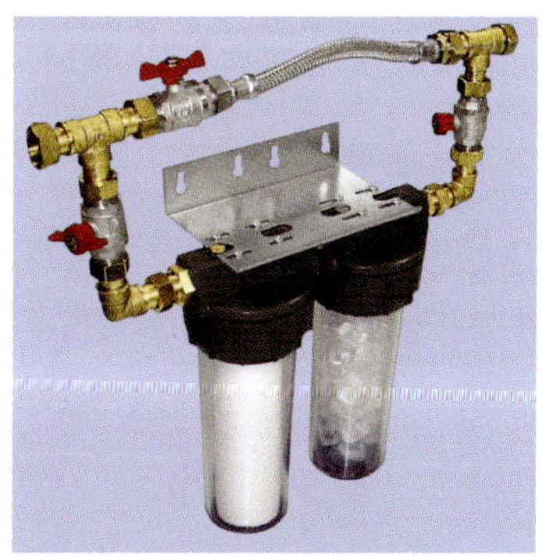

Ce kit anticalcaire protège l'ensemble des installations et se monte après le compteur d'eau.

DOUCHES INSTALLATION

Si l'aspect esthétique a pris une importance croissante, le choix d'un équipement de douche reste d'abord dicté par l'usage que l'on veut en faire, mais aussi par l'aménagement de la cabine de douche. Vous devez également considérer la qualité de l'eau : si elle est très calcaire, mieux vaut insérer un dispositif antitartre en amont de l'alimentation de la douche. Au minimum, installez un équipement peu ou pas sensible au calcaire, spécialement pour la douchette et la robinetterie.

Choisir un receveur

De formes différentes, carrés, rectangulaires ou circulaires, de matières différentes, grès, acrylique ou teck, vous trouverez le receveur qui aménagera avec élégance l'espace de votre bien-être. Le choix du receveur influe sur la forme de la douche dans sa globalité.

Il est conseillé de choisir un receveur de 80 cm de côté minimum afin de prendre sa douche sans gêne. Pour un maximum de confort et pour l'installation d'une colonne de douche d'hydrothérapie, choisissez un receveur de 90 cm. Si votre salle de bains est de petite taille, les receveurs en quart de cercle vous permettront de gagner de la place.

Receveur à poser

Ce receveur se pose simplement sur le sol. Il nécessite une évacuation verticale. En pose surélevée, il permet une évacuation horizontale.

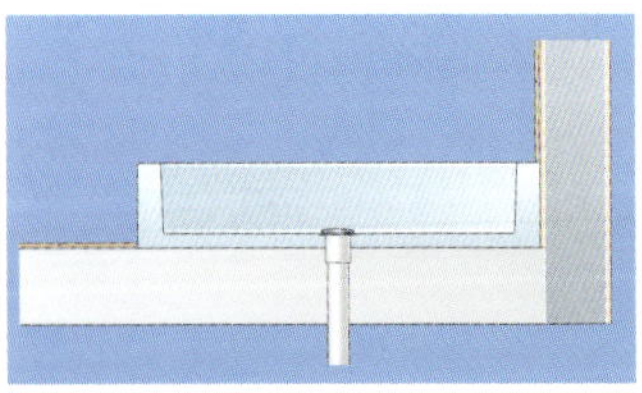

Receveur à poser

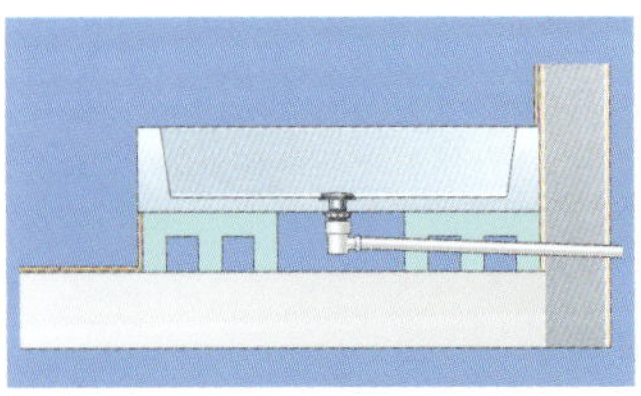

Receveur à poser surélevé

Receveur à encastrer

Ce type de receveur s'encastre dans le sol pour être au même niveau, mais empêche l'eau de se répandre grâce à son rebord.

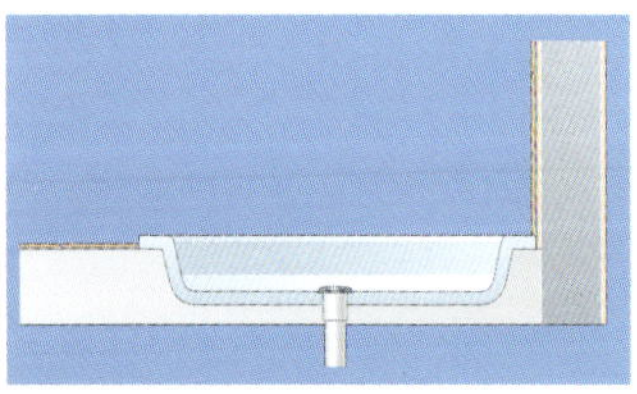

Receveur à encastrer

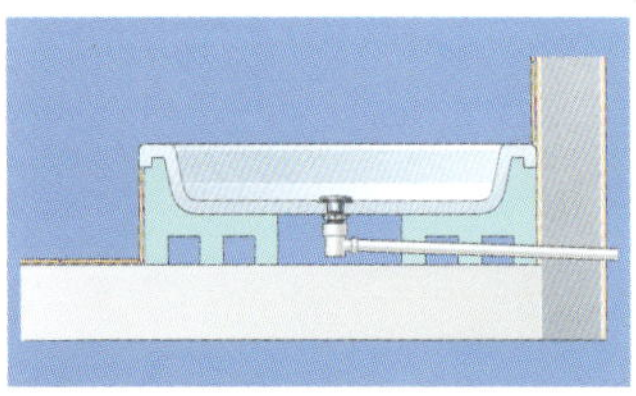

Receveur à encastrer surélevé

Receveur à poser surélevé

Ce receveur possède une embase creuse pour la bonde et l'évacuation. C'est le modèle le plus facile à installer.

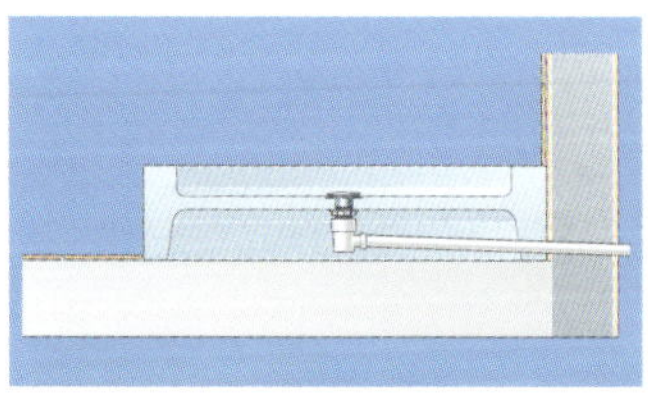

Receveur surélevé avec évacuation horizontale

Receveur à carreler

Ce receveur permet de créer une douche au même niveau que le carrelage du sol. Il facilite l'écoulement de l'eau grâce à sa pente intégrée

Poser le receveur

Lisez attentivement les instructions de montage fournies avec le receveur pour réaliser le montage correctement. N'oubliez pas que toute pose défectueuse peut avoir des conséquences importantes. Le choix du type de bac et de l'installation dépendent des possibilités offertes pour l'évacuation. Si vous pouvez réaliser une évacuation verticale, vous pourrez poser simplement le bac, en l'accolant sur un ou plusieurs murs, ou mieux l'encastrer directement dans le sol. Si l'évacuation est latérale, vous pourrez soit le poser directement sur le sol, soit, ce qui est préférable, le surélever.

L'évacuation et le siphon

Avant d'arrêter le choix d'une cabine de douche, déterminez le circuit de la tuyauterie d'évacuation vers la conduite d'égout la plus proche, et notez la hauteur nécessaire pour loger ces conduits et le siphon sous le receveur. Si vous pouvez loger tout ou partie de ces éléments dans une cavité creusée dans le sol, n'oubliez pas de prévoir une trappe d'accès, par exemple en prolongeant la cavité au-delà du périmètre du receveur. S'il est impossible d'aménager une cavité dans le sol, ou si la canalisation de raccordement ne permet pas une pente de chute suffisante, vous devrez surélever le receveur, soit en créant une estrade, soit en le montant sur un support en polystyrène extrudé à carreler.

Si l'espace disponible sous le receveur est très réduit, montez un siphon extra-plat à bonde "grand débit", qui assure la garde d'eau indispensable dans une hauteur minimum (ci-contre). Sa large bonde extractible facilite son nettoyage et le débouchage.

Conseil castorama

Bonde de douche directionnelle

Elle permet d'adapter un bac de douche à toutes les configurations de descente d'eau.

Choisir les parois

Il est conseillé d'installer en même temps que le receveur les parois de la douche pour que ces dernières s'adaptent parfaitement. Quel que que soit le receveur que vous aurez choisi, prévoyez une largeur de passage d'au moins 46 cm. Suivant les possibilités de votre pièce, plusieurs solutions s'offrent à vous pour installer votre douche.

Le long d'un mur

Quatre choix :

- 2 parois fixes plus 1 porte ;
- 1 paroi fixe plus 1 accès d'angle ;
- 1 cabine demi-cercle ;
- 1 cabine complète.

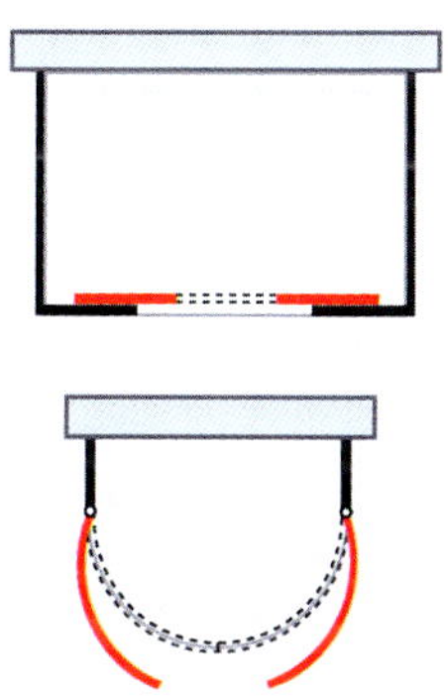

Sur mesure

Sous un comble ou une montée d'escalier vous pouvez installer une douche sur mesure.

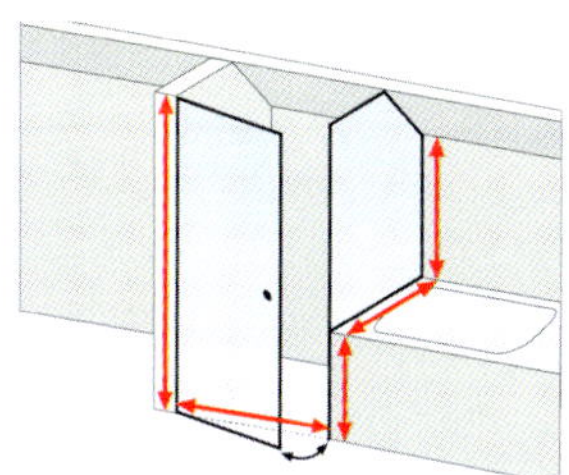

Entre trois murs

Dans un renfoncement avec une porte pivotante ou coulissante.

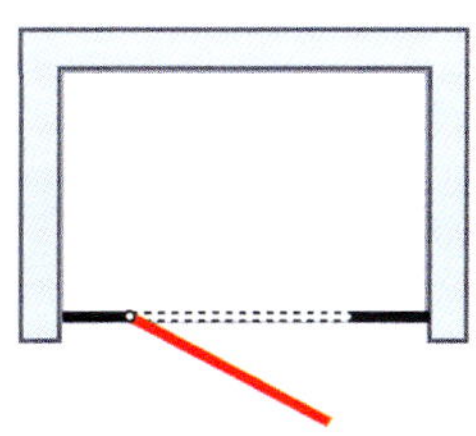

Dans un angle de pièce

Dans ce cas, vous pouvez placer la douche avec un receveur en arc de cercle ou poser un receveur carré ou rectangulaire.

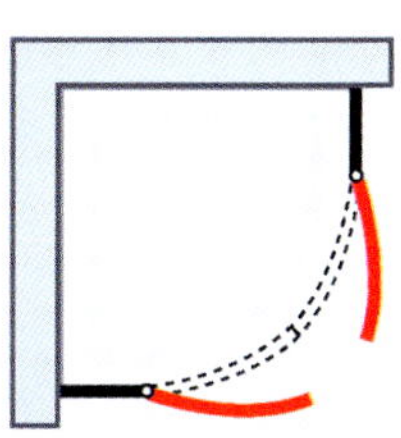

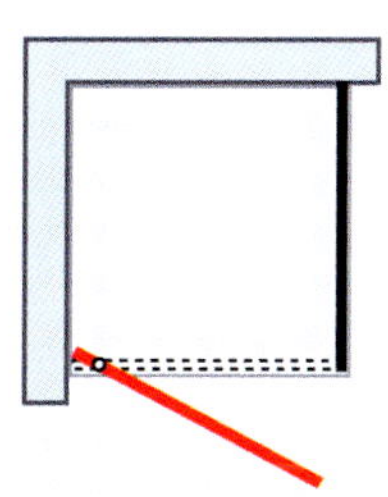

DOUCHES INSTALLATION

On peut placer une cabine de douche dans l'angle d'une grande chambre ou contre un mur. Elle peut équiper une salle de bains neuve ou compléter une installation existante. Elle peut avoir une porte battante, pliante, coulissante ou en accordéon, ces deux dernières étant préférables quand la place est restreinte.

Fixer la cabine

Avant de poser la cabine, le receveur et la plomberie doivent être déjà en place. Nous présentons ici une cabine d'angle à porte galbée coulissante. Chaque forme de cabine présente ses particularités de montage : reportez-vous au mode d'emploi fourni avec l'équipement. Dans tous les cas, les murs contre lesquels la cabine s'adosse et le sol sous le receveur doivent être étanches. Les murs sur lesquels s'appuiera la cabine de douche doivent être droits. Les produits sont équipés de profilés permettant un rattrapage du niveau.

Outils Matériaux
- **niveau à bulles**
- **stylo-feutre**
- **perceuse**

- cabine de douche avec profilés
- silicone
- 2 raccords
- chevilles et vis

1 Dressez la cabine sur sa base et insérez les portes coulissantes dans les rails des traverses, en prenant garde de les placer dans le bon sens. Insérez ensuite une autre butée de porte dans les rails supérieur et inférieur.

2 Posez l'ensemble de la cabine sur le receveur. Vérifiez son aplomb au niveau à bulles. Depuis l'intérieur de la cabine, reportez sur le mur la position des trous de fixation avec un stylo-feutre enfilé dans les perçages des montants.

3 Déplacez la cabine et percez le mur aux emplacements repérés. Insérez des chevilles dans les trous, en veillant à ce qu'elles s'enfoncent un peu au-dessous de la surface du carrelage.

4 Garnissez la face d'appui de chaque montant d'un cordon continu de mastic silicone. Replacez la cabine sur le receveur et vissez les vis qui les assemblent. Avec le bout du doigt mouillé, lissez le cordon de mastic. Réglez les portes selon les instructions du guide d'installation.

5 Depuis l'intérieur, percez le mur à travers les trous des montants. Fixez ceux-ci avec la visserie fournie, puis masquez les têtes des vis avec les cabochons. Percez le rail en plastique et l'aile intérieure de la traverse supérieure et vissez les butées de porte en position.

6 Déposez un cordon continu de mastic silicone dans l'angle entre le rebord du receveur et le carrelage, puis autour de la base de la cabine.

Conseil castorama

Étancher les joints

Les pâtes d'étanchéité silicone permettent de réaliser un joint étanche autour des équipements. Déposez un cordon de cette pâte à la périphérie du receveur de douche et entre la cabine et les murs sur lesquels elle s'appuie. Veillez à ne pas laisser tomber de pâte dans l'évacuation d'eau.

Poser le mitigeur et la colonne

La position de la colonne doit permettre à l'utilisateur le plus grand de se doucher confortablement. La zone de projection de la pomme de douche doit être réglée de façon qu'elle ne risque pas d'innonder le sol de la salle de douche ou de la salle de bains.

Outils Matériaux

- **pince universelle**
- **stylo-feutre**
- **détecteur de métaux et de courant**
- **marteau perforateur et forets à béton**
- **niveau à bulles**

- pâte d'étanchéité silicone, ou ruban de Teflon
- mitigeur thermostatique, colonne, colliers et brides
- 2 raccords
- chevilles murales

1 Fermez l'arrivée d'eau et vidangez les tuyauteries alimentant la douche. Garnissez le filetage des arrivées d'eau chaude et froide de produit d'étanchéité (pâte silicone, filasse, ou ruban de Teflon). Au moyen d'une pince universelle, et en protégeant le métal avec un chiffon, vissez les raccords fournis avec le mitigeur, alignez-les et raccordez l'appareil. Ouvrez l'eau : si vous décelez une fuite, démontez le mitigeur et refaites l'étanchéité des raccords.

2 Fixez le porte-douchette sur la colonne. Équipez l'extrémité supérieure de celle-ci avec son support et reportez l'emplacement des trous de fixation du support inférieur.

3 Assurez-vous qu'aucun câble ni tuyau ne chemine aux emplacements repérés, au moyen d'un détecteur, puis percez sur les repères. Dans chaque trou, insérez une cheville et appliquez dessus un peu de pâte d'étanchéité silicone.

4 Désolidarisez la colonne de son support supérieur et fixez le support inférieur dans les chevilles, au moyen des vis fournies. Replacez la colonne sur le support inférieur, équipez-la de son support supérieur et calez-la à la verticale avec le niveau à bulles. Marquez l'emplacement des trous de fixation supérieurs.

5 Retirez la colonne, percez sur les marques et insérez des chevilles comme pour le support inférieur. Replacez la colonne sur son support supérieur et vissez celui-ci. Pour terminer, coiffez les supports avec les capots fournis.

Vanne thermostatique

Plutôt que d'installer un mitigeur thermostatique sur chacun des points de puisage de la salle de bains (lavabo, baignoire, douche), il est parfois plus simple, et certainement moins onéreux, d'alimenter tous ces équipements avec une eau à la même température, régulée grâce à une vanne thermostatique, ou à un mitigeur centralisé. Toutefois, on perd la possibilité de se doucher à l'eau froide, à moins d'installer un second circuit alimentant une pomme de douche spécifique.

Une vanne thermostatique peut également servir à limiter la température de l'eau chaude fournie à certains robinets mélangeurs, en particulier ceux accessibles aux enfants, pour éliminer tout risque de brûlure grave. Dans ce cas, la vanne sera calée sur une température de 40-42 °C maximum.

CHAUFFAGE CENTRAL

Utilisé, dans son principe, depuis l'Antiquité, le chauffage central consiste à faire circuler de l'eau chaude dans un réseau de canalisations alimentant un certain nombre de radiateurs qui transmettent la chaleur par rayonnement et, pour partie, par convection. C'est un système performant, souple, confortable, souvent le plus économique, au moins sur le plan de la consommation de combustible.

Qu'est-ce que le chauffage central ?

Dans un chauffage central, la chaleur produite et fournie par une source centralisée (la chaudière) est communiquée à un "liquide caloporteur" (de l'eau avec différents additifs protégeant l'installation), distribué dans l'ensemble de la maison par un réseau de canalisations formant un circuit passant par les différents radiateurs où les calories sont cédées, sous forme de rayonnement et de convection. La circulation est encouragée et accélérée par une pompe, les variations de volume à l'intérieur du circuit étant absorbées par un ou plusieurs vases d'expansion.

Le choix de l'énergie

Compte tenu des variations incessantes du coût des combustibles fossiles depuis les années 1970, il est bien difficile de fournir des données objectives fiables concernant l'énergie. Plusieurs types d'énergies peuvent faire fonctionner une chaudière de chauffage central :

- le fioul est l'un des principaux combustibles utilisés. Son prix reste compétitif. Il impose un moyen de stockage volumineux en citerne ;
- le gaz naturel, performant et propre ne demande aucun stockage, son coût est compétitif et on ne le paie qu'après consommation. Il impose peu d'entretien ;
- le gaz butane/propane présente la plupart des avantages du gaz naturel mais impose un moyen de stockage (citerne) ;
- l'électricité est intéressante là où il n'y a pas de réseau de distribution du gaz et où l'on ne peut installer une citerne.

Les énergies renouvelables

Les incertitudes d'approvisionnement des énergies fossiles (pétrole et gaz), mais aussi les nuisances causées par la combustion des produits pétroliers, incitent à recourir à des énergies renouvelables. S'agissant du chauffage central, trois types d'énergies peuvent assurer tout ou partie du chauffage :

- les capteurs solaires disposés en toiture, sur les murs ou au sol permettent d'assurer une très large partie du chauffage de l'eau sanitaire (jusqu'à 80 %), mais aussi une part non négligeable du chauffage du liquide caloporteur (en relève de chaudière) ;
- la géothermie (qui exploite les calories contenues dans le sol et dans l'eau) et l'aérothermie (qui exploite celles contenues dans l'air) sont utilisables, via une pompe à chaleur (PAC) pour alléger la charge de la chaudière ou assurer la totalité du chauffage du liquide caloporteur dans le cadre d'un plancher chauffant basse température ;
- le bois est un combustible renouvelable et propre. Sa puissance de chauffage dépend en grande partie de l'essence : les feuillus durs comme le charme ou le chêne fournissent de plus belles braises et brûlent plus lentement que les feuillus mi-durs comme le hêtre ou le bouleau. Le bois coupé et refendu se vend au stère, équivalent à 1 m^3 (pesant 400 à 500 kg). Le bois de chauffage doit sécher deux ans.

Les installations de chauffage central

Les installations d'équipement de chauffage central diffèrent suivant que la chaudière est au sol ou au mur. La chaudière au sol peut servir à chauffer l'eau sanitaire de la maison ainsi que certaines chaudières murales.

Installation de chauffage central au fioul avec chaudière au sol

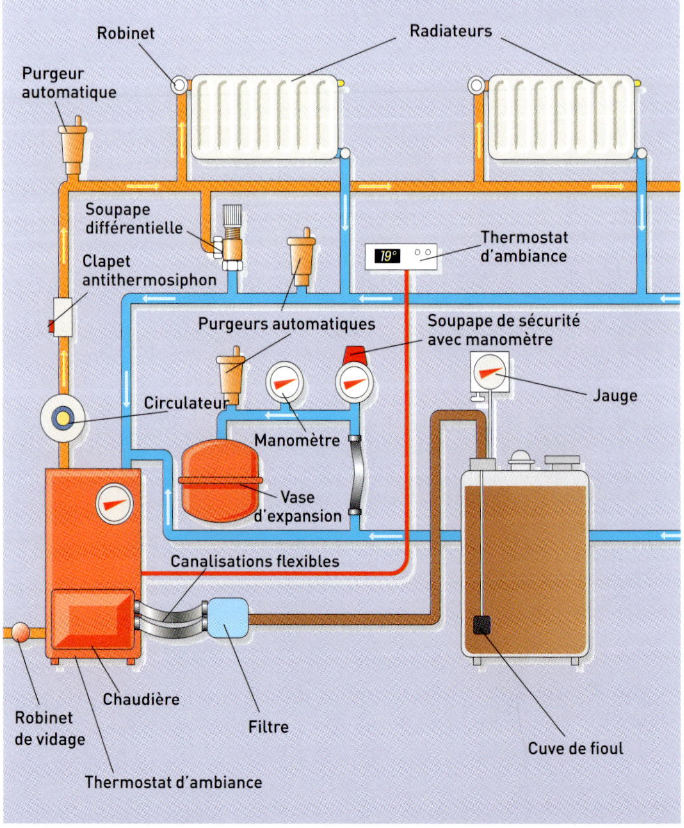

Calculer la puissance nécessaire

Quand on veut rénover ou créer un chauffage central, il est toujours difficile d'apprécier la puissance de la chaudière : si vous la surévaluez, la chaudière vous coûtera plus cher à l'achat ; si vous la sous-évaluez elle sera trop sollicitée inutilement, avec pour conséquences une consommation excessive, une usure prématurée du matériel et un surcoût d'entretien. Une bonne évaluation de la puissance nécessaire optimale de la chaudière doit tenir compte des besoins de chauffage et de ceux en eau sanitaire.

- **Comment faire le calcul**

Pour calculer la puissance nécessaire pour votre chaudière, vous devez calculer les déperditions de chaleur avec la formule suivante :

P = C x DT x V.

- **Le coefficient de consommation d'énergie** (C) est un facteur très important. Les coefficients ordinairement retenus sont les suivants :
  - maison bien isolée : 1,50 ;
  - maison isolée normalement : 1,60 ;
  - maison mal isolée : 2.
- **La différence de température** (DT) est la différence entre la température que l'on souhaite avoir dans les pièces et le "mini extérieur régional". À Lille, par exemple, le calcul pourra donner :

  20 °C - (- 9 °C) = 29

  (la carte ci-contre vous aidera à réaliser ce calcul simple).
- **Le volume de la maison** (V) se calcule ainsi :

  une maison de 100 m^2 et 2,50 m sous plafond = 250 m^3
- Exemple pour une maison bien isolée dans la région de Lille :

  C (1,50) x DT (29) x vol (250 m^3) = 10 875 W.

Le calcul de la puissance de la chaudière doit tenir compte aussi des pertes en charge (1,10) et de la surpuissance (1,20) soit :

P = 10 875 x 1,10 x 1,20 = 14 355 W soit 14,355 kW.

(la conversion calories/Watts est : 1 000 cal = 1,16 kW.)

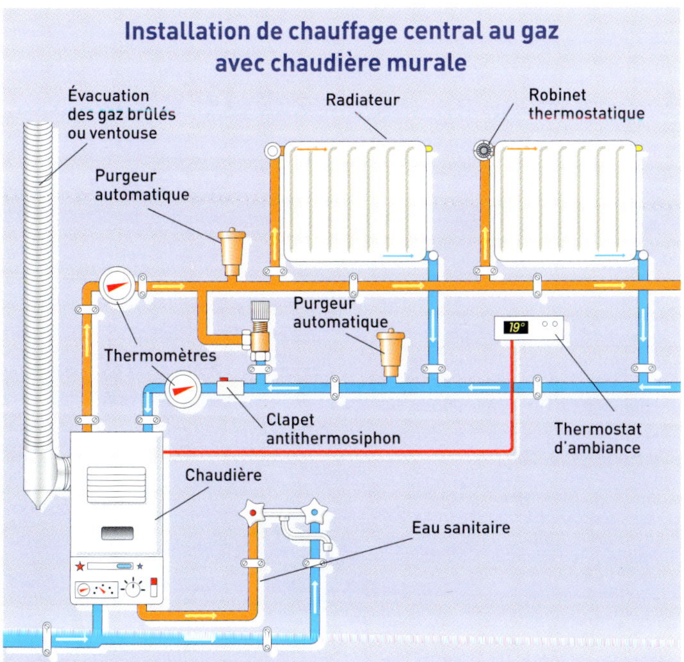

Tirage naturel ou ventouse ?

- Si votre habitation est dotée d'un conduit de fumée aux normes, vous pouvez utiliser ce dernier pour évacuer les gaz brûlés, en faisant ramoner ce conduit au moins une fois par an.
- Si vous ne possédez pas de conduit de fumée, il est possible d'opter pour une chaudière à ventouse placée sur l'extérieur du mur supportant la chaudière.

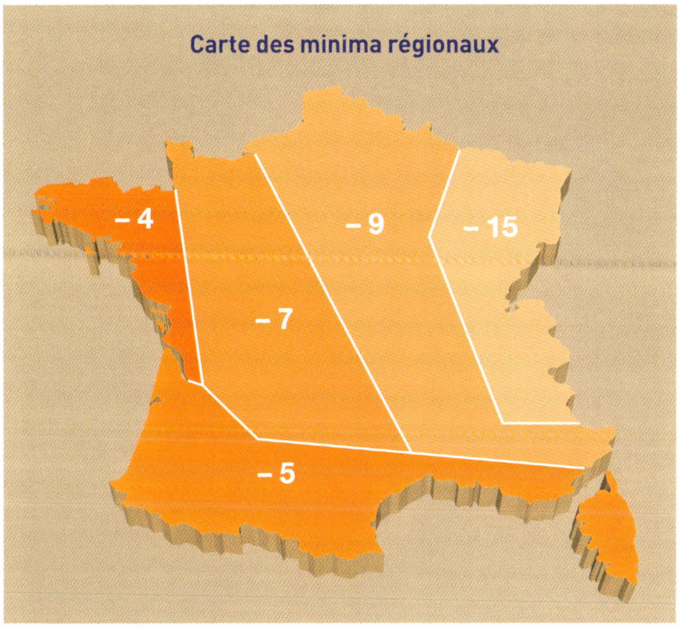

Besoins en eau chaude sanitaire

Les besoins en eau chaude sanitaire en fonction du nombre d'utilisateurs et leur impact sur la puissance de la chaudière sont les suivants :
- 1 à 3 personnes : 23 kW ;
- 4 personnes : 28 kW ;
- 5 personnes et plus : 36 kW.

Chauffage par le sol

Les dysfonctionnements et désagréments liés au chauffage par le sol "haute température" utilisé dans les années 1960 ont été totalement corrigés aujourd'hui sur les planchers chauffants "basse température".

De nombreux avantages plaident désormais en faveur de ce type de chauffage, dont l'intérêt majeur est une diffusion optimale de la chaleur par rayonnement, radiateurs et canalisations étant par ailleurs totalement éliminés.

Ce type de plancher est constitué d'une nappe isolante sur laquelle est disposé un réseau de canalisations en PER. Une dalle en béton est coulée sur ce réseau.

Les planchers chauffants peuvent être alimentés par une chaudière basse température ou par une pompe à chaleur, qui permet la réversibilité du système : chauffant l'hiver et rafraîchissant l'été.

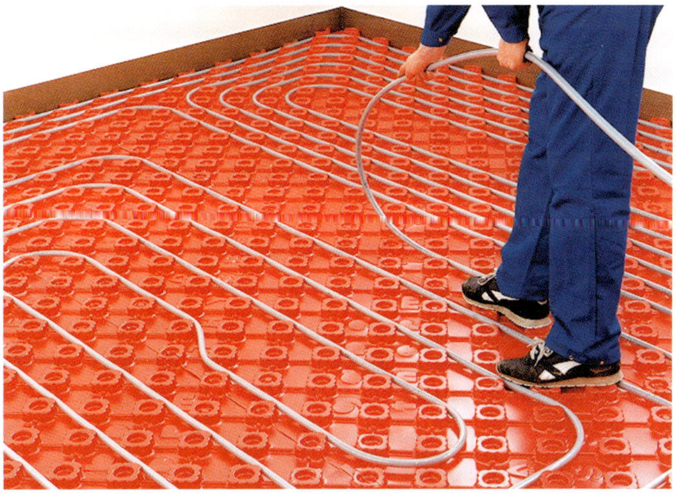

CHAUFFAGE CHAUDIÈRE

Le choix du type, de la puissance et de l'emplacement de la chaudière sont commandés par le volume à chauffer, mais aussi par la place dont on dispose pour installer l'appareil. Des progrès considérables ont été accomplis pour réduire l'encombrement de ces équipements sans préjudice pour leur efficacité.

l'astuce éco de castorama

Baissez le chauffage
Une baisse de 1 °C du chauffage d'une pièce réduit de 7 % votre consommation et participe à la lutte contre le réchauffement de la planète.

Quel type de chaudière ?

Au sol

Du fait de son poids et de son encombrement, c'est typiquement le type de chaudière que l'on installe dans la cave ou dans le garage. Plus fiable qu'une chaudière murale, plus facile à entretenir, elle est proposée dans une gamme de puissances supérieures et permet de chauffer un volume d'eau important. Généralement associées à un conduit de fumée, les chaudières de sol sont aujourd'hui proposées aussi avec ventouse, au gaz comme au fioul.

Au mur

C'est le type de chaudière idéale pour gagner de la place dans une cuisine ou un placard. L'apport d'air frais nécessaire à la combustion et à l'évacuation des gaz brûlés est assuré par la ventouse. La chaudière murale permet de chauffer un nombre de pièces réduit, par exemple en appartement ou dans des maisons individuelles de moins de 100 m². Son coût est généralement moins important que celui de la chaudière au sol.

Chauffage central individuel

Le développement de chaudières murales puissantes a permis le développement de systèmes de chauffage central individuels permettant de chauffer une maison de moins de 100 m² ou un appartement. Ce type de chaudière assure aussi la production de l'eau chaude sanitaire, de façon instantanée ou par accumulation.

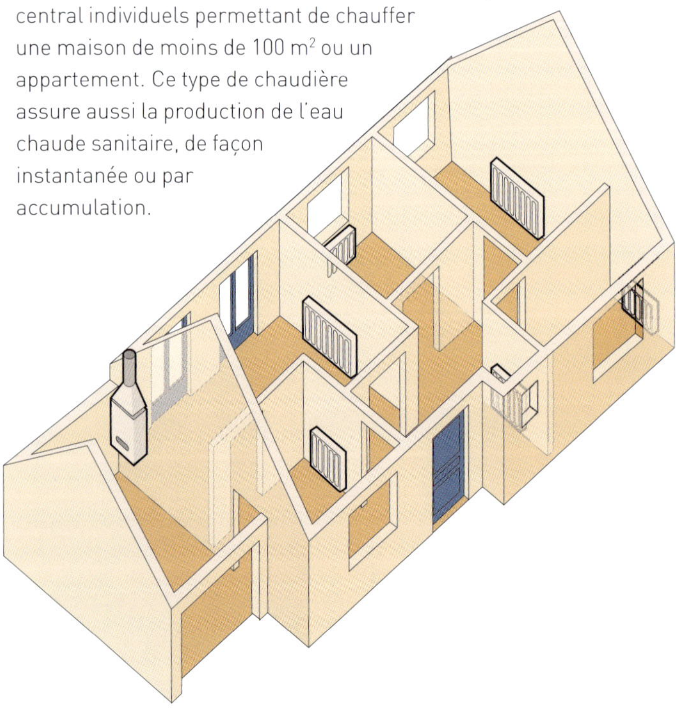

Les chaudières à condensation

Quand on place un couvercle sur une casserole d'eau mise sur le feu, on constate deux choses :
- l'eau entre plus vite en ébullition ;
- il se forme des gouttelettes d'eau brûlante sous le couvercle du fait de la condensation.

Ces deux constatations simples permettent de comprendre tout l'intérêt des chaudières dites "à condensation" :
- l'eau du circuit de chauffage ou l'eau sanitaire monte plus rapidement en température ;
- une partie de la chaleur (dite "latente") contenue dans la vapeur d'eau mêlée aux fumées de combustion de la chaudière peut être récupérée.

L'économie réalisée par une chaudière à condensation est donc procurée à la fois par une montée en température plus rapide et, surtout, par un rendement exceptionnel, supérieur à 100 %, puisque la chaleur latente "récupérable" est de l'ordre de 10 %.

Les chaudières à condensation offrent par ailleurs une meilleure stabilité de la température produite et sont beaucoup moins polluantes. Elles permettent une économie de combustible de l'ordre de 30 %.

Schéma de principe de fonctionnement d'une chaudière à condensation

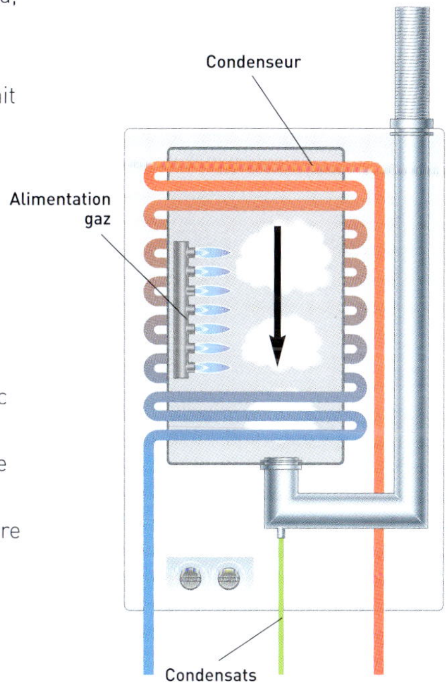

Sécurité

Si vous réalisez vous-même votre installation de chauffage ou si vous remplacez l'un de ses éléments majeurs tels que la chaudière, la mise en service doit obligatoirement être réalisée par un professionnel agréé par le fabricant, sous peine de perdre la garantie offerte par celui-ci. S'agissant d'appareils au gaz, un certificat de conformité doit être délivré par Qualigaz avant toute mise en service.

Accessoires d'une installation de chauffage central

Outre la chaudière, les canalisations et les radiateurs, une installation de chauffage central comprend un certain nombre d'équipements indispensables à son bon fonctionnement. Leur remplacement peut s'avérer nécessaire en cas de dysfonctionnement ou à l'occasion des révisions périodiques.

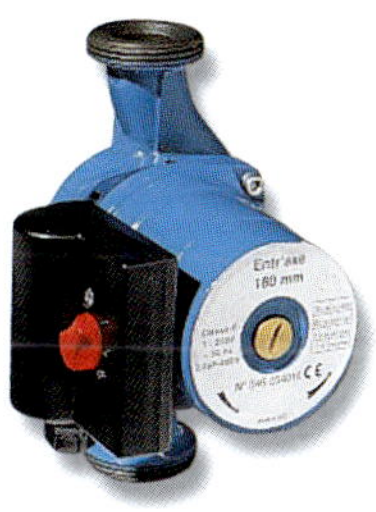

Circulateur

Il fait circuler l'eau chaude dans les canalisations et les radiateurs.

Purgeur

Il purge automatiquement l'air contenu dans le circuit de chauffage.

Soupape différentielle

Elle protège le circulateur quand les robinets thermostatiques sont fermés.

Vase d'expansion

Il compense les variations de volume dans le circuit de chauffage.

Filtre à fioul

Il retient les impuretés pouvant se trouver dans le fioul domestique.

Soupape avec manomètre

Elle évacue la pression en cas de surchauffe de l'installation.

Clapet antithermosiphon

Il évite la circulation naturelle de l'eau due à la différence de température.

Robinet de vidange à boisseau

Il sert à vidanger l'installation de chauffage.

Conseil castorama

Protégez l'installation

Différents produits permettent d'entretenir l'installation de chauffage central.
Ce sont :
- le nettoyant chaudière ;
- le nettoyant circuit ;
- le colmateur de microfuites ;
- le détartrant de canalisation ;
- le rinçant neutralisant.

Si vous vous absentez pendant l'hiver, laissez le chauffage en position hors-gel. Si vous l'arrêtez, mettez de l'antigel dans le circuit.

Les radiateurs constituent les éléments majeurs d'une installation de chauffage central classique. Ce sont les "émetteurs" qui transmettent la chaleur produite par la chaudière et véhiculée par le liquide caloporteur (eau + additifs) via les canalisations. Ils ont beaucoup evolué depuis l'origine du système.

Radiateurs sèche-serviettes

Les radiateurs sèche-serviettes sont constitués de tubes ronds ou plats, généralement en acier ou en aluminium, assurant une diffusion rapide et optimale de la chaleur, tout en permettant d'y suspendre les serviettes pour un usage en sortie de bain confortable ou un séchage rapide des serviettes après utilisation. Ces appareils (mixtes) peuvent bénéficier d'un chauffage par résistances électriques qui permet de les utiliser en demi-saison, quand la chaudière est arrêtée.

Types de radiateurs

Tous les radiateurs sont composés d'une carcasse creuse, à l'intérieur de laquelle circule le liquide caloporteur pour diffuser la chaleur à l'environnement. Ce processus se produit de deux façons : par rayonnement, ou radiations (d'où le mot de "radiateur") et par convection, c'est-à-dire par contact des éléments avec l'air qui le balaie (l'air ayant tendance naturellement à s'élever quand il se réchauffe).

Le matériau qui constitue les radiateurs joue un rôle important dans le mode de diffusion de la chaleur :

- les radiateurs anciens en fonte, mixtent harmonieusement rayonnement et convection. Ils montent rapidement en température et se refroidissent lentement. Lourds, encombrants, ils sont de moins en moins fabriqués ;
- les radiateurs modernes en acier montent et baissent rapidement en température. De formes plus variées, ils sont moins chers à l'achat ;
- les radiateurs en aluminium sont très légers. Ils montent vite en température et se refroidissent lentement. Ils s'installent uniquement avec d'autres radiateurs en aluminium et atténuent les bruits de fonctionnement.

Le calcul de la puissance des radiateurs se fait de la même façon que pour la chaudière : la somme des puissances calculées pour chaque radiateur, augmentée d'une réserve de 20 %, donne la puissance de la chaudière. Les radiateurs se fixent à 10/12 cm du sol et doivent avoir un espace de 10 cm de chaque côté.

Purger les radiateurs

Lors d'un arrêt prolongé de l'installation ou à l'occasion d'une intervention technique, ou encore en raison de microfuites, de l'air parvient à pénétrer dans le circuit, perturbant son fonctionnement. Normalement, les purgeurs automatiques disposés aux points les plus hauts de l'installation évacuent l'air circulant dans les canalisations. Il arrive cependant que des poches d'air se trouvent piégées dans les radiateurs. Les conséquences sont alors :

- un fonctionnement bruyant de l'installation, avec un bruit de gargouillement dans les tuyaux ou les radiateurs ;
- le refroidissement pur et simple de tout ou partie du radiateur et des canalisations.

Avant de purger le radiateur, contrôlez le niveau de pression de l'installation au manomètre situé après la chaudière. Celle-ci est généralement d'environ 2 bars (moins pour une installation d'appartement) et ne doit jamais dépasser le repère rouge tracé sur le cadran. Consultez dans la notice de fonctionnement la pression de service normale préconisée par le constructeur.

Si la pression est anormalement basse, ouvrez la vanne d'alimentation en surveillant la pression au cadran du manomètre.

Allez au radiateur qui pose problème. Le purgeur est en général situé à l'opposé du robinet. Placez un récipient sous le purgeur et ouvrez-le progressivement. Ne le refermez que lorsque l'eau sort sans bulle d'air.

Complétez la pression au niveau de la chaudière.

Les robinets de radiateur

Les robinets de radiateur servent tout à la fois à isoler ou à connecter l'appareil au réseau de chauffage, mais aussi à moduler son fonctionnement et donc la température de la pièce. Les robinets manuels sont de simples vannes permettant de moduler mécaniquement le débit d'entrée d'eau dans le radiateur. Les robinets thermostatiques permettent de moduler, voire d'interrompre automatiquement l'alimentation du radiateur en fonction de la température que l'on a décidé d'atteindre dans la pièce. Ils constituent donc des équipements de confort et d'économie d'énergie.

Robinet manuel

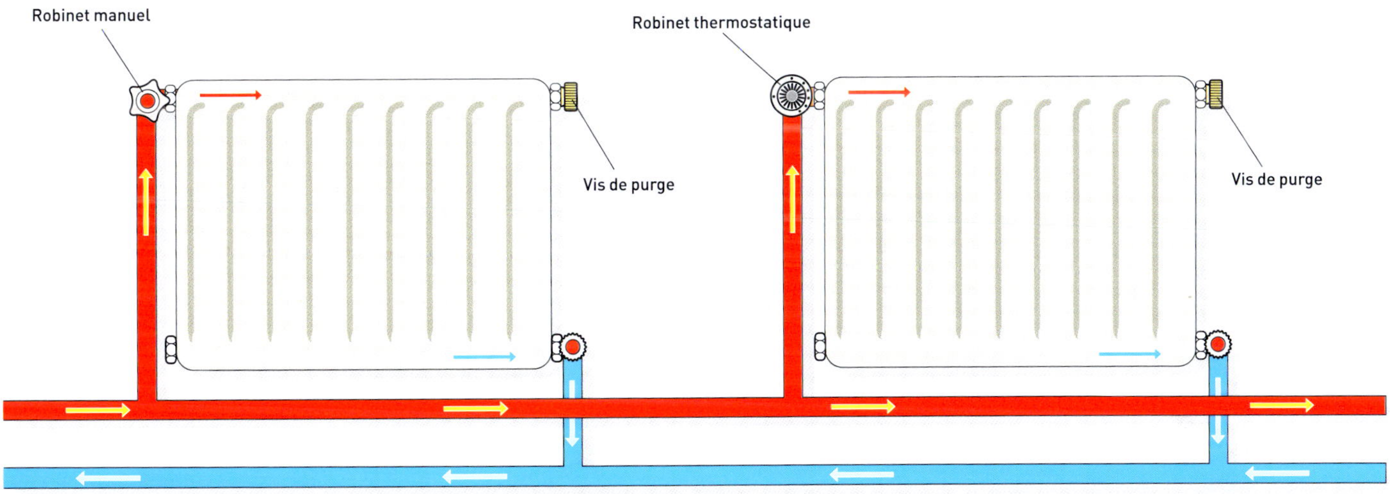

Robinet thermostatique

Installer un robinet thermostatique

1 Bien que certains robinets puissent s'installer sans interruption du circuit de chauffage, il faut souvent couper celui-ci et vidanger le circuit.

2 Desserrez les écrous de liaison du robinet, d'un côté avec la canalisation d'arrivée d'eau, de l'autre avec le radiateur. Sortez le corps du robinet.

3 Montez le corps du nouveau robinet, sans oublier de placer sur le filetage du ruban de Teflon pour assurer l'étanchéité. Montez la tête thermostatique.

Entretien du chauffage central

Entretien régulier

- Empêchez la formation et l'accumulation des suies et de la calamine dans la chambre de combustion du brûleur avec un produit pulvérisable appliqué régulièrement.
- Protégez le circuit contre l'accumulation des boues avec un additif, qui évite par ailleurs la corrosion interne des canalisations, des raccords et des radiateurs.
- Un additif dans le circuit de chauffage permet de colmater les microfuites et de supprimer la porosité des canalisations, réduisant ainsi la pénétration de l'air dans le circuit et dispensant de le purger régulièrement.
- Un détartrant évite l'encrassement des canalisations mais surtout du serpentin des chaudières. Il sera suivi d'un rinçage avec un produit neutralisant.

Entretien périodique

- Faites ramoner votre conduit de fumée une fois par an au moins si votre chauffage central est au gaz, ou deux fois par an s'il est au fioul. Cette opération doit être réalisée par un ramoneur agréé, les bûches dites "de ramonage" ne servant qu'à un entretien régulier du conduit. Il s'agit d'une obligation légale contenue dans le Règlement sanitaire départemental, qui peut vous exposer à une contravention et à des poursuites en cas de feu de cheminée.
- Faites procéder à un entretien complet de la chaudière une fois par an, par un spécialiste. Cette obligation est généralement portée dans votre bail si vous êtes locataire et constitue souvent une clause de rupture de celui-ci. L'absence de contrat mettra les réparations à votre charge en cas de panne liée à une négligence d'entretien. Il est à noter que si le grattage des résidus gras, des suies et de la calamine est couvert par ce genre de contrat, le remplacement des pièces est souvent à la charge du contractant.

CHAUFFAGE ÉLECTRICITÉ ET CONSOMMATION

Aujourd'hui, l'électricité offre un large choix d'appareils de chauffage et procure un confort comparable à celui du chauffage central. De plus, l'installation des appareils électriques est simple et économique. Ils réclament très peu d'entretien. Pour optimiser votre confort, il est recommandé d'installer un système de ventilation pour renouveler l'air, évacuer les stagnations d'humidité et les mauvaises odeurs.

Choisir les radiateurs électriques

De nombreux types d'appareils de chauffage électriques existent : convecteurs, rayonnants, à accumulation, à inertie, à fluide, soufflants, à infrarouge ou à céramique.

Les convecteurs

Avec les convecteurs, l'air froid est aspiré par le bas, chauffe sur la résistance électrique puis s'élève dans la pièce en provoquant un balayage circulaire.

Les rayonnants

Les rayonnants émettent de la chaleur par leurs surfaces frontales. Les nouveaux modèles sont programmables grâce à une cassette et certains possèdent un système antisalissure (SAS).

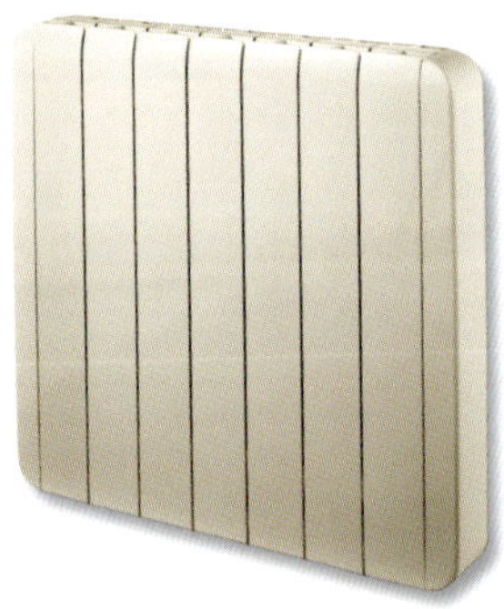

Les chauffages à inertie

Ce type de chauffage procure une sensation de chaleur agréable. Ces chauffages combinent les principes de la convection et du rayonnement. Ceux à inertie sèche, à gauche, sont composés de blocs en fonte qui chauffent. Ceux à inertie fluide, à droite, fonctionnent comme leur nom l'indique, avec un fluide caloporteur qui circule dans le radiateur. Certains sont pilotables grâce à un thermostat intégré.

Calculer la puissance nécessaire

Suivant la surface à chauffer, calculez la puissance adaptée de votre radiateur électrique. Pour une maison isolée dans le respect des normes actuelles et avec un plafond de hauteur standard de 2,50 m, comptez 70 W/m². En présence de plus de deux murs extérieurs, ou d'un plafond sous toiture, ou encore en rez-de-chaussée, il vous sera nécessaire de minorer ces surfaces de 10 %. Pour une habitation isolée comptez 90 à 100 W/m², et jusqu'à 130 W pour une maison peu ou pas isolée.

SURFACE DE LA PIÈCE	PUISSANCE DU RADIATEUR
7 m²	500 W
14 m²	1 000 W
21,5 m²	1 500 W
28,5 m²	2 000 W

Choisir le bon emplacement

Pour répartir la chaleur dans une pièce, choisissez plusieurs radiateurs et placez-les dans les angles pour laisser les murs libres. Vous pouvez les poser en dessous des fenêtres. Pour les chambres, évitez de fixer les radiateurs au niveau des têtes de lit. Les convecteurs sont souvent installés contre des parois extérieures, donc normalement isolées. Faites attention à la composition des murs et choisissez en cas de besoin des chevilles prévues pour les matériaux isolants (chevilles à expansion type "Molly").

La norme NF C 15-100 prévoit que les appareils de chauffage ne doivent pas être raccordés sur des socles de prise mais sur une boîte de sortie de câble.

Seuls les appareils mobiles peuvent être alimentés par prise.

Se repérer dans la classification des radiateurs électriques

Les appareils de chauffage électriques font l'objet d'une classification et d'informations normatives qu'il convient de connaître pour les choisir mais aussi pour les utiliser.

Catégories A, B ou C

Deux notions permettent de définir le classement catégoriel des appareils de chauffage :

- la dérive : écart de la température ambiante obtenue dans la pièce lors du fonctionnement d'un convecteur avec des climats extérieurs différents et le thermostat positionné sur le même repère ;
- l'amplitude : écart de la température ambiante d'une pièce entre l'enclenchement et le désenclenchement du thermostat (soit durant 1 cycle).

En fonction de ces notions, les appareils sont classés dans trois catégories :

- A : dérive 2,5 °C, amplitude 2 °C ;
- B : dérive 2,5 °C, amplitude 1 °C ;
- C : dérive 1,5 °C, amplitude 0,5 °C.

Classification de sécurité

Classe I : l'appareil est à relier à la terre
Classe II : une double isolation assure l'isolement électrique. Les appareils peuvent ne pas être reliés à la terre.
Classe III : la sécurité repose sur l'alimentation en très basse tension de sécurité, 12 V en général.

Maîtriser la consommation d'énergie

Que votre équipement soit électrique ou relié au chauffage central, vous pouvez contrôler votre consommation d'énergie. Régler le chauffage présente de nombreux avantages : conserver une température constante, économiser l'énergie et éviter le gaspillage. Ce réglage s'effectue par l'intermédiaire de robinets thermostatiques qui influent localement sur les radiateurs, soit par un thermostat d'ambiance qui agit sur la chaudière, soit par un programmateur qui règle directement les convecteurs.

Thermostat mécanique

Très simple d'utilisation, ce thermostat mécanique convient à tous types de chauffage. Il offre une plage de réglage de 5 à 35 °C.

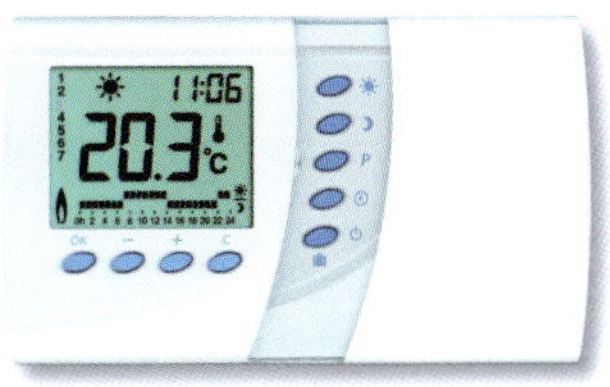

Thermostat électronique

Compatible avec tous types de chauffage, ce thermostat électronique programmable permet une programmation hebdomadaire. Il est précis à 0,5 °C près.

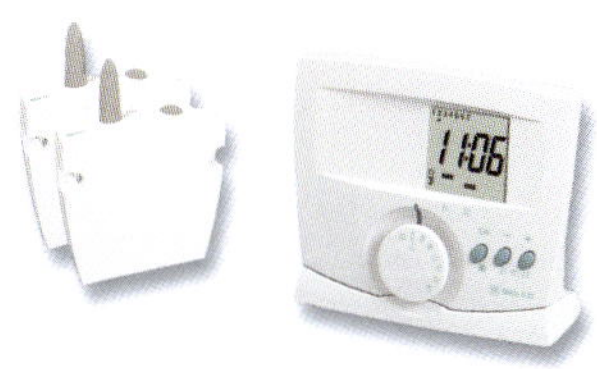

Programmateur

Ce type de programmateur présente la possibilité de définir la température pour différentes pièces ou "zones". Compatibles uniquement avec le chauffage électrique, les modèles sans fil permettent de rajouter des récepteurs supplémentaires.

L'outil malin

Le réglage par téléphone

Remettez en marche facilement votre chaudière à distance grâce à un simple coup de téléphone. Un système de commande téléphonique déclenche votre chaudière. Facile à installer, cette commande est branchée sur la prise téléphonique et relie la chaudière au thermostat.

Relier un thermostat/ programmateur aux radiateurs électriques

Si vous changez votre système de chauffage électrique, vous pouvez choisir des radiateurs électriques, soit avec des cassettes de programmation intégrables, soit avec programmateur fil pilote radio ou un programmateur filaire adapté.

Relier un programmateur avec des convecteurs fil pilote avec le raccord fil pilote déjà installé

Posez un programmateur filaire (en 1 ou 2 ou 3 zones). Mettez hors tension le circuit d'alimentation du chauffage. Placez-le près du tableau électrique et alimentez le bornier d'alimentation sur la phase et sur le neutre. Raccordez le ou les fils pilotes sur le bornier de l'appareil. Mettez la programmation hebdomadaire pour chacune des zones commandées.

Relier un programmateur avec des convecteurs fil pilote sans raccord fil pilote existant

Posez un programmateur fil pilote radio (en 1 ou 2 ou 3 zones) avec des récepteurs radio fil pilote. Mettez hors tension le circuit d'alimentation du chauffage. Connectez les récepteurs radio fil pilote sur chacun des convecteurs sur le raccordement alimentation de la boîte de dérivation des appareils puis raccordez le fil pilote du récepteur avec le fil pilote du convecteur. Le programmateur émetteur est alimenté par des piles et se pose en ambiance. Paramétrez l'émetteur avec le ou les récepteurs pour chaque zone et faites votre programmation hebdomadaire pour chacune des zones commandées.

Relier un thermostat avec des convecteurs sans fil pilote

Il faut rajouter des contacteurs de puissance sur le tableau électrique entre le thermostat et le disjoncteur : la somme des puissances des contacteurs est égale ou supérieure à la somme des puissances des convecteurs commandés. Placez le thermostat en ambiance dans votre habitat. Raccordez une phase sur le bornier en entrée du thermostat et raccordez en sortie du bornier l'entrée bobine A1 du contacteur de puissance. Raccordez la sortie de la bobine A2 du contacteur de puissance sur le neutre d'une alimentation.

Relier un thermostat avec une chaudière centrale eau chaude

Raccordez les deux fils du thermostat sur le bornier thermostat de la chaudière en enlevant le shunt (jonction entre les cosses) du bornier de la chaudière.

HUMIDITÉ TRAITEMENT

Conseil castorama

La bonne période pour les travaux

Commencez les travaux de réparation au printemps, pour pouvoir traiter en été, lorsque les surfaces sont bien sèches.

Une bonne isolation et une ventilation efficace de votre habitation sont les meilleurs moyens pour prévenir les causes de l'humidité. Néanmoins, de nombreux logements sont touchés par les problèmes d'humidité. Buée sur les vitres, décollement de papier peint, apparitions de moisissures, sont des signes alarmants à prendre en compte avant que l'humidité n'ait entraîné des dégâts irréversibles et la détérioration de votre patrimoine. D'après les dégâts constatés, commencez par identifier l'origine de l'humidité, pour en traiter dans un premier temps les causes (fissures dans un mur). Dans un second temps et après séchage, vous pourrez traiter les détériorations dues à l'humidité.

Identifier l'origine de l'humidité

Avant d'entreprendre les travaux de traitement, recherchez d'où vient l'humidité. Elle peut avoir plusieurs causes.

Les infiltrations de toiture 1 2

Une tuile arrachée par le vent, une ardoise cassée, suffit à provoquer des dommages dans les matériaux intérieurs. Une fuite sur la toiture peut également provenir d'un raccord défectueux entre la cheminée et le toit. Une intervention rapide permet d'éviter de gros travaux.

Les infiltrations de façade 3 4

Une façade doit être ravalée tous les dix ans, durant cette période son étanchéité est garantie, au-delà elle deviendra poreuse. Les infiltrations sont dues soit à la porosité des murs soit à des fissures.

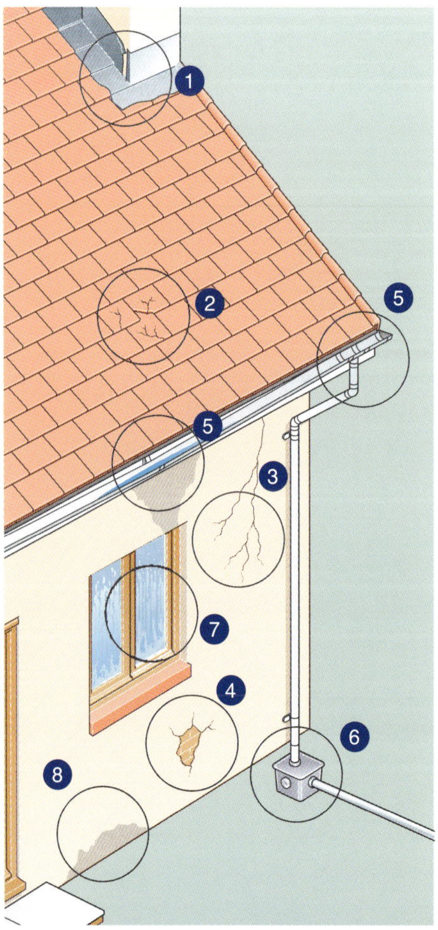

Une fuite de la gouttière 5

Les gouttières doivent être entretenues régulièrement. La fuite provient soit d'un mauvais raccord soit d'une fissure.

Une fuite dans les canalisations 6

Une infiltration, un dégât des eaux peuvent provenir d'une cause accidentelle, un contrôle régulier des canalisations et appareils est nécessaire. Vérifiez régulièrement si votre compteur d'eau ne tourne pas lorsque tous les robinets sont fermés.

Un problème de condensation 7

Phénomène naturel et commun, la condensation crée des coulures sur les vitres, des taches noires dans les zones plus froides, et favorise l'apparition de moisissures et mauvaises odeurs.

Des remontées d'humidité du sol dans les fondations par capillarité 8

L'eau contenue dans le sol remonte dans les murs et provoque des dégâts importants : enduits décollés ou boursouflés, plinthes qui gondolent, murs qui s'effritent, apparition de mousses et moisissures. Ce phénomène de capillarité est inévitable, mais c'est la porosité des matériaux qui provoquera ou non des problèmes.

ORIGINES	SOLUTIONS DE RÉPARATIONS
Infiltrations façade, murs poreux	Traitement du mur extérieur par injections Peinture imperméabilisante
Infiltrations toiture (tuile, ardoise)	Mastic colle Imperméabilisant
Infiltration toiture-terrasse (non circulables)	Revêtement bitumineux Bande d'étanchéité
Remontées d'humidité du sol par capillarité (traces sur le mur intérieur)	Revêtement d'étanchéité bas de mur (mur non enterré) Revêtement d'étanchéité fondations (mur enterré) Traitement du mur par injections puis traitement antisalpêtre
Fissures	Mastic Revêtement élastique
Fuite gouttière	Bande d'étanchéité Mastic gouttière
Joint défectueux entre éléments (calage, calfeutrage)	Mousse polyuréthane pour calage Bande d'étanchéité Mastic polyuréthane (raccordement mur et sol extérieurs)
Infiltration joint de vitre/menuiserie	Mastic silicone pour vitrage
Fuite canalisations	Mastic de réparation en fonction du matériau
Condensation	Ventilation

Constater les détériorations

Un bon diagnostic des détériorations vous permettra de mieux les traiter. Pour chaque cas, il existe la solution adaptée. Veillez à éliminer les causes de chaque détérioration avant d'en traiter les conséquences. Sans cela, les dégradations risquent de réapparaître.

DÉTÉRIORATIONS	SOLUTIONS DE TRAITEMENT (APRÈS SÉCHAGE)
Cloquage des revêtements et peintures	Grattage, ponçage, enduit de rebouchage, rénovation du revêtement
Décollement des revêtements muraux (papier peint, etc.)	Fixateur hydrofuge pour murs
Déformation du bois, pourriture	Traitement curatif bois, remplacement des parties endommagées
Efflorescences : l'eau infiltrée par des fissures ou de par la porosité des matériaux dissout des sels minéraux. Lorsqu'elle s'évapore, des amas de sels forment des traces blanchâtres ou beiges.	Brossage et nettoyage
Effritement des matériaux	Grattage, ponçage, rénovation ou fixateur pour murs si effritement léger
Moisissures, champignons : les champignons (mérules) se développent dans les lieux mal aérés, humides et obscurs. Leurs ramifications sont robustes et peuvent entraîner d'importantes dégradations.	Fongicide
Mousse	Antimousse
Odeur de moisi et de renfermé	Ventilation, absorbeur d'humidité, deshumificateur
Rouille	Antirouille
Salpêtre : ce sont des cristaux de nitrate, potassium ou calcium, anhydres et laineux, qui se forment sous l'action conjuguée de l'eau, des nitrates et de l'ammoniac contenus dans l'eau provenant du sol. Il se développe sous l'action de trois facteurs : l'humidité, les bactéries et une température comprise entre 10 °C et 15 °C.	Antisalpêtre
Taches noires	Nettoyage et peinture imperméabilisante

Conseil castorama

Évaluer l'humidité d'un sol

Pour savoir si un sol est sec, étendez un plastique sur le sol. Si l'humidité est condensée sous le plastique après 12 h, le sol n'est pas encore suffisamment sec.

Traiter l'humidité

Chaque produit de traitement correspond à un problème précis. Vous pourrez grâce au descriptif ci-dessous choisir la solution adaptée. Pour chaque utilisation, respectez les conseils d'utilisation pour un résultat optimal.

LES PRODUITS DE TRAITEMENT	
Absorbeur d'humidité	Capte l'excès d'humidité d'une pièce et règle la condensation. Il stoppe et prévient l'apparition des moisissures et le décollement du papier peint.
Additif mortier	S'ajoute dans la composition du mortier pour le rendre imperméable.
Adhésif ou bande d'étanchéité à coller	Constitue une réparation rapide des joints, raccordements ou fissures de toitures.
Antimousse	Détruit et prévient la formation des mousses.
Antirouille	Détruit et stoppe la rouille.
Antisalpêtre	Élimine et prévient l'apparition de salpêtre sur les murs intérieurs.
Enduit et revêtement bitumineux	Destinés à l'imperméabilisation des fondations, des toits et des terrasses, ces produits permettent de boucher la porosité de certains matériaux (béton, parpaings).
Fongicide	Forme une barrière empêchant l'apparition de moisissures, de champignons et de salpêtre.
Hydrofuge	Détruit les mousses et les moisissures et empêche l'eau de s'infiltrer.
Injections	Prévient et traite les murs intérieurs et extérieurs en profondeur en formant une barrière étanche contre les remontées capillaires.
Mastic	Certains mastics sont applicables par temps humide pour une réparation d'urgence des joints et raccordements.
Mousse expansive	Remplit et réalise l'étanchéité de toutes cavités, trous et interstices.
Peintures imperméabilisantes	Permet de réaliser une barrière étanche stoppant l'eau. Elle supprime les taches et auréoles humides sur les murs.
Revêtement élastique	Prévient le vieillissement des matériaux et comble les petites fissures. Convient pour les travaux de façade et de toiture.
Silicone	Joint imperméable à l'eau permet d'éviter les infiltrations d'eau et protège des vibrations dues au vent et à la pluie entre le vitrage et les châssis de menuiseries. Le silicone peut être aussi utilisé en intérieur dans les pièces humides (cuisine, salle de bains, buanderie).

Utiliser les produits de traitement

Pour un résultat optimal, utilisez des produits de qualité et respectez les règles d'application.

- Utilisez le produit pour la destination indiquée.
- Ne mélangez pas les produits entre eux.
- Utilisez les diluants préconisés.
- Le rinçage éventuel des produits de traitement ou de préparation doit être réalisé à grande eau.
- Après un lavage, un traitement ou un rinçage, les matériaux sont souvent très humides. Plusieurs jours de séchage peuvent être nécessaires avant de pouvoir appliquer la finition.
- Attention à la sécurité, les produits peuvent être : inflammables, toxiques, nocifs, irritants. Pour le respect de l'environnement, éliminez les résidus par des voies adaptées. Portez des protections adaptées. Attention aux enfants : stockez les produits hors de leur portée !

La maison écologique

NOTIONS DE BASE LA MAISON ÉCOLOGIQUE

Énergies renouvelables, éco-matériaux, jardin biologique... l'écologie s'invite toujours plus dans nos maisons. Construire, rénover et aménager sans nuire à l'environnement et à la santé, et tout en faisant des économies, c'est dorénavant à la portée de tous ! Vous retrouverez dans ces pages tous les produits et toutes les techniques pour une maison plus saine, plus économe et plus écologique.

Une maison basse consommation

Réduire la facture énergétique de nos maisons, c'est le premier geste « vert ». Le bâtiment représente en France plus de 40 % de la consommation totale d'énergie ! En construction comme en rénovation, plusieurs aménagements permettent de réduire cette consommation tout en bénéficiant d'un confort égal ou supérieur.
D'abord, bien isoler : du sol aux combles en passant par les murs, les portes et les fenêtres, les besoins en énergie pour le chauffage peuvent être divisés par 3.
Ensuite, choisir un système de chauffage écologique. Les énergies renouvelables telles que le bois, le solaire ou l'aérothermie deviennent aujourd'hui économiques, face à l'augmentation du prix des combustibles fossiles.
Vous pouvez aussi produire chez vous l'électricité à partir de panneaux solaires : une façon de plus de combiner économie et écologie.

Isoler page 338
Chauffer page 346
Produire son énergie page 348
S'éclairer page 356

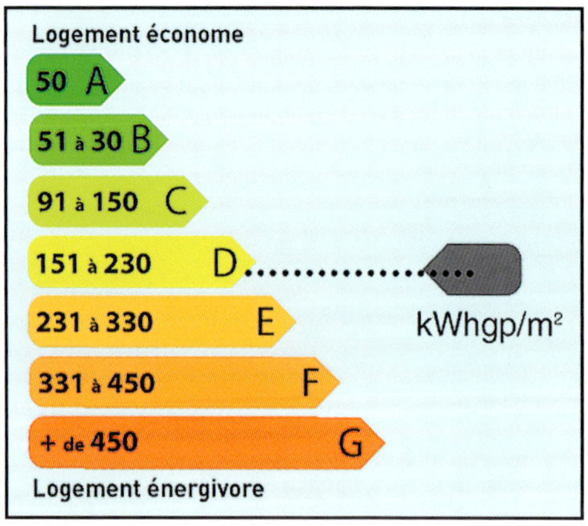

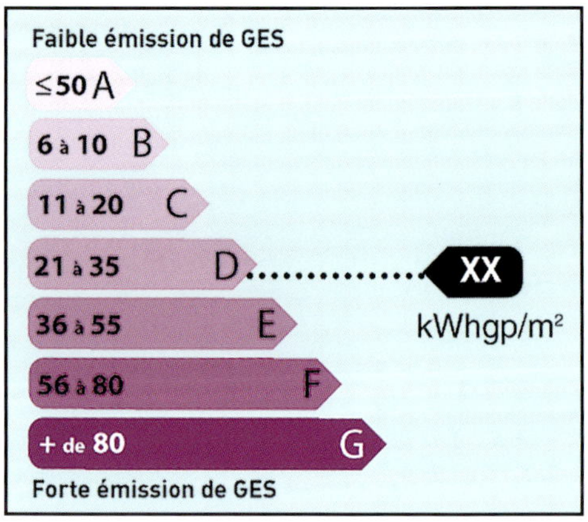

Aération et climatisation naturelles page 358
Ventilation mécanique page 360
Peinture et produits d'entretien page 362

Une maison qui respire la santé

C'est souvent à la maison que nous passons la plus grande partie de notre temps : elle doit aussi respecter la santé de ses occupants. Certains matériaux utilisés en construction « classique » dégagent des composés organiques volatils (COV), des résidus d'hydrocarbures qui peuvent être nocifs pour les habitants : utiliser des peintures, vernis et produits d'entretien écologiques permet de réduire la quantité de COV ; ce qui ne dispense toutefois pas d'un renouvellement efficace de l'air intérieur. Les maisons bien isolées sont souvent très étanches et ne permettent pas ce renouvellement. Adopter un système de ventilation performant est donc indispensable pour que l'air circule, et permet de réguler l'humidité.

Une maison économe en eau

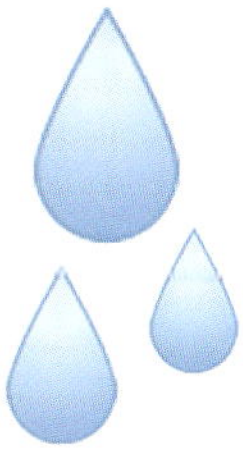

Chaque personne consomme en moyenne 148 l d'eau potable par jour, dont à peine 40 % nécessitent véritablement de l'eau potable. Une maison écologique, c'est donc une maison qui réduit nos consommations inutiles en eau potable, grâce à des installations (chasse d'eau, robinetterie) économes, qui permettent d'alléger significativement les factures. L'étape suivante, c'est la récupération de l'eau de pluie : l'économie potentielle pour une famille de 4 personnes est de 120 000 litres d'eau par an.

Produits économes page 364

Récupération d'eau page 368

Eau au jardin page 370

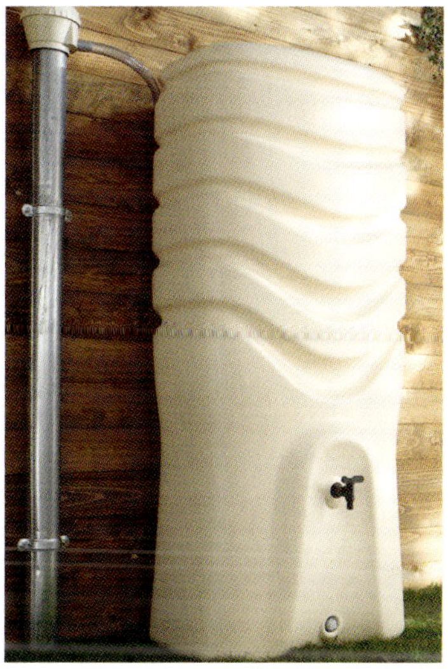

Compost page 372

Engrais page 374

Un jardin biologique

Terrain de jeux ou de repos, soigné ou sauvage, le jardin est un lieu de vie, sain et écologique de préférence ! Jardiner bio, c'est protéger sa santé et celle de la planète. Progressivement, passez au bio en privilégiant les engrais naturels et les produits de jardin utilisables en agriculture biologique. Lancez-vous sans difficulté dans les pratiques-clés du jardinage bio : compostage, paillage, etc. et profitez des bienfaits d'un jardin naturel.

ECO FERT ®

Une maison tout en bois

Cap sur le bois, reconnu comme le matériau écologique par excellence : naturel, recyclable et renouvelable, à condition qu'il bénéficie des labels de certification (FSC, PEFC) ou de contrôle (TFT), garantie que le bois provient de forêts durablement gérées. En construction, chauffage ou décoration, le bois fait des prouesses. Des maisons économiques, innovantes et écologiques grâce à l'ossature bois ; un ameublement respectueux de l'environnement grâce aux mobiliers de jardin labellisés ou contrôlés... Le bois s'impose dans la maison écologique !

Produits bois certifiés page 376

Maison bois page 378

FSC ©

ÉNERGIES UNE MAISON ÉCONOME

La maîtrise de votre consommation d'énergie dépend de la qualité de l'isolation de votre habitation. Isoler permet de réaliser des économies, de profiter d'un meilleur confort de vie, mais aussi de réduire les émissions de gaz à effet de serre
Toiture, murs, sols et fenêtres sont autant d'endroits susceptibles de laisser s'échapper la chaleur. Différentes solutions techniques permettent d'obtenir une isolation de qualité dans le neuf comme dans l'ancien, à l'occasion par exemple d'une rénovation.

Déperditions de chaleur

D'une façon générale, les calories sont naturellement attirées vers le froid. Dans une maison chauffée, cela se traduit par une perte de chaleur en différents points faibles de l'habitation quand elle n'est pas isolée : toiture, renouvellement de l'air (VMC simple flux, extracteurs, etc.), murs, fenêtres, sol, différentes zones de jonction entre les éléments de construction (c'est ce que l'on appelle les "ponts thermiques").
Si ces différentes parties de la maison ne sont pas traitées, c'est-à-dire pas isolées, le maintien du confort à l'intérieur de la maison passe par un surcroît de chauffage et donc tout à la fois par :
– une consommation excessive de combustible (fioul, gaz ou bois) ou d'électricité et donc une augmentation des dépenses de chauffage ;
– un surcroît d'émission de CO_2 (gaz à effet de serre) et de différents polluants dans l'atmosphère, ce qui participe au réchauffement climatique et à la dégradation de la qualité de l'air.

Les réglementations thermiques (RT)

À la fin du siècle dernier, les Pouvoirs publics ont promulgué une réglementation thermique, la première prenant effet en 2000, et devant être réactualisée tous les cinq ans. L'État fixe ainsi par décret et arrêté les exigences en matière thermique pour tous les bâtiments résidentiels ou non. Elle s'applique à tous les permis de construire et aux rénovations lourdes conduites par des professionnels. Elle poursuit les objectifs suivants :
– réduire la consommation d'énergie des bâtiments ;
– maîtriser les dépenses d'énergie ;
– prendre en compte le confort d'été ;
– diminuer les émissions de gaz à effet de serre ;
– se conformer aux normes européennes.
L'objectif est de ramener les émissions de gaz à effet de serre moyennes de la période de 2008 à 2012, au niveau de celles de 1990.

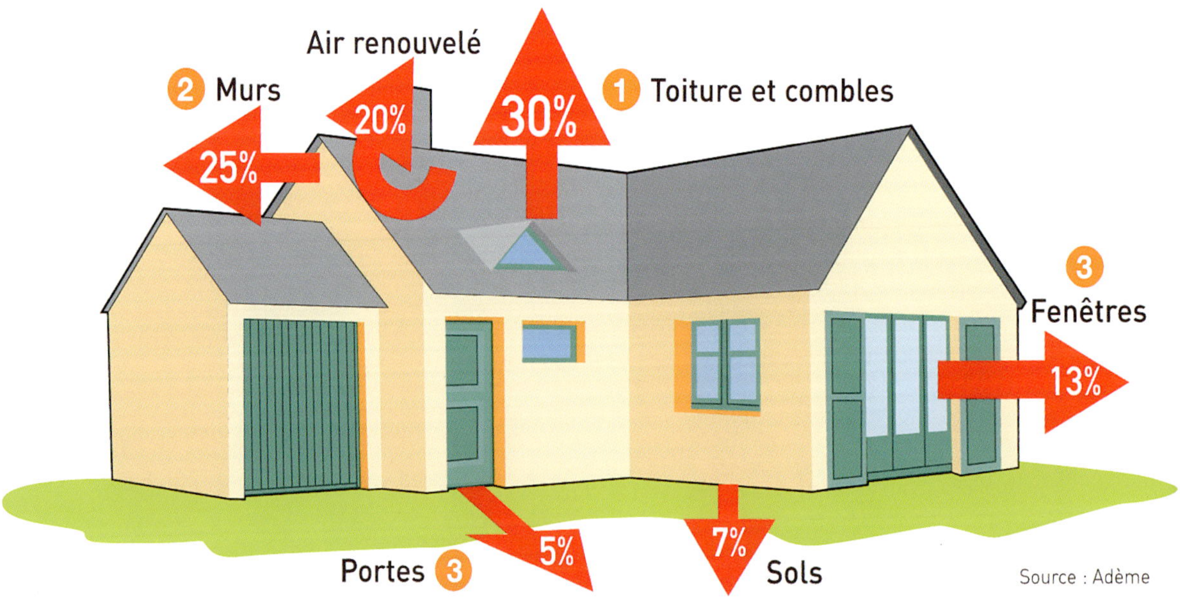

Source : Adème

l'astuce éco de castorama

La thermographie
Pendant deux mois (février et mars), l'ensemble des bâtiments des dix-huit communes dunkerquoises ont été thermographié par infrarouge à partir d'un hélicoptère afin de rendre compte de leur niveau d'isolation. 80 000 images numérisées ont été concrètement enregistrées afin de distinguer les déperditions de chaque bâtiment. Chaque habitant a pu prendre connaissance de la qualité de l'isolation de son habitat et obtenir des conseils pour économiser l'énergie.

Ne chauffez plus les petits oiseaux !

Si elle n'est pas bien isolée, votre maison est une passoire à calories et vous chauffez surtout… les petits oiseaux ! C'est bien sûr la toiture qui constitue la principale zone de déperdition. Il faut donc l'isoler en priorité. Puis les murs (surtout exposés au nord), plus difficiles à traiter quand la maison est déjà construite. La ventilation, quand elle n'est pas bien maîtrisée est aussi très dispendieuse en énergie. Viennent ensuite les ouvertures, dont il faut souvent remplacer les huisseries et pour finir le sol, surtout s'il est de plain-pied.

Le label Haute Performance Énergétique (HPE)

Il atteste qu'un bâtiment respecte un niveau de performance énergétique globale supérieur à l'exigence réglementaire. Il comprend 5 niveaux : HPE, THPE, HPE Enr (énergie renouvelable), THPEnr, BBC (bâtiment basse consommation énergétique).

Le DPE : diagnostic de performance énergétique

Le diagnostic de performance énergétique est obligatoire lorsqu'on veut vendre sa maison, et doit être fourni à l'acquéreur au moment de la signature du compromis de vente. Ce n'est pas, comme on le pense souvent à tort, un diagnostic de la qualité de l'isolation de la maison, mais une analyse globale de la qualité énergétique de celle-ci. Il intègre notamment le niveau de performance du système de chauffage. Vous pouvez aussi le faire réaliser à tout moment, par exemple à la veille de faire refaire l'isolation de la maison ou de remplacer votre chaudière.

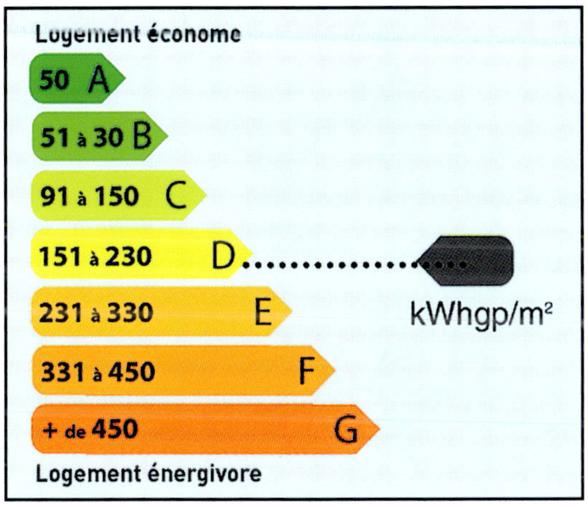

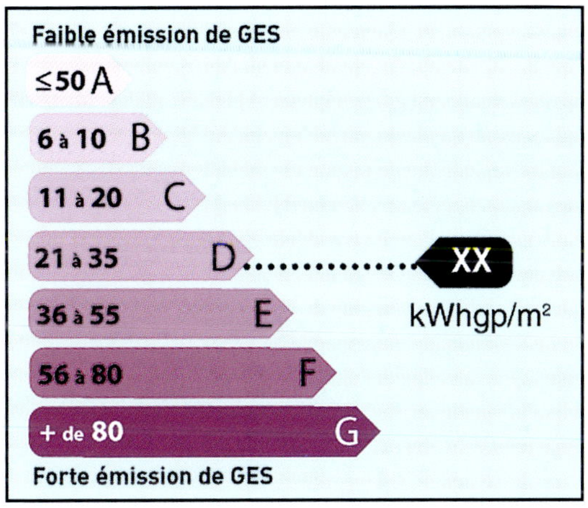

Conseil castorama

Pas de panique !
La plupart des maisons ayant plus de 30 ans sont classées F ou G. Celles qui ont été construites après 1975 dépassent rarement D et seules les maisons construites très récemment peuvent prétendre au B ou au C.

Les bénéfices d'une maison bien isolée

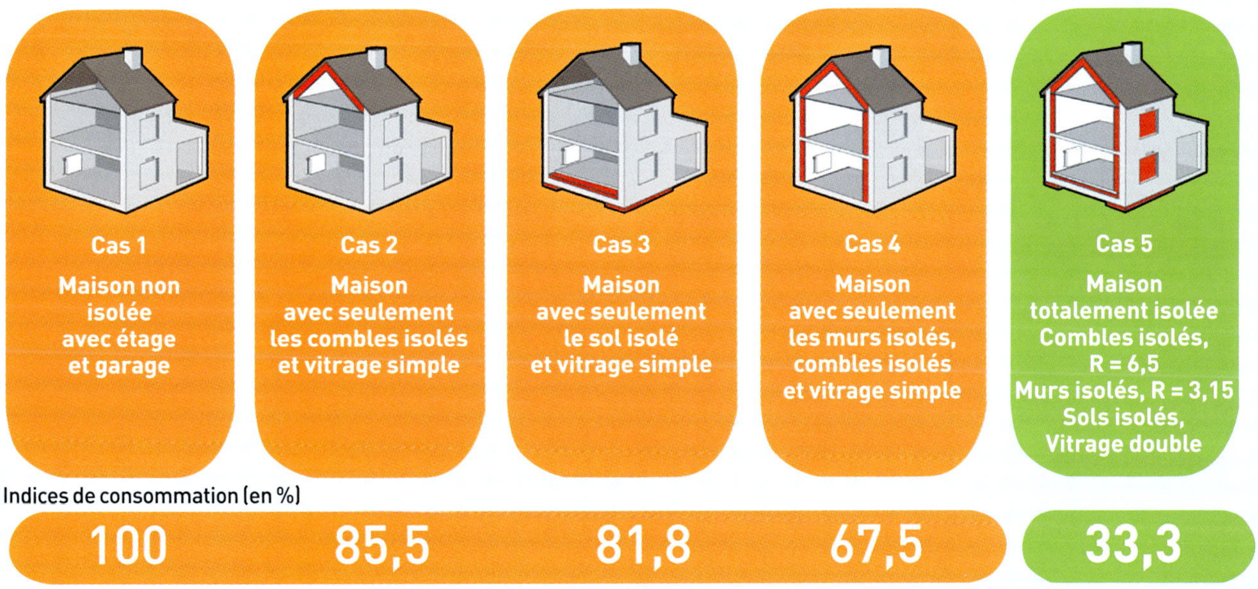

L'isolation complète d'une maison permet de diviser par trois la consommation d'énergie et de réduire ainsi considérablement votre facture de chauffage. Les solutions sont simples et à la portée de tous, pour un investissement certes important, mais qui peut être nettement réduit par les aides publiques (pour la résidence principale) nationales et régionales, sous la forme de crédits d'impôts.

La maison passive

Bien conçue, avec une structure et des matériaux isolants, bien orientée avec de vastes ouvertures au sud, une maison devrait pouvoir se passer de toute source énergétique pour le chauffage et le rafraîchissement. C'est ce que l'on appelle une maison "passive", notion inspirée des labels "passivhaus" en Allemagne et "Minergie" en Suisse. En France, il n'y a cependant pas de label "Maison passive", notion insuffisamment précise pour pouvoir être normée, l'objectif étant d'obtenir une habitation qui ne consomme pas plus de 15 kWh/m²/an de chauffage.

On lui préfère pour l'instant le niveau supérieur de la RT, le BBC 2005, objectif optimal de notre normalisation.

Le label Effinergie

Il est fondé sur le label BBC 2005, qui ne vise, pour l'instant "que" 50 kWh/m² en prenant en compte les consommations de tous les usages (chauffage, refroidissement ; production d'eau chaude sanitaire, ventilation et éclairage) et décliné selon les zones climatiques de la RT2005 et l'altitude du projet de construction.

ÉNERGIES ISOLATION

De nombreux matériaux sont disponibles pour assurer l'isolation de votre intérieur. Leurs origines et performances varient : matériaux de synthèse ou d'origine naturelle, recyclé, etc. Les laines minérales (verre, roche) sont les isolants les plus utilisés dans le monde. Elles sont issues de ressources abondantes. Les matériaux d'isolation dits naturels sont le plus souvent choisis pour leur qualité sanitaire et leur faible impact sur l'environnement. Ils peuvent être d'origine végétale (chanvre, bois, ouate de cellulose) ou animale (laine de mouton). Les isolants, ou produits minces réfléchissants constituent des compléments d'isolation ou sont à utiliser quand la configuration des lieux ne permet pas l'utilisation d'isolants classiques de forte épaisseur.

Les isolants thermiques et leurs niveaux de performance

Combles perdus difficiles d'accès

Des matériaux à épandre rendent le travail plus facile sans perdre en efficacité.

Granulés isolants Vermiculite pour épandage manuel.

Laine de verre en flocon pour épandage manuel.

Combles perdus accessibles

On utilise généralement ici un isolant à dérouler sur le plancher, pare-vapeur vers le sol.

Laine de verre semi-rigide à dérouler, voile de confort.

Laine de verre IBR à dérouler, pare-vapeur.

Combles aménageables

Si les combles sont accessibles et que vous souhaitez y aménager des pièces à vivre, il vous faut isoler la toiture. En rénovation, le plus simple est de poser un isolant en sous-face de toiture, en veillant toujours à conserver une lame d'air entre l'isolant et celle-ci.

Panneau de laine de chanvre semi-rigide, nu, ép. 100 mm

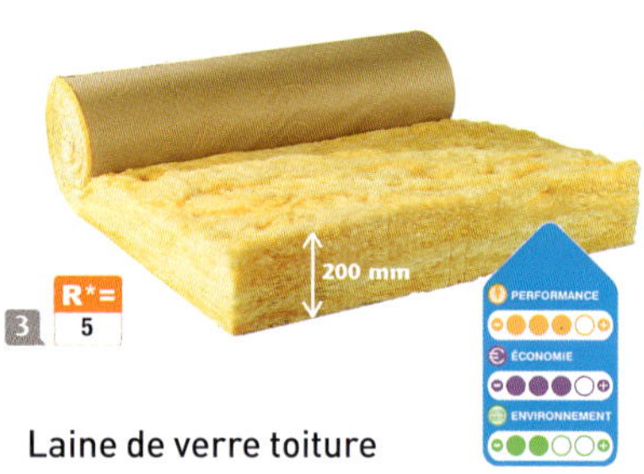

Laine de verre toiture revêtue d'un pare-vapeur sur une face, ép. 200 mm

Panneau roulé de laine de verre semi-rigide à dérouler, avec pare-vapeur quadrillé sur une face, ép. 75 mm

Isolation des murs réguliers par panneaux composites collés

Des panneaux composés d'une couche d'isolant (PSE, laine de verre ou PSE Ultra) sont collés directement sur le mur.

Plaque de plâtre + PSE

Plaque de plâtre + laine de verre

Plaque de plâtre + PSE Ultra

Isolation des murs irréguliers sur ossature métallique

L'isolant est glissé entre les rails d'une ossature métallique sur laquelle est ensuite vissé un parement en plaque de plâtre.

Panneau roulé de laine de verre semi-rigide à dérouler, ép. 100 mm

Panneau de laine de verre semi-rigide, ép. 75 ou 100 mm

Panneau roulé de laine de verre semi-rigide à dérouler, ép. 100 mm

Panneau de laine de verre semi-rigide, ép. 100 mm

Isolation des sols

Panneau en PSE sous chape flottante, ép. 20 mm

Panneau en PSE extrudé sous chape flottante, 80 mm

l'astuce éco

Le chanvre

Issu d'une plante facile à cultiver, qui pousse vite, demande peu d'eau et est peu sensible aux maladies et aux parasites, le chanvre est un isolant renouvelable, donc respectueux de l'environnement. Ses performances thermiques et acoustiques équivalent à celles de la laine de verre.

Système d'aide au choix

Il vous aide à choisir l'isolant selon les critères de performance, d'économie ou de respect de l'environnement.

L'isolation phonique

La Nouvelle Réglementation Acoustique (NRA)

On désigne sous cette appellation un ensemble de dispositions résultant de l'arrêté du 28 octobre 1994, modifié en 2000. Cette modification a en fait aligné la France sur la réglementation européenne sur le bruit. Elle ne concerne que les habitations individuelles groupées ou non et le collectif neuf dont le permis de construire a été déposé depuis le 1er janvier 1996.

Cette réglementation fixe à la fois des exigences en matière de moyens de mise en œuvre au moment de la construction, mais aussi des obligations de résultat qui peuvent être mesurées sur site une fois la construction achevée.

La réglementation fixe désormais l'atténuation minimale du niveau sonore que doivent fournir les composants de l'habitation : par exemple 30 dB pour une façade exposée à une route ou à une voie ferrée, 58 dB entre le plafond d'un hall de partie commune et la pièce située au-dessus, 30 dB entre la terrasse d'un immeuble ou le plancher du grenier et la pièce située en dessous, etc.

Isolation et correction acoustiques

L'isolation acoustique concerne le degré de performance des matériaux et méthodes de mise en œuvre ; la correction acoustique concerne l'énergie sonore émise et reçue à l'intérieur d'un local. C'est la réduction de la puissance acoustique résultant de la propagation du son qui exprime l'absorption acoustique. Elle se mesure par un coefficient : alpha. Plus le matériau est absorbant phoniquement et plus son coefficient alpha est proche de 1.

Les matériaux d'isolation phonique

Laine de verre Isover à poser verticalement avec ossature.

Laine de verre Isover teintée en panneau roulé semi-rigide revêtue d'un voile de confort.

Dalle d'insonorisation pour cloison légère Matson à coller sur le mur, recouvrable par papier peint ou peinture.

Plaque de plâtre Placo® Phonique BA13, qui amortit le bruit.

Sous-couche liège Isol'Parquet à poser sous parquet flottant ou dalle vinyle.

Rouleau d'insonorisation réduisant la propagation des ondes à travers les cloisons lourdes.

Sous-couche en fibre de bois à poser sous parquet flottant ou dalle vinyle.

Principes de mise en œuvre

Effet ressort-amortisseur

Les isolants que l'on utilise pour atténuer les bruits sont souvent les mêmes que ceux dont on se sert pour l'isolation thermique. Ils offrent en effet une structure poreuse favorable à l'absorption de l'énergie transmise par le bruit.

Les isolants phoniques jouent sur l'effet ressort (diminution de l'amplitude d'un mouvement ondulatoire et réduction de la transmission sonore) et sur l'effet amortisseur (réduction de l'énergie sonore grâce à l'élasticité du produit).

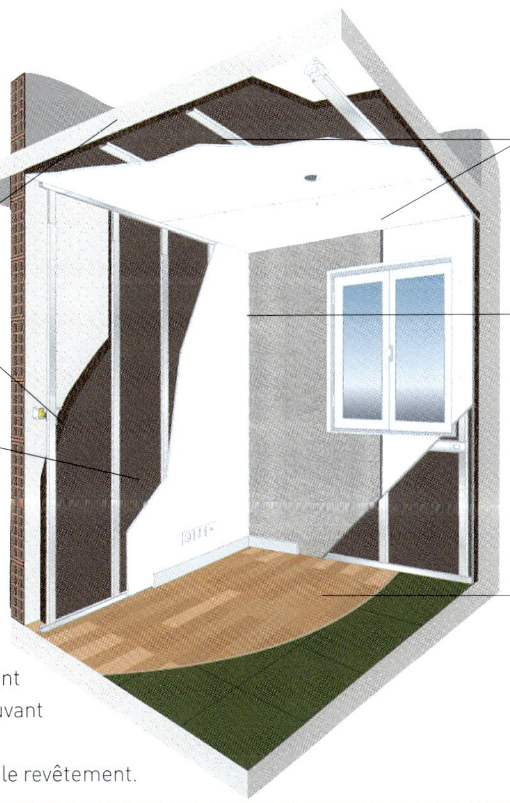

Méthodes de pose

Les isolants phoniques peuvent être posés de différentes façons en fonction de leur nature et de leur épaisseur.

- La pose collée, directement sur les parois est utilisée pour des isolants de faible épaisseur.
- La réalisation d'une ossature permet le maintien d'une couche d'isolant épais (par exemple de la laine de verre) et celle de plaques de plâtre pouvant participer à l'isolation phonique elle-même.
- Les dalles d'insonorisation pour le sol sont placées directement sous le revêtement.

Il n'est plus possible de concevoir la construction d'une maison ou la rénovation d'un bâtiment ancien sans prévoir une solide isolation thermique. La laine minérale reste le matériau le plus utilisé, bien qu'il soit concurrencé aujourd'hui par des fibres végétales (chanvre, bois, coton) ou animales (laine de mouton, plume).

Isoler les combles

Combles non utilisés : isoler le sol

Quand les combles ne sont pas destinés à être utilisés, ou ne peuvent l'être (charpente en fermettes), vous pouvez vous limiter à mettre sur le sol un isolant. Deux solutions très rapides à mettre en œuvre sont ici possibles :
- le déversement sur le sol d'isolant en flocons et en vrac (laine minérale, laine de cellulose, etc.) ;
- ou le déroulement d'isolant fibreux (laine minérale ou végétale) directement sur le sol. Ces deux solutions sont d'une efficacité tout à fait équivalente, la seconde étant cependant plus à la portée de l'amateur.

Isolant en vrac

1 Assurez-vous d'une bonne étanchéité à la poussière entre le plafond et les murs.

2 Marchez sur les solives avec précaution et épandez une couche de 15 à 30 cm d'isolant en flocon.

Combles peu accessibles

Le soufflage de la laine de verre en flocon est idéal en présence d'un solivage soutenant un plafond en plaque de plâtre et pour les combles peu accessibles. Cette technique est du ressort du professionnel.

Combles accessibles mais inutilisés

On peut se contenter de dérouler une forte épaisseur de laine de verre sur le plancher, en veillant à toujours placer le pare-vapeur vers le sol et à assurer une parfaite jonction entre les lés.

Isolant déroulé

1 Déroulez une première couche d'isolant sur le sol ou entre les solives, pare-vapeur vers le sol.

2 Réalisez une 2e couche croisée, sans pare-vapeur.

l'astuce éco de castorama

Le lambda et le R
- Le lambda définit l'aptitude d'un matériau à se laisser traverser plus ou moins par un flux de chaleur : c'est la conductivité thermique ou lambda.
- Le R définit la résistance d'un matériau à ce flux de chaleur. Le R est le rapport entre l'épaisseur de l'isolant et son lambda : à lambda égal, plus l'isolant est épais et plus le R est élevé, et donc plus le produit s'oppose au passage de la chaleur. Une couche de laine de verre de 200 mm offre un excellent R (environ 5).

Combles utilisés : isoler la sous-toiture

Quand on veut conserver la possibilité d'utiliser les combles, notamment pour en faire des pièces à vivre, on isole cette fois la sous-toiture et non le sol du grenier. On utilise pour cela de la laine minérale ou végétale de forte épaisseur en une ou deux couches. La solution la plus simple est de placer des suspentes sur les chevrons, de loger de l'isolant entre ceux-ci, puis d'embrocher une autre couche sur des suspentes et de la maintenir par des profilés métalliques, (appelés aussi fourrures) sur lesquels sont ensuite fixées des plaques de plâtre ou encore du lambris après interposition d'une membrane pare vapeur.

1 Calculez la longueur utile des suspentes en fonction de l'épaisseur de l'isolant et fixez-les contre les chevrons avec des vis. Placez des panneaux semi-rigide de laine de verre entre les chevrons.

2 Embrochez l'isolant sur les suspentes et vissez sur celles-ci les rosaces de blocage qui maintiendront l'isolant.

3 Après avoir vissé les rosaces sur les supentes, clipsez dessus les profilés métalliques.

4 Une membrane à base de polyamide joue le rôle de pare-vapeur dont la perméabilité décroît à mesure que le taux d'humidité augmente.

5 Vissez sur les profilés des plaques de plâtre et réalisez les joints pour garantir l'étanchéité à l'air.

Isoler une charpente traditionnelle

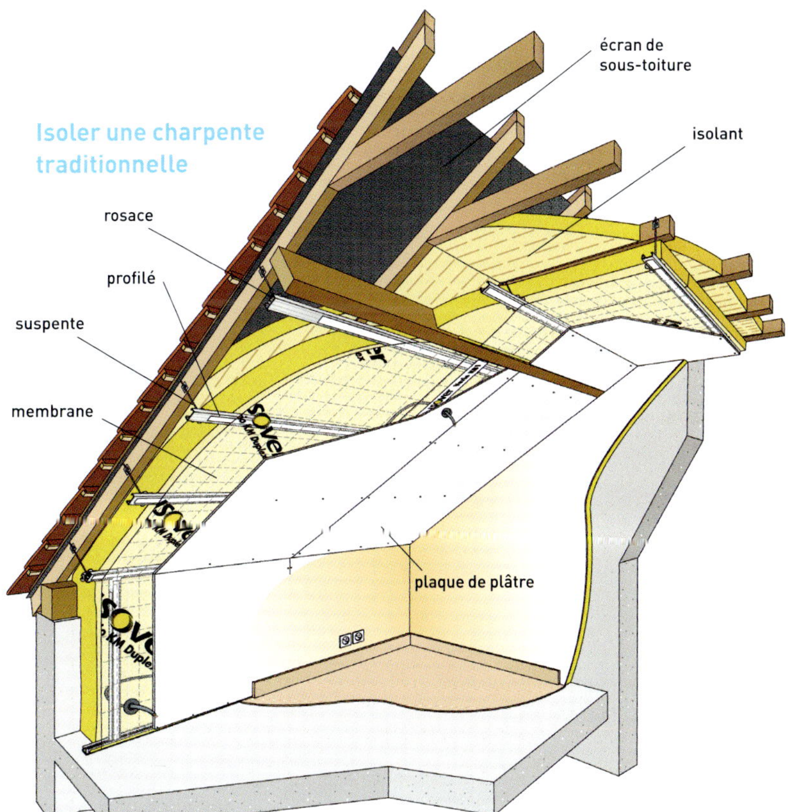

l'astuce éco de castorama

Mesurez les déperditions de chaleur

Le pistolet thermolaser permet de vérifier le différentiel entre la température de votre pièce et celle des parois et ouvertures (murs, fenêtres, etc.). Si celle-ci est supérieure à 4 °C, cela signifie qu'il y a du gaspillage d'énergie.

Isoler murs et cloisons

Les murs constituent l'une des zones de déperditions majeures d'une maison. Dans la plupart des cas, le plus simple est de les isoler par l'intérieur, au moyen de laine minérale ou végétale. Différentes solutions sont possibles mais la plus simple consiste à doubler les parois pour empêcher le froid de pénétrer dans la maison. Il est possible de coller l'isolant directement sur le mur, mais la technique la plus employée consiste à établir une ossature métallique permettant tout à la fois de plaquer l'isolant contre la paroi, puis de recevoir une plaque de plâtre qui peut être directement peinte ou tapissée, après un minimum de préparation (réalisation des joints avec des calicots).

Doublage sur ossature

Cette solution permet de réaliser une isolation thermo-acoustique des murs et cloisons. Des entretoises fixées au mur servent à embrocher la laine de verre pour la fixation des ossatures verticales sur lesquelles sont vissées les plaques de plâtre. C'est la solution la plus adaptée à l'isolation des parois de la plupart des pièces. Elle permet en effet de réaliser une véritable enveloppe thermo-acoustique garantissant un excellent confort. Elle s'adapte à tous les cas de figure, même les murs cintrés. Le passage des gaines électriques peut se faire dans l'isolant, sans aucune saignée.

1 Les profilés fixés au sol et au plafond sont placés à une distance du mur correspondant à l'épaisseur de l'isolant. Tracez, percez et chevillez avant de les visser solidement. Faites de même pour les profilés intermédiaires destinés à recevoir les entretoises. Disposez celles-ci en les clipsant sur le rail. Coupez la laine de verre à la hauteur du panneau, puis embrochez-la sur les entretoises en la plaquant contre le mur.

2 Les entretoises reçoivent une sorte de "clé" en matière plastique qui permet de plaquer correctement l'isolant contre le mur et de bien le maintenir en place, puis de bloquer parfaitement les profilés verticaux.

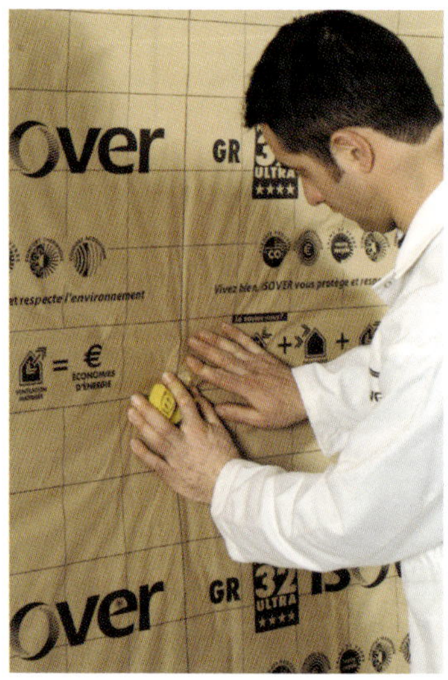

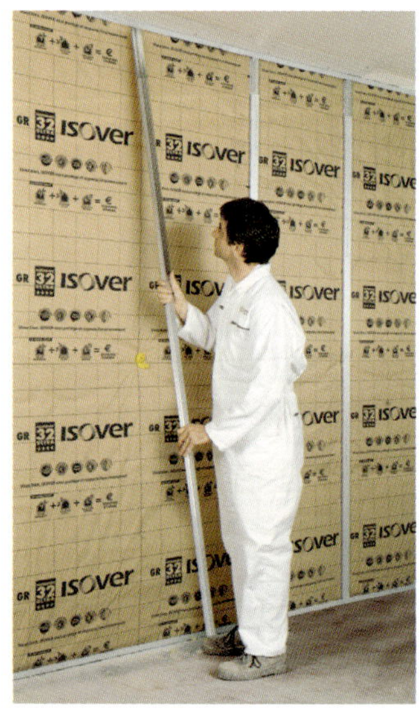

3 Mettez en place les profilés verticaux. Ils sont conçus de façon à permettre le raccordement et le prolongement de profilés en cas de grande hauteur sous plafond.

4 Il ne reste plus qu'à visser les plaques de plâtre, à réaliser les joints (enduit et calicot), puis à peindre ou tapisser. Le système permet aussi de fixer directement sur l'ossature des lambris bois, des lambris PVC ou encore des panneaux laqués.

Doublage collé

Les panneaux sont collés directement sur le mur par l'intermédiaire de plots de mortier adhésif. Le mur doit être sain et assez régulier. Ce type de doublage procure une excellente isolation thermique et acoustique pour un minimum de travaux.

Contre cloisonnement

Il existe un certain nombre de méthodes permettant de réaliser l'isolation d'une paroi par l'intérieur sans pour autant avoir à établir une ossature plus ou moins compliquée. Elles consistent à utiliser soit des panneaux composites (ou "complexe d'isolation") intégrant une couche d'isolant et une plaque de plâtre, soit des panneaux d'isolant semi-rigides, maintenus sommairement au mur par embrochage sur des pattes métalliques, puis doublés par une cloison maçonnée.

Isolation sous contre cloison maçonnée

L'isolant (ici de la laine de verre semi-rigide) est plaqué contre le mur, pare-vapeur tourné vers la pièce à isoler. La laine de verre est embrochée sur des pattes métalliques qui sont fixées directement au mur.

Elles peuvent être vissées ou simplement collées, à raison de deux par lé. Les briques plâtrières ou les carreaux de plâtre sont ensuite montés à joints décalés par emboîtement et collage. Ce système permet l'accrochage d'objets de poids sur la cloison.

l'astuce éco de castorama

Une maison étanche

L'étanchéité de la maison à l'air est l'une des conditions de sa bonne isolation thermique. Néanmoins, une étanchéité totale sans ventilation correcte se traduit par un risque de prolifération des moisissures. Une VMC, de préférence double flux, s'impose donc dans tous les cas.

Isoler les sols

Plus de 15 % des déperditions de chaleur passent par les planchers dans une maison qui n'est pas isolée. Il est essentiel, en particulier, d'isoler très soigneusement les sols du rez-de-chaussée, surtout sur terre-plein. Une bonne isolation sous chape constitue la solution idéale, au plan thermique comme au plan phonique.

1 Les panneaux en laine de verre thermo-acoustiques sont placés en quinconce bord à bord, avec une bande de désolidarisation périphérique.

2 Une feuille plastique (polyane) destinée à assurer l'étanchéité est étalée sur le sol. Faites-la remonter sur les bandes périphériques.

3 Réalisez une chape de mortier après avoir disposé un treillis métallique. Cette méthode convient pour les planchers chauffants.

L'isolation par l'extérieur

Chaque fois qu'on le peut, l'idéal est d'isoler la toiture ou les murs par l'extérieur, ce qui évite de refroidir la structure même du bâtiment.

Isolation de la toiture

Parmi différentes solutions, on citera la mise en place de panneaux de laine de verre entre les chevrons, après déroulement d'une membrane pare-vapeur. On double ensuite les chevrons sur lesquels on cloue horizontalement les liteaux de soutien des tuiles ou ardoises.

Isolation des murs

On fixe par différents moyens l'isolant contre le mur de façade, notamment par une ossature métallique, et on rapporte un bardage de surface constituant le revêtement de façade.

Sécurité

Précautions d'installation

La mise en place des différents systèmes de calfeutrage ne doit pas nuire à la sécurité de la porte. Il faut veiller, en particulier, à ce que les joints ne gênent pas les systèmes antidégondages, et il ne faut jamais démonter ceux-ci pour privilégier l'isolation.

Pendant longtemps, portes et fenêtres ont constitué des points de déperdition importants de chaleur dans la maison : d'abord parce que leur étanchéité à l'air était mauvaise ; ensuite parce que le verre constituait une zone de contact très faiblement isolante entre l'atmosphère chauffée de la maison et l'air froid à l'extérieur. L'étanchéité est aujourd'hui quasi totale sur les huisseries neuves ou peut être fortement améliorée sur les fenêtres anciennes, et le caractère isolant des vitrages a été considérablement amélioré avec les doubles et aujourd'hui triples vitrages, qui peuvent être même installés dans l'ancien.

Calfeutrage des portes

L'espace entre le bas des portes et le sol est souvent important et laisse passer beaucoup d'air froid. Ce défaut peut aujourd'hui être corrigé assez facilement grâce à différents systèmes assurant une meilleure étanchéité à l'air, sans pour autant gêner l'ouverture et la fermeture de la porte.

Bourrelet

C'est le calfeutrage le plus classique, le plus économique, mais pas le plus efficace. On le fixe par clouage de la lèvre supérieure avec de petites pointes. Il existe en blanc ou en ton bois.

Brosse

Ce système de calfeutrage est constitué d'une baguette à visser sur le bas de porte, intégrant une brosse qui appuie en permanence sur le sol.

Bas de porte pivotant

Le dispositif comprend ici une baguette en aluminium portant un bourrelet, articulée avec un poussoir à roulette, qui se relève automatiquement quand on ouvre la porte. Ceci évite que le bourrelet frotte inutilement sur le sol lorsqu'on manœuvre la porte.

l'astuce éco de castorama

Une porte d'entrée isolante

Quand on parle isolation des portes, on pense plutôt "porte-fenêtre". Or il est très important, aussi, que la porte d'entrée soit isolante. On en trouve aujourd'hui en différents matériaux de synthèse, mais aussi à parements acier postformé à âme en mousse de polyuréthane injectée et à vitrage feuilleté isolant.

Calfeutrage des fenêtres

L'espace entre le bâti (le dormant) et l'ouvrant de la porte ou de la fenêtre résulte d'un mauvais ajustement entre ces deux parties de la menuiserie, du fait de l'usure ou des déformations du bois (ce qui ne se produit plus avec les fenêtres en PVC ou en aluminium). Il faut donc le calfeutrer.

▲ Joints de calfeutrage en mousse

C'est le système le plus élémentaire : un joint autocollant repositionnable est collé en fond de feuillure du dormant. Il calfeutre des jours jusqu'à 7 mm.

▼ Joint en caoutchouc à profil en V

Beaucoup plus efficace, ce joint s'apparente à celui qui équipe d'origine les fenêtres isolantes à double vitrage. Il existe en blanc et en marron.

Calfeutrage des portes de garage

Bien que le garage soit rarement chauffé, il est important que sa porte constitue une barrière au froid, car sa communication avec l'intérieur de la maison est rarement constituée d'une porte isolante.
Sa structure même peut être isolante, mais c'est surtout le bas de porte qui doit être traité.

Bas de porte à lèvre

Une baguette en aluminium à bavette en PVC noir doit être vissée directement sur le bas de porte, à l'extérieur du garage.

Les vitrages isolants

Il y a longtemps déjà que l'on a pris conscience que les vitrages constituaient une importante zone de déperdition de chaleur dans la maison. Après le survitrage, le double vitrage et aujourd'hui le triple vitrage sont venus renforcer l'isolation de la fenêtre.
Pour bénéficier du crédit d'impôt, il faut impérativement aujourd'hui que le double vitrage soit à isolation renforcée et offre une performance de Ug ≤ 1,5 W/m²°K.

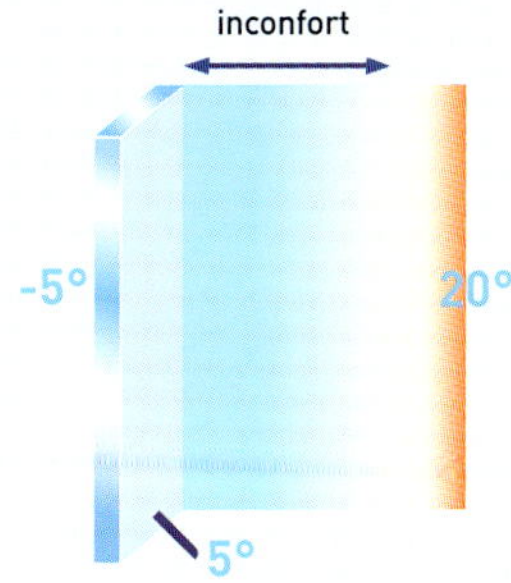

Simple vitrage

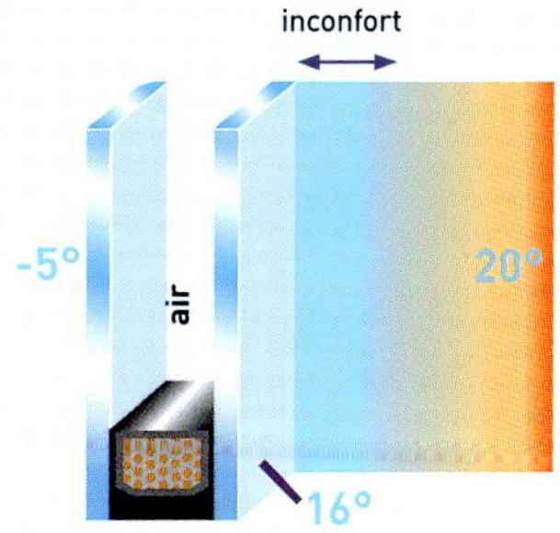

Double vitrage

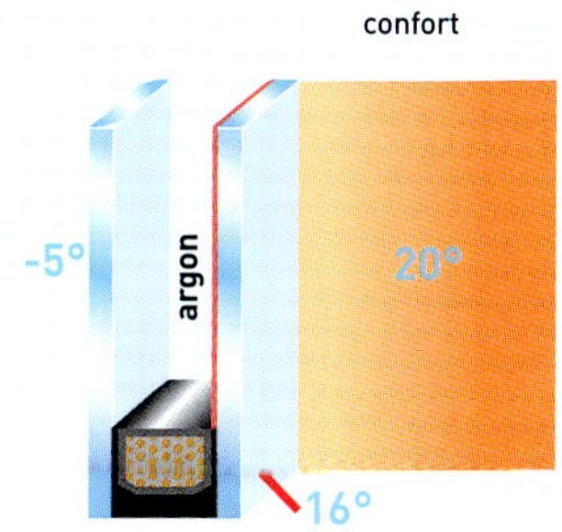

Double vitrage à isolation thermique renforcée

Fenêtres et portes isolantes

À l'issue des premiers chocs pétroliers, dans les années 1970, on a vite pris conscience de la nécessité de renouveler radicalement la conception même des fenêtres, pour les rendre à la fois plus étanches à l'air et plus isolantes au froid. Le mariage du double vitrage et des huisseries en PVC s'est imposé. Il aura fallu attendre au moins deux décennies pour voir apparaître des fenêtres isolantes en bois et en aluminium.
Les fenêtres, les portes-fenêtres et la porte d'entrée, tout comme une éventuelle porte de service, doivent être aujourd'hui isolantes. Obligatoires dans le neuf, elles peuvent se substituer aux vieilles huisseries dans l'habitat ancien, au prix de quelques modifications de structure. Là encore des crédits d'impôt permettent d'alléger la dépense, dans une habitation principale et sous certaines conditions relatives à la composition de la famille et à la date de construction et d'acquisition de la maison ou de l'appartement.

La régulation de température : le premier geste pour économiser jusqu'à 25 % d'énergie !

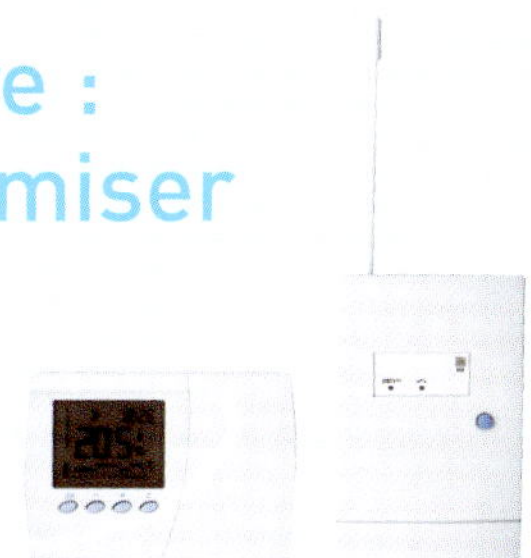

Les robinets thermostatiques, les régulateurs et les programmateurs fournissent la bonne température dans chacune des pièces de la maison, de façon constante, permettant ainsi d'assurer sans gaspillage d'énergie un confort optimal. En régulant son chauffage, on peut économiser de 7 à 25 % d'énergie selon le système de chauffage et le type de programmation. Un exemple : une baisse de 1 °C de la température génère 7 % d'économie d'énergie...

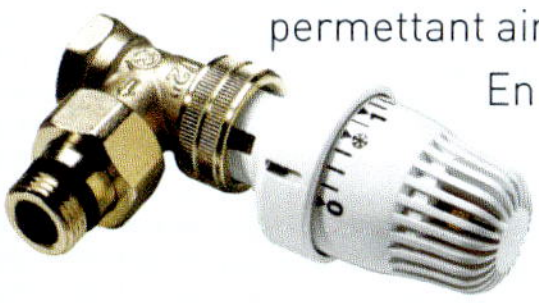

Les labels

En matière thermique, deux labels sont à prendre en compte avec attention quand on achète une fenêtre :
- le label ACOTHERM (Th de 1 à 8) qui garantit les performances (thermique et acoustique) des fenêtres ;
- les certifications CTBA (pour le bois) et CSTBat (pour le PVC) qui garantissent l'étanchéité à l'air (A1 à A3), à l'eau (E1 à A3 ou EE) et la résistance au vent (V1 à V3, VEE). Les notions d'étanchéité à l'air et de résistance au vent sont bien sûr très importantes sur le plan thermique.

Attention : le crédit d'impôts n'est accordé (en 2008) qu'aux fenêtres bénéficiant du label ACOTHERM 5 à 7.

Les matériaux

Pendant longtemps, seules les fenêtres en PVC à double vitrage purent être considérées comme des fenêtres isolantes. Cette exclusivité n'est plus de mise aujourd'hui puisqu'on trouve des fenêtres isolantes très performantes en bois, en aluminium, ou encore bi-matériaux.

Fenêtre de toit

Les fenêtres de toit bénéficient désormais d'une excellente isolation thermique en été, et renforcée en hiver.

Fenêtre PVC

Stable et particulièrement performant au plan thermique, le PVC convient aussi bien pour le neuf que pour la rénovation. Les profilés se sont affinés et offrent désormais une plus grande surface vitrée.

Fenêtre bois exotique

S'intégrant parfaitement à tous les styles de maison et de décoration, le bois est aujourd'hui adapté à la réalisation de fenêtres parfaitement isolantes, équipées d'un double ou triple vitrage.

Fenêtre aluminium

La rigidité est certainement le principal atout de l'aluminium. Elle permet d'équiper des baies de grandes dimensions et garantit une finesse des profilés, au profit du vitrage. L'aluminium est proposé dans une large gamme de couleur, y compris imitant le bois.

ÉNERGIES CHAUFFAGE AU BOIS

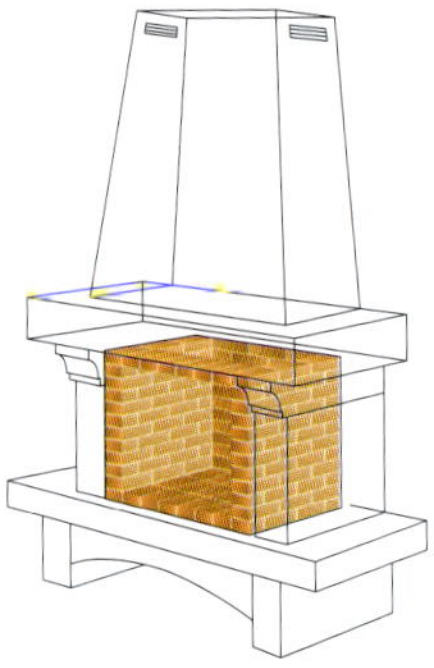

Foyer ouvert
Rendement 25 %.

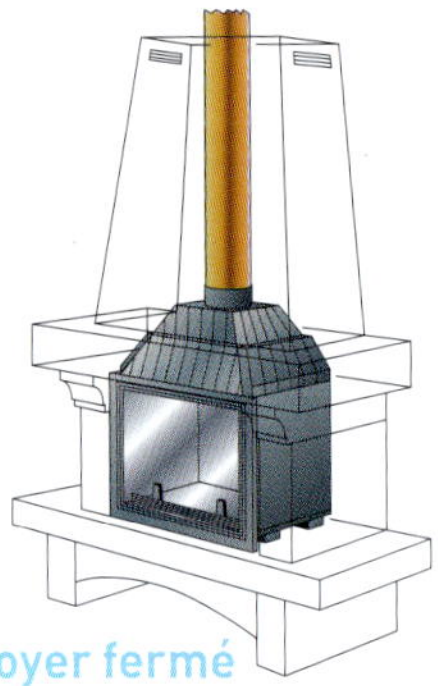

Foyer fermé
Rendement 70 %.

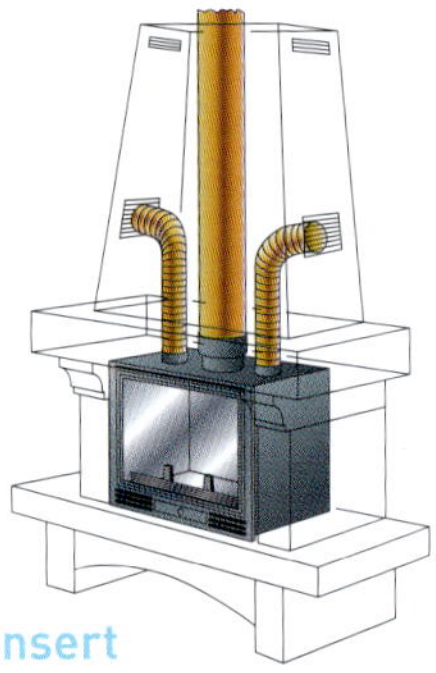

Insert
Rendement + de 70 %.

Parmi tous les combustibles utilisés pour chauffer une maison actuellement, seul le bois est considéré comme une énergie renouvelable, c'est-à-dire susceptible de se renouveler en une génération. Progressivement abandonné au profit du charbon, puis du fuel ou du gaz, le combustible bois a longtemps souffert d'un manque de rendement, confronté à celui de ses successeurs. En fait, ce n'était pas le bois qui était en cause, mais la façon de le faire brûler : les appareils actuels affichent des rendements spectaculaires qui participent, en plus, à une limitation des rejets solides.

De la cheminée à foyer ouvert à la chaudière à granulés

Le bois est l'un des meilleurs combustibles dont le rendement peut-être excellent si sa combustion est assurée dans un foyer fermé, dont l'alimentation en air frais est judicieusement calculée.
Personne ne peut contester le charme visuel d'un beau feu de bûches. Si celui de la cheminée à foyer ouvert reste incomparable, son piètre rendement ne résiste pas à la comparaison avec les foyers fermés et autres inserts.
Dans tous les cas, la présence d'une flamme, directement ou indirectement, accessible impose un minimum de précautions d'utilisation ; une cheminée à foyer ouvert, notamment, ne doit jamais fonctionner sans une surveillance permanente.

Les différents systèmes de chauffage au bois

Tout système de chauffage au bois consiste à faire brûler celui-ci dans un espace limité, voire clos, pour en concentrer le pouvoir calorifique.

Cheminée à foyer ouvert

C'est le système traditionnel : les bûches sont décollées de la sole par des chenets ou une grille, et leur combustion est encouragée par le flux d'air naturel s'échappant par le conduit de fumée. Si le charme du contact direct des flammes est indéniable, le rendement est très faible (25 %) mais peut être amélioré par différents systèmes de récupération.

Foyer fermé

C'est en quelque sorte un poêle "logé" dans le foyer de la cheminée, la chambre de combustion en fonte étant fermée par une porte vitrée en façade. Le rendement est très bon et peut atteindre 70 % avec une combustion très lente limitant les rechargements.

Insert

Il s'agit d'un véritable système de chauffage comprenant une chambre de combustion, une porte vitrée, mais aussi un système de concentration et de distribution de l'air chaud produit, via des conduits pouvant même desservir plusieurs pièces. Certains modèles bénéficient de turbine. Le rendement de l'appareil dépasse 70 %.

Poêle

Les poêles à bois ont fait leur grand retour. Leur esthétique est diverse : certains se sont modernisés, d'autres sont restés très traditionnels ; mais c'est surtout leur technologie qui a évolué, avec notamment la double combustion. Leur rendement atteint 75 %. Les chaudières à bois ne sont rien d'autre que des poêles de fortes dimensions, raccordés à l'installation de chauffage central.

Systèmes à granulés (ou à pellets)

Certains poêles et chaudières ont été développés pour accepter les granulés (ou pellets), issus du compactage de résidus de scieries ou de menuiseries, sans aucun liant. Certains modèles bénéficient d'une alimentation automatique. Leur rendement dépasse les 85 %.

Poêles d'hier et d'aujourd'hui

Les poêles à bois sont de nouveau à la mode. Ce regain d'intérêt se traduit par le retour de modèles classiques au look très rétro (comme le fameux Godin) autant que par l'apparition d'appareils au style très moderne, en rapport avec l'évolution de leur technologie.

Le célèbre Godin de nos grands-mères est de retour, avec son style bien particulier, sa forme cylindrique et son ornementation en fonte. Sa puissance est tout de même de 4,5 kW.

Certains modèles contemporains adoptent aussi la forme cylindrique, comme ce Caminos à feu continu, d'une puissance de 9 kW.

Beaucoup de poêles contemporains possèdent une large porte vitrée et intègrent une réserve pour les bûches. Ce modèle Orlando de chez Supra affiche une puissance de 10 kW.

Un conduit de fumée aux normes

La puissance des appareils de chauffage au bois impose pratiquement toujours l'installation d'un conduit métallique conforme aux normes actuellement en vigueur. Les conduits flexibles sont destinés au tubage des conduits traditionnels à dévoiements, les conduits rigides soudés aux conduits traditionnels droits. Pour la création d'une nouvelle cheminée, on utilise des conduits à double paroi et isolation interne en laine de verre.

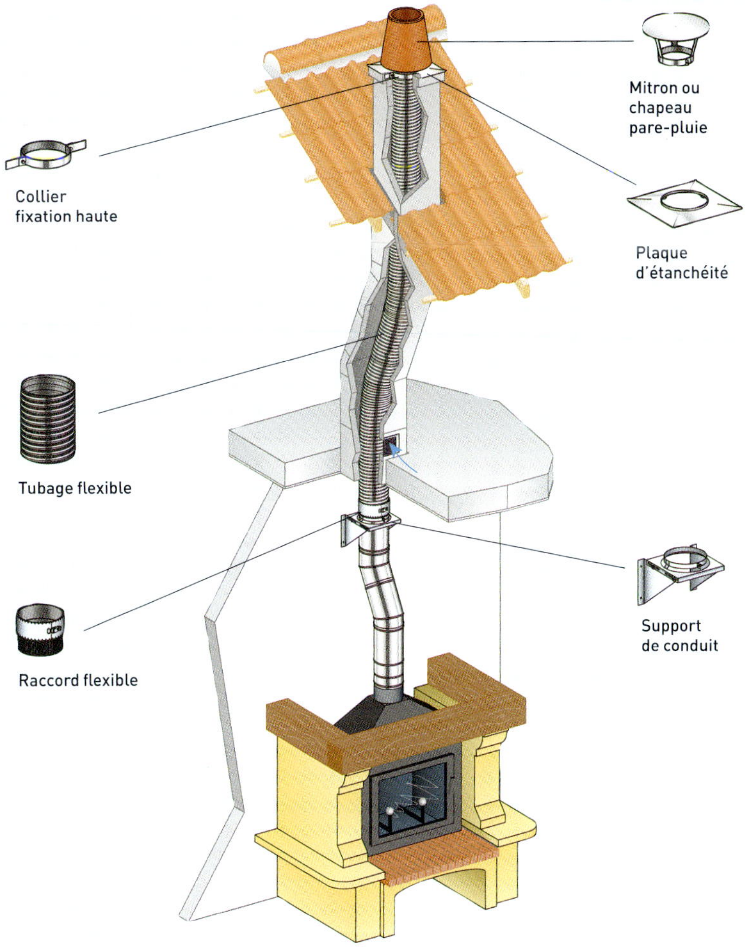

Poêle-cheminée

La distance entre poêle, foyer fermé et poêle-cheminée est assez mince. La facilité d'installation des conduits modernes leur permet de trouver place pratiquement partout dans la maison.

Le poêle-cheminée Antibia, de chez Supra est en acier et en fonte. Il possède une grande fenêtre de vision bénéficiant du système "vitre propre". Il peut être raccordé sur une prise d'air extérieure. Sa puissance de 9 kW permet de chauffer un volume de quelque 380 m³.

Le label Flamme Verte

Il est appliqué sur les appareils de grandes marques les plus sûrs, les plus économiques, les plus performants en termes de rendement et de respect de l'environnement, sous contrôle de l'ADEME.

Il concerne uniquement les appareils domestiques de chauffage au bois respectant les normes françaises et/ou européennes en vigueur.

Il est attribué à des appareils qui ont un rendement supérieur ou égal à 70 %, mais aussi de bonnes performances environnementales : les émissions de monoxyde de carbone (CO) sont inférieures ou egales a 0,6 %.

Les fabricants signataires de la Charte Flamme verte s'engagent à commercialiser des appareils modernes et économiques, qui apportent confort et performance énergétiques et environnementales.

Ces produits sont donc éligibles au crédit d'impôts.

L'air, l'eau, la terre contiennent des calories qu'il est possible de capter pour le chauffage de votre maison, par l'intermédiaire d'une pompe à chaleur (PAC). Ces calories récupérées peuvent servir à chauffer de l'air ou de l'eau, utilisable dans un plancher chauffant ou en relève de chaudière de chauffage central. Certaines pompes à chaleur sont réversibles, ce qui permet d'inverser le sens du système et de rafraîchir l'atmosphère de la maison par pulsion d'air frais (climatisation) ou injection d'eau fraîche dans le plancher, qui devient alors rafraîchissant.

l'astuce éco de castorama

Le procédé le plus écologique

Aux yeux des puristes de l'écologie, c'est le système à "fluides intermédiaires" qui apparaît comme le plus écologique, puisqu'il cantonne la présence de fluide frigorigène à la seule pompe à chaleur, limitant au minimum les risques de fuite du fluide.

Les pompes à chaleur (PAC)

Une pompe à chaleur est un peu comme un réfrigérateur à l'envers... Alors que celui-ci puise les calories contenues dans sa cuve pour les évacuer dans la pièce où il se trouve, une pompe à chaleur prend les calories qui se trouvent à l'extérieur de la maison, dans l'air, la terre ou l'eau souterraine, pour la communiquer au système de chauffage.

PAC air/eau

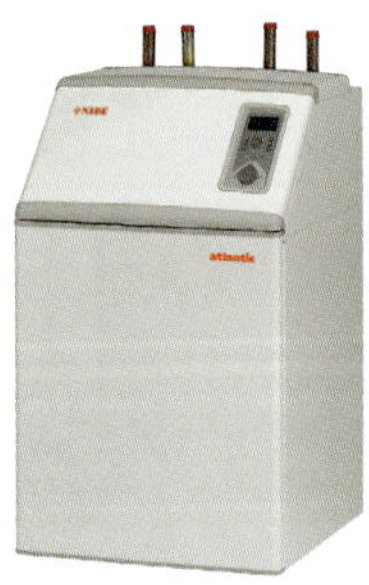

PAC eau/eau

Les types de PAC

Le fait qu'une pompe à chaleur puisse tirer des calories de différents milieux, induit plusieurs types de matériels.

- La PAC air/air puise donc les calories dans l'air et les restitue au même milieu dans la maison. C'est le type de pompe le plus couramment utilisé pour la climatisation. Certaines PAC de ce type sont réversibles et permettent à la fois de chauffer en hiver et de rafraîchir en été.
- La PAC air/eau puise les calories dans l'air extérieur et les communique à un système de chauffage par liquide caloporteur (chauffage central, plancher chauffant).
- La PAC eau/eau puise les calories dans de l'eau souterraine ou dans la terre via un réseau de capteurs enterrés et les communique à un système de chauffage par liquide caloporteur (chauffage central, plancher chauffant).
- La PAC eau/air (assez peu utilisée) puise les calories dans de l'eau souterraine ou dans la terre via un réseau de capteurs enterrés et les communique à des ventilo-convecteurs.

Conseil castorama

Les coefficients à connaître

- Le COP ou coefficient de performance résulte du rapport entre la chaleur produite et l'énergie consommée. Par exemple, une PAC qui consomme 1 kWh d'électricité pour restituer 3 kWh de chauffage a un COP de 3.
- L'EER est le coefficient d'efficacité frigorifique qui traduit la performance d'une PAC quand elle produit du froid.

Les procédés

Plusieurs procédés permettent l'extraction des calories. Ils tiennent essentiellement à la nature du fluide qui circule à l'intérieur de la pompe elle-même, des capteurs et des émetteurs de chauffage.

- Dans une PAC à détente directe, le même liquide frigorigène dans un circuit unique.
- La PAC mixte comprend deux circuits : celui des capteurs et de la pompe elle-même, rempli de fluide frigorigène, et celui des émetteurs (plancher, radiateurs basse température), rempli d'eau.
- La PAC à fluides intermédiaires comprend trois circuits : le circuit des capteurs, rempli d'eau additionnée d'antigel ou eau glycolée, le circuit de la pompe, contenant du liquide frigorigène, le circuit des émetteurs, rempli d'eau.

La géothermie

Une pompe à chaleur géothermique exploite les calories qui se trouvent dans le sol ou dans l'eau souterraine pour les communiquer aux émetteurs de chaleur (plancher chauffant, radiateurs basse température, etc.). Ce type de PAC est très performant, car il n'est pas soumis aux variations hivernales, la température du sol ou de l'eau souterraine étant beaucoup plus stable tout au long de l'année.

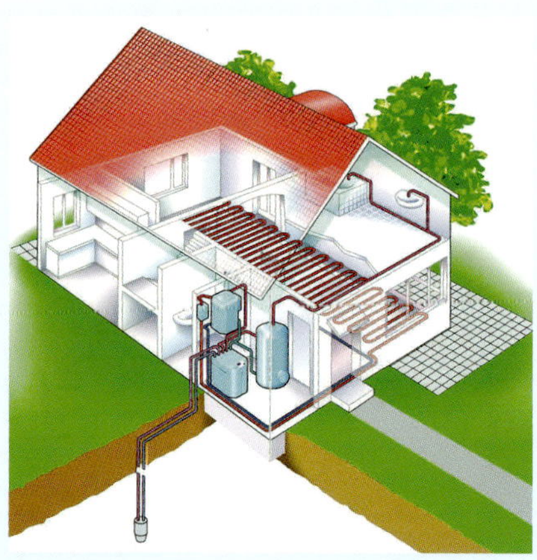

L'aérothermie

On désigne sous le mot "aérothermie" les pompes qui puisent les calories dans l'air extérieur (ou ambiant si elles sont réversibles) et qui les restituent à l'atmosphère de l'habitation sous la forme d'air chaud (PAC air/air) ou en chauffant le liquide des émetteurs, c'est-à-dire les canalisations d'un plancher chauffant ou les éléments d'un chauffage central. Une PAC air/eau peut aussi chauffer indirectement l'eau sanitaire.

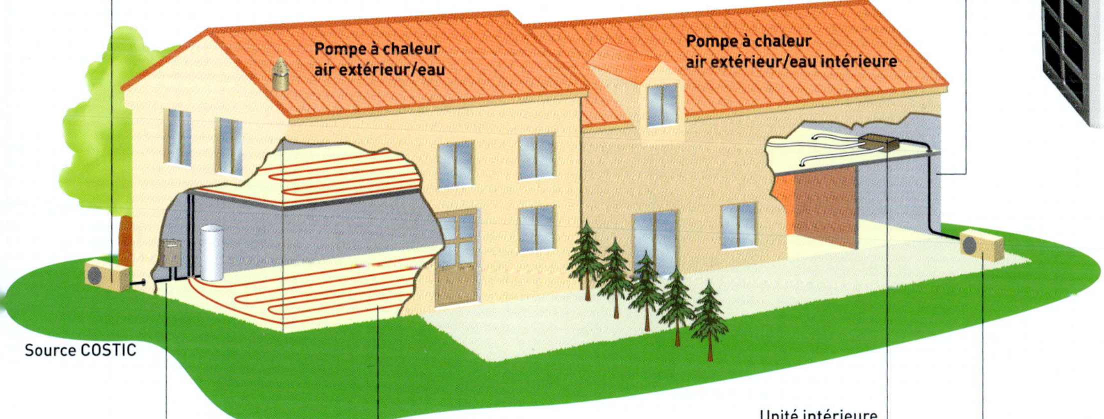

Pompe à chaleur

Cette pompe à chaleur offre un COP de près de 3,5. Elle est idéale pour une association avec un plancher chauffant et peut aussi agir en relève de chaudière.

Fonctionnement de l'aérothermie

Une pompe à chaleur aérothermique prélève les calories dans l'air extérieur. Elle les restitue à un niveau de température plus élevé dans l'air ambiant du logement ou dans le circuit d'eau chaude de l'installation de chauffage. Le chauffage est alors assuré soit par de l'air chaud pulsé (pompe à chaleur air/air), soit par le biais d'un circuit hydraulique alimentant un plancher chauffant, des radiateurs ou des ventilo-convecteurs (pompe à chaleur air/eau).

Une pompe à chaleur aérothermique peut fournir de 3,5 à 4,5 kW de chauffage pour 1 kW d'électricité consommé. C'est ce qu'on appelle le COP ou coefficient d'efficacité. Vous réalisez ainsi des économies d'électricité pouvant atteindre jusqu'à 75 %, par rapport à un chauffage électrique classique. Il est très important de s'assurer de la puissance de la PAC en fonction de différentes données : volume à chauffer, zone climatique et altitude de la construction.

Les émetteurs de chaleur

Différents systèmes permettent d'assurer la diffusion dans la maison, des calories récupérées par la PAC.

Le plancher chauffant basse température

Il est constitué de tubes noyés dans la dalle de béton, qui diffusent une chaleur douce, limitée à 28 °C en surface (beaucoup plus confortable qu'avec les planchers haute température des années 1960). Dans les tubes circule soit de l'eau (PAC à fluide intermédiaire ou mixte), soit du liquide frigorigène (PAC à détente directe).

Radiateurs basse température

Ils sont alimentés par une eau à 45 ou 50 °C garantissant la diffusion d'une chaleur douce harmonieusement répartie. C'est une excellente solution pour les pièces (par exemple en étage) qui ne peuvent être équipées d'un plancher chauffant.

Ventilo-convecteur

Il s'agit en fait d'une variante du "split", bien connu dans le secteur de la climatisation ; mais qui fonctionne avec un échangeur à circulation d'eau et non avec un fluide frigorigène. Il est associé à une pompe à chaleur l'hiver et à une centrale à eau glacée l'été pour assurer le rafraîchissement, rendant le système réversible.

Radiateur en acier basse température

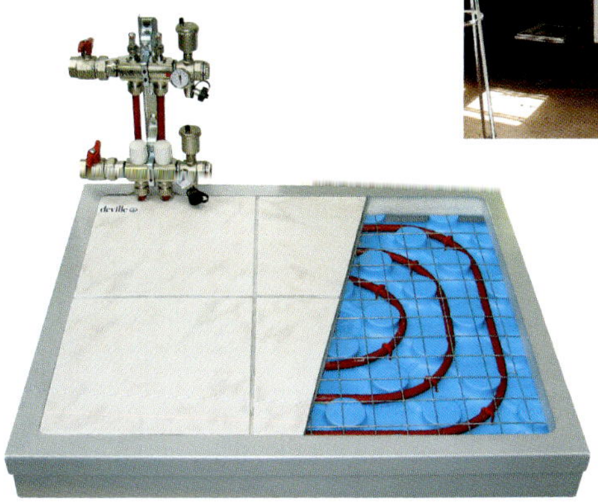

Principe constitutif d'un plancher chauffant

l'astuce éco de castorama

Vers l'autosuffisance ?
Avec une dizaine de mètres carrés de panneaux vous pourrez produire 1 000 kWh/an. Or la consommation moyenne d'un ménage est de 3 000 kW/an. Sachant qu'avec un minimum de "bon gestes" celle-ci peut être réduite de 30 %, c'est aujourd'hui près de la moitié de votre électricité que vous pouvez produire vous-même.

L'énergie solaire est la plus facilement valorisable pour le particulier. Elle est présente partout, sous forme lumineuse, ce qui facilite son exploitation photovoltaïque, qui permet de la transformer directement en électricité. De simples capteurs, situés sur le toit sous forme de panneaux (et bientôt de tuiles proches de celles utilisées ordinairement en couverture) facilitent l'intégration dans l'habitat.

Panneaux photovoltaïques

Constitués de cellules en silicium monocristallin à haut rendement, les panneaux photovoltaïques convertissent directement l'énergie solaire en électricité sous forme continue.

Produire, vendre et racheter le courant

En France, la méthode de subventionnement des installations photovoltaïques est à multiples facettes. Elle intègre des crédits d'impôts et aides européennes et régionales variées pour une part, et une méthode vente et de rachat par EDF quand l'installation est raccordée au réseau. En clair, celui qui a fait une installation de ce type réinjecte l'électricité produite dans le réseau. Celle-ci lui est achetée beaucoup plus cher que le tarif de vente d'EDF. La différence entre le prix de vente du courant produit et du courant consommé, vendu par EDF, constitue une subvention indirecte substantielle.

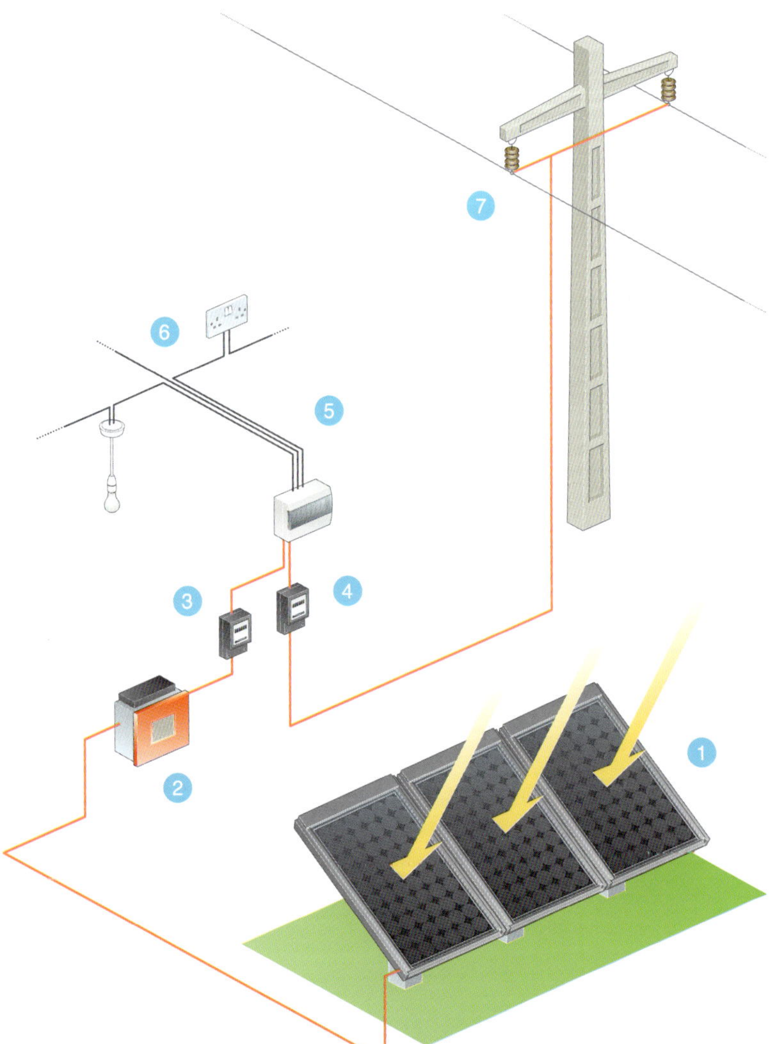

Composants d'une installation

Dans le cadre d'un contrat avec EDF, tout ou partie de l'électricité que vous produisez peut être rachetée par le distributeur à un tarif très avantageux (0,55 € le kWh en 2008 pour les modules intégrés à la couverture, 0,30 € en surimposition), dans le cadre d'un contrat sur 20 ans. Le système comprend les éléments suivants :

1. Les modules solaires intégrés à la couverture ou installés en surimposition (10 à 30 m²).
2. Un onduleur qui transforme le courant monophasé en courant alternatif, utilisable par les appareils et injectable dans le réseau public.
3. Un compteur de production pour comptabiliser la production injectée dans le réseau.
4. Un compteur d'utilisation du courant issu du réseau.
5. Un disjoncteur de branchement (500 mA) et un dispositif de protection (30 mA) et de coupure.
6. Un raccordement à l'installation domestique.
7. Un raccordement au réseau public.

Crédit d'impôts

Jusqu'au 31 décembre 2009, il est acquis que les installations réalisées par un professionnel, dans le cadre d'une résidence principale, bénéficient d'un crédit d'impôts de 50 % sur le prix TTC (net d'autres éventuelles subventions) des fournitures, hors pose, jusqu'à concurrence de 8 000 € pour une personne seule et 16 000 € pour un couple (marié ou pacsé), majoré de 400 € par personne à charge (voir page ci-contre).

Les crédits d'impôts

Le caractère incitatif des crédits d'impôt est tempéré par le fait qu'ils ne sont accordés que si les produits concernés sont achetés par le professionnel qui réalise les travaux, la somme prise en compte ne concernant que le matériel lui-même sans ses accessoires. C'est la facture unique de ce professionnel qui constituera pour vous le seul justificatif vous permettant d'obtenir la déduction fiscale prévue par la loi de finances. Tout achat de matériel par vous-même vous écarte du bénéfice du crédit d'impôts.

Si vous êtes imposable, il vous suffira d'effectuer la déduction sur votre feuille de déclaration. Si vous n'êtes pas imposable, l'Administration vous adressera un chèque de remboursement correspondant au montant de la déduction. Notez que le crédit d'impôt ne vaut que pour votre résidence principale et est soumis à différentes dispositions de nature familiale (voir le tableau ci-dessous). Certaines dispositions concernant notamment l'âge de la construction et la date de son acquisition peuvent modifier du simple au double le taux de crédit d'impôts auquel vous pouvez prétendre. Enfin, de nombreuses dispositions excluent du champ d'application des déductions en raison de leurs performances (jugées insuffisantes) ou des conditions de leur installation. C'est le cas, en particulier pour les installations de climatisation multisplit réversibles.

Les aides au financement

En plus des encouragements fiscaux et des aides apportées par différentes organisations (ADEME, ANAH, etc.), ainsi que par les régions ou des municipalités, plusieurs dispositions peuvent vous permettre de faciliter vos dépenses.

Prêt Pass Travaux

Il est affecté au titre du 1 % logement et peut bénéficier aux propriétaires comme aux locataires salariés, quel que soit leur contrat de travail voire aux retraités depuis moins de 5 ans, pour les logements anciens, résidence principale de la famille. Les travaux doivent être réalisés par un professionnel. Son taux est de 1,5 %, assurances comprises. Il est remboursable sur 10 ans. Il peut atteindre 8 000 à 9 600 €.

Le CEL (Compte Épargne Logement)

Il ouvre droit à un prêt au terme de 18 mois d'épargne remboursable sur 2 à 15 ans, pour un montant qui varie en fonction des intérêts acquis pendant la période d'épargne et de la durée du prêt. Son taux est de 3 % hors assurances. Il est plafonné à 23 000 €.

Le PAH (Prêt à l'amélioration de l'habitat)

Il faut être bénéficiaire d'une prestation familiale ou de l'APL. C'est en fait un complément de financement. Son montant est fixé à 80 % des dépenses envisagées dans la limite de 1 067,14. €, montant doublé pour les frais et travaux liés exclusivement aux économies d'énergie. Le taux est de 1 %. Il est remboursable sur 36 mensualités.

CRÉDITS D'IMPÔTS

L'intégration à un logement neuf ou l'acquisition d'équipements de production d'énergie utilisant une source d'énergie renouvelable et de pompes à chaleur, dont la finalité essentielle est la production de chaleur

Équipements de production d'énergie utilisant une source d'énergie renouvelable	Caractéristiques et performances
• Équipements de chauffage ou de fourniture d'eau chaude sanitaire fonctionnant à l'énergie solaire et dotés de capteurs solaires : chauffe-eau et chauffage solaire	Capteurs solaires répondant à la certification CSTBat ou à la certification Solar Keymark ou équivalente
• Équipements de chauffage ou de production d'eau chaude fonctionnant au bois ou autres biomasses dont le rendement énergétique est ≥ 70 % pour lesquels la concentration en monoxyde de carbone doit être ≤ 0,6 %	Rendement 70 % Taux de CO 0,6 %
- Poêles	Norme NF EN 13240 ou NF D 35376 ou NF 14785 ou EN 15250
- Foyers fermés, inserts de cheminées intérieures	Norme NF EN 13229 ou NF D 35376
- Cuisinières utilisées comme mode de chauffage	Norme NF EN 12815 ou NF D 32301 Norme NF EN 303.5 ou EN 12809
- Chaudières autres que les chaudières à condensation ou à basse température mentionnées ci-dessus et dont la puissance thermique est inférieure à 300 kW et dont le rendement est supérieur ou égal à 70 % pour les équipements à chargement manuel, supérieur ou égal à 75 % pour les équipements à chargement automatique	Rendement 70 % (chargement manuel) Rendement 75 % (chargement automatique)
• Systèmes de fourniture d'électricité à partir de l'énergie solaire : énergie photovoltaïque • Systèmes de fourniture d'électricité à partir de l'énergie éolienne, hydraulique ou de biomasse • Équipements de chauffage ou de fournitures d'ECS (Eau chaude sanitaire) fonctionnant à l'énergie hydraulique	Norme EN 61215 ou NF EN 61646

Pour tous ces équipements de production d'énergies renouvelables et les pompes à chaleur dont la finalité essentielle est la production de chaleur, le taux de crédit d'impôt est passé de 40 % à 50 % au 1er janvier 2006.

Pour les dépenses effectuées en 2005, le taux du crédit d'impôt est de 40 %. À titre d'exemple, les dépenses payées en 2005 ont dû être déclarées lors de la déclaration de revenus 2005. C'est donc en 2006 qu'il faudra déclarer ces dépenses.

Pour les dépenses effectuées entre le 1er janvier 2006 et le 31 décembre 2009, le taux du crédit d'impôt est de 50 %. À titre d'exemple, les dépenses payées en 2007 devront être déclarées lors de la déclaration de revenus 2007. C'est donc en 2008 qu'il faudra déclarer ces dépenses.

Les acquisitions d'équipements de production d'énergie utilisant une source d'énergie renouvelable et de pompes à chaleur dont la finalité essentielle est la production de chaleur doivent avoir été réalisées dans des habitations principales neuves ou anciennes.

Le crédit d'impôt porte sur le prix des équipements et des matériaux, hors mains d'œuvre. L'installation doit être réalisée par une entreprise et une facture (ou une attestation fournie par le vendeur ou le constructeur du logement neuf) portant mention des caractéristiques requises dans l'arrêté doit être établie pour les services fiscaux.

En cas d'aide publique supplémentaire pour l'acquisition de l'équipement (conseil régional, conseil général, ANAH, etc.) le calcul du crédit d'impôt se fait sur les dépenses d'acquisition des équipements, déductions faites des aides publiques, selon les modalités définies dans l'instruction fiscale.

Les différents systèmes classiquement utilisés pour chauffer l'eau nécessaire à nos besoins sanitaires comme au chauffage méritent aujourd'hui d'être optimisés. Certains permettent en outre de se libérer des énergies fossiles et de moins polluer l'atmosphère grâce à un meilleur taux de combustion. Enfin, le recours aux énergies renouvelables, bois ou soleil, doit désormais constituer une priorité.

Chauffer l'eau sanitaire : la condensation

En observant de près le fonctionnement d'un chauffe-eau, on s'est aperçu qu'une partie non-négligeable des calories utilisées pour élever la température du corps de chauffe était absorbée par la vapeur d'eau contenue dans l'atmosphère. On a imaginé récupérer ces calories, en faisant condenser l'air ainsi chauffé permettant ainsi de récupérer ces calories pour le chauffage de l'eau : on avait ainsi inventé la chaudière à condensation.

Réalisez jusqu'à 20 % d'économie

La chaudière à condensation est aujourd'hui la plus performante des chaudières à gaz naturel. Moins gourmande en énergie, elle diminue votre facture de consommation ainsi que les émissions de gaz à effet de serre. Elle permet de chauffer votre eau sanitaire de façon particulièrement économique, mais aussi l'eau nécessaire au fonctionnement du chauffage central. Vous trouverez des modèles qui répondent aux besoins spécifiques de chaque habitation, notamment des modèles muraux à la fois très performants et peu encombrants.

La micro-accumulation

Certaines chaudières modernes intègrent une sorte de réserve d'eau maintenue constamment à la température d'utilisation souhaitable. Ceci évite le redémarrage de la chaudière pour une petite utilisation et raccourcit considérablement le temps d'arrivée d'eau chaude à bonne température quand on ouvre le robinet.

Investir dans le développement durable, c'est rentable

L'investissement que représente un équipement de production d'eau chaude sanitaire ou de chauffage reposant sur l'utilisation de l'énergie solaire ou encore d'un combustible renouvelable comme le bois peut paraître disproportionné avec les économies réalisées. En fait, la combinaison des aides apportées, notamment sous forme de crédit d'impôts, et les économies réalisées sur les dépenses d'énergies fossiles, constamment à la hausse, comme le fuel ou le gaz naturel permettent une réduction de l'investissement et une économie directe et rapide.
Cette rentabilité, pourtant, ne sera réelle que si l'on investit aussi et prioritairement dans l'isolation de l'habitation, condition essentielle pour de réelles économies d'énergie.

Rentabilité du chauffe-eau solaire

Même si le rendement d'un chauffe-eau solaire est meilleur quand l'ensoleillement est plus favorable, ce type d'appareil peut fournir 50 % des besoins d'eau chaude à Lille, 56 % à Paris, 66 % à Bordeaux et 75 % à Marseille.

	Chauffe-eau solaire* avec 4 m² de capteurs			
	LILLE	PARIS	BORDEAUX	MARSEILLE
Besoins d'énergie pour chauffer l'eau en kWh/an	3 570	3 468	3 311	3 139
Apports du chauffe-eau solaire en kWh/an	1 775	1 948	2 192	2 355
Couverture en besoin d'eau chaude	**50 %**	**56 %**	**66 %**	**75 %**
Production des capteurs en kWh/an	444	487	548	589

* Chauffe-eau solaire moyen pour une famille de 4 personnes avec une consommation quotidienne de 240 l d'eau chaude à 45 °C, circulation forcée et ballon de stockage 250 l avec échangeur.

Chauffer l'eau avec le bois

Le chauffage de l'eau transportant les calories dans une installation de chauffage central peut aussi se faire avec du bois. Après un déclin au XXe siècle, le bois revient en force et pas seulement pour une utilisation ponctuelle par un poêle. Le bois retrouve tout son intérêt dans une démarche écologique, car il constitue une énergie renouvelable, à condition bien sûr de provenir de forêts bien gérées. C'est une énergie non emettrice de gaz à effet de serre, le bois, en brûlant, ne faisant que restituer le CO_2 stocké durant la croissance de l'arbre. Enfin, la combustion étant de plus en plus achevée, elle limite la diffusion de suie dans l'atmosphère.

Le bois est une source d'énergie renouvelable et neutre en CO_2. En le choisissant comme énergie principale pour vous chauffer, vous prenez une option de chauffage performante et respectueuse de l'environnement.

La chaudière à bois

On trouve à nouveau sur le marché des chaudières à bois de grande capacité, généralement dédiées au seul chauffage de l'eau du chauffage central. Il s'agit d'appareils très performants, qui peuvent aussi brûler du charbon, mais cette énergie est peu recommandée sur le plan écologique, puisqu'il s'agit d'une énergie fossile, au même titre que le pétrole.
Pour une installation de chauffage central, on prendra une chaudière puissante (au minimum 25 kW) à grande capacité de chargement pour permettre un fonctionnement de longue durée (notamment la nuit), sans rechargement.

La chaudière à granulés de bois

Il y a longtemps que dans les scieries ou les ateliers de menuiserie on se chauffe avec de la sciure ou des déchets de bois (copeaux notamment). Leur puissance calorifique est très élevée et la plupart des poêles ou chaudières les acceptent. La production de ces déchets dépassant largement les besoins en combustible de ces établissements, on a eu l'idée de les exploiter de façon plus cohérente. Développés à l'origine pour le chauffage d'installations industrielles, les granulés de bois sont aujourd'hui utilisés pour alimenter des chaudières et même des poêles destinés aux installations de chauffage domestique.

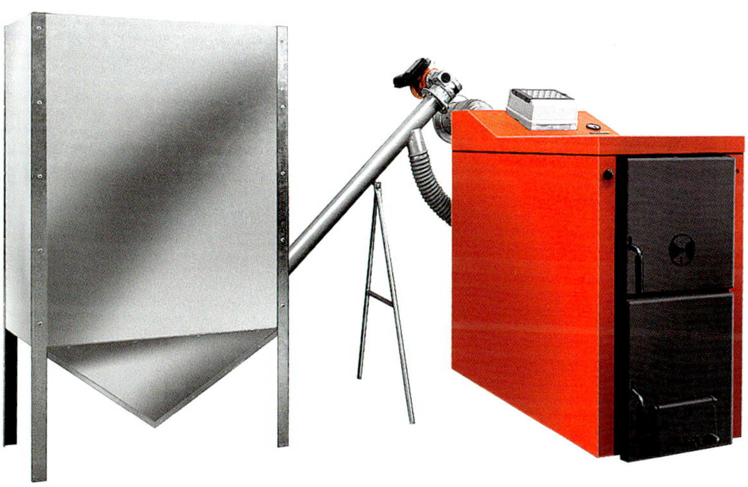

Cette chaudière à granulés développe une puissance de 24 kW et bénéficie d'une alimentation automatique qui dispense de tout rechargement manuel.

l'astuce éco de castorama

La bonne température

À chaque moment de vie sa température idéale :
- la nuit dans les chambres, 16 °C pour un sommeil confortable,
- la chambre de bébé ne doit pas dépasser 20 °C,
- dans les pièces à vivre, 19 °C suffisent,
- vous vous absentez plus de deux heures, n'oubliez pas de baisser la température de 3 à 4 °C,
- la température idéale de la salle de bains est de 22 °C, mais seulement durant le temps de son utilisation.

Granulés, pellets et plaquettes

Les déchets de scieries sont aujourd'hui récupérés pour être ensuite agglomérés et former ce qu'il est convenu d'appeler des granulés ou des pellets. Le granulé de bois est fabriqué à partir de sciure provenant des industries de transformation du bois, (scieries et menuiseries). Il existe deux tailles de granulés (6 mm ou 9 mm de diamètre) qui dépendent du type de chaudière utilisé.
On utilise aujourd'hui aussi des plaquettes résultant du broyage de bois massifs. On parle de plaquette forestière quand le bois provient directement de la forêt, de plaquette industrielle quand elle vient de l'industrie du bois. La taille (granulométrie) des plaquettes doit être homogène (4 x 3 x 1 cm) maximum. L'unité permettant de mesurer une quantité de plaquette peut être la tonne ou le MAP (mètre cube apparent de plaquette).

Le soleil, l'air et même le courant des cours d'eau fournissent une énergie entièrement gratuite, totalement renouvelable, et encore très sous-exploitée au niveau collectif mais aussi individuellement. Capteurs solaires thermiques, panneaux solaires photovoltaïques et éoliennes sont à même de fournir une grande part de votre énergie domestique.

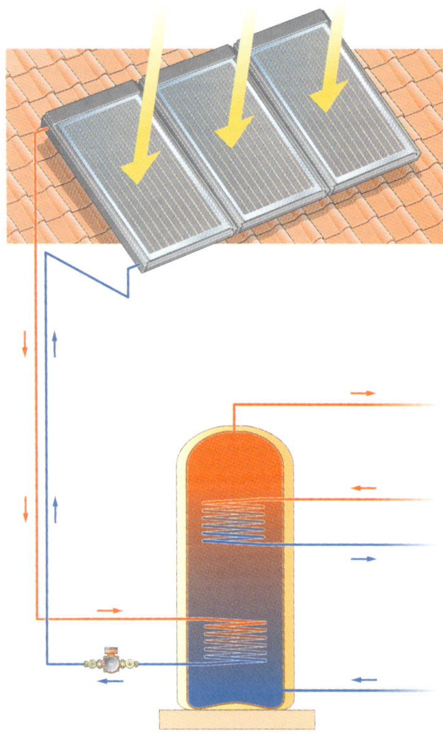

Capteurs solaires thermiques

Lorsque vous laissez traîner un tuyau d'arrosage sur la pelouse en plein soleil, pendant un certain temps, l'eau en sort d'autant plus chaude que le tuyau est sombre : c'est le principe du panneau solaire thermique. On peut l'exploiter pour alimenter un chauffe-eau, et même participer au chauffage de la maison.

Un capteur solaire thermique contient différents éléments :

- une plaque et des tubes métalliques noirs qui constituent l'absorbeur. Ces éléments reçoivent le rayonnement solaire et s'échauffent ;
- un coffre rigide et isolé thermiquement entoure et contient l'absorbeur, protégé par une vitre qui laisse pénétrer le soleil et retient la chaleur comme le ferait une serre ;
- une circulation d'eau additionnée d'antigel est réalisée dans l'absorbeur, ce qui a pour effet de la chauffer et de transporter les calories : c'est ce que l'on appelle le circuit primaire ;
- un serpentin permet de céder les calories ainsi transportées, à l'eau sanitaire ou au liquide caloporteur d'un système de chauffage.

La circulation de l'eau se fait soit naturellement, suivant le principe du thermosiphon, soit à l'aide d'une pompe classique de circulation, via un système de régulation.

Chauffage solaire

Les capteurs solaires thermiques sont associables à un système de chauffage. Dans ce cas, le chauffage par plancher chauffant est le mieux adapté, puisqu'il ne nécessite pas de hautes températures. Il est cependant également possible de coupler les panneaux et une pompe à chaleur, voire des panneaux et une chaudière basse température, pouvant même alimenter des radiateurs classiques. Les capteurs thermiques viennent alors en complément d'une énergie principale fossile (gaz ou fioul) et agissent en relève de chaudière, dont le fonctionnement est suspendu ou réduit quand la production solaire est suffisante.

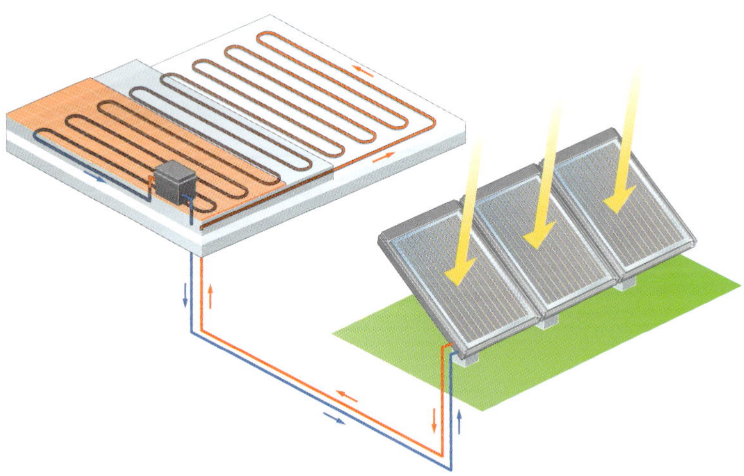

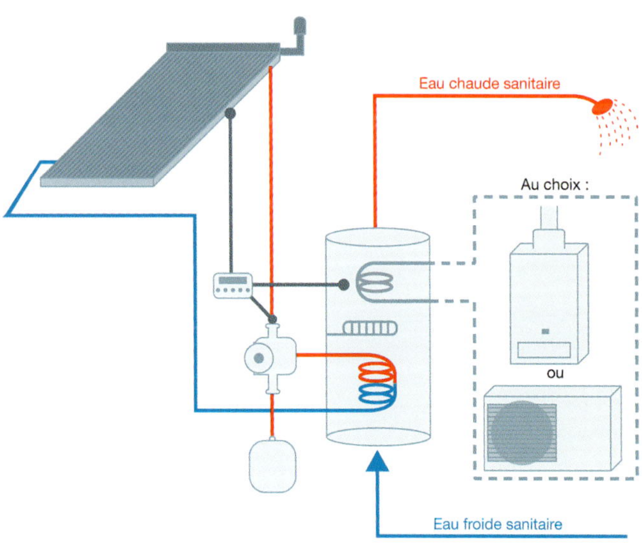

Le chauffe-eau solaire

Les capteurs solaires thermiques sont principalement utilisés pour alimenter un chauffe-eau, mais l'ensoleillement est généralement insuffisant pour assurer 100 % des besoins de chauffage. C'est pourquoi on trouve une résistance électrique de complément dans les chauffe-eau dits "solaires". Cette solution de chauffage de l'eau sanitaire vient parfois en association avec la chaudière, qu'elle soulage ainsi de cette fonction.

Installer un chauffe-eau solaire

L'installation d'un chauffe-eau solaire suppose des compétences multiples, mais assez basiques : couverture, plomberie, électricité. Le ou les capteurs thermiques peuvent être installés sur la couverture, adossés à un mur ou posés au sol. Dans tous les cas il faut qu'ils bénéficient d'un ensoleillement maximal, et donc être exposés au sud, sous un angle proche de 45°, sans obstacles (arbres, branches, poteaux, autre bâtiment) de nature à faire de l'ombre, notamment pendant les saisons où l'ensoleillement est moindre (et le soleil plus bas sur l'horizon).

Le chauffe-eau solaire contient en fait un échangeur de chaleur permettant de chauffer l'eau sanitaire par l'énergie solaire, mais aussi une résistance électrique. Un module gère la circulation et la bonne marche du chauffe-eau.

Outils Matériaux

- **clé plate**
- **clé à molette**
- **tournevis d'électricien**
- **tournevis**
- **lampe à souder**
- **raccords à souder ou mécaniques**
- brasure (installation par raccords soudés)
- Teflon
- vis, chevilles

1 Installez le ou les capteurs thermiques sur le toit, sur un mur ou encore au sol, en fonction de l'espace dont vous disposez. Il est essentiel que le capteur soit tourné vers le sud et offre un angle aussi proche que possible de 45°.

2 Réalisez la liaison (circuit primaire) entre le(s) capteur(s) et le chauffe-eau avec du tube de cuivre, puis raccordez celle-ci. Trois raccordements sont à faire : entrée et sortie du liquide caloporteur, entrée d'eau froide.

3 Comme pour tout chauffe-eau, celui-ci doit être équipé d'un groupe de sécurité qui permet tout à la fois de suspendre l'alimentation du chauffe-eau et de faire face à toute surpression.

4 Mettez en place le robinet de purge du circuit primaire. Celui-ci est rempli d'eau additionnée d'antigel. Toute purge doit impliquer un remplissage avec de l'eau et de l'antigel.

5 La sonde placée sur l'orifice de sortie du liquide caloporteur est en relation avec le module qui gère, notamment, la pompe de circulation du circuit primaire.

6 Ce module solaire contient à la fois une pompe de circulation et un vase d'expansion. Il possède deux raccordements pour les sondes (une au niveau du capteur et une sur le chauffe-eau). Il contient un réglage de débit et de pression.

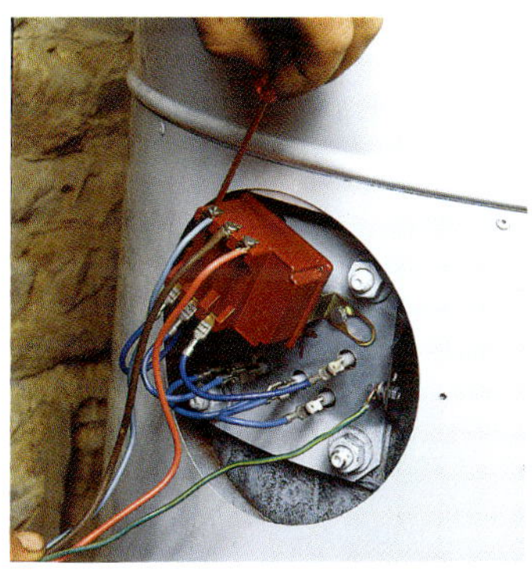

7 Le raccordement électrique au chauffe-eau permet d'alimenter la résistance qui vient en relève quand la température du liquide caloporteur issu des capteurs est insuffisante.

8 L'étanchéité du raccord au niveau de la sortie d'eau chaude sanitaire du ballon est garantie par du Teflon.

Intégration en toiture

Certains panneaux peuvent être intégrés en toiture en lieu et place des matériaux de couverture. Ils peuvent aussi remplacer des fenêtres de toit.

Sécurité

Coupez le courant
Même quand vous remplacez une simple ampoule, il faut prendre la précaution de couper le courant du circuit concerné.

Alors que la disparition des ampoules à incandescence est annoncée, il est grand temps de commencer à vous équiper d'ampoules consommant moins d'énergie. Les ampoules fluocompactes durent 6 à 8 fois plus longtemps et consomment 4 fois moins d'énergie. Leur coût plus important est donc vite amorti. Mais voilà que se profile déjà un autre type d'éclairage encore plus économe : les LEDs, ou diodes électrolumiscentes. Utilisées jusqu'à maintenant pour le balisage et pour les bornes d'extérieures et elles peuvent être groupées dans un même bulbe pour constituer de vraies ampoules d'éclairage.

Ampoule globe ▲ à économie d'énergie

Utilisable dans bien des luminaires décoratifs, cette ampoule de 20 W éclaire comme une 100 W à incandescence.

Ampoules basse consommation

On regroupe aujourd'hui sous cette appellation essentiellement les ampoules fluocompactes. Elles fonctionnent sur le même principe que les tubes au Néon et intègrent un balast électronique, logé dans le culot, qui reste relativement volumineux. Initialement tubulaires, elles prennent maintenant des formes plus classiques. Les ampoules à LEDs font une apparition remarquée car elles vont bien au-delà du simple balisage.

Fluocompacte torsadée ▸

Cette ampoule basse consommation fluocompacte marque une évolution par rapport aux ampoules fluocompactes multitubes.

Fluocompacte bulbe ▲

Il y a peu de différence de forme entre cette ampoule à bulbe flucompacte et une ampoule de même type à incandescence, mais la consommation n'est pas la même !

Ampoules à LEDs ▲

Ces ampoules LEDs de forme spot intègrent (de haut en bas) 1, 21 ou 60 LEDs. Leur consommation est minime et elles peuvent durer jusqu'à 50 000 h !

Balisage LEDs

Intérieur ou extérieur

Les LEDS de balisage sont utilisables aussi bien à l'intérieur qu'à l'extérieur (l'alimentation devant se faire à l'intérieur).

Interrupteur automatique

Cet interrupteur détecte votre présence dans la pièce et allume l'éclairage pour une durée de 5 sec à 14 min. Vous pouvez le régler en fonction de la luminosité pour qu'il n'allume l'éclairage que lorsqu'il fait sombre.

DES ÉCONOMIES DANS TOUTES LES PIÈCES

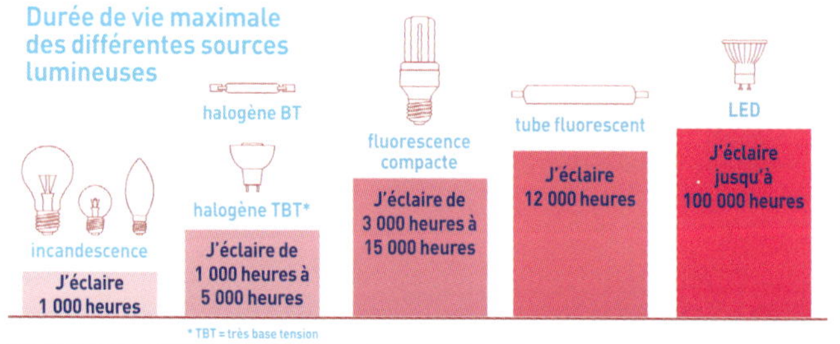

DES PERFORMANCES DIFFÉRENTES

J'éclaire comme …

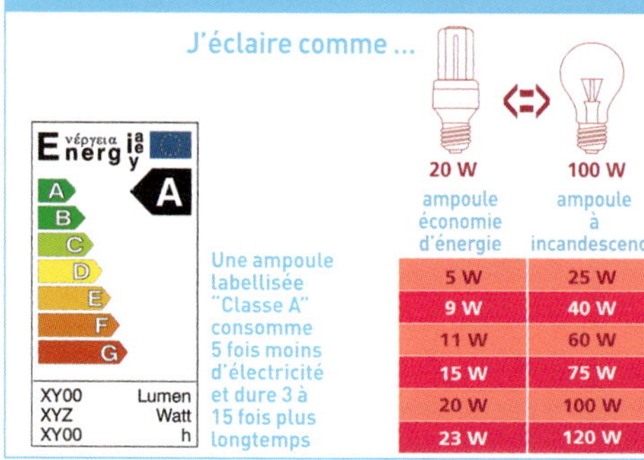

Une ampoule labellisée "Classe A" consomme 5 fois moins d'électricité et dure 3 à 15 fois plus longtemps

20 W ampoule économie d'énergie	100 W ampoule à incandescence	après 10 000 heures d'utilisation j'économise :	
5 W	25 W	200 kW	21 €
9 W	40 W	310 kW	33 €
11 W	60 W	490 kW	53 €
15 W	75 W	600 kW	64 €
20 W	100 W	800 kW	86 €
23 W	120 W	970 kW	104 €

Le conduit de lumière

Grâce à une entrée de lumière vitrée sur le toit, un conduit flexible ou rigide diffuse la lumière naturelle jusqu'à la pièce à éclairer. Celle-ci est équipée d'un plafonnier blanc très sobre, qui diffuse la lumière naturelle dans la pièce. C'est le système idéal pour l'éclairage naturel des corridors, des salles d'eau, des dressings, des buanderies ou des toilettes.

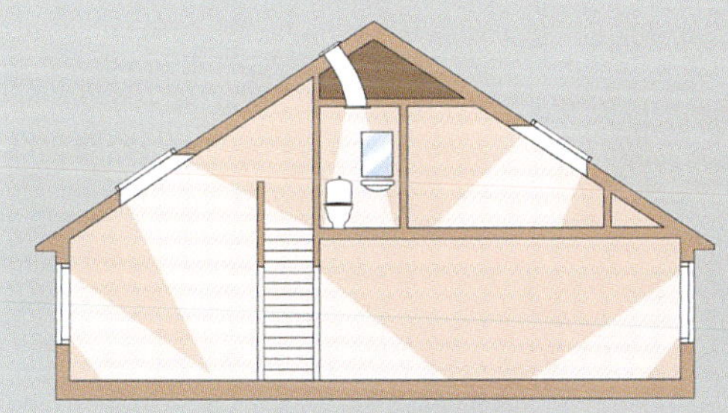

Sun Tunnel à l'étage

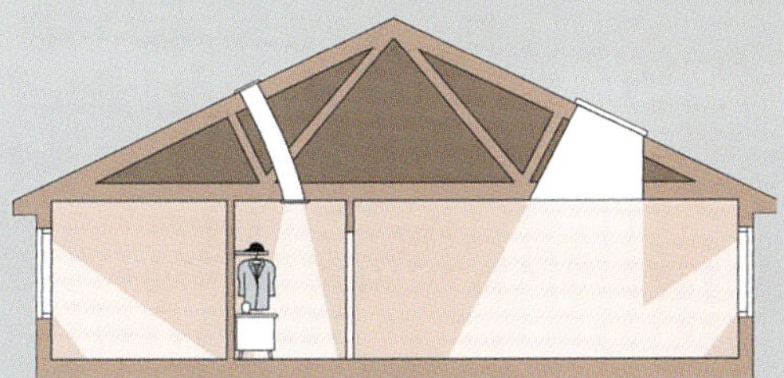

Sun Tunnel au rez-de-chaussée

Comment ça marche ?

Le puits de lumière distribué par Velux peut être installé dans tout type de maison individuelle, en neuf ou en rénovation, en complémentarité des fenêtres de toit classiques. Le système comprend une entrée de lumière vitrée sur le toit (comparable à une fenêtre de toit), un conduit flexible ultra-réflecteur qui diffuse la lumière naturelle jusqu'à la pièce à éclairer. Pour que ce système puisse être installé, il faut cependant que la pente de la toiture soit comprise entre 15 et 60°. Pour conserver une luminosité optimale, la vitre du récepteur est autonettoyante (système par catalyse).

Par quoi est diffusée la lumière ?

La diffusion de lumière correspond, par temps clair, à l'éclairage d'une lampe de 60 W environ. L'installation du conduit de lumière bénéficie d'un raccordement encastré, gage d'une intégration discrète et harmonieuse en toiture.

Que trouve-t-on en toiture ?

L'entrée de la lumière se fait par un dispositif comparable à une fenêtre de toit classique. Il bénéficie donc de toutes les qualités de celle-ci : étanchéité, durabilité, sécurité. Le système est adapté aux ardoises comme aux tuiles.

Lampadaire éco fluo

Conçue pour la vasque circulaire orientable d'un lampadaire de salon, cette ampoule "éco fluo" peut être commandée par un variateur d'intensité, exactement comme une ampoule halogène classique. Beaucoup moins "énergivore", elle présenta aussi l'avantage de dégager très peu de chaleur et d'éloigner les risques de brûlure.

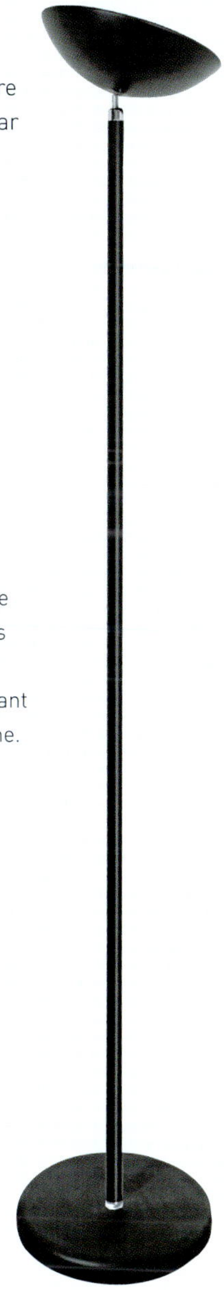

Les lampadaires à déflecteur indirect et ampoules halogènes ont révolutionné la façon d'éclairer nos pièces, en projetant une lumière puissante vers le plafond. Très performants (ampoules de 300 ou 500 W) ce sont aussi de très gros consommateurs d'énergie. D'où l'apparition d'appareils comme celui-ci, intégrant une ampoule fluorescente (ci-dessous) beaucoup plus économe.

l'astuce éco de castorama

Économiser la lumière

La meilleure façon d'économiser l'énergie, c'est encore... de ne pas en consommer. Le tunnel (ou puits) de lumière illustre parfaitement ce qui peut paraître comme une évidence, puisqu'il permet de capter une partie de la lumière du jour pour éclairer des pièces qui, sans cela, auraient dû l'être par un éclairage électrique.

Le renouvellement de l'air dans une maison est une obligation sanitaire. Le confinement favorise l'accumulation d'humidité et de poussières mais aussi de différents composants volatiles nuisibles à la santé. Autrefois obtenue de façon naturelle à cause du manque d'étanchéité des huisseries, une ventilation forcée est aujourd'hui nécessaire, surtout dans les maisons récentes, présentant une excellente isolation et étanchéité des huisseries.

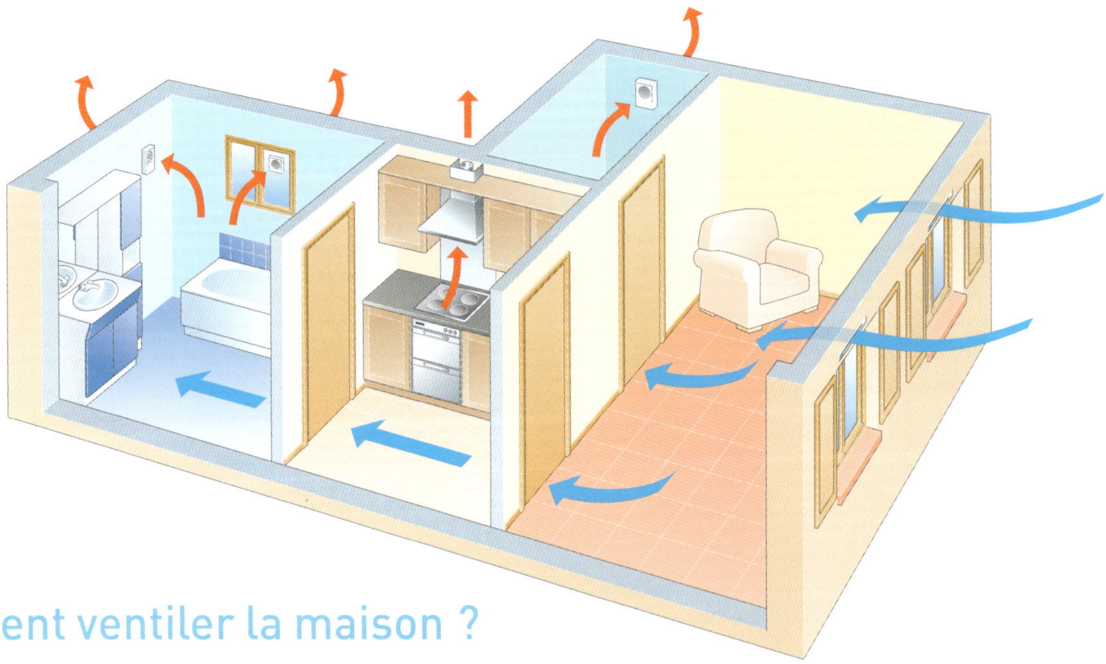

Comment ventiler la maison ?

L'ouverture des fenêtres n'est pas la méthode la plus efficace pour ventiler une maison. Les extracteurs sont la solution basique, mais ils sont assez bruyants et pas toujours faciles à gérer. Il faut donc passer à d'autres solutions.

La ventilation naturelle par simples bouches d'aération n'étant pas suffisante, on opte aujourd'hui généralement pour des systèmes de ventilation plus sophistiqués appelés VMC (ventilation mécanique contrôlée), à simple ou double flux (voir pages 360-361).

Ventilation naturelle et ventilation mécanique répartie (VMR)

La ventilation naturelle est soumise aux aléas climatiques, ainsi qu'aux variations de pression atmosphérique. Elle peut être organisée par l'installation d'aérateurs répartis dans différentes pièces de la maison, associés à des bouches d'aspiration (VMR).

Comment lutter contre l'humidité ?

L'humidité dans la maison résulte de différentes causes qui doivent être traitées spécifiquement car elle nuit à la fois à la santé et à la construction elle-même.

La première cause d'humidité dans la maison provient d'une arrivée d'eau extérieure à la construction qui imprègne la maçonnerie et ressort à l'intérieur des pièces : infiltration en couverture ou en façade, remontées d'eau depuis les fondations par capillarité, fuite de plomberie.

La seconde cause d'humidité dans la maison résulte de phénomènes de confinement liés tout à la fois à une mauvaise ventilation de l'habitat (absence ou insuffisance de la hotte de cuisine et/ou de la VMC), associée à l'étanchéité des huisseries (notamment en cas d'installation de fenêtres isolantes). L'humidité contenue dans l'atmosphère se condense alors au contact des zones froides de la maison.

Ce déshumidificateur électrique offre des coûts de fonctionnement réduits de 30 %. Le niveau d'humidité est contrôlé toutes les 30 minutes.

Les solutions

La première des choses à faire est toujours de lutter contre la cause de l'humidité :
- réparations de couverture, de façade, de plomberie, d'étanchéité des fondations, établissement d'un drainage périphérique ;
- rétablissement d'une bonne ventilation et isolation thermique des zones froides de la maison.

De façon complémentaire, et pour assainir une maison soumise à l'humidité, on utilisera un déshumidificateur électrique pour les grands volumes et un déshumidificateur à cristaux pour les petits espaces (petites pièces, placards, etc.).

Le déshumidificateur à cartouche est la version moderne des modèles à cristaux.

Rafraîchir sans climatiser

Avec le réchauffement climatique et plusieurs accidents caniculaires successifs, on a assisté, au début du siècle, à un véritable boom de la climatisation. Pourtant, les voix de la sagesse se sont élevées pour mettre en garde contre la généralisation d'un procédé qui repose sur l'utilisation de fluides frigorigènes potentiellement très dangereux pour l'environnement (leur capacité de réchauffement est plus de 1 000 fois supérieure à celui du CO_2), et gros consommateurs d'énergie.

Le store banne reste la meilleure façon d'ombrer l'intérieur de la maison par fort ensoleillement ; son fonctionnement peut être asservi à la température.

Les bons gestes

Différentes recommandations de pur bon sens, reposant sur un minimum de discipline personnelle permettent de lutter contre la chaleur sans équipements particuliers :
• fermez les volets pendant la journée et évitez d'ouvrir les fenêtres aux heures de forte chaleur ; ventilez de préférence la nuit ou mieux encore à la levée du jour ;
• quand vous ne vous en servez pas, arrêtez tous les appareils dont le fonctionnement entraîne un dégagement de chaleur : ordinateur, téléviseur, éclairages ;
• arrosez régulièrement les plantes pour favoriser l'évaporation qui entraîne un abaissement de la température ambiante.

Les équipements et les installations

Sans pour autant se ruiner, il est possible d'acquérir un certain nombre d'équipements qui vont permettre un rafraîchissement naturel ou beaucoup moins énergivore que la climatisation. Beaucoup d'entre eux repose sur l'humidification de l'atmosphère qui induit, physiquement, un abaissement de la température :
• placez des bassines d'eau dans les différentes pièces ; l'évaporation naturelle participera à l'humidification de l'atmosphère ; installez une fontaine dans certaines pièces à vivre ;
• à l'intérieur de la maison, multipliez le nombre de plantes vertes, et à l'extérieur, favorisez la croissance de plantes grimpantes sur les façades les plus ensoleillées : lierre, clématite, glycine, etc. ;
• posez des films solaires sur les vitrages des fenêtres les plus exposées au soleil : ils peuvent réduire très sensiblement l'élévation de température liée à l'effet de serre causé par les vitrages ;
• brassez l'air avec des ventilateurs, au plafond et sur pied, et placez un linge humide devant ces derniers pour amplifier l'évaporation ; utilisez éventuellement un humidificateur électrique travaillant par brumisation ;
• repeignez les façades et les volets en tonalités claires (idéalement en blanc) réfléchissantes plutôt qu'en couleurs sombres, qui absorbent la chaleur et réchauffent la structure maçonnée de la maison ;
• renforcez l'isolation, tout particulièrement des pans de toiture et des façades ensoleillées ; évitez l'installation de fenêtres de toit sur ces pans de toiture dans les régions les plus ensoleillées ;
• ombrez les baies les plus exposées au soleil en privilégiant les stores bannes pour protéger la terrasse ; établissez éventuellement une pergola où vous ferez pousser des plantes grimpantes à feuilles larges (vigne, glycine, actinidia, etc.) ; dans la journée, tirez les doubles-rideaux des fenêtres les plus exposées au soleil, surtout si vous n'êtes pas là.

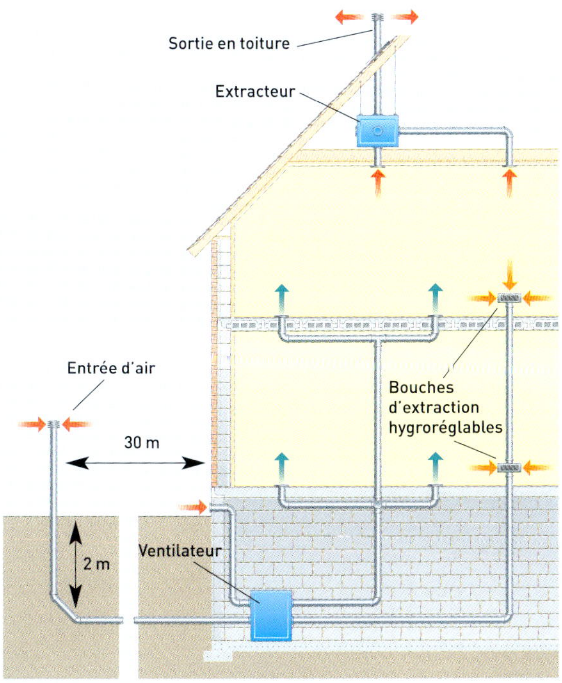

Chauffer et rafraîchir la maison avec un puits canadien

La technique connue sous l'appellation de "puits canadien" ou de "puits provençal" est très ancienne. Elle consiste à puiser de l'air à l'extérieur de la maison, à une trentaine de mètres de celle-ci, pour l'y amener via une canalisation enterrée à 2 m de profondeur et de 20 cm de diamètre en matière plastique (PVC, polyéthylène haute densité, etc.). La terre étant un excellent régulateur thermique est plus fraîche que l'atmosphère en été et plus chaude que celle-ci en hiver : l'air se trouve donc rafraîchi en été et réchauffé en hiver. Le puits canadien garantit en outre un renouvellement constant de l'air dans la maison.

Le système s'est trouvé perfectionné par l'adjonction d'un système de ventilation permettant d'accélérer la circulation d'air. Une grille au niveau de la bouche d'aspiration empêche la pénétration des insectes ou des rongeurs. Enfin, le système gagnera à être associé à une VMC.

Les avantages du puits canadien sont multiples. Sans pouvoir être considéré ni comme un chauffage, ni comme une climatisation, il apporte l'augmentation ou la baisse des quelques degrés qui sont souvent suffisants pour procurer la sensation de confort.

AIR PUR PEINTURES

On pense toujours à la pollution extérieure, plus visible et très médiatisée, mais moins à la qualité de l'air de notre habitat. Or, nous passons 80 % de notre temps à la maison... Savez-vous que l'on retrouve des substances toxiques telles que le formaldéhyde ou le benzène dans l'air d'une maison ? Pour votre santé et votre bien-être, il est donc important de privilégier des produits Écolabel.

Écolabel
Les produits d'entretien et de nettoyage sont souvent particulièrement agressifs. Privilégiez ceux qui arborent le symbole Écolabel, doux pour la santé, l'environnement et... votre porte-monnaie.

Les peintures pour murs, boiseries et sols

Peinture acrylique murale
Cette peinture monocouche est antitache, lessivable, et son rendement est d'environ 12 m²/l. Son aspect est mat et elle est proposée en différents coloris.

Peinture acrylique boiseries
Les peintures acryliques sont recommandées pour la décoration des boiseries. Il s'agit aussi d'une monocouche, lessivable, qui résiste bien aux chocs.

Les vernis et produits pour la décoration des bois intérieurs

Traditionnellement, les produits pour la décoration intérieure, à commencer par les vernis, étaient particulièrement agressifs pour l'environnement. Ce n'est plus le cas aujourd'hui, grâce à des produits en phase aqueuse, à très faible teneur en COV.

Huile blanche
Cette huile souligne les veines du bois comme une céruse. À base d'huile de Tung, elle n'encrasse pas. Non grasse, elle résiste aux taches et à l'eau, et sèche rapidement.

Vernis
Ce vernis en phase aqueuse résiste à l'eau, aux chocs, aux rayures et à la chaleur. Il est en formule gel pour une application plus facile.

Lasure
Proposée en plusieurs coloris très tendance, cette lasure en gel est très facile à appliquer. Elle entretient et colore le bois.

Peinture sol en phase aqueuse
Les peintures pour sol en phase aqueuse sont rares. Il faut les préférer aux peintures solvantées.

Protection et finition des parquets

Les parquets sont des surfaces d'usage intensif qu'il faut protéger des chocs et des rayures, et dont l'entretien doit être facilité. Le charme de l'encaustique à la cire d'abeille n'est plus à démontrer mais ce n'est plus aujourd'hui le produit idéal compte tenu des contraintes qui viennent d'être énoncées.
La vitrification (ou pour être plus exact le vernissage) reste l'une des solutions, même si la brillance n'est pas toujours appreciée. Autrefois très agressifs, les vernis sont maintenant aussi disponibles en phase aqueuse.
Le huilage des bois est aujourd'hui très en vogue, même s'il impose tout de même un entretien plus contraignant que la vitrification.

Huiles de protection

Les huiles de protection constituent une alternative très intéressante aux vernis classiques : elles nourrissent le bois en profondeur et l'imperméabilisent le préservant ainsi des taches et des rayures. On les trouve en version incolore (naturelle) ou blanche pour un effet cérusé. Certaines sont conformes à la norme Écolabel.

Conseil castorama

En cas d'ingestion de produits d'entretien

Même si les produits d'entretien décrits ici sont peu agressifs, leur ingestion peu causer de réels désagréments. D'une façon générale, en pareil cas, ne cédez pas à la panique :

- appelez aussitôt le Centre antipoison ou le SAMU (le 15) ;
- ne faites pas boire d'eau (en diluant le produit, l'eau étend les lésions et si le produit est caustique elle étend les brûlures) ; elle fait aussi mousser les détergents ;
- ne faites pas boire de lait. Contrairement à une idée reçue, le lait est tout le contraire d'un antidote, car il aggrave l'intoxication en accélérant le passage de la plupart des poisons dans le sang.

Des produits d'entretien plus sains

Les produits d'entretien traditionnels peuvent affecter votre santé en provoquant irritations et allergies. Nettoyez et faites briller votre maison de façon efficace, tout en protégeant votre santé et la nature en choisissant les produits Écolabel. Vous trouverez aujourd'hui des gammes de plus en plus larges de produits d'entretien moins agressifs pour l'environnement mais aussi pour votre santé. Alors, passez au nettoyage "vert" sans plus attendre !

Nettoyant spécial matières plastiques

Ce produit, élaboré tout spécialement pour les bricoleurs, facilite le nettoyage de toutes les surfaces plastiques et en particulier celui des huisseries en PVC (portes, fenêtres et volets). Il permet aussi de nettoyer le mobilier de terrasse et de jardin (tables, chaises, bancs, etc.), les clôtures, les portails, les jardinières, les entourages de fenêtres. Vous pourrez aussi l'utiliser pour nettoyer les stores de jardin en matière plastique.

Nettoyant "univers bébé"

Ce produit est idéal pour l'environnement du bébé : tables à langer, chaises hautes, etc. Il dégraisse, nettoie et assainit, détruisant ainsi les microbes dangereux. On peut l'utiliser pour nettoyer les jouets. Il est totalement biodégradable et l'emballage est recyclable.

Détachant moquette et tissus

Élimine les taches courantes, nettoie tapis, moquettes, tentures murales, fauteuils. Ce produit neutralise les odeurs tout en respectant l'environnement : sa biodégradabilité est totale et son emballage est recyclable.

Nettoyant concentré

Étudié pour faciliter le nettoyage régulier de tous les types de sols lavables : carrelage, céramique, marbre, terre cuite non poreuse, plastique, tommettes, parquet vitrifié. Ce produit est sans phosphate, ni éther de glycol. Il permet un lavage efficace avec un dosage réduit.

Outils Matériaux
- **clé à molette**
- **tournevis**

- dégrippant
- mécanisme de chasse à économie d'eau

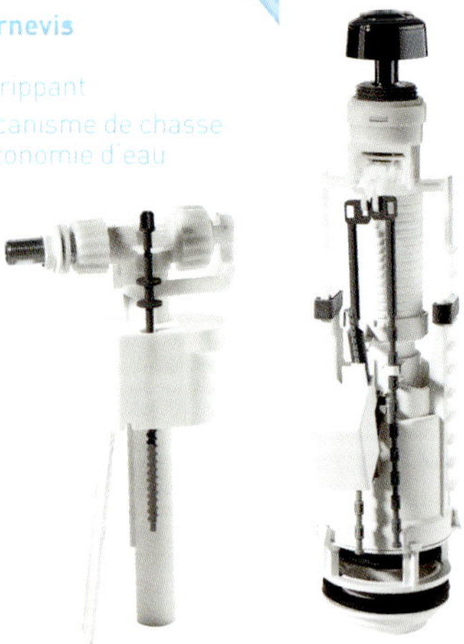

Installer une chasse d'eau à double flux

Des W.-C. classiques consomment en moyenne près de 30 l d'eau par personne et par jour et représentent 20 % de la consommation d'une famille. Pourtant, il n'est pas toujours nécessaire de vider complètement le réservoir à chaque fois : un mécanisme à double flux permet de ne consommer que 3 litres des 10 contenus dans le réservoir pour les "petites" utilisations. Il suffit pour cela de remplacer le mécanisme par un modèle à économie d'eau, très facile à installer.

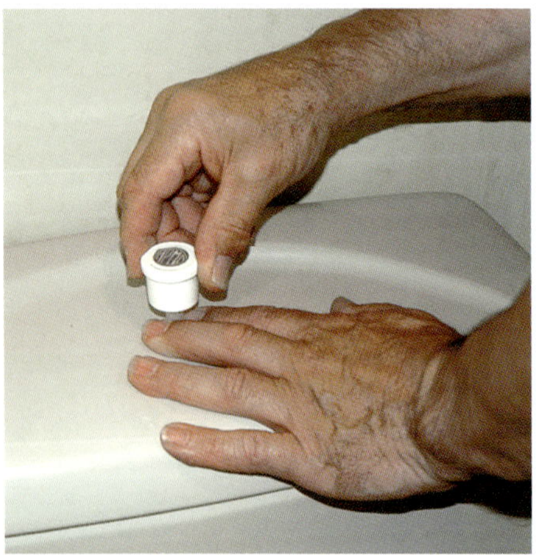

1 Dévissez d'une main le bouton de tirage de chasse, en maintenant de l'autre la tige elle-même pour l'empêcher de tourner. Il n'est pas nécessaire de le conserver puisqu'il sera remplacé.

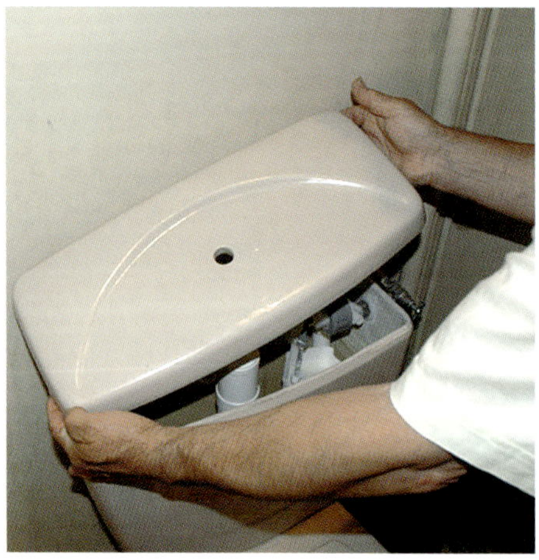

2 Dégagez le couvercle du réservoir en le soulevant bien verticalement. Attention de ne pas le cogner contre le mur car vous risqueriez de le briser. Vous auriez peu de chances d'en retrouver un identique.

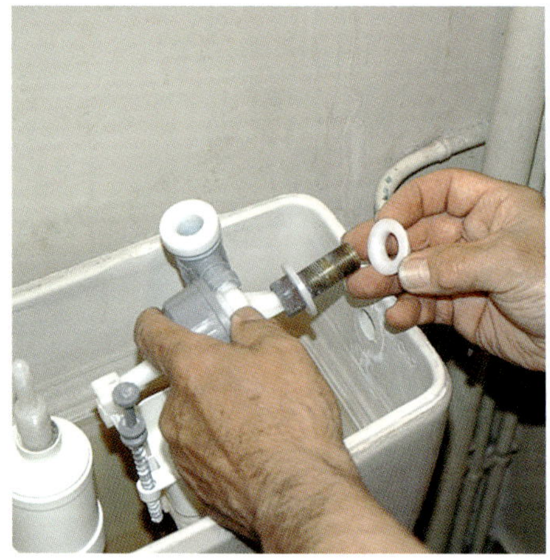

3 Dévissez le robinet d'alimentation en eau de l'appareil. La bague écrou de maintien en plastique, au pas de vis fragile, sera remplacée par une bague neuve issue du système de remplacement.

4 Enlevez la cloche du mécanisme de l'ancien système afin de pouvoir ôter ensuite ce dernier par une rotation, généralement d'un quart de tour.

5 Dévissez ensuite les papillons de serrage accessibles sous les rebords de la cuvette. Puis soulevez le réservoir et dégagez-le. Il laisse apparaître le joint épais d'étanchéité comprimé entre le réservoir et la cuvette qui sera également à remplacer.

6 Profitez de ce démontage complet pour changer les tiges de serrage. Elles sont, la plupart du temps, rouillées par endroits et le joint d'étanchéité de leur tête (dans le fond du réservoir) se détériore avec le temps. Dévissez ensuite le contre-écrou de maintien de la bonde de l'ancien système avec la clé spéciale d'origine ou celle fournie avec le kit du nouveau. La plupart du temps, elles sont de même dimension.

Réservoir de chasse encastré à économie d'eau

Actuellement, quand on réaménage une salle de bains comprenant un W.-C., on implante souvent un appareil suspendu, avec encastrement du réservoir de chasse derrière une cloison en plaque de plâtre, avec un solide châssis métallique. Veillez dans ce cas à opter pour un modèle comprenant un système d'économie d'eau par double commande. Celle-ci est aussi encastrée, au-dessus de la cuvette elle-même.

l'astuce éco

Le système "stop-eau"
Un autre système permet de réaliser des économies d'eau substantielles : il s'agit du dispositif "stop-eau". Dans ce système, la quantité d'eau libérée dépend du temps de pression sur le bouton ou d'action sur la tirette. C'est un accessoire facile à installer.

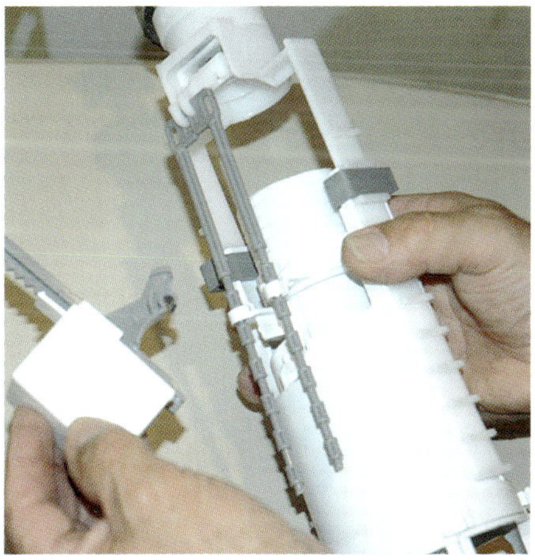

7 Mettez en place le petit flotteur spécial d'économie d'eau sur le nouveau système central et réglez la longueur des tirettes grises de maintien en fonction de la hauteur intérieure de la cuvette.

8 Positionnez la bonde en fond de cuvette et serrez-la en vissant le gros contre-écrou, à la main d'abord puis avec la clé adaptée. Vous pourrez ensuite poser le système lui-même en le vissant d'un quart de tour sur la bonde précédemment placée.

9 Remettez en place le réservoir après avoir changé le gros joint d'étanchéité. Vissez les nouveaux papillons de serrage du réservoir sur la cuvette et positionnez ensuite le nouveau flotteur. Il assurera un fonctionnement silencieux et sans fuite.

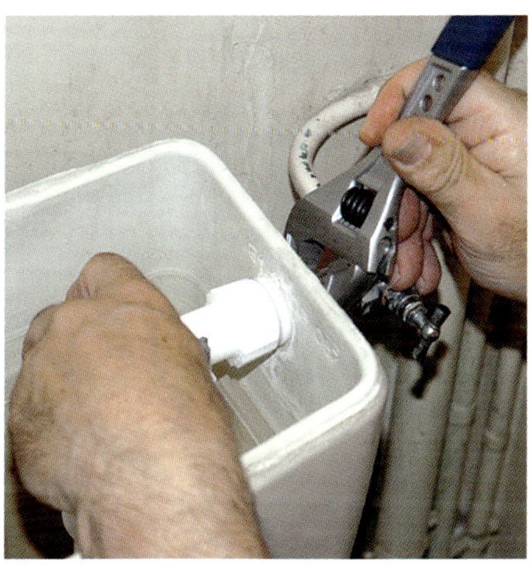

10 Raccordez le flotteur au robinet d'alimentation après l'avoir solidement vissé sur le réservoir par bague et joint d'étanchéité. Attention à ne pas serrer trop fort pour respecter le filetage de la bague en plastique.

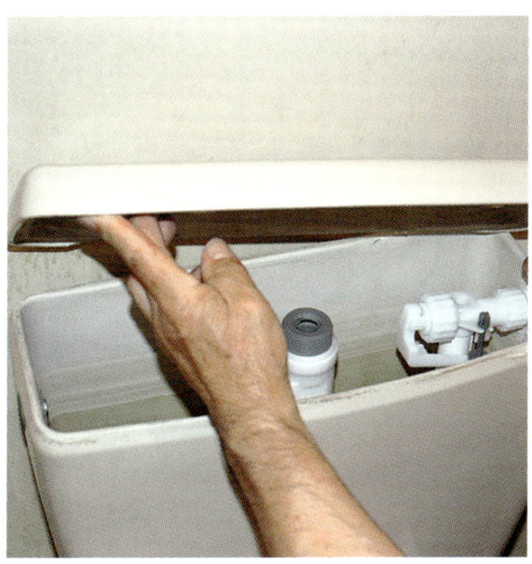

11 Effectuez les réglages de hauteur des flotteurs qui assureront les deux niveaux de déclenchement de la chasse puis reposez le couvercle avec précaution sur le réservoir. Il doit juste affleurer la tête du système central. Reposez le couvercle du réservoir et ouvrez le robinet de remplissage.

12 Depuis le dessus du couvercle, vissez le bouton de déclenchement à double pression sur la tête interne du système de la chasse. Sa mise en place et son serrage assurent la stabilité de l'ensemble.

EAU ÉQUIPEMENTS

Ressources naturelles

Les sécheresses récentes ont permis de nous sensibiliser à ce que pouvait être une hausse estivale des températures mais surtout un déficit saisonnier pluviométrique. Il aura fallu que nous soyons directement touchés par un phénomène qui concernait jusqu'alors essentiellement l'Afrique pour mesurer ce que la sécheresse voulait dire. Cette sensibilisation a eu pour effet un intérêt croissant pour les récupérateurs d'eau, d'abord simples réservoirs alimentés par une dérivation de gouttière pour l'arrosage du jardin, puis véritables citernes enterrées pouvant contenir plusieurs milliers de litres et capables désormais d'alimenter toute l'installation sanitaire (salle de bains, W.-C., machines à laver) de la maison, hors eau potable.

Économiser l'eau à la maison

Les occasions d'éviter le gaspillage de l'eau dans la maison sont multiples :

– commencez par faire la chasse aux fuites, parfois si discrètes qu'on ne les remarque même pas. Relevez le compteur le matin avant de partir au travail, puis renouvelez l'opération en fin de journée, à votre retour, alors que tous les robinets sont bien fermés. Vous aurez souvent une mauvaise surprise.

– prenez l'habitude de ne pas laisser couler l'eau inutilement quand vous vous lavez les mains ou quand vous vous savonnez sous la douche ;

– préférez une douche à un bain et parfois un passage au lavabo plutôt qu'une douche ; vous n'en serez pas moins propre pour ça.

Économiser l'eau au jardin

Quand vient l'été, le soleil et la sécheresse vous obligent à arroser. Si vous le faites avec de l'eau du robinet cela finit par vous coûter très cher surtout si vous ne faites pas très attention. Là encore il y a de nombreuses solutions pour économiser l'eau :

– montez un réducteur de pression sur votre robinet de jardin ;

– arrosez le soir après le coucher du soleil, pour éviter une trop grande évaporation ;

– paillez, binez vos cultures pour limiter l'évaporation par capillarité ;

– récupérez l'eau et stockez-la dans un réservoir (de surface ou enterré) alimenté par un système de récupération d'eau de pluie.

Robinet à double débit

Ce mitigeur thermostatique permet tout à la fois de réduire le débit et de contrôler la température avec précision évitant ainsi tout gaspillage d'eau et d'énergie. Notez que l'eau du chauffe-eau est souvent surchauffée. N'oubliez pas que sa température ne doit pas dépasser 55 °C à sa sortie, ce qui vous évitera en plus de vous brûler.

Stop douche

Cet accessoire se fixe entre le flexible et la douchette. Il permet d'arrêter l'arrivée d'eau (par exemple quand on se savonne) et de retrouver ensuite immédiatement la même température et la même puissance de jet. Il permet de faire jusqu'à 50 % d'économie d'eau. Attention : ce n'est pas un robinet permanent et il ne faut pas oublier de refermer le robinet thermostatique ou le mitigeur quand on a pris sa douche !

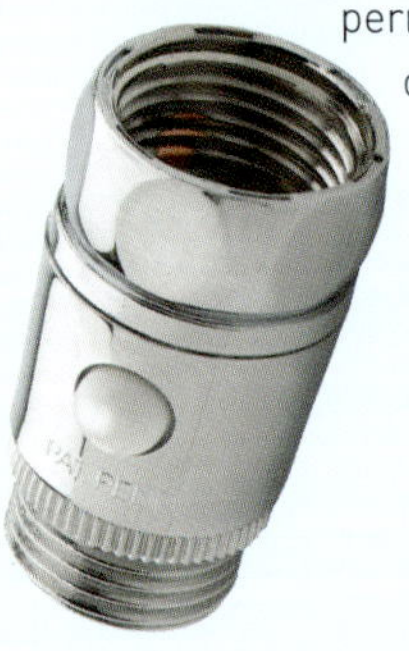

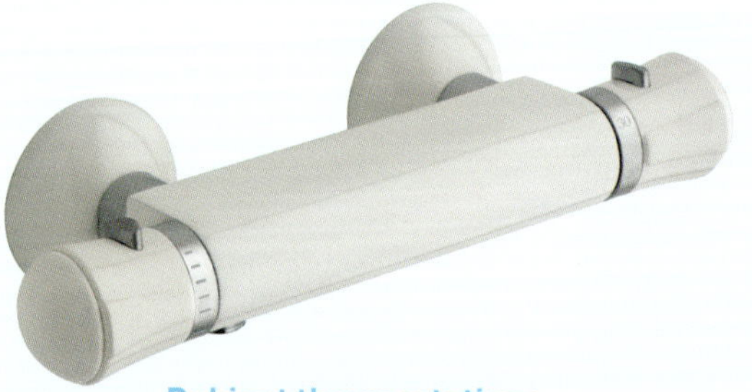

Robinet thermostatique

Par sa précision de réglage de température, le robinet thermostatique évite le gaspillage d'eau puisque la bonne température est obtenue immédiatement. Ce modèle intègre en plus un bouton limiteur d'eau réduisant le débit de 50 %.

Mousseur aérateur

Cet accessoire, à fixer en bout de col-de-cygne ou sur le nez du robinet ramène le débit de 12 à 7 litres/min. Il est amorti dans le mois de son achat.

l'astuce éco de castorama

De réelles économies

- De 100 à 550 l : arrosage d'un potager de 100 m².
- De 1 500 à 3 000 l : arrosage d'un jardin d'agrément et d'un potager de 100 m².
- De 1 500 à 3 000 l : arrosage du jardin et lavage régulier de la voiture.
- De 6 000 à 9 000 l : arrosage du jardin, lavage de la voiture, alimentation de la machine à laver le linge et des W.-C.

Cuve enterrée pour l'arrosage

Pour un jardin de grandes dimensions, on peut enterrer une cuve de grand volume pouvant aller jusqu'à 9 000 l. Du fait de la taille de celle-ci, et donc du volume de l'excavation nécessaire pour son implantation, il est préférable d'envisager cette solution au moment de la construction d'une maison plutôt que dans un jardin déjà structuré. Ce type de citerne est directement raccordé à la gouttière par un déversoir. Il intègre une pompe qui permet une distribution facile de l'eau, via un tuyau d'arrosage ou un système d'arrosage enterré de la pelouse.

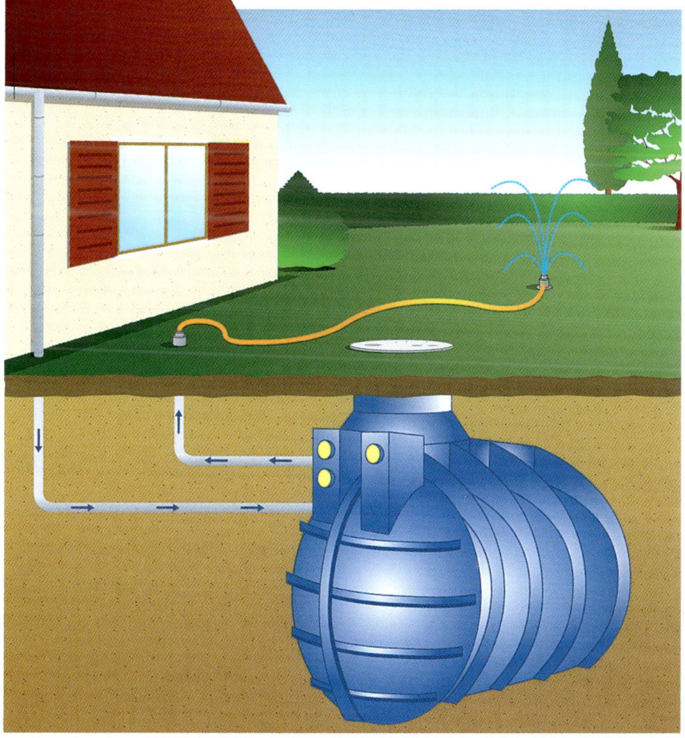

Cuve enterrée de gros volume

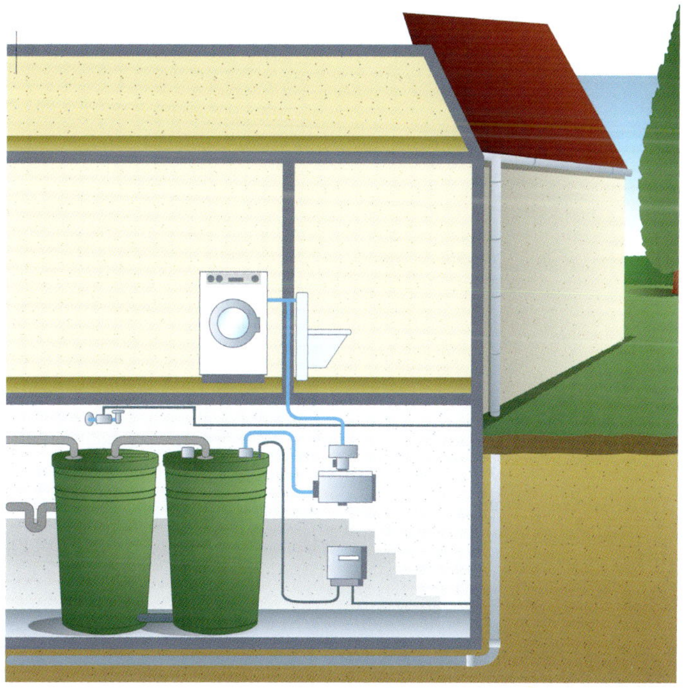

Récupérateur pour usage domestique

Récupérateur en polypropylène

Cette cuve en plastique noir de 200 l possède une jauge de niveau, un robinet, un couvercle de sécurité et un système antidébordement.

Récupérer l'eau pour le jardin

L'arrosage d'un jardin finit par coûter cher. C'est de plus un grand gaspillage que d'arroser des plantes avec de l'eau potable. La récupération et le stockage de l'eau de pluie gagnent du terrain, notamment avec l'apparition de matériels faciles à mettre en œuvre et de cuves de stockage qui savent se faire de plus en plus discrètes ou occuper moins de place près de la maison.

Récupérateur en sapin du Nord

Constituée de lattes de sapin maintenues par cerclage et d'une bâche plastique étanche, cette cuve peut contenir 200 l d'eau.

Récupérateur mural

Également en polypropylène, mais de couleur verte, cette cuve murale de 200 l prend peu de place en épaisseur (33 cm).

EAU RÉCUPÉRATION

Collecter et stocker l'eau

Vous pouvez protéger l'environnement, mais aussi... votre porte-monnaie en récupérant, stockant et recyclant l'eau de pluie.

L'eau de pluie

Non seulement l'eau de pluie est gratuite, mais elle est aussi bien meilleure pour le jardin, car elle ne contient pas de produits de traitement (et notamment le chlore) de l'eau du robinet. De plus, n'étant pas calcaire (à la différence de celle-ci), elle ne laissera pas de traces sur le feuillage et n'augmentera pas l'alcalinité du sol et donc son pH. L'idéal est de collecter l'eau de pluie dans un bac relié à une descente de gouttière.

1 Déterminez l'endroit où vous pourrez poser le bac, à proximité d'une descente de gouttière. Il doit être bien à plat, sur un sol stable, assez haut pour qu'un arrosoir puisse se glisser sous le robinet.

2 Amenez le récupérateur en position et faites une marque sur la descente de gouttière correspondant à sa hauteur. Si l'accessoire collecteur n'est pas autoperçant, coupez la gouttière 3 cm plus bas à l'aide d'une scie adaptée au matériau.

Conseil castorama

Bac supplémentaire

Il est possible d'ajouter un autre récupérateur en le raccordant au premier à l'aide d'un simple tuyau flexible.

Accessoires de raccordement

Les différents accessoires présentés ici permettent de réaliser un raccordement sur n'importe quelle descente de gouttière.

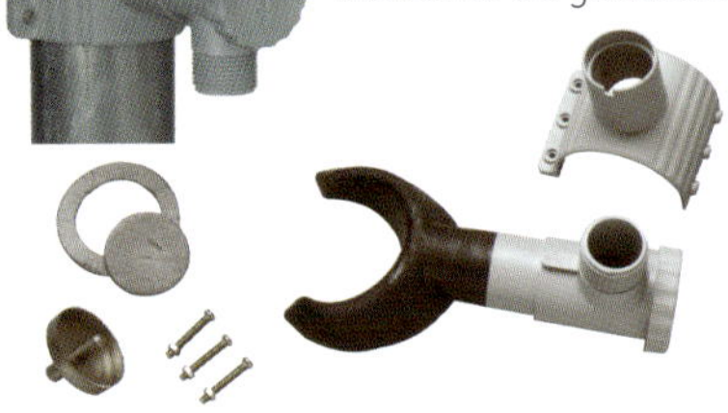

Outils Matériaux

- **perceuse**
- **scie cloche (ou trépan)**
- **scie**
- **récupérateur et support**
- **kit collecteur d'eau de pluie**

3 Fixez le kit collecteur d'eau de pluie à la descente de gouttière. Le collecteur vient s'ajuster sur la partie coupée de la descente.

4 À 8 cm du haut du bac récupérateur, percez un trou qui servira à raccorder le tuyau du collecteur.

5 Enfoncez le collecteur d'eau dans le bac récupérateur par le trou que vous avez pratiqué et maintenez-le en place. Le trou ne doit pas être trop important ; le collecteur doit pénétrer en force.

6 Raccordez le collecteur à la partie du kit solidaire de la gouttière. Posez un couvercle sur le bac : il est indispensable, car il empêchera les moustiques d'aller pondre leurs œufs dans l'eau.

Eau grise

Une grande partie des eaux usées de la maison peut être utilisée dans le jardin. On les appelle aussi "eaux grises". En revanche, les eaux-vannes (celles qui proviennent des toilettes) ne doivent jamais être recyclées. Chaque maisonnée produit une grande quantité d'eaux grises, qui peuvent convenir aux plantations à condition cependant qu'elles ne contiennent pas trop de détergents, de savon ou encore de résidus culinaires.

- N'utilisez jamais d'eau contenant des agents de blanchiment, des désinfectants ou autres produits détachants.
- N'utilisez jamais d'eau grise pour arroser des plantes comestibles ou pour remplir des pièces d'eau.
- Alternez les eaux grises avec l'eau de pluie - ou du robinet.
- N'arrosez pas les boutures ou les jeunes plants avec l'eau grise.
- N'utilisez jamais d'eau grise dans les machines à laver la vaisselle ou le linge.
- Ne stockez pas les eaux grises.
- Versez cette eau dans le sol et non pas sur le feuillage.
- Ne l'utilisez pas avec un système d'arrosage ou d'aspersion.

De l'eau où il en faut

Un bon système d'arrosage doit délivrer de l'eau aux plantes qui en ont besoin et aussi au bon moment. Les arroseurs standards, très populaires, gaspillent l'eau sans toujours atteindre la plante qu'il faut arroser. Les tuyaux microporeux ou les systèmes goutte-à-goutte sont plus efficaces, car ils dispensent de l'eau à l'endroit que vous avez choisi. Ils sont simples à installer, et une fois en place, ils vous feront économiser beaucoup de temps et d'efforts ; vous contrôlerez leur débit manuellement ou avec un programmateur.

Outils Matériaux
- kit d'arrosage goutte-à-goutte
- couteau
- paillis
- programmateur

1 Déroulez le tuyau et disposez-le sur toute la surface que vous voulez arroser. Travaillez avec soin, car il faut passer au milieu des plantations sans les abîmer.

2 Lorsque le tuyau est en place, fermez le circuit en le raccordant sur lui-même (système en boucle), ainsi qu'au réseau.

3 Percez des trous dans le tuyau chaque fois que vous avez prévu l'installation d'un goutteur ou d'un asperseur.

4 Prévoyez autant de goutteurs que nécessaire. Coupez les tuyaux de dérivation à la bonne longueur, posez les goutteurs qui seront raccordés au réseau.

5 Lorsque toute l'installation est raccordée au réseau, fixez le tuyau avec les crochets fournis avec le kit et recouvrez le tout d'une couche de terre ou sous un paillis.

6 Installez un programmateur sur le robinet du jardin. Raccordez le tuyau sur l'installation grâce à un tuyau d'arrosage ordinaire. Déterminez les horaires et plages d'arrosage.

7 Testez le système, procédez aux éventuels ajustements notamment sur les goutteurs ou asperseurs qui sont réglables.

Kit d'irrigation

Parfaits en association avec un récupérateur d'eau, les kits d'irrigation peuvent constituer un système complet d'arrosage goutte-à-goutte et de brumisation pour balconnières, massifs et bordures. Certains kits sont également conçus pour l'arrosage d'un potager ou d'une terrasse.

Conseil castorama

L'arrosage de nuit

Il est toujours préférable d'arroser la nuit (grâce à un programmateur), pour les plantes comme pour l'environnement. En effet, comme il fait plus frais la nuit, l'évaporation naturelle est moindre. Arrêtez les arrosages par temps humide (sauf celui des balconnières).

Comment s'y prendre

Lorsque l'on a terminé les plantations, on peut passer au paillage. Cette étape supplémentaire permet de limiter la croissance des mauvaises herbes pendant un bon moment et de limiter la fréquence et la quantité des arrosages. Pour les bordures arbustives, on peut étendre du film noir biodégradable sur le sol et continuer les plantations en le trouant. Il permet aussi de diminuer l'épaisseur de paillage végétal ou minéral. Avant de commencer à pailler, il est important que le sol soit bien humide. Le paillis empêchant purement et simplement la pluie d'atteindre le sol, vous devrez compenser ce manque par de copieux arrosages au pied même des plantes, mais sans aucun gaspillage alentour.

Un binage vaut deux arrosages

La terre travaillée pour des cultures, sans couverture herbeuse, est directement exposée aux rayons du soleil et au contact de l'air sec et chaud de l'atmosphère. Elle se dessèche et forme une croûte qui agit ensuite comme un buvard : par effet de capillarité, elle accélère la remontée de l'humidité contenue par la terre vers la surface accentuant le phénomène d'évaporation. En rompant cette croûte, on ralentit l'évaporation et donc on limite les besoins d'arrosage. C'est de là que vient le dicton "un binage vaut deux arrosages".

Le paillage

N'importe quel matériau, végétal ou non, peut servir de paillis. Il suffit de l'étendre à la surface du sol pour conserver l'humidité et empêcher la croissance des mauvaises herbes. Les végétaux le plus souvent utilisés sont les écorces de pin, le compost ou encore les déchets de tonte. Ils peuvent aussi servir pour amender le sol, mais dans ce cas, il faudra les retourner de temps en temps. On peut aussi établir un "paillage" avec des graviers, de l'ardoise pilée ou des débris de verre recyclé, tous ces matériaux s'accordant bien avec les jardins modernes.

Le paillis végétal

Parfaitement biodégradable, le paillis végétal présente en outre l'avantage d'apporter des nutriments aux plantes.

Le paillis minéral

Ces paillis ont une durée de vie assez longue et s'accordent avec les jardins modernes.

Fabriquer son paillis

Le paillage consiste à couvrir le sol, à l'origine avec de la paille (généralement celle du fumier bien décomposé), d'où le nom de cette technique. Aujourd'hui on utilise encore de la paille, mais aussi toutes sortes d'autre débris de végétaux comme les écorces de pin broyé que l'on trouve en sacs dans le commerce. Si vous disposez d'un broyeur de végétaux vous pourrez produire vous-même votre paillis en broyant les branches et débris de taille. Vous en utiliserez le produit soit pour pailler, soit pour faire du compost.

Bâches et feutres de paillage

Bien que cette technique ne soit pas très esthétique, elle est excellente pour limiter l'évaporation et, en outre, éviter la prolifération des mauvaises herbes. On la limitera donc au potager ou pour la plantation d'arbres et arbustes dont l'accès est difficile et limite la fréquence des interventions de nettoyage. Elle consiste à étendre sur le sol une bâche opaque (polyéthylène) ou un feutre en fibres végétales et de pratiquer des fentes là où l'on veut faire pousser des plantes.

1 Préparez le terrain comme d'habitude, en le bêchant et en l'engraissant. Étalez la nappe de paillage et placez dessus les plantations en les laissant encore en pot. Coupez la nappe en croix à l'endroit de chacune des plantes et repiquez-les directement sur le sol ainsi dégagé.

2 Vous pouvez aussi planter les végétaux directement dans des trous faits dans la nappe. Cette méthode convient très bien pour les plantes à croissance lente ou demandant peu d'entretien et les arbustes persistants (piéris, houx ou gaulthérie).

3 Recouvrez toute la surface plantée avec des écorces de pin, du gravier ou tout autre sorte de paillis sur environ 7 cm d'épaisseur. Ainsi les mauvaises herbes ne peuvent pas beaucoup proliférer et il est facile de les arracher.

Ombrez les cultures

Les plantes sont comme les hommes ! Elles transpirent en plein soleil et demandent donc davantage d'eau à la terre. Pour compenser, il faut arroser toujours plus. L'une des techniques basiques du jardinage consiste tout simplement à ombrer les cultures chaque fois que c'est possible. C'est le cas au potager où le développement des plantes en hauteur est généralement limité. C'est le cas aussi dans les serres où différents systèmes permettent de limiter l'ensoleillement et la montée en température de l'atmosphère.

Ombrer les cultures

Les "planches" de culture du potager peuvent être protégées d'un trop grand soleil d'été par de simples paillassons reposant sur des fils de fer tendus entre des piquets. Cela évite de brûler les feuilles et limite les arrosages.

Ombrer la serre

Une serre est conçue pour réserver aux plantes une atmosphère plus clémente qu'en plein air. Cependant, du fait de sa structure vitrée, elle fait vite à surchauffer, imposant un surcroît d'arrosage. Il est donc indispensable de l'ombrer. Les systèmes modernes combinent sondes thermiques et hygrostatiques et permettent de jouer automatiquement sur le mouvement des stores et le déclenchement de l'arrosage par brumisation, plus économe en eau.

Conseil castorama

Paillis décoratif

Le paillage peut aussi devenir décoratif et agrémenter le jardin. Vous pouvez ainsi créer des allées de petits galets, d'écorce ou encore de paillettes de lin. Il existe aussi des paillis synthétiques de couleurs. Faites des croquis avant de vous lancer dans le jardin.

Un bac à compost n'est pas seulement la plus simple et la moins onéreuse des poubelles de jardin ; il sert à produire de quoi amender et enrichir le sol, voire à fabriquer soi-même du terreau.
Le compost peut être fait à partir de n'importe quelle matière organique. Vous pouvez aussi y mettre du papier, du carton (pas trop tout de même, et pas imprimé), des épluchures ou encore des fibres naturelles comme le coton.

À quoi sert le compost ?

Le compost ne contient pas seulement des nutriments pour le sol ; sa grande qualité organique améliore aussi la structure du terrain, augmentant la rétention de l'eau dans les terrains calcaires ou sableux, et facilitant le drainage des sols tourbeux ou argileux.

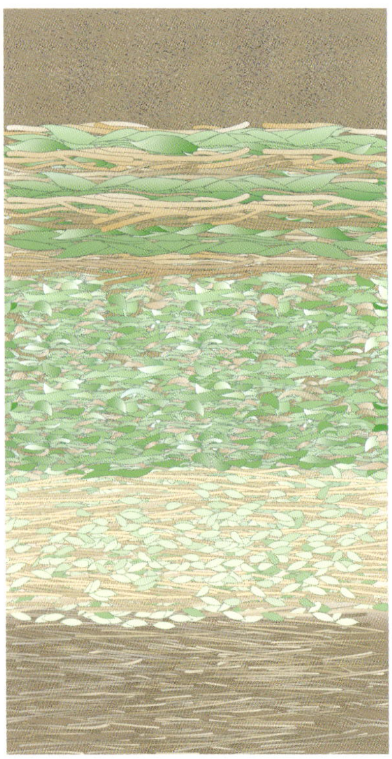

Une couche d'engrais ou d'accélérateur de compost fera descendre le niveau plus rapidement.

Les déchets de tonte ou de mauvaises herbes doivent rester dans la partie supérieure du bac séparés par des couches de branchages broyés.

Chaque couche ne doit pas être trop épaisse ou trop tassée ; les branchages seront broyés avant d'être placés dans le bac.

La couche inférieure sera constituée de végétaux peu compacts laissant circuler l'air : paille, déchets de coupe, etc.

L'ingrédient secret

Cela peut paraître surprenant, mais il n'y a pas ingrédient spécifique pour faire un bon compost. Vous trouverez tout ce dont vous avez besoin à la maison ou dans le jardin. Aussi longtemps que vous ne jetterez pas n'importe quoi dans votre bac à compost (voir le tableau ci-dessous) et que vous sélectionnerez les matériaux, ils se mélangeront aisément.
Les bactéries sont responsables de la décomposition des matières placées dans le bac à compost, mais pour cela, elles ont besoin d'air, d'humidité, d'azote et de chaleur. C'est en superposant des couches différentes que vous obtiendrez les meilleurs résultats. Commencez par des couches de matériaux fibreux (du bois) afin que l'air circule dans le bac. Placez ensuite différentes couches de matériaux broyés en veillant à ce que chacune ne soit pas trop épaisse ou dense.
Vous pouvez placer le bac dans n'importe quel endroit du jardin, mais essayer de le mettre hors de vue. Si vous le pouvez ayez plusieurs bacs : un à remplir et un autre prêt à servir.

Le bon compost

La décomposition dure de trois à six mois en fonction de ce qu'il y a dans le bac, du climat et de la mise en place des couches. Une fois le compost prêt, son volume aura diminué d'environ 70 %. Il peut être sombre et se désagréger, un peu comme de la mouture de café. Il ne doit plus y avoir de gros morceaux non décomposés. Afin d'éviter cela, broyez très fin tous les branchages ou autres morceaux de bois. Vous pouvez accélérer le processus avec un activateur de compost ou simplement en l'arrosant avec de la bière, riche en levures.

L'Outil malin

Le broyeur

La manière la plus rapide de débroussailler un jardin et de remplir un bac à compost est d'utiliser un broyeur. La taille des haies, des branchages et de toutes les petites branches peut être ajoutée au bac à compost. Certains modèles broient des branches de 3 cm de diamètre.

LES MATÉRIAUX, CE QUI EST AUTORISÉ

Autorisé

- Déchets crus : épluchures de légumes, sachets de thé, mouture de café et coquilles d'œuf
- Mauvaises herbes annuelles (avant la montée en graine)
- Surplus de boutures de plantes ou de fleurs
- Résultat de la taille des haies (bois tendre)
- Petits branchages
- Tonte
- Fibres naturelles déchirées : journaux, papier, coton et tissu de laine
- Carton
- Sciure
- Paille

Interdit

- Déchets d'aliments cuits
- Croquettes pour animaux et os
- Pain
- Plantes infestées ou malades
- Pesticides
- Mauvaises herbes en graine
- Tissus synthétiques
- Matière non-biodégradable
- Excréments des animaux
- Bois non broyé
- Matières plastiques

Ce qu'il faut éviter

La plupart des problèmes que l'on rencontre avec les bacs à compost peut être facilement évitée. Certains ne jurent que par le "mélange" du compost. Ils sortent le contenu du bac, le retournent puis le remettent dans le bac. En réalité, cette opération n'est pas nécessaire, si, dès le départ, vous installez correctement toutes les couches de végétaux dans le bac.
Vous pouvez toutefois augmenter la vitesse du processus de décomposition en ajoutant un accélérateur de compost (voir le tableau de droite).

POUR BIEN RÉUSSIR SON COMPOST	
Des couches peu épaisses	Des couches épaisses et denses tels des résidus de tonte mettent longtemps à se décomposer, ont tendance à sentir mauvais et à rendre le compost visqueux. Faites des couches minces et mélangez l'herbe à d'autres matériaux.
Broyer	Les branchages épais mettent plus de temps à se décomposer et à se transformer que les autres végétaux, et de ce fait, ils ralentissent la formation du compost. Il vous faudra donc les broyer finement avant de les verser dans le bac.
Un peu d'humidité	Le compost a besoin d'un peu d'humidité, il ne doit être ni trempé, ni sec. Il est parfois nécessaire de l'arroser pendant les mois d'été, mais vous devez aussi le recouvrir avec un couvercle pour le protéger des intempéries.
Accélérer	Vous pouvez acheter un activateur de compost qui va accélérer la formation du compost. Sinon, vous pouvez incorporer tous les 30 cm, du terreau, du fumier ou l'arroser avec de la bière.

Construire un bac à compost

Le bac n'est pas indispensable pour obtenir un compost, mais ainsi la succession des couches sera bien plus organisée et le jardin sera plus net qu'avec un amoncellement informe. Les couches se réchaufferont plus rapidement et resteront humides. Au moment de l'achat, préférez des lattes en bois traité.

Outils Matériaux

- **marteau**
- **tournevis ou visseuse-dévisseuse**
- **bêche**
- éléments en kit

1 Assemblez les quatre côtés du bac en plaçant des vis de 65 mm près des angles du bac.

2 Fixez le crochet de maintien pour l'ouverture du bac. Une petite pièce permet de vérifier la position du dispositif.

3 Placez le deuxième crochet et ouvrez le battant afin de vérifier que les crochets sont bien placés.

4 Recouvrez le dessus du bac avec une feuille plastique semi-transparente. Elle s'accroche sur des vis qui ne sont pas tout à fait enfoncées. Vissez-les à fond et protégez-les en repliant une partie de la feuille plastique dessus.

5 Tirez la feuille plastique vers l'arrière du bac, placez un montant en bois sur la feuille et clouez-le sur l'un des montants du bac.

6 Commencez à remplir le bac avec des déchets végétaux. La couche inférieure ne doit pas être trop dense pour que l'air circule.

L'Outil malin

Le composteur en plastique

Pour les petits jardins, il existe des bacs en plastique. Ils ressemblent assez à une grande poubelle de cuisine, mais avec une ouverture en bas pour recueillir le compost.

l'astuce éco de castorama

Activateur

Ce produit sans danger pour l'environnement favorise la décomposition des végétaux et accélère la production de compost.

JARDIN NATUREL ENGRAIS

Il y a mille façons de préserver la biodiversité et donc la nature qui nous entoure. Cela va de l'incinération de certains déchets végétaux pour ne pas surcharger inutilement les services de ramassage des déchets verts, jusqu'à la production de bois de chauffage à partir de ressources locales qui seraient restées inexploitées. La transformation des déchets verts en compost est à la fois une façon d'alléger nos déchets et de produire un amendement ou un support de culture des plus intéressants.

l'astuce éco de castorama

Incinérateur

Cet incinérateur en tôle galvanisée est à allumage et tirage naturel. Il permet d'éliminer certains déchets végétaux mais aussi les vieux papiers. Clos par un couvercle, il prévient contre tout risque d'extension du feu dans les régions sensibles.

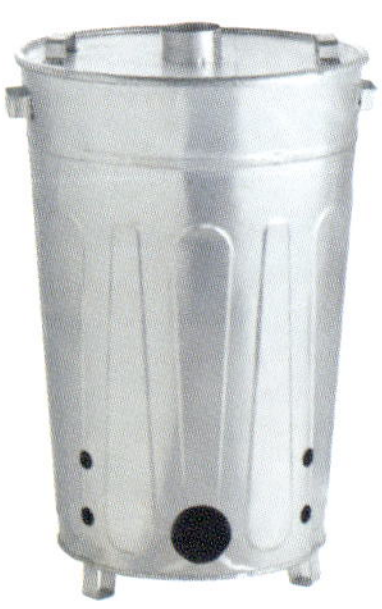

Réaliser son compost

On sait qu'il est possible de réaliser soi-même un bac à compost. On en trouve cependant de fort bien faits dans le commerce, pour une somme tout à fait modique. Ils permettent de produire une bonne quantité de compost, suffisante pour un jardin de taille moyenne.

Composteur en bois

Réalisé en pin FSC (provenant de forêts à gestion durable), ce composteur offre une capacité d'environ 1 m^3.

Composteur en plastique

Ce composteur en polypropylène recyclable de 330 l possède une porte à glissière pour prélèvement du compost.

Choisir un broyeur

Broyeurs de végétaux à moteur

Les débris végétaux pulvérisés par les broyeurs peuvent servir tout autant au paillage qu'au compostage. Les différences entre les appareils résident dans le taux de broyage (qui exprime la capacité de réduction du broyeur), le système de broyage (plateau ou rotor porte-couteaux), la hauteur de travail et la puissance exprimée en watts pour les modèles électriques ou en chevaux pour ceux à moteur thermique (essence).

Broyeur électrique

Appareil de base (1 800 W) offrant un taux de broyage de 7/1 (diamètre de coupe maximum de 4 cm).

Broyeur électrique

Appareil de milieu de gamme (2 000 W) à taux de broyage de 10/1 (diamètre de coupe de 4 cm également).

Broyeur thermique

Indispensable pour broyer en forêt, loin d'une alimentation électrique, cet appareil broie des branches de 4,4 cm de diamètre et a un taux de broyage de 10/1.

Broyeur souffleur

Cet appareil permet soit de souffler les feuilles pour les rassembler, soit de les aspirer et de les broyer et de les collecter dans un sac pour les déverser ensuite dans des sacs à déchets verts ou dans le bac à compost. Le moteur peut être électrique ou thermique (ci-dessus) et le taux de broyage peut aller jusqu'à 16/1.

Jardinage bio

Quand on veut jardiner en respectant la nature, il faut suivre un certain nombre de règles de base permettant de faire produire la nature sans l'épuiser, sans apport excessif d'engrais et sans polluer.

Respecter la terre

• Ne plantez pas les mêmes légumes plusieurs années de suite à la même place pour ne pas épuiser le sol.
• Ne semez pas trop dense : espacez les graines pour éviter le gâchis d'une levée massive qui devra être suivie d'un éclaircissage.
• Favorisez les bons voisinages et évitez les mauvais : les choux n'aiment pas la proximité des fraisiers et les haricots celle de l'ail, alors que les asperges apprécient celle des tomates et le céleri celle des poireaux.

Composter les déchets

• Recyclez les déchets verts du jardin en créant votre propre compost naturel. Vous pouvez y mettre aussi quelques déchets ménagers végétaux comme les épluchures de légumes : n'y mettez jamais cependant des restes de plantes malades ou montées en graines, ou encore, bien sûr, des restes de viande, de poisson ou de produits laitiers, aucun emballage, même en papier ou en carton.
• Ramassez toujours l'herbe de tonte : elle peut rejoindre le compost, à condition d'aérer celui-ci, les déchets de tonte ayant tendance à le colmater.

Traiter sans polluer

• Utilisez en priorité les traitements et engrais prévus pour l'agriculture biologique, en respectant scrupuleusement les doses indiquées.

Pierre de lave

Vous êtes envahi de limaces et d'escargots qui ravagent votre jardin : pourquoi les empoisonner ? Utilisez plutôt de la pierre de lave, véritable barrière naturelle qui résiste bien à l'humidité et respecte les animaux domestiques comme la faune sauvage.

Anti-pucerons

Cet anti-pucerons autorisé en agriculture biologique est néanmoins à action rapide. Il convient aussi bien pour les arbres que pour les fleurs.

Engrais potager

Présenté en mini-granulés, cet engrais potager permet d'obtenir des légumes et des fruits sains et savoureux.

BOIS PRODUITS BOIS CERTIFIÉS

La forêt est au cœur du concept même de biodiversité : elle participe en effet directement au développement et à la diversité de la faune, mais aussi à la viabilité de la planète par le recyclage du gaz carbonique et le renouvellement de l'oxygène. Sans que l'on en mesure les conséquences, les forêts tropicales et équatoriales ont été surexploitées jusqu'à être menacées de disparition. Il nous appartient aujourd'hui d'enrayer le processus.

FSC
Forest Stewardship Council

TFT TROPICAL FOREST TRUST
Tropical Forest Trust

PEFC™
Program for the Endorsement of Forest Certification

Certification des bois

Pendant longtemps, la forêt est apparue comme une source d'approvisionnement en bois inépuisable. Ce fut principalement le cas des immenses forêts tropicales et équatoriales africaines, sud-américaines et d'Asie du Sud-Est. Liée au système colonial, cette exploitation s'est faite sans autre règle que la rentabilité immédiate sans aucun respect pour la nature ni pour le patrimoine arboricole des régions concernées. Depuis quelques années, une prise de conscience s'est faite devant le désastre écologique qu'avaient causé de telles méthodes, avec en perspective une réelle menace pour l'humanité tout entière.

Plusieurs labels, liés à différentes organisations internationales sont apparus, avec pour objectif une exploitation raisonnée des ressources forestières de nature à préserver l'environnement sans priver les populations locales des nécessaires revenus liés à leur patrimoine naturel.

Le label FSC garantit notamment :

- la qualité et la traçabilité du bois ;
- la gestion durable de la forêt ;
- le maintien de la biodiversité ;
- le respect des communautés locales.

Privilégiez systématiquement les produits manufacturés arborant l'un de ces logos.

Importation et transformation du bois exotique

Sous l'adjectif "exotique", on qualifie des bois d'origine géographique lointaine : Asie, Afrique (tropicale et équatoriale) et Amérique du Sud, zones qualifiées autrefois "d'Outremer". Ces bois ont souvent fait l'objet d'une surexploitation intensive, responsable d'une déforestation sauvage catastrophique pour les pays d'origine autant que pour la planète en général. Aujourd'hui, beaucoup de ces pays sont "sous embargo", ce qui signifie que l'on ne peut plus en importer de bois, ou seulement certaines essences. D'autres font l'objet de contrôles stricts de volumes d'exportation. Cette surveillance est effectuée avec le concours d'organismes comme le FSC.
Si une partie de ce bois est importée sous forme de grumes, débitées et transformées chez nous (ce qui facilite et fiabilise les contrôles), beaucoup de meubles et objets nous parviennent sans qu'il soit toujours possible d'en vérifier la provenance et de s'assurer que leur bois arrive de forêts gérées durablement. Il est donc important de veiller à la labellisation.

Meubles et équipements

La mode des salons de jardin en "teck" (et généralement en bois bien moins nobles mais longtemps vendus pour tel) a multiplié la demande de meubles en bois exotique. Plus que jamais, il faut veiller à sélectionner des objets labellisés FSC.

Salons de jardin

Ce fauteuil en eucalyptus massif du Brésil (ci-contre) et ce salon de jardin en eucalyptus d'Afrique du Sud (à droite) sont des objets certifiés comme provenant de forêts gérées durablement.

Terrasses et caillebotis

Exposés à longueurs d'années aux rigueurs du climat, à la pluie, au vent, au gel, mais aussi à la chaleur et aux rayons du soleil, les éléments de terrasse et de dallage (caillebotis) se doivent d'être réalisés en bois très résistants. Or, seuls certains bois exotiques ont les qualités suffisantes pour demeurer en toutes saisons à l'extérieur avec un minimum de traitement, voire sans aucune protection. Là encore il faut être particulièrement attentif à la labellisation, d'autant que la plupart de ces produits (tout comme les meubles) sont façonnés dans les pays d'origine.

Bois européens

Équipements de jardin

Bien que la forêt européenne soit loin d'être menacée, la vigilance est de règle pour son exploitation : cet abri de jardin en épicéa d'Europe du Nord, cette clôture en lame, ces panneaux ajourés et cette bordure en épicéa polonais sont aussi labellisés FSC.

Stratifiés et parquets

Si les revêtements stratifiés utilisent peu de bois (une mince couche de quelques millimètres), il n'en va pas de même pour les parquets massifs. Encore une fois la mode des bois sombres résistant à l'eau pour la salle de bains, a encouragé l'utilisation de bois exotiques, d'autant plus menacés qu'ils sont précieux : une raison de plus de préférer les produits labellisés FSC.

BOIS MAISON OSSATURE BOIS

Le bois a presque toujours été présent dans la construction de nos maisons, ne serait-ce qu'au niveau de la charpente, des portes et des fenêtres, des planchers. Pendant longtemps, dans certaines régions où la pierre était rare, il a participé à la structure même des constructions dites "à colombages" ou "à pans de bois". En montagne, le bois constitue depuis toujours l'intégralité, ou presque, des chalets. L'engouement actuel pour la "maison bois" est donc une redécouverte, notamment de modes de construction qui sont restés très pratiqués aux États-Unis, fondés sur une ossature bois, un emplissage isolant, un bardage extérieur et un doublage intérieur. Ce genre de construction répond parfaitement aux nouvelles exigences environnementales.

l'astuce éco de castorama

Isolant

L'isolation de la maison à ossature bois passe par l'utilisation d'un isolant efficace : il s'agit pour l'essentiel d'une "laine" qui peut être minérale (de verre ou de roche), végétale (lin, cellulose ou chanvre) ou encore animale (laine de mouton).

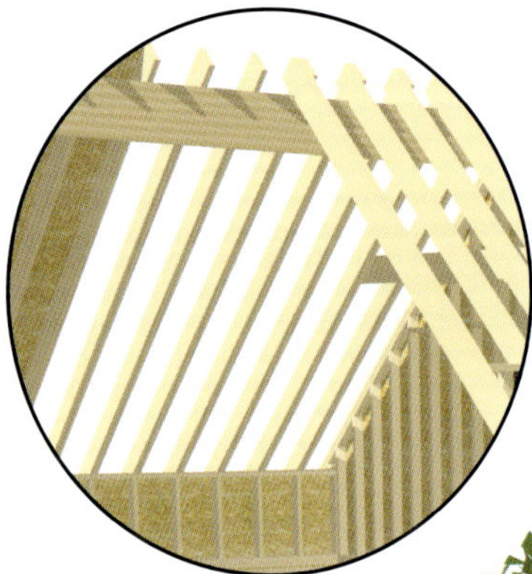

Bois de structure

Une maison bois telle que celle-ci utilise des bois massifs de différentes sections, des éléments en lamellé-collé, des poutres en **I** et des panneaux.

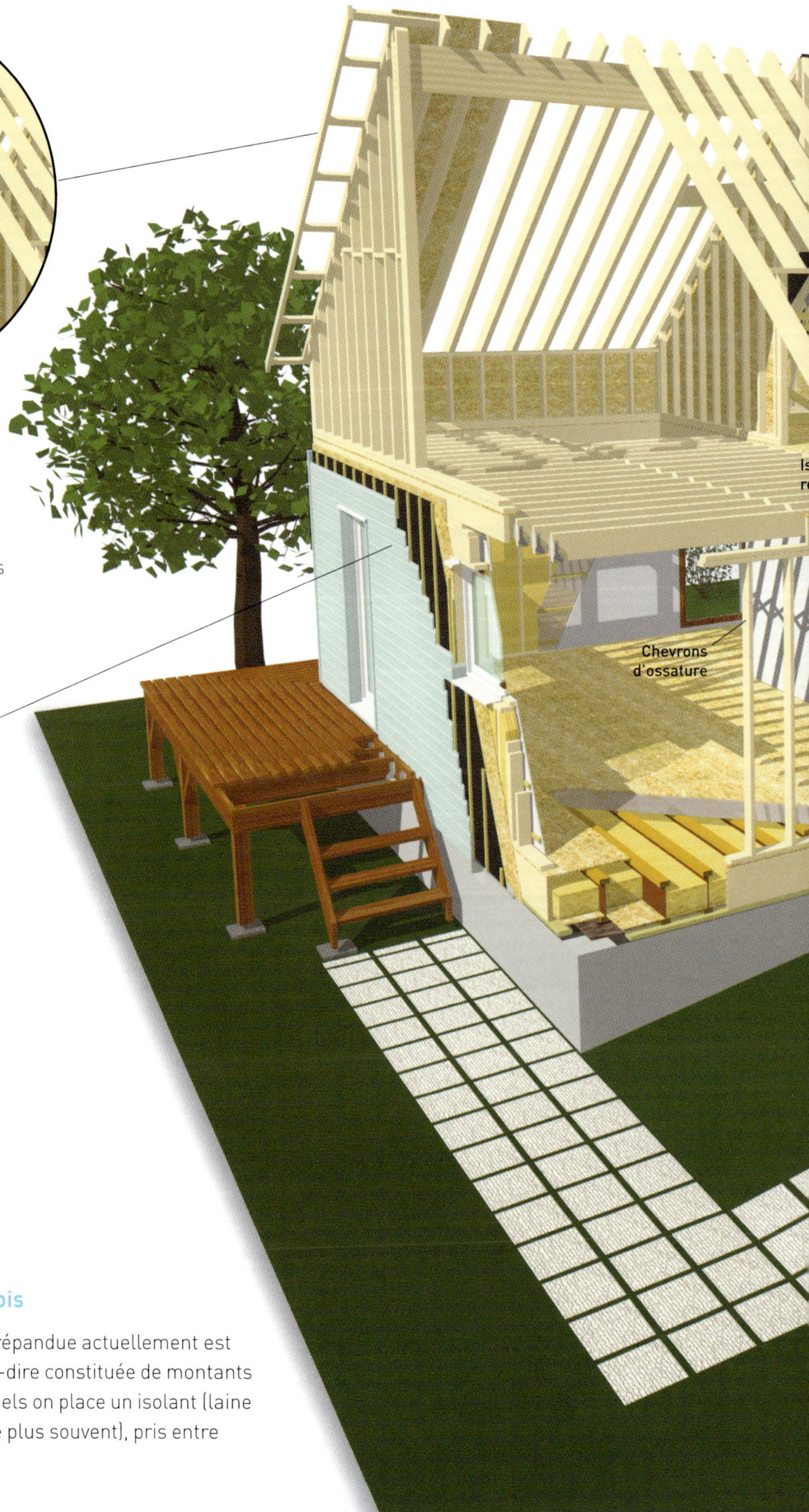

Structure des parois

Les ossatures bois entre lesquelles est placé l'isolant sont revêtues d'un panneau puis d'un écran sur lequel sont cloués des tasseaux recevant ensuite le bardage, une lame d'air garantissant une bonne ventilation.

Maison à ossature bois

La maison bois la plus répandue actuellement est à ossature bois, c'est-à-dire constituée de montants et traverses entre lesquels on place un isolant (laine minérale ou végétale, le plus souvent), pris entre deux parements.

Structure de la maison à ossature bois ▸

Héritière directe des maisons de colons américains, la maison à ossature bois est facile à fabriquer, rapide à monter (les panneaux étant préparés en atelier), résistante et étanche aux intempéries (son bardage la protégeant contre la pluie et le vent), bien isolée contre le froid. C'est l'évolution de cette maison qui vous est proposée aujourd'hui, dans différentes variantes, par les constructeurs de maisons individuelles.

La structure de ce genre d'habitation est simple :

- une ossature de chevrons forme, en quelque sorte, le squelette de l'habitation ;
- entre ces chevrons on place une forte couche d'isolant, prise entre deux parements, l'un à l'extérieur (bardage ou panneautage revêtu d'un crépi), et l'autre à l'intérieur (plaque de plâtre ou lambris).

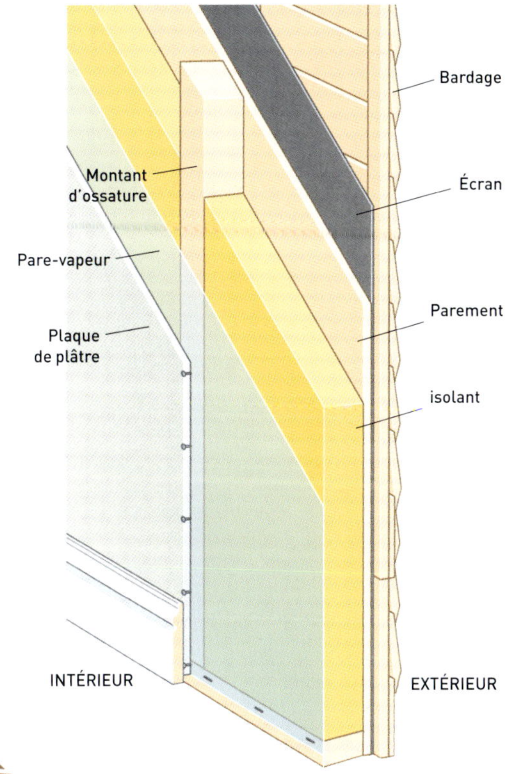

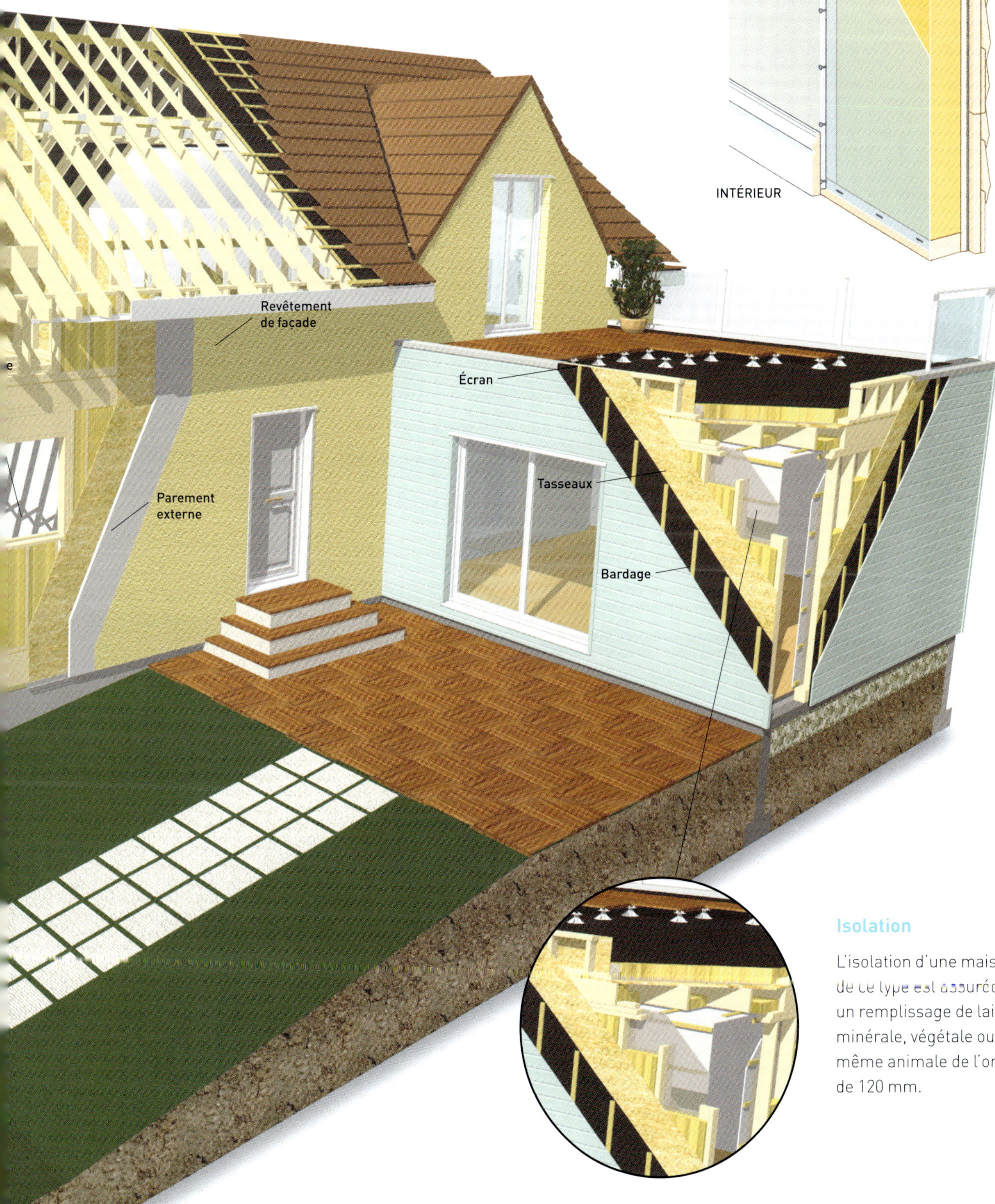

Isolation

L'isolation d'une maison de ce type est assurée par un remplissage de laine minérale, végétale ou même animale de l'ordre de 120 mm.

Championne de l'isolation, ultra rapide à construire, plus résistante au feu qu'une maison en maçonnerie traditionnelle, élégante et agréable à vivre : la maison bois gagne chaque année des parts de marché et fait la démonstration de ses multiples qualités en donnant entière satisfaction à ceux qui l'on choisie. C'est la maison éco-citoyenne du XXIe siècle.

Construction d'une maison à ossature bois

Les maisons à ossatures bois sont souvent constituées, en grande partie, de panneaux préfabriqués en usine ou réalisés directement sur site, ce qui permet un gain de temps considérable, puisqu'il suffit de les dresser et de les assembler par vissage.
Ce côté "jeu de construction" ne compromet en rien la solidité de l'ensemble. Mieux, même, ce type de structure est souvent classé "antisismique". Le montage d'une maison bois peut ainsi ne prendre que quelques semaines, après séchage de la dalle en béton constituant son assise.

Construction d'une maison à ossature

La qualité des bois massifs doit être irréprochable et les contrôles de rectitudes appliqués y compris sur chantier (à gauche). Les risques de "flèche" sont évidemment moindres avec les éléments en **I** dont le remplissage est en panneau (à droite).

Les autres techniques

Présent depuis toujours dans la construction de nos maisons, le bois prend aujourd'hui une place prépondérante dans certaines d'entre elles. Différentes techniques de construction, dont certaines sont ancestrales, sont soit remises au goût du jour, soit élaborées selon des principes et techniques nouvelles.
Quand on parle de maison "bois", on désigne une construction dont la structure porteuse est constituée d'éléments en bois qui supportent la charpente de la toiture. Il existe quatre principaux types de maisons en bois.

Maison à colombages

C'est l'ancêtre de la maison à ossature bois : des montants et traverses forment une structure porteuse. Les "vides" entre les poutres et chevrons sont remplis par un mélange d'argile et de paille assurant le remplissage garantissant l'étanchéité et l'isolation de l'habitation. Des entreprises spécialisées réhabilitent ou construisent encore ce type de maison dans leurs régions traditionnelles d'implantation : Normandie, Alsace, Sologne, notamment. La maison en pisé en est une variante.

Maison en bois massif

Elle est constituée d'éléments empilés, plus ou moins façonnés. La maison en bois massif est une construction dont la structure porteuse est réalisée avec du bois. Son toit est donc porté par des éléments horizontaux et verticaux en bois : madriers, pleins ou en lamellé-collé, lames et planches. Ces éléments sont usinés bouvetés – majoritairement à rainure et languette, ou à embrèvement - pour permettre des emboîtements assurant la cohésion de la construction mais aussi son étanchéité à l'air, au vent et aux intempéries. Le bois utilisé est généralement du résineux, souvent du sapin du Nord ou du pin Sylvestre.

Maison poteaux-poutres

C'est une maison intermédiaire entre la maison en bois massif et celle à ossature : des poutres de forte section sont très espacées (un à plusieurs mètres) pour former une ossature porteuse. Les vides ne sont pas "remplis" mais constitués de larges baies vitrées. C'est une formule très prisée pour la réalisation de maisons contemporaines "d'architecte", particulièrement intéressante pour la réalisation de maisons passives, c'est-à-dire exploitant tout particulièrement le rayonnement solaire comme source de chauffage.

Maison en fustes

Héritière directe des chalets massifs de nos alpages, la maison en fustes est constituée de rondins, écorcés et usinés d'encoches d'extrémité, permettant un assemblage par simple emboîtement. L'adéquation au site est ici essentielle.

Les façades

L'image du chalet et de la construction "légère" écarte certains de la maison bois, souvent pour une simple question d'image. L'aspect de la façade est pourtant totalement disjoint de la structure même de la maison.

Le bardage

La façon la plus simple d'habiller une maison bois est de la "barder", c'est-à-dire de la revêtir de lames horizontales (parfois verticales), jointives ou se superposant à leur base. Les lames sont alors fixées directement sur les montants d'ossature. Elles sont classiquement en bois, mais de plus en plus en PVC ou de bois composite. C'est la structure extérieure classique des façades de maisons américaines.

Le crépi

Bien qu'il puisse apparaître regrettable, aux yeux de certains, d'habiller une maison à ossature d'autre chose que de bois, c'est souvent une obligation pour une bonne intégration architecturale (et il faut souvent en passer par là pour obtenir un permis de construire). La maison est alors recouverte ou constituée de panneaux, qui peuvent être peints ou revêtus de n'importe quel crépi ou revêtement. Certaines maisons bois associent le crépi et le bardage bois.

Conseil castorama

Permis de construire

Nombre de mairies et de DDE refusent les permis de construire au seul fait qu'il s'agit d'une maison "bois". Rappelons que seul l'aspect extérieur peut être pris en compte. Les autorités se livrent à un abus de pouvoir quand elles se fondent sur la nature de la structure et non sur l'aspect extérieur de la maison pour rejeter un permis. Elles ne peuvent que vous demander d'adopter un revêtement de façade conforme à celui des maisons environnantes (classiquement un crépi au lieu d'un bardage).

AGIR AU QUOTIDIEN

Construction, aménagement, équipement, décoration : il y a mille manières d'agir pour préserver l'environnement dans la maison. Vous les avez retrouvées au fil des pages avec "l'astuce éco" ; découvrez ici d'autres réflexes quotidiens qui feront de vous un éco-citoyen, à la maison, au jardin, ou dans vos déplacements quotidiens.

À la maison

Je ne me fais plus piéger par la veille de mes appareils électriques (TV, ordinateurs, etc.) ! En les éteignant complètement, j'économise jusqu'à 10 % sur ma facture d'électricité. Non seulement j'économise de l'argent et je réduis mes émissions de gaz à effet de serre, mais je prolonge aussi la durée de vie de mes appareils.

Je pense au couvercle pour faire bouillir de l'eau. Un couvercle pour maintenir 2 litres d'eau bouillante, c'est 4 fois moins d'énergie consommée.

Je fais sécher mon linge au grand air, ce qui est beaucoup plus rentable. Un sèche-linge représente à lui seul 15 % de ma consommation annuelle d'électricité. Un réflexe simple et efficace pour éviter de se retrouver sur la corde raide en fin de mois !

Je dégivre régulièrement mon réfrigérateur avant que la couche de givre n'atteigne 3 mm d'épaisseur, ce qui me permet d'économiser jusqu'à 30 % de sa consommation d'électricité.

Je prends une douche rapide plutôt qu'un bain. Je consomme ainsi entre 25 et 100 litres d'eau au lieu de 250 litres environ, et je participe à la préservation de cette ressource naturelle limitée.

Aujourd'hui, le prélavage est devenu inutile. En machine, nos textiles modernes peuvent très bien se passer de prélavage. C'est une économie de 15 % d'énergie.

J'utilise une lessive sans phosphates pour éviter la prolifération d'algues microscopiques, dangereuses pour la vie aquatique. Aujourd'hui, les quantités de phosphates mesurées dans les rivières sont 10 à 15 fois supérieures aux teneurs naturelles.

Je trie mes déchets (emballages, verre, papier, etc.) en tenant compte des consignes. Si le tri sélectif des déchets n'est pas organisé dans ma commune, je vais les déposer à la déchetterie la plus proche de chez moi.

Je bois sans danger l'eau du robinet. En France, l'eau du robinet est parfaitement potable. La consommation d'eau en bouteille nécessite beaucoup de transport et donc des tonnes de CO_2 émis dans l'atmosphère. De plus, les bouteilles en plastique participent à l'augmentation des déchets ménagers. Enfin, l'eau du robinet coûte 100 à 300 fois moins cher que l'eau en bouteille (coût du liquide : 20 % ; coût de l'emballage : 80 %). Protéger la planète peut rapporter !

Je pense à donner à recycler les systèmes et appareils utilisant des gaz fluorés. Réfrigérateurs, congélateurs, climatiseurs de voiture et d'habitation. Ces appareils utilisent du fréon, redoutable gaz à effet de serre, qui s'échappe dans l'atmosphère quand les systèmes de réfrigération fuient.

Dans mon jardin

J'évite les emballages inutiles en adaptant la quantité achetée à ce qui sera nécessaire (graines, semences, terreau, etc.) en sachant que, conservés à l'abri, ces produits se gardent longtemps.

J'arrose mon jardin le soir quand l'évaporation est moins forte, ce qui me permet de faire une économie d'eau de 50 % en moyenne pour la même efficacité.

Je laisse un coin de prairie en friche dans mon jardin. J'y découvrirai de nouvelles espèces de plantes qui abritent de nombreux insectes (abeilles, papillons, etc.) utiles au bien-être de mes plantations et à leur reproduction.

Avant d'avoir la main verte, un bon jardinier doit être… paresseux ! En effet, le vent, les oiseaux et les insectes sèmeront à ma place. Laisser faire les alliés naturels pour l'élimination des parasites (coccinelles contre les pucerons) et la fertilisation de la terre (vers de terre, etc.). J'aménage des carrés sauvages ou je laisse des tas de bois morts pour les attirer naturellement.

Pour mon potager, j'économise l'effort du labour. Le labour est une tâche ardue qui fragilise le sol. Je préfère la technique traditionnelle du paillis qui consiste à recouvrir le sol de végétaux pour limiter l'évaporation et la pousse de mauvaises herbes. La terre n'en sera que plus enrichie et protégée.

Lors de mes déplacements quotidiens

Je privilégie le vélo, le roller, la trottinette ou la marche à pied, si j'ai à effectuer un court trajet en ville. J'évite ainsi de perdre du temps dans les embouteillages ou dans la recherche d'une place de stationnement souvent payante, et en plus, c'est bon pour la forme !

Si je suis obligé(e) d'utiliser ma voiture, j'adopte la zen attitude ! Je démarre en douceur afin d'éviter une surconsommation coûteuse et de forts rejets polluants et je conduis en souplesse, ce qui représente plus de 40 % d'économie en terme de consommation d'essence et de rejets d'émissions polluantes.

J'ai besoin de changer de voiture ? Je choisis un véhicule qui convient à mes besoins. Les grosses voitures (dotées de gros moteurs) consomment beaucoup plus de carburant que les petites voitures, à vitesse et distance parcourue équivalentes. Je pense à comparer les Étiquettes Énergie apposées sur les lieux de vente.

Je propose à mes voisins ou à mes collègues de partager la même voiture. Au-delà de la diminution de la pollution, le covoiturage divise les frais de déplacement entre les différents occupants du véhicule et favorise la convivialité.

Pour retrouver les "éco-gestes", et de nombreuses idées pour préserver l'environnement au quotidien, rendez-vous sur www.ecologie.gouv.fr

Adresses utiles

Les adresses listées ci-dessous vous offrent des pistes pour mieux comprendre les principes de l'habitat écologique, du jardinage bio, et connaître les possibilités d'accompagnement pour vos projets.

Sur l'environnement et le développement durable

www.ecologie.gouv.fr
www.quotidiendurable.com
www.notre-planete.info
www.cerdd.org
www.wwf.fr

Sur l'éco-construction, le jardin naturel, les énergies renouvelables

Terre vivante, l'écologie pratique :
www.terrevivante.org
OÏKOS, la Maison, son environnement :
www.oikos-ecoconstruction.com
Association pour la Haute Qualité environnementale des Bâtiments :
www.assohqe.org
Syndicat des Industriels et des Professionnels français des Énergies renouvelables :
www.enr.org

Sur les financements pour l'amélioration de l'habitat

Agence de l'Environnement et de la maîtrise de l'Énergie (fiches pratiques, liste des Espaces Info-Énergie, Informations sur les crédits d'impôts) :
www.ademe.fr
Agence Nationale d'Information sur le Logement (ANIL) :
www.anil.org
Agence Nationale de l'Habitat (ANAH) :
www.anah.fr

Sur les labels écologiques

Produits titulaires de l'écolabel NF-Environnement :
www.marque-nf.com
Produits titulaires de l'écolabel européen :
www.eco-label.com
Le Forest Stewardship Council (pour la gestion durable des forêts) :
www.fsc-france.org
Engrais écologiques, le label Ecofert :
www.ecocert.fr

Sécurité, outils, réglementation

SÉCURITÉ PROTECTION DE LA MAISON

Même si l'on veut à juste titre garantir son domicile, sa famille et ses biens contre le vol et les intrusions malveillantes, on n'entend pas pour autant vivre dans une forteresse. Fort heureusement, quelques équipements très accessibles et faciles à installer permettent de se protéger, ce qui n'exclut nullement de prendre certaines précautions élémentaires pour "ne pas tenter le diable".

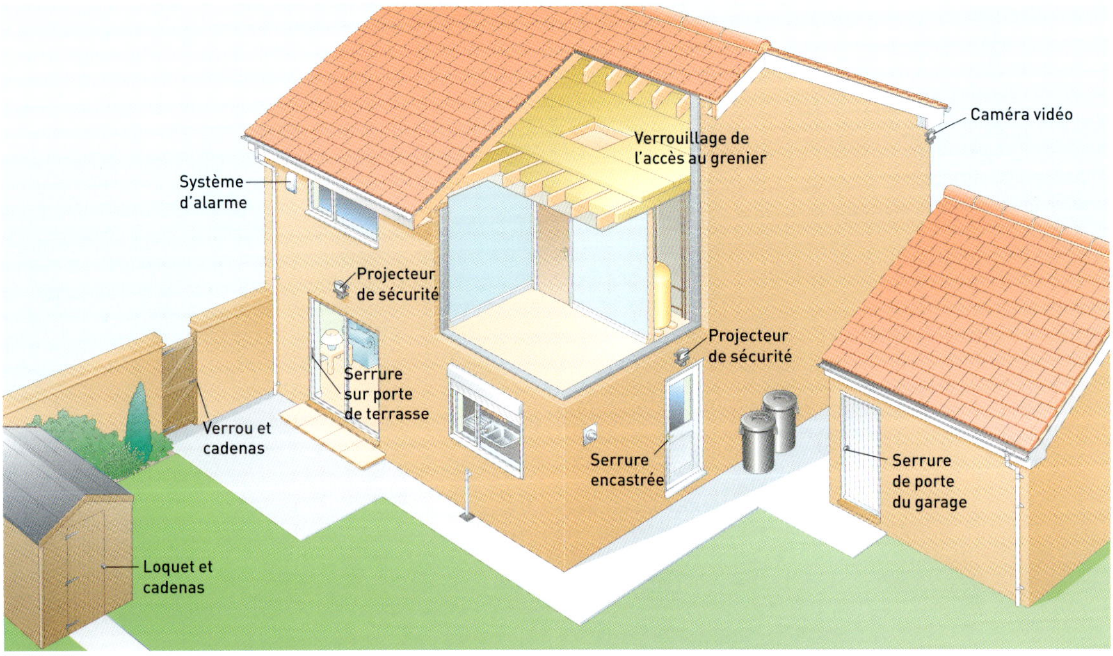

Êtes-vous suffisamment protégé ?

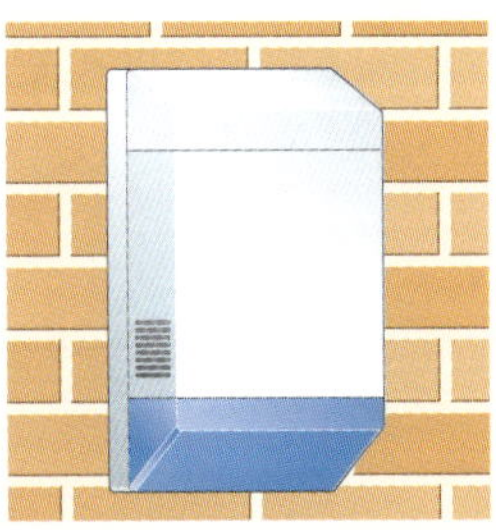

Alarmes

L'alarme périmétrique avec sirène et lampe à éclats constitue l'un des moyens les plus dissuasifs contre les intrusions. Elle doit combiner des détecteurs à rayonnement (radar et/ou infrarouge) et des contacts à coupure sur les ouvertures. Certains systèmes sont filaires, d'autres, plus faciles à installer, reposent sur le principe de la transmission radio entre les composants. Les systèmes d'alarme peuvent aujourd'hui être facilement associés à un transmetteur téléphonique, lui-même envoyant les informations vers un service de télésurveillance.

Portes de service

Protégez une porte de service avec un robuste verrou et un cadenas, et veillez à ce que l'on ne puisse passer par-dessus.

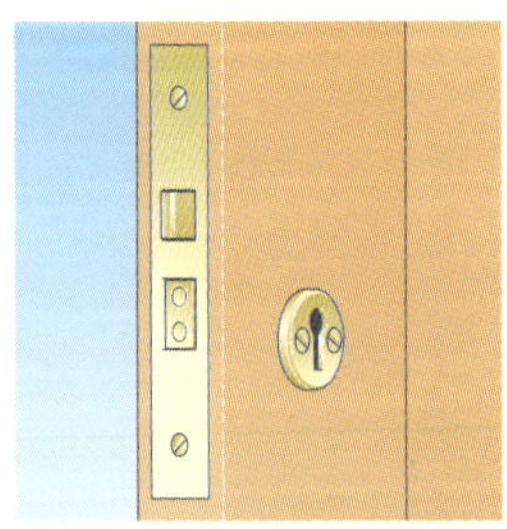

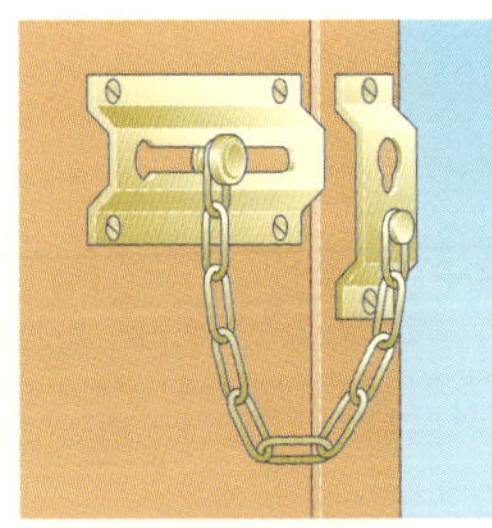

Portes

Une porte d'entrée doit être équipée au minimum d'une serrure encastrée, complétée par un verrou de sûreté, plus une chaîne de sûreté ou un entrebâilleur et un œilleton. Implantez un éclairage sous le porche ou au-dessus de la porte. Si vous habitez en appartement, envisagez d'équiper la porte d'entrée d'une serrure multipoint, ou au moins d'un ensemble de verrous haut et bas à double entrée. Le blindage est une solution aujourd'hui abordable.

En pratique, les cambrioleurs préfèrent s'introduire par une porte donnant à l'opposé de la rue, plus discrète par rapport à la vigilance des voisins. Un éclairage de sécurité à allumage automatique a un effet dissuasif sur ce type d'intrusion. Les portes de service doivent également être équipées d'une serrure de sûreté et d'au moins un verrou.

Les compagnies d'assurance exigent parfois un ensemble de sécurité minimum pour assurer contre le vol des demeures situées dans des quartiers considérés "à risques". Dans tous les cas, n'équipez vos ouvertures qu'avec des serrures conformes aux normes de protection AP.

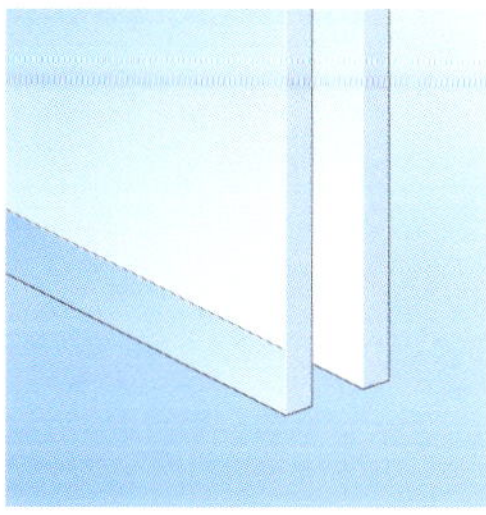

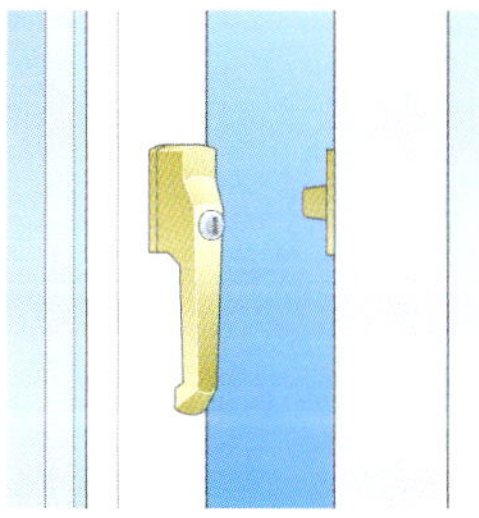

Fenêtres et vitrages

Équipez toutes les fenêtres aisément accessibles d'une poignée de sécurité ou d'une crémone en applique, ainsi que de vitres anti-effraction, fixées de telle manière que l'on ne puisse pas les démastiquer facilement. Protégez par une grille une fenêtre en rez-de-chaussée ouvrant directement sur une voie peu fréquentée.

Mansardes et lucarnes

Si votre habitation est mitoyenne et que son grenier communique avec celui des voisins. Les cambrioleurs peuvent s'introduire depuis l'un de ces appartements. Sécurisez la trappe d'accès à votre grenier en l'équipant d'un loquet à cadenas. Pensez à équiper les fenêtres de toit de fermetures de sécurité.

Volets

Sécurisez les volets des ouvertures de rez-de-chaussée au moyen de barres de sécurité adaptées à leur nature, ou au minimum d'un entrebâilleur dans le cas de volets à vantaux.

Comment procèdent les voleurs

La chose que les cambrioleurs détestent par-dessus tout est de trouver l'habitation occupée. Si votre domicile les intéresse, ils le surveilleront patiemment pour bien connaître vos habitudes et déceler une faille dans votre protection. Leur période d'action favorite se situe du début au milieu de l'après-midi ; les intrusions nocturnes sont assez rares, contrairement à ce que l'on imagine. Comme un cambrioleur préfère pouvoir s'introduire et sortir du lieu de son forfait le plus rapidement possible, tout ce qui peut le retarder, comme serrures, cadenas et loquets, s'avère dissuasif. La présence d'un système d'alarme suffit souvent à écarter les tentatives d'intrusion. Par ailleurs, les cambrioleurs évitent les maisons où un chien aboie.

Une fois entré chez vous, le cambrioleur file vers les chambres à coucher, espérant y trouver des bijoux. Il s'intéresse ensuite au séjour, où il fera main basse sur l'équipement électroménager et audiovisuel.

Si vous surprenez un cambrioleur chez vous, n'essayez jamais de vous en prendre à lui : laissez-le filer et ne risquez pas votre vie pour protéger quelques biens matériels.

Garages et remises

L'outillage de jardinage et de bricolage intéresse aussi les cambrioleurs. Assurez la protection des portes de garage et de remises avec un loquet à cadenas, solidement fixé dans la porte.

Outils

Rangez tous les outils qu'un cambrioleur pourrait employer pour casser une serrure ou escalader un mur. En particulier, immobilisez toute échelle rangée à l'extérieur avec une chaîne cadenassée.

Haies et clôtures

N'oubliez pas qu'en protégeant votre propriété par un mur ou une haute haie, vous créez aussi un masque facilitant l'approche d'un intrus.

Vigilance de voisinage

De bonnes relations de voisinage doivent vous assurer une multiplicité d'agents de surveillance, à charge de réciprocité.

Précautions indispensables

Quand vous partez pour une longue durée :

- Faites suspendre les livraisons et faites suivre votre courrier.
- Branchez sur des minuteurs automatiques plusieurs appareils d'éclairage, ainsi qu'une radio ou la télévision, pour simuler une présence.
- Déposer vos objets de valeur dans un coffre à la banque, ou confiez-les à un(e) ami(e).
- Informez de votre absence au moins l'un de vos voisins.
- Demandez à un ami ou un voisin de venir de temps à autre ouvrir les volets, les rideaux, éteindre certaines lampes et en allumer d'autres.
- Prévenez la police ou la gendarmerie de votre absence prolongée.

Prise de photos

Prenez des photos des meubles, objets d'art et bibelots qui risquent de tenter un cambrioleur spécialisé. Elles vous serviront pour en justifier la valeur auprès de votre assurance. Photographiez en gros plan certains détails caractéristiques : ces prises de vues seront très utiles comme justificatif de propriété si, après un cambriolage, ces objets sont retrouvés par les services de police ou de gendarmerie.

SÉCURITÉ FERMETURES ET ALARMES

Le plus souvent, les cambrioleurs entrent et sortent tout simplement par la porte. Il est donc essentiel d'équiper toutes les ouvertures donnant sur l'extérieur – les fenêtres comme les portes – de serrures et dispositifs de sécurité efficaces, adaptés à chaque situation. La télésurveillance et la vidéosurveillance associées aux alarmes constituent aujourd'hui des moyens de sécurité très efficaces.

Serrures et verrous

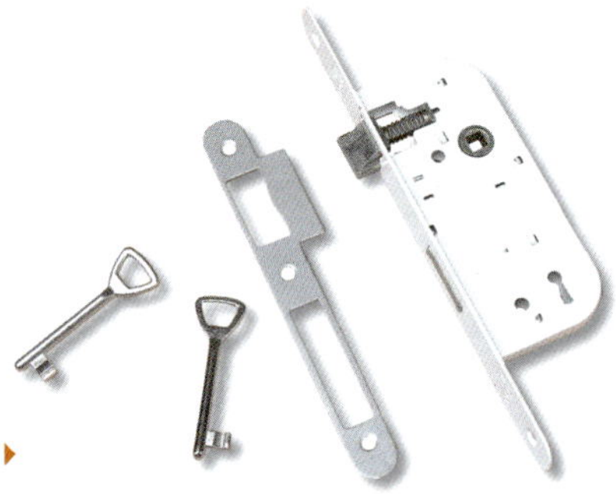

Serrure à encastrer ▸

Les serrures encastrables sont des fermetures de sûreté basiques, adaptables à presque toutes les portes, notamment aux portes isoplanes. Elles se placent dans un logement mortaisé dans le montant du vantail, leur pêne, en acier trempé, venant s'encastrer dans la gâche fixée sur le montant du dormant. De ce fait, la serrure se trouve complètement dissimulée dans l'huisserie, dont l'esthétique est préservée. Pour certaines portes intérieures, la serrure ferme avec une clé simple. Les serrures de W.-C. sont à bouton à l'intérieur et carré d'ouverture côté extérieur.

◂ Serrure réversible

Les classiques serrures en applique, horizontales ou verticales, ont beaucoup évolué. Elles bénéficient désormais d'un coffre en acier, d'une peinture et d'un traitement anticorrosion, et d'un cylindre extérieur permettant l'utilisation de clés de sécurité incopiables.

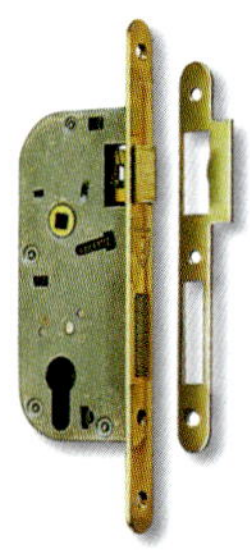

◂ Serrure à encastrer réversible

Cette serrure s'adapte sur n'importe quelle porte, qu'elle ouvre à droite ou à gauche. La réversion du pêne peut parfois nécessiter une manipulation.

◂ Verrou à bouton

Pour pouvoir fermer la porte sans clé depuis l'intérieur, le verrou comporte un bouton. Ce type de verrou est évidemment à proscrire si la porte possède une partie vitrée permettant un accès au bouton de manœuvre quand la vitre est brisée.

Verrou à double entrée ▸

Les verrous à double entrée sont normalement équipés de cylindres symétriques. Toutefois, il existe des cylindres asymétriques pour les portes de grande épaisseur. Les verrous de sûreté doivent être conformes aux normes A2P (voir CONSEIL CASTORAMA).

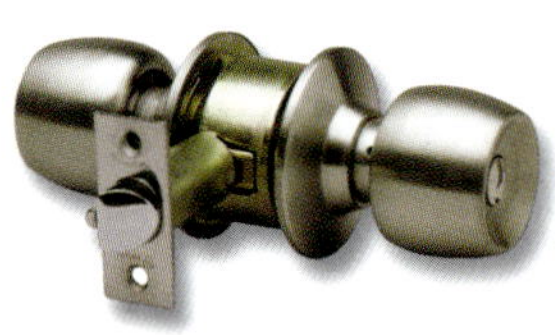

Bouton de porte verrouillable ▴

Ce bouton de porte est doté d'un contre-pêne de sûreté. Un bouton-poussoir permet de le verrouiller sans clé depuis l'intérieur. Il existe aussi des boutons de porte de ce type sans clé pour les portes de communication intérieures.

◂ Chaîne de porte

Une chaîne coulissant dans un rail fixé à l'intérieur du vantail, ou un entrebâilleur, constitue une sécurité supplémentaire.

Conseil castorama

La norme A2P (Assurance Prévention Protection)
C'est un certificat de qualification attribué à certains systèmes de protection ayant subi avec succès des tests précis de résistance à l'effraction. Son sigle est accompagné d'un certain nombre d'étoiles symbolisant le temps de résistance à l'effraction (perçage, crochetage, découpage) :

a2p ★ 5 min. a2p ★★ 10 min. a2p ★★★ 15 min.

Protection des gonds ▲

Lorsque l'on ferme la porte, ces ergots en acier trempé s'engagent dans des logements pratiqués dans le chant de l'huisserie, empêchant ainsi le dégondage du vantail par levier ou pression.

Judas ▸

Ce petit appareil d'optique qui permet de visualiser la personne qui se trouve derrière la porte est un accessoire de sécurité incontournable en appartement.

Sûreté des fenêtres

Les moyens de verrouiller les fenêtres ouvrant sur l'extérieur dépendent du type de leur fermeture.
Les fenêtres à battants classiques comprennent une crémone. Vous pouvez la bloquer (par exemple à l'occasion d'un départ prolongé) en perçant la tige de verrouillage et en insérant une vis, passée dans ce trou, dans l'huisserie.
Pour les crémones à tige de manœuvre encastrée, il existe des serrures en applique, qui se substituent à la poignée existante.

Cylindre de serrure ▸

Le choix d'un cylindre dépend du type d'accès à protéger (porte d'entrée, porte-fenêtre, porte de garage, de communication, etc.). Ils peuvent être équipés de système anticrochetage, antiperçage et anticasse. Les baies coulissantes, comme celles qui ouvrent sur une véranda ou une terrasse, peuvent être sécurisées au moyen d'un cylindre de sûreté ajouté dans le verrou de butée.

Systèmes d'alarme

Le choix d'un système de surveillance est fonction de différents éléments :
- la technologie des liaisons entre les détecteurs et la centrale d'alarme ;
- le type des détecteurs ;
- les performances de la centrale et le mode de dissuasion et d'information.

On distingue les détecteurs de violation du périmètre de sécurité, placés sur les ouvertures, et les détecteurs volumétriques qui repèrent tout corps en mouvement dans le volume surveillé.
Les fenêtres doivent etre équipées de détecteurs qui se déclenchent aussi bien en cas d'ouverture que si l'on brise une vitre.

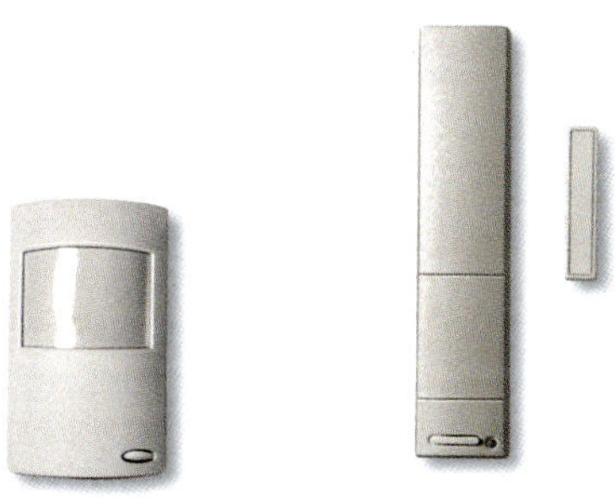

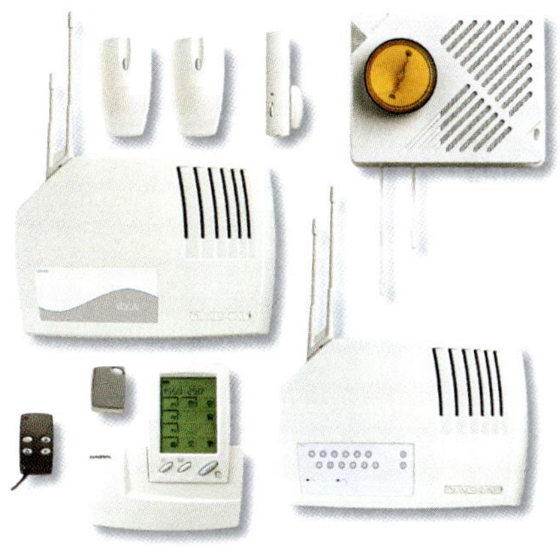

Les alarmes sans fil

Un système d'alarme sans fil, dont les divers composants sont reliés par signaux radio, s'installe bien plus facilement qu'un équipement à liaisons par fils. De plus, on peut aisément l'améliorer ou le modifier ultérieurement par adjonction de capteurs supplémentaires, déplacement de certains capteurs et/ou remplacement de la centrale par un matériel plus performant (par télétransmission, par exemple). On préférera une installation filaire pour des locaux très vastes ou ceux dont la nature des murs perturbe le passage des ondes radio.

Sélection des zones

Les centrales d'alarmes de bon niveau permettent de ne mettre sous surveillance que certaines zones de l'habitation. Par exemple, la nuit vous pouvez activer une seule zone, le rez-de-chaussée, et non les étages dans lesquels vous vous situez (chambre et salle de bains).
Si vous avez des animaux domestiques, attribuez-leur une pièce dans laquelle vous n'installerez pas de détecteurs de mouvement. Il existe désormais des détecteurs qui s'adaptent à la présence de chiens.

Caméras et portiers

Caméra vidéo

L'effet dissuasif des caméras de surveillance vidéo est indubitable. Les équipements les plus perfectionnés sont couplés à un système de détection d'intrusion qui déclenche l'enregistrement automatique des images sur un magnétoscope.

Portier

Cet appareil permet de converser avec le visiteur qui se présente à la porte. De plus en plus fréquemment, les portiers sont équipés d'une caméra vidéo, grâce à laquelle vous pourrez mieux identifier le visiteur.

SÉCURITÉ DÉTECTEURS ET EXTINCTEURS

Toute habitation comprend des sources d'incendie potentiel (appareils de cuisson et équipements électriques, en particulier). Des détecteurs de fumée et de monoxyde de carbone (CO), ainsi que des moyens d'extinction toujours en état et à portée de main constituent la meilleure des sécurités. Vérifiez ces équipements régulièrement pour être sûrs qu'ils joueront pleinement leur rôle en cas d'urgence ; testez la pile des détecteurs de fumée régulièrement, et respectez la date limite de contrôle et d'entretien des extincteurs.

Détecteurs de fumée

La fumée d'un feu qui couve peut vous asphyxier sans même vous réveiller. Les détecteurs de fumée assurent une protection capitale, en déclenchant une alarme à temps. Choisissez toujours un matériel conforme aux normes.

Plus il y a de détecteurs dans une habitation, plus vous y êtes en sécurité. Dans une maison de plain-pied, placez un détecteur de fumée entre le salon et les chambres. Vous l'entendrez dans toute l'habitation, même pendant votre sommeil. Le plafond constitue l'emplacement idéal pour un détecteur de fumée, à plus de 30 cm des murs et de tout appareil d'éclairage. Sur un mur, le détecteur doit se trouver entre 15 et 30 cm du plafond. Inutile en revanche de placer un détecteur dans une salle de bains ou une cuisine, où la vapeur d'eau pourrait perturber son fonctionnement. Dans une maison à plusieurs niveaux, placez des détecteurs au départ de l'escalier et sur chaque palier.

Les équipements photoélectriques détectent parfaitement les grosses émissions de fumées d'un feu qui couve.

Les détecteurs les plus économiques fonctionnent avec une pile, qui doit être vérifiée régulièrement. Optez de préférence pour un appareil à pile au lithium, avec alarme de pile déchargée. Si vous installez un détecteur alimenté par le circuit domestique, vérifiez qu'il contient bien une batterie de secours.

Détecteur photoélectrique à infrarouges

Les dix commandements de la sécurité incendie

- Expliquez à votre famille les dangers d'un incendie, et conduisez régulièrement des exercices d'évacuation d'urgence.
- Équipez chaque étage d'habitation d'un détecteur de fumée. Testez les piles régulièrement et remplacez de suite toute pile déchargée.
- Placez un extincteur tous feux, bien visible et très accessible, et une couverture antifeu près des appareils de cuisson.
- Attaquez un départ de feu le plus rapidement possible et assurez-vous que votre extincteur l'a complètement circonscrit.
- Débranchez tous les appareils électriques inutilisés pendant votre sommeil, et ne faites jamais cheminer de fils sous les tapis !
- Ne laissez jamais fonctionner une friteuse sans la surveiller. Si l'huile s'enflamme, arrêtez la source de chaleur et couvrez la friteuse avec une serpillière mouillée ou une couverture antifeu. Laissez-la ainsi au moins 30 minutes pour que l'huile refroidisse.
- Rangez allumettes, briquets et bougies hors de la vue et de la portée des enfants.
- Ne branchez pas une couverture chauffante sur une multiprise, au risque de la mettre sous tension accidentellement.
- Ne laissez jamais sécher du linge ou du matériel devant le feu.
- Si un incendie se déclare, appelez les pompiers et n'ouvrez les portes et fenêtres que si les circulations ne sont pas envahies de fumée (si elles le sont, mieux vaut calfeutrer les portes, les arroser et attendre l'arrivée des secours).

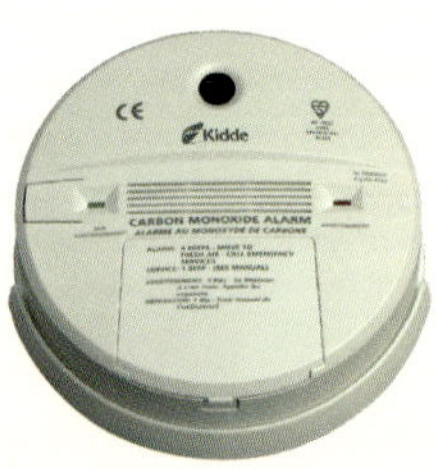

Détecteur de CO

Incolore, inodore et sans saveur, le monoxyde de carbone (CO) résulte d'une combustion incomplète dans un appareil de chauffage à combustible (gaz, bois, charbon, pétrole, etc.), mal entretenu ou dont l'évacuation des gaz brûlés est mal installée ou plus ou moins obstruée. Dès qu'il atteint une concentration importante, le monoxyde de carbone devient mortel. Ce tueur invisible est responsable d'environ 200 décès chaque année en France. Les symptômes de son attaque ressemblent tant à ceux d'affections courantes (toux, fatigue, maux de tête, troubles digestifs) que l'on n'y prend pas garde assez tôt pour pouvoir bénéficier de soins appropriés. Là encore, ne retenez que les appareils normalisés (EN 5029).

La meilleure protection consiste à installer un détecteur de monoxyde de carbone, soit seul, soit combiné à un détecteur de fumée. Vérifiez régulièrement le niveau de charge de sa pile. Ceci ne vous dispense cependant pas de faire vérifier les appareils de chauffage à combustion par un spécialiste agréé, et de faire ramoner leur cheminée au moins une fois (chauffage au gaz) ou deux fois (autre combustible) par an. Ne bouchez jamais les orifices de ventilation des pièces où se trouve un de ces appareils.

Les extincteurs

Dans de nombreux pays européens, il est obligatoire de posséder chez soi un ou plusieurs extincteurs pour attaquer tout début de feu. Le bon sens et la prudence commandent de s'en équiper, même si ce n'est pas encore une obligation en France. Se pose alors la question du choix de l'extincteur, de l'achat ou de la location. Il faut ensuite savoir s'en servir mais aussi le placer au bon endroit dans la maison.

Sécurité

Chaque type d'extincteur a sa propre procédure de mise en œuvre. Prenez-en connaissance lors de son achat, et rafraîchissez votre mémoire de temps en temps, plutôt qu'au moment de vous en servir.

Choisir le bon extincteur pour le bon feu

Il existe quatre catégories d'extincteurs : à eau pressurisée, à mousse carbonique (dioxyde de carbone), à poudre, à mousse (eau + émulsifieur).

En plus de ces distinctions, liées au type de produit contenu dans l'appareil et utilisé pour éteindre le feu, chaque extincteur doit mentionner, de manière très visible, le type de feu pour lequel il est homologué.

- Classe A : feu de solides (bois, papiers, tissus, etc.).
- Classe B : feu de liquides ou de solides liquéfiables (carburant, huile, alcool).
- Classe C : feu de gaz.
- Classe D : feu de métaux.

Extincteur à poudre

Ces extincteurs conviennent pour tous les types de feux domestiques (électrique, bois, huile, liquides ou gaz inflammables, etc.).

Utiliser un extincteur efficacement et en toute sécurité

Placez-vous de manière à accéder aisément au plus près du feu, en veillant à conserver une voie de retraite pratique et rapide. Dégoupillez l'extincteur, puis pressez fermement sur la poignée, qui doit vous servir également à soulever et à transporter l'appareil. Orientez le jet vers la base des flammes. Arrosez-les jusqu'à extinction totale et surveillez pour qu'il ne se produise pas un nouveau départ de feu.

Ne vous obstinez pas à combattre le feu si :

- son développement vous met en danger ;
- sa progression risque de vous couper toute possibilité de retraite ;
- le feu s'étend malgré votre intervention ;
- le feu se propage en direction de bouteilles de gaz.

Quand vous quittez la zone, fermez autant que possible toutes portes et fenêtres derrière vous.

Ne tentez pas de souffler la flamme d'un feu de gaz à coup d'extincteur. Fermez l'arrivée du gaz, sans toutefois vous mettre en péril, et appelez les pompiers.

Conseil castorama

Connaissez les numéros d'urgence
Ne perdez pas de temps avant d'appeler les pompiers. De nombreux téléphones ne fonctionnent plus en cas de coupure électrique. Programmez le 112 sur votre portable. Ne combattez pas le feu avant d'avoir appelé les secours.

Attention à la fumée
Souvent toxique, la fumée est très dangereuse. Si de la fumée apparaît, fermez les portes et colmatez-les avec des linges mouillés. Dans une pièce remplie de fumée, baissez-vous pour respirer l'air frais près du sol et rejoignez la sortie.

Ne prenez jamais de risques
Un incendie peut surprendre. Un feu peut couver de nombreuses heures avant que les flammes n'apparaissent. Un feu peut très rapidement prendre des proportions importantes.

Mettez-vous à l'abri
Si vous êtes à un étage inférieur au feu ou près de la sortie, sortez au plus vite. Prévenez vos voisins en criant "au feu" et en frappant aux portes. Si vous êtes à un étage supérieur, restez sur place et manifestez-vous aux fenêtres.

Couvertures antifeu

La couverture antifeu reste le moyen le plus efficace pour éteindre un feu de friteuse. Éteignez la source de chaleur, tenez la couverture de manière à protéger vos mains et vos avant-bras des flammes, puis plaquez-la sur la friteuse. Une fois les flammes étouffées, laissez la couverture en place pendant au moins 30 minutes pour que l'huile refroidisse. Ne tentez jamais d'emporter à l'extérieur une friteuse ou une poêle contenant de l'huile en feu.

Ces couvertures ignifugées en fibre de verre tissée peuvent aussi servir pour envelopper une personne dont les vêtements sont en feu.

SÉCURITÉ, OUTILS, RÉGLEMENTATION

SÉCURITÉ PROTECTION PERSONNELLE

Sécurité

Prévoyez le plus possible

Avant de vous lancer dans un travail, réfléchissez au déroulement complet des opérations, jusqu'à bonne fin. Lisez avec soin toutes les notices d'emploi des produits et de montage des équipements ; si quelque chose vous échappe, n'hésitez pas à demander des renseignements complémentaires aux vendeurs. Vérifiez que vous disposez bien de tous les outils et ingrédients qui vous seront nécessaires. Si vous devez travailler en hauteur ou soulever des charges lourdes, assurez-vous de disposer des moyens appropriés pour ce faire. Si le chantier risque de rendre une pièce inutilisable pendant un certain temps, prenez les dispositions en conséquence.

Avant d'attaquer un chantier, prenez toutes dispositions nécessaires pour réduire le plus possible les désagréments qu'il peut causer (aussi bien à vous-même qu'aux voisins). Les statistiques concernant les accidents domestiques démontrent la necessite de bien preparer un chantier et de s entourer d un maximum de precautions.

Soyez bien conscient que les travaux dans une maison ou dans son environnement proche sont presque toujours salissants, souvent bruyants, parfois dangereux. Si vous ne pouvez déménager les meubles de la pièce où vous allez travailler, recouvrez-les d'une bâche en plastique. Dans tous les cas, protégez le sol.

Les vêtements

Les professionnels revêtent en général une cotte de travail à bretelles, avec une poche frontale, deux poches latérales, une poche arrière et une poche "mètre". L'idéal est de pouvoir se procurer ce genre de vêtement. À défaut, enfilez un blue-jeans usagé, passez une chemise confortable à manches longues ou un sweat-shirt : ces vêtements ne doivent jamais être trop amples. Prenez toujours le temps de vous changer avant de vous mettre au travail. Pour certains chantiers, notamment très poussiéreux, couvrez-vous les cheveux.

Les gants

De gros gants épais de bricolage sont indispensables pour certains travaux, notamment de maçonnerie. En revanche, quittez-les dès que les travaux deviennent plus délicats.

Ne portez jamais

- Des vêtements flottants, surtout aux manches et au col, ainsi que des accessoires : chaînes de cou, bagues et bracelets, qui peuvent être happés par un outil tournant, ou s'accrocher sur une échelle.
- Tout ce qui peut gêner vos mouvements.
- Des vêtements dont les peluches risquent de se coller sur la peinture ou sur le vernis.

Pour votre équipement, choisissez plutôt

- Une combinaison de travail, peu coûteuse, et très pratique. Choisissez-la dans un tissu facilement lavable en machine, à base de coton majoritaire. Elle ne doit être ni trop ajustée, ni trop large.
- Des chaussures de chantier, jamais de bottes en caoutchouc, même si vous pataugez dans la boue. Pour travailler sur une installation électrique, portez toujours des chaussures à semelle en caoutchouc.
- Une ceinture porte-outils est fort utile pour avoir toujours à portée de main tous les outils et petits objets dont vous aurez régulièrement besoin : tournevis, marteau, mètre ruban, vis, pointe, etc.

Casque de chantier

On hésite parfois à porter un casque de chantier, par peur du ridicule. C'est pourtant une sage précaution quand on travaille en hauteur et que l'on manie des outils pendant que l'autre tient l'échelle ou l'échafaudage. N'oubliez pas que la chute d'un marteau depuis plusieurs mètres peut tuer.

Masque antipoussière

De nombreux travaux de bricolage génèrent beaucoup de poussière, parfois toxique (ponçage de peinture, par exemple). Un masque antipoussière constitue une précaution élémentaire mais ne dispense pas d'un système d'aspiration efficace et d'une bonne ventilation.

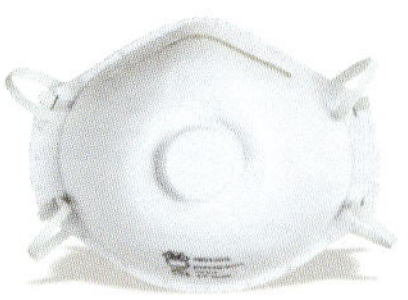

Lunettes de protection transparentes

Des lunettes de protection sont indispensables pour tout travail pouvant entraîner la projection d'objets, de particules ou d'étincelles (décapage mécanique, ponçage, meulage, etc.).

Les nécessités absolues

- Un bon éclairage. Assurez-vous d'y voir correctement pour éviter fatigue et risques d'accidents. Pour tous les travaux mettant en jeu des machines rotatives, l'éclairage fluorescent est à proscrire car il peut laisser croire qu'un objet est immobile alors qu'il est en rotation (effet stroboscopique).
- Un téléphone mobile. Si vous travaillez seul (ce qui est toujours à éviter), il peut vous permettre de demander du secours en cas de besoin.
- Une trousse de premier secours. On doit en trouver une dans tout atelier, toujours garnie des éléments indispensables et conservée dans un endroit aisément accessible et bien repéré.
- Méfiez-vous de la fatigue. Concentrez-vous sur ce que vous faites. Ne vous précipitez jamais, surtout quand vous travaillez sur l'électricité, ou avec des outils électroportatifs, ainsi que lorsque vous entamez un chantier long et nécessitant un investissement important. Faites des poses fréquentes.

De bonnes chaussures

Portez toujours de bonnes chaussures de sécurité à bouts renforcés quand vous manipulez des objets lourds. Lassez-les correctement.

Propreté toujours

Nettoyez vos outils après usage et balayez le sol de l'atelier après chaque utilisation. Quand elles ont séché, les bavures de peinture, de mortier, de plâtre et de colle sont difficiles à enlever, voire impossibles à éliminer. Suspendez les outils coupants pour ne pas en ébrécher le fil. Remettez en place les protections des outils électriques. Tout ce qui traîne crée un risque.

Redoublez de prudence si vous devez manipuler des substances toxiques. Suivez les instructions du mode d'emploi à la lettre et ne transvasez jamais ces produits dans des récipients dépourvus d'étiquetage. Ne les mélangez jamais.

Équipement indispensable pour chaque tâche

- Si vous devez passer beaucoup de temps à genoux, par exemple pour poser un revêtement de sol, équipez-vous de bons protège-genoux, pour ne pas transformer votre travail en supplice.
- Préservez-vous du bruit : même s'il ne vous semble pas excessif, un bruit continuel accroît la fatigue, donc les risques d'accidents.
- Portez les lunettes adaptées au travail : lunettes de protection transparentes, mais aussi lunettes de soudeur pour les travaux de brasure et de soudure, surtout électrique.
- Si vous devez manipuler des liquides corrosifs, portez des gants jetables. Pour effectuer une tâche exigeant la manipulation de produits ou d'objets agressifs envers la peau, portez des gants de travail à paumes renforcées.
- Protégez vos oreilles en cas d'utilisation prolongées de machines très bruyantes, notamment d'un marteau-perforateur.
- Préservez vos poumons, autant de la poussière que des fumées et vapeurs nocives. Il existe des masques assurant des degrés divers de protection, depuis le simple tampon de gaze qui arrête les fines particules, jusqu'au masque respiratoire à cartouche qui stoppe les émanations toxiques. Prenez le masque qui correspond à votre travail !

Sécurité de la famille et des animaux familiers

Si votre activité risque d'être bruyante et très salissante, tenez compte de votre famille et de vos animaux domestiques. Tenez-les à l'écart de la peinture ou du béton ou du mortier frais, jusqu'à séchage complet. Chaque fois que possible, isolez la zone du chantier et veillez à ce que tous les outils et matériaux restent constamment hors de portée des enfants et surtout jamais sous tension quand vous ne vous en servez plus. Vous vous êtes protégé du bruit et de la poussière, mais avez-vous pensé à ceux qui se trouvent aux alentours ?

Préservez vos relations de voisinage

Si vous vivez en habitat collectif ou dans une résidence, évaluez sérieusement les désagréments que votre activité peut causer aux voisins. Prévenez-les lorsque vous entreprenez des travaux bruyants comme vous le feriez quand vos enfants fêtent leur anniversaire avec des amis. Respectez des horaires normaux de travail tant pour vous-même que pour les autres.

Conseil castorama

Demandez conseil

Si vous rencontrez un problème au milieu de votre chantier, et que vous ne voyez pas comment le résoudre, n'hésitez pas à contacter un vendeur-conseil dans le magasin Castorama le plus proche. Il vous indiquera les outils et les ingrédients qui vous permettront d'obtenir les meilleurs résultats.

ÉCHELLES ET ESCABEAUX

Conseil castorama

Échelle à base rapportée ou évasée ?

Les échelles transformables sont les modèles les plus utilisés par les particuliers. Il existe deux grands types d'échelles transformables.

- Modèles plans droits à base rapportée : utilisation sur sol plat uniquement.

- Modèles à base évasée : utilisation possible sur sol irrégulier grâce à la stabilité de la base. Pour une sécurité maximale, choisissez de préférence les modèles à base évasée.

Travailler à bout de bras s'avère fatiguant et inconfortable. Mieux vaut se placer à bonne hauteur sur une plate-forme stable. Pour autant, n'improvisez pas : utilisez toujours l'équipement exactement adapté à la nature et à la hauteur de l'ouvrage. Pour les travaux d'intérieur, échelles multipositions et escabeaux suffisent la plupart du temps, jusqu'à 3 m de haut ; au-delà, il faut employer une échelle ou un échafaudage. Pour un travail spécifique occasionnel, vous pouvez louer l'équipement adapté, grâce auquel vous gagnerez du temps et serez assuré de travailler en toute sécurité.

Petit escabeau

Un petit escabeau repliable assurant une assise stable suffit pour la plupart des petits travaux, à l'intérieur comme à l'extérieur. Il se range aisément dans un placard, plutôt qu'au garage, restant ainsi constamment à portée de main.

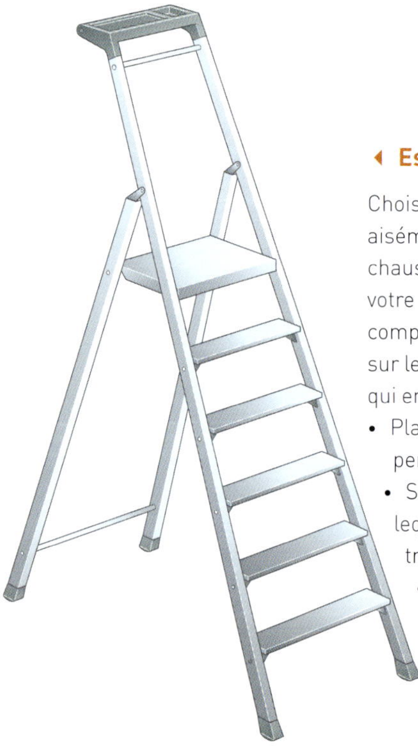

Escabeaux

Choisissez un escabeau assez haut pour vous permettre d'atteindre aisément le plafond et au minimum le linteau des fenêtres du rez-de-chaussée. Ces équipements sont le plus souvent en aluminium. Portez votre attention sur la solidité du palier supérieur et préférez un escabeau comportant une barre d'appui, qui renforce la sécurité quand on se tient sur le palier. Vérifiez également la solidité du mécanisme de verrouillage qui empêche les deux éléments de s'ouvrir.

- Placez l'escabeau face à la zone de travail, pour ne pas avoir à vous pencher sur le côté.
- Si vous travaillez à l'extérieur, assurez-vous de la fermeté du sol sur lequel vous posez les pieds de l'escabeau. Si le terrain vous semble trop mou, posez les pieds sur une planche.
- Si vous devez vous pencher pour atteindre la zone de travail, mieux vaut déplacer l'escabeau.
- Gardez constamment les deux pieds calés sur un barreau et une main posée sur le montant.
- Ne laissez personne monter sur l'escabeau avec vous.
- Ne grimpez pas sur la barre d'appui supérieure. Si l'escabeau est trop court, allez chercher une échelle plus haute.

Sécurité

Choix d'une échelle

Vérifiez que l'échelle que vous achetez est conforme à la norme 131-1 et peut supporter une charge d'au moins 150 kg. Décerné par un Laboratoire National (organisme indépendant du fabricant), le label NF apporte une garantie supplémentaire. Il atteste la réussite de tous les tests et contrôles de la norme. Pour choisir une échelle qui correspond à la hauteur des travaux à effectuer, veillez à ce que la longueur déployée de l'échelle soit, au minimum, égale à la hauteur de travail moins un mètre.

AFNOR NF CONTRÔLE PAR LNE ECHELLES NF 093 04/01

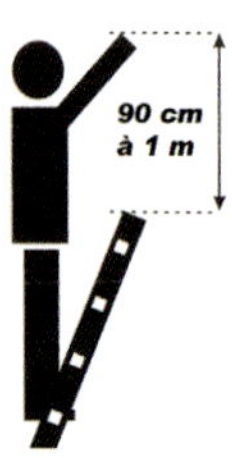

Plate-forme de travail

La plate-forme permet de gagner du temps pour les travaux d'intérieur sous des hauteurs de plafond standard (lessivage, peinture, papiers peints). En aluminium, pliables, ils sont légers et peu encombrants à stocker.

Échelles ▸

Les équipements les plus employés sont l'échelle coulissante et l'échelle transformable. Cette dernière est constituée de deux ou trois plans, le deuxième plan formant jambe de force par rapport au premier et créant une sorte de grand escabeau.

Pour de très grandes hauteurs de travail et un travail en appui uniquement, vous pouvez utiliser une échelle coulissante à corde. Les échelles simples (un seul plan) sont à réserver aux travaux de petite hauteur en appui.

Conseil castorama

Règle du 4-en-1

Pour votre sécurité, donnez le bon angle (entre 65 et 75°) à votre échelle. Ses pieds doivent être éloignés du mur d'une valeur égale au quart de la hauteur à laquelle elle s'appuie sur ce mur. Par exemple, la tête d'une échelle reposant à une hauteur de 6 m doit être calée à 1,50 m de la base du mur.

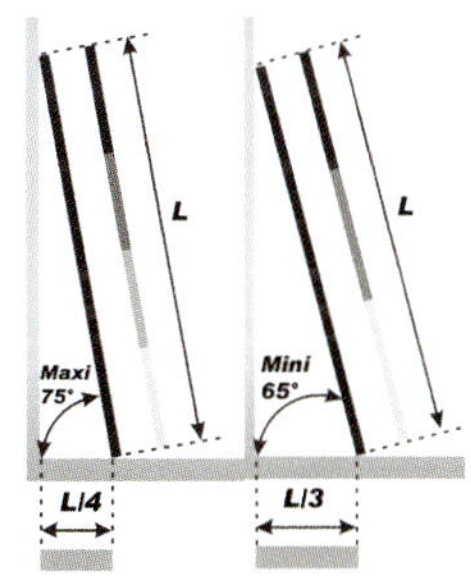

Certaines échelles sont munies d'un niveau à bulles, indicateur de bonne inclinaison, vous permettant d'être sûr que votre échelle est toujours en bonne position.

Bien utiliser les échelles

Transporter une échelle

Pour transporter une échelle, passez un bras juste au-dessous de l'échelon du milieu et faites reposer l'un des montants sur l'épaule. Si elle est trop lourde ou trop longue, faites-vous aider. Faites bien attention de ne pas cogner quelqu'un autour de vous et prenez bien garde aux éventuels fils électriques et téléphoniques, ainsi qu'aux branches et autres obstacles. Si le vent souffle fort, faites-vous aider, ou, mieux encore, reportez le travail à un jour moins venté.

Dresser une échelle

Posez l'échelle, non dépliée, au sol, contre la base du mur. Prenez l'extrémité supérieure de l'échelle et relevez-la au-dessus de votre tête. Avancez ensuite le long du mur et redressez l'échelle à la verticale en agrippant les barreaux, en descendant du haut vers le bas. Quand elle est verticale, laissez la tête des montants reposer doucement sur le mur et écartez la base de ce dernier, d'une valeur déterminée selon la règle du "4-en-1" (voir Conseil Castorama).

Allonger une échelle coulissante en place

Une personne de taille moyenne est capable de faire coulisser une échelle sur 2 m environ. Basculez les verrous, relevez doucement l'échelle à la verticale, puis faites coulisser la partie supérieure jusqu'à ce que son barreau inférieur arrive à peu près devant vos yeux. Engagez les verrous de la partie supérieure. Reposez la tête de l'échelle contre le mur et réglez la position de sa base selon la règle du "4-en-1".

Base d'appui bien stable

Avant de dresser une échelle, inspectez soigneusement la surface sur laquelle doivent reposer ses pieds et mesurez sa fermeté à coups de talon. Si le sol est inégal ou manque de fermeté, placez une grosse planche, avec un tasseau cloué pour caler les pieds. Si nécessaire, enfoncez deux piquets de part et d'autre des pieds de l'échelle et ficelez-y ces derniers. Si le sol est très dur (notamment un sol gelé), calez les pieds avec un sac de sable pour les empêcher de glisser. Mais la meilleure des sécurités réside dans la présence d'un assistant maintenant fermement le bas de l'échelle tant que vous travaillerez dessus.

ÉCHELLES ET ÉCHAFAUDAGES

Une plate-forme de travail ou un échafaudage mobile rend des services irremplaçables pour tous les travaux nécessitant d'atteindre des points élevés. Pour un travail spécial exceptionnel, il est souvent plus sûr d'effectuer les travaux sur un échafaudage qui possède une plate-forme plus large qu'une échelle.

Échelles articulées multipositions ▾

Certaines échelles comportent 4 ou 5 éléments reliés par des articulations à encliquetage sur des positions préréglées. Ces équipements peuvent ainsi prendre des configurations allant du simple escabeau au petit échafaudage. Ces matériels présentent en outre l'intérêt de se replier pour occuper un volume de rangement réduit.

La polyvalence de ce type d'échelles en fait un équipement très apprécié des bricoleurs car elles s'adaptent à la quasi-totalité des travaux qui sont à la portée d'un amateur. Une échelle transformable permet en particulier de travailler dans une cage d'escalier, à la condition de bien caler ses pieds. La sécurité de cet équipement dépendant de ces articulations à encliquetage ; il convient, plus encore que pour les autres échelles, de n'utiliser que des matériels conformes à la norme EN 131-1.

Échafaudage en aluminium ▸

Ce type d'échafaudage, dont la hauteur de travail peut atteindre 5 m, repose sur une embase élargie qui assure sa stabilité. Il comprend deux échelles qui forment ses montants latéraux, une plate-forme avec trappe d'accès et un garde-corps. Montez toujours par l'intérieur de l'échafaudage en utilisant la trappe d'accès.

Mini-échafaudage pliant ▸

Ce petit échafaudage est conçu pour se replier sans difficulté et se ranger contre un mur ou derrière une porte de garage. Il offre néanmoins deux plates-formes, astucieusement logées dans les montants quand l'échafaudage est replié. Sa hauteur de travail est de 3 m environ.

Plates-formes échafaudages mobiles ▼ ▶

Pour travailler sur une grande zone à une hauteur allant jusqu'à 9 m environ, vous avez intérêt à employer une plate-forme fermement fixée entre deux embases à barreaux, avec un garde-corps calé entre les sommets de celles-ci. Certains de ces équipements sont dotés de roulettes verrouillables, ce qui permet de les déplacer aisément au fur et à mesure que l'on progresse le long de la zone de travail. Si l'équipement en est pourvu, mettez toujours les stabilisateurs en place avant d'y monter.

En sécurité sur l'échafaudage

Suivez scrupuleusement les instructions de la notice d'utilisation.

Veillez à votre matériel

- Avant chaque montage ou utilisation, une inspection de tous les constituants de l'échafaudage est à prévoir pour déceler d'éventuelles pièces défectueuses et les remplacer. Une attention particulière sera portée sur :
  - la liaison stabilisateurs-montants, échelle-échelle, arrimage des diagonales et lisses ;
  - le bon fonctionnement de tous les verrouillages ;
  - le contreplaqué du plancher.
- N'abandonnez jamais des outils et du matériel sur la plate-forme.
- Ne déplacez l'échafaudage qu'après avoir débarrassé sa plate-forme de tout objet non fixé et faites-le rouler sur un sol bien plan.
- Si l'équipement comporte des stabilisateurs, faites-vous aider pour le déplacer.

En sécurité en hauteur

Les échelles sont l'une des grandes causes d'accidents domestiques graves. Il faut donc être très prudent quand on les utilise.

Conservez toujours une bonne prise

Montez toujours en agrippant les barreaux pas les montants. Gardez les bras tendus et le dos droit. N'utilisez les quatre derniers barreaux que pour vous y agripper, mais ne montez jamais dessus.

Veillez à votre matériel

- Avant chaque utilisation, inspectez votre échelle attentivement et vérifiez l'absence de fissures.
- Après chaque utilisation, rangez-la toujours à l'abri, surtout si elle est en bois ou en acier.
- Rangez les échelles debout contre un mur, ou accrochées horizontalement par un montant (sur des crochets solides), jamais verticalement par un barreau.
- Si vous rangez une échelle à l'extérieur et à portée de main de n'importe qui, assurez-la avec une chaîne cadenassée sur un anneau scellé au mur.

Travaillez en sécurité

Il est interdit de :

- adapter une échelle ou tout autre accessoire sur le plancher pour rehausser l'échafaudage ;
- se pencher en dehors des lisses.

Veillez à :

- amarrer autant que possible l'échafaudage à un bâtiment ou à toute autre structure ;
- la reprise de charge des points d'appui au sol et au bon dimensionnement des surfaces de contact en fonction de la nature du sol (sur terrain meuble, prévoir un calage fiable, proscrire les parpaings creux) ;
- respecter l'ancrage des éléments ainsi que le verrouillage des sécurités ;
- monter et descendre de l'échafaudage par la trappe dans le plancher.
  Ne jamais monter par le côté extérieur des échelles ;
- préserver la zone de travail éloignée de tout conducteur nu sous tension ;
- porter des chaussures basses à semelles épaisses, surtout si vous devez rester assez longtemps sur l'échelle. Avant de monter, assurez-vous que vos lacets sont bien noués et que vos semelles sont bien sèches, dépourvues de taches de graisse ou de boue ;
- ne pas porter de vêtements flottants qui peuvent se prendre dans les montants au moment où vous redescendez ;
- porter un casque si quelqu'un peut se trouver au-dessus de vous ;
- monter et descendre doucement et ne jamais vous déplacer brusquement quand vous travaillez sur une plate-forme en hauteur ;
- ne pas grimper en tenant quelque objet que ce soit à la main. Transporter outils et matériaux dans un sac en bandoulière, ou les monter au moyen d'un seau et d'une corde ;
- accrocher un bac à outils à portée de main ;
- utiliser de préférence des machines électriques sans fil ;
- garder toujours les deux pieds sur un même barreau et ne pas vous pencher ni de côté, ni en arrière ;
- pour travailler au niveau d'une gouttière, équiper l'échelle d'un écarteur de mur, mais ne jamais l'appuyer contre la gouttière ou la rive d'une toiture ;
- ne pas travailler sur une échelle par grand vent ou s'il pleut ;
- conserver toujours une main sur un barreau pendant votre travail.

OUTILS DE BASE

Les outils modernes et tous les nouveaux équipements facilitent grandement les travaux de bricolage. Avec les outils et matériels présentés dans ces pages, vous pourrez mesurer, couper, fixer, assembler et réaliser vos chantiers dans de bonnes conditions.

Ranger

◂ Servante 3 en 1

En règle générale, on achète des outils un peu à l'aveuglette ou en fonction des besoins. On s'aperçoit rapidement qu'il faut aussi les ranger dans une boîte à outils pour les retrouver facilement. La servante d'atelier est très utile pour transporter les outils sur les chantiers et avoir toujours tout ce qu'il faut sous la main. Conservez les emballages des lames de scie et en général de tous les outils coupants pour les protéger.

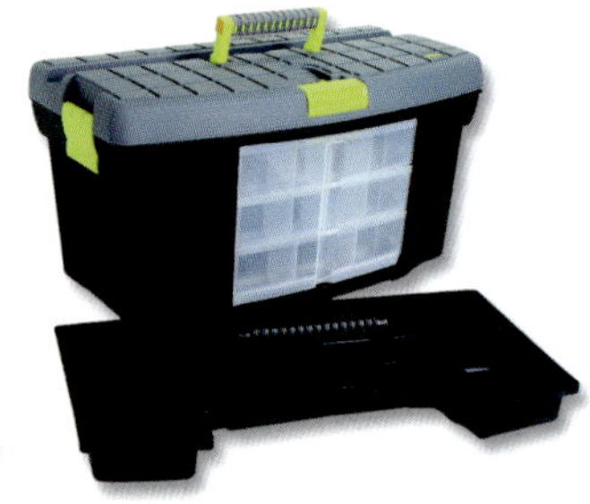

Boîte à outils ▸

Ces boîtes sont équipées de casiers (parfois à bascule) très pratiques pour ranger la quincaillerie et d'un plateau porte-outils. Certains modèles comportent un grand nombre de petits tiroirs, ce qui permet de trier vis, boulons, etc.

Maintenir

◂ Établi pliant

Il est essentiel d'avoir un plan de travail stable pour pouvoir bricoler en sécurité. Ce type d'établi pliant se transporte facilement, ainsi vous pourrez l'installer dans toutes les pièces de la maison ou au jardin.

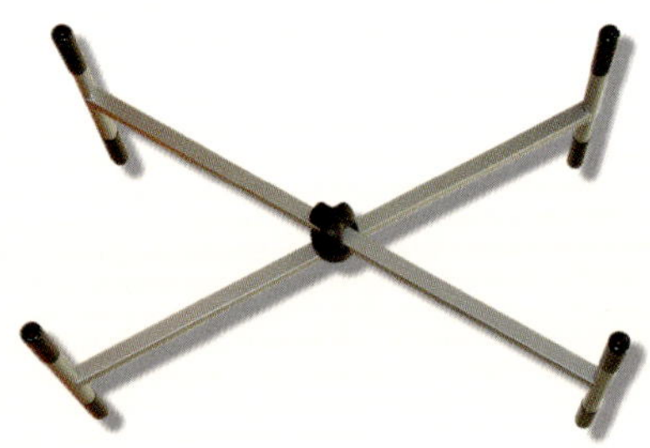

Tréteaux ▴

Une paire de tréteaux est utile pour faciliter le sciage des panneaux, des barres ou des canalisations sur chantier. Choisissez-les légers mais bien stables avec compas d'écartement ou tige de verrouillage.

Serre-joint ▸

Il est indispensable de pouvoir tenir solidement les matériaux à scier ou à coller. Les derniers modèles de serre-joint, comme celui présenté ici, sont automatiques. Ils sont très faciles à utiliser, car ils peuvent se serrer et se desserrer d'une seule main.

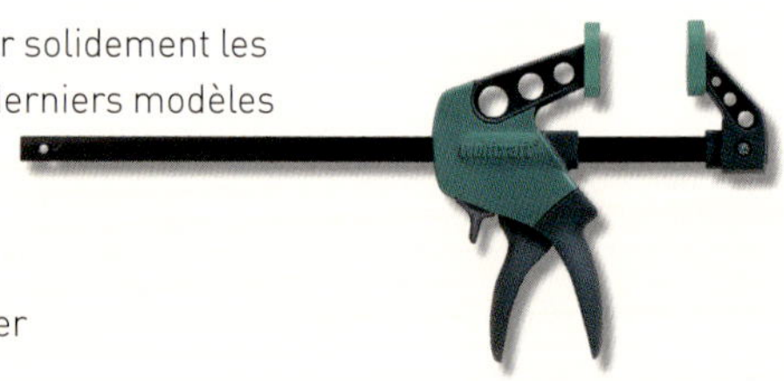

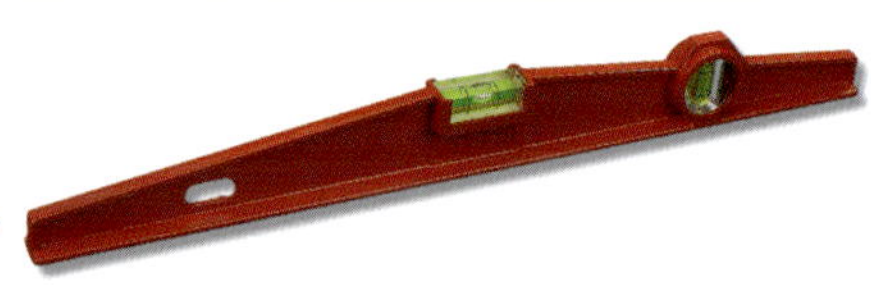

Niveau à bulles ▸

Le niveau est un outil incontournable pour vérifier l'horizontalité et la verticalité des réalisations. Choisissez-le à deux bulles, en matériau léger et résistant.

Mesurer et marquer

La prise de mesure est l'une des premières opérations à mener avant de passer à la réalisation du travail. La précision étant de rigueur, il vaut mieux mesurer deux fois qu'une.

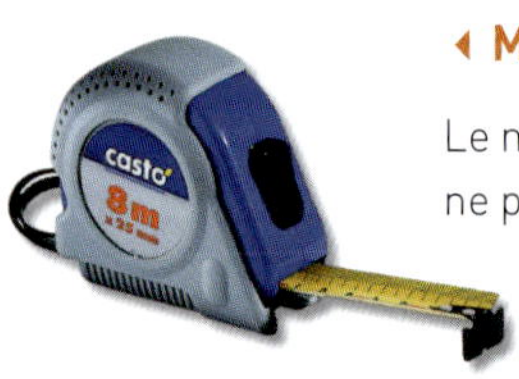

◂ Mètre ruban

Le mètre ruban doit être suffisamment rigide pour qu'il ne plie pas. Choisissez-le aussi avec un bouton d'arrêt.

Équerre de menuisier ▸

Autrefois en bois, aujourd'hui en métal léger, l'équerre de menuisier possède une lame en acier inoxydable de 25 ou 40 cm graduée en millimètres recto/verso à talon en aluminium anodisé.

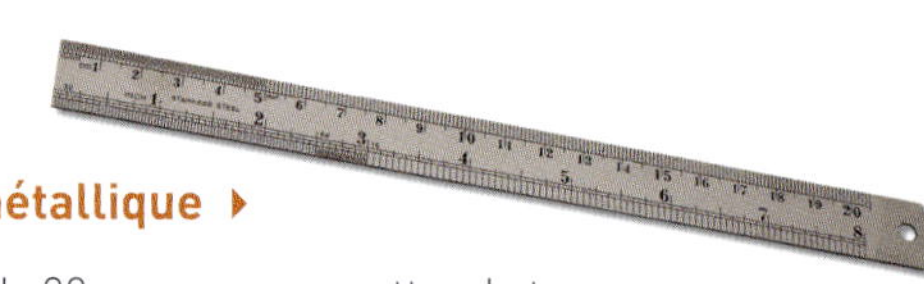

Réglet métallique ▸

Le réglet de 30 cm vous permettra de tracer et de mesurer avec précision. Prenez un modèle en Inox flexible gradué en millimètres sur une face et en demi-millimètres sur l'autre.

Crayons ▸

Les crayons noirs, à mine grasse, sont indispensables pour reporter des cotes, indiquer les coupes à réaliser ou repérer l'endroit exact d'un perçage.

Couper

Scie égoïne ▸

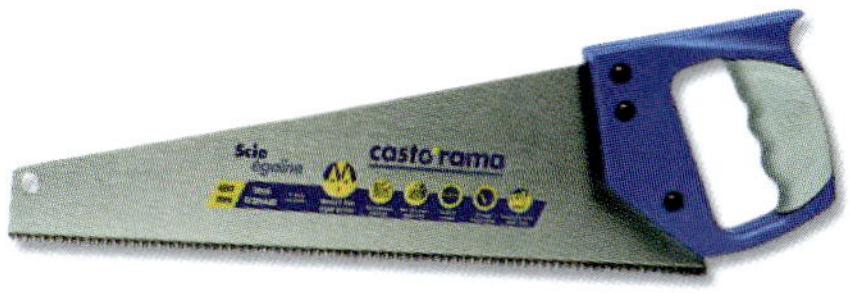

Une scie égoïne est d'utilisation très courante. Elle vous permettra de couper aussi bien du panneau que du bois d'œuvre. Comme pour toutes les scies, la denture doit être adaptée au matériau à couper : choisissez un modèle polyvalent à lame de 400 mm à 7 dents/pouce.

Scie à métaux ▴

Adoptez une scie à monture solide et suffisamment lourde, à poignée revolver, avec une lame en acier HSS ou bimétallique, pouvant s'orienter à 45 et 90°. Il existe des lames à 18, 24 et 32 dents/pouce.

Serrer

Pince universelle ▸

Cette pince polyvalente, chromée gainée, est indispensable dans un grand nombre de cas : serrer, tourner et couper.

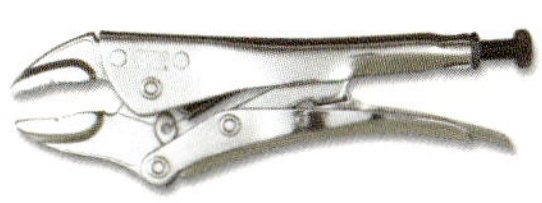

Pince étau ▸

Permet de serrer, de bloquer ensemble et d'immobiliser deux pièces en même temps. Choisissez un modèle offrant une ouverture de 100 mm.

Clé à molette ▸

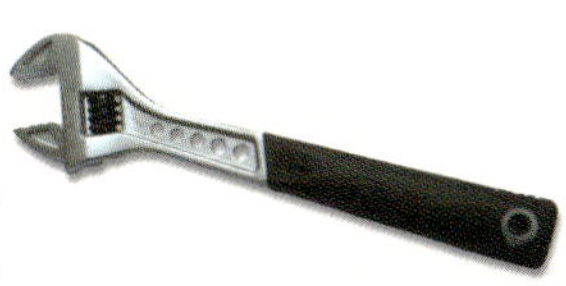

Cette clé à ouverture variable, permet de serrer et de desserrer écrous et boulons.

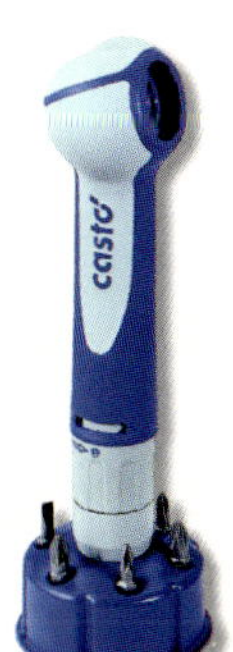

Tournevis à cliquet ▸

Ce tournevis à cliquet alliant force et précision possède une poignée ergonomique bimatière et bénéficie d'un système d'auto clic/quart de tour. Il est livré avec 6 embouts de vissage répartis dans le socle de rangement.

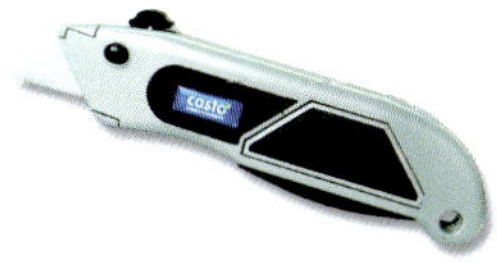

Cutter ▸

Chaque boîte à outils doit contenir un cutter ; il sert très souvent, pour différents matériaux. Les lames de rechange sont stockées dans le manche. Pour plus de sécurité achetez-en un à lame rétractable.

Ciseaux ▸

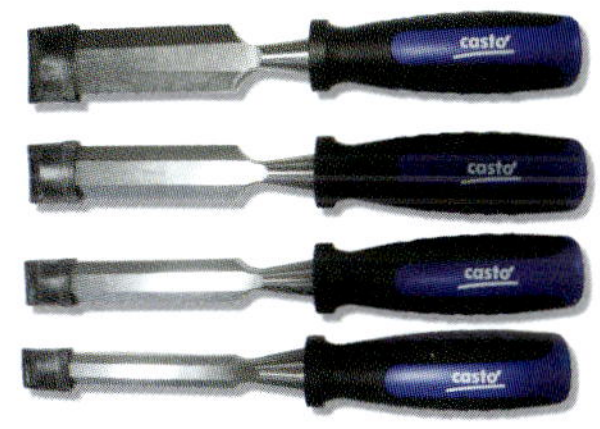

Pour la plupart des travaux de menuiserie, vous aurez besoin de robustes ciseaux à bois, avec un manche en matière synthétique, sur lequel vous pourrez frapper avec un maillet. Un jeu de ciseaux de 6, 10, 15 et 20 mm est suffisant. Les ciseaux doivent toujours être bien affûtés.

Frapper

Il existe un grand nombre de marteaux, tous très différents, mais si vous devez en acheter un seul, choisissez le marteau d'emballeur.

Marteau d'emballeur ▸

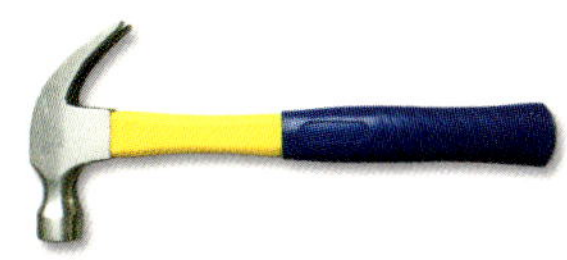

Appelé aussi marteau américain, il possède une frappe ronde et une panne fendue pour l'arrachage des clous. Son manche, en acier chromé, est généralement gainé.

Marteau d'électricien ▸

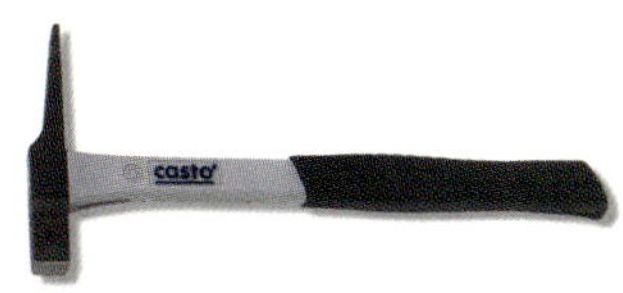

La tête mince à frappe étroite de ce marteau est idéale pour planter les clous des pontets utilisés pour fixer les câbles multiconducteurs.

Visser

Choisissez le tournevis en fonction de l'empreinte de la vis. Si vous n'utilisez pas l'embout adapté, vous abîmerez très rapidement la tête de celle-ci.

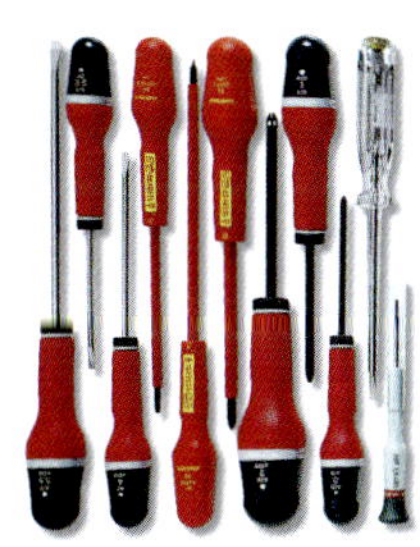

Tournevis ▸

Les tournevis modernes ont un manche en matière synthétique ergonomique antidérapant. Si vous avez un grand nombre de vissages à faire, vous aurez intérêt à utiliser une visseuse-dévisseuse électroportative.

OUTILS PERCEUSES ET PONCEUSES

L'outillage électroportatif est en constante évolution. Il devient de plus en plus performant et polyvalent. Si ces outils deviennent très fiables, ils sont aussi de moins en moins chers. Ces pages vous aideront à faire votre choix.

Perceuses électroportatives

La perceuse est sans aucun doute l'outil électroportatif le plus utilisé. Aucun autre outil ne fait autant de tâches différentes : percer, visser, dévisser. Lorsque l'on perce ou que l'on visse, il faut de la rapidité et de la précision. Avant d'acheter une perceuse, appréciez bien vos besoins.

Quel modèle ?

Les perceuses sans fil sont très pratiques et vous permettent de travailler sans contrainte, mais à puissance et capacité comparables, elles seront toujours plus chères que les modèles filaires. Parmi les critères de choix considérez la puissance, l'ouverture maxi du mandrin, la présence ou non d'un variateur de vitesse, le fait que la perceuse soit ou non à percussion.

Qu'allez-vous percer ?

Tôt ou tard, vous devrez certainement percer dans de la pierre ou du béton. Pour cela, vous avez besoin d'une perceuse à percussion. Pour percer des trous de grand diamètre dans la maçonnerie, vous devrez choisir un modèle capable de tourner à vitesse lente.
Si vous devez utiliser la perceuse dans des matériaux différents (bois, plastique ou métal), achetez toujours un modèle possédant un variateur de vitesse.

Quelle puissance ?

La puissance des moteurs de perceuse est exprimée en watts (W). Celle-ci est généralement comprise entre 500 W pour les modèles de base et 1 200 W pour les modèles les plus performants. Le rendement de la machine s'obtient en divisant la puissance utile par la puissance absorbée.

La fonction visseuse-dévisseuse

Si vous pouvez varier la vitesse, contrôler le couple et la faire tourner en sens inverse, vous pourrez utiliser votre perceuse en visseuse-dévisseuse.

Détecteur de métaux et de courant ▾

Vous ne devez jamais percer un mur à l'aveuglette, vous devez toujours avoir repéré le passage des tuyauteries (eau ou gaz) et des canalisations électriques. Certains modèles donnent la possibilité de localiser le bois. Cet outil, peu onéreux, vous permettra de percer en toute sécurité.

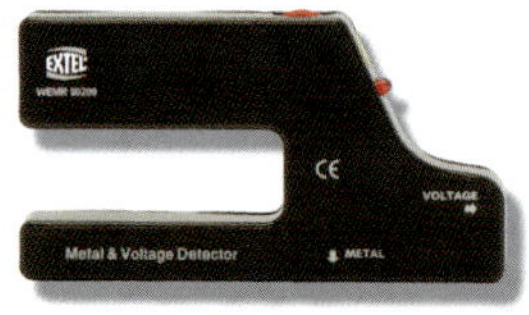

Perceuse à percussion ▴

La capacité de perçage des perceuses puissantes peut aller jusqu'à 40 mm dans le bois, 20 mm dans le béton et 13 mm dans l'acier. Elles ont en général, un inverseur de marche et l'on peut régler le couple, ce qui permet de s'en servir comme visseuse-dévisseuse.

Perforateur pneumatique ▸

Le perforateur pneumatique est un outil spécialement destiné à la maçonnerie : pierre, brique, revêtement de sol extérieur, béton, etc. Confortable à utiliser, il est plus rapide et plus silencieux qu'une perceuse à percussion.

Perceuse sans fil ▸

Ce type de perceuse présente l'avantage de pouvoir être emporté partout sans se préoccuper du raccordement électrique. Sa vitesse lente et un inverseur de marche permettent aussi de l'utiliser comme visseuse-dévisseuse. Un mandrin autoserrant permet d'installer les forets à la main, sans clé. Choisissez un modèle à vitesse variable et à percussion afin de pouvoir travailler dans tous les matériaux (béton, bois ou métal). Certaines batteries peuvent fonctionner sous 18 V et même 24 V sous 2 Ah.

Perceuse sans fil à percussion ▸

Les perceuses sans fil à percussion tendent à supplanter les modèles de base. On trouve maintenant des batteries de 12, 14,4 ou 18 V et même 24 V qui vous permettent de percer dans le bois jusqu'à 30 mm, 13 mm dans le métal et dans la maçonnerie. Elles ont au moins deux vitesses et un réglage de couple.

Mèches et forets

Il existe un grand nombre de forets. Ils doivent être choisis en fonction du matériau auquel ils sont destinés. En choisissant bien leur taille et leur diamètre, vous travaillerez plus facilement et en toute sécurité. Avant de percer un trou, recherchez le modèle le mieux adapté. La pointe doit être placée juste à l'endroit où vous voulez percer.

Foret béton ▲

Ces forets ont une pointe en carbure de tungstène qui les rend très résistants. Leur plus petit diamètre est de 4 mm.

Mèche à bois spirale ▲

Pour le bois, de 4 à 24 mm.

Mèche à bois 3 pointes ▲

Pour le bois, de 3 à 20 mm.

Forets SDS ▲

S'utilisent avec un marteau-perforateur. Pour le bois, le métal et le béton, de 3 à 20 mm.

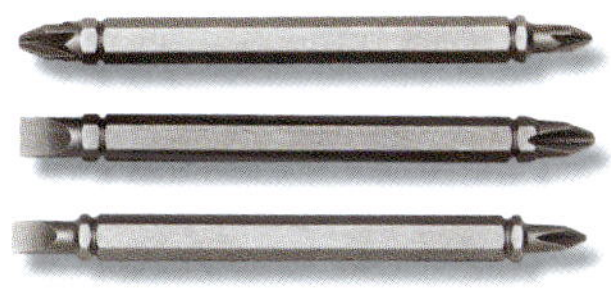

Embouts de vissage ▲

Ces embouts se fixent sur les visseuses-dévisseuses ou les perceuses offrant cette fonction.

Mèche pour le carrelage ▶

L'embout pointu de cette mèche permet d'amorcer le perçage d'un carreau sans déraper.

Mèche plate pour le bois ▲

Pour percer des trous dans la menuiserie (portes, huisseries, etc.), de 6 à 38 mm.

Scie cloche (ou scie trépan) ▲

Elle perce dans le bois, le métal ou le plastique des trous d'un diamètre supérieur à 20 mm et jusqu'à 103 mm.

Ponceuses et rabots

Lorsque vous devez ôter plusieurs couches de vernis, de peinture ou de rouille, ou quand vous voulez obtenir une belle finition, vous devez utiliser une ponceuse électrique. Il en existe un grand nombre de modèles. Les rabots électriques vous faciliteront aussi la tâche.

◀ Ponceuse orbitale ou vibrante

Idéale pour les travaux de finition sur des petites et moyennes surfaces. Les feuilles abrasives se fixent sous le plateau. Le plateau de la ponceuse orbitale est animé d'un mouvement légèrement rotatif.

Ponceuse delta ▶

La forme triangulaire de cette ponceuse permet d'atteindre les angles et les endroits difficiles d'accès.

Ponceuse à bande ▶

Parfaite pour poncer dans le fil du bois les surfaces importantes (lames de parquet, poutres, solives, etc.). La bande de papier abrasif est tenue et entraînée par deux rouleaux.

Disques abrasifs ▶

Ces accessoires, à fixer sur le mandrin d'une perceuse, sont peu onéreux, mais difficiles à maîtriser. Ils sont auto-agrippants. On en trouve en différents grains.

Ponceuse excentrique ▶

Ce modèle possède une vitesse variable. Elle fonctionne avec des disques abrasifs et convient pour les petits travaux de ponçage. Elle permet de poncer des surfaces arrondies.

Rabot électrique ▲

Cet outil facilitera les gros travaux de menuiserie : dégrossissage des poutres ou réalisation de feuillure. Les profondeurs de rabotage sont réglables.

Papiers abrasifs

Il est essentiel d'utiliser le papier adapté au support. Il n'y a pas de différence de gradation selon que l'on travaille avec une machine ou à la main. Il faut toujours commencer à poncer avec un papier à gros grain et finir avec le plus fin. La classification va de très gros à très fin : 30 - 60 - 80 - 100 - 120 - 150 - 180 - 240 - 320 - 400 - 600.

OUTILS SCIES, MACHINES DE DÉCOUPE

Sécurité

L'outillage électrique facilite le travail, mais demande une stricte application des règles de sécurité.
Vous devez toujours :

- lire et suivre les conseils de sécurité spécifiques à la machine dont vous vous servez ;
- travailler avec un éclairage suffisant et porter des lunettes de protection lorsque vous vous servez d'une machine coupante. Porter des gants de sécurité si vous utilisez une scie.

À l'extérieur, les branchements doivent être étanches et soyez très attentif au passage du câble afin de ne pas le couper.

Outre les perceuses et les ponceuses, il existe d'autres outils électroportatifs qui vous permettront de travailler plus facilement, plus vite et de façon plus précise. Les modèles de nouvelle génération sont plus sophistiqués et plus simples à utiliser ; leur prix devient également plus abordable. Certains sont également alimentés par batterie.

Scie sauteuse

On trouve maintenant des scies sauteuses sans fil. En choisissant la lame appropriée, vous pourrez scier du métal, des poutres, du plastique, du stratifié et du carrelage. Elles sont très utiles pour couper des matériaux en courbe et des formes irrégulières.

Scie sauteuse alternative ▲

Dans une scie sauteuse classique, la lame est animée d'un mouvement alternatif vertical. Ce genre de modèle convient parfaitement si vous n'avez que quelques travaux de coupe à faire. Une puissance de 350-400 W est suffisante. Suivant la lame utilisée, la capacité de coupe d'une scie sauteuse de ce type est de 55 mm pour le bois, 3 mm pour l'acier et 8 mm pour l'aluminium, sa vitesse d'environ 3 000 coups/min.

Scie sauteuse pendulaire

Si vous avez beaucoup de travaux de menuiserie à faire, vous pouvez acheter une scie sauteuse à mouvement pendulaire, plus puissante (600 W), plus rapide, dont la profondeur, et donc la capacité de coupe, seront également supérieures. Sa capacité de coupe peut atteindre 100 mm pour le bois et l'aluminium et 20 mm pour l'acier. Sa cadence, progressive grâce à un variateur, va de 450 à 3 000 coups/min. Ce genre de machine possède soit un sac pour collecter la sciure, soit une buse de raccordement sur un aspirateur.

▲ Scie sauteuse à chantourner

Cette scie sauteuse pendulaire à générateur de ligne laser, permettant de visualiser le trait de coupe, possède une fonction chantournage.

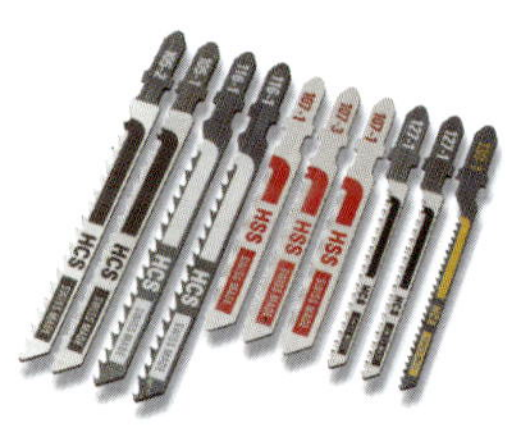

Lames de scies ▸

Il faut toujours employer la lame adaptée au matériau que vous voulez scier. On trouve des lames spécifiques pour le bois, le plastique, les métaux. Il en existe aussi pour le carrelage ou la fibre de verre. Plus la denture est fine et plus la coupe et précise. On trouve des lames de 50, 75 et 110 mm de longueur.

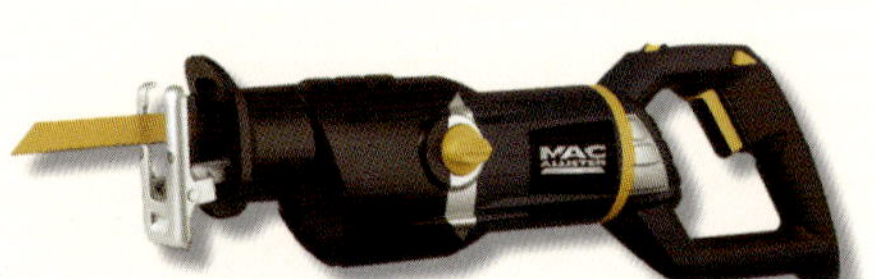

Scie égoïne ▲

Aussi appelée "scie sabre", ce genre de machine, proposée dans une puissance de l'ordre de 800 W, peut scier du bois jusqu'à 180 mm d'épaisseur ainsi que du métal de 20 mm. La poignée arrière absorbe les vibrations ce qui permet de travailler sans fatigue. Certains modèles sont aussi dotés du mouvement pendulaire.

◂ Mini-outils

Il existe aujourd'hui toute une gamme de mini-outils qui permettent de travailler rapidement, et avec une grande précision. Leur légèreté est aussi l'un de leurs grands avantages. Pour poncer, scier, couper, meuler, polir, graver avec l'accessoire approprié.

Scie circulaire

La forme de la lame de cette scie permet de faires des coupes rectilignes précises aussi bien de planches que de poutres, mais aussi dans des tôles ou des profilés en plastique. Elle est équipée d'un carter de protection mobile et d'une semelle inclinable. Elle peut se fixer sur une table de sciage. On trouve des modèles sans fil.

Scie circulaire standard ▲

Les modèles standards possèdent des lames de 125 à 160 mm de diamètre et une profondeur de coupe maximale de 55 mm. Lorsque vous choisissez une lame, vous devez être attentif à trois choses :

- le diamètre de lame ;
- le diamètre du trou central du disque (alésage) ;
- la taille et le nombre de dents.

Le nombre de dents, ainsi que la façon dont elles sont courbées, vous permettront de faire des coupes plus ou moins précises et de travailler plus ou moins rapidement. Plus le nombre de dents est élevé, plus la coupe sera fine. Pour certains matériaux, choisissez des lames au carbure de tungstène (bois épais, agglomérés ou matériaux d'isolation). Les modèles les plus récents génèrent un faisceau laser de guidage.

Scie circulaire de forte puissance ▲

Les scies circulaires de forte puissance ont une lame de 180 à 300 mm de diamètre, ce qui permet de couper plus vite et plus profondément. Certains modèles ont aussi un réglage de profondeur de coupe, la possibilité de faire des coupes d'onglets et un guide parallèle.

◂ Scie à onglet radial

Cette machine est idéale pour les coupes droites ou angulaires précises dans les bois tendres, le plastique, les alliages et les métaux non ferreux. Elle fait des coupes de 90° à 45°.

Les nouveaux modèles intègrent un sac d'aspiration amovible qui retient la poussière et un faisceau laser de guidage. On commence à trouver des modèles sans fil.

Les lames au carbure

Il existe deux types de lames au carbure : à usage occasionnel (qualité standard) et à usage courant (qualité supérieure). Pour chaque type, le choix du nombre de dents dépendra du travail à effectuer.

Entre 12 et 24 dents pour les coupes de débit.

Entre 40 et 80 dents pour les coupes de finition.

Défonceuse ▲

Une défonceuse permet de travailler le bois avec beaucoup de précision. Vous pourrez ainsi réaliser des assemblages (fabrication de mortaises ou de queues-d'aronde) ainsi que des feuillures ou des chanfreins. Cet outil très spécialisé est plutôt réservé à l'amateur éclairé, mais peut cependant vous faciliter la tâche si vous avez un grand nombre d'assemblages à réaliser. Il est recommandé de faire des essais pour bien avoir cet outil en main. Lorsque vous travaillez avec la défonceuse, portez toujours un masque respiratoire et protégez-vous les oreilles et les yeux.

Meuleuse d'angle ▲

Destinées à couper et à meuler le métal, les meuleuses peuvent aussi couper la pierre, les pavés, les dalles, les briques et le béton. Vous devez changer le disque en fonction du matériau que vous voulez travailler. Il est également très important, pour des raisons de sécurité, de respecter la vitesse de rotation maximale des disques et de ne jamais la dépasser. Portez toujours des gants de sécurité, des protections d'oreilles, un masque respiratoire et des lunettes.

OUTILS MAÇONNERIE, ÉLECTRICITÉ, PLOMBERIE

Sécurité

L'entretien des outils
Pour garder l'efficacité et la sûreté de votre outillage, il faut en prendre soin. Tous les outils doivent être propres et rangés hors de portée des enfants. Les pinceaux et les rouleaux seront nettoyés après usage. Les outils coupants, comme les scies, les rabots et les ciseaux, seront affûtés régulièrement et accrochés de telle sorte que la lame ne soit pas émoussée. Des outils mal entretenus peuvent entraîner des accidents.

Une boîte à outils classique contient tout ce qu'il faut pour le bricolage ou les réparations usuelles, mais si vous voulez vous lancer dans des opérations plus importantes, vous devrez acheter ou louer des outils plus spécifiques. Choisissez l'outil adapté à vos besoins : ne minimisez pas un investissement qui est fait pour durer.

Maçonnerie d'intérieur ou d'extérieur

Pour les travaux de maçonnerie en extérieur, vous devez prévoir de travailler aussi bien avec des outils de type professionnel qu'avec de l'outillage de jardinage basique.

Bétonnière
Si vous devez préparer une grande quantité de mortier ou de béton, vous aurez tout intérêt à louer ou à acheter ce type de matériel.

Brouette
Vous devrez la choisir en fonction du poids des objets que vous avez à transporter. Préférez un modèle dont la caisse est galvanisée et à roue gonflable.

Enrouleur réversible
Accessoire indispensable pour utiliser l'outillage électrique hors de la maison. Attention : il faut toujours vous assurer que le câble ne passe pas dans l'eau et si l'appareil est gros consommateur de courant, déroulez le fil pour qu'il ne surchauffe pas. L'installation doit être reliée à la terre.

Seau
Choisissez-le robuste, si possible gradué.

Balayette
Cette petite brosse vous servira pour parfaire les joints au mortier des murets en briques ou en pierres.

Pince à décoffrer
Cet outil permet de soulever, de faire levier, en particulier pour le démontage des coffrages.

Ruban déroulant : 30 m
Ce ruban vous permettra de mesurer avec précision la longueur d'une clôture ou d'un mur.

Règle
N'importe quelle pièce de bois suffisamment rigide et rectiligne peut servir de règle.

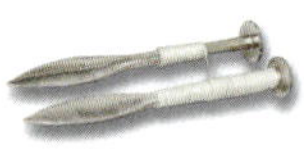

Cordeau et piquets
Essentiel pour monter un mur de niveau, le cordeau est d'une grande utilité pour vérifier l'horizontalité des éléments à maçonner.

Ciseau à brique
On l'utilise pour couper la maçonnerie à l'aide d'une massette. Vous devrez vous protéger les mains car un coup de massette est vite arrivé.

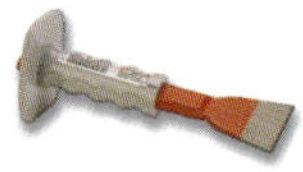

Ciseau de maçon
Il sert à couper les briques et les blocs de béton. Sa poignée amortisseur réduit la transmission des chocs au poignet.

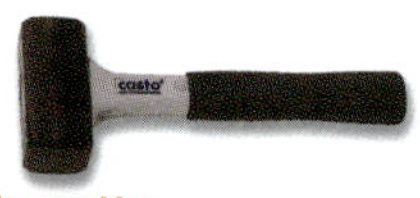

Massette
Elle sert pour la démolition de petits ouvrages de maçonnerie, directement ou en frappant sur un ciseau de maçon.

Truelle à maçonner
Ronde ou carrée, choisissez la dimension de la truelle en fonction de l'importance de l'ouvrage.

Truelle berthelet
Cette truelle très particulière a un côté lisse et un côté denté. Elle sert, côté lisse, à araser le plâtre frais, côté denté à préparer l'accroche des carrelages.

Truelle langue-de-chat
Elle permet d'obtenir des joints bien nets ou de piqueter l'ancien mortier d'un ouvrage maçonné.

Platoir
Cet outil permet de transporter une certaine quantité d'enduit et de l'appliquer en le lissant.

Bouclier
Il permet de transporter de grandes quantités d'enduit ou de mortier en une seule fois.

Pioche
Précède le louchet ou la bêche pour défoncer la terre. La pioche sert aussi à dégager les remblais et les grosses pierres.

Masse
C'est outil idéal pour démolir les dalles de béton ou enfoncer les poteaux de clôture dans le sol.

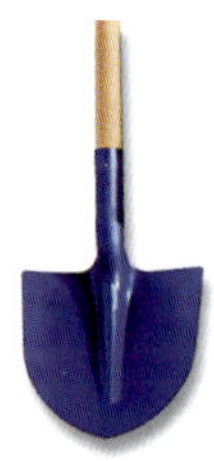

Pelle
Carrée ou arrondie à bout pointu, la pelle sert à prélever la terre, les graviers et les cailloux mais aussi à gâcher le mortier ou le béton au sol.

Bêche
Avec ou sans repose-pied, la bêche permet de creuser la terre, notamment pour les fondations.

Râteau
De première nécessité au jardin, le râteau sert aussi à répartir et à étaler le sable ou le gravier.

Câblage et installation électrique

En plus de l'outillage de base, quelques outils spécifiques vous permettront d'effectuer des travaux d'électricité. Ils devront toujours rester à portée de main, afin de faire face aux pannes éventuelles.

KIT DE SECOURS

- Petit tournevis testeur
- Tournevis à embouts multiples
- Pinces coupantes
- Couteau d'électricien
- Torche (avec des piles neuves)
- Ruban plastique isolant

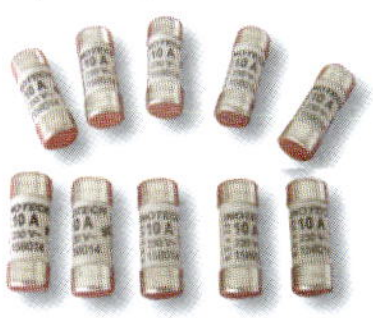

- Jeu de cartouches fusibles
- Testeur de cartouches fusibles

- Ampoules

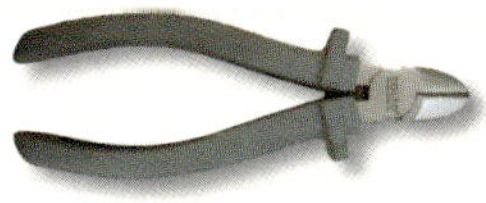

Pince coupante diagonale

Cette pince permet de couper les conducteurs électriques, les câbles et câbles multiconducteurs avec précision.

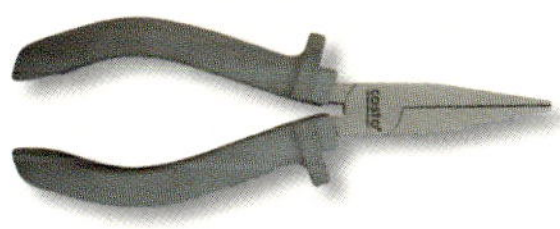

Pince à longs becs

Elle sert à former les boucles avec les fils électriques et à saisir les petits composants dans les boîtiers électriques.

Testeur de courant et de métaux

Cet accessoire s'utilise pour vérifier si un circuit est ou non sous tension, mais aussi pour détecter la présence éventuelle de conduits métalliques dans les murs ou derrière les cloisons.

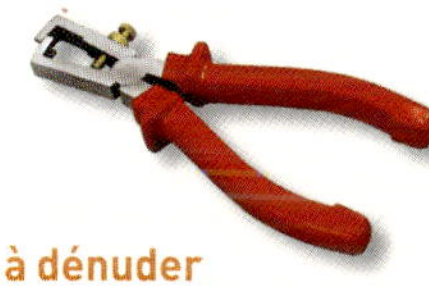

Pince à dénuder

Cette pince permet de dénuder l'extrémité des conducteurs sans en entamer la partie métallique. Ses poignées antidérapantes sont ergonomiques.

Tournevis testeur

Ce petit tournevis contient une ampoule dans le manche, qui s'allume quand l'extrémité de la lame entre en contact avec un objet sous tension.

Multimètre digital

Cet appareil possède toutes les fonctions de mesure électrique. Choisissez toujours un appareil conforme aux directives européennes.

Lampe torche

Cette lampe est indispensable pour pouvoir bricoler dans tous les endroits où l'électricité fait défaut (coupure, plein air, etc.). Préférez un modèle rechargeable ou à batterie.

Plomberie

Le travail de plomberie, qu'il s'agisse d'une réparation ou d'une nouvelle installation, requiert un outillage très spécialisé.

Coupe-tube

On peut couper un tube en cuivre avec une scie à métaux, mais il est plus simple de le faire avec un coupe-tube de ce type. Certains possèdent un alésoir escamotable qui permet d'ébarber les coupes.

Petit coupe-tube

Idéal pour la coupe en position des tubes en cuivre de 3 à 16 mm dans les endroits difficiles.

Ressort à cintrer

Il sert à cintrer à la main les tubes de cuivre (jusqu'à 14 mm de diamètre) sans aucune déformation.

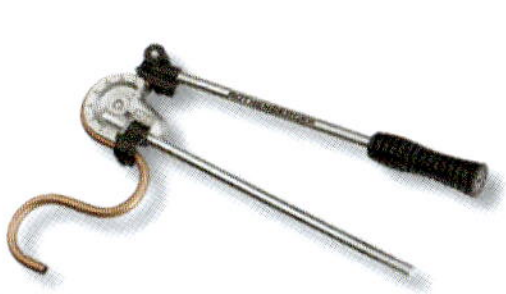

Cintreuse

Grâce à ses longs manches et à son secteur gradué, cet outil permet de réaliser sans effort un cintrage très précis des tubes en cuivre, sans en écraser la section.

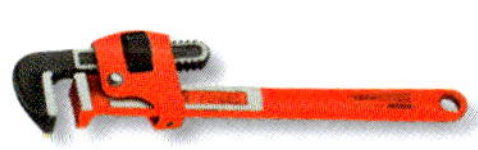

Clé serre-tube

Cette clé est faite pour serrer les tubes sans qu'ils ripent. Elle est en acier chromé et possède un serrage autobloquant.

Rodoir pour robinet

Cet outil permet la rectification de l'assise de tous sièges de robinets et l'élimination, par fraisage, des dépôts calcaires. Son entrée est filetée, cylindrique et étagée. Il s'accompagne de 6 fraises de 11 à 16 mm.

Clés purgeurs de radiateur

Clés de 4 et 5 mm de diamètre pour la vidange d'air dans les radiateurs et l'ouverture du robinet purgeur.

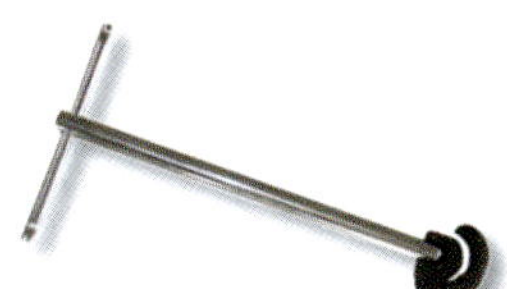

Clé de lavabo

Cette clé permet de serrer et de desserrer les écrous des robinets. Sa mâchoire mobile est réversible à 180°.

Lime demi-ronde

Elle sert à ébarber l'intérieur des tubes en cuivre coupés.

Ventouse

C'est l'accessoire traditionnel qui sert à déboucher les éviers ou les lavabos. On appuie et relâche le manche très rapidement afin de créer un appel d'air.

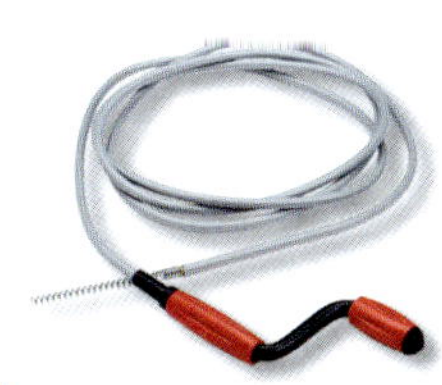

Furet

Il suffit d'introduire la tige métallique terminée par un goupillon dans le tuyau et de tourner la manivelle pour dégager le bouchon.

KIT DE SECOURS

Pâte à joint et filasse

Ce kit spécial pour eau potable s'utilise pour visser les raccords de tuyauterie. Il est résistant jusqu'à 200 bars.

Ruban caoutchouc pour colmatage

Ce ruban auto-amalgamant permet de réparer de façon provisoire les tuyaux et les canalisations.

Pâte époxy

Produit spécial surfaces humides pour réparer les fuites.

- Petites longueurs de tuyau de cuivre

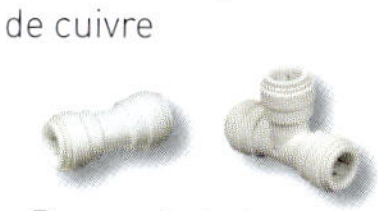

- Raccords de tuyauterie

- Joints de robinet

OUTILS MENUISERIE, DÉCORATION

Menuiserie

La plupart des aménagements impliquent des opérations de menuiserie. Les outils présentés ici vous seront alors indispensables.

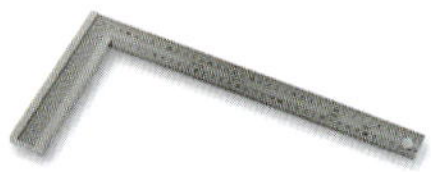

Équerre

Elle sert à tracer et à découper les pièces à angle droit, mais aussi à vérifier la rectitude des angles.

Cale à poncer

Recouverte de papier abrasif, la cale à poncer permet d'ôter toutes les aspérités. Certains modèles, à semelle rigide, sont aussi dotés d'un support d'accrochage à picots qui facilite la mise en place du papier.

Rabot

Le rabot métallique, bien plus pratique que le rabot classique à fût en bois permet aussi bien de dégrossir (dégauchissage) les pièces que d'affiner leur épaisseur (rabotage).

Maillet

Le maillet est l'outil complémentaire du ciseau.

Tenaille

Les puissantes mâchoires et les longues poignées d'une tenaille permettent d'arracher facilement les clous. Elle sert aussi de pince coupante.

Scie à guichet

Elle permet de faire des coupes en courbe ou encore d'élargir des trous de petits diamètres. Certains modèles ont une lame interchangeable pour la découpe des plaques de plâtre.

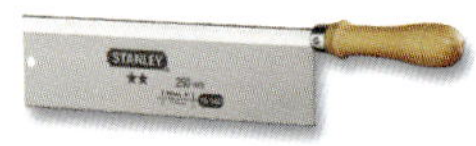

Scie à dos

Rigidifiée par un ourlet (le "dos"), cette scie est utilisée pour les coupes de précision. On l'utilise dans une boîte à onglets.

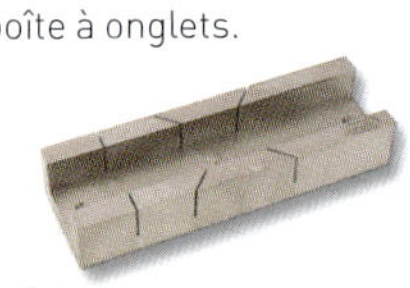

Boîte à onglets

Outil essentiel pour couper précisément des angles de 45° et de 90° dans des baguettes ou des moulures. Il en existe en bois ou en plastique. La scie à dos est son complément indispensable.

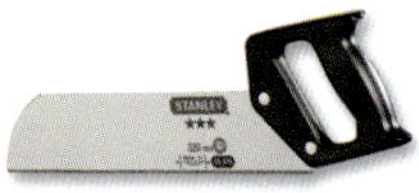

Scie à panneau

Cette scie sert surtout pour couper le contreplaqué, le mélaminé et le plastique. Son extrémité arrondie permet d'attaquer les coupes en milieu de panneau.

Peinture

Les industriels nous proposent toujours de nouveaux outils (et de nouvelles peintures) qui nous simplifient la tâche, font gagner du temps et respectent mieux l'environnement.

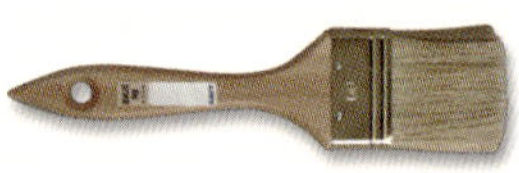

Pinceau ou brosse plate (queue-de-morue)

Une brosse en soies de bonne qualité ne s'abîme pas au fil du temps, et vous pourrez l'utiliser pendant des années. Il existe maintenant des nouvelles générations de brosses aux soies synthétiques ou mélangées, adaptées aux peintures en phase aqueuse et aux lasures. Choisissez la largeur de la brosse en fonction de la surface à couvrir.

Pouce à rechampir

La forme de cette brosse permet de peindre les moulures, les angles ou les encadrements de fenêtres.

Bac à peinture (camion)

Ce bac sert à transporter plus facilement des petites quantités de peinture. Il existe des tailles différentes : de 6 à 14 l.

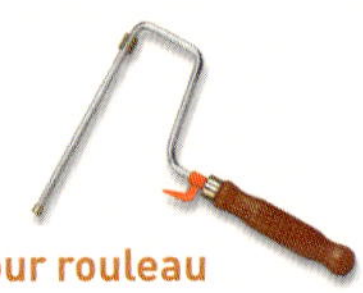

Monture pour rouleau

À long terme, il est plus économique d'acheter un rouleau avec monture en bois, et rouleau interchangeable. La plupart des modèles possède un crochet de suspension et certains une butée réglable.

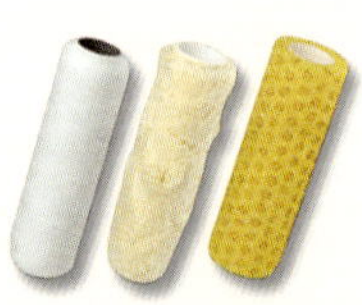

Rouleaux

Les rouleaux se fixent sur la monture. Vous pouvez donc placer le modèle qui convient à une peinture donnée et à l'effet voulu. Les plus courants sont en mohair ou mousse polyester et, suivant le cas, à mèches longues ou à fibres courtes. Certains rouleaux sont antigouttes.

Rouleau spécial pour peinture à effets

Il existe maintenant des rouleaux spécialement conçus pour les peintures ou enduits décoratifs. Celui-ci est, par exemple, recouvert d'une peau de chamois qui permet d'obtenir un effet essuyé.

Bac à rouleau

Ce modèle de bac est indispensable pour peindre au rouleau. La grille intégrée dans certains bacs permet de bien essorer le rouleau.

Rouleau d'angle

Avec un rouleau ordinaire, il est impossible de peindre les angles formés par deux murs ou les recoins. Pour cela, il faut utiliser ce type d'outil ou une brosse à rechampir.

Rouleau à radiateur

Le très long manche de ce rouleau offre la possibilité de peindre derrière les radiateurs. Certains modèles sont antigouttes.

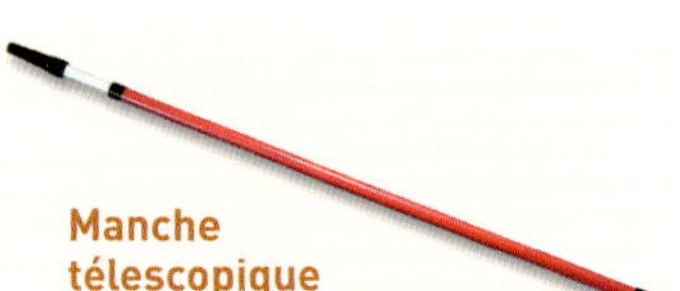

Manche télescopique

Pour peindre un plafond avec un rouleau, il suffit d'adapter un manche télescopique à un rouleau dont la poignée est conçue à cet effet.

Raclette à bordure

Cet accessoire permet de peindre au ras des plinthes ou des corniches car il empêche la peinture de couler. Vous pouvez aussi l'utiliser pour peindre les encadrements des huisseries.

Tampons à peinture

Constitués d'une monture, d'une couche de mousse et d'une brosse en mohair (qui donne une meilleure finition) ces tampons, parfaits pour laquer, ne sont pas vendus à l'unité. Le nécessaire inclut un bac.

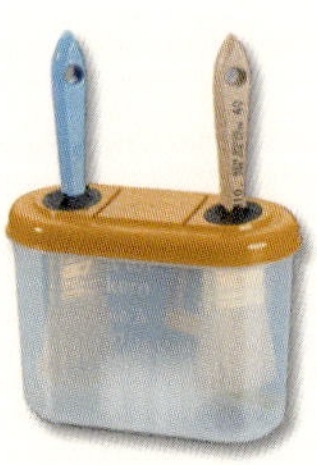

Bidon nettoyeur

Ce bac est spécialement conçu pour le nettoyage et le rangement des brosses (pinceaux).

Papier peint

La pose du papier peint n'est pas compliquée, mais il faut avoir le bon matériel.

Brosse à encoller

La brosse à encoller a une largeur de 125 à 150 mm. Elle sert à étaler uniformément la colle sur l'envers du papier peint ou sur le mur.

Ciseaux

Pour couper le papier peint de façon précise, choisissez des ciseaux ayant des longues lames.

Table à encoller

Plus haute qu'une table de cuisine, sa largeur correspond à celle d'un rouleau de papier peint, cette table très légère est parfaite pour mesurer, couper et encoller les lés de papier peint. La forme de ses pieds lui assure une grande stabilité. Elle se nettoie et se range facilement.

Fil à plomb

Le fil à plomb permet de trouver la verticale avant de débuter la pose du premier lé. Cette ligne peut être marquée sur le mur grâce à un cordeau traceur.

Roulette

Elle sert à aplanir les joints entre deux lés de papier peint. Il est formellement déconseillé de l'utiliser avec les papiers texturés ou en relief, car tous les motifs seraient écrasés.

Brosse à tapisser

Contrairement à la brosse à encoller, les soies de cette brosse sont souples. Elle sert à éliminer les bulles qui se forment sous le papier peint au moment de la pose. Elle se nettoie à l'eau.

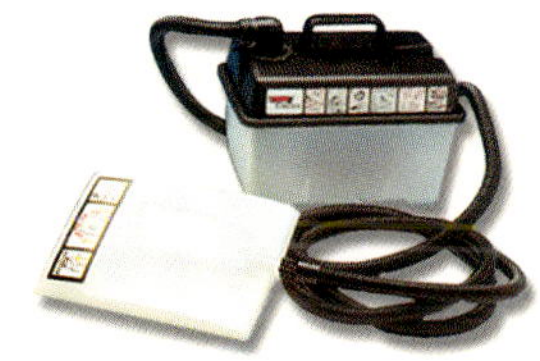

Décolleuse de papiers peints

L'utilisation de la vapeur est la façon la plus rapide de décoller du papier peint. Son usage n'étant cependant pas fréquent dans une maison, il est souvent plus simple de la louer.

Carrelage

Lors de l'utilisation d'une carrelette ou d'un outil coupant, n'oubliez pas de porter des lunettes et des gants de protection afin d'éviter les coupures.

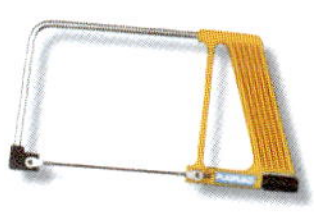

Scie vilebrequin

Elle sert à réaliser des coupes courbes dans les carreaux. Vous pouvez aussi utiliser une scie sauteuse ou un Rotozip équipé d'une lame (ou mèche) au carbure de tungstène.

Grille abrasive

Elle sert à ébarber les coupes du carrelage.

Grignoteuse

Pour les petites coupes, commencez par entamer le carreau, puis utilisez la grignoteuse afin de rectifier la coupe. Elle sert aussi à tailler les tesselles de mosaïque.

Pince à céramique

Les mâchoires de cette pince rayent la couche superficielle du carreau. Pour le couper, appuyez fortement sur la ligne ainsi tracée.

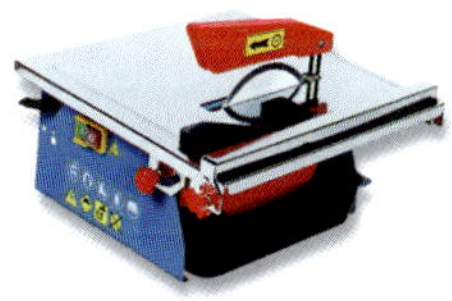

Coupe-carreaux électrique

La lame est remplacée par un disque diamanté qui coupe tous les types de carreaux. Certains modèles possèdent une table basculante qui permet le biseautage.

Coupe-carreaux manuel

Le bras levier actionne une roulette qui raye et coupe le carreau. Le système de casse permet une coupe en diagonale aisée.

Raclette crantée

La raclette crantée permet d'étaler la quantité suffisante de colle. Les traits qu'elle imprime à la colle sont nécessaires à la bonne adhérence des carreaux.

Raclette en caoutchouc

La lame en caoutchouc de cet outil permet d'étaler uniformément la barbotine dans les joints. Il en existe de différentes tailles.

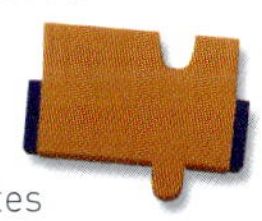

Copieur de profil

Cet outil suit les différentes courbures d'un mur. La ligne ainsi obtenue peut être reportée facilement sur un gabarit ou directement sur le revêtement de sol.

Éponge

En matière synthétique épaisse, cette éponge sert à essuyer les carreaux après la pose.

Décapage et rebouchage

Il faut choisir le décapage le mieux adapté au support pour ne pas l'abîmer.

Brosse métallique sabot

Une bonne brosse métallique doit être rigide. Elle sert à nettoyer les peintures écaillées et les surfaces rouillées.

Décapeur thermique

Ce décapeur est la version moderne et sécurisée de l'ancien chalumeau. Il sert à décaper la peinture, même dans les endroits difficiles d'accès.

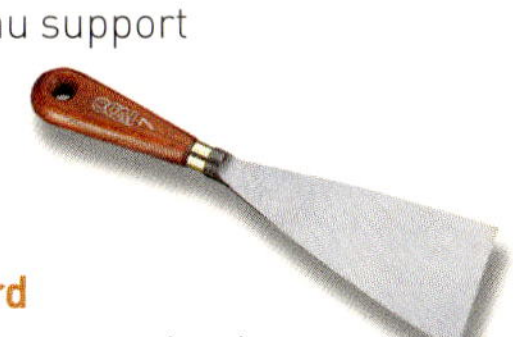

Riflard

Ce couteau sert à préparer n'importe quelle surface, mais on l'utilise surtout pour ôter les vielles peintures ou les anciens papiers peints. Sa lame est en acier trempé.

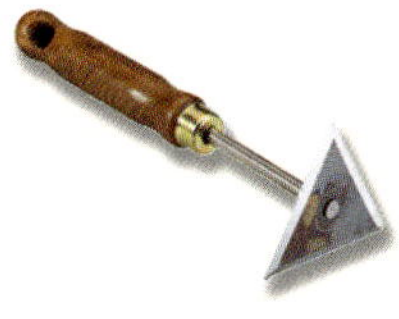

Grattoir triangulaire

La forme de la lame permet d'élargir les fissures avant de passer à l'étape du rebouchage.

Grattoir pour verre

Cet outil sert à gratter les petites taches de peinture sur les surfaces en verre ou les miroirs.

Brosse à main

Elle sert au brossage des soudures ou de tous les métaux.

Couteau multifonction

Cet outil peut aussi bien servir à ouvrir les pots de peinture, à nettoyer les rouleaux et grattoirs, à gratter et à décaper les peintures.

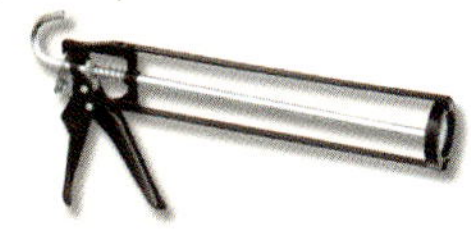

Pistolet extrudeur

Ce pistolet reçoit tous les types de cartouches de mastic ou de joint silicone.

MATÉRIAUX PANNEAUX, BAGUETTES

Les planches, baguettes, plinthes et moulures sont proposées dans différentes essences de bois dur ou tendre, bois de pays ou exotique, feuillus ou résineux. Vous trouverez également des panneaux dérivés du bois : panneaux de particules (aggloméré), de fibres, contreplaqués. Les moulures et baguettes trouvent différentes utilisations, notamment en décoration.

Bois tendre

Les bois tendres sont vendus sous forme brute ou rabotée. Vous utiliserez du bois raboté lorsque la pièce est destinée à rester apparente, à être peinte, vernie ou lasurée. Le bois brut est réservé à une utilisation plus grossière (charpente, coffrages pour couler du béton, tasseaux derrière un doublage, etc.). Si vous envisagez d'acheter du bois brut et de le raboter vous-même, tenez compte d'une perte d'épaisseur de 4 à 6 mm. Quand vous achetez du bois tendre, notamment si c'est du résineux, évitez les pièces comportant des nœuds, des fentes et des gerces trop apparentes.

Les planches, poutres, chevrons et tasseaux en bois brut sont vendus dans des longueurs de 2 à 2,50 m et sous des sections et épaisseurs variées : 10 x 10 cm pour les poutres, 27 mm d'épaisseur pour les planches, 40 x 60 mm pour les chevrons, 27 x 27 mm, 32 x 32 mm pour les tasseaux, souvent en bottes de plusieurs pièces.

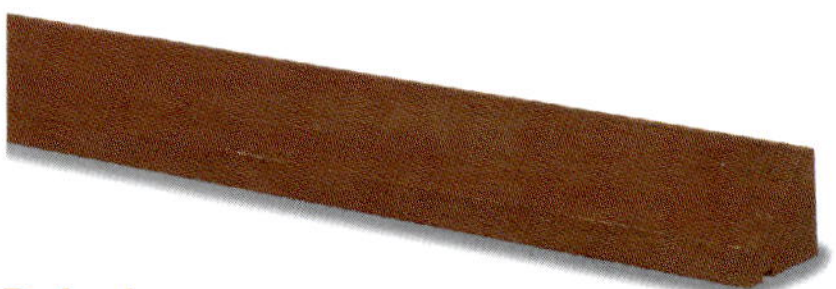

Bois dur

Les bois durs sont destinés aux travaux de menuiserie. Il s'agit de feuillus de pays (chêne, hêtre, châtaignier, etc.) ou de bois exotiques. Ils sont toujours proposés rabotés. Leur couleur peut varier d'un arbre, et donc d'une livraison, à l'autre. Les outils utilisés pour les travailler doivent être bien affûtés. Les bois durs servent à réaliser des planches, des carrelets, des tasseaux mais aussi des baguettes et des moulures. Les planches sont proposées en 13, 20 et 28 mm d'épaisseur dans des largeurs variées, les carrelets et les tasseaux dans des sections de 10 à 28 mm de côté.

Plaques et panneaux

Plaque de plâtre

Composée d'une couche de plâtre prise entre deux feuilles de carton, la plaque de plâtre s'est généralisée pour réaliser les doublages autrefois en lambris de bois. C'est le matériau idéal pour recouvrir un mur en mauvais état ou irrégulier et offrir une surface propre, saine et lisse qui pourra ensuite être peinte ou tapissée après avoir appliqué une sous-couche. La plaque de plâtre standard est proposée dans des épaisseurs de 10 et 13 mm. À côté des plaques ordinaires, certaines sont traitées pour offrir une haute résistance à l'humidité, aux chocs, au feu. Le chant des plaques est aminci (BA) pour faciliter la réalisation des joints. Le montage des doublages se fait sur des ossatures métalliques. La plaque de plâtre sert de parement à des panneaux composites isolants à base de laine minérale ou de polystyrène expansé ou extrudé.

Panneau de particules (aggloméré)

Il est constitué de particules de bois (grands copeaux, particules, copeaux de rabotage, sciures) agglomérées sous pression avec de la colle. On trouve des panneaux de 6 à 38 mm d'épaisseur dans des largeurs de 0,60, 0,80 et 1,20 m. Les panneaux labellisés CTB-S sont à utiliser en milieu sec, les panneaux CTB-H résistant à l'humidité. On les utilise bruts ou recouverts d'une feuille de placage (bois ou mélaminé).

MDF

Les panneaux dits "de fibres à moyenne densité" (MDF) sont constitués de fines fibres de bois, assemblées par une colle sous l'effet de la chaleur et de la pression. D'aspect plus fin que le panneau de particules, plus dense et plus rigide, le MDF se travaille aussi bien que le bois. Il sert à réaliser des doublages et des meubles.

Contreplaqué

Le plus connu est le multiplis, constitué de fines feuilles de bois (en nombre impair) déroulées et assemblées, par superposition et collage, avec croisement du fil. L'autre forme de contreplaqué est le latté. Il est constitué de lattes et blocs de bois pris entre deux feuilles de bois déroulées. Les épaisseurs vont de 6 à 30 mm, pour une largeur de 1,20 à 1,50 m. Le contreplaqué CTB-X est prévu pour un emploi à l'extérieur.

Panneau de fibres dur

Ce sont des panneaux minces, constitués de fibres de bois agglomérées par pressage, présentant une face lisse et une face rugueuse d'une épaisseur de 3 mm. On les utilise surtout pour la réalisation de fonds de meubles ou pour certains doublages. Les panneaux perforés sont isolants phoniquement. Ils servent de panneaux d'accrochage pour outils.

Moulures et baguettes

Il existe un grand nombre de profils de moulures et de baguettes. Celles-ci sont réalisées aussi bien en bois tendre qu'en bois dur. On en trouve même aujourd'hui en MDF. On distingue ainsi les quarts-de-rond, les ronds, les tourillons, les chants plats, les cimaises, les chambranles et bien sûr les plinthes, destinées à assurer la protection du bas du mur à sa jonction avec le sol.

Certaines baguettes et moulures décoratives servent à délimiter des panneaux sur les portes ou sur les murs, ou en entourage d'huisserie. Les corniches que l'on trouve à la liaison mur-plafond sont soit en bois, soit en plâtre ou en stuc, soit encore en polystyrène ou en polyuréthane.

Chant plat

Habille la jonction entre un cadre d'huisserie et le mur.

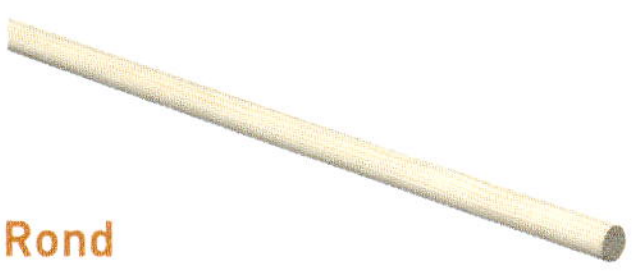

Rond

Réalisés en pin sans nœud ou en hêtre, les ronds sont généralement proposés dans différents diamètres.

Pareclose

Baguette quart-de-rond servant à bloquer une vitre dans sa feuillure.

Quart-de-rond

Baguette utilisée dans différents cas : pour bloquer une vitre dans sa feuillure (pareclose), assurer la finition entre le sol et un mur, etc.

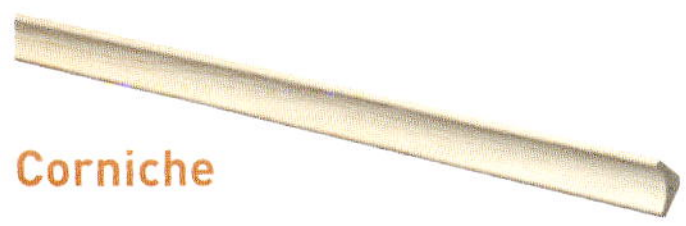

Corniche

Assure la finition entre le mur et le plafond.

Petits bois

Baguettes plaquées sur une vitre pour la diviser en petits carreaux.

Moulures

Baguettes bouvetées servant à réaliser des contours décoratifs.

Cimaise

En plâtre moulé ou en polystyrène, elle couvre l'angle entre le mur et le plafond. Elle sert souvent d'élément décoratif.

Corniche décorative

Plus décorative et chargée que la cimaise, elle assure aussi la finition entre le mur et le plafond

Plinthes

Servant à assurer la protection du bas du mur à sa jonction avec le sol, les plinthes sont proposées dans une grande variété de formes, de largeurs, d'épaisseurs et de profils. Elles peuvent être en bois tendre (résineux) ou dur (chêne, hêtre ou bois exotique). Proposées dans des longueurs de 2 à 2,40 m sur différentes épaisseurs, elles ont une hauteur de 70 à 110 mm. Si la plupart sont droites, certaines sont chanfreinées, voire moulurées. On trouve aujourd'hui des plinthes rainurées sur leur face arrière pour habiller une baguette électrique.

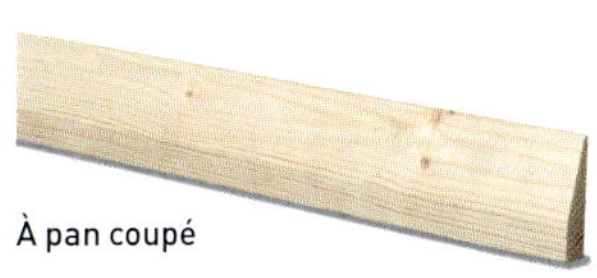

À pan coupé

Chanfreinée

Moulurée

l'astuce éco de castorama

Éco-certification des bois

Choisissez toujours des bois éco-certifiés portant l'un des labels ci-dessous, garantie qu'ils proviennent de forêts gérées durablement.

FSC PEFC TFT TROPICAL FOREST TRUST

Maçonnerie

La "maçonnerie" désigne classiquement l'assemblage de pierres, de briques, de parpaings et de béton pour construire des maisons.

Béton (parpaings)

Les parpaings sont encore aujourd'hui le matériau le plus utilisé pour la construction des maisons individuelles. Ils existent en différentes épaisseurs pour murs porteurs ou murs de refend : 5 x 10 x 15 cm ou 20 x 50 x 20 cm. Constitués de béton allégé et offrant une structure alvéolée, ils sont assez faciles à couper, à percer et à mettre en œuvre, en dépit d'un poids assez important. Leur piètre résistance thermique impose un doublage isolant (intérieur ou en façade). Ils ne peuvent rester apparents et doivent donc être enduits.

Béton cellulaire

Cette nouvelle génération de parpaings répond aux normes thermiques les plus exigeantes, sans isolation complémentaire. Ces blocs pleins et néanmoins légers se scient et se percent très facilement. On les trouve en différentes tailles, les plus classiques étant 15 à 37,5 cm pour l'épaisseur, 25 cm pour la hauteur et 62,5 cm pour la longueur. Ils s'assemblent à joint mince avec de la colle.

Brique

Les briques sont constituées d'argile cuite. On en trouve de différentes formes et couleurs pour s'accorder aux styles de construction régionaux.

Les briques de façade font 5,5 x 10,5 x 22 cm ou 6 x 11 x 22 cm selon les régions. Destinées en principe à rester apparentes, elles sont pleines ou partiellement perforées. Les demi-briques (en largeur) sont appelées "mulots". Concernant les murs périphériques, ces briques sont jumelées avec un mur de parpaings.

Les briques creuses ont des perforations horizontales, de 12 à 60. Leur format est plus grand que celui des briques pleines et elles sont utilisées pour construire des murs porteurs. Elles sont destinées à être enduites. Elles font 20 x 20 x 40 à 57 cm. Les briques de faible épaisseur, destinées aux cloisonnements, sont appelées "plâtrières". Les boisseaux (éléments de conduit) sont de même conception.

Pierre

À la différence des maisons anciennes, peu de maisons neuves sont aujourd'hui construites en pierre. On utilise encore la pierre pour construire les murets de jardin, bien que ce soit un matériau désormais onéreux.

Vitrage

Le verre est défini par son épaisseur. Celui destiné au vitrage fait 3 mm (demi-double) ou. 4 mm (double), 5 mm (fort) et 6 mm (glace).

Double vitrage

Aujourd'hui, la majorité des fenêtres produites sont équipées de double vitrage. L'espace compris entre les deux vitres est rempli soit d'air, soit de gaz argon avec faible émissivité dans les fenêtres à isolation renforcée. Le double vitrage est trois à quatre fois plus performant qu'un simple vitrage. L'espace d'air entre les deux vitres garantit l'isolation thermique, tandis que l'épaisseur des vitres influe sur l'isolation acoustique. Les dimensions du double vitrage vont de 8 à 16 mm pour l'espace d'air et de 4 à 10 mm pour l'épaisseur des vitres.

Vitrage feuilleté

Il est constitué de deux ou plusieurs verres simples ou trempés, collés ensemble par une ou plusieurs couches de matière plastique. Lors d'un choc, la fracture est limitée à un point d'impact ou à une fissure, mais l'étanchéité du vitrage est maintenue. C'est donc un verre de haute sécurité, évitant les risques de blessure et retardant les intrusions en cas de tentative d'effraction.

Différents types de vitrage

En plus du verre clair utilisé pour l'habillage des fenêtres, on trouve des vitrages de différentes textures, colorations et transparences. Il existe ainsi du verre cathédrale clair, du verre goutte d'eau, du verre losange, du verre teinté, structuré ou non, du verre de couleur, du verre diamanté, du verre armé grande ou petite maille protégeant des effractions. De nouvelles générations de vitrage font aujourd'hui leur apparition.

Vitrage à faible émissivité

Quand deux surfaces sont en regard l'une de l'autre à des températures différentes, elles échangent de l'énergie par rayonnement. Cet échange de chaleur est proportionnel à l'émissivité des surfaces. Un vitrage ayant une surface faiblement émissive échangera donc moins de chaleur avec son environnement qu'une surface fortement émissive. Il sera donc plus isolant. L'émissivité normale d'un verre ordinaire est égale à 0,89, alors que celle des verres à faible émissivité est de l'ordre 0,10. C'est la raison pour laquelle les vitrages à faible émissivité tendent aujourd'hui à se généraliser pour la fabrication des doubles vitrages isolants.

Isolation

Il existe actuellement de nombreux matériaux d'isolation, présentés sous différentes formes pour améliorer l'isolation thermique de la maison.

Laine en rouleau

Formée initialement de fibres minérales (de verre ou de roche), la laine en rouleau est aujourd'hui constituée aussi de fibres végétales (chanvre, coton) ou animales (laine de mouton, plumes de canard). Elle est présentée en bandes d'épaisseurs variées (de 80 à 240 mm) sur une largeur de 0,60 ou 1,20 m, revêtue ou non sur une face, d'un pare-vapeur en papier kraft ou aluminium (devant toujours être placé du côté le plus chaud de la pièce).

Ce type d'isolant peut être soit déroulé directement sur le sol du grenier (combles non utilisés) en une ou deux couches, soit fixé sous les pans de la toiture (en général par un système de broches), soit intégré à un plafond suspendu ou encore à un système de double cloison en ossature et plaques de plâtre.

Isolants en panneau

Différents isolants de type laine minérale, végétale ou animale, peuvent être rigidifiés pour être présentés en panneaux d'épaisseur relativement faible (de 45 à 100 mm) pour être posés au sol sous un plancher de recouvrement ou en cloison.

Isolants en vrac

Certaines configurations se prêtent à l'utilisation d'isolants en vrac, par exemple dans les corps creux de la construction ou sur le sol de combles non utilisés, ou non accessibles. De nombreux isolants peuvent ainsi être présentés sous forme de flocons (laine de verre, de roche, de coton, de mouton, de cellulose, etc.) ou de granulés (liège, micachiste expansé, etc.).

Panneaux rigides

On trouve aussi des panneaux isolants rigides de faible épaisseur (20 à 100 mm) en polystyrène expansé ou extrudé ou en mousse de polyuréthane. Ces différents isolants, ainsi que ceux en laine minérale, sont souvent associés à une plaque de plâtre pour former un panneau composite.

Isolant mince réflecteur

Produit récent, l'isolant réflecteur multicouche constitue une solution d'isolation intéressante dans tous les cas de figure où un espace réduit ne permet pas de recourir à une solution classique. Leur caractère réfléchissant assure une bonne régulation de la température des combles en été. Ils nécessitent de prévoir une lame d'air en face extérieure et intérieure.

Isoler les menuiseries

De nombreuses solutions permettent d'éliminer les courant d'air au niveau des portes ou des fenêtres.

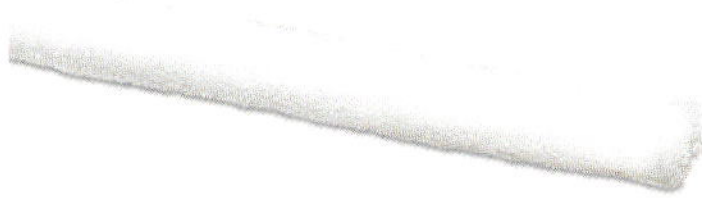

Joint en mousse adhésif

On colle ce type de joint dans le fond de la feuillure du dormant de l'huisserie (porte ou fenêtre), après avoir dépoussiéré et dégraissé le support, et enlevé la bande protectrice de l'adhésif.

Bas de porte à lèvres

Bas de porte à lèvres PVC adhésif, souple, muni d'un feutre, pour tous sols lisses.

Bourrelet en polyéthylène

Cet isolant se glisse tout simplement sous la porte pour arrêter les déperditions de chaleur. Il se pose sans aucune fixation et en quelques secondes.

Bas de porte profilé

Profilé épousant la base de la porte, étanche et durable, isolant du froid sur tout type de sol.

Les joints

Le manque d'étanchéité à l'air des portes et des fenêtres est l'une des causes principales de déperdition de chaleur dans la maison. Il existe pourtant une large gamme d'accessoires, souvent très peu onereux, permettant d'éviter les courants d'air depuis le simple bourrelet en feutre jusqu'au joint moulé en silicone, en passant par les bas de porte et les différents joints en mousse ou en caoutchouc à placer entre l'huisserie et sa partie fixe (dormant). Le mastic silicone garantit une excellente isolation des portes et des fenêtres. Il permet de réaliser un joint étanche à l'air, à l'eau, au froid et à la transmission des bruits. Présenté en cartouche, il s'utilise en complément d'un film plastique de protection.

TRAITEMENTS ET FINITIONS

Les murs intérieurs sont ordinairement recouverts de peinture, de papier peint ou de carrelage, dans une infinité de couleurs et de styles. Avant de commencer, vous devez préparer la surface.

Sécurité

Si les peintures à base de plomb sont bannies depuis de nombreuses années, une peinture très ancienne peut en contenir. Avant de la décaper, il importe donc de la tester avec un kit spécial. En cas de résultat positif, abstenez-vous de la décaper vous-même recouvrez-la d'un lambris ou faites-la décaper par une entreprise spécialisée.

Sous-couches

Le bois brut, le plâtre et le métal gagneront à recevoir d'abord une sous-couche. Celle-ci est indispensable pour les surfaces sur lesquelles la peinture risque de ne pas accrocher ou sur les fonds qui sont trop absorbants. Il existe différents types de sous-couches, pour l'intérieur ou l'extérieur.

CHOISIR LE BON PRODUIT

Type de surface	Sous-couche	Utilisation
Plâtre neuf	Primaire universel ou sous-couche pour le plâtre	Empêche le plâtre d'absorber la peinture.
Plâtre friable/endommagé intérieur ou extérieur	Durcisseur de mur	Convient pour les surfaces effritées ou poudreuses. S'applique en une seule couche.
Bois brut	Sous-couche bois extérieur ou intérieur	Fait gagner du temps en permettant d'appliquer directement la ou les couches.
Murs tachés	Sous-couche opacifiante	Il faut parfois passer deux couches.
Surfaces humides	Sous-couche étanchéité	Protège les enduits et les finitions du pourrissement. S'applique en deux couches.
Surfaces moisies ou couvertes de lichens	Antimousse fongicide	Décolle les spores. Appliquez une seconde couche après brossage.
Surfaces extérieures écaillées (briques et parpaings)	Durcisseur de mur	Agglomère les surfaces poudreuses ou écaillées.
Surface métal	Sous-couche antirouille	Composition adaptée aux différents métaux. Grattez au préalable les surfaces rouillées jusqu'au métal sain.

Choisir la peinture

Il existe deux grandes familles de peintures : solvantées, à l'huile (glycérophtalique) ou en émulsion, en phase aqueuse (vinylique, acrylique, alkyde). Les peintures en phase aqueuse, à base de résines, sont les plus utilisées pour peindre de grandes surfaces, comme les murs ou les plafonds. Pour limiter la pollution dégagée par les produits solvantés, réservez leur emploi aux surfaces réduites, menuiseries et baguettes décoratives, en travaillant avec une bonne aération, maintenue jusqu'à séchage complet. Chaque fois que possible, préférez une peinture aqueuse. Il existe aussi des peintures spéciales, par exemple pour le béton ou les métaux.

CHOISIR LE BON PRODUIT

Type de surface	Peinture	Utilisation
Murs et plafonds	• Émulsion vinylique ou acrylique bicouche • Émulsion monocouche	• Existe en mat et en satin. • Couvre mieux qu'une émulsion ordinaire.
Plâtres neufs (murs et plafonds)	Sous-couche plâtre	Le séchage d'un plâtre neuf prend plusieurs mois. Cette émulsion, plus perméable qu'un produit ordinaire, laisse l'humidité du support s'évaporer.
Salles de bains et cuisines	• Peinture anticondensation • Émulsion aspect satin ou brillant	Peinture semi-poreuse qui évite les effets de la condensation : gouttelettes sur le mur, moisissures, cloquages des peintures, mauvaises odeurs. Peinture lavable.
Boiserie intérieure	• Acrylique • Glycérophtalique aspect satiné	• L'acrylique sèche vite, ce qui permet la pose de deux couches dans la même journée. • La glycérophtalique est facile à appliquer et produit un film étanche en surface.
Boiserie extérieure	Peinture microporeuse extérieure	Ce type de peinture est fongicide et hydrofuge. Les outils se nettoient au white-spirit.
Façade	Peinture acrylique ou à base de résine Pliolite® ou à solvanté	La peinture acrylique convient pour les façades en bon état. Pour les façades endommagées, choisissez plutôt une peinture à base de résine Pliolite®.
Surface en métal	Peinture glycérophtalique aspect satiné ou brillant après sous-couche	Une sous-couche est indispensable pour les surfaces en zinc.
Fer	Peinture fer	Certaines peintures fer comprennent un antirouille.

Lire les étiquettes

Vous trouverez sur l'étiquette des pots de peinture un certain nombre d'indications associées à des pictogrammes plus ou moins normalisés et en particulier :

- le temps de séchage au toucher et entre couches ;
- le type de matériel à utiliser (pinceau et/ou rouleau) ;
- le rendement (exprimé en litres/mètre carré) ;
- le diluant pour le nettoyage des outils (eau ou white-spirit) ;
- la résistance aux taches ;
- le caractère lavable ou lessivable de la surface après peinture.

Beaucoup de peintures bénéficient d'un label "écologique".

Choisir le papier

Les papiers peints sont proposés sous une grande variété de décor et de qualité, depuis les produits d'usage régulier, très résistants et économiques, jusqu'aux papiers à reliefs et/ou décor métallisé. Les surfaces poreuses doivent recevoir un enduit spécial avant encollage.

CHOISIR LE BON PAPIER PEINT

Papier	Description	Utilisation
Papier d'apprêt	Couche d'apprêt sur surface poreuse ou fissurée.	Papier à recouvrir de papier peint ou à peindre.
Papier peint standard	Papier de texture uniforme, à surface ornée d'un décor imprimé (motif ou uni).	Les produits les moins chers se déchirent facilement, rendant leur emploi délicat.
Papier japonais	Petites baguettes de bois ou tiges collées sur un support en papier.	Masque bien les défauts de surface et peut être peint avec une émulsion.
Vinyle	Feuille de PVC contrecollée sur un support en papier ou intissé.	Résistant à l'eau, donc facile à nettoyer. Les produits les plus épais conviennent bien aux salles de bains et aux cuisines.
Vinyle expansé relief	Relief obtenu par chauffage après dépôt d'une matière expansée. Ces produits peuvent aussi être peints.	Couvre parfaitement des surfaces bosselées ou fissurées. Son dosseret plat permet de peler la couche décorative. Les reliefs du décor ne s'écrasent pas.
Décors gaufré	Le décor en relief est obtenu par gaufrage à la fabrication. Papier peint duplex – duplex repéré (2 papiers : 1 frontal + colle + 1 dorsal).	À poser avec précautions pour ne pas écraser le relief du décor.
Décors floqués	La surface du papier est décorée par collage de fibres donnant un effet de velours.	Produit coûteux qui se pose comme le papier peint standard en veillant cependant à éviter tout débordement de colle au niveau des joints (à ne pas maroufler).
Papiers peints au pochoir	Décors peints au pochoir (parfois à la main), rouleau par rouleau surtout utilisé sur les papiers vinyles.	Produit très décoratif. La pose de ces papiers nécessite un savoir-faire très spécifique.
Papier préencollé	Grande variété de papiers peints unis ou texturés, support en papier déjà préencollé.	À humecter puis à appliquer directement sur une surface sur le mur. Se retaille au cutter.

Choisir les carreaux

Les carrelages muraux vont des mosaïques de 1,5 cm de côté aux grands carreaux de 40 x 40 cm, les carreaux de 20 sur 25 cm et 15 cm de côté étant les plus employés.

Carreaux standards

Le choix de carreaux en céramique, couvre une grande variété de couleurs, décors et dimensions, incluant des carreaux décorés à la main. Les produits standards ont des chants droits. Pour réaliser les angles, il existe des moulures et des angles en céramique (listels) ou en PVC.

Mosaïque

Ces petits carreaux sont habituellement vendus en plaques, contrecollés sur une trame en Nylon ou une feuille de papier pour faciliter la pose. Il en existe de différentes matières dont les plus connues : pâte de verre, émaux de verre (les plus usuels), et les carreaux de verre.

Marbre

Si le marbre véritable devient plus accessible, il existe des imitations de plus en plus réalistes en faïence pour les murs. Pour les sols, les imitations en grès céram poli présentent l'esthétique du marbre avec une plus grande résistance à l'usure.

Carreaux d'inserts

Il existe deux grands types d'insert : pour le premier, le motif est directement imprimé sur un carreau uni. Le second, "insert jet cut" se démocratise et peut être d'une matière différente du carreau (marbre, pierre, carreau de verre, etc.). Placez un insert pour 3 à 4 m² de carrelage.

Bordures et listels

Les bordures et les listels permettent de personnaliser votre salle de bains avec des entourages de pièces ou d'éléments (miroir, etc.). Il en existe une très grande variété de taille (1,2 x 20 cm, 5 x 20 cm, 7 x 10 cm, etc.) et de matières.

Colles, joints et sous-couches d'étanchéité

La colle à carrelage se présente en poudre ou en pâte prête à l'emploi. Comme les colles, le joint est conditionné en poudre ou en pâte prête-à-l'emploi, pour combler les interstices entre les carreaux. Pour les petits chantiers, il existe de la pâte qui sert à la fois de colle et de joint. Il existe également du joint en poudre antibactérien.

Les sous-couches d'étanchéité empêchent l'eau de s'infiltrer autour des surfaces carrelées.

FIXATIONS CLOUS, VIS, CHEVILLES

Que vous vouliez poser des étagères, un plafonnier, des éléments de cuisine ou fixer un crochet dans du carrelage, vous aurez besoin d'une fixation. Il existe une vaste gamme de clous, de vis et de colles. Pour faire votre choix, voici les plus courants.

Clous ou pointes

Les clous en acier ont des formes et des tailles différentes. Ceux réservés à l'extérieur sont en Inox pour ne pas rouiller.

Pointe fine
Cette pointe s'enfonce sous la surface à l'aide d'un chasse-clou.

Clou à tête fraisée
Conçu pour les ouvrages en briques ou en parpaings, on l'utilise aussi pour les liaisons bois-maçonnerie.

Clou à tête plate
Il s'agit du modèle le plus courant. Il lui arrive parfois de fendre le bois.

Clou tête homme ou à tête ovale
La forme ovale de la tête ne fendille pas le bois.

Clou pour plaque de plâtre
Sa tige irrégulière lui permet de tenir dans les plaques de plâtre.

Pointe à panneau
Elle s'enfonce facilement. On l'utilise pour fixer les baguettes, les plinthes et les moulures.

Clou cranté
Les cannelures de la tige assurent une meilleure fixation.

Clou à tête large
Sert principalement à fixer les ardoises.

Clou à tête large
Ce petit clou sert surtout à fixer le feutre bitumé des toitures terrasses.

Vis

Les vis permettent une fixation plus solide que les clous et la plupart d'entre elles peuvent être vissées et dévissées. Les vis ordinaires sont en acier doux, mais on en trouve en acier zingué (pour une utilisation en toiture ou à l'extérieur), en acier inoxydable, chromé, en aluminium ou encore en laiton.

Une vis se détermine par le diamètre et la longueur de sa tige, mais aussi par la forme et l'empreinte de sa tête et par son type de filetage. Plusieurs diamètres sont proposés pour différentes longueurs : on peut ainsi avoir une vis de 4 x 50 ou de 4 x 20 (les chiffres faisant référence à des cotes en millimètres).

D'une façon générale, les vis sont à tête plate et fraisée quand on veut faire disparaître celle-ci sous la surface du bois ou du métal, ou à tête ronde lorsqu'elle peut rester apparente.

L'empreinte pour son vissage est soit fendue, soit cruciforme.

Avant-trou

Les vis entreront plus facilement si vous prenez la précaution de faire un avant-trou pour les guider. Dans certains cas, il s'agit d'un simple pointage avec une vrille, dans d'autres, c'est un vrai trou, dont le diamètre doit être environ de la moitié de celui de la vis.

Vis à tête plate

Pour noyer une vis, vous devez commencer par faire un épaulement à l'aide d'une perceuse et d'un foret de diamètre adapté afin que la tête de la vis affleure juste à la surface du bois. Pour une meilleure finition, comblez l'orifice avec de la pâte à bois, laissez sécher puis poncez.

Empreinte fendue ou cruciforme

S'il n'existe qu'une forme de fente, il en va différemment pour les empreintes cruciformes. Les plus classiques sont les empreintes Phillips et Pozidriv. Prenez toujours le tournevis de forme correspondant exactement à l'empreinte de la vis à serrer.

Vis à bois
La traditionnelle vis à bois n'est filetée que sur une partie du corps. Sa tête est fraisée fendue. Un avant-trou évite que le bois ne se fende.

Vis à bois à tête bombée
Elle sert pour les travaux de décoration ; souvent associée à une rondelle cuvette.

Vis à bois antifendage
Avec son double filetage, cette vis s'enfonce vite et sans avant-trou dans tous les bois tendres, sans les fendre.

Vis à bois à tête ronde
Elle est utilisée dans le bois quand il n'est pas nécessaire de noyer la tête.

VIS ET CHEVILLES

Diamètre de la vis	Diamètre de la cheville	Longueur de la cheville
2/3 mm	4 m	20 mm
4 mm	5 mm	25 mm
5 mm	6 mm	30 mm
6 mm	8 mm	40 mm
7/8 mm	10 mm	50 mm
9/10 mm	12 mm	60 mm
11/12 mm	14 mm	70 mm
13/14 mm	16 mm	80 mm

Vis agglo
Le filetage serré part de la tête de cette vis jusqu'à son extrémité. On l'utilise pour le bois ou l'aggloméré.

Vis à plaque de plâtre
Le double filetage de la vis garantit une bonne fixation dans la plaque de plâtre ou les panneaux de fibres.

Vis béton
Très solide, elle permet de visser dans la maçonnerie sans chevillage.

Tire-fond
À tête carrée ou hexagonale, le tire-fond se visse avec une clé. Il assure une solide fixation.

Vis à panneau
Le fût épais et le large filetage assurent une bonne tenue dans les panneaux.

Vis autotaraudeuse
Elle perce les faibles épaisseurs de métal ou de plastique sans avant-trou.

Vis de sécurité
La forme de la tête empêche la vis de bouger quand elle est en place.

Boulon
Le boulon a un épaulement carré sur une tête bombée, qui vient se loger dans le bois lorsque l'écrou est serré.

Fixer une cheville dans un mur plein

Une vis ordinaire ne tiendra pas dans la maçonnerie sans chevillage. La cheville s'élargit sous l'effet du vissage jusqu'à remplir l'intégralité du percement, en évitant l'effritement du support et en répartissant la charge de traction. Pour percer la maçonnerie, utilisez une perceuse à percussion ou un marteau perforateur avec les forets adaptés. Vérifiez la taille de la cheville et celle de la vis avant de commencer.

1 Choisissez une taille de cheville et de foret correspondant à celle de la vis. La couleur de la cheville permet de connaître le diamètre (jaune : 5 mm, rouge : 8 mm, brun 14 mm).

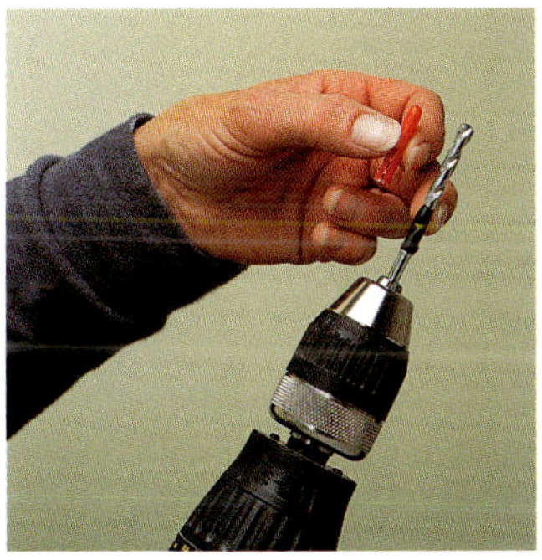

2 Après vous être assuré que la perceuse n'est pas branchée, ouvrez le mandrin et placez le foret dans la perceuse. Fixez un petit morceau d'adhésif sur la mèche. Il sert de repère de perçage si votre perceuse n'est pas équipée d'un guide de profondeur.

3 Vérifiez l'emplacement des tuyauteries avant de percer, puis passez en mode percussion pour faire le trou. Gardez la perceuse à la perpendiculaire du mur et appuyez régulièrement, sinon le diamètre du trou ne sera pas uniforme sur toute la longueur.

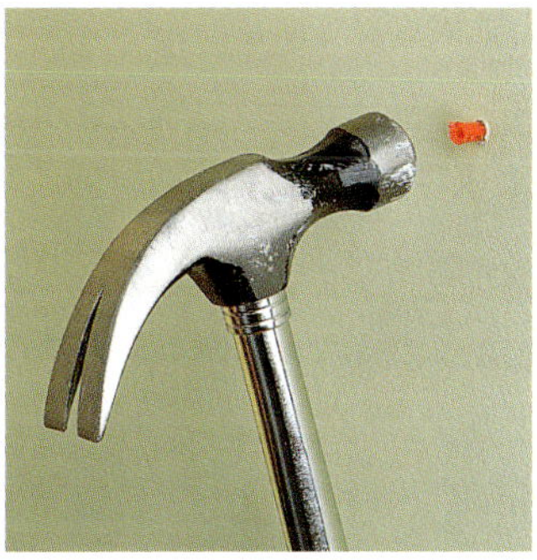

4 La cheville doit s'enfoncer à la main, sans forcer. Si vous sentez une résistance, frappez doucement dessus avec un marteau.

Sécurité

Vérifiez l'emplacement des tuyauteries et des câbles électriques

Ne percez jamais dans un mur sans avoir vérifié avec un testeur qu'il ne passe pas de canalisation à l'endroit où vous voulez intervenir. Ne prenez pas le risque d'une inondation ou d'une électrocution !

Conseil castorama

Maîtrisez la puissance

Si vous n'avez pas l'habitude de vous servir d'une perceuse à percussion, commencez par amorcer le trou en mode normal et n'enclenchez qu'ensuite la percussion.

Chevilles pour matériaux pleins

Le diamètre intérieur des chevilles en plastique moulé doit être en rapport avec celui des forets. Certains fabricants proposent des chevilles dont la couleur correspond à un diamètre précis. Attention cependant : les teintes peuvent changer suivant la marque.

Cheville cylindrique cannelée

Elle est formée d'un tube en plastique extérieurement cannelé et intérieurement profilé pour un bon accrochage du filetage.

Cheville à double languette

Cette cheville en nylon moulé est fendue pour permettre une meilleure expansion sous l'effet du vissage. Elle comprend souvent deux ailettes qui l'empêchent de tourner dans le perçage.

Cheville à frapper

La cheville à frapper réunit, dans un même ensemble, la cheville et la vis. Elle est idéale pour fixer des tasseaux au mur en un minimum d'opérations : après avoir percé en une seule fois le tasseau et le mur, enfoncez la cheville à frapper au marteau, puis serrez la vis. Certaines chevilles de ce type sont prévues tout spécialement pour aller chercher la partie dure de la maçonnerie derrière une plaque de plâtre.

Fixations lourdes

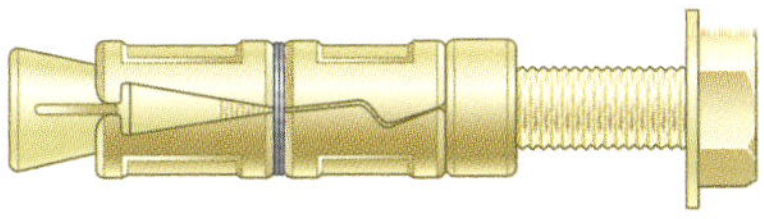

Boulon à expansion

Ce type de fixation convient pour fixer des éléments très lourds dans la maçonnerie : poteaux de clôture ou murets maçonnés. Un boulon se trouve à l'intérieur d'un fourreau segmenté en métal ou en plastique qui s'ouvre sous l'effet du vissage et s'ancre solidement au support.

Chevilles pour cadre d'huisserie

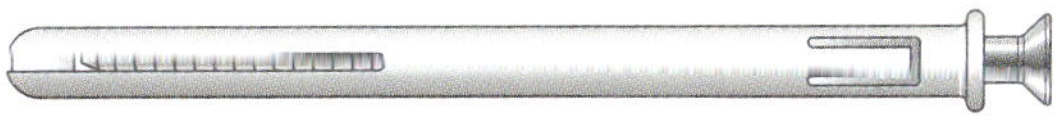

En plastique

En métal

Ces longues fixations combinent un cylindre, une tige filetée à tête fraisée et un cône terminal d'expansion qui remonte vers la tête quand on visse, et entraîne l'expansion de la partie cylindrique.

Quincaillerie d'assemblage pour meuble

Les vis classiques tiennent mal dans le panneau de particules. C'est pourquoi les fabricants de meubles, notamment en kit, ont développé différents accessoires permettant d'assurer une fixation rapide, solide et durable.

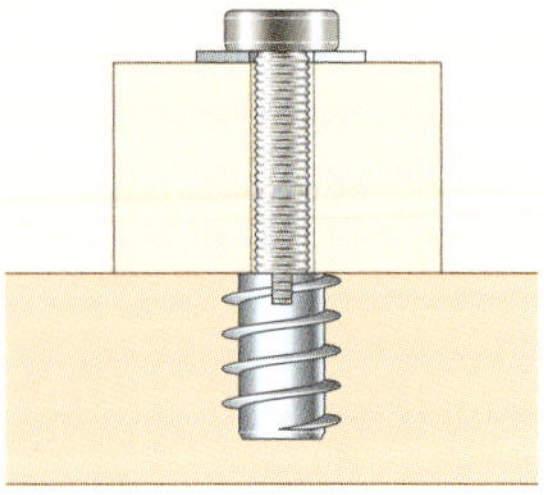

Douille en nylon

Cette grosse cheville en nylon ailetée, que l'on visse en force dans un trou percé dans le panneau, constitue une douille filetée intérieurement pouvant recevoir un boulon d'assemblage.

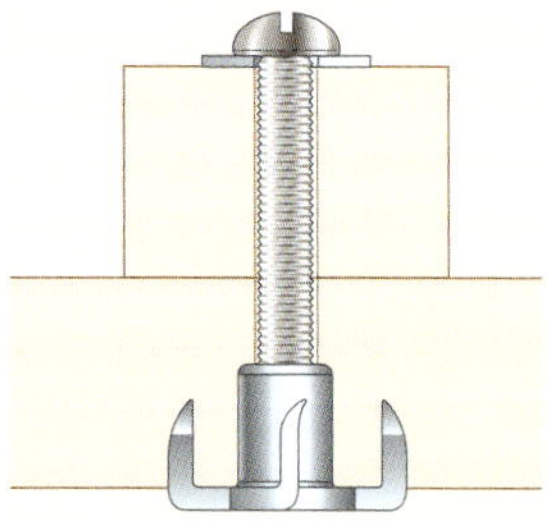

Écrou à griffes

Les griffes de cet écrou se plantent dans la face du panneau pour permettre une fixation traversante.

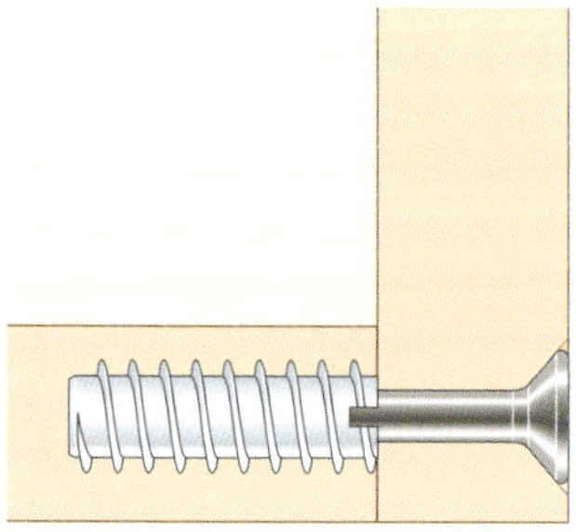

Douille métallique

Cette douille métallique à visser dans le chant d'un panneau permet un assemblage, plus discret qu'un bloc d'assemblage.

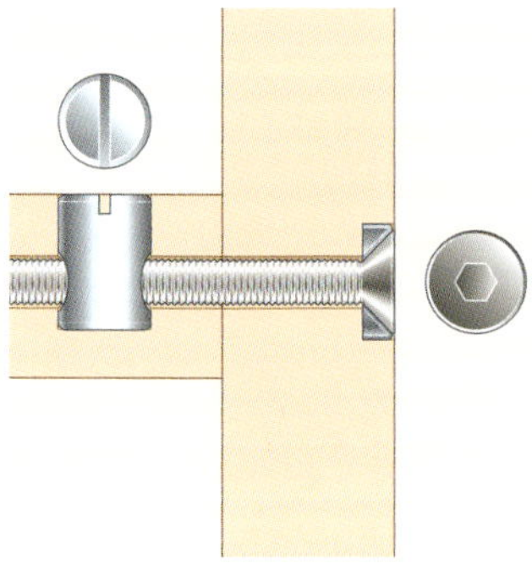

Goujon d'assemblage

Ce système d'assemblage comprend un goujon traversé perpendiculairement par un perçage fileté dans lequel vient s'engager un boulon à tête à 6 pans creux. Ce dispositif est idéal pour la pose d'étagères à supports invisibles (dans des meubles de cuisine, par exemple).

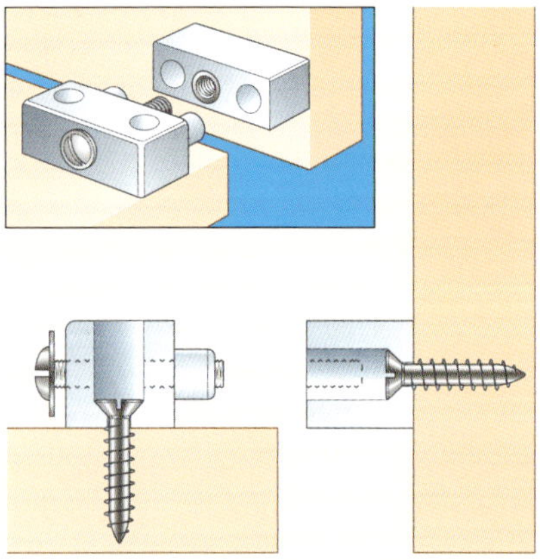

Bloc d'assemblage

Ce bloc en plastique en deux parties est très largement utilisé pour l'assemblage à angle droit des panneaux et des étagères des meubles de cuisine en kit. Différents systèmes permettent l'emboîtement et le blocage des deux parties du bloc.

Fixer dans les matériaux creux

Quand on veut fixer une vis dans un matériau creux, et en particulier dans une plaque de plâtre, il faut utiliser des chevilles spécifiques. Il existe différents systèmes pour cela, mais aucun ne permet de suspendre de très lourdes charges sur ce genre de cloison. La plupart doivent être expansées avec une pince spéciale avant serrage de la vis.

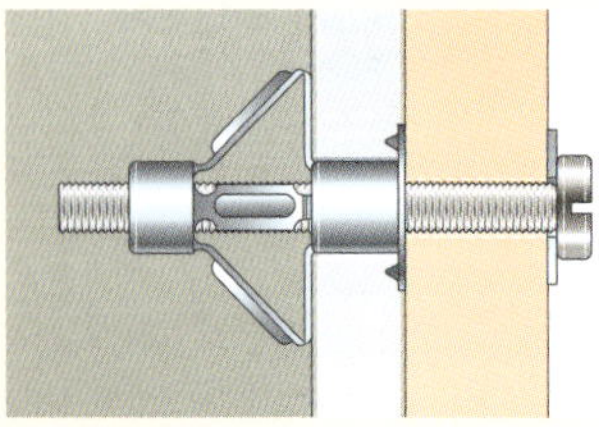

Cheville métallique à expansion

Les ailettes s'écartent derrière la plaque pour répartir la charge.

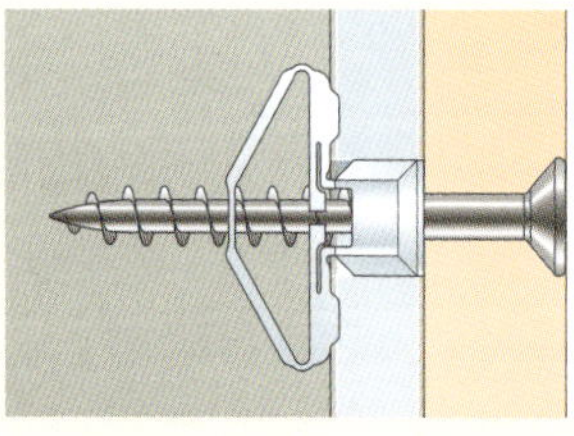

Cheville plastique à expansion

Dans ce système, les ailettes ne sont pas en métal mais en plastique.

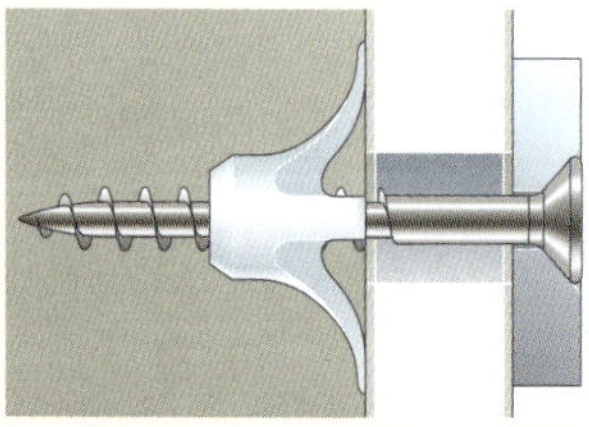

Cheville d'ancrage en nylon

Avec ce système, on engage la vis dans la cheville, on enfonce celle-ci dans le trou jusqu'à la faire passer derrière la plaque, puis on serre la vis pour écarter les branches d'ancrage.

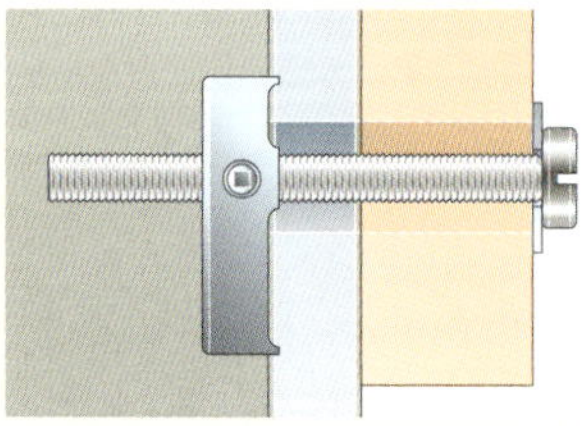

Cheville à bascule

Une bascule se rabat de l'autre côté de la plaque après avoir été insérée dans le trou en même temps que la tige filetée. Quand on serre celle-ci, la bascule se plaque et s'ancre par l'intermédiaire de deux ergots.

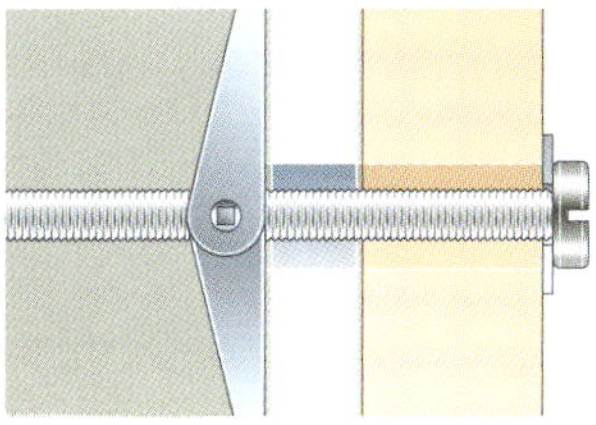

Cheville à ressort

Ce système comprend deux ailettes proches de la tige filetée de la vis que l'on insère avec celles-ci dans le trou percé dans la plaque, et qui s'écartent une fois passées derrière le support, sous l'effet d'un ressort. Il suffit ensuite de serrer la vis pour obtenir une solide fixation contre la plaque.

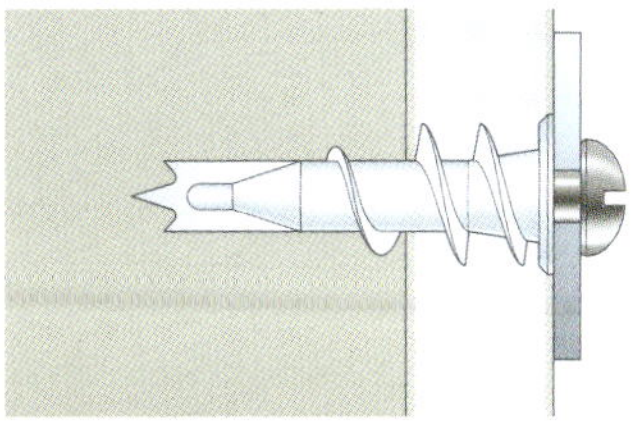

Cheville à visser en plastique

La pointe à ailettes de cette cheville permet un vissage direct dans la plaque de plâtre.

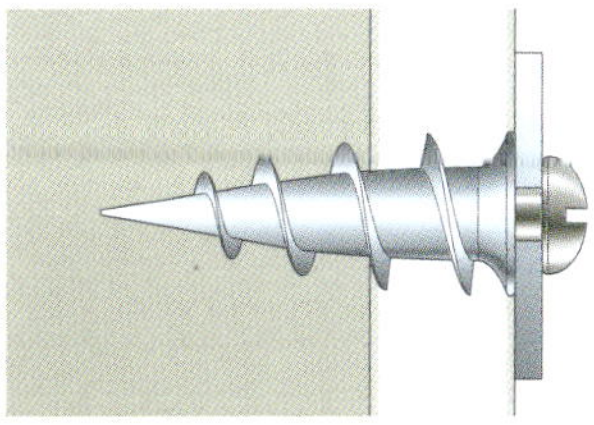

Cheville à visser en métal

Cette cheville à visser a une pointe acérée et un filetage tel qu'elle se visse directement dans la plaque de plâtre.

Sécurité

Utilisation des colles

Suivez toujours rigoureusement les conseils d'utilisation et les précautions d'emploi portées sur le contenant par le fabricant. Travaillez dans un local bien ventilé (surtout avec les colles solvantées). En cas de collage accidentel de la peau, de contact avec les yeux ou d'ingestion, consultez immédiatement un médecin ou appelez le centre antipoison. Notez aussi que beaucoup de colles sont inflammables.

Colles et mastics

Les colles organiques (d'os, de poisson, de peau, etc.) autrefois très utilisées, notamment par les menuisiers professionnels, ne sont plus d'actualité. On trouve aujourd'hui une gamme très large de colles très performantes, adaptées à pratiquement tous les cas de figures.
La grande nouveauté tient aujourd'hui au remplacement progressif des colles solvantées par des colles en phase aqueuse, dans presque toutes les catégories d'adhésif.

Colle vinylique

De consistance plus ou moins pâteuse, la colle vinylique est proposée sous différentes formes et conditionnements en fonction de l'utilisation projetée, aussi bien pour le bois que pour certains collages muraux. D'aspect blanc laiteux, la colle vinylique devient incolore en séchant. Elle craint le gel et ne résiste en général pas très bien à l'eau, sauf lorsque c'est précisé sur le conditionnement. C'est une colle en phase aqueuse. Elle nécessite un serrage d'environ 30 min pour assurer une prise correcte.

Colle polyuréthane monocomposant

Ce type de colle est très adapté au collage du bois à l'extérieur, notamment pour des pièces exposées à la chaleur et à l'humidité, mais elle peut convenir pour l'assemblage de nombreux autres matériaux entre eux. Elle résiste très bien à l'eau et à la chaleur. Elle est souvent désignée par les lettres PU. Elle prend en 30 min mais demande un serrage de plusieurs heures pour assurer une prise satisfaisante. Elle se présente sous forme liquide ou en gel.

Colle contact au néoprène

Elle permet l'assemblage quasi instantané de presque tous les matériaux : bois (en particulier le placage), métal, carrelage, pierre, verre, plastiques (elle est cependant à proscrire avec le polystyrène et certaines mousses plastiques). C'est une colle monocomposant à appliquer en fine couche sur les zones de jonction des pièces à assembler. Quand la colle ne poisse plus au toucher (on parle de "temps de gommage"), on met les pièces en contact et l'on appuie fortement (sans qu'il soit cependant nécessaire de placer sous presse) : les deux éléments sont assemblés (attention : le collage est définitif ; il n'est pas possible de repositionner les pièces !). Les colles au néoprène sont présentées désormais sous différentes formes et consistances : liquide, gel, en pot, en tube, et même en aérosol. Quelques-unes sont aujourd'hui en phase aqueuse.

Colle mastic murale

Cette colle à base de caoutchouc néoprène permet de fixer au mur solidement la plupart des matériaux, en intérieur comme en extérieur, notamment les plinthes, les lambris, les tasseaux et les moulures, etc. Elle offre une adhérence immédiate puissante, sans serrage. Elle résiste à l'humidité et à la chaleur.

Colle instantanée cyano-acrylate

Souvent baptisée "glue", cette colle garantit une prise instantanée et un collage très rapide (10 secondes) de très haute adhérence. Présentée en tube ou en flacon de petite contenance (3 à 5 g) elle est à utiliser en très faible quantité. Aujourd'hui sans solvant, elle doit être utilisée avec beaucoup de précaution car elle colle à la peau et aux yeux en quelques secondes. Elle doit donc être tenue hors de portée des enfants.

Colle époxy à deux composants

Cette colle à prise rapide est présentée sous forme liquide ou pâteuse. Dans le premier cas elle est conditionnée dans deux tubes séparés (parfois dans une seringue à deux pistons) ; dans le second, une pâte à deux composants séparés doit être malaxée entre les doigts pour mélanger les produits.

- Sous forme liquide, elle permet un collage à prise rapide de tous les matériaux rigides tels que les métaux, la pierre, le marbre, la céramique, le verre, les plastiques rigides, le bois, etc.
- Sous forme solide, on s'en sert de mastic de réparation pour reconstituer les bois et les métaux dégradés ou pour un collage ponctuel. Une fois sec, le produit peut être poncé, râpé, limé, comme du bois ou du métal.

Colles spécialisées

De nombreuses colles sont prévues pour un usage spécifique adapté à un matériau ou à une catégorie de matériaux. Il en est ainsi de la colle pour PVC, de la colle pour tissus, de celle pour plastiques souples ou encore de la colle à maquette. Certaines colles dites "universelles" ont un caractère polyvalent.

Lorsque vous prévoyez un chantier, vérifiez au préalable si ce chantier nécessite une déclaration de travaux ou un permis de construire et si vous pouvez bénéficier d'une aide financière. Obtenir une déclaration ou un permis peut être perçu comme contraignant. Pourtant, cette démarche est obligatoire dans certains cas et elle permet de garantir votre propre protection ainsi que celle de vos voisins et de l'environnement local.

Certains travaux sont subventionnés, aussi n'hésitez pas à vous renseigner auprès des organismes concernés.

Permis de construire ou déclaration de travaux : les règles

Dans les textes, la réalisation de constructions, d'habitation ou non, même sans fondation, passe par l'obtention d'un permis de construire.

Cette obligation s'impose aussi pour les travaux modifiant de façon substantielle l'aspect extérieur (couleurs, style architectural, percement de fenêtres), les travaux de ravalement de façade à l'identique n'imposant qu'une déclaration de travaux. Le permis est obligatoire, en revanche, pour les changements de destination (transformer par exemple une grange en habitation) ou la création de niveaux supplémentaires.

L'objectif du permis de construire est de vérifier la conformité du projet avec :

- les règles de l'urbanisme local, plan d'occupation des sols ou plan local d'urbanisme, règlement de lotissement approuvé, etc. ;
- les règles d'urbanisme nationales ;
- les règles relatives à la sécurité, la salubrité, l'alignement, la protection des monuments historiques ou sites naturels, etc.

Si les travaux sont de faible importance, il n'y a qu'une simple déclaration de travaux à remplir. Le délai d'instruction est de un mois, deux mois s'il y a lieu de consulter l'architecte des Bâtiments de France.

Le dossier de demande de permis de construire est à déposer à la mairie du lieu des travaux. En règle générale, le délai d'instruction est de deux ou trois mois selon la localisation des projets (consultation de l'architecte des Bâtiments de France) et à partir du moment où le dossier est complet.

Après obtention du permis de construire, un affichage de celui-ci en mairie et sur site permet un recours des tiers (notamment des voisins) pendant une période de 2 mois. Il est prudent d'attendre ce délai avant d'entreprendre des travaux, car si le tribunal fait droit à ce recours, l'arrêt ou la destruction des travaux déjà réalisés peut être décidé.

L'affichage doit être effectué à l'aide d'un panneau rectangulaire normalisé (plus de 80 cm) qui doit comporter la raison sociale ou la dénomination sociale du bénéficiaire, la date et le numéro du permis, la nature des travaux et, s'il y a lieu, la superficie du terrain, la superficie du plancher autorisée ainsi que la hauteur de la construction exprimée en mètres par rapport au sol naturel et l'adresse de la mairie où le dossier peut être consulté. Ces renseignements doivent demeurer lisibles de la voie publique pendant toute la durée du chantier. Le défaut d'affichage est passible d'une amende et expose à un recours des tiers ou de l'administration.

Pour toute information, vous pouvez contacter les services de la mairie ou de la Direction départementale de l'équipement (DDE).

Attention, le recours à un architecte est obligatoire lorsque vous effectuez un agrandissement inférieur à 170 m² mais qui porte la surface totale à plus de 170 m². Exemple : votre maison fait 150 m², vous agrandissez de 30 m², 150 m² + 30 m² = 180 m².

NATURE DES TRAVAUX

Nature des travaux	Permis de construire	Déclaration de travaux
Construction ou agrandissement < 2 m² et hauteur < 1,50 m	NON	NON
Construction ou agrandissement > 2 m² et < 20 m²	NON	OUI
Construction ou agrandissement > 20 m² et < 170 m²	OUI	NON
Construction ou agrandissement > 170 m²	OUI + intervention architecte	NON
Piscine non couverte	NON	OUI
Clôture	NON	OUI

Exemples d'aménagements extérieurs et intérieurs

Aménagement extérieur

Construction légère (abri, cuisine d'été, piscine, etc.)

Si la surface au sol est inférieure à 2 m^2 et que la hauteur ne dépasse pas 1,50 m, aucune déclaration de travaux ou permis de construire n'est nécessaire, idem pour les murs de moins de 2 m ne servant pas de clôture. Par contre, une déclaration de travaux s'avère nécessaire pour la création d'une terrasse ou d'une cuisine d'été couverte inférieure à 20 m^2. Pour les piscines non couvertes, une simple déclaration est nécessaire. Pour une surface hors d'œuvre brute supérieure à 20 m^2, un permis de construire est obligatoire.

Clôture

Une déclaration de clôture est nécessaire dans les communes dotées d'un plan d'occupation des sols ou d'un plan local d'urbanisme, dans les espaces naturels sensibles et dans les communes figurant sur une liste dressée par le préfet. Une clôture peut être constituée de murs, portails, d'ouvrages à claire-voie, en treillis, de pieux, palissades, d'ouvrages métalliques, grilles, barbelés (ce qui exclut les clôtures constituées de haies vives ou de fossés).

Plantation des arbres et haies

Concernant les plantations ne dépassant pas 2 m, elles doivent être à une distance minimale de 50 cm de la limite séparatrice de la propriété. Les arbres de plus de 2 m de haut doivent être situés à 2 m de la limite séparatrice.

Aménagement intérieur

Pour les travaux d'aménagement intérieur qui ne changent pas la destination de l'espace (exemples : poser un nouveau carrelage, refaire une cuisine, etc.), aucune autorisation légale particulière n'est à demander. Par contre, une déclaration de travaux ou permis de construire est exigé si ces travaux d'aménagement changent la destination de l'espace (transformation de bureaux en appartement et inversement). Concernant l'aménagement de combles, une autorisation est exigée puisqu'il y a une augmentation de surface.

Exemples d'aides pour les aménagements extérieurs et intérieurs

Prêt pour l'amélioration de l'habitat – CAF
www.caf.fr

La Caisse d'allocations familiales peut vous aider dans vos travaux d'amélioration de logement (réparation, assainissement, chauffage, etc.) que vous soyez locataire ou propriétaire avec un prêt à l'amélioration de l'habitat à 1 %.

Les subventions pour l'amélioration de l'habitat – ANAH
www.anah.fr

L'Agence nationale pour l'amélioration de l'habitat subventionne les travaux d'amélioration de l'habitat. Les cadres de l'ANAH sont très ciblés, ainsi que les conditions d'éligibilité.

Les aides d'EDF
www.edf.fr

EDF accorde des compléments aux aides de l'ANAH et peut racheter l'énergie produite par les installations financées par l'ANAH.

Les primes et subventions pour les technologies propres et économes – ADEME
www.ademe.fr

Depuis le 1er janvier 2005, l'Agence de l'environnement et de la maîtrise de l'énergie a remplacé les applications individuelles (chauffe-eau solaire et système solaire combiné) par un dispositif de type crédit d'impôt pouvant atteindre 50 % de la valeur du produit.

Les aides des caisses de retraite pour l'équipement

Votre caisse de retraite peut vous aider à effectuer dans votre résidence principale des travaux d'équipement comme le chauffage ou des travaux de revêtement (sols ou murs).

Les aides pour les travaux de sortie d'insalubrité

Vous pouvez demander une aide pour certains travaux dits de sortie d'insalubrité. Ces travaux concernent impérativement la toiture, les murs, l'isolation thermique ou les parties communes d'un logement. Adressez-vous à votre Direction départementale de l'équipement (DDE).

Les aides pour la protection architecturale

L'architecte des Bâtiments de France peut vous accorder des fonds pour la rénovation de votre demeure si cette dernière présente un intérêt historique et architectural. Adressez-vous à la Direction départementale de l'équipement (DDE).

Les primes de l'État et des collectivités territoriales pour l'installation d'éolienne

L'État et les collectivités territoriales peuvent accorder une aide allant jusqu'à 95 % du prix de l'installation d'éolienne pour la production d'électricité.

Les subventions pour les gîtes ruraux, chambres d'hôtes et de séjour, fermes-auberges

Les Conseils généraux et Conseils régionaux peuvent subventionner certains travaux concernant ces structures. Le niveau des aides varie selon les départements et les régions. Renseignez-vous en préfecture.

Les subventions pour les monuments historiques

Si vous possédez un bâtiment classé ou inscrit à l'inventaire des monuments historiques, vous pouvez toucher une subvention pour sa rénovation. Adressez-vous à votre Direction régionale des affaires culturelles (DRAC).

PROFESSIONNELS CHOIX ET DEVIS

Un projet de construction touche à de nombreux paramètres : sécurité, hygiène, code de la construction, code de l'urbanisme, etc. Pour éviter tout problème, il est conseillé de se faire assister par un professionnel (maître d'ouvrage délégué, maître d'œuvre, architecte, etc.). Voici quelques conseils pour choisir et travailler efficacement avec un professionnel.

Choisir un professionnel

Dans le cas de rénovation, d'amélioration de votre habitat, vous pouvez préférer l'intervention d'une entreprise pour réaliser vos travaux. Pour vous aider à la choisir, repérez les labels de qualité et la validité des assurances. Les labels de qualité servent de points de repère. Mais cette qualification n'est ni automatique ni obligatoire, les artisans de qualité ne sont pas tous nécessairement certifiés.

Pour le choix d'un architecte, c'est plus simple. Pour être reconnu, il doit faire état d'un numéro d'inscription à l'ordre des architectes.

Les labels de qualité

Garantie de qualité et d'économie d'énergie : Qualisol

Référence depuis les années 1990, le label Qualisol déposé par l'ADEME constitue une garantie de la qualité des matériels utilisés (capteurs et chauffe-eau solaires notamment) et du savoir-faire des professionnels qui les installent.

Garantie de qualification des entreprises : Qualibat

Qualibat certifie les entreprises pour la qualité des travaux pour tous les métiers du bâtiment (sauf l'électricité). Ce label apporte aussi une aide en cas de litige sur le chantier. Il existe une qualification Qualibat différente suivant les corps de métier, aussi choisissez bien celle qui correspond à vos besoins.

Garantie de qualité sur installations et équipements électriques : Qualifélec

Complémentaire de Qualibat, Qualifélec est une garantie de qualité et de compétence pour les installateurs et les vendeurs d'équipements électriques.

Qualité et respect des normes : Marques NF et EN

Lorsque vous faites réaliser des travaux, pensez à demander aux professionnels de n'utiliser que des matériaux et des produits certifiés NF ou EN. Ces marques sont le gage que les produits ont été réalisés dans le respect des normes en vigueur. Le label CE ne constitue pas un label normatif de qualité, mais une autorisation de mise sur le marché intracommunautaire.

Qualité des travaux de jardin : Qualipaysage

La certification Qualipaysage garantit les compétences des entreprises dans la qualité des travaux effectués (création d'un jardin, entretien, arrosage enterré, etc.) et dans le respect des délais et du devis.

Qualité des installations électriques : labels PROMOTELEC

Association créée en 1962 pour promouvoir la sécurité et la qualité des installations électriques dans le bâtiment, PROMOTELEC délivre des labels qualitatifs, garantie d'une installation fiable et d'un confort optimal, et réalise un certain nombre de diagnostics.

Les nécessités en matière d'assurance

Il est très important de vérifier que les professionnels à qui vous confiez la réalisation de vos travaux soient couverts correctement par leurs assurances respectives. N'oubliez pas de vérifier que les attestations que vous demanderez couvrent bien les travaux engagés et fassent bien apparaître une validité des assurances à la date d'ouverture de votre chantier.

La responsabilité civile professionnelle

Cette responsabilité du professionnel fonctionne en tant qu'assurance en cas de dommages corporels, matériels et immatériels causés à autrui. Il s'agit de dommages intermédiaires : dommages qui affectent l'ouvrage dans les 10 ans suivant la réception mais qui ne compromettent ni sa solidité ni celle de ses éléments d'équipement dissociables et qui ne rendent pas l'ouvrage impropre à sa destination.

L'assurance dommages-ouvrage

Tout maître d'ouvrage (c'est-à-dire, vous) doit souscrire cette assurance (loi Spinetta de 1978). Elle vous garantit l'application, sans discussion, de la garantie décennale, même si l'entreprise est défaillante ou a disparu. Cette assurance est obligatoire et s'impose même quand on construit par soi-même et pour soi-même (bien que dans ce cas aucune sanction ne soit prise pour défaut d'assurance), faute de quoi on reste responsable de la construction pendant 10 ans, même si on l'a vendue (ce qui dans les faits est presque impossible car on ne trouve généralement pas de client et les notaires refusent le plus souvent de participer à l'acte). En cas de refus d'un assureur de vous couvrir, adressez-vous au Bureau central de tarification des assurances : 11, rue de la Rochefoucauld 75431 Paris Cedex 09.

Demandez plusieurs devis

Avant de faire réaliser des travaux par un professionnel, celui-ci doit vous proposer un devis détaillé. Ce document, encadré par la réglementation devient, une fois approuvé par le maître d'ouvrage, un véritable contrat. Faites-en réaliser plusieurs.

À quoi sert le devis

Il s'agit en fait d'un descriptif estimatif mais détaillé, étape par étape, de toutes les prestations réalisées par un professionnel. Il permet de vérifier dans le détail la qualité, la quantité des matériaux nécessaires aux travaux (construction, rénovation, entretien, etc.) commandés, la main-d'œuvre nécessaire, ainsi que le prix pratiqué par les professionnels sollicités. Pour chacune des indications inscrites, l'artisan devra réaliser l'estimation la plus objective possible.

Selon l'article 3 de l'arrêté du 2 mars 1990 relatif à la publicité des prix des prestations de dépannage, de réparation et d'entretien dans le secteur du bâtiment et de l'électroménager, le professionnel doit remettre un devis détaillé préalablement à l'exécution de toute prestation, dès lors que le montant des travaux est supérieur à 150 euros toutes taxes comprises.

Les mentions obligatoires du devis

- La date de la rédaction.
- Le nom et l'adresse de la société.
- Le nom du client et l'adresse de l'exécution des travaux.
- Le décompte détaillé, en quantité et en prix, de chaque prestation et produit nécessaire à l'opération prévue en précisant à chaque fois la dénomination, le prix unitaire et la désignation de l'unité de référence pour le calcul (taux horaire de la main-d'œuvre, au mètre linéaire, au mètre carré) et la quantité prévue.
- Les frais de déplacement le cas échéant.
- La somme globale à payer TTC.
- Le taux de TVA.
- La durée de validité de l'offre.
- L'indication si le devis est gratuit ou payant.

Les autres mentions rédigées par le prestataire rentrent quant à elles dans le cadre de la discussion avec son client. Elles font partie des engagements du professionnel et donc de sa responsabilité une fois le devis approuvé. À noter enfin que le devis est rédigé en double exemplaire, chaque intervenant conservant un double du document.

Les diagnostics obligatoires lors de l'achat d'un bien immobilier

Afin de garantir l'acquéreur d'un bien contre certains vices cachés éventuels, et de protéger le vendeur contre toute réclamation de l'acheteur à ce titre, un diagnostic immobilier contre certains risques est désormais obligatoire avant la vente et même avant la signature de tout compromis. Ce diagnostic, qui doit être annexé à l'acte, concerne en priorité les risques liés à l'amiante, à l'accès au plomb et à la présence des termites et autres parasites dans certaines régions, mais est progressivement étendu à d'autres domaines (surfaces, gaz, bilan thermique, sécurité piscine, etc.).

Plomb

Depuis juillet 1999, tout propriétaire d'appartement ou maison individuelle construit avant 1948 et situé dans une zone à risque d'accessibilité au plomb délimitée par la Préfecture, voulant céder son bien, doit fournir un diagnostic d'accessibilité au plomb dans les peintures lors du compromis.

Termites

Depuis juillet 2000, tout occupant ou propriétaire d'un bien immobilier bâti ou non bâti doit déclarer en mairie la présence de termites dès qu'il en a connaissance. En cas de vente d'un bien immobilier situé dans une telle zone, un état parasitaire doit être annexé à l'acte notarié. À défaut, si la présence de termites ou autres parasites se révélait ultérieurement, le vendeur serait tenu responsable vis-à-vis de l'acheteur au titre des vices cachés. Ce dernier aurait alors le choix entre l'annulation de la vente ou une réduction du prix de vente.

Amiante

Si le permis de construire d'un logement a été déposé avant le 1er juillet 1997, un diagnostic pour repérer la présence d'amiante est obligatoire pour les particuliers préalablement à la vente, la rénovation ou la démolition. Depuis janvier 2003, ce diagnostic doit être établi par des techniciens (experts, contrôleurs techniques par exemple) qui ont suivi une formation certifiée et qui possèdent l'attestation de compétence correspondante.

Loi Carrez

Depuis le 19 juin 1997, si vous vendez un appartement ou une maison en copropriété, sa surface habitable doit être indiquée dans la promesse de vente, faute de quoi l'acquéreur peut invoquer la nullité de la vente dans le mois qui suit la signature de l'acte définitif. Il perd ce recours si la superficie figure dans l'acte de vente définitif. Si la surface mentionnée est inférieure d'au moins 5 % à la surface réelle, il dispose alors d'un an, à compter de la signature de l'acte définitif, pour obtenir une diminution de prix proportionnelle à la surface manquante. Dans la pratique on s'adresse à un organisme spécialisé, habilité à certifier le métrage du bien.

Performance énergétique

Obligatoire pour les ventes depuis le 1er novembre 2006 et pour les mises en location depuis le 1er juillet 2007, ce diagnostic a pour but d'informer l'acheteur ou le locataire en identifiant les consommations prévisionnelles d'énergie des logements. Des recommandations indiquent les mesures les plus efficaces pour économiser l'énergie.

Gaz

Obligatoire depuis le 1er novembre 2007 à l'occasion de la vente de logement de plus de 15 ans, ce diagnostic porte sur l'état des appareils fixes de chauffage et de production d'eau chaude sanitaire ou mettant en œuvre un moteur thermique, alimentés par le gaz, sur l'état des tuyauteries fixes d'alimentation en gaz et leurs accessoires et sur l'aménagement des locaux où fonctionnent les appareils à gaz permettant l'aération de ces locaux et l'évacuation des produits de combustion.

Électricité

Il concerne les installations électriques de plus de 15 ans et est exigible à la vente, à partir du 1er janvier 2009. Il porte sur la présence d'un appareil général de commande et de protection, ainsi que de son accessibilité, d'au moins un dispositif différentiel de sensibilité appropriée aux conditions de mise à la terre, à l'origine de l'installation électrique, d'un dispositif de protection contre les surintensités, enfin d'une installation électrique adaptée aux conditions particulières des locaux contenant une baignoire ou une douche.

GLOSSAIRE

Aboutement
Assemblage de deux pièces de même nature (tiges, planches, profilés, etc.) bout à bout, sans encastrement ni chevauchement.

Abrasif
Décrit un matériau dur utilisé pour poncer une surface (papier abrasif ou papier de verre).

Affleurer
Mettre en coïncidence parfaite l'une des surfaces de deux pièces ou éléments assemblés, en général la surface visible.

Agrégats
Mélange de graviers et de sable de granulométries variées qui, associés au ciment et à l'eau, forment le béton et lui donnent sa résistance.

Anaérobie
Caractère d'un micro-organisme (bactérie) qui se développe dans un milieu privé d'air.

Araser
Couper un revêtement (mur ou sol) de façon très nette le long d'un élément de maçonnerie (plinthe, huisserie, plafond, etc.).

Appareillage (maçonnerie)
Disposition des éléments de construction (pierres, briques, etc.) et façon de les assembler.

Apprêt
Substance appliquée sur une surface pour la protéger, obturer les petites irrégularités et défauts, et assurer l'adhérence du revêtement final (peinture, vernis, etc.).

Balustrade
Barrière de protection bordant une volée d'escalier, un palier ou une terrasse, constituée d'une main courante portée par des balustres verticaux.

Bande d'arase
Film de matériaux hydrofuges interposé entre le mur et les fondations, afin d'empêcher l'humidité de remonter dans les murs par capillarité.

Bande d'étanchéité
Bande en alliage de zinc ou en cuivre, apposée sur le raccord entre des ouvrages pour empêcher l'eau de s'y infiltrer, telle que : bande de solin de cheminée, couverture de faîtage, bande de rive (sur le chevron ou le lambrequin de rive d'une couverture), bande d'ourlet (sous le rang de départ d'une couverture) ou encore bavette d'entourage de fenêtre de toit.

Barbotine
Mortier fin, éventuellement coloré, coulé liquide dans les joints d'un carrelage pour en assurer l'étanchéité.

Bastaing (ou basting)
Pièce de bois, généralement en résineux, de section rectangulaire allant de 50 x 150 mm à 63 x 175 inclus.

Béton
Mélange de ciment, de sable, de gravier et d'eau formant une pâte qui durcit en séchant pour former une dalle ou différents éléments de maçonnerie tels que poteaux, linteaux ou poutre. Ces éléments structurels doivent être ferraillés intérieurement.

Bonde
Dispositif de vidage des appareils (lavabo, baignoire) comprenant le siphon et le clapet de commande.

Boutisse
Élément de construction (brique, pierre ou parpaing) maçonné perpendiculairement au parement du mur.

Caisson
Structure et panneaux fixes d'un élément de meuble, disponible prêt-à-assembler, sur lequel viennent se fixer les tiroirs et/ou les portes.

Caillasse
Pierres et/ou résidus de matériaux de construction (brique, parpaing) grossièrement concassés, utilisés pour réaliser un remblai drainant ou remplir une tranchée ou un puisard.

Calepinage
Technique de composition décorative d'éléments de revêtement de dimensions et/ou de décors différents (notamment du carrelage ou du parquet).

Chantourner
Scier en suivant une ligne courbe.

Chape
Couche fine de mortier ou de matériau isolant posée sur une dalle en béton pour égaliser la surface avant la pose d'un revêtement.

Chaperon
Éléments de maçonnerie recouvrant le sommet d'un mur de clôture, et qui dépasse en général l'aplomb des parements, pour éviter que la pluie dégoutte sur le mur.

Chevêtre
Pièce de bois placée entre deux poutres ou chevrons pour constituer le côté d'une ouverture lors de la création d'une trémie d'escalier ou le passage d'un conduit de cheminée.

Chevron
Pièce de charpente, de section carrée de cote comprise entre 38 et 125 mm, la différence de dimension entre les côtés d'une pièce ne pouvant dépasser 20 mm.

Coffrage
Assemblage de planches ou de plaques métalliques constituant le moule dans lequel on coule le béton d'un ouvrage.

Contremarche
Partie verticale située entre deux marches d'un escalier.

Cordeau traceur
Fil placé dans un boîtier contenant de la craie (généralement bleue), pouvant en être déroulé et permettre de tracer de longues lignes de repères sur des surfaces planes (murs, planchers, plafonds, etc.).

Corniche
Moulure décorative appliquée habituellement dans l'angle entre un plafond et les murs, parfois un peu plus bas (pour masquer un éclairage indirect).

Délesteur
Équipement électrique qui coupe automatiquement les circuits non prioritaires comme le chauffage. Dès que la consommation baisse, les circuits délestés sont rétablis.

Désordre
Détérioration d'un ouvrage résultant de la rupture de certaines parties (effondrement, fissure) et pouvant menacer la solidité de l'ouvrage.

Détrempe
Peinture à l'eau mélangée à un liant organique (colle, gomme), de type badigeon, utilisé autrefois notamment pour peindre les plafonds (blanc gélatineux).

Disjoncteur différentiel
Dispositif de sécurité coupant l'alimentation électrique d'un circuit lorsqu'une différence de potentiel entre la phase et le neutre révèle un défaut d'isolation dans le circuit ou sur un appareil électrique.

Disjoncteur divisionnaire
Appareil de coupure de sécurité placé dans le tableau d'abonné et protégeant un circuit, dont il coupe automatiquement l'alimentation électrique dès que l'intensité qui le traverse dépasse un seuil préréglé, appelé "calibre" et inscrit sur l'appareil.

Empreinte
Marque creuse imprimée dans une vis ou dans un boulon pour en permettre le serrage. Les empreintes peuvent être à fente, cruciformes ou à pans creux.

Enduit
Mortier fin appliqué sur la surface d'une maçonnerie pour la lisser et/ou servir d'accroche à un revêtement décoratif.

Film hydrofuge
Film d'étanchéité, en plastique ou en feutre asphalté et armé de fibres de verre, interposé entre le sol et les fondations et/ou le hérisson du plancher du rez-de-chaussée.

Feuillure
Entaille à deux faces perpendiculaires pratiquée dans une pièce de bois pour recevoir une autre pièce accolée.

Ferme
Élément de charpente formant un triangle réalisé par assemblages de deux chevrons et d'une poutre, éventuellement renforcé de contrefiches, et placé verticalement en appui sur les murs, pour former l'ossature de la charpente.

Fongicide
Se dit d'une substance qui détruit les champignons parasites.

Fouille
Excavation réalisée dans le terrain pour couler les fondations d'un ouvrage maçonné ou recevoir une cuve ou un réservoir.

Fraisage
Usinage régulier d'une pièce de bois ou de métal réalisé à l'aide d'un outil rotatif coupant pour former une rainure, une moulure ou une feuillure. Désigne aussi l'évasement conique exécuté pour noyer la tête d'une vis sous la surface du bois ou du métal

Gâche
Composant d'une serrure, fixé sur le dormant de la porte, dans lequel le pêne s'insère.

Géotextile
Film poreux imputrescible en matériau synthétique utilisé pour séparer deux matériaux de terrain différents (en général du gravier et de la terre).

Giron
Largeur d'une marche d'escalier.

Hérisson
Sous-couche de cailloux réalisée avant le coulage d'une dalle sur un sol de terre. Elle assure la stabilité et le drainage du sol.

Hourdis
Éléments de béton assemblés pour constituer le dessous d'un plancher.

Huisserie
Ensemble d'une ouverture (porte ou fenêtre) composé d'une partie fixe (le dormant) et d'une partie mobile (l'ouvrant ou le vantail).

Jambage
Montant vertical placé de chaque côté d'une ouverture et supportant le linteau.

Joint de dilatation
Interstice aménagé entre deux éléments de maçonnerie, pour leur permettre de petits mouvements, qui se produisent sous l'effet des variations de consistance du terrain, et éviter leur rupture.

Lambourde
Longue pièce de bois de section rectangulaire (5 à 12 mm d'épaisseur) posée sur les solives pour supporter les lames d'un parquet.

Lambris
Lames de bois ou de PVC qui, accolées, assemblées (généralement par rainure et languette) et fixées au mur par collage direct ou sur des tasseaux, constituent un revêtement décoratif.

Lame d'air
Espace aménagé entre l'isolant et le support permettant la ventilation et l'élimination de la condensation résultant des chocs thermiques.

Lé
Bande de revêtement souple coupée à la longueur adéquate pour couvrir une surface.

Linteau
Poutre horizontale en bois, en béton ou en acier qui ferme le haut d'une ouverture et supporte la maçonnerie montée au dessus.

Lisse
Planche ou tasseau, de section triangulaire ou arrondies, reliant les montants d'une clôture, sur lesquels peuvent être cloués ou vissés des clins verticaux.

Liteau
Pièce de bois de section rectangulaire de faible section de 12 à 40 mm d'épaisseur, utilisée principalement pour l'accrochage des tuiles ou des ardoises (pose au crochet) d'une couverture.

Maroufler
Appliquer une forte pression avec une spatule ou un rouleau sur un revêtement pour le faire adhérer.

Mélamine
Film de résine synthétique très dur et pigmenté, appliqué sur des panneaux de particules, de contreplaqué ou de MDF, pour réaliser un placage décoratif.

Mortaise
Entaille réalisée dans une pièce de bois pour insérer l'élément mâle (le tenon) et pour constituer un assemblage.

Mortier
Mélange de ciment, de sable et d'eau formant une pâte qui durcit en séchant. Le mortier est principalement utilisé pour les scellements, les enduits, les rebouchages et l'assemblage des blocs de maçonnerie (pierre, parpaings et briques).

Mulot
Brique pleine ou perforée, d'une demi-largeur de brique standard.

Onglet
Coupe d'extrémité des deux pièces à assembler, réalisée sous un angle égal à la moitié de celui de l'assemblage final.

Opus incertum
Assemblage de pierres ou de dalles sans appareillage régulier, respectant la diversité de formes des matériaux.

Parclose
Moulure de section quart-de-rond employée pour maintenir en place les vitres en fond de feuillure, dans leur encadrement.

Passe-câble
Pièce annulaire en caoutchouc ou en plastique destinée à protéger l'isolant d'un câble ou l'extérieur d'un tuyau souple à l'endroit où il traverse une paroi rigide.

Pêne
Élément de serrure qui se pose sur la partie mobile de la porte et s'encastre dans la gâche sur le dormant.

Pige
Tige ou barre portant des repères, servant à reporter une ou plusieurs longueurs sur des éléments répétitifs d'un ouvrage.

Pilastre
Montant vertical placé à chaque extrémité d'une volée d'escalier et en haut duquel l'extrémité de la main courante est encastrée.

Plat-Joint
Moulure en bois fixée autour du dormant d'une fenêtre ou d'une porte pour recouvrir le joint entre celui-ci et la maçonnerie. Le style de cet élément est assorti à celui de l'huisserie et de la pièce.

Platoir
Petite taloche à lame métallique (en général rectangulaire), servant à lisser une couche de plâtre ou d'enduit.

Poutre
Pièce de bois, de section carrée, de cote supérieure à 125 mm, utilisée en construction traditionnelle, comme support principal d'un plancher. Quand elle est métallique, on parle de poutrelle.

Radier
Revêtement qui protège une construction contre le travail des eaux.

Ragréer
Égaliser une surface en appliquant par exemple un enduit pour obtenir une surface capable de recevoir un revêtement ou une finition.

Rechampir
Technique de peinture employée pour réaliser une bordure nette et régulière, au moyen d'une brosse de section ronde, pointue.

Refend
Se dit d'un mur porteur reliant deux murs parallèles et destiné à rigidifier l'ensemble de la construction.

Solin
Garnissage, généralement en mortier, destiné à assurer l'étanchéité entre une partie de maçonnerie verticale et un pan de toiture.

Solive
Pièce de bois rectangulaire, dont le petit côté est égal ou supérieur à 100 mm, supportant un plancher.

Suspente
Pièce métallique permettant de suspendre des panneaux composites ou des plaques de plâtre.

Tableau d'abonné
Support des coupe-circuits d'une installation électrique et, par extension, ensemble des éléments constituant celui-ci : disjoncteur principal (situé juste après le compteur) appareils de coupure de sécurité (porte-fusibles, disjoncteurs) ou de service (délesteur, parafoudre, minuterie, télérupteur, relais, etc.).

Tasseau
Petite pièce de bois de section carrée d'environ 20 x 20 mm, utilisée surtout pour le support de lambris, des panneaux muraux ou de bardage, mais aussi pour l'assemblage des éléments de certains meubles.

Tenon
Entaille pratiquée en bout de pièce à deux ou quatre épaulements, destinée à prendre place dans une mortaise.

Tourillon
Barre de bois cylindrique de faible section utilisée pour assembler deux pièces de bois, en angle ou dans le prolongement, notamment pour la réalisation des meubles.

Traverse
Pièce horizontale de la structure d'une cloison, d'un volet ou d'une porte.

Tyrolienne
Appareil constitué d'un boîtier métallique ouvert, formant une petite cuve, à l'intérieur duquel tourne une brosse métallique, sous l'effet d'une manivelle, pour projeter du crépi.

Volige
Pièce de bois de section rectangulaire et de faible épaisseur (12 à 22 mm) utilisée comme support de couverture pour certaines techniques de pose (ardoise clouée, par exemple).

INDEX

D

E

L

M

N

O

P

INDEX

Q

R

S

T

Remerciements

L'édition originale a été réalisée à l'initiative de David Roth, directeur du marketing de B&Q

Directeur de projet et rédacteur : Nicholas Barnard
Conseiller éditorial : Ken Schept
Coordinateur de projet : Keith Brooks
Coordinateur de projet : Geoff Long
Photographe : Lucy Pope
Illustrateur : Peter Bull Art Studios
Directeur création associé : Bill Wallsgrove

Thames & Hudson
Editeur du projet : Amanda Vinnicombe
Responsable graphique : Aaron Hayden
Responsable de fabrication : Philip Collyer

Conseils techniques
James Hayward, Alan Emery, Grant Fay, Andrew Cray, Geoff Harris

Auteurs associés
Felicity Jackson, Christina Heath, Ian Penberthy, Jessica Wheeler, Patrick Renouf, Elizabeth Lewis

Construction des agencements et réalisation des démonstrations
James Hayward, Alan Emery, Christina Heath, Colette Duthie, Camilla Blench, Jessica Wheeler, Victoria Brooks, Julia Barnard, Stuart Young, Dominic Emery, Grant Fay, Andrew Cray, Mehari Mengisteab

Propriétaires des maisons et des jardins
James Hayward et Christina Heath, Vanessa Dowding, Victoria et Keith Brooks, Alan Emery et Lisa Williams

Marketing B&Q
Geoff Long, Maria Sealey, Sarah O'Brien, Lorian Coutts, Jin Kaur

Recherche : David Spenser

Experts B&Q
Barry Batley, Geoffrey Evans, Alan Fisher, Daz McDermid, Philip Taylor, Simon Bristow, Arthur Weir, David Jennings, Keith Traynor, Bob Hesford, James Eden, Nina Jones, Mark Turner, Jim Chapman, Tony Royales, Ray Shaw, Darren Kay

Fournisseurs B&Q
Nicki Spurr, Ronseal
Stephen Savage
Sam Park, Marley
Dan Fernandes
Simon Murphy, Plasplugs
Paul Bagnall, Henkel
Sharon Driscoll, Halls Garden Products
Jackie Watson, Twyford Bathrooms
Angela Lambert, Q Lawns
Jenny Woodyer, Artex-Rawlplug Ltd
Sam Fowler, Richard Burbidge
Jayne Adamson, Ceramic Prints
Robyn Barnes, Earlex Ltd
David Westacott, Clarksteel
Murray Fraser, Heissner
Ian Purkis, Jeld-Wen
Debbie Berry, Akzo Nobel
Claire Mitchell, Sadolin Woodstains
Sally Gant, Bradstone
Mark Lane, Record Tools
Carol Bellwood, Hanson Brick
Stuart Baker, Yorkshire Building Supplies
Geoff Menage, Hanson Brick
Mark Lopez, Velux Windows
Barry Greening, In Touch With Bricks Ltd
Keith Dooley, In Touch With Bricks Ltd
David Boswell, Halls Garden Products
Jerry Walker, Kidde Safety Europe Ltd
Martin Cooper, Henri Studios
Gary Hatch, Lingar Design Ltd
Janine Dewar, Graham & Brown Ltd
Scott Trayhorn, Lingar Design Ltd
Derek Spears, Nexfor
Fiona Bashford, Marley Exteriors
Steve Davis, Premium Timber
Andy Ritchie, In-Store Logistics
Adrian Clark, Premium Timber
Brian Wiggins, Screwfix Direct
Ed Brown, Craig & Rose
Alan Pearce, Grange Style
Paul Mulready, Astracast
Angie Shawcroft, Jeld-Wen
Daryl Shaw, Ceramic Prints
Paul Town, GE Lighting
George Siaperas, G E T Electronics
Tony Rossi, Frame 1 Windows
David Humphreys, Tapis UK Ltd
Alex Day, Tapis UK Ltd
Alison Morrisey, Frame 1 Windows
Derek Spears, Nexfor Ltd
James Smith, Ronseal Ltd

REMERCIEMENTS

Castorama remercie les sociétés ci-dessous pour l'utilisation de visuels et l'aide apportée :

Actis SA
Aldes
Arkè by Albini & Fontanot
Atmos SA
Aube Technologies
Betafence SA
Black & Decker
Blanchon SA
Bricard
Cadelec
Caminos Kaminöfen
Cavers SAS
Centaure SA
CQFD
Deltadore
Depro-profiles NV
Devaux SA
Deville Thermique
Dinac GPI
Dreyer Agriline
Extel-CFI
Facom
Fischer Darex Outillage SAS
Geb
General electric
Gerflor
Gerin SA
Graham Brown
Grosfillex
Henkel France
Henri Savy SAS
Imberty
Inotech
Intergestion
Interplast
Isover
KDI
Kidde Safety Europe Limited
Kronospan Luxembourg SA
Lamborghini
Lutece GPFB
Marquardt SA
Monitor SAS
MTS SA
Noyon & Thiebault SAS
Ocai Distribution
Otio France
Pierdor
PK diffusion
Placoplatre BPB Placo
Reflectiv
RM Distribution
Rothenberger France SA
Sanitrap
SAS Keller
SAS Cheminées Diffusion
SAS Préfabricados de Hormigòn
Schertz SAS
Schulte
Scover Plus
SE Denis Finance Orbey SA
SFA Grandform
Sika France SA
Socadif SA
Somatherm
Sotralentz
Stanley France SAS
Steico AG
Supra
Tivoly
Tomecanic
Toupret SA
Ubbink France - Nortene
Vachette
Velux
Vicat - Satma
Wirquin Plastiques SASU
Wolfcraft SARL
Woody
Xella Thermopierre

apprendre
à bricoler

lire

expérimenter

rêver

créer
et **réaliser**
toutes ses idées

entretenir
son jardin

oser